国家社科基金
后期资助项目

美国奴隶主史

The History of
American Slaveholders

王金虎 著

北京大学出版社
PEKING UNIVERSITY PRESS

图书在版编目(CIP)数据

美国奴隶主史/王金虎著.—北京：北京大学出版社，2019.8
ISBN 978-7-301-30144-9

Ⅰ.①美… Ⅱ.①王… Ⅲ.①奴隶主—奴隶制度—历史—美国 Ⅳ.①D771.26

中国版本图书馆 CIP 数据核字(2018)第 284880 号

书　　名	美国奴隶主史 MEIGUO NULIZHU SHI
著作责任者	王金虎　著
责任编辑	李学宜
标准书号	ISBN 978-7-301-30144-9
出版发行	北京大学出版社
地　　址	北京市海淀区成府路 205 号　100871
网　　址	http：//www.pup.cn　新浪微博：@北京大学出版社
电子信箱	pkuwsz@126.com
电　　话	邮购部 010-62752015　发行部 010-62750672 编辑部 010-62752025
印刷者	三河市北燕印装有限公司
经销者	新华书店 965 毫米×1300 毫米　16 开本　37.25 印张　648 千字 2019 年 8 月第 1 版　2019 年 8 月第 1 次印刷
定　　价	98.00 元

未经许可，不得以任何方式复制或抄袭本书之部分或全部内容。
版权所有，侵权必究
举报电话：010-62752024　电子信箱：fd@pup.pku.edu.cn
图书如有印装质量问题，请与出版部联系，电话：010-62756370

国家社科基金后期资助项目
出版说明

后期资助项目是国家社科基金设立的一类重要项目,旨在鼓励广大社科研究者潜心治学,支持基础研究多出优秀成果。它是经过严格评审,从接近完成的科研成果中遴选立项的。为扩大后期资助项目的影响,更好地推动学术发展,促进成果转化,全国哲学社会科学工作办公室按照"统一设计、统一标识、统一版式、形成系列"的总体要求,组织出版国家社科基金后期资助项目成果。

全国哲学社会科学规划办公室

目 录

导 言 …………………………………………………………… 1

第一章 北美奴隶主群体的兴起 …………………………… 1
  第一节 北美奴隶主群体的成长 ………………………… 1
    一 北美奴隶主群体的生成 ………………………… 2
    二 南部大种植园主家庭的兴起路径 ……………… 14
    三 南部种植园主群体的社会地位 ………………… 25
  第二节 奴隶主成长基础的巩固 ………………………… 30
    一 人口基础的扩大 ………………………………… 30
    二 经济基础的夯实 ………………………………… 45
    三 奴隶制法律基础的奠定 ………………………… 57

第二章 奴隶主与美国革命 ………………………………… 71
  第一节 奴隶主精英对美国革命的领导 ………………… 72
    一 美国革命的奴隶主领导人 ……………………… 72
    二 奴隶主集团领导革命的动机 …………………… 81
    三 奴隶主集团领导美国革命的得与失 …………… 95
  第二节 奴隶人口的地区消长 …………………………… 99
    一 北部奴隶人口的消亡 …………………………… 99
    二 南部奴隶人口的增长 …………………………… 107
  第三节 国父们与奴隶制 ………………………………… 114
    一 华盛顿与奴隶制 ………………………………… 114
    二 其他国父们与奴隶制 …………………………… 128

第三章 奴隶主经济世界的扩张 …………………………… 145
  第一节 内战前美国南部人口的地理流动 ……………… 145
    一 南部白人的西进 ………………………………… 146
    二 南部黑人奴隶的被迫迁移 ……………………… 161
  第二节 蓄奴经济活动的赢利性 ………………………… 176

一　蓄奴农业生产的赢利性 …………………………… 176
　　　二　奴隶贸易与奴隶雇出的赢利性 …………………… 187
　第三节　种植园主与南部的市场经济 …………………………… 198
　　　一　美国史学界关于南部市场革命的争论 ……………… 199
　　　二　种植园主与南部市场经济发展 …………………… 204

第四章　奴隶管理与主奴关系 ……………………………………… 221
　第一节　种植园奴隶管理 ………………………………………… 221
　　　一　种植园劳动管理 …………………………………… 222
　　　二　奴隶日常生活的管控 ……………………………… 235
　第二节　惩罚与关心 ……………………………………………… 243
　　　一　惩罚奴隶 …………………………………………… 244
　　　二　对奴隶的"关心" …………………………………… 248
　第三节　奴役的记忆与诉说 ……………………………………… 257
　　　一　痛苦的记忆 ………………………………………… 257
　　　二　关于好主人的叙说 ………………………………… 266
　第四节　主奴关系 ………………………………………………… 274
　　　一　主奴关系的史学争论 ……………………………… 274
　　　二　主奴关系的共性和差异 …………………………… 280

第五章　亲奴隶制辩论 ……………………………………………… 294
　第一节　美国革命时期的亲奴隶制辩论 ………………………… 294
　　　一　南部亲奴隶制辩论的缘起 ………………………… 295
　　　二　奴隶制正当性辩护 ………………………………… 298
　　　三　为奴隶制必要性辩护 ……………………………… 301
　第二节　美国革命后南部亲奴隶制论辩的演进 ………………… 305
　　　一　亲奴隶制辩论基调的演变：从"必要的邪恶"
　　　　　到"有益的善举" …………………………………… 305
　　　二　走向对《独立宣言》的否定 ………………………… 314
　　　三　奴隶制辩护基调转变的必要性 …………………… 321
　第三节　1830年代之后的亲奴隶制论辩路径 …………………… 329
　　　一　亲奴隶制辩论的宗教路径 ………………………… 329
　　　二　黑人种族独特论路径 ……………………………… 336
　　　三　社会对比路径 ……………………………………… 343

第六章　奴隶主集团的政治争斗 …………………………………… 361
　第一节　奴隶主集团对南部社会的掌控 ………………………… 361

一　奴隶主群体的社会规模 …………………………………… 361
　　二　奴隶主集团对南部白人社会的掌控 …………………… 367
　第二节　联邦政治斗争 …………………………………………… 379
　　一　总统与奴隶制 …………………………………………… 379
　　二　国会与奴隶制 …………………………………………… 389
　　三　最高法院与奴隶制 ……………………………………… 398
　第三节　南部脱离联邦 …………………………………………… 408
　　一　奴隶主集团权势基础的削弱 …………………………… 408
　　二　分离声音的泛起 ………………………………………… 419
　　三　南卡罗来纳的分离联邦选择及其分离辩护 …………… 425
　　四　南部脱离联邦 …………………………………………… 437

第七章　奴隶主集团的灭亡 ………………………………………… 443
　第一节　走进绝境：内战后期南部邦联的武装奴隶抉择 ……… 443
　　一　武装奴隶必要性的形成 ………………………………… 443
　　二　武装奴隶呼声的高涨 …………………………………… 447
　　三　解放奴隶思想 …………………………………………… 453
　　四　反对武装奴隶者的论点 ………………………………… 457
　　五　最后的选择 ……………………………………………… 460
　第二节　主奴关系的终结 ………………………………………… 465
　　一　蓄奴生活的终结 ………………………………………… 465
　　二　蓄奴生活终结之际奴隶主的多种面相 ………………… 473
　第三节　奴隶主集团的战后结局 ………………………………… 481
　　一　奴隶主的战争代价与惩罚 ……………………………… 481
　　二　重夺社会优势地位 ……………………………………… 492
　第四节　历史神话的编造 ………………………………………… 502
　　一　战后前奴隶主对奴隶制和内战的认识 ………………… 502
　　二　前南部邦联精英们的辩护 ……………………………… 510

结　语 ………………………………………………………………… 519
参考文献目录 ………………………………………………………… 525
主要人名中英文对照 ………………………………………………… 559
后　记 ………………………………………………………………… 573

导　言

在以美利坚白人为主体的400余年美国历史上,若论存在时间最长、权势最大和影响最深者,无出奴隶主之右。从英国殖民者在北美成功创建殖民地至美国内战结束,白人奴隶主存在了超过两个半世纪之久。在此期间奴隶主不仅一直控制着美国南部社会,而且从联邦国家成立到19世纪50年代末长期支配着联邦政府;奴隶主制造的黑人与白人不平等关系甚至延续到当代美国,对美国社会的影响可谓至为深远。美国的奴隶主们是怎样产生的? 他们是一些什么样的人? 过着什么样的生活? 怎样维持自己的统治? 最终又是如何走到了终点? 剖析这些问题不仅对于深化美国史的认识,而且对于思考人类文明的复杂情态都有助益。

美国历史上的奴隶主以黑人为奴役对象,通过商业性蓄奴活动发财致富,兴家立业。无论是作为个人还是群体,奴隶主的产生、成长和延续都有赖于五种条件的结合。其一,奴隶人口的可靠供应。奴隶主是将黑人作为财产加以占有的,黑人奴隶的存在正是奴隶主存在的前提,换句话说,奴隶主与奴隶是共生关系,没有奴隶就没有奴隶主,反之,没有人蓄奴也就不存在奴隶;其二,蓄奴活动的赢利性。奴隶主是抱着发财致富、兴家立业的企图从事蓄奴活动的,如果蓄奴活动无利可图,奴隶主也就不会产生蓄奴的意愿了;其三,蓄奴生活的安全性。奴隶主生活在被他们欺凌、侮辱、压迫、剥削的奴隶之中,朝夕相处,如果奴隶主对奴隶的奴役得不到安全保障,那么奴隶主不仅蓄奴赢利的目的难以达到,他们的人身安全也难有保障;其四,社会对奴隶制的接受和容忍。奴隶主在白人社会中属于少数,大奴隶主占人口的比例更低,只有广大白人非奴隶主接受奴隶制,至少是容忍奴隶制的存在,奴隶主的蓄奴生活才不至于被所在社会所否定;其五,奴隶制的正当性认同。人类作为高级动物,具有低级动物所不具有的心智和情感。在人类历史相当长的时期内,奴隶制在东西方都是被社会接受的制度安排,只是在中世纪的漫长岁月里才慢慢消失。到了近代,人本主义思潮和启蒙思想的传播,渐渐侵蚀了奴隶制在道义上的合理性。美国革命以及随之发生的法国革命和拉美革命,再加上19世纪上半期欧洲的政治变革,使得人类自由的理论在大西洋世界广泛普及、深入人心,奴隶制度被彻底绑到了人类文明的耻辱柱上。美国的奴隶主生活在大西洋世界之中,他们当然知道自己的蓄奴活动与时代思想潮流相逆背,如果没有一种能够让他们心安理得的亲奴隶制理论,这些人在思想上就可能受到良知的拷问。灵性之人是不可能长久忍受自我道德谴责的,所以,建构出亲奴隶制理论,论证奴隶制的正当性,不仅是奴隶主政治斗争的需要,也是他们自己坚持蓄奴生活的心理需要。

  从英国殖民者到北美大西洋沿岸创建殖民地之初创立种族奴隶制,到美国内战的厮杀将奴隶制毁灭,在超过两个半世纪的时间里,美国奴隶主的生命历程是一个连续的发展变革过程。殖民地时期是奴隶主的兴起阶段,在白人殖民者和移民之中,一小部分人在社会竞争中脱颖而出,成为奴隶主。他们拥有优越的财力、权力和智力,成为北美社会、尤其是南部地区社会事实上的统治者。美国革命后,北部各州的奴隶制逐渐消失,1787年的《西北法令》禁止在俄亥俄河以北的老西北部地区实行奴隶制,1820年的"密苏里妥协"又禁止在北纬36°30′以北的联邦地区引进奴隶制,而允许奴隶制在南部地区向西扩张,由此奴隶主渐渐变成了一个南部地区性群体。内战前在南部的"西进运动"为奴隶主争取到了一个幅员辽阔的生存空间,西部奴隶主的兴起壮大了奴隶主群体的规模;而南部以外大西洋世界的工业化、城市化和人口大幅度增长创造了巨大的市场需求,为南部的主产作物棉花提供了利润丰厚的市场,市场空间和生产空间结合构成的经济空间,使得奴隶主蓄奴活动的赢利性得以确保。在日常生活中,奴隶主除了相互交往之外,不可避免地既要与自己的奴隶打交道,又要与非奴隶主白人打交道。奴隶主的这种人际交往范围就是他们的生活空间。一般而言,奴隶主多为地方社区的精英或强人。无论是对奴隶的管控,还是对非奴隶主白人的引导,奴隶主们往往能够成功。内战前美国南部没有发生大规模的奴隶暴动,非奴隶主白人大众也没有对奴隶主精英们的统治地位进行激烈的挑战。但是,不仅仅是在今天看来内战前美国南部实行奴隶制是一个时代错误,就是在当时,随着南部之外大西洋世界的主流舆论转向了否定奴隶制的合理性,奴隶主也需要化解奴隶制与时代精神潮流的冲突以及奴隶制与基督教伦理的矛盾造成的心理负担和思想紊乱。在18世纪后期以前奴隶制没有受到抨击时,奴隶主的这种心理压力并不严重,但是在美国革命后奴隶制遭到直接批判时,尤其是在奴隶制向西部扩张和奴隶主权益在联邦范围内的保护问题上,道德上的批判与经济和政治利益直接挂上了钩,至此奴隶主就无法回避奴隶制的正当性问题了。既然他们坚持奴隶制并追求奴隶制的扩张,就不得不为奴隶制的正当性寻找依据，这样，时势发展就迫使奴隶主走向了为奴隶制辩护之路。虽然理论上的争辩难分输赢，但在政治领域却并非如此。尽管内战前南部白人人口出现了大幅度增长，但是与北部相比，南部人口增长规模远远落后于北方，南部白人占美国白人人口的比例大幅度降低。南部白人人口的相对减少意味着南部奴隶主统治基础的萎缩，他们在联邦政治中的影响力趋向没落。奴隶主有着清醒的自我利益意识，当然不愿接受没落的命运。当19世纪50年代北部反对奴隶制扩张的立场愈益坚定时，南部的极端分子便开始了筹谋和鼓动南部脱离联邦的活动。1860年反对奴隶制扩张的共和党人林肯当选总统，南部激进分离主义者认定，南部即将失去在联邦政治权力架构中的制衡力，奴隶制极可能在北部自由州的主导下通过联邦政府行动加以废除。为了捍卫奴隶主的根本利益，他们推动南部走上了脱离联邦之路。具有讽刺意味的是，南部脱离联邦引发的内战最终毁灭了奴隶制，奴隶主名实俱亡，彻底成为历史。

生活于世间，人们生存环境的变迁是不可选择的。人的一生在社会层面上就是个人与生存环境的互动。环境变迁带来的机遇和挑战，刺激人做出反应。美国奴隶主在其生命历程中，经历了美国历史上的殖民地时期、独立建国时期、内战前时期和内战时期，美国奴隶主的兴起、成长和灭亡，就是由一个个奴隶主与时事互动的集体后果。奴隶主作为强势人物，在其所在社会中固然扮演着统治者的角色。但是人类的历史表明，任何统治者都既不可能实现对其统治社会的绝对控制，更不可能主宰外部世界的变革，完全阻挡外部世界的变革带来的冲击。个人的能动性是有限的，只能做出对变革的反应。殖民地时期，从北美白人殖民者群体中脱颖而出的奴隶主们，虽然安家立身于北美大陆的大西洋沿岸，但是他们的经济空间和思想视野是整个大西洋世界。他们使用的奴隶贩自非洲和西印度群岛，他们进行商业农业生产的地区位于大西洋岸边或有水路可通大西洋的内地河流两岸，而他们的产品远销欧洲，不管意识到与否，他们实际上都是大西洋人。正是大西洋世界给他们提供了兴家立业的条件，使得他们成长为管辖一方的统治者。可以说，英属北美殖民地创立和成长的结果之一，就是美国奴隶主的兴起。北美殖民地白人社会为了维护既得利益和发展权利而与母国产生矛盾、发生冲突，奴隶主精英在北美从抗议到独立建国的过程中发挥着主导作用。他们的领袖人物，如华盛顿、杰斐逊和麦迪逊等成为美国的国父。正是奴隶主对美国革命的主导，决定了这场以"天赋人权"为纲领的革命，在一定程度上和一定范围内成为维护奴役黑人制度的运动。尽管如此，革命时期的思想宣传还是启蒙了白人社会的反奴隶制意识，在奴隶制的经济重要性不大的北部地区，奴隶制通过多种方式渐渐消亡，美国的奴隶主失去了半壁江山，沦为南部地区性的统治集团。内战前美国实行奴隶制的南部和实行自由劳动制度的北部同时向西部扩张,为奴隶主和有志于蓄奴创业的白人们提供了广阔的新生产空间,而英国、欧洲大陆国家和美国北部的棉纺织业兴起,为南部的主产作物棉花提供了可靠的市场,南部老蓄奴州奴隶人口的自然增长为新兴地区提供了奴隶来源,这些条件的结合使得内战前的半个多世纪成为南部奴隶主经济上的黄金时代,"棉花就是王"这句话成为奴隶主的狂妄得意用语。然而北部和欧洲走上反奴隶制之路,南部成为自由世界包围的孤岛,南部奴隶人口规模的庞大,加之南部在联邦权力格局中的式微趋势,迫使南部奴隶主最终做出了孤注一掷的选择:退出联邦,创建独立的奴隶制共和国。南部奴隶主的独立建国梦想被美国南北战争的炮火摧毁,奴隶制被毁灭,生存已达两个半世纪之久的美国奴隶主名实俱亡。

  尽管奴隶主在美国历史上曾经声势赫赫、权倾一时,但是美国治史者对奴隶主的研究直到20世纪70—80年代才开始。美国学者詹姆斯·奥克斯在1982年出版的《统治种族:美国奴隶主史》的前言中带着不无遗憾的语气写道:"现在我们对普通奴隶主的了解程度,远不及对普通奴隶日常生活的了解程度,更不要说了解那些非奴隶主白人了。"①从那时以来,一些美国学者投身于美国奴隶主研究,专题研究著作相继问世。

  从近几十年间美国出版的奴隶主史研究著作来看,美国学者关注的领域之一是奴隶主与地方社会的演变。雷切尔·N.克莱因的《一个蓄奴州的统一:1760—1808年南卡罗来纳内陆地区种植园主阶级的兴起》,关注的是南卡罗来纳内陆地区奴隶主阶级的兴起过程及其影响。他发现:在南卡罗来纳西部内陆地区还处于边疆阶段时,那里的种植园主通过在日常生活中为乡邻提供生产生活服务而增加了自己的财富和权势,由此造成了他们之间的相互依附,也提高了内陆地区领导人物的政治地位。自耕农和正在兴家立业的种植园主情投意合,都接受甚至欢迎奴隶制。美国革命前后,棉花种植业扩张到西部,带动内陆地区奴隶人口大幅度增加,"奴隶制扩展进入该州内陆地区,非奴隶主家庭的数量和比例大大减少,这样一来,内陆地区占人口多数的自耕农更难以避免直接卷入奴隶制度"。就这样,南卡罗来纳社会便以奴隶制为基础实现了统一。② 克里斯托弗·莫里斯的《变成南方:一种生活方式

---

① James Oakes, *The Ruling Race: A History of American Slaveholders*, New York: Alfred A. Knopf, 1982, p. ix.

② Rachel N. Klein, *Unification of A Slave State: The Rise of the Planter Class in the South Carolina Backcountry,1760-1808*, Chapel Hill and London: The University of North Carolina Press, 1990, pp. 6, 7.

在密西西比州沃伦县和维克斯堡的演进，1770—1860》分析的是密西西比州沃伦县的社会变迁。他发现，沃伦县的经济和社会发展经历了三个独特的阶段。从1770年代中期到1790年拓荒农家过的是广泛地利用地方资源的生活，从事的是刀耕火种式的农业，对国内和国际市场的参与微乎其微。在18世纪最后十年一些拓荒农家开始牧养大批牛群，面向区域市场销售。在约1800年以后，那些牧养大批牛群的人开始利用奴隶种植棉花。而那些牧牛很少或根本没有牛群的人，则要等到该地的原初生物消失和森林消退使得拓荒经济彻底终结之后，才不得不也走上种植棉花之路。① 爱德华·E.巴普蒂斯特的《开创一个老南部：内战前佛罗里达中部的种植园边疆》，探讨的是佛罗里达中部莱昂县和杰克逊县种植园社会的兴起。他认为，在1821—1840年间数十个有着种植园主背景的富裕白人前往佛罗里达中部的杰克逊县和莱昂县。他们经过一番考察，又返回滨海的老蓄奴州，集合起家人和奴隶成群结队，南迁而来。到1827年，这两个县的种植园地区已经兴旺起来。种植园主通常与家族亲戚一起迁移，到达新地区后把新家园建立在亲朋故旧附近，以便能够前去走亲戚串门子，就像在故乡那样。② 亚当·罗思曼的《奴隶国家：美国的扩张与腹地南部的起源》，研究的主题是内战前奴隶制种植园在西南部兴起及其影响。他认为，棉花和甘蔗这两种主产作物在西南部地区的成功种植带动了奴隶制在这一地区的快速扩张。南部腹地蓄奴的农场主和种植园主作为商品农作物的生产者置身于大西洋经济世界中，依附于他们无力控制的大西洋市场。西南部新的经济机会出现吸引了成千上万的人迁移而来，使得这一地区的白人和黑人奴隶人口在1820年达到了40万人，变成了一个奴隶制种植园地区。③

美国学者在奴隶主史研究中关注的领域之二是种植园主的生活。威廉·杜辛贝里的《黑暗的日子：美国水稻产区的奴隶制》，研究的主题是内战前南卡罗来纳和佐治亚滨海平原地区大种植园主及其奴隶的生产生活情况。在杜辛贝里看来，奴隶制对于奴隶主而言是一种极佳的赚钱方式，奴隶劳动创造的财富极为丰厚。"在美国，绝大部分土地不可能像在欧洲那样几乎被人垄断。因而，获得大批奴隶通过农业获取财富就成为最可靠的途径。在南卡罗来纳和佐治亚滨海平原地区，以奴隶为基础的农业资本主义培养了一种

---

① Christopher Morris, *Becoming Southern: The Evolution of a Way of Life, Warren County and Vicksburg, Mississippi, 1770-1860*, New York: Oxford University Press, 1995, p. xlvii.
② Edward E. Baptist, *Creating an Old South: Middle Florida's Plantation Frontier before the Civil War*, Chapel Hill and London: The University of North Carolina Press, 2002, p. 29.
③ Adam Rothman, *Slave Country: American Expansion and the Origins of the Deep South*, Cambridge, Massachusetts: Harvard University Press, 2005, p. 218.

高傲的'贵族',他们对美国历史的影响至为显著。"不过这些水稻种植园主对待奴隶的态度是恶毒的,他们并不关心奴隶的死活,对奴隶的控制是通过专制主义和残酷惩罚来实现的。① 丹尼尔·布莱克·史密斯的《豪宅之内:18世纪切萨皮克社会种植园主的家庭生活》,分析的主题是18世纪包括弗吉尼亚和马里兰在内的切萨皮克地区大奴隶主家庭生活的演变。史密斯发现,从17世纪后期到整个18世纪前期是切萨皮克种植园社会的"黄金时代"。种植园主的家庭是开放的门庭,亲朋之间常有来往。大种植园主对于家庭事务,尤其是在子女的婚姻和职业选择问题上,拥有绝对的权威。实际上,子女婚姻的选择,常常受父亲的喜好、经济境况和社会地位所主导,而不是出于寻找伴侣或爱情考虑。到了18世纪后期,种植园主的家庭生活发生了重大变化。恩爱家庭环境形成,孩子成为家庭关注的中心。家长相信子女应该拥有自主权,尤其是在选择婚姻时应该自主。种植园主家庭的私人性质越来越强,与核心家庭以外的亲戚联系越来越弱。到19世纪早期,家庭已经成为一个与社会分离的私人世界。② 斯蒂芬·M.斯托的著作《老南部社会的亲密关系和权力:种植园主生活中的礼节》,书名已经表明了其要探讨的主题。他认为,种植园主相信,人的价值观和行动最好从人的生物性别和社会性别而不是种族和阶级视角来观察。在关于男女两性的价值观上,南部那些养尊处优的种植园主与其他生活优裕的美国人是一样的,只不过种植园主的认识更为执著和极端,尤其是对于家庭和社会的性别职责界定,性生活的含义,以及亲近关系的期望,都在他们的正式话语中有所表达。这种话语使得女性与男性的分歧更加尖锐,甚至造成关系疏离。关于家庭生活和社会,种植园主的心目中显然存在一种等级制价值观和信念,支持在两性关系、政治决策和为人父母的角色之中存在一种权威。在日常生活和礼节中,他们将个人的自尊和社会稳定结合起来。③ T.H.布林的《烟草文化:美国革命前夕潮汐地带大种植园主的心态》,探讨的主题是18世纪中期至美国革命发生这一时期弗吉尼亚大种植园主的心路历程。他发现,时至18世纪60年代,很多弗吉尼亚的大种植园主发现自己所欠英国商人的债务越来越多,债务的增加使得他们的个人自主性受到了威胁,而个人自主恰恰是他们价值观的核心。于是种植园主一边抱怨一边努力增加烟草的产量,同时表示要追求更节

---

① William Dusinberre, *Them Dark Days: Slavery in the American Rice Swamps*, New York and London: Oxford University Press, 1996, pp. 431, 432.
② Daniel Blake Smith, *Inside the Great House: Planter Family Life in Eighteenth-Century Chesapeake Society*, Ithaca and London: Cornell University Press, 1980, pp. 21-22.
③ Steven M. Stowe, *Intimacy and Power in the Old South: Ritual in the Lives of the Planters*, Baltimore and London: The Johns Hopkins University Press, 1987, pp. xvii-xviii.

俭的生活方式。不过此时的种植园主没有采取集体性行动。他们只是在与英国商人的个人通信中讨论问题。到了60年代后期，种植园主将这种私人对话转变成公共话语，他们开始意识到合作的必要性。为了摆脱对英国商人的依附，他们制定了不进口协定，相互之间探讨如何践行节俭和纯朴的生活，提出普遍道德改良方案。此时他们的话语仍旧不是政治性的，不针对英国国王和议会。只是到了1772年以后，种植园主的商业和宪政话语才融合成一种强烈的不满之声。他们将烟草和债务政治化，将英国商人看成既是英国对殖民地加以经济控制的工具，又是堕落社会的代理人。为了实现个人的独立，实际上是为了恢复个人的荣誉和美德，他们必须与威胁要奴役他们的经济和政治制度决裂。当然，不是所有的种植园主都走完了这样一种心路历程。有的种植园主拒绝将经济问题与政治问题混为一谈，相信不与祖国分离也能找出某种办法解决债务问题。其他的种植园主则欢迎打破旧秩序，他们设想了未来的理想社会，其中种植小麦的农场主将取代种植烟草的种植园主，自耕农将取代贵族，自由共和制度将使他们从种植烟草时形成的心态中解放出来。① 威廉·考夫曼·斯卡伯勒的《豪门之主：19世纪中期南部的富豪奴隶主》，审视的对象是特大种植园主。斯卡伯勒界定的"富豪奴隶主"（elite slaveholders），就是那些在1850年和1860年这两次联邦人口统计中拥有奴隶人数在250个以上的奴隶主，他们属于种植园主群体的最上层。他发现，这些特大种植园主的经济活动具有多样性，"内战前的富豪奴隶主并不是把他们的全部资本都投资到土地和奴隶身上，他们的利润也不是只从销售主产作物中获得"。在他看来，"富豪奴隶主显然是资本家"。②

美国独立战争刚刚胜利，渴望得到西部廉价肥沃土地的东部白人纷纷西进。在成群结队的西进移民中，就有很多种植园主家庭。这也是美国学者关注的领域之三。琼·E.卡欣的《家庭事业：南部边疆上的男女们》这本书，关注的是1810—1860年间种植园主家庭从南部滨海地区到老西南部边疆地区的迁移。他提出，从东部向西南部迁移是种植园主家庭的一项家庭事业。不过举家搬迁的种植园主家庭中男性与女性存在着思想矛盾。很多男性选择迁往西南部边疆是为了摆脱东部滨海地区那种复杂的亲戚关系网，而女性则尽力维持这种关系。很多种植园主家庭中的女性认为，男人们选择迁往边疆地区是受对财富的贪婪所驱使，而她们认为维持家族亲人们之间的联系远远

---

① T. H. Breen, *Tobacco Culture: The Mentality of the Great Tidewater Planters on the Eve of Revolution*, Princeton, New Jersey: Princeton University Press, 1985, pp. xxv-xxvii.
② William Kauffman Scarborough, *Masters of the Big House: Elite Slaveholders of the Mid-Nineteenth-Century South*, Baton Rouge: Louisiana State University Press, 2003, pp. 218, 409.

重于追求财富。迁移还使得在对待奴隶态度上也出现男女差异。在东部滨海地区,种植园主男女们都努力遵守一种"家长主义"原则,给奴隶保留一点点做人的体面。但是移居到边疆地区后,男奴隶主抛弃了"家长主义"观念,而女性仍然保留着,甚至同情奴隶。不过,她们对奴隶的同情并没有发展到否定奴隶制的高度。即使心中有所不满,妇女也没有与男人进行正面对抗。"妇女没有直接挑战那个社会制度,是因为她们掌握的资源寥寥,在家庭内部她们的权力微小。离开家庭她们几乎就没有活路。"①詹姆斯·戴维·米勒所著的《依托西南部的南方:蓄奴南部的种植园主移民和认同》,关注的则是种植园主从佐治亚和南卡罗来纳向西南部地区的迁移。他也发现,在迁家移民问题上,男性和女性往往存在着认识和优先考虑的差异。不过,他认为种植园主家庭的男男女女们都为成功迁移而努力,争取在新的家园重建原来的生活方式。种植园主迁移到西南部去是为了获得那里更肥沃的土地,他们选择西进拆散了很多奴隶的家庭,而长途跋涉反而却使得自己的家庭纽带更紧密。基督教福音派宣扬其信徒应该蔑视尘世跋涉的危险,这种说教显然迎合了迁移者的心理需求,缓解了由于移民造成亲人两地分隔所产生的心理忧烦。"这样,奴隶制中的人际关系和基督教中的精神观念,就成了蓄奴州将种植园主家庭约束在一起的要素。"②

　　大概是受妇女史学兴起和女性研究者日渐增多的影响,奴隶主家庭中的女性成为当代美国奴隶主史学研究的领域之四。德鲁·吉尔平·福斯特的《创新之母:美国内战期间蓄奴南部的女性》,探讨的主题是内战期间奴隶主家庭妇女的生活和思想。她认为:"作为南部的阶级和种族安排中最大的受益人,这些蓄奴家庭的妇女们在这场战争带来的变革中损失最多。社会权力基础的快速更迭,使得这些妇女自我定义的方方面面都成了问题。随着白人男性去了战场,奴隶制瓦解,以及战前繁荣生活的失落,性别、阶级和种族的特权也流失了,'生活中的所有关系'都陷入懊恼和不确定之中。南部的显贵妇女们开始承认:她们过去的妇女观是假定奴隶的存在是要担当体力劳动,白人男性的存在是要提供保护和养育。作为这些妇女自我观念的核心术语,'女士'一词在言指性别时,既包含了白人性,同时又包含了特权。女士的显贵地位过去一直是建立在奴隶制的压迫性之上的。她们的上流社会妇女观是与阶级和种族棱镜紧紧绑在一起的,这些棱镜把她

---

① Joan E. Cashin, *A Family Venture: Men and Women on the Southern Frontier*, New York: Oxford University Press, 1991, p.6.

② James David Miller, *South by the Souhwest: Planter Emigration and Identity in the Slave South*, Charlottesville and London: University of Virginia Press, 2002, pp.9, 11.

们反照了出来。"①战争期间,这些奴隶主贵妇们竭力应对战争的破坏,努力为自我定义和自我价值寻找新的基础。不过,也有很多妇女发明的新自我在很大程度上是旨在抵制变革。伊丽莎白·福克斯·吉诺维斯所著的《种植园家庭内部:老南部的黑人和白人妇女》,关注的是生活在种植园家庭中的两类女性:奴隶主家庭的女主人和女奴隶,旨在"展示奴隶妇女和蓄奴妇女的独特经历"。她发现,"男主人的统治给女奴隶主和奴隶同样造成了沉重的压力,但是结果却差别很大。对于女主人而言,作为女儿、妻子和母亲,男主人的统治是与她们的个人关系融合在一起的。这种融合鼓励她们将这种统治看成是不仅合理而且自然的方式"。尽管男主人的统治,尤其是在男人滥用男性特权时,给女主人造成了痛苦和沮丧,但是并没有促使她们走到反对奴隶制的地步。"她们抱怨自己的生活,但是这种抱怨很少达到反对这个制度的地步,正是这种制度保证了她们作为贵妇所拥有的特权。"②柯尔斯滕·E.伍德的《做主的女人:从美国革命至内战期间的孀居奴隶主》,探讨的对象是寡妇奴隶主的生活处境和反应。作者认为,南部奴隶主家庭的女主人在丧夫之后,其所享有的女士身份给她们捍卫自身的利益带来有利条件。在对待现行社会的态度上,孀居奴隶主与男奴隶主没有什么差异。二者都支持白人特权和种族奴隶制,都为奴隶制进行辩护。③凯瑟琳·克林顿的《种植园女主人:老南部的妇女》,分析的对象是南部最富有家庭的妇女生活。克林顿发现,这些贵妇们虽然居住着富丽堂皇的宅院,使奴唤婢,拥有优越的生活条件,但是她们承受着过多的劳务,得不到足够的赏识。她们的责任未出阁前是取悦父亲,出嫁后是取悦夫君,很难能够独立自主。成婚后不仅她继承的财产和嫁妆立即成为丈夫的财产,就是她们的身体也无法由自己作主。家庭主妇的第一责任是为丈夫生育子女,想拒绝怀孕几乎不可能。种植园女主人很难摆脱男主人肆意妄为造成的伤害,由于没有其他生存之路,离婚几乎也是不可行的。那些不顾一切跟情人私奔的人受到社会的谴责和抛弃。妇女唯一的安慰来源是宗教。南部女性的生病和死亡率高于北部的女性,对宗教的虔诚和对宿命论的信仰,使得她们面向上帝寻求解脱。④

---

① Drew Gilpin Faust, *Mothers of Invention: Women of the Slaveholding South in the American Civil War*, Chapel Hill and London: University of North Carolina Press, 1996, p.7.
② Elizabeth Fox-Genovese, *Within the Plantation Household: Black and White Women of the Old South*, Chapel Hill and London: The University of North Carolina Press, 1988, p.30.
③ Kirsten E. Wood, *Masterful Women: Slaveholding Widows from the American Revolution through the Civil War*, Chapel Hill and London: The University of North Carolina Press, 2004, pp.10, 12.
④ Bertram Wyatt-Brwn, "Plantation Women in the Slave South", *Reviews in American History*, Vol. 11, No. 4(Dec., 1983), pp.517-518.

当代美国奴隶主史学研究的领域之五是奴隶主集团的意识形态。把奴隶主作为一个阶级对待并研究其阶级意识形态的佼佼者是已故的尤金·D.吉诺维斯和伊丽莎白·福克斯·吉诺维斯夫妇。尤金·D.吉诺维斯1930年出生于纽约市的布鲁克林,祖父是来自意大利西西里岛的移民,父亲是一个码头工人。吉诺维斯青年时期思想颇为激进,17岁就加入美国共产党。不过在布鲁克林学院上学时被共产党开除,此后兴趣转向学术研究。① 走上史学工作之路后,基本上使用阶级分析方法研究美国奴隶主,著作颇有影响。不过,苏联解体冷战结束后,吉诺维斯皈依了天主教。这种信仰变更对于其史学研究究竟有多大影响不得而知。在其关于奴隶主意识形态的著作中,尤金·D.吉诺维斯的《奴隶主们的困境:1820—1860年南部保守思想中的自由和进步》,是一部篇幅不大但内容精练的作品。他认为,奴隶主是一个受过优质教育的阶级,他们熟悉历史,能够通过阐释历史来论证自己的社会理论。南部的知识分子将道德进步与物质进步区别开来,认为借助于基督教国家发生的运输和通信革命,可以使越来越多的人接受基督教,但是基督徒的道德不可能有本质性的进步,即不可能超越耶稣基督的教导。南部人承认工业革命带来的物质进步总体上是有益的。物质生活的转变,加之基督教在全球的传播,共和制度的兴起,以及获得个人自由的人口前所未有的增长,这些因素结合在一起开辟了一个人类历史辉煌的新时代。不过,南部人对于历史上的进步显示了一种矛盾的态度,这种态度时时出现在他们对古代和中世纪历史的思考中。作为新教徒,他们嘲讽中世纪的人们沉迷于迷信、偶像崇拜和腐朽的宗教价值观,可是却大力赞扬天主教会是维护社会稳定的力量;他们蔑视中世纪的经济停滞和社会落后,厌恶专制主义、暴力、无知和缺乏娱乐。他们强烈谴责政治对经济的干涉是社会进步的首要桎梏,没有人认为中世纪是现代的榜样,但是他们认可中古社会的很多价值观,认为现代共和主义就根源于封建制度和宪政主义的演进。他们盛赞骑士的出现和基督教精神的成长,尤其推崇那种被资产阶级和金钱至上观念成功推翻的有机的社会关系。奴隶主知识分子批评中世纪的落后,欢迎伴随中世纪消失而来的进步,但对于旧的统治者与被统治者之间存在的那种关系的消失深感遗憾。这样,他们在抛弃中世纪、接受现代性时,提出了两个相关联的主张,其一,南部仍旧是基督教社会,且已经被新教所改良,是抵御资产阶级异端邪说的堡垒。启蒙思想中缺陷甚多,这种思想带来了法国革命的恐惧、恐怖、政治极端主义和社会混乱;其二,南部的奴隶主与奴隶构成了有机的社会关系,唯有南部代表了

---

① J. William Harris, "Eugene Genovese's Old South: A Review Essay", *The Journal of Southern History*, Volume LXXX, No. 2 (May, 2014), p.328.

没有资本主义社会邪恶的进步和现代性。它并非中世纪生活的再生,而是有着坚实的社会和精神基础的现代的、进步的奴隶社会。他们认为,南部是中世纪生活中健康的建设性成分的合理继承者。①

吉诺维斯夫妇在两人合著的《主人阶级的思想:南部奴隶主世界观中的历史和信念》中指出,内战前南部虽然是一个奴隶社会,但这是一个处在资本主义世界包围中的社会,所以奴隶主也接受了很多现代性和进步的事物。在南部人思想中存在着传统与现代性之间的张力。"他们确实相信,尽管奴隶制中存在着形形色色的错误,这一点很多南部的知识分子痛心地承认,但是奴隶制却能够提供一个力量来抵挡资本主义中最具有毁灭性的东西,尤其是抵御资本主义对具有约束性的人际关系的侵蚀。"耐人寻味的是,这对夫妇明确表白自己对奴隶主怀有敬意。"首先,我们并不掩盖,也从未掩盖我们对奴隶主的尊敬,他们构成了老南部霸道的主人阶级。我们还不掩盖我们对他们的人品和成就怀有很多的钦佩。有些人坚持认为对奴隶主表达尊敬和钦佩就粉饰了奴隶制,淡化了它的残酷性和丑陋,赦免了白人奴隶主对黑人所犯罪行的集体和个人责任。我们觉得没有必要与他们辩论。"②《奴隶制中的白人和黑人:南部奴隶主新世界秩序中的阶级和种族》是他们合著的又一部关于奴隶主思想的著作,探讨的主题是南部的奴隶制学说。他们认为,南部奴隶主既推崇中世纪的社会关系,又接受市场经济,这样就陷入了一种理论困境,"即他们为之而战的未来既是建立在依附劳动关系基础之上的,同时又是建立在物质进步基础之上的,而这种物质进步是通过推翻那种劳动关系才实现的"。不过,尽管他们的理论自相矛盾,他们还是渐渐接受了自己创造的理论,"因为蓄奴南部置身于19世纪的资产阶级世界中,在意识形态、政治和经济领域与其进行着你死我活的战斗,奴隶主需要新的东西来捍卫包括等级制、州权主义和个人依附在内的传统价值观"。③ 除了吉诺维斯夫妇的上列著作外,杰弗里·罗伯特·杨格所著的《驯服奴隶制:佐治亚和南卡罗来纳的主人阶级,1670—1837》也是一部研究奴隶主阶级意识形态的著作。这本书的论题是1670—1837年南卡罗来纳和佐治亚奴隶主阶级意识

---

① Eugene D. Genovese, *The Slaveholders' Dilemma: Freedom and Progress in Southern Consevative Thought, 1820-1860*, Columbia: University of South Carolina Press, 1992, pp. 1-7.

② Elizabeth Fox-Genovese and Eugene D. Genovese, *The Mind of the Master Class: History and Faith in the Southern Slaveholders' Worldview*, New York: Cambridge University Press, 2005, pp. 3, 5.

③ Elizabeth Fox-Genovese and Eugene D. Genovese, *Slavery in White and Black: Class and Race in the Southern Slaveholders' New World Order*, New York: Cambridge University Press, 2008, pp. 3, 9.

形态的发展。他发现,时至1830年代,这个南部腹地的奴隶制辩护已经变成了一种文化资本,并至少在南部部分地区得到快速传播,就像棉花和水稻生产得到快速发展那样。奴隶主思想的内容反映了这一时期英国和美国北部都出现的那种对"现代性"的关怀。实际上只有通过广泛参与大西洋知识界的活动,南部的奴隶主才能形成他们的思想体系,然而最终正是这种思想体系将他们带进一种与西方世界其他部分相脱离的政治流亡状态。[1]

当代美国奴隶主史学研究的第六个领域是内战前南部的分离主义者。在这个领域最著名的成果是威廉·W.弗里林的鸿篇巨制《通向分裂联邦之路》。该书分为两卷,第一卷《困兽犹斗的分离主义者,1776—1854》正文565页,第二卷《胜利的分离主义者,1854—1861》正文534页,合计1089页。就这项研究所耗用的时间来论,这是一部真正的力作。第一卷于1990年出版,作者在前言中称,他是在20年前开始这项研究的;第二卷出版于2007年,距第一卷出版又过了17年。也就是说,弗里林为这项研究投入了大约37年的光阴。弗里林认为,"在老南部的历史上,分离主义只是一些亡命徒"。他们追求的目标,是南部团结一致捍卫奴隶制的永久存在。可是南部人在奴隶制问题上有多种愿望。既有支持卡尔霍恩的主张、坚持奴隶制无条件永久存在的人,也有人赞成杰斐逊的观点,即只要有适当的条件就将让奴隶制缓慢地消失。由于"太多的南部人为太多的理想而奋斗,所以分离主义者一败再败,最后失去了取胜的信心"。然而在1860年林肯当选总统后,分离主义者这个南部少数派中的少数派,施展阴谋进行最后一次赌博。让他们惊奇的是,这一次分裂联邦的努力竟然胜利了。已经败北的分离主义者变成了胜利者。但南部仍然四分五裂,不可能使用武力赢得这场赌博的胜利。[2]

将当代美国奴隶主史学研究成果归入以上六个领域,只是一种粗略的概括性做法,是为了论述方便的无奈之举。在史学研究高度专业化的当代,博古通今、学识卓越的史学大家难以产生,治学者劳心费力于某一领域选取一个课题进行探究,功成者成为某一领域的专家,这样一来,学术成果便往往以深度专题研究的形式出现,学术研究总体上看则呈"散碎"状态,难以归纳分类。美国的奴隶主史学研究状况也是如此,已有成果皆为专题研究,尚无通贯综论性的奴隶主历史著作出现。奥克斯的《统治种族:美国奴隶主史》,从书名想象似乎是一部美国奴隶主的通论之作,然而实际上这部篇幅不大的著

---

[1] Jeffrey Robert Young, *Domesticating Slavery: The Master Class in Georgia and South Carolina, 1670-1837*, Chapel Hill and London: The University of North Carolina Press, 1999, p.5.

[2] William W. Freehling, *The Road to Disunion*, Vol. I, *Secessionists at Bay: 1776-1854*, New York: Oxford University Press, 1990, p. viii.

作内容并不涵盖奴隶主兴亡的整个历程,而是分成几个专题加以探讨,时间截止到1860年,并未涉及内战期间的奴隶主,没有写到奴隶主的终结。

改革开放以来,中国的美国史研究日渐兴旺,近年来中国大陆已有以奴隶主为对象或涉及奴隶主的专题研究成果问世。何顺果的《美国"棉花王国"史》,研究的主题是内战前南部奴隶制棉花种植园的发展历程。棉花种植园主是奴隶主群体的核心,他们的种植园经济生产主导着南部社会经济的发展方向。作者发现:"大量的事实证明,奴隶制不仅对种植园主个人是有利可图的,由奴隶生产的棉花作为重要的工业原料在北部工业革命兴起过程中也起着重要的作用。但奴隶制的采用,和奴隶种植园经济的扩张,不仅造成了南部工、农业发展的不平衡,还妨碍着自由工业劳动力在南部的形成,导致了工业奴隶制在南部的产生和发展,并反过来影响到南部农业本身及整个南部工商业的发展,给南部经济带来了致命的创伤。"①陈志杰的《顺应与抗争:奴隶制下的美国黑人文化》,探究的是内战前南部黑人奴隶的文化生活。该书第一章分析的主题是奴隶主与奴隶的关系。作者认为:奴隶主与奴隶的关系中存在着对立和妥协两种现象。"实际上双方绝不是简单的支配与从属或压迫与反抗的关系。二者共存于同一种'特殊制度'之中,既是互相对立的两个阶级,又是相互依赖的两个群体,虽然在力量上相差悬殊,但二者都在这种涉及'主奴辩证法'制度下积极地寻求最大限度地有利于自身的生活方式。"②王金虎的《南部奴隶主与美国内战》,审视的主题是南部奴隶主与美国内战的关系。这项研究的核心论点是:内战前南部奴隶主在经济上处于顺境,在政治上走向逆境。奴隶主集团为了捍卫奴隶制的永久存在而在1860—1861年冬春之际做出了脱离联邦的抉择,从而引发了长达4年多时间的残酷内战。内战的进行恰恰毁灭了奴隶制。"奴隶主的存在,是以奴隶制的存在为基础。皮之不存,毛将焉附?奴隶制被毁灭了,奴隶主也就不复存在。可以说,正是通过这场战争,南部奴隶主否定了自己存在的基础。"③国内也有专题文章探讨奴隶制在美国的确立。高春常在《英国历史传统与北美奴隶制的起源》一文中提出:"北美奴隶制是早期资本主义的和平自由交换原则和英国法律方面的'自由'传统受到白人意识制约的结果;或者说,它是英国历史传统中所发育出的普遍性行为规范在白人共同体边界遭遇挑

---

① 何顺果:《美国"棉花王国"史》,中国社会科学出版社1995年版,第305页。
② 陈志杰:《顺应与抗争:奴隶制下的美国黑人文化》,中国社会科学出版社2010年版,第14—15页。
③ 王金虎:《南部奴隶主与美国内战》,人民出版社2006年版,第357页。

战的结果。"①梁茂信在《美国革命时期黑奴制合法地位的确立》一文中提出：美国的黑奴制形成于殖民地草创时期，然而美国革命并没有导致奴隶制被废除，正是1787年宪法中的涉奴条款"为黑奴制的合法化画上了句号"。"1787年宪法生效后，革命时期和平解放黑奴的所有希望都化为泡影了。"②上述这三部著作和两篇论文各审视了美国奴隶主史的某个方面或时段，但都不是对整个美国奴隶主兴亡历程的通贯性研究。

美国奴隶主的兴盛衰亡是一个长达两个半世纪的历史过程，奴隶主与其生存世界的互动构成了这一历史的内容。这项研究以时间顺序为线索，包括七个部分：第一章"北美奴隶主群体的兴起"，关注的是奴隶主群体在英属北美殖民地的兴起历程，叙述了英属北美殖民地各地区奴隶主群体的发展状况，梳理了南部大种植园主家庭兴起的路径，分析了北美奴隶主群体成长的基础条件。第二章"奴隶主与美国革命"，审视的是奴隶主集团与美国革命的关系，剖析了奴隶主集团，尤其是南部种植园主集团领导美国革命的企图，他们在美国革命中的作用和利益得失，论述了美国革命背景下奴隶制在南部和北部的不同命运，并解析了美国国父们在奴隶制问题上的矛盾表现。第三章"奴隶主经济世界的扩张"，探究的是内战前南部奴隶主群体的经济境遇，探索了奴隶主经济空间的扩张和蓄奴活动的赢利性，探讨了种植园主群体与南部市场经济发展的关系。第四章"奴隶管理与主奴关系"，聚焦于种植园主的奴隶管理方式，辨别了奴隶制下主奴关系的共性和差异。第五章"亲奴隶制辩论"，考究的是内战前南部亲奴隶制辩论的演变，辨析了亲奴隶制辩论发生的因缘和论辩路径。第六章"奴隶主集团的政治争斗"，研究了内战前南部奴隶主集团在政治世界里捍卫奴隶制的努力，考察了他们在南部社会的统治地位，描述了他们通过联邦政府捍卫奴隶制的举措，考证了他们最终做出脱离联邦选择的根由。第七章"奴隶主集团的灭亡"，考察的是南部奴隶主集团经过内战走向灭亡的历程，解剖了他们在战争中的困境和磨难，以及在战后的境遇与选择。这七章论题的内容前后衔接相互关联，总体上反映了美国奴隶主群体的兴亡历程。

这项研究在指谓奴隶主的复数时，使用"奴隶主们""奴隶主群体"和"奴隶主集团"三个词语。这种行文方式略有含混模糊之嫌，不过大致上符合历史本相。奴隶主人数众多且有一个共同身份，即他们都是蓄奴之人，说他们是一个群体理所应当。一个社会群体当然并非必然就会结为一个集团，美国

---

① 高春常：《英国历史传统与北美奴隶制的起源》，《历史研究》2001年第2期，第110页。
② 梁茂信：《美国革命时期黑奴制合法地位的确立》，《历史研究》1997年第6期，第105，109页。

奴隶主也确实不是时时事事都表现得高度一致，事实上在一些问题上奴隶主群体内部出现过歧异和对立，分属不同的党派，可是，在事关奴隶主根本利益的奴隶制命运问题上，绝大多数奴隶主选择了同样的立场，即他们几乎都捍卫奴隶制，这种立场在美国制宪过程中，在国会有关奴隶制的辩论中，尤其是在 1860—1861 年脱离联邦的抉择中，都得到了鲜明的宣示。不管个人情愿与否，不管是主动还是被动，奴隶主们在事关奴隶制兴衰存亡的关键时刻就会结成一个集团。

第一章　北美奴隶主群体的兴起

物以类聚,人以群分。人类社会中某一类人群的形成,必然是多种条件相汇聚合所致。美国奴隶主群体诞生于北美大西洋岸,依托大西洋世界而成长。15—16世纪西班牙、葡萄牙对非洲和美洲的殖民开拓,欧洲文明向美洲的延伸,形成了由白人主宰的大西洋世界。大西洋上的舟楫往来,将美洲的金银珍宝和特产运往欧洲,将非洲的黑人运到美洲为奴,将欧洲的白人移民和制造业产品及奢侈品运来美洲。当17世纪初英国殖民者开始加入北美进行殖民活动时,这个白人控制的大西洋世界正处在一片欣欣向荣、蒸蒸日上之中。英属北美殖民地从无到有、从小到大、从弱到强的发展历程,大体也就是奴隶主群体在北美白人定居地区兴起的过程。在面向大西洋的北美,但凡是能够使用奴隶劳动赢利之地,便有一些强人选择使用奴隶劳动谋财图利,从而变身为奴隶主。大西洋奴隶贸易为奴隶主送来了奴役的对象;大西洋世界对北美农产品的需求确保了奴隶主在北美从事商品农业生产能够赢利;而欧洲白人的道德文明尚未达到与奴隶制度不相容的高度,白人殖民者能够心安理得地接受奴役他人的生活方式——各殖民地能够不约而同地通过立法或法院判决先后做出将黑人贬压到奴隶地位的制度安排,正是以这样的道德水平为基础的。这些条件的汇聚,就促成了奴隶主群体在北美的兴起。

第一节　北美奴隶主群体的成长

追根溯源,美国历史上的奴隶主是从来自英国和欧洲的白人殖民者中产生的。尽管奴隶制在英国早已消亡,前来北美的白人殖民者原本不是奴隶主,但是在他们开拓北美的过程中,一部分人选择了通过蓄奴兴家立业之路,从而变成了奴隶主。由于北美不同区域存在自然地理条件差异,在适宜商品农业发展的切萨皮克地区(位于马里兰州和弗吉尼亚州之间)和南卡罗来纳与佐治亚的滨海平原地区产生了蓄奴众多的种植园主。商品农业发展条件较差的中部殖民地虽然也有种植园主出现,但这一区域以中小奴隶主为主。在商品农业发展条件欠缺的新英格兰地区,奴隶主绝大多数是小奴隶主,种植园主寥寥无几。

一 北美奴隶主群体的生成

英属北美殖民地是在一个多世纪的时间里由不同的利益集团在不同的时间先后单独创建的,各殖民地的政府结构及其与英国的权力关系不尽相同,殖民地的自然地理条件也存在显著的地区差异,这些因素的结合造成了奴隶主群体在各殖民地生成时间和成长状况的差异。

切萨皮克地区是英国殖民者最早成功进行殖民开拓的地区。1607年伦敦弗吉尼亚公司组织殖民者成功创建了詹姆斯敦定居地,弗吉尼亚就成为英国在北美成功建立的第一个殖民地。在以后的开拓历程中,环绕切萨皮克湾的弗吉尼亚、马里兰和北卡罗来纳殖民地的北部形成了一个具有相同经济特色的地区。1619年第一批黑人意外地由荷兰人输入弗吉尼亚,这是弗吉尼亚输入非洲人的起始。不过在此之前,该地区已经有了白人契约仆存在。这种白人契约仆由于贫穷支付不起前来北美的船费而将自己出卖一段时期,与购买人订立契约。这种白人契约仆的所有人,实行对契约仆的奴役,从实际意义上说就是奴隶主,因为在美洲殖民世界里,所谓奴隶主,就是将他人作为财产加以占有的人。早期的契约仆所有人和后来奴役黑人的奴隶主一样都被称为"主人"(master),尽管其奴役对象的肤色相异、期限有别,但奴役的性质无异。也可以说,弗吉尼亚的奴隶主生成于非洲黑人输入之前。

1624—1625年弗吉尼亚进行了一次人口普查。这次人口普查的结果显示,该殖民地已经出现了主人群体。不过,绝大多数主人拥有的奴仆不多。表1-1中的人口统计数字表明了这种情况。

表1-1　1624—1625年弗吉尼亚的仆人和奴隶拥有人①

主人分类	各类主人人数	各类主人在主人群体中所占的比例(%)	各类主人拥有的奴仆总数	各类主人拥有的奴仆在全部奴仆中所占的比例(%)
拥有1个仆人	26	22.1	26	5.2
拥有2个仆人	22	23.0	44	8.8

---

① Lewis Cecil Gray, *History of Agriculture in the Southern United States to 1860*, Washington, DC: Carnegie Institution, 1933, p.321.

续　表

主人分类	各类主人人数	各类主人在主人群体中所占的比例（%）	各类主人拥有的奴仆总数	各类主人拥有的奴仆在全部奴仆中所占的比例（%）
拥有 3 个仆人	10	10.5	30	6.0
拥有 4 个仆人	8	8.4	32	6.4
拥有 5 个仆人	7	7.4	35	7.0
拥有 6 个仆人	5	5.2	30	6.0
拥有 7 个仆人	3	3.1	21	4.2
拥有 10 个仆人	1	1.0	10	2.0
拥有 12 个仆人	2	2.1	24	4.8
拥有 13 个仆人	1	1.0	13	2.6
拥有 14 个仆人	2	2.1	28	5.6
拥有 15 个仆人	1	1.0	15	3.0
拥有 17 个仆人	2	2.1	34	6.8
拥有 18 个仆人	1	1.0	18	3.6
拥有 20 个仆人	1	1.0	20	4.0
拥有 21 个仆人	1	1.0	21	4.2
拥有 23 个仆人	1	1.0	23	4.6
拥有 36 个仆人	1	1.0	36	7.2
拥有 40 个仆人	1	1.0	40	8.0

尽管非洲人自 1619 年后仍在输入，但在此后的大约半个世纪时间里，白人契约仆仍是切萨皮克地区非自由劳动力的主体，直到 1680 年代以后，非洲奴隶才很快取代了白人契约仆成为非自由劳动力的主体。"1671 年奴隶占弗吉尼亚人口不足 5%，白人契约仆至少以 3∶1 的比例超过奴隶人数。马里兰的情况也大致相同。但是在随后的 20 多年时间里，到大约 1700 年，非洲人占人口比例变成了五分之一，成为劳动力队伍的多数。1707 年马里兰的人口统计列出了 3003 名白人契约仆，4657 名黑人奴隶。5 年后，奴隶人口几乎又增长了两倍。"① 在 1675—1695 年间，约 3000 名黑人进入这个地区。在

---

① Gary B. Nash, *Red, White, and Black: The Peoples of Early North America*, Upper Saddle River, New Jersey: Pearson Education, Inc., 2006, p.147.

17世纪的最后5年,切萨皮克地区绝大多数烟草种植园主的家园位于约克河两岸,他们购买的奴隶数超过了此前20年购买的奴隶人数。1688年弗吉尼亚米德尔塞克斯县和切萨皮克地区其他很多地方,白人契约仆的人数超过了黑人奴隶人数,他们之间的人数比例在5:1以上。到1700年这个比例就倒转了过来。黑人奴隶人口超过了白人契约仆人口。总体上说在弗吉尼亚和马里兰奴隶占劳工总数的三分之一。①

为什么弗吉尼亚人没有从开始种植烟草就使用奴隶?为什么他们过了很久才转向主要使用黑人奴隶呢?在埃德蒙·S.摩根看来,"答案是这样的,事实上,尽管奴隶劳动看起来有着明显的优势,但实际上在该世纪的前半期并不比契约劳动具有优势。因为前往弗吉尼亚的移民死亡率很高,所以相对于拥有一个劳动力几年时间,拥有一个劳动力的一生并不具有巨大优势,尤其是因为奴隶的成本大致是契约仆的两倍"。② 在这种条件下,弗吉尼亚种植园主自然就更愿意使用契约仆了。

促使奴隶主在1680年代以后将奴役的主要对象从白人契约仆转向非洲人奴隶的有三个因素。第一个因素是契约仆供应不足。从表1-2中契约仆在英属殖民地人口变化轨迹来看,巴巴多斯在1650年代是契约仆的首要目的地,1680年代后几乎停止了契约仆进口。牙买加在1680年代第一次成为契约仆的重要进口地之一,在美国革命前的几十年里再次成为契约仆的重要进口地。尼维斯只是在1660年代和1670年代成为契约仆的重要进口地之一。从1650年代一直到1770年代北美的切萨皮克地区一直是契约仆的重要进口地。宾夕法尼亚在17世纪后期开始进口契约仆,在1720年代后进口份额增加。到美国革命前夕,西印度地区殖民地几乎不再进口契约仆,大陆殖民地中几乎只有切萨皮克地区和宾夕法尼亚还在进口。③ 值得指出的是,在17世纪最后10年至18世纪前20年间,英国出口的契约仆人数大减,而这个时期恰恰是切萨皮克地区白人社会规模扩大、殖民区域扩展的时期,渴望通过奴役他人兴家立业的白人种植者人数增多,为数不多的契约仆自然难以满足这个群体对非自由劳动力的需求。

---

① Ira Berlin, *Many Thousands Gone: The First Two Centuries of Slavery in North America*, Cambridge, Massachusetts: The Belknap Press of Harvard University Press, 1998, p.110.
② Edmund Sears Morgan, *American Slavery, American Freedom: The Ordeal of Colonial Virginia*, New York: W. W. Norton & Company, 1975, p.297.
③ David W. Galenon, *White Servitude in Colonial America: An Economic Analysis*, Cambridge: Cambridge University Press, 1990, p.124.

表 1-2　不同年代英国前往主要殖民地的契约仆地区分布百分比①

年代	巴巴多斯	牙买加	尼维斯岛	其他西印度地区	切萨皮克地区	宾夕法尼亚	其他大陆殖民地	百分比总和	人数
1650—1659	69		2	1	28			100	2954
1660—1669	22	1	17	2	56		2	100	4548
1670—1679	10	4	15	2	66		3	100	2549
1680—1689	16	27	2	3	47	2	3	100	2260
1690—1699	3			1	85	3	8	100	586
1700—1709				8	84		8	100	180
1710—1719	6			1	85		1	100	179
1720—1729	1	21		14	47	14	3	100	1237
1730—1739	1	60		4	24	8	3	100	1506
1750—1759		37		12	42	6	3	100	230
1770—1779		1			79	18	2	100	3697

（原注：这些数字中不包括登记数不足 100 的时代和目的地不详的仆人。）

促使奴隶主将奴役的对象从白人契约仆转向非洲奴隶的第二个因素是英国掌控了大西洋奴隶贸易，这使得黑人奴隶大批输入北美成为可能。1660 年，弗吉尼亚殖民地议会做出决定，免除荷兰商船输入奴隶的地方税。这是一项鼓励输入奴隶的措施。然而就是这一年，英国议会颁布旨在打击荷兰海上贸易的《航海条例》，禁止使用荷兰船只进行贸易。"结果是拖延了弗吉尼亚向奴隶制的转变。"②不过在通过战争打败荷兰后，英国政府为了保护英国商人利益，批准成立了皇家非洲公司，垄断奴隶贸易，成为最大的贩奴国。非洲黑人被源源不断地贩运到美洲殖民地。一方面是白人契约仆不敷使用，另一方面是非洲黑人可以源源不断地输入，在此条件下奴隶主自然就将奴役的主要对象转向黑人了。

促使种植园主将奴役的主要对象转向黑人的第三个因素是切萨皮克地区人口寿命的延长。在弗吉尼亚殖民地早期的数十年里人口死亡率极高，到 17 世纪中期，弗吉尼亚人的死亡率开始下降，随着人口寿命的延长，奴役奴隶的优势就显示了出来。

---

① David W. Galenon, *White Servitude in Colonial America: An Economic Analysi*, p. 125.
② Edmund Sears Morgan, *American Slavery, American Freedom: The Ordeal of Colonial Virginia*, p. 299.

需要指出的是,奴隶主奴役对象从白人契约仆向黑人奴隶的转换并不是迅速而彻底的,直到美国建国时期,契约仆在切萨皮克地区仍然存在。该地区的大种植园主在转向使用黑人奴隶劳动后,还继续使用有技艺的白人契约仆。表1-3是1733年弗吉尼亚罗伯特·卡特的大种植园的劳动力构成,其中既有契约仆也有奴隶。

表1-3　1733年罗伯特·卡特大种植园的劳动力构成①

家园所在地种植园的仆人数		家园所在地种植园的奴隶数	
职业	人数	职业	人数
木匠	2	屠夫	1
造船木匠	1	裁缝	1
玻璃匠	1	木匠	1
裁缝	2	撑船手	4
园丁	1	车把式	1
铁匠	1	铁匠	1
水手	2	未申明技艺	2
瓦匠	2		
厨师	1		
未申明技艺	2		
总数	15	总数	11
其他种植园的仆人数		其他种植园的奴隶数	
职业	人数	职业	人数
工头	2	工头	42
未申明技艺	6	木匠	9
		桶匠	5
		锯木工	9
		未申明技艺	190
总数	8	总数	255

殖民地时期,切萨皮克地区的奴隶主群体一直处于成长状态,在此过程中奴隶主人数增多,少数奴隶主蓄奴规模扩大。"18世纪起始之时,马里兰

---

① David W. Galenon, *White Servitude in Colonial America: An Economic Analysis*, p.133.

的奴隶大约是 3000 人，拥有这些奴隶的主人大约是 1000—1250 人，而当时该殖民地白人人口大约是 5000—6000 人，奴隶主占白人人口的比例不足四分之一。"①尽管就人口比例而言，奴隶主在白人社会中一直是少数派，但是奴隶主群体的规模在扩大，"18 世纪后期，弗吉尼亚和马里兰潮汐地带的白人家庭中有一半到三分之二的家庭拥有奴隶。在美国革命之前的那些年，奴隶主的比例逐渐增加"。② 随着奴隶主群体规模扩大，少数种植园奴隶主脱颖而出，成为富甲一方的大富豪。"时至美国革命前夕，切萨皮克地区的大种植园主，如查尔斯·卡罗尔、'国王'罗伯特·卡特和威廉·伯德等人，已经拥有了巨大财富，他们的财产价值在 10 万英镑或以上，按购买力计算相当于 2000 年的 1000 万美元。"③在 1690 年代的马里兰，那些去世时财产高达 1000 英镑以上的大种植园主，仅占登记遗嘱者人数的 1.5%，这一比例在 1720 年代达到 2.2%，1730 年代达到 3.3%，在 1750 年代达到 3.9%。在此 60 年间马里兰的白人人口增长了四倍，不过大种植园主人数仅增长了十分之一。④奴隶主群体的成长使得切萨皮克地区成为特色鲜明的种植园奴隶制社会。"到 18 世纪初期，切萨皮克地区的乡绅慢慢地成为团结性很强的统治阶级。他们的财富以土地和奴隶为基础，他们保持团结的基础是家庭关系培养的共同利益和使他们与占人口多数的种植者保持距离的共同文化。他们的世界观是种族主义、共和主义和家长主义思想的混合物。控制奴隶以及维持贫穷白人合作的需要增强了他们的团结性。到 1730 年代，一个强大的大种植园主阶级已经在潮汐地带确立了他们的统治地位，并且慢慢地向切萨皮克边疆扩张他们的统治。"⑤

殖民地时期与切萨皮克地区社会特色相似的地区是下南部，该地区包括南卡罗来纳和佐治亚。在 1670 年代卡罗来纳殖民地创建时，一批西印度群岛地区巴巴多斯的奴隶主迁移而来，所以这个地区在开拓之初就有奴隶主的参与。不过，在水稻成为主产作物得到大规模种植之前，这里的奴隶主也是小奴隶主。在 18 世纪初，卡罗来纳的种植园规模还不大。一个名叫托马

---

① James A. Henretta, "Wealth, Authority, and Power", in Allen F. Davis and Harold D. Woodman, eds., *Conflict and Consensus in Modern American History*, Lexington, Massachusetts: D. C. Heath and Company, 1984, p. 24.
② Peter Kolchin, *American Slavery, 1619-1877*, New York: Hill and Wang, 1993, p. 34.
③ Gary B. Nash, *Red, White, and Black: The Peoples of Early North America*, p. 210.
④ James A. Henretta, "Wealth, Authority, and Power", in Allen F. Davis and Harold D. Woodman, eds., *Conflict and Consensus in Modern American History*, p. 25.
⑤ Russel R. Menard, "Economic and Social Development of the South", in Stanley L. Engerman and Robert E. Gallman. eds., *The Cambridge Economic History of the United States*, Vol. I, *The Colonial Era*, New York: Cambridge University Press, 1996, p. 273.

斯·奈恩的人,1710年对于在此殖民地建立种植园的成本和方法进行过详细说明,透过他的解说,可以看到当时种植园的规模。按照他的解说,建立一个小种植园的成本如表1-4所示:

表1-4　小种植园的建立成本①

2个黑人奴隶,每个40英镑	80英镑
4头牛,每头1英镑5先令	5英镑
4头母猪,每头15先令;1条船,3英镑	6英镑
一个钢磨粉机,或一对小手磨	3英镑
斧头、锄头、楔子、手锯、锤子和其他工具	2英镑
200英亩土地,4英镑;测量和其他费用,2英镑	6英镑
供第1年或前2年居住的一所小房子	8英镑
供第1年所用的玉米、豌豆、牛肉和猪肉等	14英镑
常规和额外开支	26英镑
合计	150英镑

而要建立一个大种植园,需要的投入当然巨大。托马斯·奈恩指出建立大种植园的成本如表1-5所示:

表1-5　大种植园的建立成本②

30个黑人,15男15女,每个40英镑	1200英镑
20头牛,每头1英镑5先令	25英镑
2匹母马,1匹雄种马,每匹10英镑;6头母猪和1头公猪,6英镑	36英镑
1000英亩土地,20英镑;测量和其他费用,7英镑	27英镑
1条大平底船,20英镑;1条小船,2英镑;1个钢磨粉机,4英镑	26英镑
10只母羊和1只公羊,7英镑;三十几把斧子,6英镑	13英镑
锄头、手斧、宽面斧、钉子、锯、锤子、楔子、楔头大锤、一把楔刀,其他必要的工具	23英镑
犁、车以及其上的铁制品	10英镑
供第1年或前2年居住的一所小房子,随后用作厨房	20英镑

---

① Lewis Cecil Gray, *History of Agriculture in the Southern United States to 1860*, p.326.
② Ibid.

续表

供第1年食用的300蒲式耳印第安玉米和豌豆,每蒲式耳2先令6便士,加上一些牛肉猪肉	50英镑
常规和额外开支	70英镑
合计	1500英镑

托马斯·奈恩认为建立一个大种植园需要30个黑人奴隶,"这30个黑人从9月或10月开始工作,将开垦出90英亩土地,播种,锄地,其中一半即45英亩种水稻,每亩可生产1000磅,按中等价格每100磅售价15先令,等于337英镑10先令。另外45英亩土地种植印第安玉米、豌豆、南瓜、土豆、西瓜和其他作物,供家庭使用"。①

水稻种植业的兴起使得南卡罗来纳和佐治亚地区变成了大种植园主的世界。在圣乔治教区,水稻生产在1710年代中期引进,1720年平均每家有奴隶近8人,1726年达到12人,1741年达到24人。1726年的人口普查显示,该教区的108户家庭中,只有21户家庭没有奴隶。有40户种植园主拥有的奴隶人数在1—4人之间,他们属于小种植园主。有29户家庭拥有的奴隶人数在6—24人之间,属于中等种植园主。有18户家庭拥有的奴隶人数在25人以上。这些数字表明大种植园主迅速兴起。不过,1726年的数字也表明,没有一个种植园主蓄奴超过100人,只有2个种植园主蓄奴是90人。在圣詹姆斯·古斯·克利克教区,1720年每户家庭平均蓄奴19人。该教区黑人与白人的比例是4:1。而该地区1745年不完整的纳税名单上,每户家庭平均蓄奴45人,黑人与白人的比例超过7:1。在这份名单上的59户家庭中,只有2户没有奴隶。16户家庭蓄奴超过50人,5户家庭蓄奴超过100人。有3名种植园主,即亨利·伊扎德、詹姆斯·金罗赫和萨拉·米德尔顿蓄奴数分别为218人、230人和215人。这3个人拥有的纳税土地平均是1.1万英亩,附带利息的货币是3500英镑。圣约翰斯·伯克利教区1705年平均每户家庭有超过2个奴隶,1720年平均每户家庭蓄奴人数达到15人,1740年达到24人,1762年将近30人。随着水稻种植业的发展,一些奴隶主蓄奴规模扩大,成为大种植园奴隶主。在1720年代和1730年代,去世者的财产显示18%的人没有奴隶,此后没有奴隶的人所占的比例一直下降,1750年代下降到13%,1760年代和1770年代下降到5%。大种植园主人数和他们的蓄奴数一直在增长。1720—1739年间,去世者中只有13%的人拥有的奴隶超过了25人,没有一个人蓄奴超过50人。在1740—1750年代,35%的遗产

---

① Lewis Cecil Gray, *History of Agriculture in the Southern United States to 1860*, pp.326-327.

记录显示蓄奴超过 25 人,18% 的遗产记录显示蓄奴超过 50 人,7% 的遗产记录显示蓄奴超过 100 人。1760—1779 年间,去世者的遗产显示 14% 的人蓄奴超过 100 人。① 佐治亚殖民地在 1732 年创建时原本不允许输入黑人奴隶,不过在 1750 年代初开放奴隶输入后,也很快变成与南卡罗来纳相似的地区。根据当时人们的估计,在 1760 年代早期,佐治亚至少有 5% 的白人(可能占全部家庭的四分之一)至少拥有一个奴隶。1755—1777 年间的 202 份财产目录显示,那些被列入这份目录的奴隶主平均蓄奴人数是 20 人,且蓄奴规模呈增长趋势,从 1755—1765 年间的平均蓄奴不足 11 人增长到 1766—1777 年间的 23 人以上。到 1770 年代初,一个种植园主群体已经在佐治亚的滨海地区形成。②

时至美国革命前夕,南部地区已经成为奴隶主群体的世界,虽然多数是小奴隶主,但也存在着人数较多的大、中奴隶主。1782—1783 年弗吉尼亚的部分县进行了人口普查。其中有 8 个县的材料可以用来分析奴隶主的蓄奴规模。这 8 个县分散在滨海平原地区和皮德蒙特的低地地区,包括:阿美利亚、汉诺威、兰凯斯特、米德尔塞克斯、新肯特、里士满、萨里和沃威克。在这些县中共有 15 人拥有的奴隶在 100 人以上,蓄奴 50—99 人的奴隶主大约 3 人,蓄奴 20—29 人的有 13 人,蓄奴 10—19 人的是 40 人,40 人蓄奴 5—9 人,70 人蓄奴 1—4 人,60 人没有奴隶。马里兰的安妮阿伦德尔县、查尔斯县和乔治王子县这三个地区的蓄奴状况,按照 1790 年联邦人口普查的结果,与上述弗吉尼亚这 8 个县的蓄奴状况相似。在弗吉尼亚和马里兰的所有这些县,平均蓄奴人数在 8.5—13 人。在南卡罗来纳的圣安德鲁、圣约翰·科利顿、圣保罗和圣斯蒂芬这 4 个教区,1790 年的联邦人口普查发现了 393 个奴隶主,平均蓄奴 33.7 人。而没有蓄奴的家庭只有 28 家。在查尔斯顿区,1643 户家庭中有 1318 户是奴隶主,蓄奴 42949 人。其中,威廉·布莱克拥有奴隶 695 人。拉夫·伊泽德有 594 个奴隶,分布在分别位于 3 个教区的 3 个种植园中,另外在他位于查尔斯顿市的家园还有 10 多个奴隶。纳撒尼尔·海沃德的种植园中有 420 个奴隶,在查尔斯顿市的家园另有 13 个奴隶。威廉·华盛顿的奴隶中有 380 个在农村,13 个在城市。霍利家庭的 3 个成员在一个社区分别拥有 340 个、229 个和 222 个奴隶。在查尔斯顿区,总共有 79 人蓄

---

① Russell R. Menard, "Slavery, Economic Growth, and Revolutionary Ideology in the South Carolina Lowcountry", in Ronald Hoffman and John J. McCusker, et al, eds., *The Economy of Early America: The Revolutionary Period,1763-1790*, Charlottesville:The University Press of Virginia, 1988, pp. 263-264.

② Betty Wood, *Slavery in Colonial Georgia,1730-1775*, Athens, Georgia:The University of Georgia Press, 1984, p. 107.

奴 100 人以上,156 人蓄奴数在 50—99 人之间,318 人蓄奴数在 20—49 人之间,251 人蓄奴数在 10—19 人之间,206 人蓄奴数在 5—9 人之间,209 人蓄奴数在 2—4 人之间,96 人只有 1 个奴隶。① 在 1770 年代初的佐治亚,60 个来自弗吉尼亚的人拥有土地超过 2500 英亩,20 人占有土地在 5000 英亩以上。总督怀特拥有土地 1.9 万英亩,詹姆斯·哈伯夏姆拥有 1.2 万英亩,该殖民地最大的地主约翰·格雷厄姆拥有大约 2.7 万英亩。在 1755—1777 年间的 202 份财产目录所列的奴隶主中,6% 的奴隶主拥有奴隶在 50 人以上,大致占这些记录列出的 4000 名奴隶的 45%,43% 的奴隶主拥有奴隶人数在 2—9 人之间,13% 的奴隶主仅有 1 名奴隶。也就是说,这份财产目录所包含的奴隶中有 75% 的奴隶属于蓄奴超过 20 人的奴隶主,只有 11% 的奴隶属于蓄奴数不足 10 人的奴隶主。② 这些局部地区的数据显示,南部存在较多的中等奴隶主和大奴隶主。

殖民地时期英属北美北部的各个殖民地虽然也都出现了奴隶主,但是与南部殖民地相比,这一地区不仅奴隶主人数占人口比例甚低,种植园奴隶主更是人数寥寥。当然北部各地区的发展情况也不尽相同,"在南部的北方,即特拉华、宾夕法尼亚、新泽西和纽约,英国殖民者仅仅在 17 世纪最后三分之一时间里才在这些地区定居开拓,由于冬季寒冷不可能种植劳动密集型的主产作物,而只有主产作物种植才能使得大规模的奴隶劳动赢利,所以这个地区奴隶制扎根的基础较为有限"。纽约的情况有些例外。在其前身荷兰人统治下的新尼德兰时期该地就有了黑人奴隶。1664 年英国人夺取了该地区后,在 17 世纪剩余的时间里人口多数仍是荷兰人。此后渐渐增多的英国人效仿荷兰奴隶主投入蓄奴生活中,"这样纽约就成为马里兰以北地区最大的奴隶进口地区。到 18 世纪中期,纽约与阿尔巴尼周围最初定居的地区仍旧是蓄奴社会,这里人口的 20% 是奴隶,30%—40% 的白人家庭拥有奴隶财产"。③ 在最北部的新英格兰地区,黑人奴隶制的发展程度最低。"黑人奴隶制在新英格兰从未真正繁荣过。从未达到其以南地区种植园殖民地那样的重要地位和严苛程度。黑人人数相对寥寥,1680 年仅有数百人,在 18 世纪也不超过人口的 3%。没有人认为这个地区的黑人将会增长并压倒白人社

---

① Ulrich Bonnell Phillips, *American Negro Slavery: A Survey of the Supply, Employment and Control of Negro Labor as Determined by the Plantation Regime*, New York: Peter Smith, 1952, pp. 83-84, 95-96.
② Betty Wood, *Slavery in Colonial Georgia ,1730-1775*, p. 108.
③ Gary B. Nash, *Red, White, and Black: the Peoples of Early North America*, 2006, p. 147.

会。"①概括来说,殖民地时期奴隶制在切萨皮克地区以北地区的发展呈现出三种鲜明现象:第一,奴隶人口总体上呈上升趋势,尤其是在18世纪,奴隶人口有所增长。第二,奴隶占人口的比例不大,在18世纪中期以后反而呈下降趋势。第三,奴隶人口存在着地方性集中。就人口的地理分布而言,北部的黑人绝大多数位于农村地区。北部地区奴隶主群体中的绝大多数是蓄奴人数很少的小奴隶主。例如,在18世纪北部各殖民地中,纽约殖民地的奴隶人口最多,但绝大多数是小奴隶主。在1702年纽约的奥兰治县,33个奴隶分属于15户家庭。1714年达奇内斯县,29个奴隶分属于13个不同的主人。②而在北部三个最大的港口城市,绝大多数奴隶主是小奴隶主,表1-6中的数字证明了这种情况。在有数据可证的年份,波士顿、费城和纽约的奴隶主绝大多数是小奴隶主,蓄奴9人以上者寥寥无几。

表1-6 波士顿、费城和纽约市奴隶主的蓄奴状况③

蓄奴人数	奴隶主人数					
	波士顿		费城		纽约	
	1685—1775年		1685—1775年		1790年	
	人数	比例%	人数	比例%	人数	比例%
1人	337	58.8	87	42.0	601	55.6
2人	145	25.3	51	24.6	208	19.2
3人	54	9.4	24	11.6	128	11.8
4人	19	3.3	14	6.8	66	6.1
5—8人	16	2.8	22	10.6	72	6.7
9人以上	2	0.3	9	4.3	6	0.6
总数	573	99.9	207	99.9	1081	100.0

在一个使用奴隶劳动能发家致富的社会里,不管个人在道德或良知上是否认同奴隶制,为了个人和家庭的利益,精明强干之人极可能走上蓄奴之路。生活在弗吉尼亚殖民地韦斯托沃之地的彼得·方丹,在1757年3月30日写的一封信中,讲述了他对形势的认识。他写道:

就像亚当一样,我们都有推开责难委过于人的倾向,你可以想到我

---

① Winthrop D. Jordan, *White over Black: American Attitudes Toward the Negro,1550-1812*, Baltimore, Maryland: Penguin Books Inc., 1968, p.66.
② Peter Kolchin, *American Slavery,1619-1877*, p.30.
③ Gary B. Nash, "Forging Freedom: The Emancipation Experience in the Northern Seaport Cities, 1775-1810", in Ira Berlin and Ronald Hoffman, eds., *Slavery and Freedom in the Age of the American Revolution*, Charlottesville: The University Press of Virginia, 1983, p.28.

们的情况就是这样。在船主们购买黑人将他们带到这里之前,黑人们受着黑人们自己的奴役。买不买他们无疑是我们自己的选择,所以购买他们是我们在犯罪,在做愚蠢之事,或者你乐意怎么说就怎么说吧。但是我们的议会预见到在我们中间进口如此多的黑人将产生的不良后果,常常尝试着对进口黑人加以征税,税额达到每个黑人征收10或20英镑的程度,这就等于是禁止进口黑人了,但是没有哪个总督敢于通过这样的法律,从母国贸易委员会得到的指示也正好相反。通过这种方式,黑人被强加给了我们,不管我们愿意与否,此即清楚表明非洲公司的势力压倒了殖民地,他们可以随意得到大臣们的关照。确实,因为战争已经耗尽了我们的那一点点现金,黑人的进口已经停止了,这样我们的贫困恰好成为我们最好的保障。现在不用再掰开那些瘦骨嶙峋之人的大嘴进行挑选了。但是一旦繁荣开始,就会又是那种情形。……但是在弗吉尼亚生活没有奴隶确实是不行的。你不会为了爱情或金钱雇佣一个仆人或奴隶。我们面前的烦恼是,一个人除非身体足够健壮,能够伐木,到磨坊干活,用锄头干活,等等,否则就必须受饿或寄食到某户家庭,他们敲诈你,只让你吃半口饭。玉米、小麦和食物并没有固定价格,他们就利用陌生人的必需来牟利。在这样的形势下,人们就不得不去购买一些奴隶和土地。这样一来当然就把我们拉入这个购买奴隶国家的原罪和诅咒之中。这就是这个地方没有商贾或能工巧匠而人们在很短时间里就变成种植园主的原因。①

方丹的这番话虽属奴隶主的自我辩解之语,却也道出了奴隶主蓄奴的心机。奴隶主之所以选择蓄奴,正在于奴役黑人能够给他们带来利益和便利。

从蓄奴生活充斥着残酷手段来推想,那些通过个人努力而成为奴隶主的人必然是心性和能力超越常人的强人。蓄奴是一种赤裸裸的、残忍的人身压迫活动。为了从奴隶身上榨取尽可能多的劳动和价值,奴隶主往往诉诸包括毒打、伤残肢体,甚至用残暴的方式处死奴隶等方法惩罚不服从的奴隶,并且为了个人的经济利益出售奴隶而不惜拆散奴隶家庭。这种会让性情柔弱的人感到胆战心惊的凶狠做法,在奴隶主的日常蓄奴生活中是一种正常现象。当然,仅有狠毒的心肠是不够的。强行控制奴隶和进行市场经济的生产经营,需要实际的管理和经营能力。因此按生活逻辑来推断,只有那些心性狠毒且具有管理和经营能力的人才有可能成为奴隶主。

---

① Ulrich B. Phillips, *Plantation and Frontier Documents*, *1649-1863*, *Illustrative of Industrial History in the Colonial & Ante-Bellum South*, Vol. II, Cleveland, Ohio: The Arthur H. Clark Company, 1909, pp. 29-30.

二 南部大种植园主家庭的兴起路径

尽管殖民地时期的英属北美各殖民地都出现了奴隶主群体,但是只是在南部地区才形成了种植园主群体。在北部殖民地的个别地区虽然也有种植园主出现,但是人数甚少,不足以构成一个显而易见的群体。而在切萨皮克地区和下南部,则出现了为数较多的种植园主家庭,少数种植园主家大业大、奴隶成群,成为地方社会引人注目的豪门大户。

种植园主都是使用奴隶劳动从事主产作物生产的农场主,也就是说,利用奴隶的劳动生产主产作物加以销售从而赢利是种植园主共同的财富积累路径。不过南部殖民地只有少数种植园主发展成了家大业大的大种植园主。立足于同一个地区,生活在同样的时代,在外部条件相同的情况下,是什么样的人在社会生活中脱颖而出、成为大种植园主?或者说,那些大种植园家庭的兴起走的是什么样的路径?

在北美殖民地,一个人要成为小奴隶主并不难,可是要成为蓄奴成群的大种植园主却不容易。切萨皮克地区在殖民地开创后不久就出现了奴隶主,可是直到进入18世纪之后才出现引人注目的大种植园主家庭。之所以如此,与白人社会的人口条件有着直接的关联。只有人的寿命较长,夫妻关系存续较久,父母能够活到儿女成年并建立自己的家庭,家庭财产才可能在血缘亲人之间代际相传,只有有了这种财产的代际相传,才可能导致大奴隶主家庭的兴起。切萨皮克地区白人社会最初并不具备这个条件。17世纪切萨皮克地区的白人主要是成年男性移民,男女比例极不平衡。1630年代每100名女性对600名以上的男性,到1670年代每100名女性对250名左右男性。由于生存环境恶劣,人的寿命很短,一半以上的人活不到40岁,几乎四分之一的人活不到50岁。来到殖民地的那些为数不多的妇女,由于多是契约仆,在契约未满之前不能嫁人,所以结婚的年龄偏大,自然对人口的增长也不利。17世纪人口死亡率也高于出生率。直到17世纪末,这种情况才发生变化,本土出生的人寿命较长,结婚也较早,渐渐地改变了人口构成。到18世纪初,本土出生的人已经成为该地区人口的多数。年龄和性别也趋向平衡稳定。[①] 在形成了这样的条件后,历经多代人的创业积累,大种植园主家庭才开始出现。

切萨皮克地区大种植园家庭的先祖,往往在来到殖民地时就具有一定的

---

① Russel R. Menard, "Economic and Social Development of the South", in Stanley L. Engerman and Robert E. Gallman, eds., *The Cambridge Economic History of the United States*, Vol. I, *The Colonial Era*, pp. 265-266.

家族资源优势。18世纪弗吉尼亚豪门大姓中的绝大多数,如布兰德、伯韦尔、伯德、卡特、迪各斯、勒德韦尔和梅森等,首次出现在弗吉尼亚的时间是在1655年前后10年间。"这些18世纪贵族的先人们来到此地的情形相当类似。这些移民中最重要的成分是英国富有家庭的小儿子。这些家庭在伦敦的商界和官场中关系颇深,且与弗吉尼亚有着长久的关联。他们或在弗吉尼亚拥有土地所有权,或继承了原弗吉尼亚公司的股份。这些移民们带着这些权益来到新世界,成为他们安家立业的基础。"布兰德家族在弗吉尼亚的产业可追溯到1618年伦敦商人约翰·布兰德对弗吉尼亚公司的投资,以及1622年对马丁田园的另一项投资。约翰·布兰德本人从未去过弗吉尼亚,但是在17世纪四五十年代,他的3个儿子前往弗吉尼亚,用上了他的这些投资。伯韦尔家族的家产可追溯到爱德华·伯韦尔购买弗吉尼亚公司的股份,他的股权在40年代由他的儿子刘易斯一世继承。威廉·伯德一世在1670年前后来到弗吉尼亚,接受了其母亲娘家在弗吉尼亚的产权,而这份产权也是因购买弗吉尼亚公司的股份而获得。迪各斯家族的产权源于杜德里·迪各斯和他的两个儿子对弗吉尼亚公司的投资,但是前往弗吉尼亚的是他的第3个儿子爱德华,此人于1650年移民到弗吉尼亚。梅森家族的人首次出现在弗吉尼亚的时间是1652年,但他们的产业源于32年前对弗吉尼亚公司的投资。卡尔佩珀家族的先祖托马斯·卡尔佩珀于1649年来到弗吉尼亚,其父亲、叔父和兄弟都曾是弗吉尼亚公司的成员。总督伯克利在1642年来到弗吉尼亚,其产权源于20年前他的家庭对弗吉尼亚公司的投资。① 这些人到达殖民地就可以自主创业,使用白人契约仆或黑人奴隶进行创业活动。当时多数白人移民是作为契约仆而来的。契约仆在其服务期限内为主人劳动,没有人身自由;只有在契约规定的服务时间到期后,才能够获得自由,从事自己的事业。

切萨皮克地区大种植园主家庭的兴起往往是家族几代成员奋斗的结果。在这个过程中,只要有一个或多个家族成员具有超常的胆识和能力,进行成功的创业。乔治·华盛顿家庭的兴起就是例证之一。华盛顿家族在北美的先祖是约翰·华盛顿。他原是英国一艘名叫"伦敦海马号"运输船的大副,在大西洋上进行货运往来。大约在1657年初,因为一场突起的暴风,该船损毁在北美弗吉尼亚的波托马克河上。约翰·华盛顿在与其他船员修复航船的过程中,意外地认识了当地人纳撒尼尔·波普,此人在波托马克河南岸拥

---

① Bernard Bailyn, "Politics and Social Structure in Virginia", in Stanley N. Katz, etc, eds., *Colonial America: Essays in Politics and Social Development*, Little, Brown and Company, 1971, pp. 113-114.

有大片土地。约翰心生计谋,竭力取悦这位大地主和他的女儿。当船只修好离去时,约翰留了下来,大约一年后他就娶了这个大地主的女儿安妮·波普为妻。作为结婚礼物,纳撒尼尔·波普送给其女儿700英亩土地,并预支给约翰·华盛顿80英镑的资金作为他兴家立业的资本,由此这个靠在海洋上漂泊为生的年轻人摇身一变,成了北美的一名中等富人。约翰·华盛顿确实是一个精明的冒险家,靠着自己的智谋机变不断积累土地,他获取的最大一块土地,是在1674年获得波托马克河上狩猎溪(Hunting Creek)的土地,此地就是后来的芒特弗农庄园(Mount Vermon)所在地。安妮给约翰生下了5个孩子,于1668年去世。那时弗吉尼亚人的寿命很短,再婚是司空见惯的现象。约翰·华盛顿也是如此,他很快就又娶了一个年龄比他大一半的寡妇安妮·布里特。第二任妻子去世后,约翰又娶了她的妹妹,已经有过三次婚姻的弗朗西斯·阿普顿。约翰一生结婚8次,每次婚姻都给他带来财富。有了财富,相应地社会地位也就上升。约翰·华盛顿成了弗吉尼亚议会议员,担任过县民兵少校、县治安法官和教区的委员(Vestryman)。然而,幸运不会永远眷顾一人。1677年约翰因发热去世,年仅46岁。他把绝大部分财产传给了他的长子劳伦斯,可是后者不幸在1698年年仅38岁时去世。劳伦斯的遗孀再婚后,与她的新丈夫带着她的3个孩子离开弗吉尼亚去英国生活。她的这个新丈夫想得到富有的妻子在弗吉尼亚的财产,于是在弗吉尼亚对劳伦斯的弟弟提起诉讼。不过判决结果对华盛顿家族有利,让劳伦斯的3个遗孤之一奥古斯丁·古斯·华盛顿从英国返回弗吉尼亚。1715年或1716年,奥古斯丁·古斯·华盛顿娶了简·巴特勒为妻。巴特勒的父亲是威斯特摩兰县的种植园主,他给了女儿1300英亩土地做嫁妆。1718年他们生下了第一个儿子,也取名劳伦斯,两年后又生下小奥古斯丁。1729年简·巴特勒去世,奥古斯丁·古斯·华盛顿又娶了玛丽·鲍尔,她也是威斯特摩兰县人。1732年2月11日,他们的第一个孩子乔治·华盛顿在波托马克河他们的家族种植园波普克里克(Popes Creek)降生。1743年年仅49岁的奥古斯丁·古斯·华盛顿突然去世,此时华盛顿才11岁。奥古斯丁·古斯·华盛顿留下了1万多英亩土地和49个奴隶。按照弗吉尼亚社会的风俗,大部分财产留给了长子劳伦斯,包括位于狩猎溪的2000多英亩土地,一个碾粉场,一些奴隶、耕牛、家具、农具和锻铁作坊;二儿子奥古斯丁得到了位于教皇溪的种植园,一些奴隶和耕牛。乔治·华盛顿的母亲得到一份亡夫遗产,她自己亲生的4个男孩子也分得一些财产和奴隶,不过要等到他们长到21岁时才能正式占有,在此之前由母亲玛丽·华盛顿管理。唯一的女孩贝蒂在年满18岁时将得到一份嫁妆。劳伦斯在继承了狩猎溪地产后,将此地改名为芒特弗农庄园,以纪念他在参加卡塔赫纳战役时的上司爱德华·弗农海军少将。1743年7月,劳伦斯娶安妮·费尔法克斯为妻。此女是弗吉尼亚豪门之女,父亲是威廉·费尔法克斯上校,叔叔是英国的托马斯·费尔法克斯勋爵。通过与高门联姻而得到权贵的庇荫,1749年7月,年仅17岁的华盛顿被任命为库尔佩珀县的土地测量员。殖民地时期弗吉尼亚的土地测量员可是个肥差,因为这个工作不仅为大地主权贵们服务,还可以借机给自己谋取大片肥沃的土地。华盛顿的父亲就是土地测量员,家中还有父亲留下的测量工具。华盛顿得到这个差事,借机也给自己谋取了大片土地。尽管华盛顿是库尔佩珀县的土地测量员,可是他1748—1759年间的大部分工作却是在弗雷德里克县、谢南多厄谷地和其他属于费尔法克斯家庭的地产上进行土地测量。然而命运无常,华盛顿同父异母的大哥劳伦斯在1752年因肺结核去世。在其去世前他的三个幼儿已经先后夭折。在其去世后不到一年,他的妻子安妮·费尔法克斯就带着幼女萨拉另嫁他人。两年后萨拉也死了,劳伦斯的家产没有了继承人。按照华盛顿父亲去世时制定的遗产继承顺序,芒特弗农庄园应该由华盛顿同父异母的二哥奥古斯丁继承。可是奥古斯丁拒绝了这份家产,他想要另外一处家产,这样芒特弗农庄园就落到了乔治·华盛顿的手中,尽管劳伦斯已经改嫁的妻子从法律上说仍在芒特弗农庄园享有一份受益权,但是她把自己的相关权益出租给了华盛顿。1761年安妮·费尔法克斯去世后,芒特弗农庄园就完全归华盛顿所有了。①1759年1月6日,华盛顿与丹尼尔·帕克·柯蒂斯的遗孀玛莎结婚,柯蒂斯是一名巨富,1757年46岁去世时,留给他年仅26岁的妻子玛莎和两个幼子价值4万英镑的财产,外加1.8万英亩土地。华盛顿娶了玛莎,一下子就成了弗吉尼亚的大种植园主。尽管从法律上说,华盛顿不是其妻子亡夫遗产奴隶的所有人,但他实际上是这些奴隶的使用人和管理人。作为一家之主的华盛顿是一个在家庭事业上精明进取的人,"在其创业生涯的早期,华盛顿的首要目标是建设一个很大的庄园,成为一个富人"。1750年代芒特弗农庄园与其他种植园一样生产烟草、玉米和小麦,此外华盛顿还增加了燕麦、大麦、黑麦、荞麦、斯佩耳特小麦、萝卜和棉花的生产,更加精心照料果园。华盛顿也没有放弃其他投资机会,在自己的种植园建立了一个磨坊、一个铁匠铺,在波托马克河边建立了一个渔场。"到1763年他已经在9个县取得了9000多英亩土地,在弗雷德里克县建立了一个农场区。他还投资入股迪斯梅尔沼泽公司,购买了几个用于建镇

---

① Patrica Brady, "George Washington and His Family", in Edward G. Lengel, ed., *A Companion to George Washington*, Malden, MA.: Wiley-Blackwell, 2012, pp. 87, 89.

的地块。"①在其田产增加的同时,华盛顿的蓄奴人数也相应增多。1743 年 4 月 12 日其父亲去世时,年仅 11 岁的华盛顿获得了 10 个奴隶的继承权。②通过创业,"1760 年华盛顿应当纳税的奴隶是 49 个,1765 年是 78 个,1770 年是 87 个,1775 年是 135 个,到 1786 年奴隶人口的自然增长已使他拥有的黑人人数达到 216 人"。③ 就华盛顿的发家史,美国学者亨利·威恩塞克写道:"乔治·华盛顿与他的先祖约翰有很多相同之处。俩人都是天资聪慧、雄心勃勃,都不安分守己,都是渴望在现世中有所进取的年轻人,两人都尽力谋求通过与比自己更显赫的家庭的有产之女结婚来改善自己的处境。"④

托马斯·杰斐逊家庭的崛起应该归功于他的父亲。杰斐逊在 77 岁写自传时,虽然提到了他的祖父,却没有写出祖父的姓名,"关于我的祖先,我找到的第一个具体信息是我的祖父,他住在切斯特菲尔德的一个名叫奥兹伯恩的地方,拥有土地"。关于他的父亲彼得·杰斐逊,托马斯·杰斐逊毫不掩饰赞扬和钦佩之情,"我父亲的教育被大大忽视了。但是由于他具有刚强的心志,高超的判断力,又渴求知识,阅读甚多,使自己得到很大提高"。⑤ 彼得·杰斐逊兴家立业的成功,是个人积极进取与结交权贵相结合的结果。他在年轻时结交了威廉·伦道夫这个弗吉尼亚大地产主,通过运作获得了毗邻威廉·伦道夫地产的 1000 英亩土地,又以微不足道的价格从威廉·伦道夫手中购买了 400 英亩土地,一跃成为大地主。1736 年他又娶了威廉·伦道夫的堂妹简·伦道夫为妻,成为伦道夫家族的至亲。⑥ 就这样彼得·杰斐逊从一个普通人跃升为大地主。有了父亲建立的家庭基业和人脉网,再加上受过优质高等教育,托马斯·杰斐逊继续拓展事业,跻身于弗吉尼亚大种植园主行列。托马斯·杰斐逊继承了父亲的土地,种植烟草,出售给父亲在英国的商号乔治·基彭公司(George Kippen & Co.),并通过这家商号购买欧洲的商品。1782 年杰斐逊拥有土地超过 1.2 万英亩,奴役的黑人在 200 人以上,

---

① Lorena S. Wash, "Slavery and Agriculture at Mount Vernon", in Philip J. Schwarz, ed., *Slavery at the Home of George Washington*, Mount Vernon, Virginia: Mount Vernon Ladies' Association, 2001, pp. 47, 55.
② James Thomas Flexner, *George Washington: The Forge of Experience*, Little, Brown and Company, Boston, 1965, p. 18.
③ James Thomas Flexner, *George Washington: Anguish and Farewell*, 1793-1799, Little, Brown and Company, Boston, 1965, p. 113.
④ Henry Wiencek, *An Imperfect God: George Washington, His Slaves, and the Creation of America*, Macmillan, an Imprint of Pan Macmillan Ltd., 2004, p. 30.
⑤ Paul Leicester Ford, ed., *The Works of Thomas Jefferson*. Vol. I, New York, The Knicherbocker Press, 1904, pp. 3, 4.
⑥ John T. Morse, Jr., *Thomas Jefferson*, Boston: Houghton, Mifflin and Company, 1898, p. 3.

分布在他位于弗吉尼亚6个县的种植园里。①

继承家业、个人奋斗与结交权门对于兴家立业的关键作用在詹姆斯·麦迪逊的家族故事中也甚是明显。按家谱上溯,詹姆斯·麦迪逊的父亲也叫詹姆斯·麦迪逊,母亲N.康韦·麦迪逊是大种植园主之女。他们于1749年结婚,婚后18个月生下了杰米,即后来成为美国总统的小詹姆斯·麦迪逊。他的父亲老詹姆斯·麦迪逊的父亲,即总统的爷爷安布罗斯·麦迪逊是奥兰治县最富有的种植园主,于1732年去世,当时还是一个孩子的老詹姆斯·麦迪逊继承了4000多英亩土地、29个奴隶、59头牛、34头猪、19只绵羊、10匹马和一个有28本书的图书馆。而安布罗斯·詹姆斯的父亲,即詹姆斯·麦迪逊的曾祖父小约翰·麦迪逊,从他自己的父亲约翰·麦迪逊那里继承了一些财产。约翰·麦迪逊原是一名在船上工作的木匠,他因为给弗吉尼亚殖民地带来了十几个契约劳工而在1653年凭"人头权"获得600英亩土地,在马特普尼河岸建立了一个烟草种植园。小约翰·麦迪逊成家立业后,已经成为金安县的一个富裕种植园主,担任过警官和治安法官。他的儿子安布罗斯1721年娶了弗朗西斯·泰勒这个富家之女,其父亲詹姆斯·泰勒在1716年陪伴弗吉尼亚总督亚历山大·斯波茨伍德进行了一次深入蓝岭山脉的土地投机和探险旅行,此后在皮德蒙特地区获得了13500英亩土地。在他的女儿成婚两年后,即他的外孙老詹姆斯·麦迪逊出生后,小约翰将2000多英亩土地分给了安布罗斯。1729年安布罗斯·麦迪逊带着自己的新家庭搬迁到他称之为"快乐山庄"(Mount Pleasant)的种植园,此地后来被称为蒙特佩里尔(Montpelier),在这里他又获得了5000英亩土地。1732年安布罗斯·麦迪逊被奴隶毒死,留下年轻的寡妇弗朗西斯和3个幼子,年龄最大的老詹姆斯·麦迪逊才9岁,还有两个更年幼的妹妹。在家住附近的娘家兄弟姐妹的帮助下,弗朗西斯独自养育孩子,经营种植园。老詹姆斯·麦迪逊长大成人、娶妻生子,生下了小詹姆斯·麦迪逊。1780年小詹姆斯·麦迪逊参加大陆会议投身于独立战争时,在他父亲的种植园里生活着118个奴隶,这个数字是他父亲所继承的奴隶数量的4倍,这使得他成为奥兰治县最大的奴隶主。②到1801年老詹姆斯·麦迪逊去世时,他的财产包括需要纳税的土地3029英亩,奴隶108人。他经营着一个铁匠铺,有两个技艺纯熟的奴隶,使用两个炉

---

① Lucia Stanton, "Thomas Jefferson: Planter and Farmer", in Francis D. Cogliano, ed., *A Companion to Thomas Jefferson*, Malden, MA: Wiley-Blackwell, 2012, p.255.
② Paul Douglas Newwan, "James Madison's Journey to An 'Honorarable and Useful Profession', 1751-1780", in Stuart Leibiger, ed., *A Companion to James Madison and James Monroe*, Malden, MA.: Wiley-Blackwell, 2013, pp.22-23.

子和两套工具干活,还有三个酿造作坊酿制并销售果酒。他还拥有121头牛、28匹马、77只绵羊、253头猪。此外他还与儿子合伙在拉皮丹河上开办了一家商业性磨坊。① 在他离世之后,他的这笔家产的大部分留给了此时已是美国国务卿的儿子小詹姆斯·麦迪逊。

殖民地时期弗吉尼亚最著名的大种植园主是伯德家族和卡特家族,他们崛起的轨迹与华盛顿、杰斐逊和麦迪逊家族颇为相似。伯德家族的创始人威廉·伯德是伦敦一个金匠的儿子,他17岁来到弗吉尼亚,帮助他的舅舅管理田产。他的舅舅小托马斯·斯蒂格上校是弗吉尼亚的显赫人物,但是没有后嗣。他在1670年3月3日立下遗嘱,将他在弗吉尼亚的田地、家宅和房舍都给了威廉·伯德。② 继承了舅舅的家产后,伯德并没有满足现状,而是走上了积极进取、勤奋创业之路。他立身北美,却投身于大西洋经济世界。他既种植烟草,又与印第安人进行贸易,还从事契约仆和奴隶买卖。"在17世纪最后25年里,除了与印第安人大做生意外,他还是朗姆酒和奴隶的大进口商,他将这些商品卖给他的种植园主同行们,获得了可观的利润。在这一时期的绝大部分时间里,他通过其在伦敦的代理商佩里暨莱恩商行购买奴隶。1697年英国议会通过一项立法,限制皇家非洲公司的奴隶贸易垄断权,允许私人经营者使用他们自己的船只进行奴隶贸易,只是还需要从这家英国公司获取贸易许可证。伯德便抓住这个机会,使用自己的船只直接从非洲海岸进口黑人,以此增加他的利润。"③伯德生产烟草向英国出口。他的信件显示1684年他的烟草出口量是350桶(hogshead),1686年是790桶。大种植园主一般能够通过在英国的代理人经销烟草。1680年代中期伯德在伦敦有两家代理商,一个是佩里暨莱恩商行,另一个是商人阿瑟·诺斯。他在1690年希望运给佩里暨莱恩商行500桶烟草,第二年预料会给这家商行同样数量。与此同时,他感谢诺斯接受了他的208桶烟草,并说他还有250桶烟草未售出。④ 通过个人的积极进取,伯德成长为弗吉尼亚的大人物,"30岁刚出头,

---

① David B. Matten, "James Madison and Montpeller: The Rhythms of Rural Life", in Stuart Leibiger, ed., *A Companion to James Madison and James Monroe*, p.293.
② Pierre Marambaud, "William Byrd I: A Young Virginia Planter in the 1670s", *The Virginia Magazine of History and Biography*, Vol. 81, No. 2 (Apr., 1973), p.132. http://www.jstor.org/stable/4247791 Accessed: 2012/04/02
③ William Byrd I and Louis B. Wright, "William Byrd I and the Slave Trade", *Huntington Library Quarterly*, Vol. 8, No. 4 (Aug., 1945), p. 379. http://www.jstor.org/stable/3816066 Accessed: 2012/04/02
④ Pierre Marambaud, "Colonel William Byrd I: A Fortune Founded on Smoke", *The Virginia Magazine of History and Biography*, Vol. 82, No. 4 (Oct., 1974), p.438. http://www.jstor.org/stable/4247900 Accessed: 2012/04/02

他已经成为弗吉尼亚最有势力的人物之一,1683 年 1 月 4 日成为总督参事会参事和民兵上校,开始了他人生中最辉煌的那个阶段"。①他成为弗吉尼亚社会的上层人物,"1703 年在年迈的培根上校去世后,伯德成为参事会主席,这是一个殖民地人能够取得的最高位置"。②

伯德一世于 1704 年 12 月 4 日去世,他的儿子伯德二世尽管已是出身高门,却没有堕落为纨绔子弟,而是子承父业,在生活的方方面面勤于进取,也像其父亲那样成为弗吉尼亚社会的显赫人物。"受教于英国的中殿,成为皇家学会成员和皇家财税接收长(Receiver-general of Royal Revenues),在布莱尔委员死后担任参事会主席,查尔斯城和亨里克的民兵指挥官,拥有早期美洲最高贵的图书馆,能够阅读希伯来文、希腊文、拉丁文、法文、意大利文和荷兰文的作品,拥有土地超过 17.9 万英亩,韦斯托沃种植园宅邸的建造者,威廉·伯德,这个与印第安人进行贸易的商人,铁矿、煤矿和金矿开采的试验者,两座城市的开创者,即使其身后出版的著作并没有让他获得他那个世纪最优秀的美利坚作家这样的名声,他也是 18 世纪早期弗吉尼亚传奇中的核心人物。"当然,作为大家业的负责人,伯德二世的生活并不轻松。他在 1710 年 9 月 1 日写的日记佐证了其日常生活的忙碌。这篇日记写道:"1710 年 9 月 1 日,我 5 点钟起床,阅读了一篇希伯来文和几篇希腊文的卢西安作品。我做了祈祷,早饭是热牛奶。跳了一会儿舞。妻子与我吵了一架,因为她忽略了给孩子喝苦饮料。我处理了一些账目。大概 11 点时博比奇上尉来了,我与他玩了一会儿台球。收到一封来自乔·威廉森的信件,信中说他病了。午餐吃的是烧乳鸽。下午博比奇上尉去了我的表弟哈里森家。伦道夫上校和波林上尉被挑选为代表北部这个县的议员。妻子与我在种植园走了很长一段路。晚上我读撒彻弗里尔博士的布道词。身体健康,头脑灵敏,语言幽默,谢谢万能的上帝。"詹姆斯·索撒尔·威尔逊在研究了伯德的日记后发现:"威廉·伯德是一个忙碌的人,积极参与政治事务。他既去访问种植园,还去拜访朋友,监督军队和奴仆的纪律。他记录了自己给羊洗澡和剪羊毛,看管制作苹果酒。"威廉·伯德也是一个很有生活情趣的人,能够忙中取乐,享受生活。"他每天早上 5 点或 6 点就起床,早餐喝一杯热牛奶。午餐通常吃一种肉菜,晚餐是面包和黄油。他阅读卢西安或泰伦斯的作品,或其他文字的作品,他严格践行着定期选取几种外国语言作品加以阅读的做法。他常常还要读英语作品。为了获得安慰或修身,他阅读蒂洛逊的布道词。为了娱乐,他阅读斯波茨伍德给他的《闲谈者》(Tatler)期刊和《休迪布拉斯》(Hudi-

---

① Pierre Marambaud, "William Byrd I: A Young Virginia Planter in the 1670s", p. 150.
② Pierre Marambaud, "Colonel William Byrd I: A Fortune Founded on Smoke", p. 456.

bras)。有一个下雨天他给女士们读塞缪尔·加思的《药房》(Dispensary),一直读到天黑。还有一次他读弥尔顿的作品,一直读到昏昏欲睡。他亲自洗刷自己的镀金的刀子、叉子和勺子。他翻译所罗门的诗歌,晚餐前写诗文,有时给女士们读读自己写的作品。他虔信宗教,也坦然在星期天去打扑克,因为他觉得这样做无伤大雅。其父亲去世后,为了还能目睹父亲的容颜,他竟然不把父亲的坟墓封上口,可是他最终发现遗体渐渐朽烂,已经无法辨认了。他对自然史和商业都有尝试的兴趣。"①

在弗吉尼亚与伯德家族大致齐名的大种植园主家族是卡特家族。在这个家族兴起历程中罗伯特·卡特是一个重要人物。此人大约1664年出生于他父亲在拉帕汉诺克河畔兰开斯特县的克罗图曼(Corotoman)庄园,是其父约翰·卡特与他的第四任妻子所生的儿子。他的父亲是移民而来,担任过总督参事会参事。其父去世后,他的同父异母哥哥——也叫约翰·卡特——遵从遗嘱,1673年让罗伯特·卡特到伦敦留学,在那里与他们家庭的朋友、商人阿瑟·贝利生活了6年。不仅学习了古典名著,而且通晓了弗吉尼亚与英国的贸易。返回弗吉尼亚后,罗伯特·卡特1688年与格洛斯特县的朱迪思·艾米斯泰德成婚,在后者11年后去世前,他们生育了4个女儿和1个儿子。大约1701年卡特又娶了伊丽莎白·兰登·威利斯这个富有的寡妇,她于1719年7月去世。他们生有5个女儿和5个儿子,其中一个是查尔斯·卡特,他多年担任乔治王子县在弗吉尼亚议会的议员,另一个是兰登·卡特,他担任里士满县在殖民地议会的议员。在1690年他的同父异母哥哥去世后,罗伯特·卡特继承了绝大部分地产,还管理着他侄女的地产,同时继承了一个同父异母弟弟的部分财产。在仕途上,罗伯特·卡特在1690年11月成为基督城教区的教区委员,1691年6月10日就任兰开斯特县的治安法官,此外他还担任了兰开斯特县和诺森伯兰县的民兵指挥官,负责管理在拉帕汉诺克河的海关,这些职位既增加了他的政治权力,也增强了他的经济实力。他是1691年和1692年春季由兰开斯特县选派的弗吉尼亚议会议员,此后1695—1699年连续担任这个职位,成为议会中很有影响的人物。1699年议会任命他为弗吉尼亚殖民地的司库,他担任此职到1705年。1699年12月14日英国政府的枢密院根据弗吉尼亚总督的推荐任命罗伯特·卡特为参事

---

① James Southall Wilson, "William Byrd and His Secret Diary", *The William and Mary Quarterly*, Second Series, Vol. 22, No. 2 (Apr., 1942), pp. 166, 167, 168, 170. http://www.jstor.org/stable/1925297 Accessed: 2012/04/02 这里提到的卢西安是古希腊作家。泰伦斯(Terence)是古罗马喜剧作家。蒂洛逊(Tillotson)是英国牧师,坎特伯雷大主教。《休迪布拉斯》是17世纪英国作家塞缪尔·巴特勒写的一首讽刺清教徒的诗。

会参事，他担任这个职位直到去世。利用权力巧取豪夺是那个时代强人们普遍的做法，罗伯特·卡特也是如此。到其去世时，罗伯特·卡特至少拥有29.5万英亩土地，还有其他一些面积不详的地块。他的奴隶们在他任命的监工管理下劳作。当然，罗伯特·卡特本身就是一个精明强干、勤于管理的人，他经常视察田地，给监工和管理人发指示。其种植园种植的作物首要是烟草，也种豆类、玉米、水果、麦子，养猪和牛以供家人和奴隶食用。他还将自己所有的船只出租谋利，也担任过奴隶贩子的代理人，他在英国和弗吉尼亚都进行了投资，成为殖民地最富有的人，获得了"国王"的绰号。1732年8月4日他在克罗图曼庄园去世。①

在大西洋贸易中大发横财的大商人可以轻而易举成为大种植园主。南卡罗来纳的亨利·劳伦斯就是这样的人。1724年亨利·劳伦斯出生于南卡罗来纳的查尔斯顿，他的爷爷是一名来自法国的胡格诺教徒，父亲琼·劳伦斯是查尔斯顿这个港口城市第一位马鞍匠，改名为约翰，参加了圣公会，成为一个拥有5个奴隶的小奴隶主。1747年父亲去世后，亨利·劳伦斯继承了父亲艰苦创业的精神，在1740年代中期到伦敦一家商行当学徒，掌握了商业贸易经验。1750年他与埃莉诺·鲍尔结婚，俩人共生了12个孩子，不过只有4个孩子长大成人。1748年劳伦斯在查尔斯顿与英国商人乔治·奥古丁组成一个合伙商号，不久奥古丁的侄子乔治·阿普尔比也加入这个商号。他们主要从事大西洋奴隶贸易，获利甚丰。劳伦斯与这两个人的合伙经营在1762年瓦解，不过在此之前，劳伦斯已经转向了种植园经营。②1756年劳伦斯与他的内弟约翰·科明·鲍尔各出一半资金在圣詹姆斯·桑蒂教区购买了瓦姆鲍之地的1500英亩土地兴建种植园，此地经水路到查尔斯顿仅30英里。他们让50多个黑人奴隶在那里种植水稻、玉米，饲养牲畜。1762年，劳伦斯又独自出资8000英镑购买了米普金之地的3100英亩土地，该地水路到查尔斯顿也是30英里。劳伦斯安排24个奴隶到此地劳作，生产靛青、玉米和小麦。到1768年米普金的黑人奴隶超过50人，从销售林木、靛青、玉米和木材中获得的收入为4400英镑。③ 成为种植园主后，劳伦斯于1764年在查尔斯顿的郊外安森伯勒建造家园。1766年春劳伦斯在佐治亚的奥尔马特河

---

① "Robert Carter", in *Encyclopedia Virginia*. http://www. EncyclopediaVirginia. org/Carter_Robert_ca_1664-1732 Acessed：2015/12/21

② Gregroy D. Massey, "The Limits of Antislavery Thought in the Revolutionary Lower South：John Laureans and Henry Laureans", *The Journal of Southern History*, Vol. 63, No. 3(Aug., 1997), pp. 496-497. http://www. jstor. org/stable/2211648 Accessed：2009 /11/12

③ S. Max Edelson, *Plantation Enterprise in Colonial South Carolina*, Cambridge, Massachusetts：Harvard University Press,2005, pp. 203-204.

畔购买了有 1000 英亩土地的布劳顿岛种植园,安排 50 多个奴隶到那里劳作。这一年劳伦斯还购买了位于萨凡纳河南卡罗来纳一侧的怀特·萨凡纳种植园,1768 年他又在奥尔塔马哈河南岸买地建立纽霍普种植园。1777 年劳伦斯用 2.5 万英镑购买了位于桑迪河上游的芒特塔西图斯种植园,为了躲避英军的侵袭,他又在内地购买了一座斯摩尔菲尔德种植园。经过数十年的种植园经营,劳伦斯成为南卡罗来纳的大种植园奴隶主。如果劳伦斯不是在大西洋贸易中获取了巨大财富,他不可能购买庞大的田产和众多的奴隶。当然如果他的种植园经营无利可图,他也就不会长期从事这个行业了。表 1-7 显示的是劳伦斯的种植园及蓄奴情况。

表 1-7 亨利·劳伦斯种植园的奴隶人口(1766—约 1785)①

地理位置	运营时间	记载的奴隶人口,1766—1773 年	估计的奴隶人口,大约 1772 年	估计的奴隶人口,大约 1785 年
瓦姆鲍	1756—1769	79	—	—
米普金	1762—1792	71	70	100
怀特·萨凡纳	1766—1779	24	102	—
布劳顿岛	1766—1778	105	85	—
纽霍普	1768—1778	2	35	—
芒特塔西图斯	1776—1792	—	—	75
斯摩尔菲尔德	1777—1792	—	—	75
安森伯勒的拉特雷·格林	1764—1792	14	33	15
总计		295	325	265

精明的大种植园主还通过婚姻和财产分配来扩大或巩固家庭的财富。"那些创造巨大财富并将财富传给他们的孩子的人,既依靠从事商业活动,也依靠为他们的儿女安排良好的婚姻,还依靠将他们的财富保持在一起的处理财产方式。富人们的理想是让他们的孩子与其他富家联姻,这一战略将两家的巨额财富合成了一家,或者是将女儿嫁给外来移民商人,这就给这个家庭带入了新的钱财。理想的财产继承战略取决于家庭的规模。孩子不多的人可能以比较平等的方式将财产分给孩子,期望这部分财产再加上一个良好的婚姻,可以使孩子继续保持富有。如果一个孩子很多的人要让家庭中的部分人继续保持家族财富的话,则不得不宠爱一些孩子,或鼓励几个儿子保持

---

① S. Max Edelson, *Plantation Enterprise in Colonial South Carolina*, p. 285.

单身。"①大种植园主为了维护家庭财富可谓用尽心机。

南部大种植园主家庭的发家史至少透露出这样的历史信息:继承财产或权益,获得权贵或长辈的庇荫,缔结有利的婚姻,对于个人的创业兴家具有至关重要的作用。不过必须看到,这些有利条件只有掌握到精明强干、雄心勃勃、锐意进取的创业者手中才会发挥其能效。这类创业者就是那个时代的事业家。他们谋取大量土地,使用奴隶劳动生产主产作物,面向大西洋世界销售其产品以赢利。他们将土地、奴隶和市场这三种经济要素结合起来,通过种植园经营走上了创业兴家之路。那些大种植园主家庭有的是一代暴富,如南卡罗来纳的亨利·劳伦斯,有的是经过多代人的努力,如弗吉尼亚的伯德家族、卡特家族以及后来成为美国国父的华盛顿、杰斐逊和麦迪逊的家族等。就个人而言,这类创业者在风险中进取,需要具有强人素质。管理奴隶需要心狠手辣,安排生产需要精心周详,推销产品需要见识广博,经营投资需要善谋智断,这些工作已经足以让其殚精竭虑、劳心费力了。此外他们还无法避免在社会活动中迎来送往,在官场角逐中纵横捭阖,因为当他们跻身于经济上层时,也就身在地方社会的统治阶层之中了。

三 南部种植园主群体的社会地位

南部种植园主皆是社会上的富有之人,因为奴隶是一种法定财产,所以拥有奴隶就意味着拥有财产。种植园主本身就是大奴隶主,况且除了拥有大批奴隶财产外,他们还拥有大量的土地,此外必然还拥有房屋,一些人可能还拥有大笔金钱和其他贵重物品。大种植园主必然是巨富之家。1780 年弗吉尼亚征税记录中,在 100 个最富有的人中,"平均每个种植园主在他居住的县拥有大约 3000 英亩土地,当然有些人的土地不足 1000 英亩,有些人的土地超过 2 万英亩。这些土地常常分成不同的地块,它们的价值取决于其地理位置、土壤肥力和开垦程度"。种植园有奴隶、牲畜和其他家庭财物,"这些种植园主应纳税财产的中值近 2.5 万英镑。这其中 5600 英镑代表奴隶的售价,1000—1200 英镑是马和牛的价格,其余的是土地的价格,包括在城镇的宅基地和房产的价格。除了这些财产数外,还有住房和家具的价值,以及其他种植园财产如建筑物和设备,以及各种各样的信贷"。② 1745 年南卡罗来

---

① Allan Kulikoff, *Tobacco and Slaves: The Development of Southern Cultures in the Chesapeake, 1680-1800*, Chapel Hill: The University of North Carolina Press, 1986, p.265.
② Jackson T. Main, "The One Hundred", *The William and Mary Quarterly*, Third Series, Vol. 11, No. 3 (Jul., 1954), pp.355,362. http://www.jstor.org/stable/1943311 Accessed: 2012/03/20

纳圣詹姆斯·古斯·克利克教区的一份59人纳税名单显示,只有13人没有土地。27人的纳税土地超过1000英亩,7人超过5000英亩。在圣约翰斯·伯克利教区,1763年115户地主中44人拥有土地超过1000英亩,1773年的情况是98户地主中有55人超过1000英亩。从1722—1774年南卡罗来纳的遗产记录来看,在绝大多数年份,已故者中超过四分之三的人蓄奴,在从事农业的人中,这一比例高达95%以上。1720—1730年代平均每个种植园蓄奴9—12人,1740—1750年代是15—18个,1774年达到28个。在1720—1760年代的南卡罗来纳奴隶占可移动财产的40%—50%,1774年不同寻常地达到68%。1740—1760年去世者的平均可移动遗产增长了两倍,在随后的15年间增长速度更快。1774年查尔斯顿去世遗产平均是2700英镑,超过13个殖民地平均财产数的6倍多。1774年北美大陆殖民地去世的10个最富有的人中有9个生活在南卡罗来纳低地地区。[1]

南部种植园主群体不仅占有过大的社会财富,而且分享着殖民地的政治权力。北美所有殖民地都是在英国统治者的授权下创建的,英国统治者自然也就是殖民地的最高统治者。但是,各个殖民地是在不同的时间由不同的统治者授权不同的人创建的,最初得到的授权本就不尽一致,在以后的发展历程中其政治地位也有变化。从历史上看,英属北美主要出现过三种类型的殖民地:第一种是自治殖民地,如新英格兰各殖民地;第二种是由业主统治的业主殖民地,如宾夕法尼亚、新泽西、马里兰等;第三种是王室殖民地,如弗吉尼亚、南北卡罗来纳和佐治亚等。不过,即使是在英国政府控制力度较大的王室殖民地,也不是由英国的统治者直接控制殖民地社会。实际上,在18世纪后期以前,英国统治者长期有意无意地放任殖民地自治。1703—1748年,殖民地的管理机构贸易委员会审查并向枢密院呈报了殖民地立法机构通过的128项殖民地立法,其中102项是推荐批准,17项不准,8项撤销,1项缓期施行。[2] 18世纪殖民地选举产生的议会,实际上已经成为各殖民地的立法机关。各个殖民地地方官员的产生方式也不相同,既有选举产生也有任命产生。新英格兰殖民地通过乡镇会议实行自治,镇务官(selectmen)由选民选举产生,负责在乡镇会议间隔期处理乡镇事务。他们任期较短,没有任何特权。拥有土地的自由人拥有选举权和被选举权。纽约的长岛地区也实行乡镇会

---

[1] Russell R. Menard, "Slavery, Economic Growth, and Revolutionary Ideology in the South Carolina Lowcountry", in Ronald Hoffman and John J. McCusker, et al, eds., *The Economy of Early America: The Revolutionary Period*, 1763-1790, pp. 264-265.

[2] Lawrence Henry Gipson, *The British Empire before the American Revoluton: Provincial Characteristics and Sectional Tendencies in the Era Preceding the American Crisis*, Vol. II, *The Southern Plantations*, p. 33.

议制度，其他乡镇有的地方官员是选举产生，但是警官、文职人员、治安法官和民兵军官由总督任命。1686年后纽约市的自由民选举乡镇的参议员和众议员，但是市长、警长和其他一些地方官员由总督任命。在新泽西，自由民选举乡镇官员和乡镇督察委员会（township boards of supervisors），但总督任命地方法官。在宾夕法尼亚，选民选举县专员（court commissioner）和评估员（assessor），从总督推荐的两名候选人中投票选择一位警长和验尸官。在弗吉尼亚和马里兰，地方政府权力集中在教区委员会和县法院，这些机构的成员都是由总督任命。在北卡罗来纳，所有地方官员都是由总督任命，在南卡罗来纳，选民选举教区委员会，但是地方政治权力集中在殖民地立法机关。

不过，无论是选举还是任命，各殖民地的官员绝大多数来源于殖民地社会，而担任官职和选举权的财产资格限制，自然就使得拥有经济优势的奴隶主有资格进入政治世界。尽管作为个人，奴隶主拥有获取政治权力的资格，但是作为一个群体，在不同地区他们拥有的政治权力却又并不相等。在北部殖民地，奴隶主在有资格选民中的比例微乎其微，政治权力并不是由他们所垄断，奴隶主只是统治集团的成员。但是在南部地区，种植园主成为殖民地统治集团的主要成员。在弗吉尼亚，殖民地议会由选举产生，具有立法权，参事会由英王任命产生，是总督的咨询机构。参事会和议会的绝大多数成员来自殖民地的豪门大户。"1748年被选进议会的议员中，几乎有一半人在1752年春季的议会中又坐上了议员的位置。他们能够延续家族的参政权力。例如，在1750年以前的多年间约翰·罗宾逊一直担任参事会主席，而他的儿子同时担任议会发言人和殖民地财政长。"[①]不过，切萨皮克地区的权势家族是在18世纪才兴起的，"尽管17世纪的为官之人是拥有巨大财富之人，但是能够建立起家庭王朝的人寥寥无几，因为绝大多数人是没有留下男性继承人的外来移民。1677—1688年间第一次当选弗吉尼亚议会议员的人，其中三分之二以上的人是外来移民，这一比例在1690年代略有下降，变成了五分之三。在1670年以前，马里兰几乎所有的法官和下议院议员是外来移民，十二分之一的议员和五分之一的法官曾经是契约仆。当17世纪后期本土出生的官员比例上升后，第一批政治王朝建立了起来。弗吉尼亚议员中本土出生的人所占的比例在1670年代不足三分之一，到1690年代后期增长到占一半的比例，与此同时那些外来移民的孙子辈开始进入议会。到1700年代和1710年代，五分之三的马里兰议员，以及马里兰南部4个县四分之三的法官是本

[①] Lawrence Henry Gipson, *The British Empire before the American Revoluton: Provincial Characteristics and Sectional Tendencies in the Era Preceding the American Crisis*, Vol. II, *The Southern Plantations*, New York: Alfred. A. Knopf, 1936, p.32.

土人。这些人往往就是官员之子,他们的父辈于1700—1715年间在马里兰议会中占三分之一的比例。马里兰南部地区的法官中有三分之一到一半的法官曾先于他们的儿子担任高官"。① 弗吉尼亚殖民地的白人家庭总数从1700年的大约6000户增长到1790年的8万户,但是,在独立前的几十年间,弗吉尼亚议会的110位领导人中有不少于70%来自1690年前就定居在弗吉尼亚的家族中。这些家族的成员垄断着地方政治权力。在1750年代弗吉尼亚议会就有来自李家族中属于同一代的7个人,分别代表5个县。1720—1775年弗吉尼亚议会领导人中的多数与这些大家族中的某一家庭有着血缘或姻亲关系。尽管60%的白人成年男子拥有选举资格,45%的人定期参加选举,但是政治权力却集中在这些大种植园主家庭成员或他们的关系户手中。②

那是一个名副其实的豪门参政时代,出身高贵家庭或与之联姻本身就是跻身官场的重要资源。"在18世纪的弗吉尼亚,降生于一个居于统治地位的家庭几乎是走上政治生涯的基本条件,一个人从其父亲、叔叔或舅舅那里继承地方社会的显赫声望,就与继承他们的土地、奴隶和社会地位一样。"那些在美国革命时期成为领袖人物的人们,在其政治成长过程中都有亲人的帮助。托马斯·杰斐逊的祖父也叫托马斯·杰斐逊,曾经担任亨赖克县的法官、民兵队长和警官。父亲彼得·杰斐逊担任过县治安法官、警官、测量员和县民兵中尉,当选过弗吉尼亚议会的议员,以及圣詹姆斯·诺斯姆教区的教区委员。帕特里克·亨利的父亲担任过汉诺威县的首席法官、民兵上校和教区委员。乔治·华盛顿的父亲、祖父和曾祖父都曾任治安法官,其父亲还担任过教区负责人和警官,他的同父异母哥哥劳伦斯担任过弗吉尼亚议会议员。约翰·马歇尔的父亲担任过教区委员和治安法官、警官和弗吉尼亚议会议员。詹姆斯·门罗的舅舅在殖民地时期和美国革命时期担任过很多重要职位。此外,联姻或结交权贵之家也是政治升迁的有利条件。托马斯·杰斐逊的父亲就是娶了简·伦道夫这个弗吉尼亚豪门之女才获得升迁的。约翰·马歇尔娶了玛丽·威利斯·安布勒,在岳父的帮助下得以广泛交结权势人物。"不管是通过出身、婚姻或者友情,赢得绅士们的支持在18世纪的弗吉尼亚是一个人在政治上升迁的不可替代的条件。"③这种财富与权位相结

---

① Allan Kulikoff, *Tobacco and Slaves: The Development of Southern Cultures in the Chesapeake, 1680-1800*, p. 270.
② James A. Henretta, "Wealth, Authority, and Power", in Allen F. Davis and Harold D. Woodman, eds., *Conflict and Consensus in Modern American History*, pp. 25, 26.
③ Charles S. Sydnor, *American Revolutionaries in the Making: Political Practices in Washington's Virginia*, The University of North Carolina Press, 1952, pp. 74, 75.

合的政治格局在南卡罗来纳也很明显。南卡罗来纳皇家参事会的成员构成就显示了政治权力与财富的一致性。从 1720 年到 1763 年,英国政府的贸易委员会在南卡罗来纳总共任命了 49 名皇家参事。在这 49 人中,现有 17 人的财产记录。这些财产记录资料显示,这 17 个人中财产最多的人是威廉·雷格,其留下的个人财产价值 36359 英镑。财产最少的人是亚历山大·范得杜森,其个人财产价值大约 2000 英镑。这 17 个人的个人财产价值平均数是 9022 英镑,他们中多数人的个人财产价值在 5000 英镑至 1.2 万英镑之间。49 人中现有的 18 个人的蓄奴记录显示,他们的平均蓄奴数是 172 人。这 49 个人的土地记录都留存了下来,显示他们拥有土地的平均数是 7750 英亩。在这 49 人中,有 18 人是种植园主,略微超过参事总人数的三分之一。这 18 名种植园主中现留存有 7 人的个人财产记录,9 个人的蓄奴记录。在有个人财产记录的 7 位种植园主中,财产最少的人是阿瑟·米德尔顿,财产价值是 3362 英镑,最富有的人是丹尼尔·布莱克,财产价值为 10908 英镑。他们的平均个人财产价值是 6611 英镑。在 9 位有蓄奴记录的种植园主中,最大的奴隶主是丹尼尔·布莱克,拥有 756 个奴隶。此外不再有任何一个人拥有超过 300 个奴隶,但他们中有 7 人拥有的奴隶数在 100—300 人之间。这 9 名种植园主的平均蓄奴数是 234 人,如果不包括布莱克的话,则平均蓄奴数是 168 人。① 尽管在一定程度上还受制于英国,但是在南部殖民地内部事务管理方面,远在大洋彼岸的英国统治者往往放任殖民地的政治精英来管理。在切萨皮克地区,"从 1650 年代到美国革命,最富裕的种植园主和种植园主商人支配着地方法庭和殖民地立法机构。原本就是富人的弗吉尼亚法官和议员利用他们的权位转让了成千上万英亩的边疆土地。时至 1705 年,那些拥有 2000 英亩以上土地的弗吉尼亚人中的五分之三是法官或议员。马里兰与弗吉尼亚相似,当官的也是富有之人,1660—1720 年间马里兰参事会中三分之一的人拥有的土地超过 5000 英亩,只有四分之一的人拥有的土地在 2000 英亩之下"。②

南卡罗来纳种植园主家庭与切萨皮克地区的种植园主一样形成了家庭关系网。"绝大多数乡绅家庭相互连接,形成错综复杂的血缘亲戚和姻亲关系网。在 18 世纪中期的南卡罗来纳,6 家相互联姻家庭的成员占有了该殖民地议会席位的三分之一。在 1720—1776 年的弗吉尼亚,包括 110 人的一

---

① M. Eugene Sirmans, "The South Carolina Royal Council, 1720-1763", *William and Mary Quarterly*, Third Series, Vol. 18, No. 3 (July, 1961), pp. 44, 45, 46.

② Allan Kulikoff, *Tobacco and Slaves: The Development of Southern Cultures in the Chesapeake, 1680-1800*, p. 265.

个核心集团占据着绝大多数最有权力和影响的职位。"①南卡罗来纳有着相似的情形,"在南卡罗来纳,议会的领导权掌握在亨利·劳伦斯、约瑟夫·奥尔斯顿、查尔斯·平克尼、约翰·拉特里奇和安德鲁·拉特里奇这一类人手中。这些人通过精明的婚姻、对土地和商品进行狡猾的投机,最重要的是通过蓄奴,取得了巨额财富"。②

在私有制社会里,个人和家庭的财富与权势大体上是相对应的。在北美殖民地社会,中小奴隶主家庭属于家境殷实的小康之家,蓄奴众多的种植园主则无疑是地方社会的显赫家庭。有了财产作基础,种植园奴隶主便可以进入政治世界寻求权位。在社会生活中,奴隶主在通过蓄奴兴家立业的同时,往往也在政治世界中博取权力和地位。时至独立前夕,奴隶主群体实际上已经成为北美社会统治阶层的一部分。尤其是在南部殖民地,种植园主群体已经成为统治集团的主要成员。

第二节 奴隶主成长基础的巩固

奴隶主在北美殖民地产生后,它的成长壮大端赖三个方面条件的增强:其一,北美白人人口增长和黑人奴隶源源不断输入,为奴隶主群体的增长和蓄奴规模的扩大提供了人口条件;其二,欧洲和加勒比海地区对北美农产品的需求,为奴隶主从事商品农业生产提供了产品市场;其三,北美各殖民地先后程度不同地将白人奴役黑人的实践活动法制化,为奴隶主的蓄奴生活提供了法律保障。这三个方面的条件在北美殖民地的发展过程中都得到了增强,这就为奴隶主群体的兴起提供了厚实的基础。

一 人口基础的扩大

在北美殖民地社会从无到有、由弱到强的发展过程中,人口的增长发挥着决定性的作用。奴隶主来自白人群体,且在白人群体中一直是少数,故奴隶主群体规模的扩大必然以白人人口的增长为基础。因为白人奴隶主奴役的对象是黑人,所以奴隶主人数增长和蓄奴规模的扩大还必须以黑人人口的增长为基础。奴隶主与奴隶是一种共生关系。欧洲白人和非洲黑人这两个

---

① J. William Harris, *The Making of the American South: A Short History, 1500-1877*, Malden, MA: Blackwell Publishing, 2006, p. 40.

② Jon Butler, *Becoming America: The Revolution before 1776*, The President and Fellows of Harvrd College, 2000, p. 108.

肤色迥异人种的人口增长,既为北美社会的成长提供了人力,也确保了奴隶主群体的发育壮大。

在欧洲白人殖民美洲的过程中,进入英属北美殖民地的白人和黑人不仅是进入美洲的白人和黑人移民中的很小一部分,而且也是前往英属美洲殖民地移民中的一小部分。在1820年以前,大约1100万人渡过大西洋的惊涛骇浪来到美洲。在这些移民中,绝大多数人,即大约800万人,是被强制贩运而来的非洲黑人,他们的人数几乎占整个移民人数的四分之三。可是,这些人绝大多数去了西班牙和葡萄牙在南美的殖民地,进入英属美洲殖民地的移民多数去了加勒比海地区。在1700年以前,大约有38万英国人和1万多来自欧洲其他国家和地区的移民,来到英属北美大陆和加勒比海殖民地。在17世纪,来到英属殖民地的非洲人奴隶大约有35万人,几乎占来到英属殖民地移民人数的47%。其中有四分之三去了加勒比海地区,白人移民在22万人以上,约占白人移民总数的56%,非洲人奴隶近32万人,占非洲移民总数的91%。在北美大陆,切萨皮克地区吸引了近12万白人定居开拓者,约占白人移民总人数的32%,得到了至少2.5万名奴隶,约占奴隶人数的7%。中部大西洋地区的白人移民约2万人,刚刚超过白人移民总人数的5%,该地区的奴隶有数千人。前往新英格兰的白人移民不足2万人,奴隶人数微乎其微。进入18世纪移民情况发生了变化。由于非洲奴隶贸易达到高潮,610万非洲人被迫离开非洲前往美洲,其中45%由英国奴隶贸易船运载。据估计,在1700—1760年间,大约15万至23万白人进入北美大陆殖民地,与这一时期输入的18万奴隶人数大致相等。在1760年后,进入北美的外来移民暴增,有5.5万爱尔兰人、4万苏格兰人、3万英吉利人、1.2万德意志人和8.45万奴隶进入北美大陆,总人数超过22万人,相当于1760年北美大陆殖民地160万人口的七分之一。①

尽管英属北美大陆殖民地是移民人数最少的地区,却是人口增长最快的地区。1700年前移民加勒比海地区的人绝大多数短命而亡。在17世纪前往加勒比海地区的22万白人和32万奴隶中,到1700年幸存下来的不足15万人。其中奴隶人口远远超过白人人口。在前去北美大陆南部殖民地的12万白人和至少2.5万奴隶中,幸存者刚好超过10万人。与其相对比,只有4万人去了中部大西洋地区和新英格兰,但到1700年他们中的幸存者和后裔人口达到15万人,其中5000多人是奴隶。由自由移民的10%,或总移民数

---

① John M. Murrin, "Beneficiaries of Catastrophe: The English Colonies in America", in Eric Foner, ed., *The New American History*, Philadelphia: Temple University Press, 1990, pp. 5, 6.

的5%或6%的人建立的北部殖民地,到1700年占英属北美大陆和加勒比海地区殖民地总人口的一半以上。① 这说明在北美地区,人口的自然增长是白人人口增长的主要来源。

在英属北美殖民地,黑人人口开始自然增长的时间远远落后于白人人口。从表1-8中的变化轨迹来看,英属北美各殖民地的黑人人口一直处于增长状态,但是不同地区人口规模差异很大。相对而言,南部殖民地奴隶人口数量多,占人口比例高。北部殖民地奴隶人口数量较少,占人口比例很小。这表明南部黑人人口增长速度远远高于北部。

表1-8 1680—1770年北美大陆奴隶人口数及占总人口百分比(%)②

地区和殖民地	1680年	1700年	1720年	1750年	1770年
北部	1895(2)	5206(4)	14081(5)	30172(5)	47735(4)
新罕布什尔	75(4)	130(3)	170(2)	550(2)	654(1)
佛蒙特	—	—	—	—	25(<1)
马萨诸塞	170(<1)	800(1)	2150(2)	4075(2)	4754(2)
康涅狄格	50(<1)	450(2)	1093(2)	3010(3)	5698(3)
罗得岛	175(6)	300(5)	543(5)	3347(10)	3761(6)
纽约	1200(12)	2256(12)	5740(16)	11014(14)	19062(12)
新泽西	200(6)	840(6)	2385(6)	5354(7)	8220(7)
宾夕法尼亚	25(4)	430(2)	2000(8)	2822(2)	5561(2)
上南部	4876(7)	20752(20)	42749(24)	171846(36)	322854(37)
特拉华	55(5)	135(5)	700(12)	1496(5)	1836(5)
马里兰	1611(9)	3227(11)	12499(19)	43450(31)	63818(32)
弗吉尼亚	3000(7)	16390(28)	26550(30)	107100(46)	187600(42)
北卡罗来纳	210(4)	1000(4)	3000(14)	19800(27)	69600(35)
下南部	200(17)	3000(36)	11828(60)	39900(57)	92178(58)

---

① John M. Murrin, "Beneficiaries of Catastrophe: The English Colonies in America", in Eric Foner, ed., *The New American History*, p.11.
② Ira Berlin, *Many Thousands Gone: The First Two Centuries of Slavery in North America*, pp.369-370.

续表

地区和殖民地	1680 年	1700 年	1720 年	1750 年	1770 年
南卡罗来纳	200(17)	3000(44)	11828(64)	39900(61)	75178(61)
佐治亚	—	—	—	600(20)	15000(45)
东佛罗里达	—	—	—	300(13)	2000(67)

当然,这种以殖民地为单位划分区域的方法,实际上掩盖了各殖民地内部奴隶人口分布的地方性差异。在英属殖民地时期,北美的经济区域与政治区域并不完全重合。无论是南部还是北部,各殖民地内部奴隶人口分布的地区差异也很大。在黑人奴隶人口较少的北部,也有局部地区存在较多的奴隶人口。北部奴隶人口密集的第一类地区是商品农业比较发达的地区,如宾夕法尼亚的商品粮食产区,新泽西北部、纽约的哈德逊河谷地区和长岛地区,新英格兰南部地区,尤其是纳拉甘塞湾周围地区。在18世纪中叶新泽西的蒙茅斯县,奴隶人口与没有财产的单身白人的比例是262∶194,与其相邻的米德尔塞克斯县,男性奴隶为281人,包括白人和黑人的自由工资劳动者仅为81人。在伯根县,男性奴隶人口与自由工资劳动者的比例是306∶8。① 奴隶人口稠密的第二类地区是北部城市。波士顿的奴隶人口从1710年的300—400人增长到1742年的1374人,是原来的4倍,同一时期白人人口仅为原来的2倍。1742年黑人奴隶占波士顿人口的比例至少是8.5%,而这一时期大约五分之一的波士顿家庭蓄奴。纽约市的奴隶主人口比例同样很大。1703年纽约市奴隶人数占该市总人口的14.4%,有41%的家庭至少拥有一名奴隶。1746年黑人奴隶人口比例上升到21%,至少有一半的家庭拥有一名奴隶。在费城,1740年代黑人占城市人口比例约为10%。② 1750年,尽管宾夕法尼亚的人口90%生活在费城之外,但该城市却容纳了该殖民地奴隶人口的40%。③ 在南部殖民地内部,奴隶人口分布的地区差异更加显著。从表1-9中的数字来看,1775年上南部环绕切萨皮克湾地区和下南部的低地地区是种植园经济地区,奴隶人口高度密集。而在西部内陆地区,奴隶人口则比较稀少。这就是说,在各殖民地内部,不同地方的黑人人口增长速度和规模也不一样。

---

① Ira Berlin, *Many Thousands Gone: The First Two Centuries of Slavery in North America*, p.181.
② Gary B. Nash, *The Urban Crucible: Social Change, Political Consciousness and the Origins of the American Revolution*, Cambridge, Massachusetts: Harvard University Press, 1979, pp. 107, 109.
③ Ira Berlin, *Many Thousands Gone: The First Two Centuries of Slavery in North America*, p.179.

表 1-9　1775 年南部人口估计数(千人)①

地区	印第安人	白人	黑人	总数
烟草海岸				
马里兰	0.2	127.5	69.9	197.6
弗吉尼亚	0.3	234.3	181.2	415.8
北卡罗来纳海岸平原	0.2	76.8	44.0	121.0
总数	0.7	438.6	295.1	734.4
低地地区				
北卡罗来纳开普菲尔河以南地区	0.1	7.0	7.8	14.9
南卡罗来纳	0.1	21.5	71.7	93.3
佐治亚	0.1	5.0	12.0	17.1
东佛罗里达	1.5	1.8	1.0	4.3
总数	1.8	35.3	92.5	129.6
西部内陆普通农业地区				
马里兰西部	0.1	24.3	2.3	26.7
弗吉尼亚谷地	0.1	45.2	5.2	50.5
北卡罗来纳皮德蒙特地区	0.2	88.7	22.2	111.1
南卡罗来纳西部	0.4	50.4	11.8	62.6
佐治亚西部	0.5	9.0	1.0	10.5
总数	1.3	217.6	42.5	261.4
边疆地区				
西佛罗里达	5.0	4.0	1.5	10.5
内陆的南部地区	33.2	2.1	0.7	36.0
内陆的北部地区	2.0	0.3	0	2.3
路易斯安那	3.7	10.9	9.6	24.2
总数	43.9	17.3	11.8	73.0
合计人口总数	47.7	708.8	441.9	1198.4

---

① Russel R. Menard, "Economic and Social Development of the South", in Stanley L. Engerman and Robert E. Gallman, ed., *The Cambridge Economic History of the United States*, Volume I, *The Colonial Era*, p.250.

需要指出的是,奴隶人口开始自然增长的时间在各地是不同的,不是北美的所有殖民地,甚至在各殖民地内部不是所有的地方,黑人人口都出现了明显的自然增长。殖民地时期奴隶人口规模最大最密集的是南部殖民地。然而在这个地区,切萨皮克地区和下南部的情况也不相同。切萨皮克地区的黑人大致从18世纪早期开始自然增长。关于这一时期该地区奴隶人口的来源,可以从当时的大种植园主伯德二世的一封信件中管窥一二。那时伯德二世对于大批非洲奴隶的输入已经感到恐慌,他在1736年7月12日写给艾格蒙特勋爵的信中,请求就像禁止向佐治亚进口奴隶那样禁止向弗吉尼亚进口奴隶。他写道:

> 勋爵,我希望能得到同样禁止输入奴隶的赐福。他们已经给这里进口了很多黑人了,我担心这个殖民地将在某时被确认命名为新几内亚。在我们中间这些埃塞俄比亚人大量繁殖,对此我能认识到会有很多不良后果。他们使得人们的骄傲之心膨胀,摧毁了我们白人的产业。贫穷之人看到地位比他们更低的奴隶就会憎恨劳动,因为他们害怕从事劳动会使得他们看起来像奴隶。懒惰必然与贫穷相伴,而贫穷使得他们变成小偷小摸,就像葡萄牙人那样,他们对此的解释是君子宁偷也不让任何劳动弄脏了自己的双手。
>
> 黑人多导致的另一个令人不快的后果是必然对他们保持严厉。他们人数多,这使得他们变得傲慢无耻。于是,公平做不到的地方就必须使用手段。我们那里没有像这些岛屿上那样的做法,上帝禁止我们那样。但是他们黑人这些恶劣的脾气需要用强制力量来消除,否则他们会将驾驭他们的人抛掉。然而对于天性善良的人来说,即使这样做也是可怕的事,他必须要么做一个蠢人,要么做一个愤怒的人,我们中间黑人人数越多,我们就越不快乐。
>
> 不过,与公共危险相比,这些私人的麻烦就算不得什么了。我们已经有了至少1万个能够拿起武器的含(Ham)的后裔了,由于进口和生育,他们的人数还在天天增加。万一我们中间出现一个不顾一切的大胆之辈,被对财富的渴求闹得利欲熏心,他可要比卡特琳(Cataline)引发一场奴隶战争更有条件。在能够组织起任何与他的对抗之前,这样一个人将是可怕的麻烦,我们的河流会被血染红,这种举动除了会给我们带来灾难外,还要让我们的祖国为此耗费数百万金钱。①

---

① "Colonel William Byrd on Slavery and Indented Servants, 1736,1739", *The American Historical Review*, Vol. 1, No. 1 (Oct., 1895), pp. 88-89. http://www.jstor.org/stable/1834018 Accessed: 2012/04/02

伯德二世在这封信中提到了黑人人口增长的两个来源：进口和生育，这是切萨皮克地区奴隶人口开始自然增长的一个佐证。据历史学者估计，1728年切萨皮克地区大约一半的黑人成人是在过去的10年间进口来的，到1750年弗吉尼亚只有17%的成人奴隶是新进口来的。进口的非洲人在弗吉尼亚和马里兰的黑人人口中所占的比例从三分之一下降到十分之一。① 尽管种植园主继续购买从非洲贩运来的奴隶，但是到1730年切萨皮克地区几乎40%的黑人是本地出生的。到18世纪中期，非裔美利坚人占奴隶人口的五分之四。随着自然增长的奴隶人口增多，从非洲进口的奴隶人数相应下降。"到1770年代，弗吉尼亚每年增加的5000名奴隶人口中，只有500人直接来自非洲。"②

而在下南部的南卡罗来纳，在1750年左右以前奴隶人口的增长主要还是依靠进口。在18世纪前半期，进入查尔斯顿港口的非洲奴隶中男性远远超过女性。1720—1740年查尔斯顿进口奴隶达到最高峰。在1739年发生了斯通诺奴隶暴动事件之后，南卡罗来纳的奴隶进口几乎停止了10年，不过本地出生的黑人在奴隶群体中并未成为多数。1750年后南卡罗来纳奴隶的出生率开始超过死亡率，但是奴隶的生育率比切萨皮克地区的生育率低3—4倍。南卡罗来纳本土出生的黑人奴隶占奴隶人数的比例1730年是37%，1750年是44%，1770年是56%。③ 这表明直到美国革命开始之时，南卡罗来纳的黑人人口才开始自然增长。

黑人人口的自然增长是以多数黑人能够实现男女结合生养儿女为条件的，这意味着一个地区要实现黑人人口自然增长，首先要使该地区黑人人口中的多数能够组成事实上的家庭。在殖民地时期，不是北美所有的殖民地，各殖民地内部不是所有的地方，黑人的生存质量都达到了这种程度，而且从整个殖民地时期来看，绝大多数时间黑人的生存状况达不到这种程度，这就意味着外来黑人奴隶的输入在奴隶人口增长中发挥着关键性的作用。

既然黑人人口的增长是北美奴隶主群体兴起必不可少的条件，那么从事大西洋奴隶贸易的国家、公司和个人，当然就是北美奴隶主群体兴起的关键助推者。因为追根溯源，黑人出现在美洲，是白人从事大西洋奴隶贸易的结果。当欧洲白人通过探险、征服和贸易活动将欧洲、非洲和美洲连接成大西洋世界后，葡萄牙人、荷兰人、法国人、英国人、西班牙人和北美殖民地的新英

---

① Peter Kolchin, *American Slavery,1619-1877*, p.38.
② Ira Berlin, *Many Thousands Gone: The First Two Centuries of Slavery in North America*, p.127.
③ Kenneth Morgan, *Slavery and the British Empire: from Africa to America*, New York: Oxford University Press Inc., 2007, pp.87-88.

格兰商人,先后都投身到大西洋奴隶贸易活动之中。通过他们从事的这种残忍活动,人数巨大的非洲人被强掳为奴出口到美洲。

大西洋奴隶贸易几乎就是所有欧洲殖民国家的历史共业。当然,如果以贩奴人数作为量恶定罪的标准,则不同国家和地区贩奴者的罪孽有重有轻。从表1-10中的数据来看,葡萄牙是罪莫大焉,第二是英国,第三是法国,第四位的尼德兰即荷兰与第五位的西班牙贩奴数相当接近,美国,包括殖民地时期和建国之后,与英属加勒比海地区加在一起,位于第六位,位于末位的是丹麦。正是通过这些国家贩奴者的残忍之手,非洲人被从自己的非洲家园贩运去了美洲。

表1-10 不同国家运输船的大西洋奴隶贸易量(千人)①

年份	英国	法国	尼德兰	西班牙	美国和英属加勒比海地区	丹麦*	葡萄牙	所有国家
1519—1600	2.0						264.1	266.1
1601—1650	23.0		41.0				439.5	503.5
1651—1675	115.2	5.9	64.8			0.2	53.7	239.8
1676—1700	243.3	34.1	56.1			15.4	161.1	510.0
1701—1725	380.9	106.3	65.5		11.0	16.7	378.3	958.6
1726—1750	490.5	253.9	109.2		44.5	7.6	405.6	1311.3
1751—1775	859.1	321.5	148.0	1.0	89.1	13.4	472.9	1905.2
1776—1800	741.3	419.5	40.8	8.6	54.3	30.4	626.2	1921.1
1801—1825	257.0	217.9**	2.3	204.8**	81.1	10.5	871.6**	1645.1
1826—1850		94.1**		279.2**			1247.7**	1621.0
1851—1867		3.2**		23.4**			154.2**	180.8
总 计	3112.3	1456.4	527.7	517.0	280.0	94.2	5074.9	11062.0
所占份额	28.1%	13.2%	4.8%	4.7%	2.5%	0.9%	45.9%	100%

(原注:资料来源:戴维·艾尔迪斯、斯蒂芬·贝伦特、戴维·理查森和赫伯特·克莱因合编:《大西洋奴隶贸易数据库》[David Eltis, Stephen D. Behrendt, David Richardson, and Herbert S. Klein, eds., The Transatlantic Slave Trade: A Database on CD-

---

① David Eltis: "The Volume and Structure of the Transatlantic Slave Trade: A Reassessment", *The William and Mary Quarterly*, Third Series, Vol. 58, No. 1 (Jan., 2001), p.43. http://www.jstor.org/stable/2674417 Accessed: 2011/11/05

ROM],剑桥 1999 年出版。其中,丹麦*一栏还包括一些来自其他斯堪的纳维亚和德意志邦国的船只;** 指 1810—1867 年这一时期,打着葡萄牙、法国和西班牙旗号的贩奴船所占的份额。而按照艾尔迪斯 1987 年在纽约出版的《经济贸易》中的估计,这些贩奴船只从非洲运走了 270 万人,到达美洲的有 240 万人。具体数字是:法国船,从非洲载走 30.13 万人,运到美洲是 26.22 万人;葡萄牙船,载走 194.46 万人,运到美洲是 169.25 万人;西班牙船,载走 49.3 万人,运到 42.91 万人。法国人在 1850 年代和 1860 年代从事的奴隶贸易数不包括在这个估计数中。总数是舍去尾数的整数,精确数字参看 http://www.wm.edu/oieahc)

在大西洋奴隶贸易存在期间,从非洲贩运出的黑人主要来自西非地区,其人数难以准确估计。大致估计的总人数在 950 万到 1170 万之间。奴隶人口贩运最多的 18 世纪,估计有 610 万奴隶被贩出非洲,18 世纪进口到北美的非洲奴隶超过 19.4 万人。① 需要指出的是,表 1-11 和表 1-12 中关于奴隶贸易的人数数字,都是历史学家所做的大致估算,不同学者的估计数字不尽相同。

表 1-11　1500—1700 年非洲奴隶出口年平均人数②

地区	1500 年	1501—1550 年	1551—1600 年	1601—1650 年	1651—1700 年
西非海岸	2000	2000	2500	2500	5500
几内亚海湾	1000	2000	2500	3300	19500
中西非	2000	4000	4500	8000	11000

表 1-12　18 世纪至 19 世纪初非洲奴隶出口人数(千人)③

年份	塞内冈比亚	塞拉利昂	黄金海岸	贝宁海湾	比夫拉湾	安哥拉
1700—1709	22	35	32	139	23	110
1710—1719	36	6	38	139	51	133
1720—1729	53	9	65	150	60	180
1730—1739	57	29	74	135	62	241
1740—1749	35	43	84	98	77	214
1750—1759	30	84	53	87	106	222

① Tonia M. Compton, "Slave Trade", in James Ciment, ed., *Colonial America: An Encyclopedia of Social, Political, Cultural, and Economic History*, Volume III, M. E. Sharpe, Inc., 2006, p.789.
② John K. Thornton, "The African Background to American Colonization", in Stanley L. Engerman and Robert E. Gallman. eds., *The Cambridge Economic History of the United States*, Vol. I, *The Colonial Era*, p.83.
③ Ibid.

续 表

年 份	塞内冈比亚	塞拉利昂	黄金海岸	贝宁海湾	比夫拉湾	安哥拉
1760—1769	28	178	70	98	143	267
1770—1779	24	132	54	112	160	235
1780—1789	15	74	58	121	225	300
1790—1799	18	71	74	75	182	340
1800—1809	18	64	44	76	123	281

葡萄牙是大西洋奴隶贸易的始作俑者。"1441 年一般被认为是近代国际奴隶贸易的正式起始,新世界的奴隶制即基于此种贸易。在有记录的欧洲人与撒哈拉以南地区的非洲人的第一次冲突中,一个名叫安塔姆·戈卡尔维兹的葡萄牙年轻人得到了 12 名非洲俘虏,他将他们带到里斯本,作为礼物献给了亨利王子。1443—1444 年第二批非洲人被作为货物带来。自此以后,葡萄牙人的轻帆快船源源不断地来到海浪拍击的非洲海岸。"[①]在哥伦布发现新大陆后,西班牙也走上了海外殖民扩张之路。为了划分西班牙和葡萄牙这两个天主教国家的殖民扩张范围,1493 年出生于西班牙的教皇亚历山大六世划定了一条分界线:在佛得角(Cape Verde)向西 370 里格(1500 英里)处划定一条南北线,该线以西归西班牙,以东归葡萄牙。这样一来,非洲就分在葡萄牙的殖民范围内。西班牙遵守了这一约定,在 18 世纪中期以前没有走上直接从非洲贩运奴隶之路。西班牙通过与其他国家签订合同的方法,让其他国家向自己的美洲殖民地贩运奴隶。这样,在 15 世纪,葡萄牙就成了大西洋奴隶贸易的主要国家。

葡萄牙从大西洋奴隶贸易中获取了丰厚收益,这刺激了英国、法国、荷兰和其他国家的航海冒险家。荷兰人首先向葡萄牙在大西洋奴隶贸易中的主导地位发起了挑战,到 17 世纪中叶,荷兰商人通过荷兰西印度公司积极参与到大西洋奴隶贸易之中。荷兰人在美洲有多处殖民地,从新阿姆斯特丹到圭亚那,包括加勒比海地区的库拉索和阿鲁巴。1630 年荷兰人夺去了今天巴西东北部的伯南布哥,取得了对该地蔗糖生产的控制权。1641 年荷兰人还夺取了葡萄牙在非洲的一些港口据点,如埃尔米那、罗安达、本格拉和圣多美。1621 年至 1737 年,荷兰西印度公司垄断了从非洲向荷兰和西班牙美洲殖民地贩运奴隶的活动。1647 年葡萄牙人和巴西殖民地人将荷兰人从罗安

---

① Sylvia R. Frey, "Slavery and Anti-Slavery", in Jack P. Greene and J. R. Pole, eds., *A Companion to the American Revolution*, Malden, MA.: Blackwell Publishers Ltd, 2000, p. 402.

达和巴西东北部赶走,但是荷兰人仍占有荷属安的列斯群岛、苏里南和圭亚那,奴隶贸易至 18 世纪末仍是荷兰人的主要商业活动之一。①

图 1-1 葡萄牙猎奴的受害者②

　　这幅版画描绘的是一群被猎奴者抓到的非洲成年男女,他们被反绑着串在一条绳索上,一名监管者骑马站在旁边。这幅画是 1890 年 J. W. 布尔(J. W. Buel)的著作《黑暗大陆的英雄们》(*Heroes of the Dark Continent*)中的插图。

　　法国人在 1635 年占据了瓜德罗普岛和马提尼克岛,1670 年代开始与塞内加尔有贸易往来,这是法国大西洋帝国的起始。1697 年法国夺取圣多明戈(今天的海地),这里的法国殖民者对奴隶的需求增加,法国也开始了贩运奴隶活动。不过在西班牙王位继承战争失败后,法国接受了英国控制奴隶贸易的结局。

　　在 18 世纪中期以前西班牙遵守了教皇划定的分界线,没有直接从事奴隶贸易活动,其美洲殖民地对奴隶的需要,通过与其他国家或公司签订合同来解决。1517 年,西班牙国王查理五世将第一份供奴专利合同给了一名佛兰德人布雷西亚,由他运送 4000 名奴隶到古巴、伊斯帕尼奥拉岛、牙买加和

---

① Paul E. Lovejoy, "Triangular Slave Trade", in John Hartwell Moore, ed., *Encyclopedia of Race and Racism*, Vol. III, Detroit: The Gale Group, 2008, p. 162.
② "Victims of Portuguese Slave Hunters", http://www.picturehistory.com/product/id/29176 Acessed: 2015/02/23

波多黎各。而这个人将这份垄断权以 2.5 万达克特(ducates)的价格卖给了热那亚商人。在 16—17 世纪的大部分时间里,葡萄牙一直承包着西班牙殖民地的奴隶供应。当然,其他国家也在自行向西班牙的殖民地运送奴隶,因为这样做符合殖民地种植园主的利益。1696 年葡萄牙几内亚公司得到向西班牙美洲殖民地运送 1 万吨(tons)奴隶的合同。1702 年法国几内亚公司得到合同,将在 10—12 年间将向西班牙西印度地区运送 3.8 万个奴隶。1713 年安妮女王之战以签订《乌特勒支和约》告终,英国得到了西班牙的供应奴隶合同,英国需要在 30 年时间内向西班牙美洲殖民地运送 11.4 万名奴隶。在 18 世纪剩余的时间里英国一直承包着这种奴隶供应,在这期间西班牙签订了 10 个供应奴隶的条约,要求供应奴隶总数达 50 万人。①

其实,英国人在 16 世纪就已经开始涉足大西洋奴隶贸易了。1562 年英国海盗兼商人航海家约翰·霍金斯带领 3 艘船和 100 名船员离开英国的普利茅斯港前往塞拉利昂。在那里得到 300 名黑人,将他们贩运到伊斯帕尼奥拉岛。1564 年霍金斯带领 4 艘船进行了第二次贩奴航行,从塞拉利昂将 400 名黑人贩运到了南美洲的北部海岸。1567 年他又领导了第三次贩奴航行,将 450 名奴隶运往美洲。② 17 世纪中期英国成为海上强国后,也成了大西洋奴隶贸易的主角。1672 年英国商人成立了皇家非洲公司。在其存在的前 20 年间,该公司垄断着英国的奴隶贸易活动,负责向英属西印度地区和北美殖民地贩运奴隶。1697 年英国议会将贩运奴隶的权利向英国所有的臣民开放。此后,非洲奴隶开始被大批贩运到英属北美殖民地。在其他贩奴商人纷纷加入贩奴活动的同时,皇家非洲公司仍继续从事贩奴活动,直到 1752 年该公司才解散。

英属北美殖民地的开拓者和商人也从事贩奴活动。殖民地人的贩奴活动几乎从殖民地开创不久就开始了。不过,直到 17 世纪末,大规模的贩奴活动才进入高潮。独立战争暂时中止了奴隶贸易活动,但是战争结束后,奴隶贸易又重新开始。值得注意的是,在美国制宪过程中,感到奴隶劳动力不足的下南部南卡罗来纳和佐治亚坚决反对禁止奴隶贸易,而感到奴隶人口过剩的上南部弗吉尼亚则主张废除奴隶贸易。最后的妥协是在 20 年期限内国会不得考虑禁止奴隶贸易。英国在 1807 年禁止了大西洋奴隶贸易,美国在 1808 年才禁止了对外奴隶贸易。

---

① Oscar Reiss, *Blacks in Colonial America*. Jefferson, North Carolina: McFarland & Company, Inc., 1997, p.26.
② Ibid., p.24.

图 1-2 "第一批美利坚奴隶"①

这幅插图取自 1901 年的《哈珀月刊》(Harper's Monthly Magazine),描绘的是 1619 年荷兰商人将第一批共 20 名黑人带到詹姆斯敦卖给白人殖民者的情景。

从非洲运出的黑人奴隶,绝大多数贩运到了南美洲西班牙和葡萄牙的殖民地,那些贩运到英属美洲殖民地的黑人,绝大多数也去了英属加勒比海地区的殖民地。贩运到北美殖民地的奴隶只占大西洋奴隶贸易的很小一部分。表 1-13 中的数字证明了这种情况。

表 1-13 到达英属北美大陆殖民地的奴隶人口数(千人)及占非洲奴隶贸易总数的比例②

年 份	人 口
1519—1600	
1601—1650	1.4
1651—1675	0.9
1676—1700	9.8

---

① "The First American Slaves", http://www.picturehistory.com/product/id/11389 Accessed: 2015/02/23

② David Eltis: "The Volume and Structure of the Transatlantic Slave Trade: A Reassessment", *The William and Mary Quarterly*, Third Series, Vol. 58, No. 1 (Jan., 2001), p.45. http://www.jstor.org/stable/2674417 Accessed: 2011/11/05

续　表

年　份	人　口
1701—1725	37.4
1726—1750	96.8
1751—1775	116.9
1776—1800	24.4
1801—1825	73.2
1826—1850	
1851—1867	0.3
总　计	361.1
所占份额	3.8%

尽管北美大陆殖民地是进口奴隶最少的地区,但是对于北美大陆殖民地奴隶主群体的兴起来说,却是关键的人口要素,表 1-14 显示了英属北美殖民地进口奴隶的来源。

表 1-14　英属北美殖民地奴隶人口的地区来源比例①

	占进口奴隶人口百分比			
	总数	牙买加	南卡罗来纳	弗吉尼亚
	1700 年左右			
塞内冈比亚	12.1	10.5	8.1	4.0
塞拉利昂	22.6	16.1	0.0	1.0
黄金海岸	18.4	34.8	9.5	20.0
贝宁海湾	11.7	30.5	0.0	0.0
比夫拉湾	12.9	1.6	4.8	60.0
安哥拉	22.4	7.5	77.4	5.0

---

① John K. Thornton, "The African Background to American Colonization", in Stanley L. Engerman and Robert E. Gallman. eds., *The Cambridge Economic History of the United States*, Vol. I, *The Colonial Era*, p.93.

续　表

	占进口奴隶人口百分比			
	总数	牙买加	南卡罗来纳	弗吉尼亚
1750 年左右				
塞内冈比亚	6.6	6.7	32.0	15.4
塞拉利昂	18.8	16.5	8.4	0.0
黄金海岸	11.1	39.0	37.9	28.6
贝宁海湾	7.3	13.8	13.8	0.0
比夫拉湾	41.4	25.1	0.7	39.4
安哥拉	14.4	5.1	18.0	16.7
1800 年左右				
塞内冈比亚	0.8	2.7	1.9	
塞拉利昂	15.3	6.0	5.1	
黄金海岸	10.7	8.1	31.2	
贝宁海湾	0.8	0.0	0.0	
比夫拉湾	43.8	48.6	3.4	
安哥拉	28.6	34.6	56.7	

　　大西洋奴隶贸易不仅为北美殖民地输入了黑人人口，而且在黑人人口开始自然增长后，仍然源源不断地输入非洲奴隶。奴隶人口的这两种来源结合在一起，导致了北美殖民地奴隶人口的快速大规模增长。这为奴隶主们提供了更多的奴役对象。在英属北美殖民地，白人殖民者尝试过对印第安人进行奴役，但没有取得成功。白人殖民者也曾对白人贫困移民以契约仆的方式进行奴役，但是这种制度最终也走向没落。来自异域、肤色语言与白人迥然不同的非洲人，最终成为他们成功奴役的对象。这样一来，黑人人口的增长就为北美更多的白人跻身奴隶主行列和已有的奴隶主扩大蓄奴规模提供了可靠的人力保障。

　　外来移民加上人口自然增长，使得北美殖民地人口从 1650 年的不足 1.5 万人增长到 1700 年的近 12 万人，1750 年超过了 50 万人，1770 年超过了 100 万人。英属北美大陆殖民地的人口增长速度远远高于欧洲人口增长速度。1700—1750 年，北美大陆南部殖民地的人口增长了 4 倍以上；英国人口增长了 14%,从 510 万增长到 580 万;欧洲整体人口增长了 17%,从 12500 万增长到 14600 万。① 在这个过程中,英属北美大陆殖民地的白人奴隶主成长壮大了起来。

二 经济基础的夯实

奴隶主的蓄奴活动以赢利为目的,而在大西洋经济世界里,赢利必然要通过商业经济活动来实现,故商业经济空间的扩展,是奴隶主群体兴起必不可少的经济条件。在北美社会,奴隶被用在农业、手工业、采矿冶炼业以及日常家务劳动中,但是能够给奴隶主带来较大赢利的经济部门是商品农业,故北美殖民地的绝大多数奴隶从事的是商品农业生产活动。由于自然地理条件的差异,北美形成了区域经济特色。在殖民地经济开发历程中,环绕切萨皮克湾的弗吉尼亚、马里兰和北卡罗来纳的滨海平原地区成为烟草和小麦产区。南卡罗来纳和佐治亚的滨海平原地区则发展成水稻产区。这两个地区的奴隶主依靠奴隶劳动发家兴业,所以出现了蓄奴较多的种植园主群体。而在北部绝大多数地区,自然地理条件不允许进行大规模的商品农业生产,这使得北部很少有蓄奴较多的奴隶主。北部只有局部适宜商品农业生产的地区出现了蓄奴农场,而大部分地区的白人农场主生活在自给自足经济之中,基本上没有参与蓄奴活动。北部的城市是商人和工匠的世界,奴隶被用来从事工艺劳动或作为家仆,所以北部城市的黑人也较多。奴隶主的商业性经营促进了殖民地商业经济的发展,商业经济发展又为奴隶主创造了财富。

切萨皮克地区的经济发展是建立在烟草经济之上的。从价格和产量的变化来看,切萨皮克地区的烟草产业经历了三个阶段。从烟草开始成为出口作物到 1680 年代,烟草产量增长很快,但增长速度在放慢,烟草的价格呈下跌趋势。当然,烟草产量增长的速度要比价格下跌的速度快一些。烟草的产值从 17 世纪中期的 2 万英镑飙升到 1680 年代的 10 万英镑。从 1680 年代到 1710 年代是烟草经济的一个停滞时期,价格和产量都没有显著变化。从 1720 年左右开始一直到美国革命发生,又是一个快速增长时期,烟草产值在 1770 年代达到 75 万英镑。② 在 1700 年左右,由于烟草经济的萧条,切萨皮克地区的种植者开始多样化生产。有些地方的人放弃种植烟草,转而生产松脂产品、林木产品、粮食、家畜和其他作物。切萨皮克地区的生产多样化经历

---

① Russel R. Menard, "Economic and Social Development of the South", in Stanley L. Engerman and Robert E. Gallman. eds., *The Cambridge Economic History of the United States*, Vol. I, *The Colonial Era*, p. 254.

② Ibid., pp. 261-262.

了两个阶段。第一阶段从 1700 年左右到 1720 年,种植烟草的人开始生产家畜、粮食、林木产品和松脂产品。在 1740 年左右开始了又一波的农业生产多样化,小麦成为该地区的主要农产品之一。到 18 世纪后期,小麦出口在弗吉尼亚的经济中已经占据了重要地位。尽管出口数量不及宾夕法尼亚和纽约,但差距也不是太大。"1768—1772 年间,宾夕法尼亚的年平均小麦净出口量大约是 150 万蒲式耳,纽约平均每年出口小麦大约 53 万蒲式耳。同一时期弗吉尼亚的小麦平均年出口量为约 40.3 万蒲式耳。至于玉米,此时弗吉尼亚已经是居首位的出口者,平均年出口量接近 56.7 万蒲式耳,对比之下,宾夕法尼亚和纽约的出口量相加才达到大约 15 万蒲式耳。"粮食出口的快速增长,导致粮食生产对弗吉尼亚经济影响的增强。"据估计,烟草出口的年平均价值从 1738—1742 年的 16.5 万英镑增长到 1768—1772 年的 47.6 万英镑。同一时期,粮食出口年平均价值从大约 1.15 万英镑增长到 13 万英镑。在前一个时期,烟草与粮食年出口价值的比例大致是 14:1。大约 30 年后,这个比例下降到不及 4:1。"①不过,小麦并没有取代烟草成为弗吉尼亚的首要商业性农产品,烟草仍旧是主要出口产品。表 1-15 中的数字表明了这种情况。

表 1-15　1768—1772 年马里兰、弗吉尼亚和北卡罗来纳出口产品的年平均价值(千英镑)②

商品	大不列颠	爱尔兰	南欧	西印度群岛	总数
烟草	763.8				763.8
粮食及粮食产品	10.6	23.5	98.6	75.5	208.1
松脂产品	35.4				35.4
林木产品	7.0	2.3	2.4	23.2	34.9
铁	28.3	0.4		0.5	29.2
其他	20.9	3.9	0.9	16.7	42.4
总计	866.0	30.1	101.9	115.9	1113.8

切萨皮克地区商品农业的经营主体是大大小小的奴隶主,这些人役使黑人奴隶从事生产,主导着该地区商品经济的发展。商品经济是奴隶主蓄奴的

---

① David Klingaman, "The Significance of Grain in the Development of the Tobacco Colonies", *The Journal of Economic History*, Vol. 29, No. 2 (June, 1969), pp. 270, 272-273.
② Russel R. Menard, "Economic and Social Development of the South", in Stanley L. Engerman and Robert E. Gallman, eds., *The Cambridge Economic History of the United States*, Vol. I, *The Colonial Era*, p. 267.

用力之地,伴随着商品经济的发展壮大,奴隶主群体的规模和力量相应增长增强。商品经济发展和白人与黑人人口的增长互为因果,方向一致,这两者是切萨皮克地区社会经济发展的两个侧面。表1-16中的数字显示了殖民地时期切萨皮克地区人口的增长情况,这些数字变化事实上就是奴隶主群体发展壮大的宏观反映,商品经济的发展也隐含在这些人口数字的变化之中。

表1-16 1610—1780年切萨皮克地区的人口估计数(千人)①

年份	马里兰	弗吉尼亚	白人总数	黑人总数	总人口数
1610		0.3	0.3	—	0.3
1620		0.9	0.9	—	0.9
1630		2.5	2.4	0.1	2.5
1640	0.6	7.6	8.0	0.1	8.1
1650	0.7	12.0	12.4	0.3	12.7
1660	4.0	20.9	24.0	0.9	24.9
1670	11.4	29.6	38.5	2.5	41.0
1680	20.0	39.9	55.6	4.3	59.9
1690	26.2	49.3	68.2	7.3	75.5
1700	34.1	64.0	85.2	12.9	98.1
1710	43.9	79.7	101.3	22.4	123.7
1720	57.8	100.8	128.0	30.6	158.6
1730	81.8	142.8	171.4	53.2	224.6
1740	116.1	180.4	212.5	84.0	296.5
1750	141.1	236.7	227.2	150.6	377.8
1760	162.3	339.7	312.4	189.6	502.0
1770	202.6	447.0	398.2	251.4	649.6
1780	248.0	538.0	482.4	303.6	786.0

从表1-16显示的人口变化轨迹来看,殖民地时期切萨皮克地区的白人和黑人人口都一直处于增长状态。这种人口持续增长自然就成为奴隶主群体成长的人口条件。

殖民地时期北美另一个商品农业发达地区是下南部。该地区商品经济

---

① John J. McCusker & Russell R. Menard, *The Economy of British America,1607-1789*, Chapel Hill and London: The University of North Carolina Press,1991, p.136.

的发展过程就是种植园主兴起的过程。卡罗来纳殖民地创建于1662年,在此之后的大约30年时间是南卡罗来纳经济发展的试验阶段。到1710年,这里的人口包括大约3300名欧洲人,2600名非洲人和印第安人奴隶。① 在殖民开拓初期,来自英国和西印度群岛的白人殖民者,为寻求可以赢利的经济产品进行过多种经济生产试验。从1680年代开始,这里的农民种植豌豆、小麦和樱桃,饲养猪等牲畜以及捕鱼。这里的人很快就开始出口食物、鹿皮、木材以及松脂。其中松脂的出口量1712年达到6500桶,1725年达到6万桶。此外,该殖民地还大量出口玉米,1735年玉米出口量为9.5万蒲式耳,1730年代还大量出口皮革、肉类和桶板等。② 南卡罗来纳最初向巴巴多斯出口的是粮食和木材,向英国出口的是皮毛。"这种经济不能产生巨大财富,但是却给地方商人和种植园主提供了进行小规模生产和交易的多种机会。"③在这个摸索试验时期,该地区的首要产业是牲畜饲养。"1700年的卡罗来纳仍旧是一个边疆殖民地,牲畜饲养是那里的首要农业追求。"牲畜饲养之所以在南卡罗来纳取得成功,是因为这里冬季气候温暖,在整个海岸平原地带,一年四季都有牲畜的天然饲料。17世纪后期,卡罗来纳殖民者的定居地处在大西洋海岸平原的东侧。这里地势低平,有多种自然地理区域,如松林、平原、阔叶树林和沼泽等。松林之中的地面上生长的是灌木和青草,牛和猪都可以在树林中放养。也就是说,这里有饲养牲畜的天然牧场,这里的人就在这些开放的天然牧场上放养牲畜。为了便于区别各家的牲畜,政府要求牲畜的所有人必须在自己的牲畜身上打上印记。南卡罗来纳生产的牛肉和猪肉主要出口到了英属西印度地区。"早在1680年卡罗来纳就运送了4吨腌肉到巴巴多斯岛。到18世纪之交,卡罗来纳成为巴巴多斯、牙买加和其他英属西印度殖民地的重要腌肉供应者。除了销售腌肉外,卡罗来纳人还向那些新近到来且想成为牲畜饲养者的殖民者出售活牲畜。有了出售牲畜和腌肉获得的收入,卡罗来纳人得以获取劳工和积累个人财产。表1-17中牲畜饲养者遗产目录中列举的动产包括种植园劳动工具、家具、烹饪器具、挤奶工具、

---

① Russel R. Menard, "Economic and Social Development of the South", in Stanley L. Engerman and Robert E. Gallman, eds., *The Cambridge Economic History of the United States*, Vol. I, *The Colonial Era*, p.275.

② Jon Butler, *Becoming America: The Revolution before 1776*, The President and Fellows of Harvrd College, 2000, p.58.

③ Russel R. Menard, "Economic and Social Development of the South", in Stanley L. Engerman and Robert E. Gallman, eds., *The Cambridge Economic History of the United States*, Vol. I, *The Colonial Era*, p.275.

陶瓷器、银器和'现钱',以及劳工和牲畜。"①

表 1-17 现存的早期南卡罗来纳(1670—1700 年)遗产记录中牲畜业主的财产②

死亡年份	姓名	牛	猪	马	牲畜价值(英镑)	仆人	奴隶	奴隶价值(英镑)	动产价值(英镑)	财产总值(英镑)
1680	休·比德维尔	—	30	—	31	—	—	0	7	38
1682	约翰·史密斯	53	6	2	112	3	13	121	50	283
1683	玛格丽特·西蒙普森	23	18	—	69	—	2	21	132	222
1687	理查德·科德纳	38	—	—	50	—	1	18	86	154
1692	伯纳德·申肯	294	11	5	288	—	3	70	14	372
1693	弗朗西斯·琼斯	16	—	—	16	—	2	49	11	76
1694	约瑟夫·爱德华兹	15	—	—	16	—	—	0	15	21
1694	约翰·哈里斯	101	13	—	104	—	4	113	222	439
1694	詹姆斯·乔伊娜	200	10	7	243	—	12	240	431	752
1694	托马斯·穆尔	27	?	—	34	—	—	0	11	45
1695	托马斯·格雷特伯克	72	55	2	62	—	4	66	65	193
1696	弗朗西斯·蒂尔吉	100	13	8	179	—	14	275	490	944

---

① John Solomon Otto, "Livestock-Raising in Early South Carolina, 1670-1700: Prelude to the Rice Plantation Economy", *Agricultural History*, Vol. 64, No. 4 (Autumn, 1987), pp. 13, 21. http://www.jstor.org/stable/3743894 Accessed: 2008/10/03

② John Solomon Otto, "Livestock-Raising in Early South Carolina, 1670-1700: Prelude to the Rice Plantation Economy", p. 17.

续 表

死亡年份	姓名	牛	猪	马	牲畜价值（英镑）	仆人	奴隶	奴隶价值（英镑）	动产价值（英镑）	财产总值（英镑）
1697	约瑟夫·埃利奥特	44	—	—	44	—	1	33	68	145
1698	玛格丽特·莫里斯	40	3	—	31	—	4	56	8	95

不过,最终使得南卡罗来纳走出经济试验阶段的是水稻生产。卡罗来纳殖民者在1690年代开始试验水稻种植。关于水稻生产是怎样引进到北美这个问题历史上有不同的解释。传统的解释将水稻生产的成功种植归功于白人殖民者,当代史学则认为是被贩运来的非洲人奴隶将水稻生产技术带到了北美。不管水稻种植是怎样引进的,南卡罗来纳水稻生产的成功无疑是通过试验种植实现的。水稻生产需要的不仅仅是土地和艰苦劳动,还有精巧的加工设备、灌溉田地的淡水和出售产品的市场。"在水稻引进南卡罗来纳的几十年,在稻谷的生产、加工和销售各领域几乎都出现了革命性发明。"① 1691年殖民地议会授予彼得·雅克·格拉德一项专利,此人发明了一种用于将稻谷脱壳的机械装置。卡罗来纳的水稻出口从1698年的1万磅增长到1720年的650万磅,1740年达4300万磅。水稻产量的价值从1720年的2万英镑增长到1740年的大约10万英镑。② 表1-18 显示了殖民地时期南卡罗来纳的水稻出口情况。

表1-18　1698—1774 南卡罗来纳水稻产区的稻谷出口量③

年份	英磅	桶	年份	英磅	桶
1774	76265700	145286	1736	24804000	55120
1773	81476325	155193	1735	21259800	47244
1772	69218625	131845	1734	13991850	31093
1771	81755100	155724	1733	23245200	51656

---

① Henry C. Dethloff, "The Colonial Rice Trade", *Agricultural History*, Vol. 56, No. 1 (Jan., 1982), p.232. http://www.jstor.org/stable/3742312 Accessed：2008/10/03
② Jon Butler, *Becoming America: The Revolution before 1776*, p.59.
③ Henry C. Dethloff, "The Colonial Rice Trade", p.234.

续 表

年份	英磅	桶	年份	英磅	桶
1770	83708625	159455	1732	16866000	37480
1769	73078950	139198	1731	21753450	48431
1768	77284200	147208	1730	18774900	41722
1767	63465150	120886	1729	14248960	32884
1766	48396600	92184	1728	12884950	29965
1765	65710575	125163	1727	11291280	26884
1764	55907250	106490	1726	9442710	23031
1763	61959450	118018	1725	7093600	17734
1762	47435325	90353	1724	8654447	
1761	58480275	111391	1723	8797304	
1760	35327250	67290	1722	9732377	
1759	30472575	58043	1721	7963615	
1758	38527650	73386	1720	6485662	
1757	33976950	64718	1719	4001210	
1756	45344250	86370	1718	2956727	
1755	59057775	112491	1717	2881335	
1754	49179520	94576	1716	4584927	
1753	19747675	38345	1715	2367605	
1752	42245850	82385	1714	3139361	
1751	32751270	64854	1713	3850533	
1750	27372500	54745	1711	1181430	
1749	21381030	43194	1710	1600983	
1748	28368550	57895	1709	1510679	
1747	27643060	56996	1708	675327	
1746	27335040	56948	1707	561185	
1745	29813375	62765	1706	267309	
1744	39963630	85029	1704	759536	
1743	35935200	77280	1703	694493	
1742	22706060	49316	1702	612646	

续 表

年份	英磅	桶	年份	英磅	桶
1741	38720955	85101	1701	194618	
1740	43326000	96280	1700	394130	
1739	32167800	71484	1699	131207	
1738	16327350	36283	1698	10407	
1737	20201400	44892			

(原注:每桶的稻谷价值逐年而异。)

在水稻成为主产作物后,南卡罗来纳还继续出口其他产品。从查尔斯顿出口的松脂和柏油1712年为6500桶,1718年达到5万桶,1725年达到高峰,接近6万桶。该产品出口持续到1740年左右。玉米出口在1735年达到9.5万蒲式耳,此后出口量急剧下降,1739年为1.5万蒲式耳。桶木板的出口在此同一时期下降了一半,皮革的出口在1734—1739年下降了大约三分之二。下降最大的是松脂出口,从1720年代中期的6万桶、价值高达2.5万英镑,到1732年的大约2.5万桶、价值7000英镑,1739年更降到1.1万桶、价值不足3000英镑。靛青的年出口价值由1750年代初的不足1万英镑增长到1770年代初的近15万英镑,达到水稻产品价值的40%。① 到美国革命爆发时,水稻一直是主要经济作物。表1-19显示了美国革命前夕南卡罗来纳和佐治亚的出口类别与规模。

表1-19 1768—1772年南卡罗来纳和佐治亚年平均出口值(千英镑)②

产品	大不列颠	南欧	西印度群岛	大陆殖民地	总数
水稻	198.2	51.0	55.7	21.3	326.2
靛青	111.8				111.8
鹿皮	28.1				28.1
松脂产品	6.0			0.7	6.7
林木产品	0.5	0.2	8.8	0.2	9.7
粮食	0.2	0.3	5.0	5.0	10.5
家禽、牛和猪	0.1	0.1	6.8		7.0
其他	2.7	0.4	2.1	5.7	10.9
总数	347.6	52.0	78.4	32.9	510.9

---

① Russel R. Menard, "Economic and Social Development of the South", in Stanley L. Engerman and Robert E. Gallman, eds., The Cambridge Economic History of the United States, Vol. I, The Colonial Era, pp.276, 282.

② Ibid., p.285.

商品经济的兴旺使得南卡罗来纳成为奴隶人口高度集中的种植园地区。"水稻和靛青塑造了卡罗来纳低地地区,将其塑造成一个种植园社会,在结构上更像英属加勒比海地区而不是像北美其他殖民地。最显著的相似之处是奴隶人口的规模。水稻生产的增长导致对劳动力的需求。这种需求主要是由非洲奴隶来满足。就平均数而言,查尔斯顿进口奴隶在1710年代是每年275人,1720年代每年近900人,1730年代每年超过2000人。早在1708年黑人就成为南卡罗来纳人口中的多数,那时的人口中还有相当多的人是印第安人。到了1740年,奴隶人口,其中主要是黑人,占总人口的70%以上。这样的比例更像甘蔗群岛而不像大陆其他地区。"在斯通诺奴隶起义和威廉王之战影响下,1740年代进口奴隶很少。18世纪中期黑人奴隶占人口的比例下降到62%左右,但仍然高于北美大陆其他地区。1750年后随着经济复苏,商品农业发展再次刺激了奴隶进口。"1750年代年平均奴隶进口数是1600人,1760年代是2000人,1770—1774年间在4000人以上。1770年南卡罗来纳的奴隶人口超过8万人,达到总人口的60%以上。"①

佐治亚殖民地在经济上是南卡罗来纳种植园经济的延伸。在1750年改变了禁止蓄奴的政策后,南卡罗来纳的种植园主纷纷到佐治亚创建种植园。到1754年第一任皇家总督约翰·雷诺兹抵达佐治亚时,该殖民地人口急剧飙升到7000人,奴隶有2000人。从18世纪50年代到美国革命,佐治亚经济增长显著,水稻产量从1752年的500桶增长到1756年的1万桶。殖民地人口到1773年达到3.3万人,其中包括1.5万奴隶。佐治亚白人定居地也实现巨大扩张,1763年克里克印第安人出让给白人的土地大约是500万英亩,1773年佐治亚的白人定居地向南已扩张到圣玛丽河,向西北扩张到了萨凡纳河。② 佐治亚很快就成为与南卡罗来纳经济相似的地区,水稻和靛青种植园成为商品农业主要生产单位。

大规模的水稻生产使得南卡罗来纳和佐治亚的海岸平原地带成为殖民地大种植园主的集中地区,也是殖民地富豪家族的中心。"南卡罗来纳的财富、权势和文化的兴旺发达是建立在稻田之上的。查尔斯·科茨沃斯和托马斯·平克尼的巨额财富是以水稻为基础的。查尔斯·伊泽德·马尼高尔特

---

① Russell R. Menard, "Slavery, Economic Growth, and Revolutionary Ideology in the South Carolina Lowcountry", in Ronald Hoffman and John J. McCusker, et al, eds., *The Economy of Early America: The Revolutionary Period, 1763-1790*, The University Press of Virginia, 1988, pp. 259, 260.

② Timothy James Lockley, "Georgia", in Gary B. Nash, ed., *Encyclopedia of American History*, Vol. II, Billy G. Smith, ed., *Colonization and Settlement, 1608 to 1760*, New York: Facts on File, Inc., 2003, p. 138.

开始合并水稻种植园,很快田地总数就达到 3 万英亩,1794 年彼得·西蒙斯的利奇费尔德(Litchfield)和威尔布鲁克(Willbrook)这两个种植园的土地达到 2000 英亩。威廉·奥尔斯顿在其去世时已经取得了多片种植园。在南卡罗来纳和佐治亚殖民地发挥作用的水稻种植园主还有拉夫纳尔、约翰斯通、波因塞、鲍尔和杜邦。"①

在殖民地时期的新英格兰地区,黑人劳动在农业地区的经济重要性不大,除个别地区形成了以奴隶劳动为基础的商品农业生产外,绝大多数地区的农业生产和农民生活处在自给自足的状态,虽然不是绝对排斥奴隶使用,但是奴隶劳动可有可无,即使在那些使用奴隶的家庭中奴隶也只是起辅助作用。18 世纪,在新英格兰的大部分地区,黑人人口占人口比例为 3% 左右。只是在新英格兰的罗得岛黑人占人口的比例高达 16%—25%。为什么会出现这种情况呢?美国学者奥斯卡·赖斯指出:

> 存在两个原因。第一,罗得岛的公民成为北美殖民地中最大的奴隶贩子。在高峰时期,到达美洲的奴隶中 90% 是由在罗得岛注册的船只运载的。1709—1807 年间,从罗得岛的纽波特到非洲、西印度群岛和南部殖民地的 939 次航行共运载了 106544 名非洲人。这种活动对于海员意味着有工作,对于金融家意味着投资,对于罗得岛的酿酒者来说意味着其产品有了市场。第二,在纳拉甘塞湾地区反常地发展了种植园经济。纽波特的奴隶贩子需要牲畜和其他产品进行对外贸易。所以这里的南金斯顿、北金斯顿、查尔斯顿以及埃克塞特发展成了生产牲畜和奶制品的地区。这里土壤肥沃,出产的草料能够饲养牲畜。气候也比较温和,冬季较短。还有,这个地区不是由偏爱家庭农场的清教徒统治集团控制。这是罗得岛和康涅狄格有争议的地区。其地位和归属不确定,所以任何一个想赌上一把的人都能廉价从纳拉甘塞印第安人那里购买到土地。在金斯顿,1671 年购买 500 英亩土地只需要 28 英镑。18 世纪,一些家庭拥有几千英亩土地,用来饲养牲畜和生产"罗得岛奶酪"以及其他奶制品。这些产品通过海路被运到南部殖民地和加勒比海地区。在纽波特附近很容易就能买到并运回奴隶。有些种植园主拥有 20 名奴隶。1730 年南金斯顿的奴隶人数达到 498 人。②

在中部殖民地,奴隶制的经济重要性总体上比新英格兰地区大一些,但比南部小一些。1710—1770 年间,黑人人口上升了近 5 倍,从 1710 年的

---

① Henry C. Dethloff, "The Colonial Rice Trade", pp.239-240.
② Oscar Reiss, *Blacks in Colonial America*, pp.75-76.

6000多人增长到1740年的大约1.65万人,到1770年达到近3.5万人。由于白人外来移民大量到来和人口自然增长强劲,这一时期黑人占总人口的比例逐渐下降。从1710年的9%左右降到1740年的7.25%,再降到1770年的6.25%。不过应该指出,在中部殖民地的有些地方,奴隶劳动的重要性比较大。在美国革命前的半个世纪里,在纽约的金斯县、里士满县、昆斯县和阿尔斯特县,新泽西的伯根县,奴隶人口都在20%以上,1749年后金斯县的奴隶人口甚至超过了30%。1746年奴隶占纽约市劳动力的30%。尽管在1756—1771年间纽约市和阿尔斯特县的奴隶人口比例下降到14%左右,但同一时期纽约殖民地其他县的奴隶比例仍在上升,在阿尔巴尼县从14%上升到超过17%,在韦斯特切斯特县从近11%上升到几乎16%。尽管在宾夕法尼亚的很多地区和新泽西西部的几个县奴隶人口仅占2%—3%,但是也有很多地区,包括特拉华、费城、新泽西的亨特顿县、开普梅县、伯灵顿县、萨勒姆县,以及宾夕法尼亚中南部的几个县,1760年代和1770年代初奴隶占当地人口比例在5%—9%之间。尽管1770年后奴隶制在费城衰落,但是在宾夕法尼亚的乡村地区仍然在成长。①

总体来看,18世纪奴隶人口在包括新英格兰和中部殖民地在内的北部商品农业发达地区得到充分发展。宾夕法尼亚的粮食产区,新泽西北部、哈德逊河谷地区和长岛地区这些北部的粮食产区,奴隶制发展迅猛。农场主从使用白人契约劳工转向使用黑人奴隶劳工。到18世纪中期,这种劳动力的转变也延伸到新英格兰南部地区,尤其是纳拉甘塞湾周围地区,"那里的大奴隶主呈现出种植园主阶级做派"。在这些地区的很多地方,奴隶占劳动力的比例高达三分之一,在有些地方甚至占总人口的一半以上。宾夕法尼亚东南部的切斯特县就是一个鲜明例子。在18世纪的第二个十年,该县去世者中只有不足4%的人蓄奴,而16%以上的去世者生前使用白人契约劳工。在随后的时间里,这种情况发生了变化。1756—1763年,切斯特县的奴隶人口从不足300人增长到600人以上。到美国革命前夕,该县去世者中有近五分之一的人使用奴隶劳动,同时只有十分之一的人拥有契约仆。在兰开斯特县,1759—1780年间奴隶人口增长了8倍。1750年宾夕法尼亚三分之二的奴隶人口居住在费城以外地区,随着农村地区奴隶人口的快速增长,到1760年宾夕法尼亚四分之三的奴隶人口居住在费城以外地区。美国革命前夕,宾夕法尼亚的奴隶制完全变成了乡村地区的劳动制度。"奴隶不再是以家庭

---

① Jack P. Greene, *Pursuits of Happiness: The Social Development of Early Modern British Colonies and the Formation of American Culture*, Chapel Hill and London: The University of North Carolina Press, 1988, p.132.

劳动或白人仆人劳动为基础的农业经济的补充，而是成了乡村劳动力队伍中的最大力量。"18 世纪中叶，在新泽西殖民地的蒙茅斯县，奴隶人口与没有财产的单身白人的比例是 262∶194，在与其相邻的米德尔塞克斯县，男性奴隶为 281 人，自由的工资劳动者，包括白人和黑人，仅为 81 人。在伯根县，男性奴隶人口与自由工资劳动者的比例是 306∶8。① 不过，由于自然地理条件的限制，这里的农场主没有发展成像南部那样的种植园主。粮食生产的季节性使得奴隶制无法发挥最大效用。如果仅就劳动力而言，这类农场主更愿意使用契约劳工。"在整个北部产粮地区，即使那些能够承担大量资本投入并同时能够承担蓄奴风险的乡绅农场主，一般也是依靠契约仆劳动而不是奴隶劳动。在宾夕法尼亚的兰开斯特和彻斯特两个县，最富裕的农场主使用的非自由劳力中足有三分之二是白人契约仆而不是黑人奴隶。这些农场主倾向认为蓄奴是他们社会地位的标志，而不是把奴隶看成农业劳力。"奴隶除了在田地干农活外，还在家园做家务。值得指出的是，奴隶主在遗嘱和财产目录中往往将奴隶与钟表和马车这类显示社会地位的物品记录在一起，而不是与土地和农具记录在一起。② 总的来说，"在北部的绝大部分地区，缺少重要商品农业，这就阻碍了对大规模强制劳动的需求。奴隶在多种多样的劳动中服务，包括做家务活、做工艺活以及白天打短工等等。但是奴隶制没有成为经济的基础"。③

北部城市黑人人口的比例曾经相当高，这是因为城镇家庭和工商业服务使用了很多奴隶。在纽约和费城，"黑人奴隶担任水手、造船工、制绳工、制帆工、装卸工、运输车驾驶员、面包师傅、石匠、木浆、鞋匠、裁缝、屠夫、磨匠、制帽匠、皮匠、制刷匠、酿酒者、熬糖者、制蜡烛工、桶匠、制钟匠、细木工、理发匠、啤酒酿造者和家庭劳务人员，以及各种各样更专业的行业"。1730 年后越来越多的手艺人、小商人和店主购买奴隶帮助他们劳动，"到 1750 年代费城几乎 70% 的富裕手艺人拥有奴隶"。④ 这样一来，北部城市成为奴隶较多的地方，当然这意味着也是奴隶主较多的地方。不过，在七年战争之后，北部这三个港口城市的奴隶进口急剧下降。到 1768 年费城和波士顿的奴隶进口

---

① Ira Berlin, *Many Thousands Gone: The First Two Centuries of Slavery in North America*, pp. 108-181.
② Ira Berlin, "Time, Space, and the Evolution of Afro-American Society on British Mainland North America", in Gad Heuman and James Walvin, eds., *The Slavery Reader*, London and New York: Routledge Taylor & Francis Group, 2003, pp. 123-124.
③ Peter Kolchin, *American Slavery, 1619-1877*, p. 27.
④ Jack P. Greene, *Pursuits of Happiness: The Social Development of Early Modern British Colonies and The Formation of American Culture*, Chapel Hill and London: The University of North Carolina Press, 1988, p. 134.

几乎完全停止,1767—1775年间,费城的奴隶人口几乎下降了一半,男性奴隶劳工的比例从大约60%下降到35%。在纽约,1730年代和1740年代,奴隶占人口比例约为20%,占男性成人人口的23.5%,到1771年奴隶仅占人口的4%,占男性成人比例为15%。在波士顿,奴隶人口从1752年的1544人下降到1765年的811人,在独立战争爆发时下降到不足500人。①

既然奴隶劳动在北部的经济重要性并不大,那么北部为什么还会出现奴隶,并且在18世纪奴隶人口还出现了较大幅度增长呢?对此,一些人认为是由于北部从事奴隶贸易。这种说法固然不无道理,从事奴隶贸易的北部商人将一部分奴隶带回了北方。但是,奴隶在北方同样是被作为劳动力使用的,除了少数奴隶是在奴隶主家庭内做家务活外,绝大部分奴隶还是在从事农业工作。所以应该看到,虽然北部的农业生产对奴隶的依赖性不大,但是奴隶确实也不是负担,得到一两个奴隶做农活的帮手对农场主来说还是合算的。对于城镇的工匠同样如此,奴隶的生活费用毕竟很低。大致就是基于这样的情况,奴隶制才在北部得以存留。

三 奴隶制法律基础的奠定

奴役黑人的法律是奴隶主创造的,这类法律成了奴役活动的法制保障。作为殖民地的最高统治者,英国统治者对于殖民地出现的奴隶制表现出了含糊矛盾的态度。英国本土已经不存在奴隶制,英国统治者也没有明确制定在殖民地实行奴隶制的法律。在一些案例中,英国法官的判决并不能认定是支持奴隶制。1705年霍尔特法官在一项判决中说,根据弗吉尼亚殖民地的市政法,奴隶制在弗吉尼亚是合法的。但根据英格兰法,却是不合法的。同一年他在另一项判决中又宣称,英格兰的法律"没有注意到黑人与其他人有什么不同"。但是1729年英国的副检察长认定,来自西印度的黑人进入英格兰后,即使接受了基督教洗礼,也不能成为自由人。1772年英国法院又宣布,主人从牙买加带入英格兰的黑人奴隶,不能强制返回。因为奴隶制令人强烈厌恶,所以只有在明确实行奴隶制法律的地区,才能确定这种制度。② 尽管英国在奴隶制问题上的公开态度矛盾含糊,但他们并没有禁止在殖民地实行奴隶制。事实上,他们对于殖民地的奴隶制采取了默许容忍的立场。正是这种立场使得殖民地在创建奴隶制过程中没有遇到来自英国的阻碍。"在英属殖民地,奴隶制作为一种社会制度是在没有合法授权(legal authorization)

---

① Gary B. Nash, *The Urban Crucible: Social Change, Political Consciousness and the Origins of the American Revolution*, p.320.

② Lewis Cecil Gray, *History of Agriculture in the Southern United States to 1860*, p.359.

的情况下被接受的。因而在殖民地早期,总体上是有奴隶但没有奴隶制法律。奴隶制法律是一点点产生的,或者是通过法令,或者是通过司法先例,有时甚至是以人们已有的所作所为为基础的。关于奴隶制的法令,就像关于其他事物的法令一样,不是在英国做出的,而是在地方立法机关做出的。"①英国政府没有阻止殖民地的奴隶制立法,实际上是纵容了这样的立法。"殖民地奴隶制发展的关键点是,不管对中世纪的先例如何去注解,17世纪版的征服学说给了所有殖民地一个独立空间,在这个空间里种植园主和商人能够使用奴隶劳动而很少受到来自英国的监督。根本不是殖民者们拥有违背英国王室意愿去创新重大或代价高昂的政策的自由,恰恰相反,威斯敏斯特拥有审查地方立法和拒绝不适宜立法的权力,威斯敏斯特通常能够坚持自己的主张和政策。但是时势是站在殖民者们一边的。特权宪政主义(prerogative Constitutionalism)给了殖民者一个去除中央集权制的私人空间,通过利用这种空间,殖民者们能够建立起一套奴隶制法律体系。"②

北美的奴隶制是人为谋划的结果,是已经存在的奴隶主为了自身利益而将奴役行为合法化、制度化和永久化。没有奴隶主的存在,就不会有奴隶制的创立。不过这里需要明确指出的是,从严格的法律意义上说,美国历史上并没有出现奴隶制,因为美国历史上没有出现过明确确立奴隶制度的法律,只有涉及限制或剥夺黑人人权和自由的法院判决、议会的涉奴法案和政府的治安管理规章。这些涉奴决定是在不同时间针对不同具体问题做出的,但累积的后果是将黑人禁锢在世代为奴的地位上。1860年反奴隶制人士莱桑德·斯普纳撰书指出,"有几个殖民地,其中包括某些奴隶人口众多的殖民地,要么是那里根本没有任何法律界定究竟应让什么人为奴,要么是有这种试图界定谁人为奴的法律,但界定的范围却过于宽泛,以至于现在不可能知道谁是那些被认定为奴隶的人们的后人,谁是那些没有任何法律依据却被控制在奴隶制之中的人们的后人"。他指出,当奴隶制最初引进这个国家时,根本就没有奴隶制法律。人们购买使用奴隶就像购买和使用马匹一样。尽管没有法律依托,但是对于这种蓄奴行为白人社会存在共识,白人们认同这种做法。"最终因为奴隶人口大量增多需要加以管理,殖民地政府就通过法令,假定存在着奴隶,不过从没有制定过确定应该让什么人成为奴隶的法

---

① Allan Watson, *Slave Law in the Americas*, Athens, Georgia: The University of Georgia Press, 1989, p. 64.
② Jonathan A. Bush, "The British Constitution and the Creation of American Slavery", in Paul Finkelman, ed., *Slavery and Law*, Madison: Madison House Publishers, Inc., 1997, pp. 397-398.

律。"①当代美国学者乔纳森·A. 布什也指出,"19 世纪的南部法官和北部的废奴主义者都喋喋不休地说过,从法律上来思考,奴隶制从未被创造出来。今天的历史学者同意这种说法。奴隶制只是作为一种风俗就那样在实践中演变着,然后得到了法令的承认"。②

英属北美殖民地是在不同时间由不同的殖民者在不同的地区开创的,由于发展之路各不相同,奴隶制在各地区确立的方式也各具特色。在切萨皮克地区,奴隶制不是某一个人一次性设计创立的,而是经历了一个渐进的形成过程。关于该地区早期黑人的地位,迄今美国学界并无定论。有学者认为早期的黑人与白人契约仆地位相同,"黑人的地位就是契约仆的地位。在 1660 年代前人们将他们看成是仆人,并以仆人身份对待他们"。③ 有人认为弗吉尼亚早期的黑人地位模糊不清,"可以肯定,弗吉尼亚人口中非洲人人数不多,他们并没有一开始就成为英国殖民者的奴隶。事实上他们的法律地位在 17 世纪后期之前一直有些模糊"。有些黑人被作为契约仆来对待。不过,从一开始,白人就将黑人作为与白人不同的劣等人看待。④ 尽管学界看法不一,但是可以肯定的是,在 1640 年代前,殖民地并没有确定黑人奴隶地位的法律。由于没有法律依据,在实际生活中,有些主人可能将他们购买的黑人看成是契约仆,在役使一定时期后加以解放。例如,在弗吉尼亚的北安普敦县,"1664—1677 年间,在 101 名黑人中,至少有 13 人成为有自由身份的地主,他们中的绝大多数人是通过赎身获得自由的。在 1668 年该县约 29% 的黑人是自由人"。⑤ 有些主人将黑人作为奴隶来对待,这种主人实际上就是奴役黑人的奴隶主。尽管如此,由于当时没有规定黑人为奴的法律,所以即使事实上存在极少数这样的奴隶主,他们的奴隶主身份也是没有法律保障的。"简言之,从 1620 年代起,史迹是如此的晦暗不明,所以不可能证明黑人究竟被看作是奴隶还是契约仆。不过有一些史料证明他们被归入与普通契约仆不同的类别,即使这种分类不是准确的'法律分类'。时至 1640 年代证

---

① Lysander Spooner, *The Uncostitutionality of Slavery*, Boston: Bela Marsh, 1860, pp. 32, 34.
② Jonathan A. Bush, "Free to Enslave: The Foundations of Colonial American Slave Law", *Yale Journal of Law & the Humanities*, Vol. 5: Iss. 2 (1993) Article 7, p. 420. http://digitalcommons.law.yale.edu/yjlh/vol5/iss2/7 Acessed: 2014/12/01
③ Oscar and Mary F. Handlin, "Origins of the Southern Labor System", in Stanley N. Katz, etc., eds., *Colonial America: Essays in Politics and Social Development*, p. 340.
④ Betty Wood, *Slavery in Colonial America*, New York: Rowman & Littlefield Publishers, Inc., 2005, pp. 8-9.
⑤ Peter Kolchin, *American Slavery, 1619-1877*, p. 16.

明黑人通常被看成是奴隶的证据才开始大量增加。"①

切萨皮克地区黑人的奴隶身份是在较长的时期内殖民者通过多种立法形式逐渐界定的。1639 年马里兰的一项法令确定,该地区居民中,奴隶不能像基督徒一样享有自由、豁免、特权和免税等各种权利。1664 年马里兰的一项法令明确宣布,黑人和其他奴隶,如果父亲是奴隶,要终生为主人服务。那些嫁给奴隶的自由妇女在其丈夫在世时要为丈夫的主人服务。② 1640 年,弗吉尼亚法院在审理一桩逃离主人的案件时,判处两名白人再延长 4 年服务期,而那个名叫约翰·庞奇的黑人则被判处终生服务。"在现存的弗吉尼亚县法院的记录中,1640 年后的记录开始提及黑人。将黑人,并且往往包括他们未来出生的孩子,加以终生出售,这样的内容都以明确无误的语言记录在案。"③ 1659 年,即在第一批黑人到达弗吉尼亚 40 年之后,在弗吉尼亚的立法中才第一次提到黑人是奴隶。1659 年的一项关于减少商人输入弗吉尼亚奴隶的进口税的法令规定,荷兰和其他基督教国家的人,只要交纳进口税,就允许他们进行自由贸易。如果他们要进口"黑人奴隶"(Negro Slaves),那么对于这些黑人生产的烟草每桶征收 2 先令的税,与英国人一样。④ 1660 年的一项关于管理英国人与黑人逃亡的法令规定,如果英国契约仆与黑人一起逃亡,而黑人又不能增加新的服务期限,这个英国契约仆要增加的服务期限就是这个黑人逃亡在外的时间。⑤ 这里所说的黑人不能增加服务期限,意即黑人是终生劳役,这就等于说黑人是终身为奴。1662 年弗吉尼亚的一项法律规定,在确定一个黑人孩子的身份是奴隶还是自由人时,以其母亲的身份而定。这项法律也意味着弗吉尼亚社会已经在法律上明确了黑人的奴隶地位。此后黑人的奴隶地位进一步得到固化。1667 年的一项法律规定,黑人奴隶即使接受洗礼成为基督教徒,也不能免除他们的奴隶地位。1670 年的一项法律规定黑人和印第安人不得购买基督徒仆人。⑥ 1669 年弗吉尼亚立法机构通过了一个"关于无意杀死奴隶的法案",规定如果奴隶抵抗主人,对其施之管教,手段极端偶然导致其死亡,奴隶主不算犯下重罪,这个主人或他安排

---

① Thomas D. Morris, *Southern Slavery and the Law*, *1619-1860*, Chapel Hill and London: The University of North Carolina Press, 1996, p.40.
② Willie Lee Rose, ed., *A Documentary History of Slavery in North America*, New York: Oxford University Press, 1976, p.24.
③ Winthrop D. Jordan, *White over Black: American Attitudes Toward the Negro*, *1550-1812*, pp. 74-75.
④ A. Leon Higginbotham, Jr., *In the Matter of Color: The Colonial Period*, Oxford, England: Oxford University Press, 1980, p.34.
⑤ Willie Lee Rose, ed., *A Documentary History of Slavery in North America*, p.28.
⑥ Ibid., p.19.

惩罚这个奴隶的其他人应免责,因为没有人会故意毁灭自己的财产。① 随着黑人奴隶地位的确立,黑人的活动受到严格限制。1680 年弗吉尼亚制定的《防止黑人暴动法》规定:鉴于相当多数量的黑人以聚餐和葬礼为名频频聚会被判定为具有危险后果,为防患于未然,从本法公布之日起,法律不许任何黑人或其他奴隶携带或以棍棒、枪支、刀剑或其他防卫或攻击性武器武装自己,不许未持有男主人、女主人或监工出具的证明就离开主人的地方,这种证明只有在特别必要的时候才会给奴隶。黑人或奴隶若违犯此法将被送到附近的治安警察那里,由警察在其裸背上抽打 20 皮鞭,然后送回给主人或监工。再则,如果一个黑人敢于动手反抗一个基督徒,一经此人在治安法官面前发誓证实,则要在这个黑人或奴隶的裸背上抽打 30 皮鞭。还有,如果黑人或奴隶脱离对主人的服务,躲藏起来偷懒,或对居民造成伤害,且抵抗当局派来抓捕他的人,则可以将其杀死。② 这种规定使得黑人成为与白人不能平等相处的另一类人,被剥夺了白人享有的那些权利,"如果黑人未有主人的许可证明不得离开主人的种植园,他们的流动性就被摧毁了;如果黑人不得携带武器,进行抵抗的潜在可能性也就削弱了。并且,如果黑人由于动手反抗基督徒且不管是由什么引起的就可以加以鞭打,那么这个去人性化过程就是完整的,因为法律阻止了黑人以白人或绝大多数其他人所用的方式做出反应"。③就这样通过一个个法院判决和一项项议会立法,黑人的奴隶地位逐渐得到牢固确立。

在下南部,卡罗来纳与佐治亚殖民地在黑人奴隶问题上的最初方针彼此对立。创建卡罗来纳殖民地的宪章是由近代英国著名的启蒙思想家约翰·洛克和沙夫茨伯里伯爵一世二人受卡罗来纳业主委托撰写的,这些业主中有 4 人是皇家非洲公司的成员。该宪章中写道:"卡罗来纳的每个自由人,不管其思想意见和宗教是什么,都对黑人奴隶拥有绝对的权力和权威。"这就是说,卡罗来纳殖民地的创设者有意在此殖民地确立奴役黑人的合法性。加之前来南卡罗来纳殖民开拓的人是从加勒比海地区携带奴隶而来的奴隶主,所以事实上在南卡罗来纳地区从殖民开拓之初黑人就处于奴隶地位。1712 年南卡罗来纳殖民地议会制定了一部奴隶法典,在其序言中写道:"鉴于没有黑人和其他奴隶的劳动和服务,本省的种植园和地产不能得到精良充分的管理和使用,鉴于为此目的而带入到本省人民那里的上述黑人和其他奴隶是野蛮人,野性十足生性凶狠,这使得对于他们完全不适合使用本省的法律、习俗

---

① A. Leon Higginbotham Jr., *In the Matter of Color: The Colonial Period*, p. 36.
② Willie Lee Rose, ed., *A Documentary History of Slavery in North America*, p. 20.
③ A. Leon Higginbotham, Jr., *In the Matter of Color: The Colonial Period*, p. 39.

和实践来管治,为了良好地管理规范他们,以制止他们天性易为的不守规矩、劫掠和残暴,只能在本省创立和制定其他宪章、法律和规则,这样做还会保护本省人民的人身和财产安全。这样做是绝对必须的。"在 1722 年和 1735 年制定的奴隶法典中援用了这个序言中的基本精神。在 1740 年制定的奴隶法典中没有继续使用这些言语,只是简单地申明制定奴隶法典的目的是为了让奴隶保持"应有的服从和顺从"。① 1740 年的《南卡罗来纳奴隶法典》反映了白人社会对控制奴隶问题的关注。第 10 条授权一个白人拘留并检查任何一个被发现不在家园或种植园而又没有白人陪伴的奴隶。第 36 条禁止奴隶离开他们的种植园,尤其是在星期六夜里、星期天和节日离开种植园。违犯这项法律的奴隶可以对其进行"适当的鞭打"。第 45 条禁止白人教导奴隶认字写字。根据该法,奴隶的犯罪行为,尤其是针对白人的犯罪行为,要受到严厉惩罚。第 9 条规定,对于死罪案件,必须在逮捕后三日内以简易程序进行审判。第 17 条规定一个奴隶杀死一个白人是死罪,但是第 37 条对于白人杀死奴隶的处理则差别很大。对于蓄意杀死奴隶的惩罚是罚款 700 英镑,而对于"一时激情冲动"杀死一个奴隶则罚款 350 英镑。该法承认奴隶有权得到充足的食物、衣物和住所。第 38 条规定允许奴隶投诉疏于供给奴隶生活必需品的奴隶主。法庭可以命令奴隶主给奴隶提供救济。第 44 条规定对于在一年最炎热的日子里让奴隶一天劳动超过 15 个小时的奴隶主予以罚款。② 南卡罗来纳奴隶法典的一再制定,意味着黑人奴隶地位的固定化。而北卡罗来纳虽然不是蓄奴经济兴盛地区,但是也出现了涉奴法规,该殖民地 1741 年的一项关于奴隶逃亡者的立法规定,任何人如果收留逃亡奴隶,将会遭到起诉,被罚 25 英镑,或者为奴隶的主人或其财产转让承受人服务 5 年时间。如果是其将奴隶带走的,则按犯下重罪予以惩罚。悬赏 7 先令 6 便士抓捕逃亡奴隶,追捕里程超过 10 英里后,每增加 1 英里赏金增加 3 便士。逃亡奴隶在被抓到后要加以鞭打。治安警察要开具收到逃亡奴隶的收条,不开具收条要罚款 20 先令,赏金到教区区长那里领取。如果治安法官控制一个逃亡奴隶的时间超过立法规定的时间,就要被罚款 5 英镑。允许逃亡奴隶逃走的治安法官要负法律责任。③ 佐治亚是英国在北美创建的最后一个殖民地。在创建这个殖民地时,最初确定的原则是禁止输入黑人奴隶。1735 年 1 月,即在

---

① A. Leon Higginbotham, Jr., *In the Matter of Color: The Colonial Period*, pp. 163,167,168.
② Jeffrey Lehman and Shirelle Phelps, eds., *West's Encyclopedia of American Law*, Detroit:Thomson Gale, a part of The Thomson Corporation, 2005, p. 52.
③ Bruce Frohnen, ed., *The American Republic: Primary Sources*, Indianapolis: Liberty Fund, 2002, p. 808.

成立佐治亚殖民地的特许状发布 3 年后,佐治亚的托管人制定了一项法令,规定自 1735 年 1 月 24 日起禁止往佐治亚输入黑人,在该殖民地禁止使用黑人奴隶。然而由于经济发展的停滞,到了 1750 年殖民地当局不得不改变政策,通过了一部新法令,确定"自 1750 年 1 月 1 日之日起,法律许可输入或带入黑人奴隶或黑人进入美洲的佐治亚省加以占有和使用"①。从这时开始,黑人在佐治亚的奴隶地位也就得到了确立。

在新英格兰地区,黑人的奴隶地位是通过权利的逐渐受限确立的。马萨诸塞殖民地的第一任总督约翰·温思罗普在其 1638 年的日记中就提到了黑人奴隶。尽管无法知道究竟何时该殖民地开始输入黑人,那些最初输入的黑人是否就是奴隶,"但是在新英格兰地区,奴隶制从一开始就不是以偶然或零碎的形式制定的。弗吉尼亚奴隶制法律框架的形成是对社会习俗的反应。与弗吉尼亚不同的是,马萨诸塞湾和普利茅斯殖民地是在第一批黑人来到此地仅仅 3 年后,以 1641 年通过的《自由宪章》这个法令的形式认可了奴隶制。这就使得马萨诸塞成为制定立法授权实行奴隶制的第一个北美殖民地"。该宪章确定定居者中的债务奴隶、农奴或战俘不受法律保护,除非这些被控制在奴役之中的人是"正义战争中取得的合法战俘,是自愿出卖自身或被出售给我们的陌生人",以及根据当局需要判定需服劳役的人。"这样一来,尽管明确禁止了三种类型的劳役,反过来却立法授权了三类奴役形式。马萨诸塞的殖民者可以正当地奴役在正义战争中俘获的人,或那些自愿或非自愿被卖为奴的人,以及那些根据当局需要卖入劳役中的人。但是,一场战争在何时变成正义?哪些人是陌生人?在什么样的条件下当局可以判决某人服劳役?该法令只是为殖民者接受和参与以人为财的奴隶制提供了模糊概念。"到了 17 世纪后期和 18 世纪早期,黑人在马萨诸塞的处境趋于恶化。一项接一项的新法规强化了对黑人权利的剥夺和自由的限制。1670 年的一项法规规定可以将奴隶的孩子出卖为奴隶。1680 年的一项法规规定黑人未经许可不得登船。1693 年的一项法规规定任何白人不得与奴隶做交易,以防止奴隶偷盗主人的财产。1703 年的一项法规规定在晚上 9 点后奴隶不允许上街,这项规定也适用于自由黑人。1703 年的另一项法规规定,如果奴隶主要解放奴隶,就必须为每一个要解放的奴隶向政府交存 50 英镑的资金。1705 年的一项法规规定奴隶主不能禁止奴隶结婚,但不许异种族通婚。在1652—1656 年,自由黑人还可以参加民兵,1707 年的一项新法规则规定不允许黑人参加民兵。康涅狄格在奴隶制问题上效仿的是马萨诸塞的举措。

---

① A. Leon Higginbotham, Jr., *In the Matter of Color: The Colonial Period*, pp. 216, 249.

1660年的一项法规规定禁止黑人接受军事训练参加民兵。不允许黑人、混血人或印第安人在其生活地以外的地方游转。如果一个渡船经营者摆渡没有通行证的黑人,要受到20先令的罚款。1703年的一项法规规定不允许店主卖酒给奴隶。1708年的一项法规规定威胁要殴打白人的黑人要受到鞭打。1708年的另一项法规规定,为了防止奴隶偷盗主人的财产,不允许任何白人在没有奴隶主许可的情况下购买奴隶的物品。如果被发现,购买者必须以双倍的价钱归还奴隶主,如果他已经将这种物品处理掉了,则要赔付3倍的价钱。如果无力赔款,则要遭受20下鞭打,奴隶则遭受30下鞭打。1723年的一项法规规定,没有通行证,奴隶在晚上9点后不许上街,如果违犯规定被抓到,则要被带到治安法官那里鞭打20下,除非其主人交纳10先令罚金以释放他。罚金一半给政府,一半给报信人。1730年的一项法规规定,如果一个自由人未经奴隶主的许可在晚上9点后在其家中容留奴隶,对其罚款20先令。如果奴隶诽谤白人,则要遭受40下鞭打,奴隶的主人还要受罚。如果其主人拒绝缴纳罚款,则将奴隶出卖。① 康涅狄格另一项没有载明日期的关于黑人和仆人逃亡的立法规定,为了防止黑人、印第安人或仆人逃离,如果发现这种人在乡镇范围之外或其归属地以外游荡,而没有治安法官或其助理、其主人或所有人出具的书面通行证,则可以将其视为逃亡者。该殖民地居民中的任何人碰到这样的黑人、印第安人或仆人,都有权将其抓住送到地方当局那里,经查验后归还给其主人,主人要支付给这个抓捕逃亡者的人一定费用。本殖民地的所有摆渡者都不得摆渡没有通行证的黑人、印第安人或仆人,否则违反一次罚款20先令。② 新罕布什尔殖民地在1679年才从马萨诸塞分离出来成为单独的实体。此时奴隶人口寥寥,也没有相关的奴隶法规。1684年总督解放了该殖民地的一个奴隶。1714年的一项法规规定,除非得到主人的许可,在晚上9点后,不允许仆人和奴隶离开家园。1718年的一项法规给予奴隶一些保护,规定如果主人故意打仆人的眼睛或牙齿,或残害他的肢体,仆人将得到自由并获得一笔资金。故意杀害印第安人或黑人仆人的主人将被处以死刑。1761年新罕布什尔为减少黑人的输入决定征收奴隶进口税,但是英国殖民当局否决了这项决定。美国革命后,1784年该州宣布进口奴隶与该州新宪法相违。罗得岛殖民地创建于1643年,该殖民地1652年的一项立法实际上禁止了奴隶制。该法宣布:"鉴于在英吉利人中间存在着司空见惯的以使其永远服务或作为奴隶为目的而购买黑人的行为,为防止这种行为在我们中间发生,兹规定,不允许以契约、债约或其他方式强迫

---

① Oscar Reiss, *Blacks in Colonial America*, pp. 61-62, 66-67, 72.
② Bruce Frohnen, ed., *The American Republic: Primary Sources*, pp. 808-809.

黑人或白人为任何人或其受托人服务超过 10 年时间,或者,如果他们来到这个殖民地之时年龄是 14 岁的话,他们的服务到其年龄达到 24 岁时终止。在其服务 10 年期满时要像对待英吉利仆人那样将他们解放。若有谁不解放他们,或将他们卖往别处以让他们为其他人奴役很长时间,这个人或这些人将被罚款 40 英镑。"但是,这项法律在罗得岛此后的发展中并没有得到遵守。事实上罗得岛成为新英格兰地区奴隶人口最密集的地方。为了加强对奴隶的管控,该殖民地在 18 世纪制定了多项法规。1703 年的一项法规规定,黑人或印第安人,不管其是自由人还是奴隶,在任何乡镇若在晚上 9 点以后在街道上被人看见,而没有主人出具的证明或合法的理由,则任何一个居民可以将其抓住送给治安警察,由这个治安警察将其拘控到第二天天亮,然后将这个行为不轨者交由治安法官裁决。如果治安法官判决其有罪,则要当众对其抽打 15 皮鞭,如果其桀骜不驯,则可以再抽打 15 皮鞭。任何人在晚上 9 点之后容留没有主人许可证明的黑人或印第安人要受到 5 先令罚款,这种罚款用于帮助地方上的穷人。1708 年又规定将罚款提高到 10 先令,而且禁止房主向印第安人和黑人提供烈性酒。如果一个有自由身份的印第安人或黑人的房主被发现招待了奴隶,则其将失去自由地位,必须到一个私人家庭服务一年,所得报酬交给社区。如果此犯法者无能力缴纳罚款,则要遭受 10 皮鞭抽打。1714 年的一项法规规定摆渡人不得摆渡没有主人许可证明的奴隶,一旦违犯此规定,则要赔偿主人的财产损失再加上 20 先令罚款。1728 年的一项法规规定,如果一个主人要解放一个奴隶,则要储蓄 100 英镑的保证金,以防这个被解放的黑人成为社区的负担。1751 年的一项立法又重申了禁止黑人在晚上 9 点后上街的规定,还禁止人们与仆人或奴隶做生意。①

  中部各殖民地的奴隶制在起点上并不一致,但殊途同归,最终都选择了强化对黑人的奴役。纽约殖民地在还是其前身荷兰人统治下的新尼德兰之时,黑人奴隶就已经存在,不过荷兰殖民者并没有制定奴隶制法律。由于荷兰西印度公司积极从事从非洲贩卖奴隶到美洲的贸易,而并不积极推动白人向该地移民,所以在荷兰西印度公司统治下的新尼德兰,奴隶占人口的比例相当高。不过,此时期奴隶的待遇相对于后来英国人统治时期比较宽厚。奴隶拥有一些基本权利。他们被允许参加教会,牧师主持他们的婚礼。奴隶的孩子可以接受洗礼,不拆散奴隶家庭。他们可以在法庭上作证,签订法律文件,对白人提起民事诉讼。1660 年该公司还在新阿姆斯特丹为军人和奴隶建立了一所医院。1644 年公司接受了 11 名奴隶要求自由的陈情,给予他们

---

① Oscar Reiss, *Blacks in Colonial America*, pp. 73,74, 74-75.

及其妻子自由身份,并给了他们一块土地以养活自己。每个家庭承诺每年向公司交纳 1 头猪、23 蒲式耳玉米和小麦或蔬菜,不过他们的孩子仍然是公司的奴隶。1646 年公司第二次解放奴隶,获得自由的人每年向公司交纳 8 蒲式耳小麦。后来公司感到养育他们的孩子负担沉重,便将他们的孩子归还给其父母们,并加以解放。① 在 1664 年英国人从荷兰人手中夺取新尼德兰更名为纽约后,黑人受到的管制趋于严厉。"随着该地区的主权从荷兰人手中转到英国人手中,奴隶制从事实上的制度转变成法律制度。正式将新尼德兰割让给英国控制的《投降协定》,确认了现存荷兰人所有财产的合法性,其中就包括奴隶。奴隶主们尤其得到保证说,由于不会使基督徒受奴役或变成农奴,法律中没有任何内容旨在损害拥有学徒或终生仆人的主人或贵妇们。"随着黑人人口的增长,奴隶法律更加严格。在荷兰统治时期黑人是可以自由流动的,1682 年殖民地法院颁布禁令,禁止奴隶未经主人书面许可在周日或其他不合时宜的时间离开主人的家园或种植园。1684 年殖民地议会制定立法,禁止白人与奴隶和仆人做生意,那些与仆人和奴隶做生意的人要归还商品并处以 5 英镑罚款,任何向仆人或奴隶提供食物、衣物或其他商品的人不得起诉要求付款。② 进入 18 世纪,纽约先后通过一系列法令加强对黑人的限制。"从 1702 年开始纽约殖民地议会通过一系列综合法令,其内容表明其目的就是要将殖民地黑人和奴隶降到与南部殖民地的黑人和奴隶更相似的地位。光是这一连串法令的名称,就已经表达了殖民地白人对于黑人的存在和奴隶造反或暴动的可能性有着越来越强烈的焦虑。第一个综合性法令是 1702 年 11 月 27 日通过的,名为《奴隶管理法》。此后一个更全面的综合性法令于 1712 年 12 月 10 日通过,即《防止、镇压和惩罚黑人及其他奴隶密谋和暴动的法令》。1717 年 11 月 2 日通过的立法是对《防止、镇压和惩罚黑人及其他奴隶密谋和暴动的法令》加以解释和提高其实行效果的法令。最后是 1745 年 5 月 14 日通过的《关于防止奴隶逃离阿尔巴尼的城市和县到加拿大法兰西人那里的法令》,此法是对早先针对奴隶逃往加拿大的法律的重新制定。"这一系列法令的实行,使得黑人在荷兰人统治时期原本享有的有限权利和自由被剥夺,奴隶的生活境况更加恶化。"黑人原本拥有一些自由,他们可以为自己工作,可以武装自己,可以争取获得解放。可是在从 1664 年英国征服新尼德兰到 1702 年这 38 年间,纽约黑人奴隶的地位实际上下降了,降到一种所有有意义的权利被剥夺殆尽的地位。纽约黑人奴隶的社会地

---

① Oscar Reiss, *Blacks in Colonial America*, p. 80.
② A. Leon Higginbotham, Jr., *In the Matter of Color: The Colonial Period*, pp. 114-115, 116, 117.

位被降到被认为是货物的地步。主人可以随心所欲处置奴隶，主人对奴隶的所有权很少成为司法或立法审查的对象。"①

新泽西原是新尼德兰的一部分，1664 年英国夺取此地后，约克公爵将此地一分为二，将东、西泽西分给了约翰·伯克利勋爵和乔治·卡特莱特爵士，这样东泽西和西泽西都成为业主殖民地。后来伯克利勋爵将西泽西卖给了教友派教徒约翰·芬威克。1702 年东、西泽西又都加入纽约，成为一个皇家殖民地。直到 1738 年新泽西才又变成一个单独的殖民地。新泽西在荷兰人统治时就有黑人奴隶，英国占有这个地区后，制定了新的奴隶法规。1675 年的一项法规规定，任何人"运送"一个奴隶要受到 5 英镑的罚款，掩藏一个奴隶每一天罚款 10 先令。1682 年一项法规规定禁止购买奴隶出卖的物品，每个人第一次违犯此法罚款 5 英镑，第二次违犯罚款 10 英镑。如果一个奴隶主动给某个白人一件物品让其代为销售，则这个白人可以鞭打这个奴隶，还要受到这个奴隶的主人半个克朗（旧时英国硬币 1 克朗是 25 便士）的奖赏。同年的另一项法规规定主人要为奴隶提供足够的衣食，但除了用以治病外禁止向奴隶出售烈性酒。1694 年的一项法令规定，除非由主人陪伴，或经主人同意的另一个白人陪伴，否则禁止奴隶携带长枪、短枪或狗进入森林。不允许奴隶携带没有印刻其主人标记的狩猎设备，不允许白人将长枪或短枪给与、借与或出租给奴隶，任何人容留奴隶不得超过 2 个小时。如果发现一个奴隶未经主人同意离开家园到了 5 英里以外的地方，那么谁只要将此奴隶带回家园，就可以得到与其所走的路程数相应的奖励。成为皇家殖民地后，新泽西于 1704 年又将先前已有过的一些奴隶法规重新制定了一次。这些法规规定，一个奴隶如果偷盗物品在 5 便士以上，将受到 40 皮鞭的抽打，如果偷盗物品价值在 5—40 先令之间，则对其抽打 40 皮鞭，并在脸颊上烙刻字母"T"。治安警察为执行抽打任务得到 5 先令，为执行烙刻任务得到 10 先令，如果其不认真执行任务，则可以对其罚款 40 先令。对判有强奸或强奸未遂罪的奴隶加以阉割，在阉割伤口痊愈前关在监狱，由其主人负责其生活费用。1713 年一项法规规定不允许自由黑人购买、继承或拥有土地和房屋。1751 年一项法规规定未经其主人许可不允许卖酒给奴隶，不允许 5 个以上的奴隶聚会，除非是去参加教堂聚会或葬礼，日落之后不允许奴隶在家园之外。②

宾夕法尼亚是由在英国遭受宗教迫害的教友派教徒创建的殖民地，从教义上说教友派是不能接受奴隶制度的。但是宾夕法尼亚的业主威廉·宾出于治理和发展考虑，使用权宜之计，默许了这个地区原本就有的黑人奴隶继

---

① A. Leon Higginbotham, Jr., *In the Matter of Color: The Colonial Period*, pp. 119, 121.
② Oscar Reiss, *Blacks in Colonial America*, pp. 86-88.

续存在。"1700 年以前法院或立法机构对于奴隶制的合法性没有选取明确的立场,也没有对照白人的权利在法律层面准确界定被奴役黑人或自由黑人的地位或权利。"不过,1725—1726 年宾夕法尼亚制定了最全面的黑人法令《更好管理黑人法》,强化了对黑人奴隶和自由黑人的限制。"直到 1780 年《渐进解放奴隶法》通过,在这之前没有为奴隶确定专门罪名的法律通过。奴隶和自由公民(白人和黑人)都受同样的刑法管理,尽管增加的特别(肉体)惩罚仅仅是施加给奴隶的。"①

特拉华殖民地原是荷兰新尼德兰的一部分,早在 1639 年荷兰人就开始在特拉华河两岸使用奴隶劳动。英国人夺取新尼德兰并改名纽约后,1682 年约克公爵将新尼德兰的 3 个县卖给了宾夕法尼亚业主威廉·宾。这个地区就发展成了单独的特拉华殖民地。不过在 1776 年以前特拉华一直归宾夕法尼亚总督管辖。由于与弗吉尼亚和马里兰相邻,受其影响,特拉华在 1680 年代也开始制定奴隶法规,确定白人对黑人的占有权,对白人契约仆与黑人奴隶的地位加以分别。1700 年特拉华议会通过系列法律建立了对包括自由人和奴隶在内的非裔美利坚人的审判制度。法庭由两个治安法官和另外 6 个"体面"的白人组成。重罪包括谋杀、自杀、抢劫和强奸。黑人男性对白人妇女强奸未遂可以判处阉割。此种惩罚 1726 年改为吊起示众 4 个小时。如果一个奴隶被处死则其主人受到政府的补偿。禁止异族通婚。②

概括来说,17—18 世纪英属北美殖民地涉及黑人奴隶问题的法律性决定往往是针对具体问题做出的,这种规定在各个殖民地都没有就其法理做出系统性阐释。"作为对某些认识到的对奴隶制威胁的反应,殖民地制定的奴隶法令具有有限性、反应性和否定性特色。至于地方司法案件,案件的判决定论用语简短,几乎完全没有分析或推理。他们通常记录下贵重的交易,如一个奴隶的出卖或解放,用奴隶或其他财产担保的债务,以及包括奴隶在内的财产遗嘱检验。但是法令或案例法中都没有一点点哪怕是极为略微地提到奴隶制的法理。"③如果严格从字面意义探求奴隶制的法律渊源,似乎根本就找不到一个源头,或者说严格从法学角度来论,殖民地并没有明确确立奴隶制的法律。可是就事实而论,对黑人的奴役活动在各个殖民地都存在,不同的殖民地先后制定过各种涉奴的立法,做出过涉奴的司法案件判决,颁布

---

① A. Leon Higginbotham, Jr., *In the Matter of Color: The Colonial Period*, pp. 271-272, 287.
② Clayton E. Jewett and John O. Allen, *Slavery in the South: A State-by-State History*, Westport, Connecticutt: Greenwood Press, 2004, p. 39.
③ Jonathan A. Bush, "Free to Enslave: The Foundations of Colonial American Slave Law", p. 426.

过针对黑人奴隶的治安管理规定,事实上夯实了蓄奴活动的法律基础。尽管路径不一、方式多样,但殊途同归,奴役黑人的法制基础在北美殖民地得到普遍的奠定。"时至17世纪后期,北美大陆各处的英国殖民者都已经设计出了将一个人的法律地位与他的肤色联结在一起的永久奴役制度。不过这种规划的实行并非始终如一。一个人有可能肤色虽黑但在法律上却是自由人。这种自由人有的是主人行使按其意愿处置自己的奴隶财产的权利的结果。一旦他们心生此愿,他们就可以决定于自己在世时或在自己去世后解放自己的奴隶。那些在各种殖民地战争中冒生命之险进行战斗的奴隶,或自愿背叛、出卖奴隶密谋的奴隶,各殖民地政府也给其自由。可是,尽管有这类事发生,赐予奴隶自由这种事情还是极少有的。到17世纪末,在北美大陆各个殖民地自由黑人占奴隶人口的比例微乎其微,直到美国革命时期这种状况也没有较大变化。"①进入18世纪,各殖民地继续制定的涉奴法规使得奴隶制的法律地位进一步巩固。当然,各殖民地的涉奴法律管控黑人的严厉程度存在差异。"18世纪殖民地的奴隶法律并不统一,南卡罗来纳的奴隶法律要比弗吉尼亚和马里兰的奴隶法律更为严酷,尽管他们的奴隶法律都是足够严厉的。南卡罗来纳比弗吉尼亚更预备着将非洲人奴隶处死、截去身体某部分、戴上脚镣、豁开鼻子、以及'割掉生殖器'或阉割,尽管他们都赞成对几乎所有冒犯行为施加鞭打。不过,从南卡罗来纳到纽约再到罗得岛,各地的立法都强化了对蓄奴的管控。在此过程中,美利坚殖民者们主要是在1680—1770年间制造出了近代奴隶制。他们不是继承的这种制度。17世纪大陆殖民地的奴隶制确立了一个人以其能力占有另一个人的残暴原则,18世纪大陆殖民地的奴隶制开创了人际间和法律上相互关系的近代制度,这一制度给美国、美国的社会及其良知留下了毁灭性的和不可磨灭的印迹。"②在实际生活中,黑人奴隶的境遇存在一些地区差别,如在新英格兰地区,黑人在日常生活中的境况要比法律规定更为温和一些。"新英格兰地区黑人受到的对待甚至比法律的许可还要温和:除了罗得岛的纳拉甘塞地区外,对黑人的使用没有采用编队劳动方式,既有的家庭、教会和社区的道德标准普遍缓解着奴役境况。对待黑人与对待白人仆人没有太大差别,不同之处是黑人以及他们的孩子是终生为奴。"③不过,尽管黑人奴隶的境况存在地区差异,也极可能因人而异——因为不同的奴隶主对待奴隶的方式和态度不会完全相同,但是这种差异并不能改变他们共同的身为人奴的地位。

---

① Betty Wood, *Slavery in Colonial America*, p.15.
② Jon Butler, *Becoming America: The Revolution before 1776*, p.42.
③ Winthrop D. Jordan, *White over Black: American Attitudes Toward the Negro,1550-1812*, p.66.

奴隶制合法性的确立对奴隶主具有多种意义。其一,法律明确了黑人的奴隶地位,也就明确确立了奴隶主的合法身份。在这种制度下,一个人只要拥有黑人奴隶,在法律上就成为奴隶主。其二,奴隶制的确立使得奴隶主的蓄奴活动得到了政权的保护。在奴隶制没有确立之前,奴隶主对奴隶的占有和控制缺乏法律上的依托。有了奴隶制的依托,奴隶主在维护自己的奴隶财产和控制奴隶的活动中便可以依靠政府的力量。其三,黑人在作为契约仆时,和白人契约仆一样,只是主人的有限期财产。在沦为奴隶之后,黑人奴隶不仅本人一生都是奴隶主的财产,而且还将这种地位传给后代。这样,黑人奴隶成为奴隶主能够自然增值的永续财产。正是奴隶制具有这些作用,才确保了奴隶主群体的兴起。

从宏观上看,英属北美奴隶主群体的兴起是多种因素有机结合的结果。其一,正处于膨胀活跃之中的大西洋经济世界为殖民地的商品提供了巨大的市场,正是在市场利润的诱导下殖民者走上了开发各种各样商业性生产之路;北美地区的自然条件为商品农业的发展提供了自然资源,由于存在地区间土地和气候条件的差异,商品农业发展程度及类别也存在区域变异,这就形成了地区特色经济,在商品农业发达地区,也就成为奴隶主群体集中地区。其二,通过欧洲殖民者的活动连接成一体的大西洋人类世界,为殖民地提供了不可或缺的人力资源。一方面欧洲白人移民源源不断来到北美,成为殖民开拓的主体力量,另一方面,被从非洲贩运而来的黑人则成为重要劳动力。没有这两种利益对立的人力的相遇结合,殖民地的商品农业开发是不可能进行的;其三,英国和殖民地社会的文明程度给奴隶主兴起提供了社会和文化环境以及法律保障。英帝国政府允许奴隶制这种在英国本土已经消亡的人际关系制度在美洲殖民地重建,英属北美的绝大多数殖民地社会先后制定了剥夺黑人人权和自由的涉奴法规,即使在没有明确的涉奴法规甚至法律上禁止奴隶制的个别殖民地,蓄奴活动也得以正常进行。而在相当长的时期里,殖民地社会反对奴隶制的声音微乎其微,殖民地社会绝大多数人想当然地接受了对异族的奴役。在这个过程中,那些将奴隶劳动用于商品农业生产的殖民者成为了奴隶主,其中少数人成为大种植园主,而那些仅利用北美的自然资源自谋生计的人成为了自耕农。正是这三个方面因素的有效结合,促成了奴隶主群体在英属北美殖民地的兴起。

第二章　奴隶主与美国革命

从抗议和抵制英议会针对北美殖民地的管制立法,到进行争取脱离英帝国的独立战争,从创立共和制度组建邦联国家,再到创立联邦共和国,由一系列行动和事变构成的美国革命是一场北美社会各阶层广泛参与的政治和社会运动。在这场影响重大深远的划时代巨变中,担当领导角色的是来自北美社会中上阶层的英杰才俊。在这个领导群体中,发挥作用和影响最大的是奴隶主精英们。北美社会的奴隶主群体不仅提供了乔治·华盛顿、托马斯·杰斐逊和詹姆斯·麦迪逊等全国性领袖人物,而且提供了一批历史知名度相对较小但同样在美国革命中发挥了重要作用的领导人,如亨利·劳伦斯、帕特里克·亨利等。具有同样重要性的是,南部奴隶主完全控制着这场革命在南部的发展方向。南部奴隶主是南部社会的主宰者,南部社会的反英独立和建国运动就是在奴隶主精英的直接领导下进行的。中部和北部地区的领导人中,也有一些人是奴隶主。正因为美国革命很大程度上是在奴隶主精英们领导下进行的,而蓄奴的革命领导人坚持捍卫对黑人的种族奴役制度,所以美国革命的最终成果变成了对革命纲领的嘲讽。《独立宣言》宣扬人人拥有生命、自由和追求幸福这些不可剥夺的自然权利,然而坚守对黑人的奴役恰恰否定了黑人的这些自然权利。所以在种族关系层面上,南部奴隶主集团又是美国革命深入发展的关键性障碍。从历史视角看,南部奴隶主集团在美国革命中发挥了既推动又阻碍的双重作用。尤金·D. 吉诺维斯认为,南部奴隶主的历史中发生过三次决定性的转折,"第一个转折点是美利坚革命。不管这场革命在北部的意义是什么,在南部这就是一场反动的奴隶主叛乱。如果说与英国的分离在北部是解放了国家资本主义制度,与此同时在南部则解放了种植园奴隶制度。随着英国干涉威胁的去除,以及需要对付的中央政府相对虚弱,取得整个地区权力的道路在奴隶主们面前打开了,他们成为唯一能够走上这条权力道路的阶级"。①

---

① Eugene D. Genovese, *The World the Slaveholders Made: Two Essays in Interpretation*, New York: Vintage Books, A Division of Random House, 1969, p. 99.

第一节　奴隶主精英对美国革命的领导

因应时势，一些奴隶主政治精英成为美国革命的杰出领导人；利益驱动，南部奴隶主集团成为美国革命队伍中的重要力量。在从争取北美独立到创建新型联邦国家的历程中，奴隶主集团确实发挥了积极作用，做出了重大贡献。但是与此同时，正是奴隶主集团具有举足轻重的影响力，而他们又顽固地拒绝放弃对黑人的奴役，结果就使得美国革命者所宣扬的自由人权无法落实到黑人奴隶身上。就实际结果来说，奴隶主集团对美国革命发挥了既推动又阻碍的双重作用。

一　美国革命的奴隶主领导人

美国革命时期，弗吉尼亚社会精英的领导作用尤其突出。"弗吉尼亚对美国革命的贡献最大。该州的出色表现应归功于一个精英集团，一个非同寻常人的乡绅集团，是他们带领弗吉尼亚进行了革命，并在此后继续发挥着领导作用。"[①]其中华盛顿、杰斐逊和麦迪逊是贡献最为卓著、历史声誉最高的人。华盛顿在独立战争时期担任大陆军总司令、制宪会议中担任主持人，联邦国家建立后担任首任总统，以其对美国的建立厥功至伟而被后代公认为位居国父之首。杰斐逊是《独立宣言》的起草人，建国后的第三任总统，被誉为"民主之父"。麦迪逊以其在联邦宪法制定和批准过程中的领导作用和美国第四任总统的贡献被誉为"宪法之父"。此3人都是弗吉尼亚的大种植园主。除此3人外，弗吉尼亚的帕特里克·亨利是一个历史知名度相对较小但是对于鼓动美国革命同样贡献显著的人。此人也是一名弗吉尼亚奴隶主。1765年他首次当选为弗吉尼亚殖民地议会议员就碰到了印花税争论。亨利强烈反对英国议会对殖民地征税，1765年5月30日他在议会提出了7项动议，挑战英议会对殖民地的征税权，质疑《印花税法》的合宪性，要求不缴纳印花税，竟至言辞激烈地宣称任何遵从《印花税法》的人都应该被看成是弗吉尼亚的敌人。尽管亨利的这些动议仅有5项得到通过，而且第5项动议后来又被撤销，但是他的这7项动议却传到了其他12个殖民地，并被全文印刷传播开来，这样亨利一下子名扬整个北美社会，成为人们心目中殖民地权利的捍卫者。随着英国与北美政治冲突的逐步升级，亨利坚持主张弗吉尼亚应

[①] Robert Middlekauff, *The Glorious Cause: The American Revolution, 1763-1789*, Oxford: Oxford University Press, 2005, p.625.

该采取一切必要的准备以应对英美对抗。1775年3月23日,他在弗吉尼亚议会发表了那次后来成为自由经典的演讲,他大声疾呼:"该议院面前的问题是这个国家的一个可怕时刻的问题,就我而言,我认为这就是一个要自由还是要奴隶制的问题……我不知道别人会走哪条路,但就我来说,不自由,毋宁死!"这句话在当时以及后世都成为争取自由者的经典格言。当他得到弗吉尼亚总督邓摩尔勋爵已经扣押了殖民地军火物资的消息后,立即动员当地民兵进行应对,这件事就发生在列克星敦和康科德战斗发生的1775年4月19日这一天。随着独立战争开始,弗吉尼亚议会选举亨利为大陆会议成员。1776年亨利返回弗吉尼亚,在该年5月新的州宪法制定过程中发挥了重要作用。从殖民地变身为州的弗吉尼亚选举亨利为第一任州长,他共担任了4届州长。在1780年代后期的宪政危机中,亨利对于加强中央政府的权力持怀疑态度,在听说了1787年制宪会议内秘密讨论的内容后,据说他以轻蔑的口气说:"我闻到了一只耗子。"联邦成立后,亨利退出了政治舞台,1795年华盛顿总统曾想提名他担任国务卿,但遭到他的拒绝。亨利于1799年6月6日去世,终年62岁。①

来自南卡罗来纳的亨利·劳伦斯是下南部地区产生的重要革命领导人。如前文所述,此人1724年出生于南卡罗来纳的查尔斯顿,长大后从事商业贸易,逐渐成为大种植园主和大商人。印花税危机期间,他曾被怀疑是印花税承销商,他的家院遭到激进分子的搜查。不过在1767年汤森税出笼后,英国海关当局扣押了劳伦斯的两艘船,劳伦斯撰文批评皇家官员。1775年劳伦斯当选为第一届南卡罗来纳省大会代表,随后被选为安全委员会主席。1777年6月被挑选为南卡罗来纳参加大陆会议的代表,该年11月接替约翰·汉考克担任大陆会议主席。劳伦斯担任此职1年多时间后辞职。1780年他被任命为特使去荷兰谈判商业条约,赴欧途中在纽芬兰海面被英海军抓捕,1780年10月至1781年12月被囚禁在伦敦塔内。后美方用在约克敦战役中投降的英军将军康沃利斯将其交换出来,任命他担任和谈代表,劳伦斯与约翰·亚当斯、本杰明·富兰克林和约翰·杰伊一起与英方谈判签订了《巴黎条约》。此后他退出公共生活,专心经营自己的种植园。②

在美国革命中,奴隶主集团控制的南部实际上发挥了关键性领导作用,

---

① Keith Pacholl, "Patrick Henry", in James Ciment, ed., *Colonial America: An Encyclopedia of Social, Political, Cultural, and Economic History*, Vol. II, Sharpe Reference, An Imprint of M. E. Sharpe. Inc., 2006, pp. 403-404.

② Jay R. Dew, "Henry Laurens", in Paul A. Gilje, ed., *Encyclopedia of American History*, Vol. III, *Revolution and New Nation: 1761 to 1812*, New York: Facts on File, Inc., 2003, p. 203.

"在向乔治三世提交陈情,在表决赞成独立,在接受《独立宣言》,以及在作为几次关键性战役的战场所做出的贡献等方面,南部担当着领导角色"。① 在1763年后北美殖民地与英国进行的政治辩论中,南部殖民地进行的论战努力与新英格兰人的努力旗鼓相当,远远走在中部殖民地人的前头。北卡罗来纳指责1764年的《蔗糖法》是一种征税,违反了英国宪法。一年后帕特里克·亨利在弗吉尼亚对英国的《印花税法》发出了最尖刻的指控。1774年弗吉尼亚的佩顿·伦道夫成为大陆会议的首任主席。到1774年,在政治立场论辩中,弗吉尼亚的托马斯·杰斐逊和北卡罗来纳的詹姆斯·艾尔德尔都宣称英国议会的权力仅限于大不列颠,北美13个殖民地与母国一样都是英帝国的平等成员,这就实际上提出了英帝国是一个联邦的概念。在北美走向独立的抉择中,又是南部发挥了领头作用。1776年4月12日,北卡罗来纳第一个授权其参加大陆会议的代表支持独立。5月弗吉尼亚指示其参加大陆会议的代表提出赞成独立的决议。6月7日,理查德·亨利·李提出了主张独立的决议。托马斯·杰斐逊成为《独立宣言》的主要起草人。马里兰和南卡罗来纳行动较缓,但最终也还是做出了赞成独立的选择。在南卡罗来纳做出决定后,佐治亚便也跟随着赞成独立。②

中部和北部的领导人中也有一些人是奴隶主,"自然而然,南部的革命领导人,像华盛顿、杰斐逊和麦迪逊都拥有奴隶;但是很多北部的革命家,像波士顿的约翰·汉考克,纽约的罗伯特·利文斯顿和费城的约翰·迪金森,也都拥有奴隶。美国革命前夕费城市长拥有31个奴隶"。③ 约翰·汉考克出生于马萨诸塞牧师家庭,9岁成为孤儿,被家境富裕的叔父托马斯·汉考克收养。1754年他17岁时就从哈佛毕业,然后进入商界工作。1764年其叔父去世后,他继承了叔父的家产和生意,成为殖民地首屈一指的大富翁。美国革命时期,汉考克在多个方面做出了贡献。革命爆发前,作为一个商人,汉考克是《印花税法》最坚定的反对者,他与塞缪尔·亚当斯一起组织了"自由之子"抵抗《印花税法》。1767年6月在英议会通过针对殖民地生产的玻璃、铅、造纸和漆征税的《汤森法案》之后,汉考克拒绝让英国海关官员登上他的贸易船只进行检查,其他商人也纷纷效仿他的做法。1769—1771年汉考克

---

① James J. Kirschke and Victor J. Sensenig, "Steps toward Nationhood: Henry Laurens(1724—1792) and the American Revolution in the South", *Historical Research*, vol. 78, No. 200, (May, 2005), p.192.

② Don Higginbotham, "Some Reflections on the South in the American Revolution", *The Journal of Southern History*, Vol. LXXIII, No. 3 (August, 2007), p.661.

③ Gordon S. Wood, *Empire of Liberty: A History of the Early Republic*, 1789-1815, Oxford: Oxford University Press, 2009, p.517.

担任马萨诸塞议会的议员。波士顿惨案发生后,他担任了波士顿市成立的波士顿大屠杀事件调查委员会主席。1768 年他的商船"自由号"被指控走私甜酒,被英国海关扣押。负责执行《强制法案》的英国将军托马斯·盖奇命令汉考克和亚当斯到英国去受审。保罗·里维尔星夜骑马去通知汉考克和亚当斯英军要来抓捕他们的消息,由于里维尔的提前告知,他们两人逃到了费城。1774 年 10 月 14 日,汉考克当选为马萨诸塞省大会的主席和安全委员会主席,该机构表决在马萨诸塞招募 1.2 万名军人。汉考克在 1775—1777 年担任第一届和第二届大陆会议的主席。作为会议主席,他是第一个在《独立宣言》上签字的人。此外,战争期间他还担任过少将,指挥马萨诸塞民兵在罗得岛地区作战。他参加了 1787 年的制宪会议,推动马萨诸塞批准联邦宪法。他是马萨诸塞的首任州长,在 1780—1785 年和 1789—1793 年共担任了 9 年州长,1793 年 10 月 18 日去世,终年 56 岁。① 罗伯特·利文斯顿出身于纽约的世家豪门,他积极支持革命事业,被大陆会议任命为起草《独立宣言》的 5 人委员会成员之一。他分别于 1775—1776 年、1779—1781 年和 1784—1785 年担任纽约州在大陆会议和邦联国会的代表,是最积极活跃的人物之一。1781 年大陆会议设立外务部时,利文斯顿被推选为首任外务卿,在这个位置上利文斯顿不仅设计了美国的外交战略,而且帮助稳定了邦联政府,他担任这一职务到 1783 年 5 月。在那些不在大陆会议任职的时间里,利文斯顿负责督察在纽约的战争活动,并担任该州最高司法长官。利文斯顿对于纽约新宪法的制定也发挥了重要作用,在 1788 年他为批准联邦宪法发挥了重要作用。② 约翰·迪金森是一名保守的革命领导人。1732 年 11 月 8 日出生于马里兰,一生大部分时间生活在宾夕法尼亚和特拉华,在这两个殖民地的议会中担任议员。他在伦敦学习法律,但在费城从事法律服务。迪金森反对 1764 年的《蔗糖法》和 1765 年的《印花税法》,撰写小册子呼吁英国商人支持殖民地的主张,为此宾夕法尼亚 1765 年选派他去参加印花税大会。在 1764—1775 年的抵抗运动中他反对使用武力。1768 年他出版了一本题为《一个宾夕法尼亚农场主给英国殖民地居民的信札》的宣传册子,反对 1767 年英国议会决定征收的汤森税。尽管迪金森实际上不是一个农场主,但是他的信札还是表明他对英国历史和法治原则的认识,他用英国的历史和法治原则来为北美殖民地人的自由理念辩护,表达对腐败的担心和抵抗专断法律的

---

① Leigh Whaley, "John Hancock", in James Ciment, ed., *Colonial America: An Encyclopedia of Social, Political, Cultural, and Economic History*. Vol. II, pp. 399-400.
② Amy Pharr, "Robert R. Livingston", in Paul A. Gilje, ed., *Encyclopedia of American History*, Vol. III, *Revolution and New Nation: 1761 to 1812*, p. 216.

必要性,不过他不主张使用武力抵抗。1774年后期他成为大陆会议成员,领导向英王请愿活动,呼吁和解与缓和危机,他也是第二届大陆会议成员,但是投票反对独立,拒绝在《独立宣言》上签字。不过,独立战争期间他参加了美军的战斗,1779年被从特拉华选进大陆会议,1781年在特拉华和宾夕法尼亚都被选为首席行政官。迪金森以特拉华代表的身份参加了1787年制宪会议,并积极推动宪法的批准。此后他退出公共生活,1808年2月14日去世。①

  在美国革命的最后一项重大行动——联邦宪法的制定过程中,奴隶主精英们发挥了关键性的作用。对参加1787年制宪会议的代表进行粗略梳理可以发现,来自南部的代表都属于奴隶制的直接和间接受益人。在制宪会议中发挥关键作用的南部州是弗吉尼亚和南卡罗来纳。弗吉尼亚的代表中除了华盛顿、麦迪逊和梅森这三个领袖人物外,还有4个人。此4人中一人是约翰·布莱尔,他1732年出生于威廉斯堡,父亲约翰·布莱尔是一名殖民地官员,叔叔詹姆斯·布莱尔是威廉玛丽学院的创建人和首任校长。约翰·布莱尔毕业于威廉玛丽学院,然后到伦敦的中殿(Middle Temple)学习法律。此后在威廉斯堡从事法律业务。1766—1770年他担任威廉玛丽学院在殖民地议会的代表,1770—1775年任殖民地参事会的秘书。第二位詹姆斯·麦克鲁格,此人1746年生于弗吉尼亚的汉普顿,1762年从威廉玛丽学院毕业后,到爱丁堡大学学习医学,1770年毕业后又到巴黎和伦敦从事医学研究,1773年返回弗吉尼亚,独立战争时期担任民兵部队的医生。第三位是埃德蒙·伦道夫,他1753年8月10日生于弗吉尼亚的威廉斯堡,先在威廉玛丽学院受教,后又在父亲的教导下研究法律。美国革命发生后,父子选择了不同立场。父亲约翰·伦道夫效忠英王,1775年追随皇家总督邓摩尔勋爵去了英国,而埃德蒙·伦道夫则成为了乔治·华盛顿的副官。第四位是乔治·怀斯,他1726年生于弗吉尼亚伊丽莎白县巴克河畔的家庭种植园。他年少时父母双亡,在哥哥托马斯的监护下长大成人,受到良好的家庭教育,后来哥哥送他到乔治王子县跟随一个叔叔学习法律。1746年20岁时进入律师界。② 这4个人都来自富贵之家。南卡罗来纳的代表则都是种植园主。一个是皮尔斯·巴特勒,他1744年出生于爱尔兰的卡罗县,父亲理查德·巴特勒爵士是英议会议员。皮尔斯·巴特勒从军来到北美。1771年娶了南卡罗来纳大种植园主的女儿玛丽·米德尔顿后辞去军职,定居到南卡罗来纳查尔斯顿地区开始

---

① George Milne, "John Dickinson", in Paul A. Gilje, ed., *Encyclopedia of American History*. Vol. III, *Revolution and New Nation: 1761 to 1812*, pp.105-106.
② "Founding Fathers, Virginia". http://www.archives.gov/exhibits/charters/constitution_founding_fathers_virginia.html Acessed:2015/04/20

种植园主生活。另一个是查尔斯·平克尼,他是查尔斯·科茨沃斯·平克尼的第二代堂弟,1757 年生于南卡罗来纳查尔斯顿。他的父亲查尔斯·平克尼上校是一个富有的律师和种植园主。他在 1782 年去世后给这个儿子留下了位于查尔斯顿郊外的种植园。查尔斯·平克尼在查尔斯顿接受教育,1779 年开始从事法律服务。再一个是查尔斯·科茨沃斯·平克尼,他 1746 年生于查尔斯顿显赫的种植园主家庭。7 年后就随被任命为南卡罗来纳代理人的父亲去英国。在英国受到良好教育,并游历欧洲。1769 年返回家乡。独立战争时期参军,官至准将。最后一个人是约翰·拉特里奇,他 1739 年生于南卡罗来纳查尔斯顿附近一个大种植园主家庭,父亲是爱尔兰移民、医生。约翰·拉特里奇受教于伦敦中殿,返回查尔斯顿后从事法律业务并经营种植园。①

来自南部其他州的制宪会议代表也不是社会上的普通人。他们或是出身富贵,或是通过自己的努力跻身富贵之列。佐治亚的代表中,第一位是亚伯拉罕·鲍德温,此人 1754 年出生于康涅狄格,父亲是一个铁匠。他 1772 年毕业于耶鲁学院,三年后成为教士和耶鲁学院的教师,1779 年参加大陆军。战后转而研究法律,1783 年获准进入法律界。不到一年他迁移到佐治亚从事法律业务,并获得大片土地。第二位是威廉·菲尤,他生于 1748 年,他父亲的家庭在 1680 年代从英格兰移民到宾夕法尼亚,后来父亲又迁移到马里兰,定居在巴尔的摩附近的农场,威廉·菲尤就出生在这里,10 岁时父亲又迁移到北卡罗来纳。在那里参加了自定约章运动,反对皇家总督,结果他的哥哥被绞死。1776 年迁移到佐治亚进入律师界。独立战争爆发后,他参加了军队,担任骑兵中校。同时他进入政界,1776 年被选为佐治亚省大会议员,还两次分别在 1777 年和 1779 年担任佐治亚议会议员,同时他还是州行政委员会成员,担任测量官和印第安人事务专员。1780—1788 年担任大陆会议和邦联国会代表。第三位是威廉·休斯顿,他 1755 年生于萨凡纳,他的父亲帕特里克·休斯顿爵士是佐治亚参事会成员。休斯顿在伦敦的内殿(Inner Temple)受过教育。独立战争爆发后返回佐治亚。休斯顿家族的很多人一直是佐治亚殖民地的高官,独立战争开始后仍然效忠英王,不过威廉·休斯顿倡导捍卫殖民地的权利。第四位威廉·李·皮尔斯 1740 年生于佐治亚,但生长在弗吉尼亚,独立战争时期担任纳撒尼尔·格林将军的副官。②

---

① "Founding Fathers, South Carolina". http://www.archives.gov/exhibits/charters/constitution_founding_fathers_south_carolina.html Acessed:2015/04/20

② "Founding Fathers, Georgia". http://www.archives.gov/exhibits/charters/constitution_founding_fathers_georgia.html Acessed:2015/04/20

在北卡罗来纳的代表中，第一位是威廉·布伦特，他 1749 年生于北卡罗来纳大种植园主家庭。独立战争时期参加北卡罗来纳军队。1780—1784 年担任北卡罗来纳下议院议员，1788—1790 年担任北卡罗来纳上议院议员，还分别在 1782—1783 年和 1786—1787 年担任大陆会议议员。第二位是威廉·理查德森·戴维，他 1756 年生于英国。1763 年阿奇伯德·戴维带着他的儿子威廉来到南卡罗来纳的瓦克斯霍，在这里威廉被担任长老会教士的舅舅威廉·理查德森收养。戴维在新泽西学院受过教育。独立战争时期参军。独立战争后分别在 1786 年和 1798 年当选为北卡罗来纳议会议员。第三位亚历山大·马丁 1740 年生于新泽西的亨特登县。年少时父母迁移到了北卡罗来纳。马丁 1756 年从新泽西学院毕业，前往索尔兹伯里创业，先是经商，后转而担任官职，担任过治安法官、检察官，在 1774—1775 年担任索尔兹伯里区法官。第四位老理查德·多布斯·斯佩特 1758 年生于北卡罗来纳富贵之家，8 岁成为孤儿，监护人送他到爱尔兰接受了良好教育，并就读于苏格兰的格拉斯哥大学，1778 年回到北卡罗来纳。第五位休·威廉森 1735 年出生于宾夕法尼亚，1757 年毕业于费城学院。担任过教士，学习过医学。独立战争爆发后定居到北卡罗来纳的艾登顿从事与印第安人的贸易。① 在马里兰的代表中，第一位丹尼尔·卡罗尔 1730 年出生于马里兰富贵天主教徒家庭。曾到欧洲受教育，返回马里兰后娶了堂妹埃莉诺·卡罗尔为妻，成为一个种植园主。1781 年卡罗尔进入政界，当选为大陆会议代表。第二位丹尼尔·圣托马斯·珍妮弗 1723 年生于马里兰的查尔斯县。关于他的童年和教育人们知之甚少，但成年的珍妮弗在安纳波利斯附近拥有大片土地。此人没有结婚，他的朋友圈中有乔治·华盛顿。1773—1776 年任马里兰皇家总督参事会成员。第三位卢瑟·马丁 1748 年生于新泽西，1766 年从新泽西学院毕业后迁移到马里兰。后又学习法律，1771 年在弗吉尼亚进入律师界。独立战争期间在马里兰积极参加政治活动，1778 年初被任命为马里兰的首席检察官。第四位詹姆斯·麦克亨利 1753 年生于爱尔兰，在都柏林受过优质教育。1771 年移民到费城。独立战争时期担任军医。1781—1786 年担任马里兰参议院议员，这期间的 1783—1786 年还担任大陆会议代表。第五位约翰·弗朗西斯·梅瑟 1759 年生于弗吉尼亚，在威廉玛丽学院受教，独立战争时期参军。1782 年梅瑟当选为弗吉尼亚参议院（the Virginia House of Delegates）议员，该年 12 月又被选派为弗吉尼亚在大陆会议的代表。1785—1786 年再次回到弗吉尼亚参议院担任议员。1785 年娶了索菲亚·斯普里格，不久迁移

---

① "Founding Fathers, North Carolina". http://www.archives.gov/exhibits/charters/constitution_founding_fathers_north_carolina.html Acessed：2015/04/20

到马里兰的安妮阿伦德尔县,1787年作为马里兰的代表参加了制宪会议。①在特拉华的代表中,第一位理查德·巴塞特1745年生于马里兰。父亲是个酒店主。在父亲抛弃母亲后,巴塞特被一个亲戚彼得·劳森收养,后来继承了他的波西米亚庄园(Bohemia Manor)。他到费城学习法律,1770年获准在特拉华从事法律服务,成为律师和种植园主。第二位小顾宁·贝德福德1747年生于费城,1771年毕业于新泽西学院,成为律师,不久迁移到威尔明顿。独立战争时期参加过大陆军。战后担任过州议员和邦联国会议员。1784—1789年担任特拉华的首席检察官。第三位雅各·布鲁姆1752年生于特拉华的威尔明顿。父亲是一个铁匠和农场主。布鲁姆在地方上接受教育,后追随父亲经营农场,并进入商业界和地产界。在1784—1786年和1788年担任州议会议员。第四位乔治·里德1733年生于马里兰,父亲是一个小地主,母亲是种植园主之女。1753年里德进入律师界。独立战争时期担任特拉华议会发言人。作为特拉华代表的约翰·迪金森,如前文所述,是来自宾夕法尼亚的奴隶主。②

奴隶主群体中不仅涌现出了像华盛顿、杰斐逊和麦迪逊以及其他一些声名较小但同样发挥了重大影响的全局性领导人,而且提供了更多的地方性领导人。实际上,从针对英议会的抗议运动到独立战争,直到最终创建联邦共和国,南部地区的组织、动员和领导活动一直在奴隶主政治精英的主导下进行。美国学者詹姆斯·K.马丁通过对美国革命时期领导人的家庭背景进行分析发现,参加美国革命的人中其社会来源要比殖民地后期的行政官员和效忠分子的社会来源更加多样且地位更低些。如表2-1所示,在担任行政官员的群体中,大约效忠分子中的60%,以及在殖民地后期行政官员的49.3%,来自社会第一等级,但是成为革命者行政官员的人中仅有31%来自社会第一等级。按估计殖民地时期和美国革命时期20%的美国家庭属于第一或第二等级,那么88.7%的效忠分子和83.1%的殖民地后期的行政官员有着优越的家庭背景。近70%的革命者有着相似的高贵出身,但是他们中的多数即38.8%是来自第二等级。最显著的是,成为革命者的行政官员那类人其社会来源在第一、第二和第三个等级之间的分布大体平衡,而殖民地后期的官员和革命时期的效忠分子的社会来源主要是第一和第二等级,且第一等级

---

① "Founding Fathers, Maryland". http://www.archives.gov/exhibits/charters/constitution_founding_fathers_maryland.html Acessed:2015/04/20
② "Founding Fathers, Delaware". http://www.archives.gov/exhibits/charters/constitution_founding_fathers_delaware.html Acessed:2015/04/20

最多。① 这里应该注意,即使是在革命者行政官员中,也没有人来自第四等级。这些数字表明,美国革命并不是社会最底层的阶级对上层的革命,这场革命并未改变中上层阶级主宰政权的局面。在南部社会,政治精英来自奴隶主家庭,所以南部的革命运动自然就成了奴隶主领导的运动。

表 2-1　美国革命时期行政官员的社会来源②

社会来源	殖民地后期 人数(人)	殖民地后期 所占比例(%)	效忠分子 人数(人)	效忠分子 所占比例(%)	革命分子 人数(人)	革命分子 所占比例(%)
占人口 2%—5% 的第一等级	99	49.3	69	60	80	31
占人口 5%—15% 的第二等级	68	33.8	33	28.7	100	38.8
占人口 40%—55% 的第三等级	34	16.9	13	11.3	78	30.2
占人口 20%—30% 的第四等级	0	0.0	0	0.0	0	0.0
总数	201	100	115	100	258	100

奴隶主集团成为美国革命的主导力量,是由美国革命发生的特点决定的。"美国革命并不是通常意义上的危机的产物,建国精英以'自由的危机'为核心的'危机'想象,成为进行革命动员、推进国家建构的主导话语。根据这种'危机'话语,英国对殖民地的征税和其他举措,并非单纯的经济问题,而是对自由的严重威胁;独立战争则是一场抗击暴政、决定自由命运的战争。"③北美的反英运动是一个矛盾逐渐激化、冲突逐步升级的过程。当七年战争结束后英国决定加强对北美殖民地的管治时,殖民地的反应是争取享有英国臣民的权利,斗争的方式是抵制英议会的立法,进行辩论和向英国国王和议会请愿。这种斗争方式一直坚持到第二次大陆会议通过《独立宣言》才告终,此后才是彻底诉诸武力争取脱离英国实现独立。抗议活动主要是由殖民地议会领导进行的,而殖民地议会成员来自富裕家庭,在南部就是奴隶主家庭。到了独立战争时期,新独立的南部各州政治权力仍旧掌控在奴隶主精英手中,他们派往大陆会议和邦联国会的代表又成为整个北美事务的决策成员。当然,成为美国革命领导人的奴隶主们参加或卷入各个政治事件的因缘和动机都是独特的,但作为一个群体,他们有着共同的立场。其中最重要

---

① James Kirby Martin, *Men in Rebellion: Higher Government Leaders and the Coming of the American Revolution*. New Brunswick, New Jersey: Rutgers University Press, 1973, pp.106-107.
② Ibid., p.106.
③ 李剑鸣:《"危机"想象与美国革命的特征》,《中国社会科学》2010 年第 3 期,第 182 页。

的坚持不懈的追求和底线,就是捍卫他们的蓄奴利益。他们不言而喻的原则是,奴隶制是不可触碰的底线,这场革命无论怎样发展,都不能以损害奴隶制为代价。

二 奴隶主集团领导革命的动机

为什么北美的奴隶主,尤其是南部奴隶主会积极领导美利坚革命?为什么这些在日常生活中奴役他人的奴隶主们会宣扬自由人权?这是美国历史研究中一个历久弥新的课题。早在美国革命时期,就有人提出奴隶制使得北美奴隶主对于维护自己的自由高度警觉。戴维·拉姆齐在1789年出版的《美国革命史》中指出:"在南部殖民地,奴隶制培养了一种自由精神。享受着个人自由的奴隶主们对于他们的自由既感到自豪也倍加珍视。在他们的心目中,自由不仅仅是一种享受,而且是一种地位和特权。在他们身上,既有支配者的高傲,又结合了自由精神。当他们相信大不列颠的要求使得他们堕落到与那些依附与服从他们的人相同的境地时,没有什么比这种想法更能激起一个种植园主去反对大不列颠的要求了。他们对于遭受像他们与自己的奴隶之间存在的那种关系的对待同样感到耻辱。"[1]20世纪的历史学家则更愿意从利益角度来解释革命家的动机。比尔德对美国宪法的制定进行经济解释,将宪法的制定说成是利益集团维护自身利益的创举。当代美国史学界对革命领导者,尤其是南部奴隶主领导革命的动机也进行了利益分析。

美国革命实际上就是一场权力利益冲突,"这场革命不仅标志着宪政理论的冲突,还是两个对立的权势集团之间的竞争。英国人明白他们需要扩大对殖民地的控制,而美利坚人决心要保持他们已经享有的自主地位"。[2] 不过应该看到,南部奴隶主加入革命阵营,就个人利益而言,并不是必须的生活选择。英国的政策并没有直接危及他们的个人利益。促使殖民地政治精英走上反英道路的根本因素,是奴隶主作为北美地方社会的主人,与以英帝国主人自居的英国统治集团之间的利益诉求,发生了直接的矛盾对立。这种对立在双方的互动中不仅没有化解反而愈演愈烈,最终走到彻底决裂的地步。当然,在这场重大的政治运动中北美社会内部是分裂的,奴隶主集团也不是万众一心、团结一致。美国革命在一定程度上也是一场内战,那些拥护反英

---

[1] David Ramsay, *The History of the American Revolution*. Indianapolis: Liberty Classics, 1990, pp. 29-30.

[2] Thad W. Tate, "The Coming of the Revolution in Virginia: Britain's Challenge to Virginia's Ruling Class, 1763-1776", *The William and Mary Quarterly*, Third Series, Vol. 19, No. 3 (Jul., 1962), p. 341. http://www.jstor.org/stable/1920086 Accessed: 2008/11/11

独立的人与坚持效忠英王的人进行了激烈的政治争辩和残酷的战场厮杀。在这场争夺未来前途的斗争中站到了反英阵营的人,除了政治信仰支配的原因外,还有现实利益驱动的原因。也就是说,奴隶主精英们在领导美国革命过程中有着政治信仰和现实利益的双重考量。

领导美国革命的政治精英大多来自北美政治权力阶梯的下层。北美殖民地政治权力格局中上层与下层的分化与矛盾是助长反英斗争生发的因素之一。权力阶层内上下层之间的矛盾是由绝大多数下层政治人物无缘晋升造成的。成为美国革命领导群体的那些人,多数是在经济和政治生活中追求积极进取的人。然而殖民地政治机制阻碍了绝大多数低级政治职位的人向高级职位的晋升。随着殖民地社会经济的成长,北美社会形成了自己的精英阶层。但是殖民地职位有限,高级官职更少,只有极少数与总督和英国官员有人脉关系的人才有可能升迁到高级官职,这些人往往出自殖民地的豪门巨富家庭,或来自英国的禄虫(placeman),这是一种专门以担任官职谋生发财的人。而财富和势力较小家庭的有才干之人则很难晋升到高级官职。这样一来,"其结果是,通向高级官职的渠道被殖民地的受宠者和非本土的禄虫闯入者所堵塞,他们在过于长久的时间内(任期不受限制)占据了过多的官位(一人多职)。如果一个杰出的公民想要得到一个高级官职,他就必须知道谁是关键人。否则的话,他的命运最好的情况也就是长期受命于殖民地下议院(这取决于选举者的态度)。正是在殖民地政治结构的这个层面上人们的不满积累了起来"。这种官位晋升取决于人脉关系的官场机制,自然就会在人数更多的低级职位的政治人物中间滋生不满之情。因为,"成为高级官员的人通常是贵族群体中那些在英帝国有势力和人脉的人,因此他们中的很多人能够在官僚阶层中升迁。而低级官员通常缺少这种人脉交往。这些人发现,因为人生经历、兴趣和交往面更为狭窄,他们被困厄在下级议会层面。他们没有处在有任命权的高层官员能够注意到的位置上。但是,作为下议院议员,他们能够与其他与自己一样的人交往,结成反对派,侵犯寥寥无几的那些地位上升到高层的受宠者的特权,在时机到来时挑战帝国政治的整个计划。对于这些人来说,新的帝国限制情非所愿,政治流动性的缺乏强化了他们的这种意识。这样,正如实际发生的那样,一旦官僚阶层上层的那些极少数受宠者不得不去执行帝国的新计划时,缺少流动性就成为派别创立的一个前提条件,并成为革命爆发前政治界中一个激发更大不稳定的刺激因素,高层官员变成了造反的低级官员发泄愤怒的具体目标"。①

---

① James Kirby Martin, *Men in Rebellion: Higher Government Leaders and the Coming of the American Revolution* ., pp. 32, 32-33.

对殖民地参事会构成的分析同样显示了这种政治生态。"多数参事出身于权贵家庭。到 1763 年,除了佐治亚以外,其他所有殖民地都已历时长久,显著的经济成长一直鼓励着人们谋取财富。大规模的商业农耕和广泛的贸易创造了一个人数不少的大地主、大商人阶层,与此同时一些官员和专业职业者也获得了很多财产。有些家庭到此时已经富过几代,且还在巩固着他们的经济、社会和政治权力。不过,北美仍然是一个开放社会,仍有新人物继续崛起,从一文不名之辈快速成为巨富之人,并且几乎是毫不迟疑地进入社会的最高层。"可是这种能够一步登天的人毕竟寥寥无几,绝大多数参事还是出自富豪之家。"除了佐治亚之外,几乎所有的参事都是本土出生的。这样,这些权势机构就被地方的社会和经济显贵所支配,他们利用自己的地位来加深自己的政治根基。尽管外来新人并未完全被排斥掉,但是这些外来新人只是分得很小一份权力,再则,这种通常接纳的新人也变成了殖民地贵族的一部分。"到了殖民地后期,殖民地政治权力结构变得僵硬。尽管政治官职的向上流动渠道并未被完全封死,但是参事们几乎完全来自极为有限的社会显贵家庭。那些在 1760 年代和 1770 年代崭露头角的人物,原本是不可能登上权力顶峰的。"实际上他们的利益常常遭到反对,他们的雄心抱负受到一小撮参事们的挫败。可能就是他们的心怀不满促进了这场爆炸性革命的发生。"①也就是说,实现个人的政治升迁是一些人推动和领导反英斗争的不言自明的心机。

　　18 世纪后期北美政治权力阶层内部在对待殖民地扩张问题上发生了分裂,而走上反英之路的那些革命领导人多是主张殖民地扩张之人。"在各个殖民地,革命运动都是由一个上层阶级中那个具有扩张意识的派别所领导的。他们这些人的见解形成于 1763 年之前,法国和印第安人战争之后发生的经济萧条加深了他们的信念。时至 1750 年代,所有殖民地的显贵们都分裂成了扩张主义者和非扩张主义者帮派,每个集团都遵循一种构思相当缜密的意识形态。在杰出的扩张主义者中,马萨诸塞有汉考克派和奥蒂斯派,纽约有莫里斯派和利文斯顿派,宾夕法尼亚是本杰明·富兰克林和托马斯·威林,南卡罗来纳是克里斯多夫·加兹登和亨利·劳伦斯。在非扩张主义者的领袖人物中,海湾殖民地是哈钦森党人和奥利弗党人,纽约是菲利普党人和德兰西党人,宾夕法尼亚是阿贝尔·詹姆斯和彭伯顿党人,南卡罗来纳是威廉·雷格和小威廉·布尔。在各个殖民地这种派别分裂的界线都是定居格

---

① Jackson T. Main,"Social Origins of a Political Elite: The Upper House in the Revolutionary Era", *Huntington Library Quarterly*, Vol. 27, No. 2 (Feb., 1964), pp.148, 149, 156-157. http://www.jstor.org/stable/3816922 Accessed: 2012/03 20

局、商业投资的性质以及宗教差别的反映。"这两个派别的分歧在于他们对北美社会的发展愿景相异。"扩张主义者相信新世界的物产丰饶,对于任何限制他们开发新世界财富自由的政权都准备加以反抗。这种观点在所有殖民地都有出现,出现的时间都不晚于1750年代,这种观点影响着像富兰克林和加兹登这样一些未来的爱国者的行为。从1740年代开始,富兰克林就为加强宾夕法尼亚对法兰西人和印第安人的防卫而努力,他在1750年代的著述中就有对扩张主义者意识形态十分细致的申论。在多部著作中,他惊叹美利坚人口的快速增长,对西部大唱赞歌。在1754年的一本小册子中富兰克林宣称,由俄亥俄河流域和大湖区各个支流环绕的地区,'必然……成为一个人口繁茂、势力强大的自治领'。与富兰克林相似,加兹登在1750年代发挥他作为商人、立法者和军人的能量,推动南卡罗来纳军队对切罗基人的战争。1763年之前扩张主义者对针对法兰西人、印第安人和西班牙人的战争有着饱满的热情,正像他们随后在抵抗他们的祖国中那样热情饱满。"1760年代的经济萧条刺激了所有殖民地扩张主义者更加坚定地争取扩大殖民地人的权利。七年战争结束后,经济衰退长久持续。"艰难时代影响着革命者的抗议,扩张主义者在1760年代倡导的很多措施,如不消费、不进口以及鼓励制造业活动,其用意都既是为了增强经济实力,又是旨在抗议英议会法令的颁布。还有,在扩张主义者的倡导下,主要核心城市的商人们聚拢起来,对英国的重商主义体系表达了广泛的批评。"那些非扩张主义者的思想意识也是在1763年之前就已经形成了,"像托马斯·哈钦森、德兰西派或威廉·雷格这些在革命危机中仍旧是忠于不列颠的人,他们的态度可以追溯到1750年代甚至更早时期。例如,哈钦森在1745年就批评马萨诸塞做出的进攻路易斯堡的法兰西人要塞的决定,称这次战役为'鲁莽行动'。在1750年代,他反对扩张主义者所要求的防卫拨款,呼吁实现'一种可容忍的和平'。与此相似,纽约的德兰西派在1740年代反对总督乔治·克林顿进行反对法兰西人的战争努力,在1750年代对于总督威廉·雪莉的计划进行高调批评。在南卡罗来纳,被总督威廉·亨利·利特尔顿恶称为'有傲慢无礼、喜于争讼精神'的威廉·雷格,不遗余力地限制该殖民地参与对法兰西人与印第安人的战争。在各个殖民地,无论在1763年之前还是在1763年之后,反扩张主义者都不愿支持反对美利坚的敌人的战争"。不过,弗吉尼亚的非扩张主义者没有像其他殖民地的非扩张主义者那样最终选择效忠英国。"在老自治领之外,绝大多数非扩张主义者把他们的命运与不列颠绑在了一起,而在弗吉尼亚这些人至少对爱国者的事业给予了勉强的支持。弗吉尼亚与其他殖民地的不同之处,是它有一个相对稳定的社会秩序。在所有殖民地,革命运动都动员了贫穷的公民,给他们提供了一个表达他们长期抱怨的论坛。不过弗吉尼亚没有大城市,因此也就幸免于躁动不安的城市下层阶级造成的问题。再则,该殖民地的种植园主对那些比他们贫穷的地主和佃农的控制显然很成功。而在绝大多数其他殖民地,显贵们不太能够遏制小农场主和城市下层阶级逐渐增加的要求。因此,在弗吉尼亚以外的殖民地,对社会动荡的担忧使得非扩张主义者更加不愿去反对英国。其结果就是这个上层阶级集团的效忠主义。但是在弗吉尼亚社会相对安静,非扩张主义者能够承受留在革命运动中的风险。"①

　　切萨皮克地区的种植园主成为反英斗争的领军人物,与他们的经济境遇艰难也有关系。七年战争之后,切萨皮克地区的种植园主遭遇双重经济危机。"首先是1760年代源自战后萧条的经济衰退,其次是继1772—1773年英格兰和苏格兰发生的银行大破产之后出现的烟草价格巨幅下跌近50%。"烟草种植园主多数是通过向英国商人贷款生产烟草,由英国商人代理销售烟草,以赢利来偿还贷款并获利的。烟草经济的萧条使得烟草种植园主陷入债务泥潭不能自拔。在弗吉尼亚的部分县,债务诉讼成倍增加,没收抵押品和监禁债务人的事例大幅度增加。当然不是所有的种植园主都面临着破产,那些精明强干富有远见的人,比如乔治·华盛顿,就通过农业生产多样化来力争摆脱单一依靠烟草生产形成的困境。华盛顿的确是成功了。但是绝大多数种植园主没有华盛顿那样的睿智和冒险精神。他们仍旧固守着烟草生产。随着他们的负债增多,越来越多的种植园主把自己的艰难怪罪到英国的商业法律之上。17世纪中期英国开始施行的《航海条例》规定,殖民地的产品只能通过英国船只运到英国,这就剥夺了殖民地人获取更广阔市场的可能,对于烟草种植园主来说,这意味着他们的烟草不能自由地运输销售到英帝国以外的市场。处在经济困厄之中的种植园主本来已经对英国心生抱怨,恰恰又碰上英国出台加强对殖民地管控的政策,自然导致抵触情绪产生。在他们看来,他们的烟草生产似乎走进了死胡同。七年战争后英国不允许白人定居地向西部扩张,这样种植园主就不可能到阿巴拉契亚山脉以西的新地区种植烟草。投资制造业也不可能,因为英国禁止美洲殖民地制造业生产。在这种情况下,"如果种植园主能够以不菲的价格出售他们多余的奴隶劳动力,他们至少可以逃脱令他们喘不过气来的金融负债。但是伦敦已经否决了弗吉尼亚最近通过的旨在制止进口奴隶的法律,这种法律旨在通过操纵供需以使陷

---

① Marc Egnal, "The Origins of the Revolution in Virginia: A Reinterpretation", *The William and Mary Quarterly*, Third Series, Vol. 37, No. 3 (Jul., 1980), pp. 426,427,428. http://www.jstor.org/stable/1923810 Accessed: 2008/11/11

入绝望之中的种植园主能够以赢利的价格出售他们的奴隶财产。很多切萨皮克地区的种植园主逐渐得出这个结论,即只要他们仍然处在英国霸权的统治之下,他们就是骑在虎背上走向毁灭"。① 切萨皮克地区种植园主中普遍存在的这种对英国的不满心理,自然就极易导致采取反英行动。当然,"在革命前夕,英属北美殖民地并不存在明显的政治动荡或社会危机。生活在这里的欧洲裔居民,多数早已摆脱了生存危机,其财产权利和其他权利都有一定的保障"。② 如果说普通白人都无生活之忧,种植园主就更有优越生活的保障。促使弗吉尼亚种植园主走向与英国决裂的关键因素之一,是奴隶制的存在使得他们想象出了自己即将遭受英帝国奴役这种可能性。

弗吉尼亚的奴隶主政治精英们对奴隶制问题的高度敏感就是促使他们走向更激进反英方向的因素。在殖民地与英国的冲突难以缓解、愈演愈烈之时,1775 年 4 月下旬,弗吉尼亚的皇家总督约翰·默里,即邓摩尔勋爵(Lord Dumore)发出威胁性警告,宣称如果他为了镇压造反征召军队的话,相信"所有的奴隶将站在政府一边"。5 月 1 日,他写信给达特茅斯伯爵表示,一旦提供给他武器和军火,他就能从印第安人、黑人和其他人中间征集到一支军队,用于对付弗吉尼亚的造反者们。6 月 8 日,邓摩尔总督放弃威廉斯堡,庇身到停泊在约克顿的战舰"抚威号"上。11 月 14 日,邓摩尔正式发布了他于该月 7 日制定的公告,宣布所有造反者的契约仆、黑人和其他人,只要参加英军,就可以获得自由。为了阻止黑人奴隶逃奔自由,弗吉尼亚白人社会在进行战争准备的同时也加强了对奴隶的威胁恐吓。1775 年 11 月 17 日《弗吉尼亚卫报》发表一封读者来信,呼吁并警告黑人不要参加邓摩尔的军队。信中提出应该告诉黑人,英国的大臣拒绝停止奴隶贸易,证明与美利坚主人相比,英国才是更大的敌人。如果殖民地被打败,他们就会被卖到西印度地区。还应该告诉奴隶,邓摩尔对他自己的黑人奴仆很残暴。黑人应该期望在来世过上更好的生活。11 月 24 日该报又刊登了意思相同的另一封读者来信,建议告诉奴隶,邓摩尔只是建议解放那些能够为他拿起武器的人,听凭他们的主人惩罚报复年迈者、体弱者、妇女和儿童,而且在英军那里他们的处境还不如在主人这里。这份报纸警告:"你们黑人们,不要受这份公告的诱惑毁灭掉你们自己。" 12 月 8 日弗吉尼亚制宪会议任命一个委员会准备回应邓摩尔的公告。5 天后该委员会拟好了报告,制宪会议又指示他们起草一份公告,声明逃到英军一方的奴隶只要在 10 天内回来便可以得到赦免,否则将受到

---

① John Ferling: *A Leap in the Dark: The Struggle to Create theAmerican Republic*, Oxford: Oxford University Press, 2003, pp. 95, 96.
② 李剑鸣:《"危机"想象与美国革命的特征》,《中国社会科学》2010 年第 3 期,第 182 页。

惩罚。第二天制宪会议发布公告,指出对拿起武器的黑人将给予惩罚,但如果立即放下武器回到原职责,将被赦免。在12月初弗吉尼亚制宪会议做出决定,携带武器的奴隶一旦被抓获,即将其卖到西印度,销售得到的钱款,扣除了费用后还给奴隶的主人。那些没有能逃到英军一方的逃亡奴隶在被抓获后,如果是革命者的奴隶,就监禁一段时间后归还其主人,英国同情者的奴隶则送到锡矿劳动。① 实际上,奴隶主政治代表们对于奴隶制问题始终是高度敏感的。乔治·梅森1776年5月在弗吉尼亚代表会议上提出的《权利宣言》中有这样一段话,"依据自然所有人同等自由和独立,拥有一些固有的权利,他们不可能通过任何契约剥夺或解除他们后代的这些权利。即享有生命和自由"。结果招致一些代表的激烈反对,反对者认为这段话意味着对奴隶制的谴责,甚至是在法律上取缔了奴隶制。在他们的要求下,在这段话中的"权利"一词后插入了"在他们进入一个社会状态(a state of society)之时"这样一个条件句,使这句话的意思变成了"在他们进入一个社会状态之时固有的权利",这样在他们的心目中就否定了黑人享有白人拥有的那些权利,因为在他们看来,黑人从来没有进入"一个社会状态"。② 在杰斐逊受命起草《独立宣言》时,他在草稿中写有谴责英王乔治三世煽动殖民地奴隶暴动的话,可是这句话最后被大陆会议删除,对此杰斐逊和其他弗吉尼亚在大陆会议的代表均无异议。他们的这种立场选择,反映了弗吉尼亚的奴隶主政治精英对于维护奴隶管控的高度关注。在他们预感到他们对黑人的奴役制度受到了来自英国的威胁时,就毅然决然选择了与自己的祖国决裂。尽管捍卫奴隶制不是所有弗吉尼亚人选择独立的唯一原因,但是对于大多数奴隶主来说,这是一个彼此心照不宣的原因。

南卡罗来纳的奴隶主集团更是为了维护奴隶制度才走向独立的。"南卡罗来纳的奴隶主们也是被对奴隶暴动的恐惧推向独立的。他们的恐惧是由偏执妄想和邓摩尔勋爵在弗吉尼亚的行动混合引起的,但是他们的恐惧还与奴隶们的行动联系在一起。"③在1775年,南卡罗来纳与英国统治当局的斗争还仅限于与英国的政治精英进行争论和斗争。殖民地的种植园主和商人通过殖民地议会抵制英国试图对其财产进行征税的努力,并没有寻求脱离英国的意图。1775年1月4日亨利·劳伦斯在写给他的英国朋友理查德·

---

① Benjamin Quarles, *The Negro in the American Revolution*. Chapel Hill and London: The University of North Carolina Press,1996, pp.24,25.
② John Richard Alden, *The South in the Revolution*,*1763-1789*, Baton Rouge: Louisiana State University Press,1957, pp.334-335.
③ Laurent Dubois, "Slavery in the Age of Revolution", in Gad Heuman and Trevor Burnard, eds., *The Routledge History of Slavery*, New York: Routledge, 2011, p.270.

奥斯瓦尔德的信中解释说,南卡罗来纳的政治领导者们寻求的仅仅是在英帝国内的"合理的自由"而不是独立,"美利坚人没有想到独立,没有一个严肃理智的人希望独立"。1775 年 1 月"南卡罗来纳殖民地代表大会"投票批准大陆会议通过的不进口决议,任命了一个由查尔斯顿的激进分子组成的"总务委员会"来监督执行,并确定 2 月 17 日为一个公共禁食和祈祷日,随即便休会了。可是,有关英国当局有意支持奴隶反对奴隶主的传言,却引起了南卡罗来纳白人的恐慌。5 月 3 日弗吉尼亚人阿瑟·李从伦敦来信说,已经有人向英国当局提议,给予抛弃其主人参加英军的奴隶以自由。5 月 29 日南卡罗来纳《卫报》刊登了一封来自伦敦的信件,宣称英国派出的军舰已经驶向北美,带着"7.8 万支枪和刺刀,要送到美洲,交到黑人、罗马天主教徒、印第安人和加拿大人手中。要采用一切可以使用的办法征服殖民地"。这封信的落款日期是 2 月 10 日,正是列克星敦发生武装冲突的前夕。在听到列克星敦武装冲突的消息后,南卡罗来纳人陷入狂躁激怒之中。恐惧中的人往往在联想中会变得更加恐惧和愤怒。5 月 12 日,总务委员会号召民兵保卫殖民地,抵抗外部和内部敌人。6 月南卡罗来纳殖民地代表大会再次召开。到了 7 月,代表大会、总务委员会和新成立的安全委员会已经直接统治了该殖民地。如果说在 4 月时南卡罗来纳的爱国者进行的还只是一种"不流血的、克制的反英行动",到了此时目标已经改变,殖民地代表大会授权招募 3 个团的正规军,保卫该殖民地应对外部或内部威胁。6 月 19 日,南卡罗来纳新任总督坎贝尔抵达查尔斯顿,在殖民地代表大会的默许下,城市民兵虽然列队迎接但态度冷淡。尽管名义上总督是民兵的指挥官,但是坎贝尔却根本指挥不了民兵。9 月 15 日,面临被逮捕的威胁,坎贝尔总督逃到了停泊在查尔斯顿港口的英国军舰上。9 月末总务委员会派人去见坎贝尔总督,请他返回查尔斯顿,表示只要他不反对殖民地,就会得到安全和尊敬。坎贝尔拒绝返回,宣称该殖民地已经处于叛乱中。至此,"查尔斯顿的皇家政府停止了,与旧秩序的断裂已经昭然若揭"。在弗吉尼亚总督邓摩尔勋爵发布了鼓励奴隶逃离奴隶主的通告后,尽管南卡罗来纳总督坎贝尔并没有发出同样的威胁,但是在 11 月底,坎贝尔所在的英军军舰舰长公开表示,英军接纳了逃亡奴隶,因为殖民地实际上已经在进行叛乱,所以这种行动是正当的,因为"使用自己的权力采取一切方法解救美利坚"是他的责任。英军这种鼓励奴隶逃离奴隶主的举措刺激了南卡罗来纳奴隶主们采取进一步行动,1776 年 2 月 11 日,在总督坎贝尔离开 1 个多月后,殖民地代表大会任命了一个委员会创造新政府。3 月 5 日该委员会提交了新宪法报告,经过 3 周争论,3 月 26 日通过了新宪法。但是仍然没有将独立作为最终选择。南卡罗来纳第一任议长约翰·拉特里奇在向第一届议会致辞时提醒议员说:"现在的宪法只是临时性的,仅仅存在于大不列颠和美利坚的痛苦分歧得到和解之前。人们仍然怀着和解的愿望,他们仍然记得先前的友谊和密切关系,尽管为了捍卫自己的人身和财产他们现在被丑化,被作为叛乱分子来对待。"南卡罗来纳的奴隶主政治精英们在与英国决裂前夕迟疑不前,是因为"南卡罗来纳的奴隶主绅士们对于旧的殖民制度一直心满意足。在这个制度下他们得到了经济繁荣。在此制度支持和保护下他们控制了殖民地的政治。他们确实不可能成为叛乱者,因为他们不希望现状有任何改变。在 1765 年后的那个时代,他们抵制英国对他们'权利'的侵蚀,追求的是保护他们习惯的在英帝国内的'合理的自由',而不是在英国之外实现独立。战争的爆发和随之而来的 1775 年春夏对奴隶的恐惧使得低地地区的领导人毫无思想准备。在这种情况下,由于担心存在英国与奴隶共谋,他们除了接收权力和取代合法的(但是现在受到怀疑的)当局,很难想象他们还能有其他什么选择。由于对他们行动的'革命'意涵感到不自在,南卡罗来纳的爱国者便试图避免与皇家政府及其代表坎贝尔总督公开决裂"。可是,在预感到英国的镇压举措有导致奴隶起义之虞时,为了维护社会稳定,南卡罗来纳领导人不得已选择与英国分离,以确保自己的统治地位。南卡罗来纳的独立只是为了保护内部的良好秩序。奴隶主们最终选择独立正是为了奴隶制。"如果说他们进行的是一场对外的革命,那也只是为了逃避内部革命这种灾难。"①

  奴隶主集团维护奴隶制的心机也反映在战争期间的举措上。独立战争期间,在黑人士兵问题上的谨慎举措显露了奴隶主集团捍卫奴隶制的决心。1775 年 7 月大陆会议建议各殖民地将身强力壮的男性组成正规军队,并没有提到是否接纳黑人。由于在殖民地时期的战争中北美曾有使用黑人士兵的先例,当 1776 年春危机加深,各殖民地召集民兵时,一些黑人便来参军,并被接受。参加列克星敦和康科德战斗的民兵中就有黑人。在 6 月 17 日波士顿附近的班克山之战中也有黑人。但是,这种使用黑人士兵的早期政策并没有延续下去。出于对奴隶主财产权的保护,尤其是出于对奴隶反抗奴隶主的恐惧,独立运动的领导者很快做出了拒绝黑人参军的决定。1775 年 6 月决定组建大陆军,7 月 10 日,大陆军副司令霍雷肖·盖茨指示征兵官不要接受任何流浪者、黑人和无业游民。大陆会议此时还没有决心排斥黑人士兵,因此在 9 月 26 日拒绝了南卡罗来纳代表爱德华·拉特里奇提出的从军队中解

---

① Robert A. Olwell, "'Domestick Enemies': Slavery and Political Independence in South Carolina, May 1776-March 1776", *The Journal of Southern History*, Vol. LV, No. 1 (February, 1989), pp. 28, 30, 39, 42, 47, 48.

除所有黑人士兵的建议。但是 10 月 8 日在坎布里奇召开的有 8 位将军参加的军事会议中讨论了使用黑人士兵的问题,一致决定排除黑人。与此同时,新成立的各州也采取了排斥黑人参军的政策。1775 年 5 月 20 日,马萨诸塞的"安全委员会"建议拒绝奴隶加入军队。1776 年 1 月 22 日,马萨诸塞的《民兵法》排除了黑人、印第安人和穆拉托人。然而由于人力短缺,独立运动阵营最终不得不放弃拒绝黑人参军的政策,转而征召黑人参军。不过,这个政策还是以维护奴隶主利益为前提,虽然给予参军黑人自由,但奴隶主将获得经济赔偿。1778 年 2 月下旬,马萨诸塞立法机构通过《征召奴隶入伍法》,规定奴隶参军后即获得自由,其主人将获得由州政府支付的一笔资金,数额按照奴隶的价值而定。1781 年 3 月 20 日纽约立法机构通过的法令规定,对于提供身体健壮的奴隶参军的任何人给予赠与土地的奖励,这个奴隶须服役 3 年,或直到按正常程序免除服役为止。在奴隶人口众多的南部地区,只有马里兰采取了征召奴隶参军的政策。到 1780 年夏季,马里兰的民兵长官已经欢迎有色人种参军。1780 年 10 月马里兰立法机关决定,年龄在 16—40 岁之间的身体健壮的奴隶,经其主人同意,可以参军。1781 年 5 月 10 日又决定,所有自由人,包括黑人和穆拉托人,都将被征召。在弗吉尼亚,麦迪逊主张解放一部分奴隶,将其训练成军人,但是立法机构拒绝了他的建议。1777 年 5 月 6 日立法机构通过的法令规定,除非其本人能够提供由县治安法官出具的自由证明,否则接受黑人和穆拉托人入伍属于非法。这项法律等于承认只有自由黑人可以入伍。① 到了 1778 年底,英军加强了对南部殖民地的进攻,夺取了佐治亚的萨凡纳。接下去必然是进攻南卡罗来纳。面对着英军入侵的威胁,南卡罗来纳急于得到来自其他地区的军事支援。州长约翰·拉特里奇派遣准将伊萨克·胡格尔前往大陆会议面请军事援助。拉特里奇想要的是派遣大陆军和海军前来增援。当胡格尔到达费城时,正好大陆会议根据亨利·劳伦斯的建议设立了一个专门讨论南部防卫的 5 人委员会。胡格尔告诉这个 5 人委员会,在南卡罗来纳不可能召集大量军事人员,因为绝大多数男人都仍在家园防止黑人暴动,防止他们逃往敌人那里去。该委员会经过讨论认为应该招募奴隶参军,在征询华盛顿的意见时,华盛顿表示持怀疑态度。3 月 25 日,该委员会将建议提交大陆会议,29 日大陆会议做出决议,南卡罗来纳和佐治亚招募 3000 名身体健壮的黑人,由白人军官指挥。大陆会议承诺给每个参军的黑人奴隶的主人 1000 美元,在战争期间忠实服役的黑人在交还武器后获得自由和 50 美元。不过大陆会议说明这个决议只是一种

---

① Benjamin Quarles, *The Negro in the American Revolution*, pp. 56, 58.

建议,最后决定权在这两个州。通过这个决议后,大陆会议委派亨利·劳伦斯的儿子、乔治·华盛顿的副官约翰·劳伦斯前往南卡罗来纳传达这项决议。劳伦斯于5月初到达南卡罗来纳,此时正好一支2000人的英军威胁着南卡罗来纳的查尔斯顿。州长拉特里奇和枢密委员会(the Privy Council)对于劳伦斯带来的建议很不热情,拉特里奇希望得到的是大陆军的增援,而不是大陆会议的武装奴隶建议。在此紧急关头,拉特里奇和枢密委员会竟派人去与英军谈判,主动提出查尔斯顿向英军投降,换取英军承诺在战争期间让南卡罗来纳保持中立。英军军官拒绝了这个要求。幸好此时一支大陆军赶来增援,迫使英军撤退了。① 1781年12月9日,驻守南卡罗来纳的大陆军将领纳尼萨尔·格林再次强烈呼吁征召奴隶参军,以弥补军力不足,但是再次遭到南卡罗来纳当局的拒绝。而佐治亚当局对于大陆会议武装奴隶的建议没有任何反应。南部在武装奴隶问题上的消极和反对,反映了奴隶主集团维护奴隶制的决心。

围绕北美独立战争问题而进行的英美外交谈判,由于亨利·劳伦斯在最后时刻的及时介入而增添了维护奴隶主利益的条款。在亨利·劳伦斯加入谈判之前,美方代表约翰·亚当斯和本杰明·富兰克林等人已经与英方代表就边界、渔业、战争损坏赔偿和收回债务等问题达成了协议。劳伦斯于1782年11月29日到巴黎加入谈判后,又提出了在卡罗来纳被抢夺的黑人处理问题。巧合的是,英方谈判代表奥斯瓦尔德与劳伦斯两人关系不错,曾经合伙从事大西洋奴隶贸易,在劳伦斯被英国关在伦敦塔期间,奥斯瓦尔德还出保释金保释过劳伦斯。此时朋友相会,有话好说。第二天即11月30日,双方举行会谈,奥斯瓦尔德毫不迟疑就满足了劳伦斯的要求。据参加谈判的约翰·亚当斯在日记中记述,"劳伦斯先生说应该有这样一条规定,即英军不能带走黑人或美利坚人的其他财产。对此我们意见一致。奥斯瓦尔德先生同意了"。② 包括英军不得带走黑人条款的《巴黎和约》于1793年9月3日正式签署,这样,由于大奴隶主亨利·劳伦斯的努力,为北美独立战争画上句号的《巴黎和约》成为了一个亲奴隶制国际条约。

在建国方针的制定过程中,奴隶主政治代表更是坚定地守护着奴隶主的利益。1776年7月30日在大陆会议上,当讨论政府框架时,马里兰的代表塞

---

① Gregory D. Massey, "The Limits of Antislavery Thought in the Revolutionary Lower South: John laurens and Henry Lairens", *The Journal of Southern History*, Vol. 63, No. 3 (Aug., 1997), pp. 515-516. http://www.jstor.org/stable/2211648 Accessed: 2009/11/12

② Charles Francis Adams, ed., *The Works of John Adams*, Vol. III, Boston: Charles C. Little and James Brown. 1851, p. 336.

缪尔·蔡斯提出将"白人"一词加入确定公民身份的第 11 项条款中,他宣称:"黑人是一种特殊财产,是动产。"他的讲话引发詹姆斯·威尔逊对奴隶制加以抨击,他提出:"奴隶阻止了一个国家自由人的耕作,伴随着很多不方便。"对此,南卡罗来纳的托马斯·林奇发出威胁:"如果对他们的奴隶是否是他们的财产加以辩论,那样的话这个联盟就终结了。我们的奴隶现在就是我们的财产,为什么要对他们征收比对土地、绵羊、牛马等等更多的税?"他宣称,"在我们的殖民地不能让自由人工作。自由人没有能力和意向去从事黑人所做的工作"。①

1787 年制宪会议上,南部代表们为捍卫奴隶主的利益处心积虑地进行争辩,充分显示了奴隶主集团的意志和追求。7 月 23 日,南卡罗来纳的代表查尔斯·科茨沃斯·平克尼公开表示,如果新宪法不保障反对解放奴隶,他将拒绝签署新宪法。他"提醒制宪会议,如果该委员会未能插入对南部诸州反对解放奴隶和对出口征税的某种保证,他为对自己州的责任所限将投票反对他们的报告"。8 月 21 日,在讨论奴隶贸易时,南卡罗来纳的代表约翰·拉特里奇表示反对禁止进口奴隶:"他不害怕奴隶暴动,将欣然愿意免除其他州保护南部州对付奴隶暴动的责任。这个问题与宗教和人道无关,管理国家的唯一原则是利益。现在真正的问题是南部州是否将成为联邦的一部分。如果北部诸州问问他们自己的利益何在,他们就不会反对奴隶的增加了,奴隶增加了,他们作为运输者将要运输的商品数量就增加了。"南卡罗来纳的代表查尔斯·平克尼宣称,"如果禁止奴隶贸易,南卡罗来纳就绝不能接受这个方案。在所有扩展国会权力的建议中,该州立场明确并保持警惕,要将干涉黑人进口这个问题排除在外。如果让各州在这个问题上便宜行事,南卡罗来纳或许渐渐地会自己去做希望它做的事,就像弗吉尼亚和马里兰已经做出的那样"。22 日弗吉尼亚的乔治·梅森发言反对进口奴隶贸易,他声称:"这种令人可憎的贸易源于英国商人的贪婪。英国政府一直制止弗吉尼亚停止这种贸易的努力。现在的问题不只关及进口奴隶的州,而是关及整个联盟。在过去的这场战争中,人们都已经经历过了拥有奴隶的不幸。如果奴隶们受到了像我们的敌人本应给予他们的那种待遇,这些人必将证明他们是我们的敌人手中掌握的危险工具。但是我们的敌人对待奴隶极为愚蠢,就像他们对待托利党人极为愚蠢那样。他提到希腊和西西里发生过的充满危险的奴隶暴动,以及克伦威尔给他派往弗吉尼亚的专员的指示,即万一获取服从的其他途径都不奏效,就武装奴仆和奴隶。他说,马里兰和弗吉尼亚都已明

---

① Ford et al., eds., *Journals of Continental Congress*, Vol. VI, pp. 1079, 1080. http://memory.loc.gov. Accessed: 2009/03/24

确禁止进口奴隶,北卡罗来纳也已实际上这样做了。如果南卡罗来纳和佐治亚随意进口的话,那么这一切禁止进口奴隶的努力都是徒劳。西部人口已经在呼吁要为他们的新土地提供奴隶,如果他们能通过南卡罗来纳和佐治亚得到奴隶的话,他们将让那个地区充满了奴隶。奴隶制阻止了艺术和制造业。穷人鄙视奴隶承担的劳动。他们阻止了白人外来移民,而他们才是使这个国家致富和强大的真正力量。他们给人们的言行举止造成最有害的影响。每个奴隶的主人生来就是一个小暴君。他们把天国的裁判带到这个国家,因为国家不可能在下一个世界受奖或受罚,他们必然在这个世界这样做,通过不可避免的因果锁链,上天将通过国家灾难来惩罚国家的罪恶。他抱怨说我们的一些东部兄弟出于获利的贪欲参与这种邪恶的贸易。至于那些拥有进口奴隶权利的州,现在放弃这种权利就像放弃其他很多权利一样,是恰逢其时。他坚持认为无论从哪一点来说联邦政府应该有权阻止奴隶制的增大。"就这个话题,来自康涅狄格的奥利弗·埃尔斯沃斯接话说:"由于他自己从未拥有过奴隶,他不能判断奴隶制对人的品质的影响。他说,不过,如果从道德角度来考虑,我们应该更进一步,解放我们国家的那些奴隶。鉴于奴隶人口在弗吉尼亚和马里兰增速很快,饲养奴隶要比进口奴隶代价更低,而在疾病流行的水稻沼泽地区外国奴隶供应更为必要,如果我们要像有人呼吁的那样去做,我们将对南卡罗来纳和佐治亚不公。我们还是不加干涉为好。随着人口增长,贫穷的劳动者越来越多,最终达到使奴隶毫无所用的地步。届时奴隶制将不再是我们国家的一个瑕疵。康涅狄格已经决定废除奴隶制,马萨诸塞已经废除了奴隶制。至于受外部影响发生奴隶暴动的危险,将成为善待奴隶的一种动机。"埃尔斯沃斯发言后,南卡罗来纳的代表查尔斯·平克尼紧跟着发言为奴隶制辩护,他宣称:"如果奴隶制是错误的,那也会被全世界的范例所证明是正当的。他列举了希腊、罗马和其他古代国家的例子,并提到法兰西、英国、荷兰及其他近代国家对奴隶制的认可。在所有时代,人类的一半一直是奴隶。如果让南部州自己处理这件事,他们或许自己会停止进口奴隶。他自己作为南卡罗来纳公民将投票赞成这样做。任何像建议的那样要夺走这种权利的尝试,将导致对他所希望接受的宪法的严重反对。"平克尼接着说,"他坚定地认为,即使他本人以及所有他的同事们签署这个宪法,并施加他们的影响力,要获得他们的选民的同意也是徒劳的。南卡罗来纳和佐治亚没有奴隶是不行的。至于弗吉尼亚,它将从停止进口奴隶中受益。它的奴隶的价值将会上涨,它拥有的奴隶多于需求。要南卡罗来纳和佐治亚以这种不平等的条件结成联邦是不公平的。他说,革命前皇家对南卡罗来纳的这种恩准和对弗吉尼亚的恩准一样从未被拒绝过。他争辩说进口奴隶将符合整个联邦的利益。奴隶人数越多,使用运输业的产品就越多,消费也就越多,这样财政收入也就越多。他承认对奴隶征税是合理的,就像对其他进口货物征税一样,但是认为拒绝这一条款就是将南卡罗来纳排除在联邦之外"。南卡罗来纳的约翰·拉特里奇附和平克尼的主张,他宣称:"除非他们进口奴隶的权利未加改变,如果这个制宪会议以为北卡罗来纳、南卡罗来纳和佐治亚会同意这一方案,那么这种期望是会落空的。这些州的人民绝不会愚蠢到放弃如此重要的一项利益。"①

1788年6月11日在弗吉尼亚制宪会议上,反对批准宪法的乔治·梅森提出宪法没有保障南部的奴隶财产。他宣称:"这个政府无意保障我们的内部安全。它授权进口奴隶20多年,这样继续将那种邪恶的贸易强加给我们。继续进行这种令人憎恨的贸易不是给我们提供了安全和保护,而是每天都使我们更加脆弱。尽管这种邪恶在增长,宪法中却没有任何条款阻止北部和东部各州对我们的这类财产进行干涉。有一个条款是在20年后禁止进口奴隶,但是没有条款确保南部州现在拥有的奴隶。奴隶远非是我们希望拥有的财产,但是现在将它们夺走将使我们陷入极大困难和不幸之中。宪法中应该有一项条款确保我们在先前的法律下获得的那种财产,失去这种财产将给太多的家庭带来毁灭。"②

1788年6月11日在南卡罗来纳制宪会议上,赞成批准宪法的查尔斯·科茨沃斯·平克尼指出,宪法总体上保证了南部在奴隶制问题上的利益。在确定各州在国会的代表名额的人口基数时,除了自由人以外,还要再加上奴隶人口的五分之三,"这样我们就为我们的财产获得了代表权"。关于进口奴隶问题的规定,平克尼指出,"按照做出的决定,我们获得了在20年内无限制进口黑人的权利。宪法并没有宣布在那以后进口奴隶就要停止,也许还要继续进行。我们得到保证全国政府不能解放奴隶,因为没有做出这样的授权。而且各方面都承认,除了宪法明确授予的权力外,全国政府没有其他任何权力。所有没有明确授出的权力仍保留在各州之中。不管我们的奴隶躲避到美国的哪个地方,我们获得了收回我们的奴隶的权利,而此前我们并没有这项权利。简言之,将整个形势加以考虑,就我们的力量而言,我们已经为我们的这种特别财产的安全拿到了最好的条件。如果可能的话我们本来可

---

① Max Farrand, ed., *The Records of the Federal Convention of* 1787, Vol. II, New Haven: Yale University Press, 1911, pp. 95, 364-365, 370-371, 371-372, 374.

② Jonathan Elliot, ed., *The Debates in the Several State Conventions, on the Adoption of the Federal Constitution, as Recommended by the General Convention at Philadelphia, in 1787*, Vol. III, Washington, 1836, pp. 269-270.

以做得更好些,不过,整体而言,我认为这些宪法规定不坏"。①

三 奴隶主集团领导美国革命的得与失

独立战争历时8年,尽管实际战斗断断续续,也不是所有地区都成为了战场,但是对于卷入战争的人们来说,还是难免灾难和悲痛。小威廉·J.库珀和托马斯·E.特里尔概括道:"战争的人员代价难以精确估算。来自南部州的数千名编在大陆军和民兵队伍中的军人在战场上或被杀或受伤。他们的家人们不得不学会应对失去了这些人后的境况,在一个失去了儿子、兄弟、丈夫、父亲的世界里生活下去。尽管18世纪的战斗在很大程度上不刻意伤害平民,但是帮派战争的烈火无疑会延伸到非战斗人员那里。由于不可能获得准确的人数,所以极难评估战争相关的伤亡对南部的影响。"②独立战争给南部奴隶主造成的伤害或大或小,或有或无,因人而异,难以理清辨明。尽管无法精确估计,但可以肯定的是,南部诸州受到战争伤害的程度并不相同。马里兰除了东海岸地区受到一些托利党人和英军将领豪勋爵统率的军队从埃尔克河的尽头向费城的进军骚扰外,其他地区基本上没有遭受战争的冲击,切萨皮克湾和波托马克河地区受到偶尔的袭击,但并不严重。弗吉尼亚直到1780年下半年基本上没有经历战争的浩劫,邓摩尔带领的英军在1776年就离开了诺福克周边地区,只是海岸地区有些孤立的种植园偶尔会受到托利党人的半海盗式的袭击。在1780年年末和1781年上半年,詹姆斯河和约克河下游地区是阿诺德、菲利普斯和康沃利斯的军队驰骋的地区,他们奉行了系统毁灭政策,超过1万桶烟草被毁,储存物品被掠,房舍被烧,数千头牲畜和奴隶被带走。除了塔伦顿的军队对夏洛特维尔的短暂袭击和断断续续的托利党人暴动外,弗吉尼亚的中部和西部实际上没有受到战火的破坏。在1776年初托利党人在摩尔溪的活动失败后,北卡罗来纳在1780年康沃利斯的军队入侵前基本上没有受到战火影响。康沃利斯的军队到来后,中西部地区受到交战军队和托利党人暴动的破坏,康沃利斯的军队占领威尔明顿,以及此后托利党人的骚扰,使得开普菲尔河下游地区遭到惨重损害。南卡罗来纳和佐治亚受到的伤害最为惨重。1775年下半年和1776年初,南卡罗来纳的内陆地区受到托利党人暴动和印第安人攻击威胁的骚扰。1776年下半年

---

① Jonathan Elliot, ed., *The Debates in the Several State Conventions, on the Adoption of the Federal Constitution, as Recommended by the General Convention at Philadelphia, in 1787*, Vol. IV, Washington, 1836, pp. 283, 286.

② William J. Cooper, Jr. and Thomas E. Terrill, *The American South: A History*, New York: Alfred A. Knopf, 1990, p. 93.

威廉森带领的美军部队摧毁了切罗基人,镇压了托利党人,把英国的舰队抵挡在沙利文岛外的海上,此后近3年时间南卡罗来纳相对安宁。佐治亚的南部边疆一直受到来自佛罗里达匪帮的劫掠,1778年末英军占领了萨凡纳,此后除了该州的西部边沿地区外,该州其他地区几乎都受到彻底蹂躏,辉格党人和托利党人相互袭击,掳走奴隶和其他财产,毁坏庄稼。英军占领萨凡纳也是南卡罗来纳遭遇严重麻烦的开始。来自佐治亚的袭击部队在1779年夏进攻到查尔斯顿周边,带走了数千名奴隶和大量财产。1780年春英军占领了查尔斯顿,至1782年底英军撤离查尔斯顿之前,南卡罗来纳就是一个正规军和非正规军的战场,"很多富裕家庭被摧毁,农业倒退到一种可悲的状态"。①

敌军的抢掠和奴隶的逃离,使得一些家园处在战场地区的奴隶主遭受了沉重的奴隶损失。在弗吉尼亚,约翰·巴尼斯特被抢走了82名身体健壮的奴隶。作为《独立宣言》的签署人之一的州长本杰明·哈里森损失了30名最壮实的奴隶。1781年春,英军在威斯特摩兰县的科勒伯因特从查尔斯·卡特的种植园带走了30名奴隶,两个月后威廉·李又被抢走了65名奴隶。在南卡罗来纳,《独立宣言》的签署人查尔斯顿的阿瑟·米德尔顿遭受巨大损失。在《独立宣言》签署前4个月,他的奴隶中已经有50人逃走。另一位奴隶主威廉·哈泽德·威格1780年损失了88名"头等"奴隶和8名"劣质"奴隶,同一年另一位大奴隶主罗林斯·朗兹抱怨说,在查尔斯顿陷入英军之手时他有75名壮实奴隶不见了。② 不过总体来说,"无法知道这场革命究竟使得殖民地损失了多少奴隶,损失奴隶人数可能高达8万至10万人"。战争结束,英军撤离时带走了大批奴隶,"根据合理的估计,4000名黑人从萨凡纳离岸登船,另有6000名黑人从查尔斯顿离去,在1783年11月25日最后一个英军要塞移交给美方前,有3000—4000名黑人乘船离开纽约"。③ 不过应该看到,绝大多数奴隶没有逃离,南部的种族关系没有被颠覆。"这场革命结束之时,北美的种植园主们认识到,不管怎样,一场大灾难是已经避免了,他们表扬奴隶们在面对无数可以采取其他行动的机会时保持忠诚。马里兰地方豪门卡罗尔家族的一个人写道:'我认为在这个岛上我们的黑人已经证明了他们的依恋……,如果他们想离开的话他们早就走掉了。'"④ 1781年夏

---

① Lewis Cecil Gray, *History of Agriculture in the Southern United States to 1860*, pp. 595-596.
② Benjamin Quarles, *The Negro in the American Revolution*, pp. 60, 118, 119.
③ Ellen Gibson Wilson, *The Loyal Blacks*, New York: G. P. Putnam's Sons, 1976, pp. 21, 41.
④ Michael Mullin: "British Caribbean and North American Slaves in an Era of War and Revolution, 1775-1807", in Larry E. Tise, ed., *The Southern Experience in the American Revolution*, Chapel Hill, NC.: University of North Carolina Press, 1978, p. 236.

天,范妮·塔克在她位于弗吉尼亚法姆维尔的种植园发现,尽管在附近有900个英军轻骑兵,但是她的每一个仆人都忠心耿耿,让她心生感激。1782年9月,威廉·莫尔特立将军回到他在南卡罗来纳的种植园时,奴隶们对他的热情欢迎让他深深感动。"每个人都来到我面前,拉拉我的手,说,'上帝保守你,主人!很高兴见到你,主人!'他们一会儿一个出来'吻'我一下,我的泪水悄悄涌出,流满脸颊。我那时拥有大约200个奴隶,战争期间他们没有一个人离开我,尽管他们受到很大诱导。"①不管奴隶的忠心表白是出于真心还是虚假的表演,独立战争确实没有颠覆南部社会的种族秩序。

作为权力利益冲突的美国革命,对于站在英国一方的人士来说,自然就是权势的丧失,至少也是严重的挫败。美国革命削弱了革命前那些豪门大户的影响,"殖民地的贵族并未全部消失,不过他们的权力在各地都遭到削弱或者摧毁。独立战争以前,名门望族的成员支配着绝大多数参事会,到了此时,他们仅仅占有参议员席位的四分之一,如果说他们在马里兰和弗吉尼亚仍旧拥有控制力的话,在北卡罗来纳和新罕布什尔他们则变成了无足轻重的少数派"。取而代之的是原来处于政治权力下层的人物,"在某种程度上取代名门望族成员的是受人尊敬和社会根基稳固的中产阶级成员。这一群体的家庭其实一直在提供领导人,在革命前的新英格兰他们即使不是在权势上也是在人数上与贵族参事们旗鼓相当。1776年后他们中更多人当选到那些部门,但是引人注目也是意义重大的变化,是上议院中出现了全新的人物,他们在各地上议院都占很大部分,在北卡罗来纳他们的人数超过了其他所有的人"。可以说,在一定程度上,美国革命导致了白人中上层内部的权势转移,"这场革命摧毁了参事会。参事们,如果他们还活着的话,也很少有人被选进参议院。在绝大多数州,进入这个政治权力最高层的渠道对所有新领导人开放。出身卑微的人变成了政治显贵。这些人往往是作为刚刚获得代表权的边疆或其他内陆地区的代表,就财富而言他们往往仍属中等,就是这些人与势力已经削弱的老贵族的儿子们抗衡。后者当然远未灭绝,在一些州他们甚至还保持着控制力,在另一些州他们仍有权有势,无论在何处他们都有超越其人数的影响力。但是,这场革命改变了一切:新人们成了上校和将军,新人们在贸易和投机中发了大财;新人们建立了政治集团;新人们名声大震,他们的权力以诉诸大众支持为基础,乔治·克林顿、约翰·汉考克、约翰·科林斯、理查德·卡斯维尔和帕特里克·亨利就是这样的新人。这个过程在立法机关的上院中显示得最为清楚。如果说参事会这个旧的显贵们的最艰固堡

---

① Benjamin Quarles, *The Negro in the American Revolution*, pp. 60, 121.

垒已经得到了民主化,也没有太过夸张"。①

奴隶主集团在美国革命中的最大收获是他们得到了一个独立的容留奴隶制的联邦国家。1787年宪法对奴隶制问题做了模棱两可的处理。"宪法原文中并未使用'奴隶制'(slavery)或'奴隶'(slaves)这样的词,凡是涉及奴隶的地方,宪法都用类似'所有其他人口'(all other Persons)、'服劳役的人'(Person held to Service or Labour),或'现在某些州存在的这样的人口'(such Persons as any of the States now existing)字眼。"②但是,由于奴隶主代表的坚持,宪法给了奴隶主利益最务实的保障。奴隶制在宪法中只出现在4处,《宪法》第一条第二款规定,在分配各州在国会的代表权和直接税税额时,"各州人口数,按自由人总数加上所有其他人口的五分之三予以确定";第一条第九款,否定国会在1808年前干涉奴隶贸易的权力,即"现有任何一州认为得准予入境之人的迁移或入境,在1808年以前,国会不得加以禁止,但对此种人的入境,每人可征不超过十元的税";第四条第二款规定归还逃亡奴隶,即"根据一州法律须在该州服劳役或劳动的人,如逃往他州,不得因他州的法律或规章而免除此种劳役或劳动,而应根据有权得到此劳役或劳动之当事人的要求将他交出";第五条通过规定20年内不得修改《宪法》第一条第九款第一项和第四项,即"在1808年以前制定的修正案,不得以任何形式影响本《宪法》第一条第九款第一项和第四项",巩固了第一条第九款的不得禁止进口奴隶的规定。③ 1787年宪法中的这些涉奴规定,即使不能说制宪者们所持的是亲奴隶制立场,至少也表明国父们的建国原则是容留奴隶制的存在。有了容留奴隶制的联邦国家作为依托,南部奴隶主不再像殖民地时期那样与英国统治者分享统治南部社会的权力。凭借着他们控制的南部社会所拥有的政治影响力,南部奴隶主反过来又成为联邦政治世界中的强势集团,在内战前的美国政治生活中发挥着无可匹敌的影响力。

不过从长远来看,作为一个群体,南部奴隶主从美国革命造成的影响中得到一个内含矛盾的结果。一方面,北美实现了独立,美利坚人摆脱了大英帝国对其发展的羁绊,而西部有着似乎广袤无边的土地,与英帝国以外国家和地区的商业贸易有着潜在的巨大商机,这一切给包括奴隶主在内的美国人提供了无限美好的经济前景。然而另一方面,美国革命将人类的自由平等确

---

① Jackson T. Main, "Social Origins of a Political Elite: The Upper House in the Revolutionary Era", *Huntington Library Quarterly*, Vol. 27, No. 2 (Feb., 1964), pp. 151, 157. http://www.jstor.org/stable/3816922 Accessed: 20/03/2012
② 王希:《原则与妥协:美国宪政的精神与实践》,北京大学出版社2000年版,第204—205页。
③ 关于《宪法》文本采用了王希的翻译。见《原则与妥协》附录一。

立为美利坚人的立国原则,无可置疑地在道义上否定了奴隶制的合理性,这就使得美国的奴隶主们陷入道德尴尬境地。更重要的是,美国革命后奴隶制在北部地区渐渐消失,在美国国内形成了一个与蓄奴南部异质的地区。美国的奴隶主失去了半壁江山。一个国家两种制度的格局只能是短时段的妥协安排,由人的发展追求汇聚而成的社会发展意向,在一个国家内部必然导致相互矛盾的两种制度在社会发展过程中发生冲突。正如后来美国的历史发展所证明的那样,围绕奴隶制问题而发生的南北地区冲突,最终将美国拖入内战的惨剧之中。像托马斯·杰斐逊那样敏思远虑的美国国父们,当其在世时已经意识到发生这种灾难的可能,他们为此忧心忡忡,但也想不出万全之策。因为他们的自利本能决定了他们在创建新的美利坚国家时,绝对不会选择为奴隶制送终。

第二节 奴隶人口的地区消长

美国革命后奴隶人口的消长,折射的是奴隶主集团在不同地区的影响力。在奴隶主集团影响力较弱的北部地区,奴隶制走上了终结之路,最终奴隶人口在北部消失。而在南部地区,虽然有一些奴隶主出于这样或那样的考虑解放了自己的全部或部分奴隶,但奴隶主群体中的多数拒绝解放奴隶,他们支配着南部各州政府的政策,决定着社会发展方向,这些人对奴隶制的坚守使得奴隶制在南部得以延续下去,就总体来说,奴隶人口未减反增,奴隶制的根基反而更加巩固。

一 北部奴隶人口的消亡

从人口角度来看,奴隶制在美国北部走向终结是通过北部奴隶人口缩减并最终消失实现的。殖民地时期北美所有殖民地都存在黑人奴隶。自独立建国到1860年内战爆发前夕,奴隶人口在北部逐渐消失。表2-2显示了奴隶人口在美国北部消失的缓慢过程。总体来看,美国革命后北部奴隶人口呈现出大幅度减少趋势。但是将北部各州分别来看,奴隶人口消失的步伐存在明显的州际差异。在新英格兰北部地区奴隶人口快速消失。马萨诸塞是奴隶人口消失最早的州,到1790年已经没有了奴隶人口,佛蒙特和新罕布什尔两州在1810年奴隶人口也不复存在。在其他北部诸州,奴隶人口消失的步伐则相当缓慢,到1840年仍有极少数奴隶人口。实际上在美国独立建国后,在纽约和新泽西这两个奴隶人口较多的北部州,奴隶人口一度出现了不减反

表 2-2 美国北部的奴隶人口，1790—1860 年（占总人口百分比）①

年份	1790	1810	1820	1840	1860
新罕布什尔	158(<1)	0	0	1(<1)	0
佛蒙特	16(<1)	0	0	0	0
马萨诸塞	0	0	0	0	0
康涅狄格	2764(1)	310(<1)	97(<1)	17(<1)	0
罗得岛	948(1)	108(<1)	48(<1)	5(<1)	0
纽约	21324(6)	15017(2)	10088(1)	4(<1)	0
新泽西	11423(6)	10851(4)	7557(3)	674(<1)	18(<1)
宾夕法尼亚	3787(1)	795(<1)	211(<1)	64(<1)	0

增的现象。"在美国革命后的岁月里，在纽约州自由黑人人数出现增长的同时，奴隶人口也出现增长。在18世纪的最后一个年代，纽约州奴隶人口增长了几乎四分之一，奴隶主人数增长三分之一。"1790年超过三分之二的纽约黑人仍是奴隶，五分之一的纽约家庭至少拥有一个奴隶。直到1830年，在纽约和新泽西的部分乡村地区，自由黑人人数才超过奴隶人口。② 北部奴隶人口消失的速度还存在明显的城乡差异，城市的奴隶人口消失速度快，而农村地区奴隶人口消失速度缓慢。在北部的城市，奴隶人口在美国革命前已经出现了大幅度减少趋势。美国革命后，北部城市的黑人奴隶人口继续减少。到1790年，波士顿已经没有奴隶人口。费城在1790年仅有273个奴隶，到1800年还有55个奴隶，1810年只剩3个奴隶，1820年则完全没有了奴隶。纽约市奴隶人口变化存在反复。1790年纽约市尚有奴隶2369人，1800年奴隶人数又增长到2868人。不过，1810年又下降到1686人，1820年仅剩518人。③ 然而，在北部商品农业发达地区，奴隶人口的减少却是异常缓慢。在宾夕法尼亚，1780—1810年间，奴隶人口从近7000人下降到不足800人，他们绝大多数生活在与马里兰州接壤的乡村地区，而此时该州首府费城已经基本上没有了奴隶。在纽约州，1800年位于长岛地区的金斯县有超过一半的白人家庭拥有奴隶，里士满县三分之一的白人家庭蓄奴，昆斯县是五分之一

---

① Ira Berlin, *Generations of Captivity: A History of African-American Slaves*, Cambridge, Massachusetts: The Belknap Press of Harvard University Press, 2003, p.272.
② Ira Berlin, *Many Thousands Gone: The First Two Centuries of Slavery in North America*, p.237.
③ Gary B. Nash, "Forging Freedom: The Emancipation Experience in the Northern Seaport Cities, 1775-1820", in Ira Berlin and Ronald Hoffman, eds., *Slavery and Freedom in the Age of the American Revolution*, p.5.

的白人家庭蓄奴。10年之后,白人蓄奴家庭的比例下降,金斯县有超过三分之一的白人家庭蓄奴。里士满县有四分之一的白人家庭蓄奴。昆斯县有八分之一白人家庭蓄奴。到1820年,95%的纽约市黑人是自由人,而在金斯县只有一半的奴隶获得了自由。在里士满县有600名黑人,其中几乎90%仍旧身在奴役之中。①

北部奴隶人口变化的轨迹表明,奴隶制在北部绝大多数地区不是很快就消失的。只是在奴隶人口甚少的新英格兰北部地区,美国革命后奴隶人口快速消失。而在奴隶人口相对较多的新英格兰南部和中部各州,尤其是在其农村地区,奴隶人口的消失则经历了相当长的时间。不过,从发展趋向来看,美国革命后奴隶人口在北部所有州都最终走向消失。在实际生活中,美国的奴隶制是一种白人奴隶主奴役黑人奴隶的人际关系,奴隶的存在是奴隶主存在的前提。既然奴隶人口已经消失了,当然奴隶主在北部社会也就不复存在了。

从法制层面看,在北部各州奴隶制是通过直接和间接两种路径走向终结的。美国独立后,奴隶制的存留属于州权范围,是否解放奴隶和怎样解放奴隶,取决于各州政府的抉择。从各州有关解放奴隶政策的选择看,新英格兰北部的佛蒙特、新罕布什尔和马萨诸塞3个州采取了直接废除奴隶制方式。新英格兰南部的康涅狄格和罗得岛,以及中部地区的宾夕法尼亚、纽约和新泽西这5个州走的是渐进废奴道路。

佛蒙特是第一个明确确定废除奴隶制的州。该州1777年制定的州宪法附带的"权利法案",宣告所有人拥有天赋的自由,并明确申明废除奴隶制。1791年该州的宪法再次坚持了这一立场。② 新罕布什尔1784年制定的州宪法规定"人人同等自由和独立",并且在1788年制定的法律中将奴隶从纳税财产目录中取消。③ 虽然新罕布什尔的州宪法中并没有明确废除奴隶制的文字,但是显然反对奴隶制的人可以将其理解和诠释为已经废除了奴隶制。此后,该州为数不多的奴隶人口很快就消失了。马萨诸塞州1780年的宪法承认人人生而平等,但并没有明确申明依此而解放奴隶。不过,1783年该州最高法院在马萨诸塞州诉詹尼森一案判决中,做出了州宪法已经否定了奴隶制的解释。首席法官威廉·寇兴在判决中指出:"自从为了我们的权利而进行的这场光荣斗争开始以来,对人类自然权利更加喜爱的情感……已经占据

---

① Ira Berlin, *Many Thousands Gone: The First Two Centuries of Slavery in North America*, p. 237.
② Ulrich Bonnell Phillips, *American Negro Slavery: A Survey of the Supply, Employment and Control of Negro Labor as Determined by the Plantation Regime*, p. 118.
③ Benjamin Joseph Klebaner, "American Manumission Laws and the Responsibility for Supporting Slaves", *The Virginia Magazine of History and Biography*, 1955, (63), p. 451. http://www.jstor.org/stable/ 4246165 Accessed:2008/10/27

上风。这种情感引导我们宪法的制定者们……宣布……人人生而自由平等，人人都有权得到自由……简言之，无须诉诸建构宪法时的意涵，据我判断，通过赐予对奴隶制完全不相容和厌恶的权利和特权，宪法已经就其所能有效地废除了奴隶制。本法庭因而充分认定，本政府不再容忍永久奴役制度。"当然，不是所有的奴隶主都接受这一判决对州宪法的诠释。实际上也不是因为有了这一判决该州奴隶就立即全部获得了解放。具体到每个奴隶的解放，还受制于奴隶与其主人的斗争和协商。伊莱恩·麦凯克伦通过对波士顿奴隶解放案例研究发现："尽管首席法官寇兴使用的明确和强硬语言没有给该州宪法第一条款的含义留有任何可怀疑的余地，但应该记住，没有证据证明马萨诸塞州诉詹尼森一案的判决已促成了任何正式的立法或司法行动。因而1783年以后奴隶制的废除过程，仍旧只能从人们的思想和行动角度来解释。"他认为，奴隶制在波士顿的消逝"是由于该城市奴隶主和奴隶的个人行动。在这个过程中，1780年宪法发挥的作用可能比此前人们认为的那样更为重要"。① 应该说，尽管存在着法律上的模糊性，马萨诸塞和新罕布什尔两州还是可以看作与佛蒙特州一样直接废除了奴隶制。到1790年联邦人口统计时，马萨诸塞州成为唯一没有列出奴隶的州。② 这意味着奴隶制在该州已不复存在。

北部其他各州则是通过渐进途径迫使各自的奴隶制走向终结。具体方法是：由州议会立法确定解放某一日期以后奴隶所生的孩子，切断奴隶人口的自然增长。由于美国独立战争期间北部各州已经普遍做出了禁止进口奴隶的决定，所以不会发生由于奴隶输入而新增奴隶人口的情况，只要确定未来奴隶所生的子女将获得解放，奴隶人口在将来就必然彻底消失，这样奴隶制必然就会终结。首先选择这种渐进废除奴隶制道路的是宾夕法尼亚。1780年该州议会立法规定，该年3月1日后奴隶所生的孩子将获得自由，但其主人在其年龄达到28岁前拥有他的服务。主人可以在这个孩子的任何年龄段"放弃"他，然后这个孩子就像其他贫穷儿童一样，由贫民监护人将其交给他人做学徒。继宾夕法尼亚之后，罗得岛也选择了渐进解放奴隶政策。该州议会制定的法律规定，1784年3月1日后奴隶所生的孩子从出生就获得自由，这些孩子由乡镇开支养活，在其1岁时就可以将其交给他人做学徒。

---

① Elaine Maceacheren, "Emancipation of Slavery in Massachusetts: A Reexaminationp, 1770-1790", *The Journal of Negro History*, Vol. 55, No. 4(Oct.,1970), p. 303. http://www.jstor.org/stable/2716174 Accessed:2008/10/27

② Ulrich Bonnell Phillips, *American Negro Slavery: A Survey of the Supply, Employment and Control of Negro Labor as Determined by the Plantation Regime*, p. 119.

1785 年修改规定为,奴隶的主人有责任维持奴隶儿童的生活,直到其年龄达到 21 岁,否则在此之前就将其解放。康涅狄格州也在 1784 年立法规定,在 1784 年 3 月 1 日后奴隶所生的孩子获得自由,但是可以强制让其服务到 25 岁,1797 年又将强制服务结束年龄改为 21 岁。①

纽约和新泽西这两个州是走上解放奴隶道路最为迟缓的。1799 年纽约州议会通过了《逐渐解放奴隶法》,该法规定:奴隶母亲 1799 年 7 月 4 日以后生育的子女将获得自由,但要为母亲的主人服务一定时期。如果是女孩,要服务到 25 岁;如果是男孩,要服务到 28 岁。允许这个黑人的主人在其 1 岁时将其释放,此后将由贫民监护人养育这个孩子。对于这样的安排,美国有学者认为相当公平,因为这样做既没有一个奴隶会因突然被解放而生活无依无靠,也没有一个奴隶主被违背其意愿剥夺奴隶。② 1817 年 3 月 31 日纽约州议会又通过法律,规定自 1827 年 7 月 4 日起,凡是 1799 年 7 月 4 日以前出生的奴隶全部解放。③ 新泽西州直到 1804 年才通过《渐进废奴法》,规定该年 7 月 4 日后奴隶所生的孩子名义上获得自由,但是男孩须为母亲的主人服务到 25 岁,女孩服务到 21 岁。1846 年新泽西州议会立法规定,废除那些仍旧是奴隶的人的奴隶名分,将他们变成主人的终身学徒,1846 年后这些学徒生育的孩子成为自由人。④

选择渐进废除奴隶制道路,反映了立法者对奴隶主财产权的尊重。解放将来某一日期以后出生的奴隶,并不涉及现有的奴隶,这是对奴隶主对现有奴隶占有权的保护。戴维·门谢尔对康涅狄格 1784 年渐进废奴法的评价可谓一针见血:"1784 年的法律反映了康涅狄格州支持废奴的偶然性。该法不是寻求结束奴隶制,而是寻求以一种与财产权和社会稳定需要相一致的方式结束奴隶制。该法追求的是不解放任何一个奴隶而终结奴隶制。"⑤ 可以说,采取渐进废奴法的其他各州都是以此原则为指导的。

---

① Benjamin Joseph Klebaner, "American Manumission Laws and the Responsibility for Supporting Slaves", *The Virginia Magazine of History and Biography*, Vol. 63, No. 4 (Oct., 1955), pp. 449-450. http://www.jstor.org/stable/4246165 Accessed:2008/10/27

② Leo H. Hirsch, Jr., "The Slave in New York", *The Journal of Negro History*, Vol. 16, No. 4 (Oct., 1931), p. 391. http://www.jstor.org/stable/2713870 Accessed:2008/11/14.

③ Leo H. Hirsch, Jr., "The Slave in New York", p. 394.

④ Simeon F. Moss, "The Persistence of Slavery and Involuntary Servitude in a Free State, 1685-1866", *The Journal of Negro History*, Vol. 35 No. 3 (Jul., 1950), pp. 303, 306. http://www.jstor.org/stable/2715701 Accessed:2008/11/21

⑤ David Menschel, "Abolition Without Deliverance: The Law of Connecticut Slavery, 1784-1848", *The Yale Law Journal*, Vol. 111, No., 1 (Oct., 2001), p. 190. http://www.jstor.org/stable/797518 Accessed:2008/11/14

由于北部绝大多数州选择了渐进废除奴隶制道路,而北部绝大多数黑人奴隶又恰恰生活在这些州,这样一来,对于这些州的奴隶来说,他们要获得自由就只能另寻途径了。幸好,美国革命的影响创造了有利于奴隶获取自由的社会环境。首先,美国独立战争的进行为奴隶提供了获取自由的多种机会。其一,战争期间的混乱,使得一些黑人能够逃离奴隶主获得自由。其二,对战斗力的需要导致北部各州普遍做出了允许黑人参加军队的决定。对于参军为美国事业战斗的黑人奴隶,各州普遍做出了予以解放的决定。其三,独立战争中,那些反对北美独立的效忠分子的黑人奴隶往往被地方政府没收后予以解放。"战争期间纽约的地方政府通常解放已经离去的效忠分子的奴隶,1784年纽约州议会宣布效忠分子奴隶主已经失去了他们对奴隶财产的所有权。两年后那些被驱逐出境的奴隶主的所有奴隶获得解放。在新泽西州,州议会3次通过法律解放没收的效忠分子奴隶主的奴隶。"①不过,这些获得自由的机会只可能降临到少数奴隶身上,而且随着独立战争的结束而消失。在美国建国后,在实行渐进废除奴隶制政策的北部各州,奴隶要通过合法途径获得自由,就只能指望奴隶主自愿解放奴隶了。

美国革命的影响恰恰又为奴隶主解放奴隶制造了宽松的法律环境。美国历史上的黑人奴隶制是一种依托财产权而存在的种族奴役制度。在这种制度下,黑人奴隶被作为一种财产来对待。由于奴隶被认定是奴隶主的财产,而个人有放弃自己财产的权利,所以,在这个意义上来评定,奴隶主有自愿解放奴隶的权利。对于那些生存于世的奴隶而言,解放奴隶是奴隶主的特权。殖民地时期出现过极少数奴隶主解放奴隶的事例。不过那时各殖民地政府并不鼓励奴隶主解放自己的奴隶,因而通过一些立法,要求决定解放奴隶的奴隶主向地方政府缴纳一笔保障金,以确保被解放的黑人不至于成为公共负担。这种政策实际上旨在抑制奴隶主解放奴隶。然而美国革命后,一些州先后取消了这种缴纳保障金的规定。表2-3显示了北部部分州关于解放奴隶缴纳保障金立法的兴废。

表2-3 解放奴隶需要交纳的保障金立法②

州	立法年份	保障金	取消该法年份
马萨诸塞	1703	至少50英镑(166.67美元)	1780

---

① Benjamin Quarles, *The Negro in the American Revolution*, pp.184-185.
② Benjamin Joseph Klebaner, "American Manumission Laws and the Responsibility for Supporting Slaves", *The Virginia Magazine of History and Biography*, Vol.63, No.4 (Oct., 1955), p.445. http://www.jstor.org/stable/4246165 Accessed:2008/10/27

续 表

州	立法年份	保障金	取消该法年份
罗得岛	1728	至少 100 英镑(333.33 美元)	
	1766	100 英镑(333.33 美元)	1798
纽约	1712	至少 200 英镑(500 美元)	1801
新泽西	1713	200 英镑(533.33 美元)	
	1798	至少 500 美元	
宾夕法尼亚	1726	30 英镑(80 美元)	1780

取消解放奴隶缴纳保障金的规定,本身就是旨在鼓励奴隶主解放奴隶。此外,还有一些州通过立法,鼓励奴隶主解放奴隶。纽约州在1785年制定法律,允许奴隶主解放年龄在50岁以下的奴隶而无须缴纳保障金,只要奴隶主从官方取得一张证明书,证明其有足够的能力保证自己的生活即可。该法还规定,在1785年7月1日后被带入该州并被出卖的人和奴隶将获得自由,出售奴隶的人罚款100英镑。此外还赐予包括奴隶在内的所有黑人在受到重罪审判时有权得到陪审团审判。① 新泽西州1786年的法令规定,禁止进口奴隶到新泽西出售。奴隶主只要从其所居住的县两名县治安法官或城镇的两名贫民监护人那里得到证明书就可以解放奴隶。②

美国革命和建国早期,确实掀起了一个奴隶主自愿解放奴隶的高潮。一部分奴隶主做出解放奴隶的决定,确实是出于对美国革命意识形态的信仰,认定奴隶制是一种罪恶。如1791年康涅狄格州的教士乔纳森·托德在遗嘱中确定解放自己的奴隶,他表示:"很久以来我一直相信,对从非洲而来或在这个国家出生的非洲人进行奴役是非正义的行为。这是这块土地上的原罪之一,我愿努力使我的这种奴隶财产得到自由,摆脱奴隶制这宗原罪对他们的谴责。"康涅狄格州的阿拜贾·霍尔布鲁克在解释其解放自己奴隶的动机时称:"自然而然的是,所有人都有权得到平等的自由权和自由。"另一个名叫雷切尔·约翰逊的奴隶主解放奴隶时声明:"我相信全人类都应自由。"在美国革命中,一些奴隶主真诚地接受了革命宣扬的自然权利学说,认识到自己奴役他人是非正义的行为,因而做出决定,解放了自己拥有的奴隶。这样的人虽然不是奴隶主群体中的多数,但也不是绝无仅有的极个别人。不过,不可否认的是,社会生活中人的品行千差万别。在解放奴隶的奴隶主中,并

---

① Leo H. Hirsch, Jr., "The Slave in New York", p. 388.
② Simeon F. Moss, "The Persistence of Slavery and Involuntary Servitude in a Free State, 1685-1866", p. 302.

非所有人都是出于或者纯粹出于崇高的信仰。一些人解放奴隶是基于个人的实际利害考虑。有些奴隶主解放奴隶是以奴隶为美国独立事业战斗为条件,例如康涅狄格的约翰·怀特和卢克·福琼同意解放他们的奴隶阿布诺·安德鲁斯,作为交换条件,安德鲁斯同意参加大陆军。有的奴隶主同意他们的奴隶参军,用得到的报酬购买自己的自由。1777 年一个名叫庞珀·埃多尔的奴隶,就是经其主人彼得·泰勒的同意参加了大陆军,埃多尔同意将一部分报酬交给泰勒,泰勒则同意解放埃多尔。还有人因不愿意参军打仗,就利用法律允许个人提供替身参军的规定,以解放奴隶为条件换取自己的奴隶代替自己去参军。①

在做出解放奴隶的决定时,奴隶主的心态也是多种多样的。有的奴隶主可能会出于仁慈而不解放个别没有自立能力的奴隶,解放那些能够自立的奴隶。如马萨诸塞州的玛格丽特·奥尔福德在解放自己的奴隶时,仅仅留下了一个名叫"伦敦"的奴隶,原因是他认为这个人不能像其他奴隶一样自己照料自己。另一名奴隶主伊丽莎白·休斯解放了自己的奴隶尼德和杰布,却把一个叫珍妮的奴隶给了自己的侄女,因为她"不能照料和养活自己"。也有的奴隶主不愿意让解放的奴隶离开自己的家庭,就规定奴隶在获得解放后不可以离去。马萨诸塞的奴隶主威廉·弗农就在遗嘱中确定解放自己的奴隶玛丽,但要求玛丽永远不许离开弗农的孩子到别处去生活。还有的奴隶主不愿为解放奴隶付出任何代价,如马萨诸塞的奴隶主迈克尔·马尔科姆不愿意为解放奴隶向乡镇缴纳保障金,于是便让他的奴隶西拉自己选择,要么自己缴纳这笔保障金获得解放,要么永远为奴。②

众生殊相,非止一端。在美国革命和建国早期,北部一部分奴隶主出于这样或那样的动机解放了自己的奴隶,这些奴隶主自主解放奴隶的行动使得相当多的奴隶获得了自由,从而在一定程度上加速了奴隶制的灭亡。当然,也有相当多的奴隶主对于奴隶制毫无愧疚之心,顽固拒绝解放自己的奴隶。正是这类奴隶主的顽固坚持,使得奴隶人口在一些北部州如纽约、新泽西等长久存在。不过,这些奴隶主的冥顽不化并不能逆转奴隶制灭亡的命运。因为既然新生的黑人儿童不再成为奴隶,那么,即使现有的奴隶得不到奴隶主的解放,在这些人去世后,便不再有奴隶人口。

综合而论,美国革命后奴隶制在北部的终结是一个复杂缓慢的过程,

---

① David Menschel, "Abolition Without Deliverance: The Law of Connecticut Slavery, 1784-1848", p.198.
② Elaine Maceacheren, "Emancipation of Slavery in Massachusetts: A Reexaminationp, 1770-1790", p.298.

"在美国革命结束时奴隶制没有在整个北部被废除。在北部绝大多数州,推动奴隶制最终走向终结的渐进废奴立法历经了几十年而不是几年时间才达到目标,而且还是在司法判决和私人行动的帮助下才实现的"。① 由于美国革命否定了奴隶制的合理性,导致白人社会中产生了反奴隶制政治力量,正是他们的反奴隶制政治行动推动北部各州走上废奴之路。然而也正是由于奴隶制在北部的终结是在白人社会的主导下进行的,在考虑解放奴隶问题时,绝大多数州首先考虑的是维护奴隶主的利益,而不是使奴隶早日获得自由,这就导致了绝大多数北部州选择渐进废除奴隶制道路。加之部分奴隶主顽固拒绝解放自己的奴隶,这些因素相结合,就决定了奴隶制在美国北部的终结过程历时弥久。

美国革命前,英属北美大陆的13个殖民地都实行黑人奴隶制。独立建国后,北部地区的奴隶制逐渐走向消亡。尽管北部多数州的奴隶制并不是在美国革命后就立即被废除的,奴隶人口在北部地区的消失经历了一个相当长的过程。但奴隶制在北部的最终消失,毕竟使得奴隶主集团失去了半壁江山。从此在美国出现了一个与蓄奴南部相对立的地区。

二 南部奴隶人口的增长

美国革命不仅促使北部的奴隶制走向了终结,也使得南部部分奴隶达到解放,自由黑人人口在美国革命胜利后出现大幅度增长就是确证。在切萨皮克地区和上南部,1790年黑人总人口是551227人,其中自由黑人人数是30258人,占黑人总人口的6%。到1810年,黑人总人口增长到904508人,其中自由黑人是94058人,占黑人总人口的10%。在下南部地区,1790年黑人总人口是139131人,其中自由黑人2199人,占黑人总人口的2%。到1810年黑人总人口达到309589人,其中自由黑人为6355人,占黑人总人口的比例仍是2%。② 尽管下南部自由黑人占黑人总人口的比例没有改变,但是自由黑人的人口数是明显增加了。这表明无论是在上南部还是下南部,都有一部分黑人奴隶获得了自由。

美国革命前,切萨皮克地区自由黑人人数很少。1755年只有4%的马里兰黑人可以归入自由人。1776年该州的人口普查显示这一比例没有变化。然而,在美国革命期间和以后,马里兰的自由黑人人口快速增长。到1810年20%以上的马里兰黑人获得了自由。这种趋势继续发展,到内战前夕,马里

---

① David Menschel, "Abolition Without Deliverance: The Law of Connecticut Slavery, 1784-1848", p. 222.

② Ira Berlin, *Many Thousands Gone: The First Two Centuries of Slavery in North America*, p. 372.

兰的黑人有一半获得了自由。弗吉尼亚自由黑人的增长则相当缓慢。1810年自由黑人仅占该州黑人的 7%，内战时仅达到 10%。在美国革命至 1810年这一段时间，马里兰奴隶人口增长很慢，此后则越来越少。而在这一时期弗吉尼亚的奴隶人口却增长了两倍，此后虽然增长速度放慢，但仍然继续增长。造成这种差异的根本原因是马里兰不像弗吉尼亚那样有一个可以发展商品农业的内地地区，其结果是到 1860 年马里兰的自由黑人人口超过了弗吉尼亚的自由黑人人口。在美国革命到内战这一时期，马里兰切萨皮克地区的奴隶占人口的比例从 30% 下降到 15%。很显然，革命时期是这两个州分道扬镳的起点，此后奴隶制在马里兰呈现弱化趋势，在弗吉尼亚则没有明显的衰落迹象。美国建国早期切萨皮克地区奴隶制扩张主要发生在弗吉尼亚西部。该地区在殖民地时期尚未得到充分开发。在东临蓝岭山脉的 16 个弗吉尼亚县，奴隶人数从 1790 年到 1810 年增长了 4 万人，奴隶占人口比例从三分之一增长到超过 40%。在整个弗吉尼亚皮德蒙特地区的东南部，美国革命时期奴隶人口已经超过白人人口，这一时期奴隶人口继续增长。在马里兰的部分地区，特别是位于波托马克河的查尔斯县，奴隶人口继续上升。但是由于没有西部可供开发，该州的奴隶制前途暗淡。马里兰人口绝大多数集中在切萨皮克湾沿岸地带，1790—1810 年人口增长最快地区是巴尔的摩附近海湾沿岸地区，奴隶制在这里没有重要性，1810 年奴隶仅占该地区人口的 20%。在弗吉尼亚和马里兰的潮汐地带，这一时期农业处于萧条状态。一些奴隶主愿意解放或出售奴隶以摆脱经济困境，故在一些县奴隶人口呈现减少趋势。这种奴隶制的地方性萎缩对奴隶制的打击在马里兰要比在弗吉尼亚大。在马里兰的东海岸地区，奴隶人口比例在 1790—1810 年从 36% 下降到 31%，而在弗吉尼亚的潮汐地带，尽管有 9 个县奴隶人口有所减少，但一半以上的人口仍是奴隶。① 在上南部的另外两个蓄奴州，特拉华 1790 年奴隶人口为 8887 人，自由黑人为 3899 人，1800 年奴隶人口下降到 6153 人，自由黑人增长到 8268 人，1810 年奴隶人口再降到 4177 人，自由黑人猛增到 13136人，到了 1860 年奴隶人口仅剩下 1798 人，奴隶制在该州事实上萎缩到垂死的地步。北卡罗来纳的情况与弗吉尼亚相似，1790 年奴隶人口为 100572 人，自由黑人为 4975 人，1800 年奴隶人口增长到 135296 人，自由黑人增长到 7034 人，1810 年奴隶人口猛增到 168824 人，自由黑人也猛增到 10266 人。②

---

① Richard S. Dunn, "Black Society in the Chesapeake, 1776-1810", in Ira Berlin and Ronald Hoffman, eds., *Slavery and Freedom in the Age of the American Revolution*, pp. 62, 63, 65.
② Clayton E. Jewett and John O. Allen, *Slavery in the South: A State-by-State History*, Westport, Connecticutt: Greenwood Press, 2004, pp. 36, 186.

切萨皮克地区自由黑人人口的增长与美国革命是有关联的。美国革命从几个方面为切萨皮克地区的黑人打开了新的机会。独立战争期间,数千名弗吉尼亚和马里兰的黑人或参加了英军,或参加了北美的革命军队,或者被英军带走,或者被主人抛弃,这些奴隶也就获得了自由。在美国革命时期和革命之后,切萨皮克地区的一些奴隶主或者出于基督教信念,或者出于对美国革命宣扬的自然权利学说的真诚信仰,主动解放了自己的奴隶。弗吉尼亚的奴隶主理查德·伦道夫的做法就是一个载入史册的鲜明案例。此人是弗吉尼亚建国早期的重要政治活动家罗诺克的约翰·伦道夫的哥哥。理查德·伦道夫1796年去世。他在世时解放了自己的全部奴隶。由于遭到邻居们的抱怨,他在自己的遗嘱中说明解放奴隶的考虑有几点:一是尽自己最大的能力向遭受奴役的那个不幸种族赎罪,因为是自己的先辈们篡夺了他们这些人的权利,对他们行使了最可怕的暴政,是自己的国人使自己对这些奴隶拥有了财产所有权;二是为了表达自己对那种篡夺"我们人类同胞应有权利的理论和卑鄙的活动"的憎恨,"他们与我们有同等权利享受自由和幸福";三是为了使自己不至于将来被人误认为是自愿蓄奴,声明自己的奴隶是从父亲那里继承下来的;四是告诫自己的孩子奴隶制是极大的不可磨灭的罪行;五是恳求孩子们千万不可蓄奴,支持奴隶制的法律是暴君制定的,支持奴隶制的理由是虚假的,是为了掩饰卑鄙贪婪的动机和对权力的渴求。①

美国革命时期和建国早期切萨皮克地区蓄奴经济的萧条也刺激了一些奴隶主放弃或缩小他们的蓄奴生活。在整个殖民地时期,烟草一直是该地区主要出口农产品。烟草种植园主一直是奴隶劳动的主要使用者。在美国革命战争期间,烟草出口受到阻碍,尽管在1780年代出现过短暂的复苏,但很快就又陷入彻底停滞。原因是1792—1815年的欧洲战争。该地区的种植园主在18世纪原本已经进行了小麦、玉米和家畜的生产,现在则为形势所迫,减少烟草生产,增加多种粮食作物生产。经济上的萧条使得奴隶主一时找不到出路,有些人觉得继续蓄奴已经成为负担,这也是促使一些奴隶主主动解放奴隶的因素之一。

尽管美国革命时期和建国早期切萨皮克地区的奴隶逃亡和一些奴隶主出于各种动机解放奴隶,导致自由黑人人口出现较大幅度增长,但该地区的奴隶制还是成功地度过了美国革命时期的挑战。军事的、宗教的、意识形态的和经济上的压力并没有促使该地区的奴隶制走向终结。该地区奴隶人口的变化轨迹证明了这种情况。从18世纪中期至19世纪初,在整个切萨皮克

---

① Willie Lee Rose, ed., *A Documentary History of Slavery in North America*, p.65.

地区,黑人人口的增长比白人人口更快。随着黑人人口的增长,黑人奴隶持续地被奴隶主驱赶着向阿巴拉契亚山区迁移。在 1755 年,大约有 16.5 万名黑人(占美国总人口的 37%)生活在切萨皮克地区。这个时期弗吉尼亚拥有全部黑人人口极端稠密的县,这说明在 18 世纪前半期弗吉尼亚种植园主进口的奴隶要比马里兰种植园主进口的奴隶多。到 1782 年独立战争结束之际,这种奴隶人口的地区格局发生了变化,切萨皮克地区奴隶人口又增长了约两倍,占该地区人口的比例更高,黑人人口接近 30 万人,人口的分布向西部倾斜。1781 年康沃利斯所率的英军入侵弗吉尼亚造成严重混乱。弗吉尼亚滨海地区的 11 个县,其中绝大部分在约克顿周围,据报告说失去了很多黑人。这 11 个县的黑人人口比 1755 年减少了 1.2 万人。不过这只是战争时期的暂时损失。在 1790 年第一次联邦人口普查时,其中有 9 个县报告的黑人人口超过了 1755 年的人口。在 1782—1790 年间这 11 个县的奴隶人口增长了两倍。在这 11 个县之外的其他地区,在 1755—1782 年间,黑人人口同样出现巨大增长。在马里兰还没有任何一个县黑人成为人口中的多数,但在该州 18 个县中,有 16 个县黑人人口比例与 1755 年相比出现了增长。只有位于西部内地的弗雷德里克县和华盛顿县属于例外。在弗吉尼亚,有 24 个县的黑人人口超过了白人人口。在 1750—1775 年间黑人人口增长最快的地区是皮德蒙特南部和烟草种植区南赛德。在 1782 年,阿米利亚县黑人人口最多。里士满以西和皮得堡以南地区黑人人口剧增的部分原因,是从殖民地时期结束时起詹姆斯河上游的种植园主开始大规模进口非洲奴隶。美国革命期间,那些在西部皮德蒙特地区拥有土地的东部潮汐带种植园主为了避乱将奴隶转移到了西部。结果是到了 1782 年,弗吉尼亚的皮德蒙特地区黑人人口与东部潮汐地区一样多。不过在弗吉尼亚与在马里兰一样,黑人人口的向西流动到山区之前戛然而止,1782 年仅有 1 万名黑人生活在弗吉尼亚和马里兰的蓝岭山脉以西地区,只有在属于西部地区的弗雷德里克县,该县位于弗吉尼亚的谢南多厄谷地,黑人人口比例高至 20%。30 年后奴隶人口地理分布状况发生了巨大变化,1810 年联邦人口普查结果显示了这种变化。在 1810 年,切萨皮克地区黑人人口数大约为 56.7 万人,占人口比例为 42%,比 1782 年增长了 3%,比 1755 年增长了 5%。因为自 1778 年开始州政府已经禁止从非洲或其他地区进口奴隶,所以自然增长是人口增长主因。尽管这个地区成为了奴隶出口区,但是该地区的黑人人口仍然继续增长。1790—1810 年,大约 9.8 万名奴隶被迁移到其他地区。时至 1810 年,马里兰和弗吉尼亚位于蓝岭山脉以东的 82 个县中(该地区殖民地时期就已经得到定居开拓),有 52 个县的黑人人口多于白人人口,其中弗吉尼亚的 21 个县,马里兰的两个县,即位于西海岸南部的乔治王子县和查尔斯县,黑人占人口比例在60%以上。不过,在切萨皮克地区任何地方黑人人口比例都没有像南卡罗来纳和佐治亚滨海平原地区那样高达70%。1782年后弗吉尼亚和马里兰西部黑人人口有较大增长,但这个地区还是以白人人口占绝对多数。1810年这两个州30%的白人人口生活在蓝岭山脉以西地区,但该地区黑人占人口比例仅为7%。在蓝岭山脉以西地区,只有位于谢南多厄谷地的杰斐逊县、弗雷德里克县、奥古斯塔县这3个县,黑人占人口的比例在20%以上。①

美国革命对下南部的奴隶解放也产生了一定影响。尽管南卡罗来纳是奴隶主自愿解放奴隶最少的地区,但在美国革命进行的1780年代,与过去的3个年代相比,这个地区获得解放的奴隶还是多了一些。一些奴隶主明确表示,解放奴隶是出于对奴隶制的反感与憎恶。表2-4显示了南卡罗来纳在美国革命时期奴隶主自愿解放奴隶的情况。

表2-4 1750—1790年南卡罗来纳被奴隶主自愿解放的奴隶人数②

奴隶主所在地	年代			
	1750	1760	1770	1780
查尔斯顿	14	29	61	118
低地地区教区	17	6	17	36
州外	—	2	8	8
不详	22	5	15	36
	53	42	101	198
被解放奴隶分类				
成年男性	13	12	22	53
成年女性	17	20	44	71
男孩	4	—	11	20
女孩	9	3	11	24
未标明性别的儿童	10	7	13	30
	53	42	101	198

---

① Richard S. Dunn, "Black Society in the Chesapeake, 1776-1810", in Ira Berlin and Ronald Hoffman, eds., *Slavery and Freedom in the Age of the American Revolution*, pp. 54, 58, 59, 61-62.

② Philip D. Morgan, "Black Society in the Lowcountry, 1760-1810", in Ira Berlin and Ronald Hoffman, eds., *Slavery and Freedom in the Age of the American Revolution*, p. 116.

续　表

奴隶主所在地	年代			
	1750	1760	1770	1780
被解放奴隶血统				
黑人(Negro)	25	24	50	68
穆拉托人(Mulatto)（黑白第一代混血儿）	8	9	28	57
玛斯蒂人(Mustee)（八分之一黑人血统混血儿）	4	—	1	—
梅斯蒂索人(Mestizo)（白人与印第安人混血儿）	—	—	1	1
黄色人(Yellow)	—	—	—	3
穆尔人(Moor)	—	—	—	6
不详	16	9	21	63
	53	42	101	198
解放条件				
无赔偿的解放	40	33	65	139
自赎	11(3)*	7(1)	20(7)	37(11)
由另一个黑人购买	2	2	3	8
由白人律师或商人购买	—	—	9	11
其他白人购买	—	—	4	3
	53	42	101	198

* 括号内的数字表示,在这些案例中,被解放奴隶仅仅支付了一点象征性的补偿。

然而,与切萨皮克地区相比,美国革命后下南部奴隶制的根基变得更加牢固,此种状况表现为两个方面:其一,在美国革命前后的半个世纪,南卡罗来纳和佐治亚的西部内陆地区黑人奴隶人口大幅度增长。尽管美国革命的进行没有引发下南部地区人口向西部内陆的大迁移,但是在美国革命之后,人口的迁移便快速展开。在1760年不足十分之一的奴隶处在低地地区以外,而到1810年,几乎有一半奴隶生存在西部内陆地区。而在奴隶人口原本稠密的南卡罗来纳低地地区,奴隶人口在殖民地后期增长速度一直就很快,这个趋势一直持续到18世纪后期和19世纪早期。① 其二，南卡罗来纳和佐治亚的奴隶人口都出现迅猛增长，而自由黑人人口的增长幅度很小。在佐治亚，1790年奴隶人口为29264人，自由黑人为398人，1800年奴隶人口增长到59406人，自由黑人增长到1019人，1810年奴隶人口猛增到105218人，自由黑人仅增长到1801人。在南卡罗来纳，1790年奴隶人口为107094人，自由黑人为1801人，1800年奴隶人口增长到146151人，自由黑人增长到3185人，1810年奴隶人口猛增到196365人，自由黑人才到4554人。无论是在南卡罗来纳还是佐治亚，内战前自由黑人占黑人人口比例一直都不足1％。② 下南部奴隶人口的增长有两个来源，一是靠输入奴隶，独立战争结束后，南卡罗来纳和佐治亚都从外部输入奴隶。二是依靠奴隶人口的自然增长。南卡罗来纳低地地区财产记录中显示的成年奴隶性别比例，从1760年代的每100名女性对应133名男性，到1790年代成年男女比例变得基本平衡。成人与儿童的比例也大致呈现同样格局。1760年代是每100名成年女性对应120个孩子，到1790年代这个比例上升到每100名成年女性对应150个孩子。③ 这种人口比例的变化意味着奴隶人口已经实现了自然增长。有了这两种奴隶来源，下南部的奴隶人口自然就出现了大幅度增长。

总的来说，美国革命时期和建国早期，虽然南部也有一些奴隶主出于这样或那样的考虑解放了自己的全部或部分奴隶，但这样的奴隶主只是极少数人，绝大多数奴隶主并没有放弃他们的蓄奴生活。美国革命时期切萨皮克是北美奴隶人口最多的地区，所以美国革命时期和建国早期这一地区奴隶主集团在奴隶制问题上的抉择对于奴隶制在美国的未来前景有着至关重要的影响。可是无可否认的事实是，切萨皮克地区的奴隶主领导人并没有选择终结奴隶制。"从1770年代到1820年代，切萨皮克地区的白人领袖在国家事务中居于特别突出的位置。是他们领导了反对英国的造反运动，担负起了大陆军的领导，塑造了新的共和政府，并且几乎垄断了美国的总统职位。尽管切萨皮克地区的白人领导者们都是奴隶主，他们中的绝大多数人对于奴隶制度都进行了或公开或私下的抗议"，但是，他们并没有推动废除奴隶制，"他们采取的行动，或没有能够采取的行动，极大地影响了直至内战发生这一时期

---

① Philip D. Morgan, "Black Society in the Lowcountry, 1760-1810", in Ira Berlin and Ronald Hoffman, eds., *Slavery and Freedom in the Age of the American Revolution*, p. 84.
② Clayton E. Jewett and John O. Allen, *Slavery in the South: A State-by-State History*, pp. 82, 206.
③ Philip D. Morgan, "Black Society in the Lowcountry, 1760-1810", in Ira Berlin and Ronald Hoffman, eds., *Slavery and Freedom in the Age of the American Revolution*, p. 88.

南部奴隶制的发展"。① 下南部的奴隶主领导人更是直言不讳地顽固捍卫奴隶制。正是由于奴隶主集团的坚持,南部的奴隶人口才出现不降反增的现象。这种现象表明,南部奴隶主作为一个群体无法超越对自我利益的追求,不会为了实现自然权利这个高尚的理想而去牺牲自己的利益。美国革命后南部奴隶人口的增长意味着奴隶制在南部不仅没有遭到削弱,反而得到了增强。

第三节 国父们与奴隶制

在美国的国父群体中,就个人与奴隶制的关联而论,有种植园奴隶主和非奴隶主两类人。在奴隶主中,有的人态度鲜明反对奴隶制,且用行动表明自己的心意;有的人在公共世界和私人世界里声明自己不赞成奴隶制,但是却拒绝采取实际行动放弃自己的蓄奴生活,让人难免怀疑其在奴隶制问题上口是心非,至少也是立场不坚。在非奴隶主中,有的人在公共世界里积极活动,领导和推动地方社会的反奴隶制运动,有的人却对反奴隶制运动缺少热情和关注。不过,虽然各人在奴隶制问题上的表现多种多样,但是在政治立场上,无论是否是奴隶主,国父们都坚持了奴隶制问题的解决服从于美国建国的需要这个原则立场,不允许奴隶制问题的争执妨碍美国的创建。

一 华盛顿与奴隶制

美国的建国领袖乔治·华盛顿是一个终生蓄奴的大奴隶主,这个事实本身是一个长期令美国人尴尬困惑的问题。对于华盛顿与奴隶制的关系,美国史学界的评议声音粗略可分为三种。一种是持肯定态度的赞美之声,认为华盛顿始终是不喜欢奴隶制的,如保罗·约翰逊赞誉说:"华盛顿始终不喜欢以人为奴的奴隶制,他认为奴隶制在道德上是错误的。他不赞成这种制度的心情随着时间和经历的增加而增强。"②第二种是求全责备的声音,如迈克尔·科尔德指责说,"他既在南部也在北方奴役黑人。尽管很多美国人肯定会觉得这种说法具有煽动性和挑衅性,但历史记录是明明白白的,这个'我

---

① Richard S. Dunn, "Black Society in the Chesapeake, 1776-1810", in Ira Berlin and Ronald Hoffman, eds., *Slavery and Freedom in the Age of the American Revolution*, p.49.
② Paul Johnson, *George Washington: The Founding Father*, New York: HarperCollins Publishers Inc., 2006, p.38.

们的国父'在无私地支持白人自由的同时,自私地反对黑人的自由"。① 琼·B. 李责怪华盛顿在美国革命和建国初期没有反对奴隶制,在他看来,华盛顿是美国革命时期最有影响的人,他的家乡弗吉尼亚是奴隶人口最多的州,"可是,他在私下里为奴隶制感到焦虑的同时,却仍然在公共活动中对奴隶制保持沉默"。他觉得华盛顿最终在遗嘱中确定解放自己的奴隶只是无奈之举,"1799 年写下那份美国历史上最著名的奴隶解放遗嘱,可不是一件让他感到快乐的举动。华盛顿解放了他的奴隶,是因为他不知道舍此之外还有其他什么办法来处理芒特弗农庄园膨胀的黑人人口。而且,他对非裔美国人在这个年轻的共和国能够生活得好没有什么信心"。②多萝西·图伊格认为,华盛顿坚持蓄奴,又没有利用自己的巨大声望公开反对奴隶制,这削弱了他的历史声誉,"为什么他没有从他那巨大声望和公众崇敬的位置上公开发出反对奴隶制的声音呢?他的私人信函可是显示他渐渐地对这种制度形成了厌恶和恐惧之情。华盛顿对奴隶制的评论几乎全部都是私下表达的,他没有一次公开表达对这种制度的反对,或是将私下表达的他希望这种制度或是自然萎缩或是通过立法被废除的愿望公之于众"。③第三种声音认为华盛顿在奴隶制问题上的立场是变化和渐进的,并且最终他选择了反奴隶制立场。小保罗·F. 博勒认为,华盛顿生来就是一个奴隶主,在一个视奴隶制为理所当然的社会中长大成人。他在美国革命前未曾质疑过奴隶制的必要性和正义性。不过美国革命使得他的认识渐渐地发生了变化。"独立战争结束后,他不止一次表达过这样的信念,即'通过立法机关'奴隶制'应该渐渐地确定地被废除'。"④邓肯·J. 麦克劳德指出,华盛顿经历了一个从投身于蓄奴兴家立业到转向愿意废除奴隶制的进步过程,"华盛顿的这种进步肯定在很大程度上归因于他在革命战争中和作为总统的经历。很明显他的思想受了拉法耶特的影响。拉法耶特对他进行反奴隶制劝说产生了影响,也许与来自北部

---

① Michael Coard, "The 'Black' Eye on George Washington's 'White' House'", *The Pennsylvania Magazine of History and Biography*, Vol. 129, No. 4 (Oct., 2005), p. 461. http://www.jstor.org/stable/20093821 Accessed: 2012/04/25

② Jean B. Lee, "Mount Vernon Plantation: A Model for the Republic", in Philip J. Schwarz, ed., *Slavery at the Home of George Washington*, Mount Vernon, Virginia: Mount Vernon Ladies' Association, 2001, pp. 37, 38.

③ Dorothy Twohig, "'That Species of Property':Washington's Role in the Controversy Over Slavery", in Don Higginbotham, ed., *George Washington Reconsidered*, Charlottesville and London: University Press of Virginia, 2001, p. 116.

④ Paul F. Boller, Jr., "Washington, The Quakers, and Slavery", *The Journal of Negro History*, Vol. 46, No. 2 (Apr., 1961), p. 83. http://www.jstor.org/stable/2716714 Accessed: 2012/03/21

和中部州反奴隶制人士的接触增强了这种影响力。担任总统期间在反奴隶制的宾夕法尼亚的生活,进一步增加了华盛顿对奴隶制问题的敏感性"。①对于华盛顿去世前立下的解放奴隶遗嘱,亨利·威恩塞克将其提高到政治高度加以肯定,认为华盛顿的遗嘱就是一个表明他反奴隶制的政治文献,"华盛顿的遗嘱是献给未来的蓝图,这个未来尚未过去。他用心照不宣的方式宣布奴隶有权得到自由、受到教育和从事创造性工作。他相信非裔美利坚人有权在美国得到生存之地。与托马斯·杰斐逊相对照是很能说明问题的。在谈到奴隶解放的不可行之时杰斐逊写道:'我们抓住了狼的耳朵,我们既不能控制住它,又不能平安地放走它。天秤的一端放着的是正义,另一端是保护自我。'华盛顿可没有胆战心惊地写这些巧言比喻,他只是就那样解放了他的奴隶们。"②

华盛顿与奴隶制的关系确实是一个难以轻易厘清辨明的问题。华盛顿在奴隶制问题上的表现是含混模糊、自相矛盾的。在私人世界里,他出生于奴隶主家庭,依靠蓄奴活动兴家立业,去世时拥有的奴隶成群,可是美国革命后他却在私人交往中坚称自己不赞成奴隶制,并在去世前立下的遗嘱中声明解放自己的奴隶。然而在政治世界里,他参与领导的美利坚革命和创建的联邦国家虽然以捍卫普遍的自由和人权相标榜,可实际上却维护着对黑人的奴役,华盛顿作为最负盛名的国家领导人并没有任何公开的反奴隶制言行。

作为一个大种植园主,华盛顿对待奴隶的态度如何?对此美国学界的认识存有分歧。有的学者认为华盛顿身上体现了商人、族长和家长三种作风。作为奴隶主,他首先是一个商人,他使用奴隶劳动生产烟草和粮食,其目的是赢利,他也把奴隶看成是自己的财产;此外还有族长心态,就是视自己为族长,像一族之主严格管理依附者那样管理奴隶,与奴隶保持距离,树立威信;第三,华盛顿身上还有家长主义成分,这表现为对奴隶个人和家庭生活的关心。在商人意识支配下,华盛顿"对监工的指令是确保奴隶努力工作,黑人天一亮就要开始工作,一直勤勉劳动到天黑"。虽然他也关怀奴隶的生活,但更关心的是节俭奴隶的费用开支,"他对奴隶所用的衣服和床铺的开支很吝啬,给他们供应的食物勉强果腹。他期望监工对奴隶实行严格的饭量配额,够吃即止,还要求他们在收获季节减少浪费"。③ 有的学者认为华盛顿对

---

① Duncan J. MacLeod, *Slavery, Race and The American Revolution*. New York: Cambridge University Press, 1974. pp.131-132.
② Henry Wiencek, *An Imperfect God: George Washington, His Slaves, and the Creation of America*, p.358.
③ Kenneth Morgan, "George Washington and the Problem of Slavery", *Journal of American Studies*, Vol. 34, No. 2 (Aug., 2000), pp. 282, 286-287. http://www.jstor.org/stable/27556810 Accessed: 2012/04/25

待奴隶是善意的,"他做出种种努力让奴隶们得到洗礼和教育。在其去世时,属于其财产的 300 名奴隶中,实际上仅有大约 100 名奴隶从事劳动"。他对奴隶的劳动管理是温和的,尽其可能地给他的奴隶们合情合理的工作,他相信善待奴隶要比严酷对待效果更好,"他这样做,就像在其他很多领域所做的那样,是出于心中有一种敏锐的公平正义思想"。①

华盛顿对待自己的奴隶是好是坏,是善是恶,对于奴隶来说也许因人而异,因时因地而异,具体的细节后人恐怕难以查清辨明。不过从华盛顿依靠蓄奴活动成功地兴家立业这个结果来判断,他与同时代的其他种植园主没有本质的不同。如果华盛顿没有对他的奴隶加以严格管理,他也就难以通过蓄奴兴家立业。所以即使历史的细节难以究辨,但理性分析可以断定华盛顿像同时代的其他种植园主那样进行着奴隶管理。华盛顿生在奴隶主之家,生活在由奴隶与主人编织的世界里。奴隶主与奴隶关系的方方面面,奴隶主奴役奴隶的种种手段,通过耳濡目染熏陶着华盛顿的心灵,使他也成为一个与其他奴隶主有着同样旨趣的种植园主。乌尔里希·B. 菲利普斯在 1918 年论及华盛顿的奴隶管理时写道:"奴隶们的住房和衣服似乎并不欠缺。'国父'对他的奴隶很少显示亲切。他做人无疑是正直的,能够做到一个不在家园的种植园主那种务实程度。但是他对他的奴隶们做到的唯一的慷慨似乎就是在他遗嘱中的那个决定,即在他自己的妻子去世后解放那些奴隶。"②菲利普斯的这寥寥数语也许道出了华盛顿对待自己奴隶的真谛。

美国革命以前华盛顿并无质疑奴隶制的言行,"革命战争结束前华盛顿没有任何怀疑黑人奴隶制政策及其正义性的表示"。③他对待奴隶制的态度与其他种植园主没有什么差异,"美国革命前的时期里,华盛顿对于奴隶制的观点是符合社会传统的,反映的是他那个时代弗吉尼亚典型种植园主的观点。如果他比其他某些种植园主更关心自己的奴隶的福利的话,他的主要动机仍旧是以此来促进种植园的经济生活"。美国革命胜利后,华盛顿成为声名赫赫、万人敬仰的国家英雄,在私人交往中他开始表达对奴隶制的不满,但是在实际生活中,华盛顿仍然坚守着奴隶主生活。"事实上,从他那软弱无力的反奴隶制评论中,很难判断华盛顿对奴隶制的厌烦是出于道德立场(虽然有些迹象确实如此),还是他认识到了这种制度在经济上没有效率"。邦联时期华盛顿固然没有大量购买奴隶,但在经济迫切需要时他也购买过。

---

① Paul Johnson, *George Washington: The Founding Father*, pp. 40, 41.
② Ulrich Bonnell Phillips, *American Negro Slavery: A Survey of the Supply, Employment and Control of Negro Labor as Determined by the Plantation Regime*, p. 286.
③ Duncan J. MacLeod, *Slavery, Race and the American Revolution*, p. 131.

1786 年他接受默瑟家庭用 5 名奴隶偿还债务,尽管他在致默瑟的信中表示"他极端厌恶通过购买来增加自己的奴隶"。稍后他写信给亨利·李,让他给自己购买一个瓦匠奴隶,因为"今年夏天我的这种活很多"。①此时弗吉尼亚的法律允许奴隶主解放奴隶,也确有一批奴隶主出于良知的觉醒或摆脱蓄奴经济负担的考虑解放了自己的奴隶。可是华盛顿拒绝解放自己的奴隶。不仅如此,他在担任总统时还为了抓捕一个逃亡奴隶而做下了违法之事。此事本末大致如下:欧娜·贾奇是一个侍奉华盛顿夫人玛莎的女奴,1796 年 5 月逃离了华盛顿在当时的美国首都费城的家。根据 1793 年国会制定的《逃亡奴隶法》,奴隶主要追捕自己的逃亡奴隶,必需亲自到法院提出申请,诉诸执法机关执行。这个女奴从法律上说是玛莎亡夫的遗产,不属于华盛顿所有,如果要诉诸《逃亡奴隶法》抓捕这个女奴,玛莎必需亲自到法院提出申请。华盛顿顾及自己的身份,不愿那样做,可是他的夫人不依不饶,非要他追回这个逃亡的女奴不可。华盛顿无奈之下,让自己的秘书私下里去向朴茨茅斯的海关长求助,请他秘密地追寻这个女奴的踪迹。他这样做违反了国会制定的《逃亡奴隶法》。这个女奴最终并没有被追回,但这件事反映了华盛顿在当时并无放弃蓄奴生活的决心。"在欧娜·贾奇事件中乔治·华盛顿的所作所为违背了他自己庄严申明的意志。"②

到了晚年,华盛顿确实产生了放弃蓄奴生活的念头。在 1793 年 12 月 12 日写给阿瑟·扬戈的信中,他透露了处理掉自己的农场的意愿。他写道:"阿巴拉契亚山脉以东地区的我的土地财产,除了那个叫作芒特弗农的庄园之外,都租了出去。芒特弗农庄园我至今仍自己掌握,但是,以我现在的情况,年事已高,想从管护他人的生活中解脱出来,以便在剩余的有生之年尽可能过得轻松;以及其他一些无须细说的原因,我近来进行了认真的思考,想把这座庄园也让出去,只保留这座住宅农场供我居住和在农事中消遣娱乐。"③华盛顿所说的"无须细说的原因"就是解放奴隶。在 1794 年 5 月 6 日写给托拜厄思·李尔的信中他也写明了这一点:"除了这些外,我还有一个动机使得我真诚地想完成这些事情,这个动机实际上是压倒一切的,那就是解放我所持有的某种财产,我对于持有这种财产深为厌恶,但情势所逼不得不如此。在我能够用某种其他东西替代之前,这样做所要担负的费用我能够支

---

① Dorothy Twohig, "'That Species of Property': Washington's Role in the Controversy over Slavery", in Don Higginbotham, ed., *George Washington Reconsidered*, pp. 116, 122, 123.
② Henry Wiencek, *An Imperfect God: George Washington, His Slaves, and the Creation of America*, p. 333.
③ "To Arthur Young", in John C. Fitzpatrick, ed., *Writings of Washington*, Vol. 33, Washington: United States Government Printing Office, 1940, p. 175.

付,这种费用我无权避免(尽管我真的想避免),我只得持有这种财产。"①不过直到去世前夕,预感到自己来日无多,华盛顿才下定决心,于1799年7月9日立下了一个内含解放奴隶决定的遗嘱。

华盛顿的遗嘱中有两处提到解放奴隶。一处是解放自己的奴隶,他确定自己的遗愿和心愿是,在其妻子去世之后,他拥有的全部奴隶将获得自由。他对解放后奴隶的生活做了细致的安排。对于年老和多病不能养活自己的人,将由他自己的继承人负责供养,让其在有生之年保证吃饱穿暖;对于年幼而父母双亡或父母无力抚养或不愿抚养的人,由法庭负责他们成长到25周岁。对于这些受法庭保护的奴隶,法庭应当给他们指定男主人或女主人负责教会他们读书识字,以便他们长大后能从事有用的工作。华盛顿特别强调,禁止将属于自己的奴隶出卖或转移到弗吉尼亚以外。确保只要有奴隶需要供养,就要设立一笔永久性的固定资金用于供养他们,不要依赖无法保证的个人供应。对于属于自己的黑白混血儿威廉,华盛顿指定要立即给予其自由,或者如果他自己因无力干活而宁愿保持现状的话,那么由他自己决定选择。但不论在何种情况下,在其在世时,每年都将得到30美元养老金,他平常生活所需的费用不包括在这30美元之内。另一处是解放内弟遗孀使用的奴隶,这些奴隶原本是华盛顿出钱购买的,共33名,后来随着繁衍而人数增长;他们一直由华盛顿夫人兄弟的遗孀玛丽使用,但法律上属华盛顿所有。华盛顿确定,这些奴隶在玛丽在世时将一直由她使用而不收取任何租金。但在玛丽去世后,这些奴隶中年龄达40岁及以上者立即获得自由,40岁以下16岁以上者,继续劳动7年但不得超过7年,16岁以下者则劳动到25周岁,就给予他们自由。② 从华盛顿在遗嘱中的细心安排可以判断,他做出解放奴隶的决定不是一时的意气用事,而是经过深思熟虑的。

华盛顿解放奴隶的遗嘱,至少反映了他的三种意向:第一是守法原则,他个人不做法律之外的选择,弗吉尼亚法律允许奴隶主解放自己的奴隶,于是他就仅仅解放属于自己财产的奴隶,对于实际上一直由他管理但属于其妻子前夫的奴隶则不予解放;第二是对亲人的关心,华盛顿并无亲生儿女,他确定只有在其妻子玛莎去世之后才解放自己的奴隶,那时他在人间也就没有至亲可牵挂了;第三是对黑人的关心,他在遗嘱中对解放后的黑人的生活依靠做出了务实的安排,并没有简单地将他们推给社会,对他们的未来生活漠不关心。

---

① "To Tobias Lear", in John C. Fitzpatrick, ed., *Writings of Washington*. Vol. 33, p. 358.
② "Last Will and Testament", in John C. Fitzpatrick, ed., *Writings of Washington*, Vol. 37, Washington: United States Government Printing Office, 1940, pp. 276-277, 282-283.

华盛顿立下这样的遗嘱是否还有更为深远的意向？具体点说，是否是想向世人和后人表明他与奴隶制决裂的心思？即使在世时无力摆脱奴隶制的困扰，但他死后也要与奴隶制永别？是否想做出榜样来推动奴隶解放？是否还有博取美誉的心机？克里斯汀·A.史密斯认为华盛顿有将遗嘱作为政治文献的意愿，"乔治·华盛顿的最后遗言可以看成是他留给合众国公民的最后咨文，因为在他设计这份遗言时，这个将军必然想到了整个国家在等着阅读他的最后愿望"。①菲利普·D.摩根认为，华盛顿在是否解放奴隶问题上有三种考虑，即利润、原则和后代。他对于赢利问题保持着警觉和关注。奴隶制作为一种劳动制度效率低下，这是导致华盛顿质疑这种制度的第一原因，并使得他对奴隶制的失望之情越来越强烈。获利一直是他采取行动的首要动力，赢利的重要性还有另一种意义，那就是使他有足够的钱去思考解放奴隶，使他不像同时代很多人那样深陷债务之中。与此同时，华盛顿在原则上相信公正和道德。拉法耶特侯爵、约翰·劳伦斯和亚历山大·汉密尔顿的热情，一些才华显露的黑人的能力，革命者的言论所表达的理想，以及北部同事们的影响，都触动了他的心灵，让他渐渐理解了对奴隶制的道德批判。最后，华盛顿的行动总是以获得名誉为目标，他对受公众尊敬的渴望是无止境的，对于他来说，荣誉要比利益更重要。他着迷于后代对他的评价，要维护和保卫自己的声誉。他对别人怎么看待他甚为在意，特别敏感。这三种动机不期而遇、相互增益，"最终，华盛顿想树立一个榜样，他的遗嘱是一个面向未来的文件，是带着希望写下的"。他是想通过自己的最终选择来影响社会的选择。②史学家对华盛顿遗嘱背后动机的解释见仁见智，但人心难测，历史人物的未言心机恐怕是永远的历史之谜。

不过可以肯定的是，华盛顿通过遗嘱方式解放奴隶，是在经过很长时期的迟疑之后才做出的艰难决定。美国革命使得华盛顿在奴隶制问题上陷入了道德困境。在一个宣称是自由的国家里，作为名位最高的人却亲身践行着对黑人的奴役，这种尴尬处境使得华盛顿在奴隶制问题上背负了道德压力。可是自我利益与人类美德之间的尖锐对立使得他在这两者之间难以轻易取舍，思想陷入摇摆不定之中。亨利·威恩塞克发现，"每当事关奴隶制之时，华盛顿就显得令人惊奇的摇摆不定。奴隶制对他是压力最大的问题"。就

---

① Christine A. Smith, "George Washington's Last Will and Testament: An American Odyssey", *Winterthur Portfolio*, Vol. 38, No. 4 (Winter, 2003), p. 183. http://www.jstor.org/stable/10.1086/426756 Accessed: 2012/03/21

② Philip D. Morgan, "'To Get Quit of Negroes': George Washington and Slavery", *Journal of American Studies*, Vol. 39, No. 3 (Dec., 2005), pp. 425-426. http://www.jstor.org/stable/27557691 Accessed: 2012/04/25

是到了思考遗嘱之时,他对于自己的心思也仍然隐而不宣,"在私人解放奴隶这个问题上他感到孤立,特别是在他自己的家人中间感到孤立。当1799年华盛顿写信给他侄子劳伦斯·刘易斯,告诉他将在自己的遗嘱中得到那些土地时,他并未告诉他的侄子刘易斯将得不到他的奴隶。在写下遗嘱一个月后,他在给另一个亲戚的信中谈了芒特弗农庄园劳动力剩余的问题,但是完全没提他要解放奴隶的计划。他对解放奴隶计划守口如瓶。如此掩盖只能说明华盛顿预料到,如果他提前泄露了计划,就会遭到激烈反对,这种反对他将难以压倒"。① 菲利普·D. 摩根认为,"他一直在全力以赴地对付奴隶制问题,在其去世前的那些日子里还在努力对付这个问题。可以想象,假如他将奴隶转移到西部的计划在经济上证明是成功的话(他在其生命尽头确实认真地思考过那样做),也许他就可能会再次改变他的遗嘱,从解放奴隶的决定中退缩回去。他有可能想那样做,但最终他不能够那样做。华盛顿给人印象最深的是他一再回归到那个解放他的奴隶的可行方式上。他的心灵指引他走向了正确的方向。从一个轻率地统治奴隶的孩子,从一个毫不怀疑地接受这种在其出生地盛行的制度的年轻主人,从一个冷酷地出售逃亡奴隶的成熟奴隶主,到此时已经走过了相当长的路。他先前行为和思想的压力到其生命终结时仍然存在。统治权是很难轻易放弃的"。②

华盛顿拥有的这些奴隶并不是在玛莎去世后获得解放的,而是由玛莎决定提前解放了。玛莎之所以这样做,既不是因为她反对奴隶制(她本人是反对解放奴隶的),也不是因为她的种植园养不活那些奴隶,而是因为她害怕华盛顿的奴隶会谋害她。也许华盛顿没有想到,他声明在玛莎去世后解放自己的奴隶,使得这些奴隶的自由与玛莎的生命陷入截然对立之中。玛莎死得越早,奴隶们就越早获得自由,"她和那些奴隶们都知道,她能活多久,他们的被奴役状况就延续多久"。③ 玛莎担心奴隶们会为了获得自由而谋害她,便做出了提前解放这些奴隶的决定。"玛莎·华盛顿有些偏离了华盛顿的愿望,选择在1801年1月1日执行她丈夫遗嘱中的解放奴隶这一条款。此时距华盛顿去世才一年多一点时间,40名男人、37名妇女和47名儿童进入了自由人的行列。"④

---

① Henry Wiencek, *An Imperfect God: George Washington, His Slaves, and the Creation of America*, p. 353.
② Philip D. Morgan, "'To Get Quit of Negroes': George Washington and Slavery", p. 425.
③ Francois Furstenber, *In the Name of the Father: Washington's Legacy, Slavery, and the Making of a Nation*, New York: The Penguin Press, 2006, p. 74.
④ Edna Greene Medford, "Beyond Mount Vernon: George Washington's Emancipated Laborers and Their Descendants", in Philip J. Schwarz, ed., *Slavery at the Home of George Washington*, p. 138.

如果说华盛顿在私人世界里最终选择了解放奴隶,那么作为美国革命和建国的领导人,在政治世界里他不仅没有公开反对奴隶制的言行,反而小心翼翼地避免给奴隶制制造危险,忠实地执行维护奴隶制的宪法和立法。不管其内心究竟如何,作为政治人物,华盛顿终生的行动都是捍卫奴隶制。

美国独立战争时期,华盛顿担任大陆军总司令,虽然担任这一职位并不意味着就是美国革命的最高领导人,但无疑成为了一个对时局和政策制定能够发挥重大影响的关键人物。美国革命是以捍卫普遍的自由和人权为号召的,这个革命纲领无疑是否定奴隶制的。然而华盛顿和绝大多数其他南部人一样,并不愿将自由的权利扩展到黑人奴隶身上。华盛顿护卫黑人奴隶制的心理,早在武装黑人问题上就显露了出来。他来到马萨诸塞的坎布里奇就任大陆军总司令后,立即碰到一个棘手的问题,即是否接受黑人参加大陆军。当时马萨诸塞已经招募自由黑人和奴隶加入了民兵队伍。然而华盛顿并不愿接受黑人士兵,他反对武装奴隶,害怕奴隶掌握武器。他于1775年10月8日在坎布里奇召开了一次军事会议,由军官们做出一致决定,拒绝接受黑人参军。1775年11月12日华盛顿发布命令,拒绝黑人、未成年人和老人参军。然而出乎他预料的是,11月7日弗吉尼亚的皇家总督邓摩尔勋爵已经发布了一个公告,欢迎契约仆和自由黑人为英军服务。很多奴隶以为到英军那里就可以获得自由,便纷纷逃往英军阵营。在这种情况下,华盛顿被迫改变策略,于1775年12月底发布命令,允许自由黑人参加军队。1778年他又允许罗得岛当局招募一个营的黑人士兵。华盛顿在战争中使用黑人做劳工,但是他并不信任黑人奴隶,他在给大陆会议的报告中指出,应该召集的是自由黑人而不是奴隶,他认为"不能完全依赖奴隶。让人担心的是他们动不动就会逃到敌人那边以获得自由。并且会为了牟利,或者得到更好的待遇而带走驾车的马匹"。①

由于白人兵源不足,在1778年至1779年之间,担任华盛顿副官的南卡罗来纳人约翰·劳伦斯提出招募奴隶军人,对此华盛顿表示反对。他在1779年3月20日写信给约翰·劳伦斯的父亲,时任南卡罗来纳派驻大陆会议代表的亨利·劳伦斯,对武装奴隶表示了忧虑,他写道:"在我看来,除非敌人做出了示范,否则我们采取武装奴隶政策仍是一个有待讨论的问题。因为,如果我们开始把奴隶组成战斗团队(如果战争继续进行的话),他们会效仿我们,以我们进行斗争的理由作为他们参军的理由,对此我毫不怀疑。那时结果如何就必须取决于我们和敌人谁在武装奴隶上动作更快,可是我们的

---

① Dorothy Twohig, "'That Species of Property': Washington's Role in the Controversy Over Slavery", in Don Higginbotham, ed., *George Washington Reconsidered*, pp. 118-119.

武器在哪里呢？除了缺乏武器之外，难道对他们的歧视行为不会使那些仍然生活在奴隶制下的人们更厌恶这种制度吗？对此我可不太清楚。人生在世，对绝大多数善恶之事是通过对比来判断的。我害怕，在此事中，对比会导致那些仍被奴役的人产生极大不满。不过这是一个我还没有过多考虑的问题，这些只是我偶然想到的粗略认识。"①这些话表明，华盛顿反对武装奴隶，原因之一是他害怕此举破坏奴隶制。

独立战争胜利后，华盛顿卸甲归田，1783年圣诞节前夕回到他的庄园芒特弗农，重新开始管理自己的种植园。尽管回归了平民生活，但是此时他已经是人们心目中的国家英雄、美好道德的化身。反奴隶制人士对他寄予厚望，期望他能用自己的公开言行反对奴隶制度，推动解放奴隶运动。于是不管华盛顿是否愿意，他们都把奴隶制问题提到了他的面前。在回应反奴隶制人士的呼吁时，华盛顿在私人信件和交谈中表达了反对奴隶制的态度，但是却拒绝采取任何行动。在美国独立战争期间亲自带领法国志愿军支持美国独立的法国贵族拉法耶特主张废除奴隶制，他于1783年2月5日从法国写信给华盛顿，提议两人合作进行解放奴隶试验，"让我们联手购买一小片田产，在那里我们进行解放黑人试验，把他们仅仅作为佃农来使用"。他建议华盛顿解放自己的奴隶。对此华盛顿在4月回信中称赞拉法耶特心怀仁慈，但是却拒绝立即采取行动，"我将很高兴参加您的这样一种值得赞颂的工作，但是在我很高兴地见到您之前，我将不会就此事的细节做什么事"。1784年拉法耶特亲自到芒特弗农庄园拜访华盛顿，并讨论解放奴隶试验。华盛顿表示尽管他希望从自己的生活中消除掉自己的奴隶，但是他还没有准备采取步骤解放他们。②1786年2月拉法耶特函告华盛顿，他在法属圭亚那的卡宴购买了一个种植园，计划在那里进行试验，但是华盛顿在1786年5月10日给拉法耶特的信中写道："您最近在卡宴殖民地买下田产，目的是要解放那里的奴隶，这一做法实为您慷慨、崇高人品的又一明证。愿上帝保佑能使您的这种精神在这个国家的民众中普遍传播，不过我对此并不抱信心。在国会上次会议上，虽然一些人又呈交了要求废奴的请愿书，但这些请愿书根本就没有被宣读。我的确相信，如果一下子让奴隶们放任自由，必将产生许多不便和麻烦；但若逐步进行，而且是通过立法进行，将完全可能，并确实应当达

---

① "To Henry Laurens", in Washington Chauncey Ford, ed., *The Writings of George Washington*, Vol. VII, New York: Press of G. P. Putnam/s Sons, 1890, p. 371.

② Henry Wiencek, *An Imperfect God: George Washington, his Slaves, and the Creation of America*, pp. 260, 262-263.

到废奴的目的。"①就这样华盛顿将拉法耶特劝他以身作则带动解放奴隶运动的建议推诿了过去。

华盛顿对教友派教徒大力推动奴隶解放活动所持的态度也反映了他在奴隶制问题上举棋不定的矛盾心态。他在1786年4月12日从芒特弗农庄园写给罗伯特·莫里斯的信中,就费城的教友派教徒竭力解放一个名叫多尔比的奴隶主的奴隶这件事表态说,奴隶制应该由立法机关来废除,而不是让某些个人引诱他人的奴隶逃离。这件事的缘由是,根据1780年宾夕法尼亚的解放奴隶法令,奴隶主必须登记自己的奴隶。可是这个多尔比却没有登记自己的奴隶,于是费城的教友派教徒就以此为理由,援引宾夕法尼亚的解放奴隶法令,宣称多尔比的奴隶获得了自由。对此华盛顿在信中表示,教友派教徒不应该通过专制和压迫的方式来达到目的。他声称:"我希望人们不要因我以上言辞而认为我愿意将此信所谈及的那些不幸的人禁锢在奴隶制中。我只能说,在这世界上我比任何人都更真诚地希望看到采取一项计划废除奴隶制。不过要达到此种目的,恰当而有效的方式只有一个,那就是通过立法机构。对此,只要需要我投票的话,我将永远投票赞成。"然而华盛顿反对某些个人和组织强制解放他人的奴隶,他写道:"但是,当那些本来生活快乐、心甘情愿与他们目前的主人在一起生活的奴隶受到干扰,被人引诱离开主人时,当主人们对这种行动全然不知时,当这类行为招致一方不满而另一方也怨恨时,当这种事情落在了一位经济能力无法与该教友会组织相匹敌的人身上时,他是由于缺乏捍卫手段释放了自己的财产。此后一种情形就是压迫,毫无人道可言,因为它招致的罪恶多于其治愈的罪恶。"②对于华盛顿在此事上的表态,小保罗·F.博勒分析说:"没有什么比华盛顿的这封信更能显示他的思想混乱。他在原则上反对奴隶制,而在实践上为了经济利益而顺应这种制度,这二者之间的冲突导致了他的这种思想混乱。拥有奴隶是一种'不幸',他们是'不幸福的人民'。可是,有一些奴隶,至少多尔比先生的奴隶,是'快乐和怡然自得的'。华盛顿渴望'立法机构'采取一项废奴计划,然而当宾夕法尼亚有了一个这样的法律时,他又不能确定他自己'对这项法律将会如何'持何种看法。更有甚者,一个人可以提防'已颁布法律的惩罚'。华盛顿没有去想想,如果多尔比先生的'钱袋不应用社会的钱袋来衡量'的话,事关黑人的'钱袋'也不应用多尔比的钱袋来衡量。自1775年以来华盛顿

---

① "To Marquis de Lafayette", in John C. Fitzpatrick, ed., *The Writings of George Washington*, Vol. 28, Washington: United States Government Printing Office, 1938, p.424.
② "To Robert Morris", in John C. Fitzpatrick, ed., *The Writings of George Washington*, Vol. 28, p.408.

已有了很大的进步,对他有更多的期望也许不切实际。在此信的最后,他似乎意识到了自己对这一事件的反应已经过度,因为他向莫里斯承认,在这件事上他'可能太过唐突了'。"①在 1786 年 9 月 9 日从芒特弗农庄园写给约翰·默瑟的信中,华盛顿写道:"至于第一个提议,我从没有表示过(除非在一些特别情况下我被迫这样做)想再买一个奴隶。我最迫切的希望之一,就是看到制订了某种计划,使这个国家的奴隶制能够缓慢、肯定地废除,且其影响力微小到令人难以察觉。"②可以说邦联时期华盛顿在奴隶制问题上的表白是被动的、消极的和推诿的。1783 年后"他的绝大多数对奴隶制的评说只是在其被他人要求谈论此问题时进行,他与循道宗教徒、教友派教徒和拉法耶特的接触就是这样,他通常并不情愿主动地表达他对奴隶制的意见"。③

联邦成立后,华盛顿成为美国总统。作为最高的行政首长,他并没有发表任何公开的言论和采取任何政治行动去推进奴隶解放运动,反而顺应着国会做出的亲奴隶制决定。1790 年 2 月,宾夕法尼亚废奴协会向国会递交了一份陈情书,呼吁国会立即采取行动废除奴隶贸易。众议院经过激烈辩论,决定将这个教友派的陈情书交由一个委员会处理,就在该委员会的报告还未提交前,华盛顿收到一位弗吉尼亚朋友戴维·斯图亚特的信,信中严词谴责这份陈情书破坏了地区间的和谐。大致与此同时,费城著名的教友派教徒华纳·米夫林代表废奴协会去拜访华盛顿,呼吁他在国会做出决定前支持教友派的陈情书。华盛顿在 3 月 16 日的日记中记下了他们的交谈:"一个名叫华纳·米夫林的先生(获许)来访,此人是一个那种人称为贵格教徒的人,积极追求提交国会的争取解放奴隶的那些措施。我们泛泛交谈了一阵,他努力消除那种他所说的人们对这些在座的废奴协会代表采取行动的动机抱有的偏见,之后,他论辩了将这些人民保持在奴隶制状态做法的不道德性、非正义性以及失策性。他声明,他所希望的不过是渐进的废奴,或者说不希望为实现废奴而对宪法有任何违反。对此我回答说,鉴于这件事情将会以官方决定交到我这里,在这件事还未发生前,我不想就这个问题的是非曲直表达个人的情感。"这件事的结果是国会做出在 1808 年以前国会不能干涉奴隶贸易的决定,对此决定华盛顿感到如释重负,他在回复戴维·斯图亚特的信中写道:"关于奴隶制备忘录的引入,无疑不仅是对事情的判断不当,而且是极大地

---

① Paul F. Boller, Jr., "Washington, The Quakers, and Slavery", p. 85.
② "To John Francis Mercer", in John C. Fitzpatrick, ed., *The Writings of George Washington*, Vol. 29, Washington: United States Government Printing Office, 1938, p. 5.
③ Kenneth Morgan, "George Washington and the Problem of Slavery", *Journal of American Studies*, Vol. 34, No. 2 (Aug., 2000), p. 299. http://www.jstor.org/stable/27556810 Accessed: 2012/04/25

浪费时间。不过关于此事的最终决定,考虑到这个联盟国家很大一部分已在很大程度上抛弃了奴隶制,对于那种财产的业主而言,这已是他们能够想到的最有利的决定了。"① 对于南卡罗来纳议会决定重新开始奴隶贸易,华盛顿在 1792 年 3 月 17 日写给查尔斯·平克尼的信中表示不满。他写道:"我必须申明,我对你们的立法机构就在 1793 年 3 月后进口奴隶问题做出的决定感到悲哀。我原本抱着这样的希望,制定政策的动机,以及此时奴隶制展示的可怕影响所支持的充分理由,当进口奴隶这个问题在任何对此项措施有兴趣的州加以辩论时,将导致完全禁止奴隶进口。"② 华盛顿不赞成恢复奴隶进口的意见是与政治界的主流意见一致的。他于 1793 年 2 月签署了国会制定的《逃奴法》,也是顺应了政治意见的主流。华盛顿作为国家行政首脑,从未公开发表过反对奴隶制的言论,从未提出过推动奴隶解放的政策建议,却顺从了国会做出的亲奴隶制决定。

　　华盛顿为什么在其有生之年不选择解放自己的奴隶,并且在政治世界里拒绝公开谴责奴隶制,反而执行保护奴隶制的立法?究其根由,在于他将个人的利益与他认同的国家利益放在首位。作为个人,解放奴隶意味着放弃他习惯了的养尊处优的生活方式,放弃自己的财富和必然与之相连的社会地位,沦落为中下层人。当然,华盛顿生在绝大多数美国人并不认同种族平等的时代,那个时代的政治势力绝大多数对于奴隶解放或者漠不关心或者坚决反对,在政治世界里华盛顿就是想有所作为也不可能实现。作为国家领导人,如果诉求反奴隶制必然造成政治纷争、地区冲突,有使新生的美国国家分裂瓦解的风险。权衡利弊,他选择了牺牲黑人的利益,牺牲道义原则。作为美国的建国领袖,华盛顿首先关怀的并不是解放奴隶,他有意将奴隶解放放在美国的国家利益和个人利益之后。"他至为关心的是在他的个人生活和政治社会中保持秩序,对于使这个脆弱的新国家背负上立即废除奴隶制带来的劳动市场崩溃和照料过于年老或病弱不能劳动的黑人这些巨大负担,他几乎是不可能予以考虑的。"③

　　可是成为美国开国领袖的华盛顿毕竟已经认识到了奴隶制是一种与美国革命纲领不相容的制度,所以陷入自己信仰的人类道德与私人福祉的尖锐对立之中难以自拔,这使得他背负上了巨大的道德压力。如何摆脱这种道德

---

① Paul F. Boller, Jr., "Washington, The Quakers, and Slavery", pp. 86, 87.
② "To Governor Charles Pinkney", in John C. Fitzpatrick, ed., *The Writings of George Washington*, Vol. 32, Washington: United States Government Printing Office, 1939, p. 6.
③ Dorothy Twohig, "'That Species of Property': Washington's Role in the Controversy Over Slavery", in Don Higginbotham, ed., *George Washington Reconsidered*, p. 131.

尴尬,是卸任总统后的华盛顿苦苦思考的难题。最终他选择了以遗嘱的方式,确定在他和其妻子去世之后解放自己的奴隶。这种做法保护了自己和家人生活的福祉不受损害,因为华盛顿没有亲生儿女,等到他的妻子玛莎也去世后,他在人世就没有了至亲之人;同时他又摆脱了道德困境,用解放奴隶证明自己与美国革命的纲领保持了一致,用对奴隶获得解放后的生活的细致安排,显示自己对黑人的仁爱关怀,还由于此举只是他的私人行为,且在其离世后才执行,也不大可能引起政治上的风波。华盛顿的这种做法可谓是精明务实之举。

图2-1　1787年华盛顿在芒特弗农庄园①

这幅版画的作者是纳撒尼尔·克里尔,画面上,骑在马背上的乔治·华盛顿在与他的奴隶们说话。画下面的文字是:"农业是最有益于健康、最为有用和最高尚的人类职业"。

在其人生历程中,华盛顿并不是始终厌恶奴隶制。他生于奴隶主之家,少年就成为法律意义上的奴隶主,当然不能说是他的自主选择,但是在他长大成人后投身于蓄奴创业则无疑是自主行为。通过蓄奴兴家立业是他私人生活的核心内容,如果他一开始就真的不喜欢这种制度,那么可以选择其他的人生之路,因为一个人是不可能终生坚守他自己讨厌的生活方式的。按人类生活的逻辑来推断,华盛顿即使不是特别喜爱这种制度,也是心安理得地接受了,享受着这种制度给他带来的福利。独立战争前,华盛顿就是一个普通的大种植园奴隶主,他的蓄奴生活与其他奴隶主没有本质差别。在其担当

---

① "Washington At Mount Vernon 1787". http://www.picturehistory.com/product/id/253 Acessed:2015/02/23

了大陆军总司令后,他也是非常警觉地、有意识地护卫奴隶制。独立战争胜利后,他渐渐转向了反奴隶制态度。但是他的表现又是含混矛盾的,他在私下里表达自己对奴隶制的反感,但是却没有解放自己的奴隶,也没有公开发表过反奴隶制言论,在治国期间更是奉行捍卫奴隶制的政策。直到在其走到人生的终点前夕,华盛顿才在自己的遗嘱中确定解放自己的奴隶,却又对奴隶制本身的善恶存废缄口不言。他在奴隶制问题上的表现,既反映了他自己的生活处境,也折射了他所代表的奴隶主集团在美国革命时代的矛盾性。美国革命高举的是自然权利学说大旗,宣扬自由是人类的基本人权,按照逻辑推理,美国革命的领导人就应该是反奴隶制的领导人。但是对于奴隶主革命家个人来说,他们的富贵生活就是建立在奴役黑人之上的,要保持一种与自己上等人地位相称的生活,他们离不开对黑人的奴役,解放奴隶就意味着彻底的自我牺牲。华盛顿及其他奴隶主革命家并不是毫不利己专门利人的超凡入圣之人,仅从个人利益和生活便利角度来考虑,他们也不会愿意放弃自己的蓄奴生活。更何况他们进行的独立和建国努力实际上只是为了实现白人的自由而不是所有人种的自由,这就更坚定了他们不去推动解放奴隶运动的选择。

二 其他国父们与奴隶制

在其他位列国父的建国领袖中,托马斯·杰斐逊与奴隶制的关系是美国历史研究中一个有高度争议性的论题。作为《独立宣言》的起草人和美国第三任总统,杰斐逊以其在政治生涯中高调倡导人类自由而被后世誉为"民主之父",然而杰斐逊本人是个大奴隶主,终其一生没有为将自由人权推及黑人进行积极努力。对于他的这种作为表现,历史学家的解析大致可分为三类:一类对杰斐逊给予高度评价,认定他是一个原初的废奴主义者,如小阿尔夫·马普指出:"从他那个时代背景来评判,杰斐逊应该免于被指控是伪善之人。"杜马·马隆认为,杰斐逊是强烈主张解放奴隶的,"在美国革命时期他个人做出了最伟大的反奴隶制活动,那时他徒劳无功地为他所在的州提出了一个逐渐解放奴隶计划"。① 第二类论点对杰斐逊持否定立场,断定他是并非真心反对奴隶制的伪善家。戴维·布里翁·戴维斯认为,"杰斐逊仅仅对于推进废奴事业有理论兴趣"。② 保罗·芬克曼认为:"因为杰斐逊是《独

---

① Paul Finkelman, *Slavery and the Founders: Race and Liberty in the Age of Jefferson*, Armonk, New York: M. E. Sharpe, 1996, pp. 145, 154.
② David Brion Davis, *The Problem of Slavery in the Age of Revolution*, 1770-1823, Ithaca and London: Cornell University Press, 1975, p. 178.

立宣言》的作者,美利坚启蒙运动的领导人之一,对他在奴隶制问题上立场的检验,不是要看他是否比他那代人中最坏的人要好一些,而是要看他是否是他那代人中最优秀的领导人;不是看他是否是以一个南部人和种植园主的身份做出反应,而是要看他是否能够超越他的经济利益和地区背景,去实行他自己阐述的那些理想。杰斐逊未能经得起这种检验。"①第三类观点则对杰斐逊持同情态度,力图通过社会心理和政治经济分析为他在废奴问题上无所作为寻找原因。如梅里尔·D.彼得森提出:"无论是杰斐逊还是其他弗吉尼亚精英人物,都不愿意为了废除奴隶制而冒失去朋友、地位和影响的风险。"威廉·W.弗里林认为杰斐逊有废除奴隶制的良好愿望,但是他受到情感和社会政治考虑的限制,"那个时代的主流意愿不是将自由扩展到黑人,而是为白人建立共和国"。② 杰斐逊是不是真心实意地反对黑人奴隶制?如果是的话,为什么他又没有积极进行反奴隶制活动?

在美国革命发生后,无论是在政治世界里还是在私人交往中,杰斐逊在其政治活动中都有一些反奴隶制的努力。他在向大陆会议提交的《英属美利坚权利概观》中提出,"在初创时期就不幸地引进奴隶制度的殖民地上废除本地奴隶制度,是人们的最大愿望"。在他起草的《独立宣言》草稿中,就有一段谴责奴隶贸易的文字。他写道:"他对人性本身进行了残酷的战争,侵犯了从来也没有冒犯过他的遥远的民众的生命和自由的最神圣的权利,捕捉他们,并且把他们送到另一个半球去当奴隶。或者在把他们运往那里去的途中致使他们悲惨地死去。"在《独立宣言》的正式文本中,杰斐逊写下了"人人生而平等,每个人都拥有生命、自由和追求幸福的权利"这样的话。这些话表明他的理想社会中并不容许奴隶制的存在,写出这样的话,至少表明他有着反奴隶制理念。在写于1780—1782年间的《弗吉尼亚纪事》中,杰斐逊对奴隶制更是进行了激烈的指控,提出奴隶制对人的品行塑造造成恶劣影响。他指出:"毫无疑问,在我们中间存在的奴隶制度一定会对于我们人民的风俗习惯产生不幸的影响。主人和奴隶之间的整个交往,是一方永远发作最狂暴的脾气,不断地施行暴虐,而另一方屈辱地顺从。我们的孩子看到这个,便去模仿它;因为人类是一个喜欢模仿的动物。这个本性是教育的基础。从他的摇篮到他的坟墓,他都在学习所看到的其他人所做的事。如果父母抑制住自己而不对奴隶大发脾气,不是出于慈善心肠或自爱的话,他的孩

---

① Paul Finkelman, *Slavery and the Founders: Race and Liberty in the Age of Jefferson*, p. 105.
② Mark D. McGarvie, "'In Perfect Accordance with His Character': Thomas Jefferson, Slavery, and the Law", *Indiana Magazine of History*, Vol. 95, No. 2 (June, 1999), p. 144. http://www.jstor.org/stable/27792168 Accessed: 2012/03/21

子在场应该是他这样抑制自己的充分的理由。但是,一般说来是不够的。父母暴跳如雷,孩子在旁边看着,注意到愤怒的特征,于是在年幼的奴隶圈子里也做出相同的神态,把最坏的脾气发作出来,而且这样被抚养、被教育并且天天练习虐待行为,这样就不能不学到一身可厌的怪癖。"①在杰斐逊为邦联国会1784年的《西北法令》起草的草稿中,第四条规定,"在基督纪元1800年以后在西部诸州内不许存在奴隶制度,不许有自愿的劳役,除非为了惩罚个人犯罪行为"。② 杰斐逊的这些反奴隶制言行并不是在他人强迫下被迫做出的,而是他自主自愿的举动。如果断言他没有任何反奴隶制意愿,那么对他的这些反奴隶制言行就无法做出令人信服的解释。

在1784年的反奴隶制努力失败后,杰斐逊在反奴隶制问题上转向消极,此后他实际上放弃了反奴隶制的政治尝试。不过在私人通信中,他仍一再辩解自己坚守着反奴隶制的原则立场。杰斐逊在1814年回复爱德华·科尔斯的信中,强调自己一贯的反奴隶制立场。"我在黑人奴隶制问题上的思想感情长期以来就为公众所熟知,而时间只能有助于使这种思想感情更加强烈而牢固。热爱正义和热爱国家都同样使人们同情黑人的解放事业。他们为此申辩了那么长的时间,而这些努力没有产生丝毫的效果,这对我们是道义上的谴责,不仅如此,而且我担心人们还不是认真地、心甘情愿地想把他们和我们自己从当前的道义上和政治上的非难下解救出来。"杰斐逊还提出了自己的解放奴隶方案,即:"把在一个特定的日期以后诞生的人们予以解放,并且在其到达一定的年龄后予以教育并移至国外。这样做会为逐渐消灭那种劳动并且代之以另一种劳动提供时间,并且减少那种带根本性质的动作所必然产生的震动的剧烈程度。因为除了我们知道的这个肤色的人以外,大概任何肤色的人,由于自幼就没有必要思考或预见,依靠他们的习惯,像小孩子似的没有能力照看他们自己,而且在任何勤劳是为养育年轻人所必需的地方,迅速地被消灭了。在此期间他们由于懒惰造成了堕落,成为社会上令人讨厌的人。他们与其他肤色的人混合所产生的种族堕落,是爱他的国家的人和重视人性优秀的人所不能同意的。"不过,杰斐逊拒绝了科尔斯让他领导废奴运动的建议,并且表示自己不会放弃自己的奴隶。"这个事业应该让年轻人来做;让能够把这个事业贯彻到底,使其完成的人们来做。我全力祈祷它成功,而祈祷便是老人的唯一武器。但是在此期间,你放弃这项财产以及与之相连的国家,是正确的吗?我不这样认为。我的意见向来是,在能够为他们做更

---

① 梅利尔·D. 彼得森编:《杰斐逊集》(上),刘祚昌、邓红风译,生活·读书·新知三联书店1993年版,第122、25、309页。

② 刘祚昌:《杰斐逊全传》,齐鲁书社2005年版,第198页。

多的事情以前,我们应该竭力善待被命运抛到我们手中的人们,让他们吃得好穿得好,防止对他们的一切虐待和酷使,让他们从事只有自由人自愿从事的那样合理的劳动,不要由于厌恶而放弃他们,不要忘掉我们对他们的责任。法律不允许我们释放他们,纵使那样做对他们有益;而且用他们去交换其他财产,就等于把他们交付给一个新主人,而这个新主人如何对待他们我们是无法控制的。"在密苏里争议发生后,杰斐逊于1820年4月22日致信约翰·霍尔姆斯,坦率地表达了他对奴隶制问题的忧虑。霍尔姆斯是新英格兰国会议员,他是一名杰斐逊派的共和党人,在围绕是否允许密苏里以蓄奴州身份加入联邦问题的争议中与南部保持一致。杰斐逊在信中坦白了自己对于奴隶制问题的态度:"我可以真心实意地说,世界上没有一个人为了以实际可行的方法把我们从这个沉重的耻辱下解救出来比我更愿意做出牺牲。割让那种财产(当然这是错误的称呼)对我来说是一件小事,如果以实际可行的方法实行普遍的解放和移民的话,无须三思而后行。逐步地进行,我认为它也许附带有相当的牺牲。"在1824年2月4日给贾瑞德·斯帕克斯的信中,杰斐逊更细致地探讨了他的解放奴隶计划,坚持将美国的黑人送出美国。他表示,此时美国有150万黑人奴隶,要一次将他们送走并不可能。因为奴隶人口在增长,通过补偿奴隶主失去奴隶的损失,要在25年时间内将他们送走也不可能。"我认为有一个可行的方法,那就是解放在法案通过后的一切奴隶,按照适当的补偿留给他们的母亲,一直到他们能够靠自己的劳动维持生活时为止,然后安排他们干活,到适当年龄遣送出国。"1826年5月20日在致詹姆斯·希顿的信中,杰斐逊再次强调解放奴隶要等待未来时易世变后才能进行。"这个事业所要求的舆论中的革命,是不能期待在一天之内完成的,或者也许需要一个时代;但是时间比一切事物都更为经久,所以它也比这个罪恶更经久。40年前我的意见就与公众见面了。假如我重复我的意见40遍,它们只会变得更为陈腐,更为乏味。虽然我不会在我在世期间看到它完成,但它们将不会和我一同死掉;然而不论活着或死去,我将一直最热诚地祈祷这个事业的完成。"①人之将死其言也善,杰斐逊在去世前仍不忘表达自己的反奴隶制立场,也表明他是有反奴隶制理念的。如果杰斐逊没有丝毫的反奴隶制意愿,他就用不着一再表达自己的立场。即使他不像少数奴隶主精英那样为奴役黑人活动加以巧言狡辩,也完全可以像同时代的绝大多数南部奴隶主那样,对奴隶制与自由人权的矛盾对立采取视而不见、装聋作哑的做法。杰斐逊一再表达自己反对奴隶制,应该是他的真实愿望或理想,更何况他也

---

① 梅利尔·D.彼得森编:《杰斐逊集》(下),刘祚昌、邓红风译,生活·读书·新知三联书店1993年版,第1574,1575—1576,1684—1685,1748,1787页。

为此做出过尝试。

不过,不可否认的是,杰斐逊并没有做出坚忍不拔、不屈不挠的反奴隶制努力。他在《独立宣言》草稿中写下的谴责奴隶贸易的文字,由于佐治亚和南卡罗来纳代表反对而被删除了,对此杰斐逊并没有进行抗争。他起草的《西北法令》中禁止1800年以后向西部出口奴隶的条款遭到南部代表的反对被删除,杰斐逊也默认了。可以说,杰斐逊的反奴隶制政治努力浅尝辄止,无果而终。"在其整个政治生涯中,无论是在弗吉尼亚作为立法者还是担任美国总统期间,杰斐逊从未把削弱奴隶制的法律和制度基础作为目标。"[1]在其微弱的反奴隶制努力失败后,杰斐逊在解放奴隶问题上越来越消极,最终发展到完全放弃反奴隶制努力的地步。他在其生命的最后一年写道:"关于解放奴隶问题我已经不再去想了,因为这不是我在世期间要做的工作。"[2]就其一生的反奴隶制言行来看,他并没有进行持久顽强的反奴隶制努力,"作为一个为在新的共和国确立共和政府而顽强奋斗的政治家,相比之下,杰斐逊为终结奴隶制而做出的政治努力是微不足道的"。[3]这就是说,虽然杰斐逊有反奴隶制理念,但却没有坚定的反奴隶制行动。

与其微弱无力的反奴隶制努力相比,无论是在私人生活还是在治国活动中,杰斐逊都为守护奴隶制做出了积极有力的努力。在私人生活中,他一生坚守着蓄奴生活。杰斐逊出生于弗吉尼亚的一个奴隶主家庭,依靠继承父母财产和通过婚姻继承财产获得了大量土地和奴隶。"1757年其父亲去世时,杰斐逊继承了5000多英亩土地和20个奴隶。至1774年,自然增长、购买和其母亲的转让使得他拥有的奴隶数达到42人。就在这个时候,他(代表其妻子)从其岳父约翰·威利斯的财产中分得1.1万多英亩土地和135个奴隶。这笔财产中所含的欠债使得他出售了大约一半的新土地,但即使如此,他还留有5000多英亩土地,再加上他自己拥有的土地,使得他的财产超过1万英亩,直至其去世时他的土地仍旧大约是这个规模。"杰斐逊子承父业,继续依靠蓄奴活动兴家立业,蓄奴规模越来越大。在继承了其岳父的那笔财产后,"杰斐逊拥有的男女和儿童奴隶达到187人。不过由于出生、死亡、购买和出售奴隶,这个蓄奴数字年年有变。尽管战争使得他损失了30个奴隶,1783

---

[1] Ari Helo and Peter Onuf, "Jefferson, Morality, and the Problem of Slavery", *The William and Mary Quarterly*, Third Series, Vol. 60, No. 3 (Jul., 2003), p.585. http://www.jstor.org/stable/3491552 Accessed: 2012/03/21

[2] Paul Finkelman, *Slavery and the Founders: Race and Liberty in the Age of Jefferson*, p.135.

[3] Nicholas E. Magnis, "Thomas Jefferson and Slavery: An Analysis of His Racist Thinking as Revealed by His Writings and Political Behavior", *Journal of Black Studies*, Vol. 29, No. 4 (Mar., 1999), p.506. http://www.jstor.org/stable/2645866 Accessed: 2012/03/21

年他拥有的奴隶人数仍然上升到204人。1798年他拥有的奴隶仅147个,因为他为了支付债务卖掉了50多个奴隶,他的奴隶人数1810年增长到197个,1822年达267个。在1774年之后杰斐逊拥有的土地和奴隶使得他成为阿尔伯马尔县第二大富人,弗吉尼亚最富有的人之一"。杰斐逊的蓄奴活动与其他奴隶主没有本质性差别,"在日常生活中,杰斐逊作为一个奴隶主,其行为与弗吉尼亚的那些反对他的反奴隶制思考的种植园主们的行为没有多少差异。他的奴隶们食能果腹、衣能护体,他们的劳动任务与自由白人的任务相当。就此而言他们的境遇也许比这个州的其他很多奴隶要好些。尽管如此,在处理逃亡奴隶时,在出售奴隶时,在让奴隶繁殖奴隶问题上,在责罚奴隶时,在解放奴隶问题上,杰斐逊的行为与其他开明奴隶主的做法没有显著不同,他们谴责不必要的残酷,但也将采用他们认为必要的各种手段来保护他们的奴隶这种特别形式的财产"。①

美国革命后,杰斐逊与华盛顿的蓄奴活动出现差异,华盛顿基本上不再买卖奴隶,而且在临终前立下的遗嘱中确定在其妻子去世后解放属于自己的奴隶。"与芒特弗农庄园的主人形成对照的是,杰斐逊即使在担任总统时也买卖奴隶。为了掩盖其进行这种交易他使用了一个第三者。从1784年至1794年,杰斐逊出售了大约50个奴隶,把从中得到的绝大部分收益用于偿还债务,杰斐逊也没有在其遗嘱中解放自己的奴隶。蒙蒂塞洛的奴隶也许比芒特弗农庄园的奴隶日子过得轻松,但他们的结局却不比华盛顿的奴隶幸福。"②

对于杰斐逊拒绝解放自己的奴隶,保罗·芬克曼认为:"在其一生中,杰斐逊有的是机会解放他的某些或全部奴隶。在美国革命期间,杰斐逊本可以通过让他们参军解放他的男性奴隶。从1782年至1805年弗吉尼亚法律许可奴隶主在该州内解放自己的奴隶而不要求解放了的奴隶离开该州。从1805年至1815年,获得解放的奴隶继续留在该州需要得到州议会的许可。1815年后县法院可以因为'特别优绩'授予豁免,这些法院对这条规定的解释看来相当宽松。更进一步的是,在其很多次在弗吉尼亚之外停留期间,杰斐逊本能够在宾夕法尼亚、纽约或其他地方解放他的奴隶。他还可以将他的奴隶送往那些让他们能够像自由人一样生活的地区。"可是杰斐逊却没有这样做,"终其一生,包括通过他的遗嘱,杰斐逊仅仅解放了8个奴隶,1790年

---

① William Cohen, "Thomas Jefferson and the Problem of Slavery", *The Journal of American History*, Vol. 56, No. 3 (Dec., 1969), pp. 506, 514-515. http://www.jstor.org/stable/1904203 Accessed: 2012/03/21

② John Chester Miller, *The Wolf by the Ears: Thomas Jefferson and Slavery*, Charlottesville: University Press of Virginia, 1991, p.107.

代解放了 2 个,1822 年解放了 1 个,在 1826 年他的遗嘱中解放了 5 个。……这些人都是赫明斯家庭的成员,因此也就是杰斐逊自己通过婚姻、血缘或二者兼有形成的亲戚"。①萨利·赫明斯原是杰斐逊的岳父与他的一个女奴结合生下的女儿,即杰斐逊妻子的同父异母妹妹。她与杰斐逊夫妇生活在一起,且极有可能与杰斐逊有男女之事,根据 1998 年对赫明斯的男性后裔与杰斐逊家族男性后裔的 DNA 进行的检测,杰斐逊极有可能就是赫明斯生育的一些孩子的父亲。② 解放这几个奴隶并不能证明他是在积极有意地推动解放奴隶运动。

杰斐逊不仅在私人生活中坚守着对黑人的奴役,在政治世界里他对于护卫奴隶制也是大有作为。《独立宣言》发布后,他离开费城回到弗吉尼亚,担任弗吉尼亚立法机构设立的"修法委员会"委员。在他参与修改的法律中,就有一项维护黑人奴隶地位的法律。这项第 51 号法案就是由杰斐逊执笔起草的,其第一条款规定,自此以后该共同体中的任何人将不再被人作为奴隶加以占有,但那些现在处于被奴役之中的人和他们的后代除外。黑人和穆拉托人被作为奴隶带进弗吉尼亚并占有 1 年后将予以解放。第二条规定,依此规定获得解放的人,以及未来获得解放的任何奴隶,必须在 1 年内离开本州,否则不受法律保护。任何白人妇女与黑人或穆拉托人生育的孩子将被驱离本州,或者不受法律保护。在后来杰斐逊担任弗吉尼亚州长期间,他签署了一项奖励弗吉尼亚军人的立法,该立法规定对于参加过独立战争的军人奖励 300 英亩土地外加一个身体健壮、年龄在 20—30 岁之间的黑人,或者 60 英镑金币或银币。杰斐逊的这些行动显示,"杰斐逊作为立法者和州长的行为不折不扣地表明了他对美国革命含义的理解,而不管他在《独立宣言》中写了什么。在这些政治立法中他的作为表明,在其心目中,'所有人'(其在《独立宣言》中写道所有人生而平等)并不包括黑人"。③ 邦联时期作为驻法公使,对于美国人对 1783 年被英方带走的奴隶的补偿要求,杰斐逊积极进行了争取。联邦建立后在担任华盛顿政府的国务卿时,他继续为此问题寻求满意的解决方案,他还对西班牙政府施压,要求其拒绝在佛罗里达给从佐治亚逃亡的奴隶提供避难地。尽管杰斐逊欢迎法国革命,但是 1791 年圣多明各岛的奴隶们为争取自由而起义的事件还是让他深感恐慌,他批准了给该岛上的法

---

① Paul Finkelman, *Slavery and the Founders: Race and Liberty in the Age of Jefferson*, pp.128, 129.
② "Thomas Jefferson and Sally Hemings: A Brief Account". http://www.monticello.org/plantation/hemingscontro/hemings-jefferson_contro.html Acessed: 2005/12/28
③ Nicholas E. Magnis, "Thomas Jefferson and Slavery: An Analysis of His Racist Thinking as Revealed by His Writings and Political Behavior", pp.501-502.

国奴隶主们赠送武器和军火的计划。当1793年该岛的很多白人奴隶主逃到美国时,杰斐逊主张给予他们慷慨支持。他恳求弗吉尼亚州州长詹姆斯·门罗呼吁弗吉尼亚政府捐款给这些难民。在他就任总统不久,弗吉尼亚议会要求州长门罗与总统协商,以解决将可能造反的奴隶驱逐出境的问题。杰斐逊让美国驻英大使与英国的塞拉利昂公司协商接受可能被殖民的黑人。在该公司拒绝这个方案后,杰斐逊在其总统任期内就放弃了遣送黑人奴隶回非洲殖民的努力。他在购买法属路易斯安那的决定中也包含着维护奴隶制的内容。法国将路易斯安那出卖给美国的条约中,有一条规定保护西班牙人和法国人在该地区拥有的奴隶,对此杰斐逊并没有表示任何反对。拿破仑放弃路易斯安那主要是因为他无力摧毁圣多明各的奴隶起义,当1806年他再次试图征服该岛时,就要求美国政府协助切断与这个黑人国家的一切贸易。杰斐逊接受了拿破仑的要求并将这一措施推荐给国会,国会以93票对26票通过了这个决定。他支持法国进行这项活动,是因为他希望拿破仑以支持美国获得佛罗里达作为回报,但是他心里肯定清楚,如果这个计划成功,将会摧毁圣多明各的黑人政权,而这个政权是美国奴隶们的希望之光。① 杰斐逊对蓄奴生活的坚守和在政治世界里一系列护卫奴隶制的行动,表明即使他有一些反奴隶制意愿,这个意愿也没有成为他采取亲奴隶制行动的障碍。

  政治精英人物的自主行为当然是由他的思想认识支配的,杰斐逊在反奴隶制努力上的微弱消极,在亲奴隶制行动上的积极主动,自然也首先要从他的思想认识层面找原因。在对其思想意识原因的缕析中,有美国学者强调杰斐逊对黑人的种族偏见。与其时代的绝大多数美国人一样,杰斐逊的思想中确实存在着对黑人的种族偏见。在他的《弗吉尼亚纪事》中尽管对奴隶制进行了谴责,但是又提出黑人是劣等种族的意见。他写道:"因此,我只是作为一个疑问提出下面的看法:黑人,不管本来就是一个独特的种族,还是由于时间和环境而变为一个独特的种族,在肉体上和精神上的禀赋都低劣于白人。……在获自由后,他应该被迁移到不致发生混血的遥远地方去。"②对于杰斐逊的这种种族偏见,美国学者尼古拉斯·E. 马格尼斯分析说:"他在《弗吉尼亚纪事》这本书中做出的结论是奴隶的躯体和头脑俱为低劣,他得出这种结论的那种思维是极端情绪性的和不合逻辑的,与他在这本书中表达的标准相对比,他的偏见就显得特别显著。杰斐逊认为自己是其时代的开明人士,但在他推测他所认为的黑人种族内在禀赋低劣的原因时,却与盛行的启蒙思想大相径庭了。"通过对杰斐逊的思想进行梳理剖析,尼古拉斯·E. 马

---

① William Cohen, "Thomas Jefferson and the Problem of Slavery", pp. 520-522.
② 梅利尔·D. 彼得森注释编辑:《杰斐逊集》(上),第290页。

格尼斯发现,"大量事实表明,因为他对黑人有着压倒一切的偏见,即他认为黑人在躯体和头脑上都是低劣的,所以杰斐逊计划建立的美国将是一个自由白人的社会。这真是一种绝妙的讽刺,他在《独立宣言》中写下的那些鼓舞人心的言辞,被后代美国人按其字面意义来解释发生了转变,成为这个国家为实现多种族平等社会而奋斗的理想。如果杰斐逊的思考在过去就占了上风,这个国家就不会朝着这个理想迈出第一步了"。① 有人对杰斐逊的政治思想进行分析认为,杰斐逊的政治信仰与他对奴隶制的无所作为并不矛盾。马克·D.麦卡威指出:"奴隶制显然是一种与托马斯·杰斐逊本人表达的人类自然权利相抵触的制度,故他对奴隶制的宽容就成了美国历史上少有的令人困窘的问题之一。这种制度的残酷和蓄奴活动显然的非正义性都使得杰斐逊的声誉大打折扣。其公共生活的可怕嘲讽是,他为新国家的设计所倡导的那些原则,如恪守多数派统治、限权政府、法律的权威和保护财产权,限制了他对这种制度的攻击,而他知道这种制度对美利坚合众国构成了威胁。这并不是像某些人所说的那样共和派的意识形态包含奴隶制,而是杰斐逊关于在这个新国家的政治和法制机构中贯彻这些意识形态问题上所持有的观念,阻止了政府采取积极进取的行动去解放奴隶。杰斐逊思想上接受的共和政府'形式'是确保人类政治自由的唯一途径。这种政府形式包括恪守将法制作为社会组织和变革的基础。"在这样的思想意识支配下,杰斐逊就不会积极地去推进解放奴隶运动。"就杰斐逊与奴隶制的关系而言,既然这个人的意识形态是以法律的首要性、限权政府、州权、财产权和多数派统治为前提条件,那么他不可能为废除这个可憎的制度再多做多少事情。如果他试图再多做一些事情的话,杰斐逊将打破他自己的一个基本信念。与他坚持的等待下一代人来废除奴隶制的立场相比,那样做将证明更加与他的意识形态相矛盾。"②

不过,仅仅停留在思想层面的分析只能做出一种浅表的解释。政治人物的言论往往是其个人利益的工具。一般人都有自辩的本能,政治人物更是会出于个人的利益需要来选择言论,权衡利弊,精心推敲论辩言辞。政治家说什么不说什么,做什么不做什么,优先做什么,都是精心算计后的抉择。从个人利益来考虑,杰斐逊就难以将反奴隶制事业作为优先选择。杰斐逊生在奴隶主家庭,一生都靠奴役黑人来维护他富裕高贵的生活。他的财富和权势就

---

① Nicholas E. Magnis, "Thomas Jefferson and Slavery: An Analysis of His Racist Thinking as Revealed by His Writings and Political Behavior", pp. 492, 507-508.
② Mark D. McGarvie, "'In Perfect Accordance with His Character': Thomas Jefferson, Slavery, and the Law", pp. 142, 176.

是以奴役黑人为基础的。杰斐逊的蓄奴行为表明他是将自己的个人利益置于奴隶的利益之上的。威廉·科恩指出:"显然,杰斐逊之所以不愿意解放他的奴隶,至少部分原因是他不愿意改变他的生活标准,不愿意让自己的行动与自己的原则保持一致。他对于能够得享美酒、得读佳作和能够在蒙蒂塞洛慷慨好客而深感自豪。他尽了很大努力来把这一切完全留传给他的后代。"杰斐逊不解放他的奴隶非是不能,而是不情愿。"他从心智的角度强烈'怀疑'黑人是天赋低劣,这或许更能说明他为什么有能力漠视他自己关于黑人权利的责难。把黑人想象成是低级的人,他就能够让自己相信他自己对待奴隶的行为是仁慈和人道的。按照奴隶主们的传统设想来判断,确实就是仁慈和人道了。可是,如果仅从心智的和心理的角度来看杰斐逊与奴隶制的关系那将是一个错误,因为奴隶制塑造了蒙蒂塞洛生活的方方面面,他对人类自由的玄思妙想在与他在这里的生存方式相抵触时就无足轻重了。"①既然确定了自我利益优先的人生原则,从政治利害来权衡,杰斐逊也就不会去推进反奴隶制运动。他所在的弗吉尼亚是一个奴隶主导的社会,不仅绝大多数奴隶主拒绝解放奴隶,就是绝大多数白人也不愿接受与自由黑人平等相处的社会关系。在这样的社会中,如果一意孤行去倡导推进解放奴隶事业,那么他就失去了白人社会的支持,必然失去政治影响力,那样他也就成不了政治领袖人物了。事实上不仅杰斐逊,与他同时的南部革命领导人如华盛顿、麦迪逊等,也采取了相似的立场,尽力回避触碰奴隶制问题。这样的选择既维护了个人的私利,也维护了奴隶主群体的利益,迎合了持有种族主义偏见的白人大众的情感。杰斐逊及奴隶主革命领导人在思想上已经认识到了奴隶制的邪恶,可是却不去积极致力于反对这种制度,甚至诉诸多种方式去维护奴隶制,他们的这种选择折射出了他们的人品高度,即他们是一些将个人和他们认同的群体的私利置于人类的公义之上的人。

总观其人生历程,杰斐逊在政治世界里和私人生活中多次表示过反对奴隶制的原则立场,他的这些反奴隶制言说并不是在被人强制下的被迫表态,故应该看成是他真实愿望的表达。不过,他一生在奴隶制问题上的表现是矛盾的,威廉·科恩写道:"杰斐逊是一个有很多向度的人,对他的行为进行任何解释都必须涵盖他那大量的看似矛盾的表现。他真心实意地坚决反对奴隶贸易,可当他发现自己生活需要时就买卖奴隶。他的信仰是,所有的人,不管他们的能力如何,都有权得到生命和自由的权利,可是他却追捕那些有勇气通过逃离奴役来获取他们权利的奴隶。他相信奴隶制在道德上和政治上

---

① William Cohen, "Thomas Jefferson and the Problem of Slavery", pp. 519, 525.

是错误的,但是他仍然为他所在的州写了一部奴隶法规,并在 1819 年反对限制这种制度进一步扩张的国家努力。他相信一个小时的奴隶制要比多个时代的英国压迫更为恶劣,可是他还能像人们谈论狗和马繁殖那样讨论奴隶繁殖事务。"① 杰斐逊在奴隶制问题上的这种矛盾表现,其实恰恰反映了他在社会矛盾处境下的人生选择。杰斐逊的选择是,他的奴隶们的利益服从于他个人的利益,黑人奴隶群体的利益服从奴隶主群体的利益,黑人种族的利益服从于白人种族的利益。如果解放奴隶不破坏他自己的富贵生活,不损害奴隶主集团的利益,不伤害不愿接受种族平等的白人大众的情感,那么他愿意解放奴隶,而实际情况恰恰相反,杰斐逊个人的私利,以及奴隶主集团及他们支配的白人社会认同的利益是以奴役黑人为基础的,这样一来,杰斐逊尽管有着反奴隶制理念,却不可能形成强烈的反奴隶制意愿,故而他对奴隶制的反对基本上是言多行少,仅有的几次反奴隶制政治行动也是浅尝辄止、无果而终。

在奴隶制问题上,麦迪逊的人生与杰斐逊有着高度相似性。詹姆斯·麦迪逊也是终生蓄奴。8 岁时他的祖母就送给他一个名叫比利的幼奴来陪伴他。在麦迪逊离开家园去普林斯顿上大学的日子里,又是一个名叫肖尼的奴隶陪他前往。② 大学毕业后,麦迪逊回到家乡,投入种植园经营。1774 年他从父亲手中购买了 200 英亩土地,象征性地支付了 30 镑弗吉尼亚货币,这块土地被命名为"黑平地"。独立战争爆发后,麦迪逊忙于参加政治活动,他参加了 1776 年弗吉尼亚的制宪会议,1777—1779 年在弗吉尼亚参事会任职,1780—1783 年在大陆会议和邦联国会任职,无暇管理自己的土地。1783 年 12 月从邦联国会离任后,麦迪逊返回家乡。他的父亲又给了他一块 560 英亩的土地让其经营。除了田产外,1787 年麦迪逊共拥有 14 名奴隶、4 匹马、2 头牛。1792 年麦迪逊在奥兰治县从一个邻居手中以 510 英镑的现金购买了 800 英亩土地,这个地方叫"黑草地"。一年后他又在他的"黑平地"田产附近购买了 30 英亩土地。麦迪逊和他父亲的种植园种植烟草、小麦供销售,种植玉米供家人和奴隶食用,此外还栽种各种水果树。到 1797 年他从国会离任返乡时,麦迪逊已经在父亲的种植园蒙特佩利尔积累了 1600 英亩土地,此外在肯塔基还拥有数千英亩土地,纳税的财物中有 17 名奴隶、19 匹马,以及一辆马车。③ 由于父亲去世后绝大部分财产包括蒙特佩利尔庄园在内归属

---

① William Cohen, "Thomas Jefferson and the Problem of Slavery", p. 525.
② Jeff Broadwater, "James Madison and the Dilemma of American Slavery", in Stuart Leibiger, ed., *A Companion to James Madison and James Monroe*, p. 313.
③ David B. Mattern, "James Madison and Montpeller: The Rhythms of Rural Life", in Stuart Leibiger, ed., *A Companion to James Madison and James Monroe*, pp. 294-295.

了麦迪逊,他自然也就是名副其实的大种植园主了。麦迪逊与杰斐逊一样,没有像华盛顿那样通过遗嘱解放自己的奴隶。麦迪逊在1835年的遗嘱中将他的蒙特佩利尔种植园奴隶转给了他的妻子多利·麦迪逊。麦迪逊去世后,多利由于经济困难卖掉了一些奴隶,1844年更是将蒙特佩利尔种植园全部卖给了里士满商人亨利·孟丘尔,并至少将9个奴隶立契转让给了孟丘尔。这一年多利还将40个奴隶转让给了约翰·佩恩·托德,一些家仆奴隶随着多利搬到华盛顿去生活。1849年多利在华盛顿去世,与麦迪逊一样,她也没有在遗嘱中确定解放奴隶,麦迪逊拥有的奴隶最终命运不得而知。[1] 在公共世界里,麦迪逊对奴隶制的态度与杰斐逊相当接近,即一方面表示反对奴隶制,另一方面却并不积极推动废除奴隶制。詹姆斯·麦迪逊在《联邦党人文集》的54号文章中对奴隶做出了两种界定。"实际情况是,奴隶兼有这两种特质:我们的法律在某些方面把他们当作人,在其他方面又把他们当作财产。他们被迫不是为自己而是为某一主人劳动,可以被一个主人卖给另一个主人,经常由于别人的变幻无常的意愿而被限制自由和遭受体罚;由于这些原因,奴隶似乎被降低到人类之下,而归入那些属于财产这一合法名称的无理性动物之中了。另一方面,由于奴隶的生命和肢体得到保护,不许任何人,甚至其劳动及自由的主人,加以伤害;同时奴隶本人如果伤害别人,也要受到惩罚;因此奴隶同样显然被法律认为是社会的一员,而不是无理性动物的一部分;是道德的行为者,而不只是一种财产。"[2]他相信美国对奴隶劳动的依赖越少越好,认为奴隶劳动不足以为多样化的经济提供充足的劳动力。他在不同场合承认奴隶制是一种不祥的重大邪恶,是共和国的污点。他希望奴隶制通过渐进的途径逐渐灭亡,他也认为获得解放的黑人不可能与白人在社会上融为一体,赞成将解放奴隶驱逐到美国以外的地区。他反对国会推动奴隶解放,"因此像杰斐逊一样,在其晚年,麦迪逊看到废除奴隶制之路上困难重重"。[3] 与杰斐逊一样,不管其内心对奴隶制的态度究竟如何,麦迪逊的行为不能证明他具有坚定的反奴隶制立场。

帕特里克·亨利是以他那篇充满激情的"不自由毋宁死"演讲青史留名的,这个弗吉尼亚种植园奴隶主积极推动北美的反英斗争,但是却拒绝解放自己的奴隶。不过这个人还算坦率,在1773年1月18日写给教友派信徒罗

---

[1] "Madison and Slavery". http://www.montpelier.org/research-and-collections/people/african-americans/madison-slavery Accessed: 2015/12/28

[2] 汉密尔顿、杰伊和麦迪逊:《联邦党人文集》,程逢如、在汉、舒逊译,商务印书馆2004年版,第278页。

[3] "James Madison's Attitude Toward the Negro", *The Journal of Negro History*, Vol. 6, No. 1 (Jan., 1921), p. 75. http://www.jstor.org/stable/2713830 Accessed: 2012/04/25

伯特·普莱曾茨的回信中,他坦白了在蓄奴问题上的尴尬处境:"有人会相信我是自己购买的奴隶的主人吗?没有他们我的生活会深陷普遍的不便之中。我将不为它辩护,也不能为其辩护,不管我的行为是多么应受指责,我要向美德致敬,深晓遵守道德戒律者乃高尚纯正之人,并谴责自己对道德戒律的不加遵守……如果我们不能把改良世道人心的希望变成实践,那就让我们以宽容之心来对待那些生活在不快乐之中的受害者吧,这是我们能够为走向正义做的又一步,我们感谢我们的宗教的纯洁性,她向我们显示美德与保障奴隶制的法律并不相容。"①帕特里克·亨利的这番表白无意中揭示了奴隶主国父们道德困境下的心理矛盾。领导美国革命的这些人不可能不去思考奴隶制问题,奴隶制与美国革命纲领在道义上显然对立,独立战争对人力的需要,反奴隶制团体和人士的呼吁和陈情,都将奴隶制问题提到这些人的意识之中。但是作为个人,如果选择解放自己的奴隶,就是放弃自己的财产以及与财富相连的权势和地位,放弃自己养尊处优的种植园主生活方式,这对于个人来说是巨大的牺牲。用牺牲自己的便利而为他人谋利,如果只是一件不影响自己根本生活的小事,则有人可能出于道德考虑而去做。但是一旦要牺牲自己的根本生活方式,则世俗社会中绝大多数人不会去做。奴隶主国父们不是超凡脱俗的圣人。从政治层面来想,在绝大多数白人反对解放奴隶的社会里,如果有谁一意孤行倡导反对奴隶制,那么他必将陷入孤立境地,不仅个人失去政治影响力,而且会导致内乱,危及他最关注的革命胜利和创建新国家的事业。他们选择牺牲道德的做法是权衡利弊后的明智选择。

非奴隶主国父在这场政治大变革之中也没有成为反奴隶制斗士。马萨诸塞的约翰·亚当斯参加过《独立宣言》的起草,担任过华盛顿政府的副总统,继华盛顿担任了第二任美国总统。由于他生活在奴隶劳动对于经济和生活影响无足轻重的新英格兰地区,与那个地区的绝大多数人一样,他没有蓄奴,在思想和情感上也厌恶奴隶制。"然而在其叱咤风云的长期公共生涯里,他只是对奴隶制偶尔做过片言只语的评价。"亚当斯在大陆会议时曾经反对南部代表不将奴隶计算为纳税人口的主张,但是他反对的理由不是因为黑人是财产。在1782—1783年与英国和谈期间,亚当斯也没有反对其他代表提出的英国将逃亡到英军一方的黑人归还给美国的要求。亚当斯的观点是,黑人应该作为纳税的人口来计算,因为他们与白人一样为国家财富做贡献。对于1808年对外奴隶贸易的终结亚当斯也没有什么评说。在1819年密苏里争议发生后,亚当斯才在私人通信中表达了对奴隶制的看法。他在

---

① David Brion Davis, *The Problem of Slavery in the Age of Revolution 1770-1823*, p. 196.

1820年1月13日写给女婿的信中表达的思想,竟然与杰斐逊的说法很是相像。他表示,奴隶制问题就像一团乌云笼罩心头,如果奴隶制的坏疽不加以阻止的话,将给美国带来种族暴乱的灾难,将不可避免地发生黑人针对白人的暴动。白人最终会疯狂到彻底清除黑人的地步。对于如何防止这种种族暴乱的发生,亚当斯并无确切的方法。他在个人通信中表示,如果出于人道需要结束奴隶制,那么也要考虑南部奴隶主的利益,对黑人采取的一切人道措施都不应与公共安全发生冲突。其他地区不应该将南部不欢迎的措施强加给南部,不应该采取任何鲁莽暴力的措施伤害南部奴隶主的生命和财产。奴隶解放要慢慢地小心谨慎地进行,任何国家都实行过奴隶制,铲除奴隶制这种邪恶需要时间。对于奴隶制扩张亚当斯是明确反对的,在密苏里争议期间他支持反对奴隶制扩张到密苏里和西部领地。对于最后的妥协,亚当斯基本上是接受的,"尤其是他希望所有各方都将坚定地默认这个妥协"。①

亚历山大·汉密尔顿也是美国联邦国家创立的关键人物。他是1787年制宪会议的主导者之一。在华盛顿政府担任首任财政部长,是华盛顿总统制定国家政策的关键决策人。汉密尔顿不是奴隶主,参加了纽约州的反奴隶制活动。美国革命后,是否解放奴隶成为各州的内部事务。1785年纽约州的"纽约推进解放奴隶协会"成立,约翰·杰伊被选为协会主席,亚历山大·汉密尔顿参加了成立大会,并被任命为负责制定协会规章的委员会主席。汉密尔顿主导的委员会提出的建议是协会成员要采取逐渐解放奴隶的措施,首先是立即解放自己年龄最大的奴隶,年龄最小的奴隶达到35岁时予以解放。不过这个建议并未获得通过。汉密尔顿在此后继续积极参加这个协会的活动,并当选为该协会的第二任主席。汉密尔顿积极参与推动解放奴隶活动,是以他的信念为支持的。他相信"奴役他人的活动本身就是不折不扣的将战斗从战场带到家园之中。奴隶主沉湎于奴隶劳动的战利品,却'鄙视供养他们的劳动者'。奴隶制使得奴隶主可以随心所欲,这就激起了他们的野心、贪婪和淫欲,而同时剥夺了奴隶的人格,使得他们不能做人。简言之,奴隶制是一种对宗教和道德有致命伤害的体制,易于降低人的理智,是人类崇高行为的腐化之源"。② 尽管如此,汉密尔顿在其影响力最大的时刻也并未在政治舞台上为解放奴隶进行努力。在参加制宪会议时没有提及解放奴隶,

---

① John R. Howe, Jr., "John Adams's Views of Slavery", *The Journal of Negro History*, Vol. 49, No. 3 (Jul., 1964), pp. 201, 202, 203, 205. http://www.jstor.org/stable/2716657 Accessed: 2012/03/21

② Michael D. Chan, "Alexander Hamilton on Slavery", *The Review of Politics*, Vol. 66, No. 2 (Spring, 2004), pp. 223, 227. http://www.jstor.org/stable/1408953 Accessed: 2012/03/21

在华盛顿总统时期担任财政部长期间,他的关注点集中在联邦国家的建设上,终其一生他并没有在联邦政治层面上进行任何的反奴隶制努力。

本杰明·富兰克林在晚年最终走向了彻底反对奴隶制。他曾经拥有过奴隶,也买卖过奴隶。不过,富兰克林与奴隶制的利益关联并不深,他不像华盛顿、杰斐逊和麦迪逊那样奴隶成群,只是买卖和使用过寥寥几个奴隶。到了人生晚年,他彻底转向了反奴隶制立场。他不仅解放了自己的奴隶,而且在政治舞台上公开反对奴隶制。1787年4月23日,富兰克林接受了宾夕法尼亚废奴协会主席的职位。此时这位已是81岁高龄的革命老人公开发表了一篇反奴隶制讲话。在1790年4月17日去世前不久,富兰克林签署了他人生最后的公共文件,其中一份是宾夕法尼亚废奴协会的《致公众》,另一份是提交给国会的陈情书,呼吁从美国政治机体中清除奴隶制。尽管这种反奴隶制陈情并未导致奴隶制被废除,但是它表明了富兰克林的立场。①

把以上这几位美国的国父们在奴隶制问题上的表现加以比较可以发现,华盛顿的最终选择既不是很激进,也不是很顽固,而是采取中庸之道。美国革命时期和建国初期,确实有很多奴隶主主动解放了自己的奴隶,就在华盛顿家乡所在的弗吉尼亚州,也有一些奴隶主解放了奴隶。与这些人相比,华盛顿的表现就显得保守一些。但是,毕竟绝大多数奴隶主并没有选择解放自己的奴隶,而是顽固地坚守自己的蓄奴生活,捍卫自己的蓄奴权利,与这类人相比,华盛顿最终选择解放自己的奴隶,就又显得进步一些。托马斯·杰斐逊、詹姆斯·麦迪逊与华盛顿一样都是弗吉尼亚的大奴隶主。这两人与华盛顿不同的是,他们在世时没有解放自己的奴隶,在遗嘱中也没有确定解放奴隶。约翰·亚当斯和亚历山大·汉密尔顿未曾蓄奴,本杰明·富兰克林曾经拥有过奴隶,但是在美国革命前已经解放了自己的奴隶。不管是否蓄奴,这些人有一个共同之处,那就是他们都承认自己反对奴隶制度,却都没有为解放奴隶进行毫不妥协的斗争,他们都将美国国家、白人社会的利益放在黑人解放利益之前,不惜以牺牲黑人自由为代价,维护他们所认同的白人国家利益。也正因为这些人有着这样的共识,新生的美国联邦国家才得以以牺牲黑人奴隶的利益为代价得到了巩固。

正因为美国的建国领袖们在黑人奴隶制问题上有着一致的原则立场,所以在建国过程中他们能够在奴隶制问题上达成妥协。美国宪法是原则与妥协的产物,宪法中回避奴隶和奴隶制字眼,可以说是坚持了美国革命的原则,

---

① Gary B. Nash, "Franklin and Slavery", *Proceedings of the American Philosophical Society*, Vol. 150, No. 4 (Dec., 2006), p. 635. http://www.jstor.org/stable/4599029 Accessed: 2012/03/21

同时宪法对奴隶主的具体利益给予了充分的保障,实际上就是原则对利益的妥协。这种妥协使得对宪法可以进行不同的诠释。赞成奴隶制的人可以把宪法解释成赞成奴隶制,因为它对奴隶主的利益做出了具体保障。而痛恨宪法保护了奴隶主利益的人也可以解释说制宪者们反对奴隶制,因为他们拒绝使用奴隶和奴隶制这些字眼。美国宪法中对奴隶制的这种处理反映了美国社会主流在奴隶制问题上的最低共识,即奴隶制争议从属于创建美利坚国家的需要。白人的美利坚国家利益高于黑人解放。

　　黑人与白人的肤色不同显而易见,黑人与白人属于不同种族,"这一事实使得弗吉尼亚人得以更加容易地使用奴隶制作为自由的屏障"。① 人是自利的。维护和扩大自己的利益是世俗之人的本能选择,只有极个别个人道德修养达到超凡脱俗境界的人,才能超越这种自利的本能。美国革命领导群体的个人和政治表现表明他们不是圣人。个人利益是他们行为选择的首要考量,所以从利益角度去审视这个群体是正确的理路。尽管酿成美国革命的原因纷繁复杂,就南部的领导人来说,奴隶制是他们的重要考量。英国对奴隶制的威胁,是刺激他们采取更激进反英行动的重要因素。在他们创建新国家的过程中,出于自我利益考虑,他们没有进行实质性的反奴隶制努力。总的来说,"美国革命期间对黑人奴隶的真正同情之心并未涌现,最多也就是一条溪流。原因并不需要费多大劲去找,美洲的法律和习俗鼓励白人以蔑视态度对待黑人。贪婪也是应该考虑到的力量。奴隶主的后代们并不倾向于被剥夺掉'如此多的财产'。尤其是奴隶主处于一种能让冒冒失失地反对他们利益的任何白人生活不得安生的地位。"在这样的社会里,敢于挑战奴隶制的人必然受到巨大压力。"令人不快的真相是,爱国者们通过强调美利坚黑人与白人之间存在的让人羞耻的差别来高调要求与不列颠人社会平等。"美利坚白人要求的自由,隐含着奴役黑人的自由。他们恐惧的是自己落入他们奴役的黑人的那种境地。"殖民地撰写时事评论的那些人害怕的是与非裔美国人地位平等。他们使用的暗示、明喻、隐喻和具体图像显示奴隶制在他们的意识中扎根有多深,多么让他们不安。事实上,奴隶制就是他们的噩梦。"②奴隶主集团发动美国革命,捍卫的就是奴役他人的自由。

---

① Edmund Sears Morgan, *American Slavery*, *American Freedom: The Ordeal of Colonial Virginia*, p. 385.
② F. Nwabueze Okoye, "Chattel Slavery as the Nightmare of the American Revolutionaries", *The William and Mary Quarterly*, Third Series, Vol. 37, No. 1 (Jan., 1980), pp. 25, 28. http://www.jstor.org/stable/1920967 Accessed: 2012 /03/21

图 2-2 "一个烟草种植园"①

　　这幅画面上的文字为"一个烟草种植园",是 1788 年出版的《联邦党人文集》(The Federalist)的扉页图。由亚历山大·汉密尔顿、约翰·杰伊和詹姆斯·麦迪逊合著的《联邦党人文集》,主旨是推动联邦宪法的批准,加强联邦国家的建设,并不是要讨论奴隶制问题,也不是要讨论农业问题,更不是要讨论烟草种植园,选用这幅画只是想表示美国经济的繁荣。不过这幅画的选用,无意中传递出这样的信息,即那时候的绝大多数白人是心安理得地接受奴隶制的,因为这幅画面上描绘的就是种植园奴隶的劳动情景。

---

① "A Tobacco Plantation". http://www.pbs.org/wgbh/aia/part1/1h299.html Acessed:2015/02/23

第三章 奴隶主经济世界的扩张

奴隶主的蓄奴活动是一种经济活动，他们的心机是通过蓄奴来发家致富、兴家立业。"天下熙熙，皆为利来；天下攘攘，皆为利往。"司马迁这句给他心目中人间众生定性的话语，用来给奴隶主的经济活动进行定性再贴切不过。以赢利为导向，内战前美国的奴隶主们成为世界上最大的商业性农业生产者。他们的生产活动虽然仅限于蓄奴州内适宜使用奴隶劳动进行商品农作物生产的地区，不过，与殖民地时期一样，他们的经济生存空间则是整个大西洋世界。对于奴隶主群体来说，内战前美国和大西洋世界的经济变革给他们带来了空前有利的经济机会。在内战前的半个多世纪里，美国的经济发生了三种内容不同但相互关联的变革，一是美国人口的大规模西进极大地扩张了美国人的生产地理空间，西部丰富的土地资源成为美国农业经济的关键支柱；二是发生了工业革命，由原新英格兰和中部大西洋地区构成的东北部成为美国的工业经济地区；三是发生了市场革命，市场经济所涵盖的经济部门和人口与地区越来越多。而与此同时欧洲也发生了同样巨大的人口增长、工业革命和市场革命。在大西洋世界的这种变革潮流中，南部奴隶主成为了时代的弄潮儿。东部的奴隶主随着西部的开放而迅速西进，移民西南部的自由民中也有相当一部分人走上蓄奴致富之路，抢占了西南部土地肥沃、灌溉便利的黑土地带，使得这个区域成为奴隶制经济最发达地区。奴隶主利用市场革命和工业革命带来的经济机会，除了从事商品农业生产之外，还参与商业、制造业等各行业经济开发活动，成为内战前美国最富裕最活跃的群体之一。

第一节 内战前美国南部人口的地理流动

内战前南部有两种性质不同的人口流动：一是白人人口的自由流动，二是黑人奴隶的被迫迁移。白人人口的西进是在利益诱导下的自主自愿迁移,其中一部分人原本就是奴隶主,向西部迁移是为了得到更肥沃、更大面积的土地;黑人奴隶则是在奴隶主或奴隶贩子的驱赶下被迫西进,到西部去充当奴隶主的劳动力。这两种人口西进造成的结果,就是奴隶主经济世界的扩张。

一 南部白人的西进

独立战争的胜利消除了英帝国对北美白人西进的限制。随着独立战争结束,美国革命前就已得到定居开拓地区的很多人纷纷走上了移民西进之路,络绎不绝的西进人流汇集成了彻底改变美国社会的西进运动。在南部地区,弗吉尼亚、马里兰和南北卡罗来纳是大规模向外输出人口的州。在这几个在殖民地时期已经得到充分开拓的州,既有的经济资源已经各有其主,对于那些渴望进一步兴家立业的白人来说,西部开放的土地是难以抵挡的诱惑,他们纷纷加入西进的人流中。其中,弗吉尼亚是外移人口规模最大的州。1850年弗吉尼亚已有40万人生活在该州以外地区。这些外流人口中只有一小部分前往了建国时期原有的州,而绝大部分外流移民迁移去了新建立的州。1850年,大约3.7万名弗吉尼亚自由人生活在下南部的新建诸州,超过14万人生活在肯塔基、田纳西和密苏里,15万以上的人去了老西北部地区。北卡罗来纳外流人口数仅次于弗吉尼亚,超过5万人去了老西北部,10万以上的人迁往了肯塔基、田纳西和密苏里,11.4万人移往下南部各州。时至1850年,南卡罗来纳外流移民总数在14.5万人以上,其中很少有人迁移去北部和上南部地区,绝大多数是向西迁移进入下南部新兴各州,1850年下南部西部新兴各州有9万人是直接来自南卡罗来纳的移民,另外还有5万人是原籍南卡罗来纳而后生活在佐治亚和佛罗里达的移民。佐治亚在独立之前人口很少,1790年人口才达到82548人。佐治亚大部分地区在1790—1850年由外来移民定居开发,但也有相当一部分佐治亚人迁往下南部西部的新兴地区。1850年佐治亚外流人口中有近一半人即近6万人迁往了阿拉巴马,其次是迁往密西西比,人数为1.7万人以上,迁往佛罗里达的人口为1.1万以上,大约有1341人去了北部的伊利诺伊,迁往其他上南部的人则寥寥无几。马里兰也有相当大的人口外流,主要是去了俄亥俄、印第安纳、伊利诺伊、肯塔基和密苏里,总数大约是6.5万人。迁往下南部的马里兰白人很少,不过马里兰有大批奴隶被卖往下南部地区。①

---

① William O. Lynch, "The Westward Flow of Southern Colonists Before 1861", *The Journal of Southern History*, Vol. 9, No. 3 (Aug., 1943), pp. 303-305. http://www.jstor.org/stable/2191319 Accessed: 2010/06/15

内战前的美国南部虽然发生了大规模的人口跨地区流动,但是抛离家园移民远方陌生之地的人在总人口中还是少数。那些勇于迁移的人只是南部的一部分人。利用1850年和1860年联邦人口统计资料,通过对1850—1860年间棉花地带移民进行抽样分析,唐纳德·谢弗发现,1850年一个家庭中家长的职业和先前迁移历史与他们1860年住地的关联最为显著。那些家长是农场经营者(不管是农场所有人还是佃农)的家庭,比那些家长不是农场经营者的家庭,往往更不倾向于迁移,这意味着那些生活状况较好的人比较不倾向于迁移。那些先前家长有过迁移经历的家庭,比那些先前没有迁移经历的家庭,更不倾向于迁移,这意味着迁移的家庭更愿意一次性地迁移到他们希望去的地方,而不是中间先迁移几个地方。那些1860年生活在边疆州得克萨斯和阿肯色的家庭,比那些生活在新南部阿拉巴马、路易斯安那、密西西比和田纳西诸州的家庭,在此前的一个年代更有可能进行了迁移。至于年龄和是否蓄奴,其影响并不显著,在这个年代,年轻人和非奴隶主的迁移倾向只是比老年人和奴隶主的迁移倾向稍许强一点。奴隶主的迁移倾向并不高。①

总体来说,内战前南部的人口流动存在两波浪潮。第一波是牧民的迁移。这些人率先进入西部的公有土地,利用原始的牧场和林地放养牲畜。在牧民之后才是第二波即农民的到来。在务农之人来到后,原来的牧民中一些人占据了良田成为了种植园主,更多的牧民则是继续迁移,转移到土地较为贫瘠的松林地带和山区,继续利用天然的牧场和森林中的植物资源放养牲畜。由于南部地广人稀,这种天然的牧场在所有州都存在。"大体而言,南部边疆的移民和垦拓遵循了这样一种模式。将牲畜放养和狩猎结合在一起的牧民率先进入了那些可耕地地区。即使不能说是追踪着牧民,也是紧随其后而来的是农业垦拓者。当最好的土地被农场主占据后,那些没有变成农场主和种植园主的小牧民们,便带着他们的牛群和猪群,退到土壤贫瘠的松林地区和高原地区,在那里贫瘠的土地和沟沟坎坎的地势,使得他们免受奴役的紧逼。"②南部冬季短,气温不太低,不需要给牲畜搭棚盖窝,不需要喂养,因为即使是冬天牲畜也可以在大原野中找到食物,所以在南部开放放牧具有比较优势。同样重要的是,南部即使到了1860年还有大量的未开垦地。这

---

① Donald F. Schaefer, "A Statistical Profile of Frontier and New South Migration: 1850-1860", *Agricultural History*, Vol. 59, No. 4 (Oct., 1985), pp. 567-568. http://www.jstor.org/stable/3743758 Accessed: 2010/06/15

② Frank L. Owsley, "The Pattern of Migration and Settlement on the Southern Frontier", *The Journal of Southern History*, Vol. 11, No. 2 (May, 1945), pp. 174-175. http://www.jstor.org/stable/2198171 Accessed: 2008/10/01

些未开垦的区域就可以作为放牧的场地。表 3-1 中两类土地数的差距显示,时至内战前夕的 1860 年,南部尚有大面积的土地未得到开垦。按人口比例来衡量,内战前南部的畜牧产量要高于北部,其基础就是南部有范围广大的开放牧场。

表 3-1　1850 年和 1860 年南部的土地数和农地数①

州	总英亩数	改良土地英亩数	
		1850 年	1860 年
阿肯色	33410063	751530	1983313
佛罗里达	37931520	349049	654213
得克萨斯	175587840	643976	2650781
肯塔基	24115200	5968270	7644208
田纳西	29184000	5175173	6795337
密苏里	41836931	2938425	6246871
密西西比	30179840	3444358	5065755
路易斯安那	26461440	1590025	2707108
阿拉巴马	32462115	4435614	6385724
佐治亚	37120000	6378479	8062758
南卡罗来纳	21760000	4072051	4572060
北卡罗来纳	32450560	5453975	6517284
弗吉尼亚	39262720	10360135	11437821
马里兰	7119360	2797905	3002257

当然,由于自然地理条件的差异,不可能南部每个地方都经历先牧业后农业的发展阶段。但是由于地区农业开发毕竟需要一定时间,南部的人口迁移又是自发活动,而并非出自政府的统一规划和落实,所以任何地方的经济和社会发展必然呈现阶段性。那些自然条件适宜种植园经济发展的地区先后转变成种植园社会。那些自然地理条件不适宜种植园经济发展的地区,如南部的阿巴拉契亚山区,在度过了最初的拓荒阶段后,就一直停留在自耕农经济状态。

内战前南部白人的移民是自主自愿活动,移民的目的地选择当然是直接出于他们的生活取向。讨厌奴隶制的白人可以选择老西北部地区,或上南部

---

① Frank L. Owsley, "The Pattern of Migration and Settlement on the Southern Frontier", p. 163.

奴隶稀少的白人自耕农地区。立志于经营种植园的人则选择下南部地区。内战前美国南部普通农民的迁移,是以自己已经习惯的生产生活方式为指南的。此外,迁移虽是个人和家庭行为,但也受地方社会乡邻选择的影响。邻居们的选择往往影响着个人的选择。"迁移到公共领地上务农的乡民们,寻找的是一个尽可能与他们原来生活的家乡相似的地方。他们这样做的原因,既是出于对自己熟悉环境的天然爱恋,也是出于继续从事他们习惯的农耕方式的必要。只有一个在气候、土壤和作物生长状况等方面与原来的家乡相似的地方,才能满足他们继续从事已经习惯的农耕生活方式的需要。这样一来,移民们就发现,他们迁移的方向,就是沿着他们在东部生活地区的等温线或气温区向西迁移。就这样,上南部的粮农和养牛农便定居在上南部山脉以西地区和老西北部的南部地区。烟草农和棉农迁移选择的方向也是如此,他们进入了美国中部和下南部的领地和州。迁移之前,一个群体派出一个或几个代表先去探查土地,而这个群体通常就是一个教区或社区,他们一起迁移,在新地方还是邻居。"①普通乡民在开拓西南部的过程中,自愿选择了地势较高、土地肥力较低的地区,而将地势低洼的地区留给了拥有奴隶的种植园主。他们的这种选择是由实际开拓能力决定的。约翰·所罗门·奥拓指出:"在开拓西南部的过程中,普通乡民普遍越过了土地肥沃但充满瘴气的河流谷地,将这些地区留给了蓄奴的种植园主,那些人拥有清理那些河流泛滥、森林覆盖之地的劳动力和设备。普通乡民更喜欢有树林的高地,那里很少有瘴气,但有大量的降雨渗透在土壤中。"在这样的地区,他们足可以种植生活所需的粮食作物,在天然牧场上放养家畜,过着温饱有余的快乐生活。"依靠他们的劳动和资本节约型农业,作为普通乡民的农人们取得了食物上的自给自足,有了可销售的剩余家畜,有大量悠闲时间做家庭工艺品、狩猎和收集物品。"②这样一来,南部人口的西进运动也在一定程度上变成了一个奴隶主与非奴隶主地区分化的过程。拥有经济实力和蓄奴愿望的人占据了适合奴隶劳动的肥沃土地,没有蓄奴经济能力和愿望的人则定居到土壤比较贫瘠的山区地区。"在拥有奴隶的人在一个地区开拓出他们的庄园农场之时,第二种移民流填入了该地区那些蓄奴者不是很想要的山区和松林地带。这种迁移模式的形成,部分是对奴隶制扩张进入佐治亚和卡罗来纳皮德蒙特地区的反应。随着大规模农业向内陆扩展,那些没有能力蓄奴的人,或那些既不想加

---

① Frank L. Owsley, "The Pattern of Migration and Settlement on the Southern Frontier", pp. 174-175.
② John Solomon Otto, "The Migration of the Southern Plain Folk: An Interdisciplinary Synthesis", *The Journal of Southern History*, Vol. LI, No. 2 (May, 1985), pp. 193-194, 195.

入奴隶主行列也不愿在奴隶主中间生活的人，就向西迁移，到那里他们可以获得相对廉价的土地。有些人穿过阿巴拉契亚山进入田纳西、肯塔基和老西北部地区；另一些人则顺着阿巴拉契亚山的谷地向南进入阿拉巴马北部和密西西比，还有一些人定居到阿拉巴马的南部、佛罗里达北部和密西西比的北部地区。"①

在内战前南部白人的西进浪潮中，有多少人来自种植园主或者奴隶主家庭？对此课题迄今未见到美国学界有较为全面的综合研究。不过，从内战前蓄奴经济在南部地区快速向西部扩张这一显著现象来推断，进行地区迁移的奴隶主人数并不少。地方研究也显示奴隶主是南部西进移民中的重要成员。简·特纳·森瑟对北卡罗来纳种植园主的移民研究发现，该地区种植园主家庭向西部迁移的比例很高，"种植园主家庭中长大成人的儿女中有四分之一的人进行了远距离家庭迁移"。从移民的种植园主个人特点来看，尤其是他们的年龄和婚姻地位来看，这些迁移的种植园主家庭成员多为中青年人，北卡罗来纳种植园主移民中大约40%的人年龄在30岁左右。"在这些北卡罗来纳种植园主家庭中，十几岁的男孩很少独立移民。20岁以下的男性一般只是作为家庭成员随着自己的父母和哥哥姐姐一起进行迁移。"那些独立迁移的种植园主的儿子大多数已经结婚成家。"种植园主迁移的儿子中，有几乎四分之三的人是刚刚结婚开始自己的家庭。在总的移民中，有几乎三分之一是在婚后前5年内迁移的，但也有相当多人（15%以上）是在已婚15年或更久后才移民的。"②

关于东部种植园主向西部迁移的动机，琼·卡欣概括道：

> 年轻人面对着1820年代到1830年代经济机会的萎缩，创造了一种新的社会价值观，包括个人主义、竞争和风险担当。他们还为男人的性别角色创造了新的定义，强调以牺牲对他人的责任为代价来实现个人的男子汉目标。种植园主的儿子们想要独立于家庭之外，而不是淹没在家庭之中。他们认为在滨海地区不同代男人们之间的传统契约给予他们的东西甚少，他们相信确保他们独立的最佳途径是离开家园前往西南部。

---

① Henry M. McKiven, Jr., "The Deep South", in Mary Kupiec Cayton, Elliott J. Gorn, Peter W. Williams, eds., Encyclopedia of American Social History, Vol. II, Charles Scribners's Sons, 1993, p. 1046.

② Jane Turner Censer, "Southwestern Migration among Northh Carolina Planter Families:'The Disposition to Emigrate'", The Journal of Southern History, Vol. LVII, No. 3 (August, 1991), pp. 413-414.

种植园主家庭的其他成员对于迁移则有不同的想法,因为这种迁移威胁到了不同代男人和两性之间的契约。绝大多数做父亲的人和年长的亲人将之看成是对自己权威的挑战,是对家庭的放弃,是对男子气概、传统观念的违反,也是一种愚蠢的经济冒险。妇女们,除了一些例外,大多反对迁移,因为她们认为迁移将破坏甚至毁灭她们的家庭,将她们心爱的人带到遥远而又危险的地方。①

不能否认,卡欣的这种概括内含合理的成分,离开家园迁移到遥远的陌生之地,不同的人难免会有不同的心态,有多种多样的情绪反应。有些人的心态和反应也许就与卡欣的概括相契合。告别熟稔的家乡和亲朋,心生感伤本是人之常情。边疆生活的艰辛,对故土的思念,也难免让人生出千般愁绪,口有怨言也是情绪的正常反应。不过,不管心态如何,情愿与否,很多种植园主家庭的妇女和老人们还是跟随年轻人去了西部。而年轻男子的西进,主要是为了抓住那里的土地资源,实现经济和社会地位的进一步上升。对此卡欣也写道:那些考虑了迁移的年轻人绝大多数是20几岁,绝大多数想成为种植园主,有些人还向往着在法律、医药或新闻各界有个第二职业,但是他们的钱是放进种植业中的,这个职业无疑是南部最为尊贵的职业。他们相信故土的土壤肥力已经耗竭,阻碍了他们在家乡成为成功的种植园主。因为种植园农业陷入麻烦之中影响了其他经济部门,所以在家乡不管选择干什么职业都没有前途。② 西部对白人的开放,那些率先到达西部占据肥沃土地并快速蓄奴致富者的先例,无疑会对东部的年轻人产生极大的吸引力。对于长大成人将要创建自己生活的年轻人来说,往往从他人那里得到的指导建议是到西部去。例如,菲利普斯·菲茨帕特里克1849年从学校毕业后,对于自己的未来选择迟疑不定。他向迁移到得克萨斯的叔父阿尔瓦·菲茨帕特里克征询建议。其叔父回信建议他到得克萨斯来,在一个有树木有水流的健康之地取得一块良地,找一个好女人做妻子,因为没有一个能干的妻子在那里就生活不下去。他指导说:"尽可能多弄一些年轻的黑人女人来,多弄一些牛来……这里是我有生以来见到过的增长最快的地区。我在这里已经有6个年头,已经让黑人女人生下了15个黑人孩子。去年又有3个年轻黑人妇女开始了生育,她们去年生下了7个,其中5个活得好好的。"阿尔瓦·菲茨帕特里克在信中虽然言辞粗俗,但却道出奴隶主在西部兴家立业的诀窍。在蓄奴社会中长大的白人,通过耳闻目睹已经懂得了社会升迁之途的真谛,"在他们长大成人

---

① Joan E. Cashin, *A Family Venture: Men and Women on the Southern Frontier*, p.32.
② Ibid., p.33.

之前,绝大多数奴隶主已经在环境的影响下接受了这种观念,迁移是取得成功的前提条件。因此这也就难怪内战前的奴隶主阶级成为历史上流动性最强的阶级之一"。① 到西部蓄奴创业可以快速发家致富,这几乎成为南部白人的共识。26 岁的弗吉尼亚律师詹姆斯·戴维森在 1836 年游历了西南部地区,他在日记里写道:"在南部任何一个精力旺盛品行良好的年轻人都能发财。"有了两到三季的棉花好收成就能支付新创业的种植园主所需的土地和奴隶费用。事实上,"不管有多少人实际上实现了成功的快速致富,在棉花边疆有可能便捷致富这种信念在很多南部白人的心目中是存在的"。②

唐纳德·谢弗对 1850—1860 年间棉花地带移民进行抽样分析发现,奴隶主迁移的距离要比非奴隶主迁移的距离更远,对此谢弗指出,一个可能的解释是,财富是进行迁移的一个必要条件,远距离迁移需要支出现金,迁移距离越远需要支付的现金越多。一般而言奴隶主比非奴隶主财富更多,因此可以迁移的距离更远。可是按照这种思路来推论,土地所有人也应该迁移的距离比非奴隶主更远,但实际上拥有土地对于迁移距离的影响并不明显。另一种思路是,迁移距离是由对待风险的态度决定的,在一定程度上奴隶主要比非奴隶主更不畏惧风险。③

种植园主家庭成员的地区迁移,主要动机是为了抓住商品农业机会,所以他们迁移的时机与商品农业的经济形势相关联。"因为那些奴隶主们通常是集中在老西南部土地肥沃的棉花产区,迁移的时机大致随着棉花市场的波动而变化。1830 年代棉花价格达到一个新高峰,迁移活动大增。在 1837年经济恐慌后和 1840 年代早期的大体'不景气'年月,移民变成了涓涓细流。随着 1846 年左右棉花价格的稳定和再次上涨,移民人数重新开始攀升。"④棉花生产的赢利性广为人知,有能力获取西南部肥沃土地的东部种植园主,在家乡经济生产不景气的情况下,自然会想一想移民西部。上南部移民虽然绝大多数是流向了上南部的西部和老西北部,但那些流向西南部的人往往就是种植园主。种植园主迁移并不是盲目行动,而是经过仔细考察、认真考虑后才确定迁移方向的。唐纳德·谢弗对 1850—1860 年间棉花地带移民进行抽样分析得出的结论是,农场经营者、奴隶主和先前有着迁移经历的

---

① James Oakes, *The Ruling Race: A History of American Slaveholders*, pp. 74,76.
② Shearer Davis Bowman, *Masters and Lords: Mid-19th-Century U. S. Planters and Prussian Junkers*, New York: Oxford University Press,1993, pp. 60-61.
③ Donald F. Schaefer, "A Statistical Profile of Frontier and New South Migration, 1850-1860", pp. 570-571.
④ Jane Turner Censer, "Southwestern Migration among North Carolina Planter Families:'The Disposition to Emigrate'", pp. 417-418.

家庭更不倾向于迁移。而在那些进行迁移的家庭中,家长的年龄和蓄奴状况与迁移距离和路线选择有着显而易见的正面联系。先前的迁移则是产生了负面影响。最后,迁移到得克萨斯和阿肯色这样的边疆州,相对于迁移到新南部的阿拉巴马、路易斯安那、密西西比和田纳西诸州,面对的自然和经济环境的变化更大,而这意味着成本和收益也更大。①

普通乡民的移民往往是整个家庭离开家乡到新地区去安家立业,种植园主家庭中也有整个家庭甚至整个家族一起移民的现象。约瑟夫·P.雷迪对佐治亚中部种植园经济发展的研究发现:"在佐治亚中部地区,绝大多数早期的种植园主是种植园世家的家庭成员。自殖民地时期以来,种植园主就向处女地扩张,给他们即将成年的孩子和自然增长的奴隶人口确定安家容身之地。内战前最成功的家庭,包括北卡罗来纳的卡梅伦家族、南卡罗来纳的汉普顿家族,和佐治亚的拉马尔家族,都把他们的家族分支扩展到整个南部地区。种植园主的社区常常是整个社区迁移到新的地区。亲属、邻居或教会的成员一般构成了这个群体的核心。"②佛罗里达中部种植园经济开发过程中也出现了种植园主家族迁移的现象。阿希尔·穆拉特是流亡法国的拿破仑皇家成员,于1820年代定居在不久前才由西班牙被迫割让给美国的佛罗里达。关于当时种植园主的迁移,据他观察,"一个种植园主绝不会独自而来。他会说服一些亲戚或朋友与他一起迁移,或者至少是来看看这个国家,而那些来看看的访客中定居下来的人更多。在这个刚刚新生的种植园地区,他们过着幸福恬静的生活"。③ 约翰·布兰奇家族的迁移就是一个例证。布兰奇、布拉德福德和惠特克这3个家族是北卡罗来纳哈利法克斯县的高门大姓,他们相互联姻,构成一个关系网。这个群体中在1830年代初的大人物是约翰·布兰奇。此人曾任北卡罗来纳州的参议员、州长、联邦参议员和杰克逊总统的第一任海军部长。在1829年他任命自己的表弟伊来·惠特克担任海军的橡树林视察员后,惠特克便以到佛罗里达为海军寻找造船用木料为名,到那里去为自己家人和亲朋寻找可以购买的土地。1831年在华盛顿发生了佩琪·伊顿风波后,约翰·布兰奇辞职,带着自己的一大群儿子、女儿、侄子、侄女、女婿和姑表亲,以及几百个奴隶,搬迁到佛罗里达的莱昂县定居。

---

① Donald F. Schaefer, "A Statistical Profile of Frontier and New South Migration, 1850-1860", p. 575.
② Joseph P. Reidy, *From Slavery to Agrarian Capitalism in the Cotton Plantation South: Central Georgia, 1800-1880*, Chapel Hill and London: The University of North Carolina Press, 1992, p. 33.
③ Edward E. Baptist, "The Migration of Planters to Antebellum Florida: Kinship and Power", *The Journal of Southern History*, Vol. LXII, No. 3 (August, 1996), p. 527.

他们之所以举族迁移,是为了到新地区之后能够掌控地方的政治、经济和文化资源。"在莱昂县定居下来之后,约翰·布兰奇与他的亲人们并没有建立孤立的家园,没有以各自独立为名放弃传统的以亲缘为基础的从政方法和其他获取权力的通路。恰恰相反,他们仍旧是大家族和社区的成员。在佛罗里达这个老南部的棉花种植边疆地区,亲缘关系使得这些迁移而来的种植园主们能够获得并控制通向稀缺的政治、经济和文化资源的通道,亲缘关系就是权力。"①1830年代早期,迁移到佛罗里达中部的这3个家族的成员把新家安置在佛罗里达首府塔拉哈希以北的地区,仍然相互为邻。有4名布拉德福德兄弟,还有约翰·布兰奇和他的几个成年儿子以及女婿和外甥,以及3名惠特克家族的成年男子,他们购买的土地绝大多数处于塔拉哈希以北的两个镇区。"在这里朋友和亲戚们维持并加深了从故乡移植过来的亲人关系。时至1840年这个布兰奇—布拉德福德—惠特克家族中至少有68名成员生活在莱昂县的社区。"②当然,永离故土、远离家人乡邻到遥远的陌生之地重新安家,这样的选择不是所有的人都能轻易做出的。有的人留恋家乡不愿迁移。但是,随着乡邻特别是亲人们纷纷迁往西部,一些原本不愿迁移的人也走上了迁移之路。"一些人迁移是为了与已经迁移而去的亲人和朋友生活在一处。一个年岁已高的农场主计划离开他生活了20年的阿拉巴马社区,希望到得克萨斯能过上像在家园一样的生活,'因为我的老邻居们都到那里去了,他们原来在这里的地方已经被新来的人占据'。另一些人一开始就随着社群一同离去而不是自己留下来。"有些种植园主为了孩子的未来决定迁移,留恋家园不愿迁移的老人们往往抵挡不住孩子的恳求最终也走上了迁移之路。詹姆斯·莱德是一个富有的种植园主,家在南卡罗来纳梅克尼卡斯维尔附近的皮迪河畔。他顽固地抵制他的乡邻们的那种西进狂热,甚至坚持并获得了女婿不将女儿带到西部去的承诺。但是到了他65岁那年,他的儿子们说服他将种植园搬迁到阿拉巴马距离蒙哥马利市40英里的地方。詹姆斯·莱德与妻子,以及他12个孩子中的6个孩子和6个孙子一起,与当地其他家庭一起离开了南卡罗来纳,几乎是整个村子全部搬迁到了阿拉巴马。③虽然家庭中的男人、女人、父母和儿女的想法可能会多种多样,情绪也会各有不同,但如果不是能够更好地发家创业,为什么要受背井离乡之苦为开辟新

---

① Edward E. Baptist, "The Migration of Planters to Antebellum Florida: Kinship and Power", p. 529.
② Edward E. Baptist, *Creating an Old South: Middle Florida's Plantation Frontier before the Civil War*, p. 30.
③ James Oakes, *The Ruling Race: A History of American Slaveholders*, pp. 80, 81.

家园而冒险呢？那些种植园主家庭年轻人的经济状况和条件，毕竟要比那些非奴隶主白人家庭好得多。迁移与否对于种植园主家庭来说是权衡利弊的理性选择，那些选择迁移的人，必定是认定迁移有利于自己的发展。那些认为留在家乡有利的人就会选择留下来。"实际上，在北卡罗来纳种植园主家庭中，超过 40% 的人没有移民而去。那些在小家庭中长大的人，看来并没有进行迁移的迫切压力。在只有 3 个以下孩子的大种植园主家庭中，仅仅有 15% 的家庭有人移民。在大家庭中情况就大为不同了。在有 10 个以上孩子的种植园主家庭中，有几乎 70% 的家庭至少有一个人移民。"①

但更多的情况是，种植园主家庭的一些子女到西部去，而父母和其他子女仍留在家乡。杰克逊时代，"在那些历史更久的州，很多种植园主的做法是在西南部建立种植园，由亲人或信赖的监工监管，自己本人不用亲自迁移"。② 这样实际上就成了种植园主家庭成员的分家立业。不过，这种分家并没有导致个人财富的减少，对于那些移民到西部的种植园主子女而言，他们到西部获得了大量新的土地，成为独立的种植园主，实际上他们的财产增加了。而那些留在东部的子女，因为迁移而走的家人不再在家乡与自己分割财产，财富同样也增加了。表 3-2 和表 3-3 中的数字显示，1850 年北卡罗来纳种植园主子女迁移外地和没有迁移者的财产和蓄奴数没有很大的差距。

表 3-2 1850 年北卡罗来纳种植园主子女的不动产③

财产数额价值	留在北卡罗来纳的人		移民外地的人	
	百分比	人数	百分比	人数
无财产	19.7	65	14.5	9
不足 1000 美元	3.3	11	3.2	2
1000—4999 美元	20.0	66	25.8	16
5000—9999 美元	24.9	82	21.0	13
10000—19999 美元	19.7	65	17.7	11
20000—49999 美元	10.0	33	11.3	7
50000 美元以上	2.4	8	6.5	4
总计	100.0	330	100.0	62

---

① Jane Turner Censer, "Southwestern Migration among North Carolina Planter Families: 'The Disposition to Emigrate'", p. 420.
② Lewis Cecil Gray, *History of Agriculture in the Southern United States to 1860*, p. 899.
③ Jane Turner Censer, "Southwestern Migration among North Carolina Planter Families: 'The Disposition to Emigrate'", p. 423.

表 3-3　1850 年北卡罗来纳种植园主子女的蓄奴数①

拥有奴隶数额	留在北卡罗来纳的人		移民外地的人	
	百分比	人数	百分比	人数
没有奴隶	12.4	42	13.4	9
1—19 个奴隶	20.3	69	17.9	12
20—49 个奴隶	36.8	125	34.3	23
50—69 个奴隶	13.8	47	19.4	13
70 个以上奴隶	16.8	57	14.9	10
总计	100.1	340	99.9	67

1830 年前北卡罗来纳种植园主子女的迁移和普通白人的移民流向大致相同,都是进入田纳西、肯塔基、佐治亚或阿拉巴马。1830 年代中期的棉花产业兴旺时期,很多种植园主移民去了阿拉巴马、田纳西和路易斯安那。到了 1840 年代移民的目的地进一步西移,前进到了密西西比和阿肯色,40 年代末深入得克萨斯。表 3-4 显示了北卡罗来纳种植园主移民的目的地。

表 3-4　北卡罗来纳移民目的地及家庭数②

	1810—1819 年	1820—1829 年	1830—1839 年	1840—1849 年	1850—1859 年
阿拉巴马	1	4	6	6	4
阿肯色	—	—	—	5	—
佛罗里达	—	—	2	1	4
佐治亚	—	1	1	—	—
肯塔基	1	1	—	—	—
路易斯安那	—	1	7	1	3
密西西比	—	—	6	15	4
田纳西	1	1	11	2	1
得克萨斯	—	—	—	7	—

西南部是奴隶主迁移的核心地区,"向西南部的大移民集中在一些特别有吸引力的地区,包括纳奇兹周边的密西西比河谷地、阿拉巴马北部的田纳西河谷地。其中最重要的地区位于克拉克人割让地,因土壤肥沃油黑而被称

---

① Jane Turner Censer, "Southwestern Migration among North Carolina Planter Families: 'The Disposition to Emigrate'", p.424.
② Ibid., p.417.

为'黑土地带'的阿拉巴马中部"。① 棉花产业的异军突起极大地刺激了南部种植园主向棉花产区的迁移。"通过将自己与这种新复活的种植园经济结合在一起,南部高地地区的人向西南部蜂拥而去,这些人绕过阿巴拉契亚山脉南端,将奴隶制和棉花种植带到了佐治亚的皮德蒙特地区、阿拉巴马中部和密西西比州土地肥沃的黑土地带,以及阿拉巴马河、汤比格比河、珀尔河与密西西比河的土质肥沃冲积地带。在1800—1830年这个棉花价格高涨时期,南部棉花边疆的扩张速度是惊人的,要比美国其他地方的扩张速度快3倍或者4倍。拓荒者中的很多人,尤其是那些来自上南部的拓荒者,本身带着他们的奴隶而来,但是绝大多数高地南部人先前与奴隶制并无瓜葛,他们仅仅是带着自己的家人而来。随着他们的家业兴旺以及内部奴隶贸易的发展,他们才获得了奴隶。"②

杰克逊时代是兴建种植园的疯狂投机时代,宽松的银行信贷与西部肥沃地带的开放,刺激了东部种植园主向西南部移民。1830—1840年,一些新开发地区快速发展,人口和产量大幅度增长。阿拉巴马中部7个县的自由人口从1830年的22613人增长到1840年的60514人,奴隶从4427人增长到65204人。密西西比州的诺克苏比县、朗兹县和门罗县这3个县从7034人增长到33738人。田纳西西南部继续快速开发,移民们跨过边界进入了密西西比北部倾斜的高地地区。孟菲斯的棉花货物吞吐量从1840年的3.5万包增长到1850年的15万包,1860年达到36.1万包。密西西比州东北部的黑土地区棉花生产也快速发展,这里通过汤比格比河连接莫比尔。该州中西部与亚祖高原和大黑河相连的冲积平原地区也得到开发,纳奇兹附近几个县的人口也快速增长。路易斯安那的雷德河和密西西比河冲积地区人口持续增长。阿肯色州的密西西比河西岸和路易斯安那北部也出现了一些种植园。这一时期种植园制度扩展的另一个重要地区是佐治亚的西南部,在这一时期该地区的6个县人口从5678人增长到42269人。③

迁移到西部地区的东部种植园主绝大多数实现了扩大家业的愿望。北卡罗来纳的伊斯雷尔·皮肯斯担任联邦众议员多年,1816年夏他到密西西比准州考察了一番后,在该年年底卖掉了在北卡罗来纳的种植园,让他的弟弟詹姆斯将他的绝大多数奴隶向西南部迁移。不久门罗总统任命他担任皮

---

① Daniel Walker Howe, *What Hath God Wrought: The Transformation of America, 1815-1848*, Oxford: Oxford University Press, 2007, p.126.
② Carville Earle, "Rural Life in the South", in Mary Kupiec Cayton, Elliott J. Gorn and Peter W. Williams, eds., *Encyclopedia of American Social History*, Vol. II, pp.1227-1228.
③ Lewis Cecil Gray, *History of Agriculture in the Southern United States to 1860*, pp.899, 900.

尔河以东地区土地所的登记员,1818 年 1 月他与妻子玛莎和两个孩子在圣斯蒂芬斯的一个原木小屋安了家。到 1819 年年底,皮肯斯已经购买了 1000 多英亩土地,成为汤比格比河畔出人头地的棉花种植园主,拥有一大批奴隶。他协助起草了阿拉巴马州的第一部州宪法,1821 年被选为州长。① 查尔斯·泰特出生于弗吉尼亚,婚后迁移到马里兰,而他的父亲迁移去了佐治亚的东北部。不久他也迁移到父亲所定居的佐治亚艾尔伯特县,从事法律生意进入政界,成为一个巡回法官,1809—1819 年担任联邦国会的参议员。1816 年其父亲去世后留下一群奴隶,泰特与已经结婚成家的儿子詹姆斯·阿斯伯里决定一起向西部迁移。是年冬季,詹姆斯·阿斯伯里到阿拉巴马河下游寻找可以开垦种植园的土地,一年后他在后来成为威尔科克斯县的地区开荒建房。泰特在离任参议员后也迁移到了阿拉巴马,购买奴隶兴建种植园。他弄到一个在阿拉巴马巡回法院担任联邦法官的职位,兴建了两个种植园,一个取名威尔登(Weldon),另一个取名"斯普林菲尔德"(Springfield)。他的儿子詹姆斯·阿斯伯里最终拥有了 4 个种植园。② 弗吉尼亚种植园主约翰·哈特维尔·科克的儿子菲利普·圣乔治·科克通过西进发展成一个更大的种植园主,他在弗吉尼亚和密西西比州都有大片田产,成为南部巨富之一。1860 年年初科克拥有奴隶 658 名,分别分布在弗吉尼亚和密西西比州的 9 个种植园,其中在弗吉尼亚的保厄坦县和布伦瑞克县的 3 个种植园有 283 名奴隶,在密西西比州的朗兹县和亚祖县的 6 个种植园有 375 名奴隶。③

  从整个社会层面来看,内战前南部地区的人口西进运动是一个社会经济分化过程。少数人上升为种植园主,占据了土地肥沃、运输便利、适宜主产作物生产的地区,一部分人成为中小奴隶主,更多的人则不是奴隶主。种植园主从事商品农业生产,中小奴隶主从事的是复合生产,他们既生产一些商品作物,也生产自己消费的农产品。非奴隶主农场主则是过着自产自用的生活。"种植园最终侵入了所有符合棉花生产所需的肥沃土地、足够的无霜生长季、及时的降雨和通向市场的运输途径等条件的小农地区。'黑人地带'的每一次扩展都抬高了土地价格和税赋,将农场主驱逐到'白人地带',在那些地区种植园不能建立。这类地区不仅包括从马里兰西部向南延伸穿过佐治亚北部和阿拉巴马,再向北进入田纳西中部和肯塔基东部的阿巴拉契亚山

---

① Adam Rothman, *Slave Country: American Expansion and the Origins of the Deep South*, p. 165.
② Ulrich Bonnell Phillips, *Life and Labor in the Old South*, New York: Grosset & Dunlap. Publishers, 1929, pp. 275, 277.
③ Shearer Davis Bowman, *Masters and Lords: Mid-19th-Century U. S. Planters and Prussian Junkers*, p. 31.

区外围的凸出高地地区,而且包括海湾海岸地带的松林荒原和整个南部的丘陵或孤立地区。在这些地方,尽管资本不足以购买奴隶,也不愿冒失去农场风险而借贷,过着自给自足生活的农场主还是能够持续维持家长制荣誉和平等地位。"在种植园地带,种植园主除了从事面向市场的棉花生产外,还种植玉米和养猪以供种植园人口自用。那些小奴隶主补充自产自用生活方式的方法,是种植几包棉花以便纳税和购买一些商品。由于棉花兴旺抬高了奴隶价格,绝大多数农场主无力购买奴隶。"没有奴隶的自由人口占人口的比例在 1830 年低于三分之二,到 1860 年攀升到几乎占四分之三。"①从事自给自足经济生活的小农场主无法与从事商品农业生产的大农场主竞争。"在经济演进历程中普遍出现的一个重大现象是,在有利的条件下,奴隶制和种植园制度易于取代其他经济类型。这种过程一再重现。在条件有利于主产作物商业生产的地方,小农场主就会发现自己没有能力抵抗在种植园制度下组织起来的奴隶劳动的竞争力量。渐渐地他们就不得不要么变成大种植园主(很多人并没有足够的能力和资本来达到这一目标),要么到对于商品农业生产不太有利的地方重建原始的自给自足的经济生活方式。"内战前南部的经济开发就是这种模式。"从另一个角度说,这种趋向可以看作是一种地理专业化过程,种植园制度在最适宜主产作物生产的地区取得胜利,而在不利于种植园经济发展但适宜自给自足或过渡性经济类型的地理区域,自给自足或过渡性的经济类型得以发展延续。"②

  随着东部移民的涌入,阿巴拉契亚山脉以西地区的人口快速增长,西部新兴地区的人口继续向外迁移,内战前南部的人口迁移便呈现出一种西进东去、南下北上纵横交错的现象。1790—1820 年,肯塔基和田纳西人口增长到共 877772 人,在接下去的三十年,此两州人口共增长 100 万人。阿拉巴马和密西西比的人口在 1820 年是 203349 人,但是在随后的 30 年里人口上升到 1378249 人,增加人数超过 100 万人,在 1850 年代这两个州又增加了 377357 人,其中 218989 人是奴隶。密苏里人口在 1820 年至 1850 年增加了 615548 人,到 1860 年该州又增加了 50 万人。肯塔基和田纳西在 1850 年前已经成为人口输出州,在 1850—1860 年大量人口外流。向外移民的肯塔基人口在 1850 年前主要去了密苏里、印第安纳和伊利诺伊,在接下去的十年里,流往密苏里的移民继续上升,流往伊利诺伊和印第安纳的人口则减少,流往艾奥瓦、阿肯色、得克萨斯和加利福尼亚这些新兴州的人口也在上升,但数量不

---

① Charles Sellers, *The Market Revolution: Jackson America, 1815-1846*, New York: Oxford University Press, 1991, pp. 408, 409.
② Lewis Cecil Gray, *History of Agriculture in the Southern United States to* 1860, p. 444.

大。田纳西有大批人口在1850年前流往了密苏里、阿肯色、伊利诺伊、密西西比、阿拉巴马和得克萨斯,1850—1860年间在密苏里、阿肯色和得克萨斯的田纳西人显著增长,大约增长了8.6万人,而1860年生活在阿拉巴马和密西西比的田纳西人要比1850年少。阿拉巴马的人口主要来自佐治亚和南卡罗来纳,也有相当一部分人来自北卡罗来纳和田纳西,来自其他蓄奴州的人则不多,来自外国的移民更少。1860年的阿拉巴马人口中来自弗吉尼亚的只有7598人,而来自佐治亚的有83517人。当然,迁往阿拉巴马或南部腹地的弗吉尼亚人主要是种植园主。1860年阿拉巴马的人口中,来自自由州的纽约州人数最多,然而纽约人也只有1848人。密西西比的人口来源构成与阿拉巴马颇为相似。密西西比州的人口中,来自阿拉巴马州的人占首位,来自南卡罗来纳的人占第二位,来自佐治亚、北卡罗来纳和田纳西的人口相近,并列第三位。1860年生活在密西西比的弗吉尼亚人不足7000人,纽约人是1336人,宾夕法尼亚人为950人,其他非蓄奴州人数更少,外国出生的人为8558人。路易斯安那原是法国殖民地,又曾受西班牙管辖,很多居民是法兰西人和西班牙人后裔。1860年该州外国出生的人口为81029人,来自其他州的自由人是15041人,只有来自阿拉巴马和佐治亚这两个南部州的移民超过了来自纽约州的人数。阿肯色就人口而论就像是田纳西之子。田纳西相当多的自耕农和种植园主都迁往了阿肯色。1860年也有近4000名伊利诺伊人生活在阿肯色,超过外国出生的人。得克萨斯在1850年来自田纳西的移民比其他各州都多,且人数超过外国移民总数。在接下去的十年里,来自田纳西的移民又增加了2.5万人,来自阿拉巴马的人口增加了2.2万人,来自佐治亚的人口增加了1.6万人,除了来自特拉华、马里兰、佛罗里达和路易斯安那的人口外,来自其他南部州的移民都增加了两倍以上。得克萨斯的外国移民在1850年是16774人,在1850年代增加了2.7万人。1850年在得克萨斯的伊利诺伊人是2855人,在随后的十年间增加到了7050人,来自北部州的移民总数约2.2万人,来自上南部的移民与来自下南部的移民人数接近。密苏里在1821年就加入了联邦,但直到1850年该州仍有很大部分地区没有得到开拓。1850年前,密苏里人主要来自上南部,不过在1850年代,俄亥俄、印第安纳和伊利诺伊这几个自由州的大批移民进入了密苏里,外国移民抵达该州的人数也逐年增长。1850年时该州人口是682014人,在接下去的十年内增加了50万人。圣路易斯市人口增加了两倍,1860年该城市人口达到160773人。[1]

---

[1] William O. Lynch, "The Westward Flow of Southern Colonists Before 1861", pp.314-319.

二 南部黑人奴隶的被迫迁移

内战前美国南部白人的迁移是自觉自愿的自主活动,而黑人奴隶的迁移则是被迫被动的行动。奴隶人口的被迫迁移主要通过两种方式:一是跟随移民的种植园主进行迁移,二是被原主人卖给奴隶贩子,在奴隶贩子的驱赶下进行迁移。对于内战前南部有多少奴隶进行了被迫的地区迁移,其中究竟有多少奴隶是跟随主人迁移,多少奴隶是通过奴隶贩运被迫迁移,历史学家的估计数字差异很大。早在 1904 年,W. H. 科林斯经过研究后提出,1820 年代从出售奴隶的州迁走的奴隶大约是 12.4 万人,1830 年代是 26.5 万人,1840 年代是 14.6 万人,1850 年代是 20.7 万人,共计 74.2 万人。这些被迁往远乡的奴隶中的绝大多数是随着主人迁移的,通过地区间奴隶贸易迁移的奴隶仅占被迁移奴隶的 40%。在 1850 年代可能占 50%。① 1918 年乌尔里希·B. 菲利普斯在其所著的《美国黑人奴隶制》一书中指出,18 世纪末南部内部的奴隶贸易就已经引起人们的注意。随着非洲奴隶贸易的关闭,州际奴隶贸易开始成为常规性生意,但是不仅规模与过去一样仍很小,而且通常是偶然发生的事情。1815—1860 年是奴隶贸易的重要时期,尤其是 1837 年经济危机之前奴隶贸易达到了高峰期,但是,无法判定奴隶贸易的准确规模,"从现有数据中很难找出这种商业奴隶贸易在平常的贸易量"。② 刘易斯·C. 格雷在 1933 年出版的《南部农业史》中也没有指出奴隶贸易的规模。他认为:"在流向下南部的奴隶中,不可能确切说出有多大比例是通过内部奴隶贸易进行的。尽管科林斯曾估计大约有五分之二是通过这种途径。有丰富的证据表明奴隶贸易达到了相当大的规模。"③ 弗雷德里克·班克罗夫特在 1931 年出版的研究奴隶贸易的专著中提出的奴隶迁移人数多于科林斯估计的数字,而且他认为绝大多数奴隶是通过奴隶贸易迁移的,在 1850 年代至少 70% 的奴隶迁移是通过奴隶贸易进行的。④ 班克罗夫特的这个论点被第二次世界大战后的史学家所接受,肯尼思·斯坦普在其 1956 年出版的《特别制度》中就接受了班克罗夫特的说法。⑤ 可是到了 20 世纪 70 年代初,威廉·考尔德黑

---

① Steven Deyle, *Carry Me Back: The Domestic Slave Trade in American Life*, New York: Oxford University Press, 2005, pp. 283-284.
② Ulrich Bonnell Phillips, *American Negro Slavery: A Survey of the Supply, Employment and Control of Negro Labor as Determined by the Plantation Regime*, p. 190.
③ Lewis Cecil Gray, *History of Agriculture in the Southern United States to 1860*, p. 658.
④ Steven Deyle, *Carry Me Back: The Domestic Slave Trade in American Life*, p. 284.
⑤ Kenneth M. Stampp, *The Peculiar Institution: Slavery in the Antebellum South*, New York: Alfred. A. Knopf, 1978, pp. 238-239.

德通过对马里兰奴隶贸易进行研究,对班克罗夫特的观点提出了挑战。他发现,在1830—1860年间,仅有18500名奴隶离开了马里兰,这个数字仅为班克罗夫特估计数字的四分之一,在奴隶贸易规模最大的1830年代,仅有3601名奴隶,或者奴隶人口的3.5%,被卖到了南方,这些人中仅有1896名是卖给了专业奴隶贩子。他认为马里兰没有广泛参与州际奴隶贸易,并对整个边界州奴隶贸易的程度和重要性提出了质疑。① 大致与此同时,罗伯特·威廉·福格尔在其《苦难时代》这部研究美国奴隶制的专著中提出,"在1790—1860年间,总共有835000名奴隶被从奴隶出口州迁移到了奴隶进口州"。但是奴隶贸易对奴隶人口流动的影响不大,"现有证据显示,卷入西进运动的奴隶中,大约84%是随着他们的主人迁移的。在1810年至1860年这50多年时间里,仅有12.7万名奴隶,或者说平均每年只有2500多名奴隶是被从东部买卖到西部的"。② 对于福格尔的论断,赫伯特·古特曼和理查德·萨奇撰文反驳说:"我们估计,在1790年至1860年间,进入州际迁移的奴隶超过100万人。被奴役的非裔美国人的这种流动,必算是世界历史上规模最大的被迫迁移之一。"他们认为福格尔估计的数字不正确,"计量经济学不可能将假设变成事实"。③ 另一个学者威廉·W.弗里林认为:"在1790—1860年间,边界南部和中部南部流走了近75万名奴隶,几乎是该地区全部自然增长的奴隶总数。马里兰和弗吉尼亚占南部奴隶人数的比例从60%下降到18%,下南部的比例从21%上升到55%。1790年边界州的居民中有27.5%是奴隶,1850年则只有16.7%的居民是奴隶。"④迈克尔·塔德曼估计,在1820年以后,奴隶的迁移主要是通过奴隶贸易来进行,在这些奴隶的迁移中,大约60%—70%要归于区域间奴隶贸易。他认为,在1820—1860年间的上南部地区,十几岁的孩子落入奴隶贩子手中的机会在10%以上,二十几岁的人被贩卖的机会是8%—10%,三十几岁的人被贩卖的机会下降到5%左右,年龄更大的奴隶被贩卖的机会可能是2%或更低。⑤ 斯蒂芬·戴勒认为:"我相信有把握做出这样的结论,即在1820—1860年间至少87.5万名美国奴隶被强

---

① Steven Deyle, *Carry Me Back: The Domestic Slave Trade in American Life*, p. 285.
② Robert William Fogel and Stanley L. Engerman, *Time on the Cross: The Economics of American Negro Slavery*, Boston: Little, Brown and Company, 1974, pp. 47, 48.
③ Herbert Gutman and Richard Sutch, "The Slave Family: Protected Agent of Capitalist Masters or Victim of The Slave Trade?" in Paul A David and Herbert G. Gutman, eds., *Reckoning with Slavery: A Critical Study in the Quantitative History of American Negro Slavery*, New York: Oxford University Press, 1976, pp. 99, 103.
④ William W. Freehling, *The Road to Disunion*, Vol. I, *Secessionists at Bay*, 1776-1854, p. 24.
⑤ Michael Tadman, *Speculators and Slaves: Masters, Traders, and Slaves in the Old South*, Madison, Wisconsin: University of Wisconsin Press, 1989, pp. 31, 45.

迫从上南部迁移到下南部,其中60%—70%的奴隶是通过地区间奴隶贸易运输的。"他进一步指出,史学界一直没有对地方性奴隶贸易加以足够的研究,实际上,地方性奴隶贸易的奴隶人数要大于区域间奴隶贸易规模,"我相信有把握做出这样的结论,即在1820—1860年间至少200万美国奴隶被人买来卖去,这些交易中超过三分之二是地方性贸易"。①

内战前南部奴隶的迁移规模很大,这是历史学界形成的共识。从标榜自由的美国白人建国成功之始,美国南部的白人就裹挟着黑人奴隶向西进发,到西部去兴建新的奴役之地。美国建国早期,大批黑人奴隶就在奴隶主的驱使下永别亲人,离开旧土,走向遥远陌生的地方,"1790—1820年,白人奴隶主将近25万奴隶带出数百英里,使他们与家人和朋友分离,到边疆的种植园种植烟草和棉花,由此摧毁了奴隶社区本来就脆弱的安全"。②此后被迫西进的黑人规模更大。历史学者推测的奴隶迁移人数,尽管不是绝对精确,却也大体上反映了内战前不同时期奴隶人口被迫迁移的规模和方向。表3-5和表3-6中的数字显示了美国建国早期奴隶人口的迁移情况。

表3-5 1790—1810年美国奴隶人口迁移人数推测③

接受奴隶的州	出口奴隶的地区和人数			移入奴隶人数
	切萨皮克地区各州	非洲	西印度	
肯塔基	54000	0	0	54000
北卡罗来纳	6000	0	0	6000
南卡罗来纳	4000	15000	0	19000
佐治亚	4000	48000	0	52000
田纳西	25000	12000	0	37000
密西西比和路易斯安那	5000	18000	3000	26000
总数	98000	93000	3000	194000

---

① Steven Deyle, *Carry Me Back: The Domestic Slave Trade in American Life*, pp.289, 296.
② Allan Kulikoff, "Uprooted Peoples: Black Migrants in the Age of the American Revolution, 1790-1820", in Ira Berlin and Ronald Hoffman, eds., *Slavery and Freedom in the Age of the American Revolution*, p.143.
③ Ibid., p.149.

表 3-6 1810—1820 年美国奴隶人口迁移人数推测①

接受奴隶的州	出口奴隶的地区和人数			移入奴隶人数
	切萨皮克地区各州	北卡罗来纳	西印度	
肯塔基	24000	0	0	24000
田纳西	10000	13000	0	23000
佐治亚	13000	0	2000	15000
密西西比和阿拉巴马	51000	0	2000	53000
路易斯安那、阿肯色和密苏里	26000	0	3000	29000
总数	124000	13000	7000	144000

表 3-7 内战前南部区域间奴隶流动估计人数②

年代	1790—1799	1800—1809	1810—1819	1820—1829	1830—1839	1840—1849	1850—1859
总奴隶人口自然增长率(%)	27.0	27.0	30.5	31.2	23.8	27.8	23.4
阿拉巴马			+35500	+54156	+96520	+16532	+10752
阿肯色			+1000	+2123	+12752	+18984	+47443
特拉华	-4523	-3204	-817	-2270	-1314	-912	-920
哥伦比亚特区		-1123	-576	-1944	-2575	-2030	-1222
佛罗里达			+1000	+2627	+5833	+5657	+11850
佐治亚	+6095	+11231	+10713	+18324	+10403	+19873	-7876
肯塔基	+21636	+25837	+18742	-916	-19907	-19266	-31215
路易斯安那			+1159	+20679	+16415	+29296	+29924	+26528

① Allan Kulikoff, "Uprooted Peoples: Black Migrants in the Age of the American Revolution, 1790-1820", in Ira Berlin and Ronald Hoffman, eds., *Slavery and Freedom in the Age of the American Revolution*, p. 152.

② Michael Tadman, *Speculators and Slaves: Masters, Traders, and Slaves in the Old South*, p. 12.

续　表

年代	1790—1799	1800—1809	1810—1819	1820—1829	1830—1839	1840—1849	1850—1859
马里兰	-22221	-19960	-33070	-32795	-33753	-21348	-21777
密西西比		+2152	+9123	+19556	+101810	+53028	+48560
密苏里			+5460	+10104	+24287	+11406	+6314
北卡罗来纳	+3671	-407	-13361	-20113	-52044	-22481	-22390
南卡罗来纳	+4435	+6474	+1925	-20517	-56683	-28947	-65053
田纳西	+6645	+21788	+19079	+31577	+6930	+4837	-17702
得克萨斯						+28622	+99190
弗吉尼亚	-22767	-41097	-75562	-76157	-118474	-88918	-82573
出口总数	49511	65791	123386	154712	284750	183902	250728
进口总数	42482	68641	123221	154882	287831	188863	250637

在这些被迫迁移的奴隶中，究竟有多少人是陪伴着主人迁往他地，有多少人是被奴隶贩子贩卖到西部，恐怕历史学者只能自己推测、难成共识了。奴隶的被迫迁移因时因地而异。在1790—1800年代，大批切萨皮克地区的种植园主驱赶着自己的奴隶迁移到肯塔基和田纳西，但是很少有人再进一步向西南部进发。当时，上南部并没有形成有组织的奴隶贸易。向西部迁移的黑人奴隶绝大多数是跟随主人而去。南卡罗来纳和佐治亚西部内陆地区，以及更内陆的西南部地区，很难获得切萨皮克地区的奴隶。切萨皮克地区的奴隶主在1790—1810年间送往南卡罗来纳、佐治亚和密西西比、路易斯安那的奴隶不足1.5万人，其中绝大多数还是陪伴着主人一起迁移的。表3-7显示了内战前南部诸州奴隶人口的增减情况。表3-8显示了南卡罗来纳奴隶人口被迫迁移的途径。

表 3-8　1817 年随奴隶主移入南卡罗来纳的奴隶的迁移模式①

迁移模式	占奴隶主的比例(%)	占奴隶的比例(%)	奴隶群体平均规模
整个或部分种植园迁移	33	57	17.2
继承或作为嫁妆的奴隶	45	31	6.6
奴隶主在上南部购买的奴隶	22	13	3.5
总计	100	101	9.7
人数	49	474	

那些内战前被迫迁移的奴隶中,有一部分是来自美国之外的奴隶。实际上,从美国独立到内战爆发,从国外合法和非法输入奴隶的活动一直时断时续地进行着。美国革命时期各州都停止了进口奴隶。当时属于美国之外的路易斯安那在 1790—1795 年允许西班牙船只进行奴隶贸易,1795—1800 年停止了所有奴隶贸易,1800—1803 年再次对西班牙和英国船只开放了奴隶贸易。1803 年美国购买路易斯安那后,关闭了该地的对外奴隶贸易。进入美国的非洲奴隶在 1790 年代大约是 3 万人,1800 年代为 6.3 万人。1790 年代贩运非洲奴隶的贩奴商人是在萨凡那将奴隶卖给地方奴隶贩子和西部的种植园主,这些购买非洲人奴隶的人再沿着萨凡那河向西北行进,直至佐治亚的西部内陆,他们中的少部分人甚至到达了南卡罗来纳的西部内陆、田纳西和路易斯安那,这一时期没有奴隶被贩运到切萨皮克地区和肯塔基。在 1804 年南卡罗来纳重新开放对外奴隶贸易后,贩奴基地从萨凡那转到南卡罗来纳的查尔斯顿。在 1808 年美国国会禁止非洲奴隶贸易之前,从查尔斯顿港进口的非洲奴隶人数达 3.9 万人以上,其中绝大多数被西南部新兴地区购买,南卡罗来纳种植园主购买数不足三分之一。在对外奴隶贸易成为非法活动后,另有 2.4 万非洲奴隶被运到墨西哥海湾沿岸,或被走私到佐治亚和南卡罗来纳。不过与内战前被迫迁移的庞大奴隶人口相比,这是一个很小的数字。在 1808 年对外奴隶贸易结束后,被迫迁移的奴隶便主要是来自切萨皮克地区。南部地区本是农业发达地区,并不缺乏维持奴隶生存的基本食物,奴隶生儿育女又符合奴隶主的利益,因为一方面,奴隶是奴隶主的财产,奴隶妇女生育孩子就是给其增加新的奴隶财产;另一方面,成年奴隶一旦成立了自己的家庭有了自己的孩子,就在情感上有了牵挂,这样可以减少奴隶的逃亡。所以奴隶主出于自身利益考虑,往往鼓励奴隶生育。"例如,在路易斯安那的斯特林种植园,1807 年至 1853 年每个妇女生育的孩子数平均是

---

① Allan Kulikoff, *The Agrarian Origins of American Capitalism*, Charlottesville and London: University Press of Virginia, 1992, p.251.

4—5人,该种植园几乎90%的孩子在有3个或3个以上兄弟姐妹的家庭中长大,一半多一点的家庭有6个兄弟姐妹。在南卡罗来纳的古德霍普种植园,1800—1849年间妇女生育率更高,但是放在19世纪美国的生育率中也没有达到不同寻常的程度。这里一半以上的妇女生育孩子在8个以上。"① 再则那又是一个还没有节育措施的时代,奴隶男女一旦结合,女奴怀孕生育往往不可避免。这些巧合就促成了奴隶人口的高增长率。而奴隶人口的快速自然增长,恰恰又为奴隶主们跨地区迁移奴隶提供了奴隶来源。表3-9显示了内战前奴隶人口的增长来源。

表3-9　1790—1860年美国进口奴隶估计数和黑人人口自然增长率估计数②

年代	1790—1800	1800—1810	1810—1820	1820—1830	1830—1840	1840—1850	1850—1860
进口奴隶	30000	60000	50000	40000	40000	55000	75000
黑人人口自然增长率	28.3%	31.6%	25%	29.2%	21.7%	24.7%	20%

黑人奴隶是被迫迁移的受害者。无论是陪伴奴隶主迁移,还是被奴隶贩子贩卖迁移,都是一种极端痛苦的经历。相对而言,跟随主人迁移受的痛苦要少一点。"大奴隶主的迁移通常是奴隶迁移中苛求最少的方式。强迫他们的奴隶们向西部迁移的种植园主们往往维持一些奴隶家庭,因为他们的奴隶们通常是相互联姻的。再则,与主人一起迁移的奴隶们并不经受感觉上的失落、被排斥和不安全之苦,而这些痛苦正是那些被卖掉的奴隶所遭受的。尽管他们并不愿意背井离乡,不愿离开通常是一个比他们所生活的种植园更大的奴隶社区,可是这些奴隶在迁移后还保持着很多主要的社会关系。在临近的种植园有配偶和孩子的奴隶们经受着骨肉分离,他们还能得到的仅有的保障是仍留在同一个奴隶社区里,甚至主人还是同一个人。"③ 不过,即使是对那些伴随奴隶主迁移的奴隶来说,迁移旅程也是一段刻骨铭心的耻辱经历。琼·卡欣指出:"旅行既危险又羞辱。有的奴隶在过河时会被淹死,有的奴隶会在旅途中患病而亡。那些在东部海岸地区没有被拆散的家庭仍在风险之中,因为主人有时会决定将奴隶卖给在途中碰到的白人。绝大多数奴

---

① Carl N. Degler, *At Odds: Woman and Family in America from the Revolution to the Present*, Oxford: Oxford University Press, 1980, p.118.
② Lewis Cecil Gary, *History of Agriculture in the Southern United States to 1860*, p.650.
③ David J. Libby, *Slavery and Frontier Mississippi, 1720-1835*, Jackson: University Press of Mississippi, 2004, p.67.

隶是伴随着马车步行,被铁链锁在一起或绑在一起,而白人则骑着马走在旁边,以防他们逃跑。有些奴隶被束缚在一起,是因为白人知道他们在为与家人分别而伤心,可能逃走。有些奴隶,通常是服侍主人的奴隶、小孩、生病者或老人,乘坐马车。"①旅途中的劳作,如赶牲口、架帐篷、照料牲畜和做饭、伺候主人等,仍要由奴隶来承担。

那些落入奴隶贩子之手的奴隶,遭受的肉体和心理痛苦必然最重。"甚至在被驱离之前,奴隶们就已经遭受了羞辱,他们受到最细微最直接方式的检查,他们的身体被陌生的手上上下下摸个遍。一旦上了路,有些奴隶贩子从海路迁移他们的奴隶动产,从诺福克到新奥尔良是最常用的路线。但是绝大多数奴隶是被迫步行走完整个路程。'投机者会把孩子装进车里,通常是用牛拉车,那些年龄大的人被用铁链锁在一起或绑在一起,这样他们就不能逃跑了。'他们就像'串在一个鱼竿上的很多鱼一样',被锁在一起踏上了南行之路。"②被主人出售给奴隶贩子,与家人生死别离,永久离开熟悉的生长之地,通过陆路手脚戴着枷锁长途跋涉,或被船运向未知的远方,肉体遭受苦累疼痛自不待言,心理恐惧同样难免。年轻美貌的女奴还要忍受贩卖者的性奴役。人世的多种痛苦聚集临身,其痛苦之情是不难想象的。

图 3-1 "被迫行进的奴隶编队"③

这是1853年刘易斯·米勒创作的一幅画,描绘的是将奴隶从弗吉尼亚的斯坦顿

---

① Joan E. Cashin, *A Family Venture: Men and Women on the Southern Frontier*, pp. 58-59.
② Ira Berlin, *Generations of Captivity: A History of African-American Slaves*, pp. 171-172.
③ David M. Kennedy, Lizabeth Cohen and Thomas A. Bailey, *The American Pageant, A History of the Republic*, New York: Houghton Mifflin Company, 2006, p. 361.

押往田纳西州的场景。画面上成年奴隶两人一排组成队伍,儿童奴隶跟在父母的身边。然而实际上,州际奴隶贸易常常伴随着奴隶家庭的被拆散。

奴隶主和奴隶的地区迁移,极大地扩大了蓄奴经济的地理区域。由于自然地理条件和气候条件的差异,在南部地区也形成了几个经济地理区域。大体来说,土地肥沃、无霜期长,又有河流灌溉,这三者兼备的地区,发展成了主产作物产区,三种条件较差的地区就形成一般农作物种植地区。弗吉尼亚西部、肯塔基、田纳西东部和中部以及密苏里大体上是一般农作物耕种地区,这个区域内虽然也在个别适宜奴隶劳动的地方出现了种植园经济,但是多数白人是非蓄奴的自耕农,就是蓄奴的白人中多数也是中小奴隶主。弗吉尼亚谷地中很大一部分农场主并不是奴隶主。在这个地区北部的各县奴隶占人口的比例很低,如在谢南多厄县不足10%,在弗雷德里克县不足15%。而位于这个地区南部的各县奴隶人口比例较高,如在奥古斯塔县超过五分之一,在罗克布里奇县超过四分之一。罗克布里奇县1860年统计有851个农场,569名奴隶主,平均蓄奴7人。奴隶主中有7人蓄奴在50人以上,21人蓄奴在21—49人之间。弗雷德里克县是弗吉尼亚谷地具有代表性的一个县,据1860年统计,该县有751个农场,有406名奴隶主,平均蓄奴低于6人,其中只有1名奴隶主蓄奴人数在30—40人之间,14名奴隶主蓄奴在20—39人之间。当然,奴隶制在这个地区的重要性是随着时间的延续而增强的。在罗金汉姆县,1790年奴隶仅占人口的10%,在1788年4个最大的奴隶主蓄奴数依次分别为12人、10人、8人和7人,但到1850年奴隶人口增长到大约占人口的12%,1860年该县有一个奴隶主蓄奴在70人以上,一个奴隶主蓄奴在40人以上50人以下,11位奴隶主蓄奴在20—39人之间。在肯塔基地区,1783年以前迁至此地的移民大多数是来自宾夕法尼亚西部、马里兰和弗吉尼亚边远落后地区的居民。在此之后,来自东部各州的乡绅和其他各色人物源源不断迁移而来,这就改变了这个地区的生活风貌。1788年法耶特县的纳税人目录显示,该县有1424名白人拥有奴隶,有611名年龄在12岁以上的黑人,有18名奴隶主拥有奴隶超过5人,最大的奴隶主蓄奴16人,有2名奴隶主蓄奴14人,另有4名奴隶主蓄奴10人以上。但是位于该县以南的麦迪逊县纳税人目录显示,该县总共190户家庭,有30户家庭蓄奴,其中一户家庭拥有5个以上年龄超过16岁的奴隶。在肯塔基部分适宜主产作物生产的地区,随着奴隶主的迁入,变成了奴隶主主导的世界。1790年肯塔基已经有奴隶12430人,其中绝大多数位于蓝草地带(blue grass region),在波旁县、法耶特县和伍德福德县,1860年奴隶占人口的比例达到46.5%。在肯塔基南部的烟草生产地区,1860年奴隶占人口的比例达36.6%。田纳西地区的发展之路与肯塔基相似,1794 年田纳西州戴维森县的奴隶人口多于白人人口,两年后那里有 2621 名自由人和 992 名奴隶。在纳什维尔盆地诸县,以及与其毗邻的该州北部边界的那些县,1860 年奴隶占人口的比例达 30%—50%。从人口统计数字来看,1790—1860 年期间田纳西中部地区大面积生产棉花和烟草的地区奴隶人口出现了持续增长,而在一般农业生产占主导地位的地区,1840 年之前奴隶人口呈增长趋势,此后奴隶人口比例保持稳定。1860 年在生产棉花和烟草的田纳西西部奴隶主集中程度比田纳西中部还要高。田纳西西南部 6 个县的奴隶人口比例最高,这个地区实际上与密西西比和路易斯安那的棉花种植园地区更为相像。在田纳西东部,一些河谷地带的农场主拥有奴隶,他们把奴隶作为农业劳动帮手、工匠和家庭仆人来使用。在田纳西东部 8 个主要的蓄奴县,1860 年奴隶占人口的比例是 10.9%,而 1790 年这个地区奴隶占人口的比例是 8.6%,这表明奴隶人口增长不大。在田纳西中部和肯塔基的蓝草地区,有一些奴隶主蓄奴规模堪比棉花地带的种植园主。然而,由于这个地区流行的是放牧经济,相对来说需要的土地面积更大,需要奴隶要少些,所以这里一些奴隶主的财富、收入和社会地位虽然不亚于下南部大奴隶主,但蓄奴规模不大,往往只有 10—25 人。在河流谷地地区,贫富分化最为显著。尽管如此,就是在肯塔基蓝草地带之内和纳什维尔盆地地区,也有数以千计的农场主家庭人口不多、生活殷实,他们中很多人没有奴隶。在密苏里,奴隶人口几乎完全处在密苏里河和密西西比河沿岸以及这两条河相交汇处的那个内陆三角地带。该地区的几个县 1860 年奴隶占人口比例在 20—30% 之间,1850 年是奴隶人口的最高点。总体来说,这里的奴隶经济与肯塔基蓝草地带相像,除了有蓄奴很多的大种植园主外,还有很多没有奴隶和蓄奴很少的小农场主,也有一些富裕的农场主因为反对奴隶制而拒绝蓄奴。在适宜商品农业生产的河谷地带已经被占据和开发之后,尤其在密苏里北部辽阔的草原地带被家庭不大的非奴隶主农场主占据后,这些人是来自俄亥俄以北诸州,或是来自德意志与爱尔兰的外来移民,奴隶制在密苏里州的重要性开始相对下降。1820 年后奴隶人口的增长率一直在下降。作为一般农作物生产地区,田纳西、肯塔基和密苏里三州在 1860 年都有很大部分地区奴隶人口很少。除了东田纳西的河谷地带外,在肯塔基和田纳西的丘陵地区(占这两个州面积的四分之一),奴隶人口勉强达到人口的 6%。在田纳西,位于纳什维尔盆地西边缘和作为密西西比河与田纳西河分水岭那个地区之间的 9 个县,1860 年奴隶人口不足 1.4 万人。在肯塔基即使山区以外地区也有很多县奴隶很少。肯塔基沿着俄亥俄河的那些县 1860 年奴隶人口比例在 20%—35% 之间,但卡温顿以东地区奴隶人口低于 10%。在肯塔基中部和中南部的绝大多数县,除了主要生产烟草的地方外,奴隶人口比例在 10%—20%之间。在密苏里,接壤密西西比河诸县的西边和接壤密苏里河诸县的南边,几乎占这个州的一半面积,奴隶人口不足 1 万人。阿肯色北部和西部占该州一半面积的那些地区奴隶人口比例仅为 10%。①

奴隶人口增长最快、密度最高的地区,主要在西南部,这里成了棉花王国的心脏地带,种植园经济最发达的地区。内战前,南部棉花王国的兴起取决于多种因素的结合。英国和美国北部的纺织工业发展为棉花提供了巨大的市场,高地棉生产对自然条件要求不高,适宜在西南部种植。对劳动技术水平要求低,一般人都可以进行生产。"适宜高地棉生产的地区范围仅仅受到等温线和降雨量的限制,或者,如后来的发展所显示,受到灌溉用水的限制。棉花种植地区的土地由于坑坑洼洼、高低不平,以至于必须平整土地。与烟草、水稻、甘蔗和海岛棉不同,那些作物都需要专家,还常常需要细致入微的照顾,以获得丰产和高质量产品,而短绒棉就不需要这些条件。播种、掐花尖、多次锄草、摘棉花、轧棉花、打包和拉运棉花这些活需要不断的劳动,但不需要多少技能。这样这种作物就适应各种规模的生产。"②棉花种植最重要的条件是气候。在美国,最适宜种植棉花的气候条件是夏季平均气温华氏77 度,或者棉花生产期平均 70 度,且大约需要 200 天的无霜期。以此为标准来划线,该线从北卡罗来纳最东北边界开始,渐渐向南蜿蜒延伸,由于受到阿巴拉契亚山脉的影响,向南一直延伸到北纬 31 度,抵达佐治亚和阿拉巴马的交界处,然后该线再渐渐向北延伸,到达田纳西的西北部边界和阿肯色的东北部地区,把密苏里最东南部那个地方纳入线内后,再穿过阿肯色东北部和俄克拉荷马的中北部。由于受到奥祖克高原的影响,该线再次向东南部倾斜。该线之内就是主要的产棉区。位于这条线之北的弗吉尼亚、肯塔基、伊利诺伊和密苏里,在棉花价格居于高位时,偶尔也有人进行商业性棉花种植,在马里兰和其他中部州也有人种植棉花供家庭自己使用,在西部,内战前棉花的商业性种植地区没有超过 97 度经线。就是在这个气候上最适宜棉花生产的地区,棉花生产还受到土壤质量的限制。在土壤肥力欠佳的大西洋海岸平原和墨西哥湾海岸平原,在土质贫瘠的沙土地上,就很少有棉花种植。路易斯安那南部毗邻海湾的沼泽地区,以及阿巴拉契亚山脉南部地区,基本上就没有商业性棉花种植。③ 表 3-10 列出了南部奴隶人口高度密集的地区,显

---

① Lewis Cecil Gray, *History of Agriculture in the Southern United States To 1860*, pp. 872-875.
② Paul W. Gates, *The Farmer's Age*: *Agriculture*, *1815-1860*, Armonk, New York: M. E. Sharpe, Inc., 1960, p. 136.
③ Lewis Cecil Gray, *History of Agriculture in the Southern United States to 1860*, p. 888.

然这是个大种植园主的世界。

表 3-10 1810—1860 年南部部分地区奴隶占总人口比例①

地区	县名	奴隶占总人口比例%					
		1810 年	1820 年	1830 年	1840 年	1850 年	1860 年
阿拉巴马中部	萨姆特县、威尔克科斯县、梅肯县、佩里县、拉塞尔县、皮肯斯县、朗兹县	—	46.4	38.9	51.9	60.9	66.4
田纳西河谷地（阿拉巴马）	莱姆斯通县、麦迪逊县	20.2	42.2	48.3	50.2	52.2	54.3
亚祖地带（密西西比）	玻利瓦尔县、伊萨奎纳县	—	—	—	71.6	89.1	89.2
密西西比州中西部	卡罗尔县、亚祖县、沃伦县	42.5	47.8	48.2	63.0	63.2	68.0
密西西比州中西部	海恩兹县、麦迪逊县	—	—	39.4	68.8	70.0	74.0
老纳奇兹地区	克莱伯恩教区、杰斐逊教区、亚当斯教区、威尔金森教区	52.5	59.1	68.6	75.5	77.9	77.6
东北部草原（密西西比）	朗兹县、门罗县、诺克苏比县	—	19.2	28.5	56.3	63.2	68.6
小叶松林高地（密西西比）	阿塔拉县、查克托县、拉法耶特县、亚洛布沙县	—	—	—	38.1	38.5	41.1
路易斯安那甘蔗教区	阿桑普森教区、西巴吞鲁日教区、艾伯维尔教区、杰斐逊教区、拉富什教区、圣玛丽教区、特勒伯恩教区	31.5	40.5	54.5	56.1	50.6	8.05（注）

---

① Ibid., p. 903.

续表

地区	县名	奴隶占总人口比例%					
		1810年	1820年	1830年	1840年	1850年	1860年
冲积地带棉花生产教区（路易斯安那）	卡罗尔教区、康科迪亚教区、麦迪逊教区、滕萨斯教区	54.6	68.1	77.6	79.9	84.0	86.2
冲积地带棉花生产教区（路易斯安那）	波因特库佩教区、拉皮兹教区	63.3	64.9	70.6	72.4	68.6	65.6
雷德河上游教区（路易斯安那）	博西尔教区、克莱伯恩教区、德索托教区、纳基托什教区	51.4	31.1	39.2	43.6	52.6	58.1
冲积地带棉花生产县（阿肯色）	希科县、德谢县、菲利普斯县	—	12.1	17.1	44.8	51.8	66.2
阿肯色河流谷地	杰斐逊县、阿肯色县	12.2	14.1	24.1	35.0	45.8	50.7
沃希托河河流谷地（阿肯色）	阿什利县、沃希托县、尤宁县	—	—	27.2	31.4	39.7	43.1
雷德河河流谷地（阿肯色）	亨普斯特德县、拉法耶特县	—	21.4	26.4	50.3	44.8	43.2

注：原文如此，可能是80.5的误写。

  位于密西西比河东岸属于密西西比州的沃伦县内战前的经济和社会变迁佐证了白人与黑人奴隶西进对地方社会的影响力。这个地方在白人拓荒者到来之时与当时的伊利诺伊和俄亥俄地区更为相像，而不是与弗吉尼亚和南卡罗来纳的种植园地区相像。但是经过19世纪上半期的发展，这个以维克斯堡为中心的县变成了一个种植园社会。如表3-11所示，其人口变化显示了这种转变。

表 3-11　1778—1860 年沃伦县人口①

年份	1778	1792	1800	1810	1820	1830	1840	1850	1860
白人	86	248	170	705	1401	3356	5213	5999	6918
奴隶	14	82	48	473	1287	4370	10493	9254	10524
自由黑人			0		5	22	104	25	27

路易斯安那是 17 世纪法国人开创的殖民地，1763 年七年战争结束后法国被迫将法属路易斯安那的东部割让给了英国，西部割让给了西班牙。也就是说在美国独立战争前后路易斯安那是西班牙殖民地。不过 1800 年西班牙又将路易斯安那还给了拿破仑的法国，而拿破仑于 1803 年将路易斯安那卖给了美国。后来成为甘蔗主产地区的路易斯安那南部地区，即通常所说的下路易斯安那，是在西班牙统治时期开始兴旺的。在西班牙统治此地的前 20 年，该地区的欧洲人和非洲人人口增长了几乎 3 倍，1785 年达到 3 万人左右，这些人中有近一半生活在新奥尔良城市内或其附近地区。该殖民地的主要出口产品是靛青、烟草、木料和毛皮，在 1780 年代后期几乎达到每年 150 万美元，与先前的 20 年相比这是一个巨大的增长。然而风云突变，在法属加勒比海殖民地圣多明各发生的奴隶暴动，改变了下路易斯安那的经济发展方向。圣多明各在法国殖民统治时期是世界上首要的甘蔗生产地区，1789 年该岛出口的白糖（white sugar）接近 5000 万磅，出口的粗糖（raw sugar）超过 9000 万磅，占当时大约全世界蔗糖出口的 30%。1789 年法国大革命的爆发引发了圣多明各地区的黑人革命，该岛陷入长达 10 年的战乱之中。种植园经济受到毁灭性打击，1800—1801 年圣多明各的白糖出口下降到不足 2 万磅，粗糖出口不足 2000 万磅。圣多明各蔗糖出口的锐减为其他地区生产蔗糖的种植园主提供了机会。牙买加、古巴和巴西获取了圣多明各丢失的绝大部分市场份额，不过 1790 年代蔗糖价位很高，这也就鼓励了其他能够生产甘蔗的地区投入甘蔗生产之中。就是在这种背景下，下路易斯安那的靛青种植园主转向了甘蔗生产。这里的种植园主调整了加勒比海地区的甘蔗生产方式以适应该地的气候。在加勒比海这个热带地区，甘蔗生产 14 个月才能成熟。但是下路易斯安那属于亚热带，冬季结霜期的存在将甘蔗的生长季节缩短为 8 到 9 个月。如果栽秧过早或收割太晚，都可能使甘蔗歉收。为了应对这种气候条件的挑战，路易斯安那的种植园主引种了一种名叫奥塔贝特（Otabeite）的甘蔗新品种，这个品种是由威廉·布莱在 1790 年代初期引入加

---

① Christopher Morris, *Becoming Southern: The Evolution of a Way of Life, Warren County and Vicksburg, Mississippi, 1770-1860*, p. xlvii.

勒比海地区的。路易斯安那的种植园主使用更高级的灌溉系统以控制甘蔗的含水量,发明了防止甘蔗收割后上冻的新方法,先是使用压榨过的甘蔗渣覆盖,后来又发明了一种排放凉风的方法,即将甘蔗收割后带着甘蔗叶相隔一定距离一排排摆放。同时加快压榨速度,在冬季夜以继日地压榨甘蔗,收集甘蔗汁。甘蔗种植业为该地蓄奴经济发展注入了新的活力。在路易斯安那被纳入美国版图后,这里的人口快速增长。仅仅在1806—1810年间,甘蔗生产区的人口就增长了40%以上,从大约4万人增长到超过5.5万人,增长最快的地方是商业枢纽新奥尔良市及其附近地区,这里人口从1.7万人增长到2.7万人。在伊贝维尔(Iberville)和巴吞鲁日地区,人口从2500人增长到4000人。任何地方奴隶人口的增长都快于白人人口增长,自由有色人口增长了两倍,新增的自由有色人口绝大多数在新奥尔良。① 自此时起到内战前的数十年里,路易斯安那的奴隶人口有较大幅度的增长,1810年奴隶为34660人,1820年为69064人,1830年为109588人,1840年为168452人,1850年为244809人,1860年为331726人。② 很显然,路易斯安那成为了美国甘蔗种植园主的世界。

内战前数十年间白人和黑人奴隶的共同西进,实现了奴隶主经济世界在南部的扩张。美国建国后的数十年间,又有9个新的蓄奴州加入联邦。这些新兴蓄奴州加入联邦的时序依次是,1792年肯塔基,1796年田纳西,1812年路易斯安那,1817年阿拉巴马和密西西比,1821年密苏里,1836年阿肯色,1845年佛罗里达和得克萨斯。加上美国革命时期就有的弗吉尼亚、马里兰、特拉华、北卡罗来纳、南卡罗来纳和佐治亚这6个蓄奴州,南部蓄奴州达到了15个。这个幅员广大的地理区域成为了奴隶主经济生产活动的世界。在奴隶制的西进过程中,一部分非奴隶主白人走上蓄奴创业之路,因而扩大了奴隶主群体的规模。一部分原来的小奴隶主或种植园主家庭的子弟到西部蓄奴创业,跻身种植园主行列。可以肯定,如果没有内战前奴隶主经济世界的这种大幅度扩张,如果奴隶制被限制在建国之时东部濒临大西洋海岸的那几个州,奴隶制的生命力是不可能得到增强的。假如是那样的话,蓄奴经济活动的赢利性即使不是消失殆尽,也会变得微乎其微。

---

① Adam Rothman, *Slave Country: American Expannsion and the Origins of the Deep South*, pp. 74-78.
② Clayton E. Jewett and John O. Allan, *Slavery in the South: A State-by-State History*, Westport, Connecticut; Greenwood Press, 2004, p. 122.

第二节 蓄奴经济活动的赢利性

内战前美国南部奴隶主的蓄奴经济活动是否具有赢利性？这是一个20世纪美国史学界长期争辩的问题。① 奴隶主的蓄奴活动是一种商业经济行为,蓄奴是一种投资,其目的是赚取利润。蓄奴经济是否具有赢利性,应该从经济利润角度来考量。从利润来源角度看,蓄奴经济包括三个方面：其一,使用奴隶劳动从事商品农业生产,再通过农产品销售获取利润。其二,进行奴隶贸易。奴隶贩子通过贩卖奴隶,奴隶主通过饲养并出售奴隶,也是获取利润的重要来源。其三,雇出奴隶。奴隶主将自己的奴隶外雇给他人,通过收取雇佣报酬而获利。从这三个方面的历史状况来看,作为一个群体奴隶主的蓄奴活动显然具有赢利性。

一 蓄奴农业生产的赢利性

内战以前,美国南部是一个农业地区。南部奴隶主的主体是通过蓄奴活动进行商品农业生产的蓄奴资本家。他们使用奴隶种植主产作物,通过农产品的销售获取经济收益。当然,蓄奴规模不同的奴隶主卷入市场经济的程度存在差异。在奴隶主群体中,完全依靠奴隶劳动进行生产活动的种植园主,是主要商品作物棉花、烟草、水稻和甘蔗的主要生产者；部分依靠奴隶劳动的自耕农农场主,除了生产供自己家庭消费的生活资料外,同样种植这些主产作物。作为商品农作物生产者,奴隶主蓄奴活动是否具有赢利性,最好的衡量标尺就是农业生产和销售状况。

在美国独立后的最初几年,南部的经济处在十字路口。"在此节点上,

---

① 关于奴隶制的赢利性,20世纪美国学界论者甚多,此举名家及其代表作如次：认为奴隶劳动没有赢利的学者及其代表作,二战前有乌尔里希·B. 菲利普斯：《美国黑人奴隶制》(Ulrich B. Phillips, *American Negro Slavery*, Baton Rouge：Louisiana State University Press, 1918),二战后有尤金·D. 吉诺维斯：《奴隶制政治经济学：奴隶南部的经济和社会研究》(Eugene D. Genovese, *The Political Economy of Slavery: Studies in the Economy and Society of the Slave South*, New York, 1965)。认为奴隶劳动赢利的学者,二战前有刘易斯·塞希尔·格雷：《1860年以前美国南部农业史》(Lewis Cecil Gray, *History of Agriculture in the Southern United States to 1860.*, Washington, DC：Carnegie Institution, 1933),二战后有肯尼思·M. 斯坦普：《特别制度：内战前南部的奴隶制》(Kenneth M. Stampp, *The Peculiar Institution: Slavery in Ante-Bellum South*, New York, 1956),罗伯特·W. 福格尔和斯坦利·L. 恩格尔曼：《苦难时代：美国黑人奴隶制经济学》(Robert William Fogel and Stanley L. Engerman, *Time on the Cross: The Economics of American Negro Slavery*, Boston, 1974)。

奴隶制度的前景被阴云笼罩,面对着烟草市场非同寻常的疲软形势,很多烟草种植园主放弃了他们的这种'野草'而喜欢上了小麦和玉米。他们种植这些作物只需要使用季节性的工资劳工而不是奴隶劳工。"① 然而,棉花种植业的兴起却又出乎意料地为南部奴隶制经济注入了强大的新活力。在内战之前的南部经济开拓过程中,南部主产作物生产形成了显著的地区专业化格局。棉花生产集中在下南部的黑土地带(The Black Belt)以及上南部阿肯色州的部分地区。这个内战前南部的棉花王国,总面积大约40万平方英里(104万平方公里)。从南卡罗来纳向西绵延到得克萨斯,长达1000英里(1600公里),南北宽度在卡罗来纳和得克萨斯大约是200英里(320公里),在密西西比河谷地地区为600—700英里(960—1120公里)。在这个棉花王国的外围是其他主产作物的生产:烟草在整个上南部生产,到了1860年阿巴拉契亚山西部的烟草生产已经超过了东部。主要用于加工成绳索和麻布的大麻产地是肯塔基和密苏里。甘蔗在路易斯安那生产。水稻生产则是位于从北卡罗来纳东南部的开普菲尔河到佛罗里达北部的圣约翰河的南部大西洋海岸地区大约17条流入大海的河流的下游两岸地区。②

  棉花是内战前美国南部最重要的主产作物。棉花生产在1790年主要局限在南卡罗来纳和佐治亚的离岸海岛和离海边很近的大陆个别地方。随着1791年轧棉机的发明,棉花生产率先扩展到佐治亚的内陆,并很快进入佐治亚和南卡罗来纳的西部高原地区。在此后大约25年时间里,这个地区就是美国的棉花主产区。直至1821年美国一半以上的棉花就生产在这两个州。1812—1814年英美战争之后,又恰逢欧洲拿破仑战争结束,国际棉花价格高涨,种植棉花获利丰厚,这就刺激了东部奴隶主的西进,他们先是进入阿拉巴马、密西西比和路易斯安那,最后进入阿肯色和得克萨斯。到1820年代中期,南卡罗来纳和佐治亚已经开始失去棉花生产领先地位,到内战时期这两个州的棉花产量不足美国棉花产量的四分之一,而密西西比和阿拉巴马则成为领先的产棉州,路易斯安那产量也只是稍有落后。作为西部地区棉花主要市场城市的新奥尔良,在1816年收到棉花仅仅3.7万包,1822年达到16.1万包,1830年达42.8万包,1840年达92.3万包。就各地区棉花生产所占比例来看,阿拉巴马和田纳西以西地区的棉花生产1811年占十六分之一,1820

---

① Carville Earle, "Rural Life in the South", in Mary Kupiec Cayton, Elliott J. Gorn and Peter W. Williams, eds., *Encyclopedia of American Social History*, Vol. II, p. 1227.

② James M. Clifton, "The Plantation", in Mary Kupiec Cayton, Elliott J. Gorn and Peter W. Williams, eds., *Encyclopedia of American Social History*, Vol. III, New York, 1993, p. 1201.

年增至三分之一,1830 年前已达一半,1840 年已接近三分之二。① 表 3-12 中的数字显示了南部各州棉花生产比例的变化。

表 3-12 1791—1859 年美国各州棉花生产份额所占百分比②

年份		北卡罗来纳	南卡罗来纳	佐治亚	佛罗里达	阿拉巴马	密西西比	路易斯安那	得克萨斯	阿肯色	田纳西	其他所有州
1791	所占比例	—	75.0	25.0	—	—	—	—	—	—	—	—
1801	所占比例	10.0	50.0	25.0	—	—	—	—	—	—	2.5	12.5
	增长比例	—	1233.3	200.0	—	—	—	—	—	—	—	—
1811	所占比例	8.7	50.0	25.0	—	—	—	2.5	—	—	3.8	10.0
	增长比例	75.0	100.0	100.0	—	—	—	—	—	—	200.0	60.0
1821	所占比例	5.7	28.2	25.4	—	11.3	5.7	5.7	—	—	11.3	6.7
	增长比例	42.8	25.0	125.0	—	—	—	400.0	—	—	566.6	50.0
1826	所占比例	3.1	21.2	22.7	0.6	13.6	6.0	11.5	—	0.1	13.6	7.6
	增长比例	0.0	40.0	66.7	—	125.0	100.0	250.0	—	—	125.0	108.5
1833	所占比例	2.3	16.7	20.0	3.4	14.8	15.9	12.5	—	0.1	11.3	3.0
	增长比例	0.0	4.3	17.3	650.0	44.4	250.0	44.7	—	60.0	11.1	-48.0
1834	所占比例	2.1	14.3	16.4	4.4	18.6	18.6	13.5	—	0.1	9.8	2.2
	增长比例	-5.0	-10.3	-17.3	-33.3	30.8	21.4	12.7	—	-37.5	-10.0	-23.1

① Stuart Bruchey, *Enterprise: The Dynamic Economy of a Free People*, Cambridge, Massachusetts: Harvard University Press, 1990, p.232.

② Stuart Bruchey, *Enterprise: The Dynamic Economy of a Free People*, p.231.

续 表

年份		北卡罗来纳	南卡罗来纳	佐治亚	佛罗里达	阿拉巴马	密西西比	路易斯安那	得克萨斯	阿肯色	田纳西	其他所有州
1839	所占比例	6.5	7.8	20.7	1.6	14.8	24.3	19.5	—	0.8	3.5	0.5
	增长比例	46.3	-5.8	17.9	39.5	37.8	27.3	48.2	—	00.0	38.5	55.0
1849	所占比例	3.0	12.2	20.2	1.8	22.9	19.7	7.2	2.3	2.6	7.8	0.2
	增长比例	-43.2	94.5	22.1	48.8	92.4	0.4	-53.6	—	330.0	180.9	-64.5
1859	所占比例	3.2	6.9	15.4	1.5	21.7	26.4	15.4	1.0	0.8	6.5	1.2
	增长比例	119.0	17.5	56.5	66.1	65.3	175.8	335.5	727.5	524.5	69.6	1443.8

就主要新兴产棉区的形成来看,在阿巴拉契亚山脉以东地区,1820—1830年间佐治亚的棉花生产区域大范围扩展,1821年由克里克族印第安人割让的奥克马尔吉河和弗林特河之间的广大地区对白人开放。到1830年佐治亚中部的白人定居地已扩展到该州西部边界,此后十年间,这个地区快速发展。佛罗里达在1819年割让给美国后,"在1820—1839年间,该州北部边界地区土地肥沃的'橡树和山核桃树'高地开始得到棉花种植园主的垦拓。佛罗里达的棉花出口在1828—1829年仅为4146包,3年后达到22651包,到1830年代末,出口超过10万包"。① 在阿巴拉契亚山脉以西地区,阿拉巴马南半部包括几个适宜棉花生产的自然地理区域。该州的南部边界有一条宽度20—60英里不等的地带,这个地区有很多松林丘陵,有连绵起伏的松林和平地。密西西比东南部和路易斯安那东南部也有同样的自然地带。1830年前这个地区已经有很多人口和一些种植园,但是在阿拉巴马中部地区土地肥沃地区开放后,这个地带的很多人被吸引离去。到1840年这个地带的居民主要从事放牧,辅之以农耕生产满足家庭需要,也有人生产一些棉花。这条沙土地带以北地区是一条与其平行、面积宽广的高地地带。平均宽度大约50英里,占地大约8000平方英里。这个地区覆盖着原始的林木,包括橡树、山核桃树,间隔有长叶松树林,南部稠密,越往北树林越少。占该地区三分之

---

① Lewis Cecil Gray, *History of Agriculture in the Southern United States to 1860*, p.902.

二面积的北部地区土地肥沃,适宜棉花生产。在这个地区的西部是石灰石质土地的丘陵,面积大约1200平方英里。从这个地带再往北,就是黑色土壤的阿拉巴马中部,这一地带自东向西延伸,平均宽度约30英里。至密西西比河向西北弧形延伸,再折向北进入密西西比州的东北部。这个区域中有很大部分地区是厚厚的黑色黏土,土壤中含有大量分解了的石灰石土,而且在未开垦前含有丰富的磷、钾和腐殖质,尽管这个地区总体被称为草原,但是有些地方有树林。在19世纪二三十年代,来自佐治亚东部、南北卡罗来纳、弗吉尼亚和田纳西中部的移民开始进入这个地区。这个地区变成南部的一个重要产棉区,其产棉量变化反映了这个地区的快速开发过程。年平均产棉量在1818—1820年间为1.1万包,1822—1824年间为4.6万包,1827—1829年为8万包,1834—1836年为19.5万包。阿拉巴马最北端是田纳西河谷地的肥沃地带,在驱逐了这里的印第安人后,这个地区成为白人移民的开拓地。尽管在1810年实际上还无人定居,到1820年该地区的莱姆斯通县和麦迪逊县自由人口达到27352人,奴隶人口达到11541人。下一年这个"田纳西河大拐弯地区"生产的棉花差不多达到3万包,1821年阿拉巴马北部生产棉花估计为5万包。由于这个地区的棉花只能通过田纳西河转往俄亥俄河再南下运到新奥尔良,距离大约1500英里,交通不便,绝大多数货物是从东部购买,用马车运到皮特堡,然后通过俄亥俄河运输,再通过坎伯兰河和田纳西河运输。阿拉巴马北部有一个地貌崎岖不平的地区,该地区由自给自足的自耕农占据,就是这个地区将阿拉巴马最北端的种植园地区与阿拉巴马中部的种植园地区隔离开来,这两个种植园地区之间没有货物流通,因为阿拉巴马中部的货物是通过流向海湾的河流运往莫比尔。直到内战即将爆发时,连接莫比尔和俄亥俄的铁路修建才部分打破阿拉巴马北部的商业孤立。①

墨西哥海湾沿岸各州有多条可通航的河流,1816年汽船开始在密西西比河上航行,极大推动了这个区域的种植园经济扩张。不过,尽管密西西比州中部地区的东部是一个土地肥沃、适宜棉花生产的地区,但是在连接莫比尔和俄亥俄的铁路修建之前,这个地区的种植园经济并未达到充分发展,因为货物在陆路需要拉运很远到达汤比格比河或向南到达珀尔河上游。虽然这个地区也生产一些棉花和粮食,但是和密西西比东南部地区一样这个地区以养牛为主。1820年前,路易斯安那的老种植园地区并没有快速的发展。那时这个地区除了生产甘蔗外还生产一些棉花。1810年生产甘蔗的八个教区有7704名白人和4662名奴隶。10年后,人口增长到自由人口14161人,

---

① Lewis Cecil Gray, *History of Agriculture in the Southern United States to 1860*, pp. 894-895.

奴隶10861人。从30年代开始,铁路的兴建和铁路运输的发展极大推动了内陆地区的种植园经济扩张。密西西比河下游西岸地区在1820—1830年开始快速开发。通过新奥尔良出口的棉花数量,显示了这个地区的开发速度之快,"自新奥尔良港口出口的棉花从1819年的4.8万包,到1822年的15.6万包,1830—1831年的42.6万包。在1829—1830年收货量为362969包,其中179094包属于路易斯安那和密西西比,163295包属于阿拉巴马北部和田纳西,3512包属于阿肯色,193包属于密苏里,7包属于伊利诺伊。其余的属于转运"。尽管棉花王国时至1840年已经成形,但是奴隶主继续向新地区迁移,种植园经济地区随之得以拓展。1840—1860年种植园经济发展尤其快速的地区是密西西比河流域的中部和北部,尤其是密西西比河西岸地带,包括来自西部注入密西西比河的沃希托河、阿肯色河、怀特河和圣弗兰西斯河的两岸地区。1830年代阿肯色河谷地带仍旧处在开发初期,到1860年前这些冲积地区已经成为一个成熟的种植园经济区,尽管仍处在发展之中。密苏里东南部地区也有大量棉花生产。在美国兼并得克萨斯后,大批种植园主涌进得克萨斯。"1850—1860年间,得克萨斯总人口从212592人增长到604215人,奴隶人口从58161人增长到182566人,而棉花生产从58072包增长到431463包。"①通过蓄奴商品农业开发,"时至1860年棉花经济已经密密麻麻地遍布一个幅员广阔的地区,密西西比、阿拉巴马和路易斯安那这三个海湾州的棉花生产超过了佐治亚的生产。这些州中每个州的棉花产量都超过了南卡罗来纳。在1815—1859年,棉花产量从208986包增加到4541285包,每包400磅重"。②

棉花是经济作物,南部人的棉花生产是一种以赢利为目的的商业经营活动,只要这种农产品有销售市场,种植者就有利可图。如表3-13中的数字所示,南部棉花对外销售数量的大幅度增长表明,棉花生产总体上具有显而易见的赢利性。

表3-13 内战前南部棉花的逐年出口量③

年份(截止时间为该年的8月31日)	出口量(千磅)	年份(截止时间为该年的8月31日)	出口量(千磅)
1784	1	1823	173723

---

① Lewis Cecil Gray, *History of Agriculture in the Southern United States to 1860*, pp. 897-898, 907.
② Paul W. Gates, *The Farmer's Age: Agriculture, 1815-1860*, p.145.
③ Stuart Bruchey, *Enterprise: The Dynamic Economy of a Free People*, p.229.

续 表

年份(截止时间为该年的8月31日)	出口量(千磅)	年份(截止时间为该年的8月31日)	出口量(千磅)
1785	2	1824	142370
1786	1	1825	176440
1787	16	1826	204535
1788	58	1827	294310
1789	126	1828	210590
1790	12	1829	264847
1791	189	1830	298459
1792	138	1831	270980
1793	488	1832	322215
1794	1602	1833	303609
1795	6276	1834	372946
1796	6107	1835	375638
1797	3788	1836	415493
1798	9360	1837	442833
1799	9532	1838	597063
1800	17790	1839	412681
1801	20911	1840	718509
1802	27501	1841	517628
1803	41106	1842	581703
1804	38118	1843	822146
1805	40383	1844	671350
1806	37491	1845	864759
1807	66213	1846	685042
1808	12064	1847	534967
1809	53210	1848	774895
1810	93874	1849	971340
1811	62186	1850	681176
1812	28953	1851	827303

续 表

年份(截止时间为该年的8月31日)	出口量(千磅)	年份(截止时间为该年的8月31日)	出口量(千磅)
1813	19400	1852	1045880
1814	17806	1853	1107439
1815	82999	1854	997234
1816	81747	1855	973987
1817	85649	1856	1240935
1818	92471	1857	1000180
1819	87997	1858	1586981
1820	127860	1859	1350567
1821	124893	1860	1739893
1822	144675		

19世纪40—50年代,英国、欧洲大陆国家和美国北部的棉纺织业迅猛发展为南部的棉花销售提供了巨大的市场空间。由于内战前总体上棉花的市场需求旺盛,所以南部的棉花销售价格尽管有所起伏波动,但变化不大,且在大部分时间内呈上升趋势。奴隶主群体的棉花产销旺盛,且价格不菲,他们从事的蓄奴植棉活动当然就具有赢利性。大大小小的奴隶主使用奴隶劳动生产棉花,通过销售棉花赚取利润。尽管棉花生产存在风险,但是巨大利润还是吸引着大大小小的农场主和种植园主继续从事棉花生产。

南部的第二种主产作物是烟草。殖民地时期,烟草就是切萨皮克地区的主产作物。18世纪后半期烟草种植范围扩展到了弗吉尼亚西部的皮德蒙特地区。到19世纪中期,东部的烟草种植中心已经从詹姆斯河下游转移到了弗吉尼亚的中南部地区,以及与其毗邻的北卡罗来纳中北部地区。马里兰的切萨皮克湾西岸地区仍然种植烟草,但东岸地区已经完全放弃了烟草种植。西部的肯塔基和田纳西则成为新的烟草种植地区。1860年的烟草产量地位排名弗吉尼亚据第一,肯塔基为第二,田纳西是第三。表3-14列举了3个年代末美国的烟草产量,表中数字表明南部的烟草生产实现了大幅度扩张。这种现象的发生意味着这种主产作物仍旧能够给生产者带来利润。烟草生产者既有大种植园主,也有一般农民。如果无利可图,他们就不会继续种植这种作物了。

表 3-14 美国主要烟草生产州的产量(磅)①

年份	1839	1849	1859
美国总数	219163319	199752655	434209461
肯塔基	53436909	55501196	108126840
马里兰	24816012	21407497	38410965
密苏里	9067913	17113784	25086196
北卡罗来纳	16772359	11984786	32853250
俄亥俄	5942275	10454449	25092581
田纳西	29550432	20148932	43448097
弗吉尼亚	75347106	56803227	123968312

上南部各州除了生产烟草之外,还是小麦和玉米的主要产区。实际上,无论从种植面积、产量和产值来说,南部占首位的主产作物是玉米而非棉花。整个南部是如此,在上南部更是如此。1849 年南部玉米种植面积大约为 1800 万英亩,棉花 500 万英亩,甘蔗和烟草各为 40 万英亩。水稻 7 万英亩,亚麻和大麻的种植面积更小。1855 年南部玉米的产值超过了棉花、烟草、甘蔗和水稻产值的总和。玉米产值是 2.09 亿美元,棉花是 1.36 亿美元,烟草 1750 万美元,甘蔗 3535 万美元,水稻 1000 万美元。1855 年南部小麦的产值与烟草、水稻和甘蔗产值的总和相等。不过,玉米主要用于当地农场和种植园消费,富余部分才输出到玉米生产不能满足消费需要的南部腹地。小麦的情况大体也是如此。弗吉尼亚是大量生产小麦的州,1849 年该州小麦产值是烟草的两倍。由于主要是供生产者及其附近地区消费,玉米和小麦与奴隶制的结合程度并不高,故在内战前没有受到高度关注。但对于维持南部人的生活,这两种粮食作物的作用要大于其他经济作物。弗吉尼亚和马里兰的商品农业在美国革命前后一度呈现衰败趋势,不过经过种植园奴隶主的努力,弗吉尼亚和马里兰的农业在 40—50 年代实现了很大进步。1839—1859 年马里兰、弗吉尼亚和北卡罗来纳这 3 个州的烟草生产增长了 54%,弗吉尼亚小麦生产增长了 29%,马里兰增长了 85%,弗吉尼亚玉米产量增长了 10%,马里兰增长了 63%。牲畜总数量也有一些增长,尽管猪和羊的头数有所下降。50 年代马里兰耕地面积扩大了 7%,弗吉尼亚扩大了 10%。19 世纪 50 年代弗吉尼亚的农场主人数增加了 15592 人,马里兰增

---

① Lewis Cecil Gray, *History of Agriculture in the Southern United States to 1860*, p.757.

加了 3634 人。① 上南部老蓄奴州农业经济的复兴也是内战前南部蓄奴活动具有赢利性的一个佐证。

南部的水稻生产主要集中在从南卡罗来纳到佐治亚的滨海地带,北卡罗来纳的开普菲尔河两岸地区也种植水稻。内战以前南部稻米的出口量在1815 年的 8270 万磅到 1860 年的 4350 万磅之间浮动。水稻种植园主的生产能力在 1820 年左右达到顶峰,1837 年出口达到 1.277 亿磅。内战前稻米的价格从 1816 年的每磅 0.6 美元下降到内战前夕的每磅 0.3 美元。尽管如此,很多大种植园主仍然坚持种植水稻。一个劳动力能够种植 5 英亩水稻,每英亩田地能够生产 50 蒲式耳稻米。由于价格低,种植面积大,需要奴隶劳动力多,只有大种植园主才能从种植水稻中获利。② 水稻尽管价格并不太高,但作为粮食作物,有着稳定的产品市场。在有市场保障的前提下,大种植园主进行大规模水稻种植,便具有规模效益。1840 年美国水稻产量为 8430万磅,1850 年 1.078 亿磅,1860 年 1.066 亿磅。在 1839—1860 年间,尽管水稻产量有所波动,但总体呈上升趋势。③如果种植水稻无利可图,大种植园主就不会继续种植这种作物了。虽然说南卡罗来纳和佐治亚种植园主的经济收益总体来说不如西南部的棉花种植园主,不过他们的水稻生产也是赢利的。路易斯·马尼高尔特在佐治亚的水稻种植园收支折算后的利润是10%。南卡罗来纳水稻种植园主约翰·B. 格里姆鲍尔 1850 年在日记中写道,尽管自己的经济事务并不兴旺,但也还足以使自己过上舒适的生活。10年后,受益于普遍繁荣的经济形势,他的收益在 10% 以上。几乎所有的水稻种植园主仅仅依靠让黑人使用锄头等简单的工具进行劳动就能从种植水稻中获利。④

主要集中在路易斯安那南部种植的甘蔗也是赢利的产业。1795 年种植园主艾蒂安·博尔将一个有 30 名奴隶的种植园用于生产蔗糖,他从圣多明各进口了一名有制糖经验的制糖工,并建立一座甘蔗加工厂、一个烘干房和一个存货棚。他的蔗糖生产取得了成功,这个人就被认为是路易斯安那蔗糖业之父。到 1798 年新奥尔良以北地区已经有了很多甘蔗种植园。在 1801—1802 年间大约有 75 个种植园生产甘蔗,年产量估计在 400—840

---

① Paul W. Gates, *The Farmer's Age: Agriculture*, *1815-1860*, pp. 99-100, 109.
② R. Douglas Hurt, *American Agriculture: A Brief History*, West Lafayette, Indiana: purdue University Press, 2002, pp. 118-119.
③ William Dusinberre, *Them Dark Days: Slavery in the American Rice Swamps*, p. 452.
④ Kenneth Stamp, "Profit and Loss", in Thomas C. Cochran and Thomas B. Brewer, eds., *Views of American Economic Growth: The Agricultural Era*, New York: McGraw-Hill, Inc., 1966, pp. 276-277.

万磅。在美国购买了路易斯安那之后,该地区的甘蔗业进一步繁荣起来。在 1823—1828 年这 5 年间,平均年产量是 3 万桶(hogshead),通常每桶重 1000 磅左右。在接下去的 5 年里,平均年生产蔗糖桶数增长了两倍多。此后直到 1840 年代初蔗糖产量并未增长。此后又进入快速增长期,到 40 年代末平均年产量为 23.5 万桶,此时每桶重量近 1100 磅。在 1852—1855 年这 3 年间,年平均产量是 372631 桶。但是在 1850 年代的其余年份里,除了 1858—1859 年以外,蔗糖的生产有所减少。① 在 1840—1860 年间,甘蔗的价格一直较高。与其他作物不同,南部的甘蔗主要供美国国内消费而不是出口欧洲。甘蔗种植者主要是大种植园主。表 3-15 中的数字显示,他们的生产同样赢利。

表 3-15 路易斯安那的甘蔗生产和利润②

年份	总投资额(美元)	甘蔗生产(磅)	甘蔗价值(美元)	毛利率(%)	净利率(%)
1828	34000000	110000000	5775000	17	11
1844	60000000	205000000	8200000	13.7	6.7
1859	180000000	255000000	16575000	9.2	3.2
1861	200000000	530000000	23850000	11.9	5.9

南部的商品农业发展取决于多种经济要素的结合。首先必须具备适应某种主产作物生产所需的自然条件,包括土地、水力、气候等;第二,主产作物必须有稳定的、规模较大的市场;第三,必须具有进行农业劳动的劳动力。内战前美国南部的几种主产作物都找到了适宜的自然区域,奴隶劳动成为主产作物生产的主要劳动力,外部和内部市场也有稳定保障。具备了这些条件,奴隶主就将这些要素结合起来,从事商品农业生产。南部主要商品农作物棉花、烟草、水稻和甘蔗的生产和销售业绩表明,奴隶主使用奴隶劳动进行商品农作物生产具有明显的赢利性。尽管不同地区和从事不同商品农作物生产的奴隶主的赢利幅度存在差异,但是无疑所有地区的奴隶主都能够通过使用奴隶劳动进行商品农作物生产而获利。内战前南部绝大多数奴隶被用在农业生产领域,奴隶主群体的主体也是以农为业,农业产品又是产销两旺,这种状况就决定了奴隶主群体的蓄奴活动必然具有赢利性。

---

① Lewis Cecil Gray, *History of Agriculture in the Southern United States to 1860*, pp.739-740.
② Paul W. Gates, *The Farmer's Age: Agriculture, 1815-1860*, p.127.

二 奴隶贸易与奴隶雇出的赢利性

内战以前南部的内部奴隶贸易为奴隶主开辟了另一条取财之路。在内战以前美国人口的西进运动中，南部奴隶人口的西进是在白人人口西进运动的牵引下进行的，奴隶们没有行动的自主性。内战前南部奴隶人口的被动西进是通过两种方式进行的。一种方式是向西部迁移的奴隶主直接将原来在东部家园的奴隶带到西部新建家园，另一种方式是通过奴隶贩子的长途贩运。内战前南部的奴隶贸易，主要就是奴隶贩卖商将东部过剩的奴隶人口驱赶到西部新兴地区加以出售。早在18世纪90年代，弗吉尼亚、马里兰和特拉华已经成为奴隶净输出州。不久，北卡罗来纳和哥伦比亚特区也成为净输出奴隶的地区。到19世纪20年代，南卡罗来纳和肯塔基又成为奴隶净输出州。到19世纪50年代，佐治亚和田纳西又成为奴隶净输出州。到内战前的最后十年，密苏里和阿拉巴马州尽管仍是奴隶净输入州，但这两个州也有部分地区输出奴隶。1820—1860年输入奴隶的地区主要是阿拉巴马、阿肯色、路易斯安那、密西西比、佛罗里达和得克萨斯。南部的内部奴隶贸易使得奴隶贩子可以通过贩卖奴隶牟利，奴隶主能够通过出售自然增长的奴隶人口获利。

在内战前的南部，奴隶贩子也是一种奴隶主。在从事贩奴活动的人中，有些人以贩卖奴隶为自己的长期职业，有些人则只是在短期内从事贩奴活动。美国学者沃尔特·约翰逊指出，对于他们中的一些人来说，贩奴活动是他们的家庭商业；对于另一些人来说，贩卖奴隶则是一时的投机活动；还有人把贩卖奴隶作为在工作之外赚钱的途径。尽管通过贩卖奴隶赚取利润的奴隶贩子形形色色，但这些人有一个共同之处，"他们都是投机者"。[①] 虽然利润率有高有低，但绝大多数奴隶贩卖活动都是有利可图的，不存在绝对不赢利的情况。如果无利可图，就不会有人从事奴隶贸易了。

南部内部奴隶贸易的进行是井然有序的。南部绝大多数重要城镇都有奴隶经营商买卖奴隶。一些大奴隶贸易企业将总部设在边界州的大城市，在下南部的各地开设分支机构。奴隶贩子将从东部收购的奴隶贩运到西部新兴地区，从中赚取大额利润。表3-16中的数字显示了主要奴隶贸易企业的利润率。

---

① Walter Johnson, *Soul by Soul: Life Inside the Antebellum Slave Market*, Cambridge, Massachusettes: Harvard University Press, 1999, p. 46.

表 3-16　地区间奴隶贸易估计利润率,1817—1860 年①

年份	企业	贩运路线	贩奴商购买的奴隶数	购买价格（美元）	出售价（美元）	毛利润	毛利率（%）	净利率（%）
1817—1818	里夫斯合伙公司	密苏里—密西西比	30	11112	21308	10196	91.8	79.8
1818—1819			26	14505	24643	10138	69.9	60.8
1822—1823	菲尔兹合伙公司	北卡罗来纳—南卡罗来纳	12				36.0	30.6
1832	托藤-冈恩公司	北卡罗来纳—阿拉巴马	23	6525	9116	2591	39.7	34.5
1833—1834			37	12693	15340	2647	20.9	18.1
1833			24	7588	11552	3964	52.2	45.4
1834			21	7841	11672	3831	48.9	42.5
1835			42	21890	35797	13907	63.5	55.2
1836			26	21991	36170	14179	64.5	50.8
1830	格伦合伙公司	北卡罗来纳—阿拉巴马	9	6042	9650	3608	59.7	51.9
1830			5	3250	4850	1600	49.2	42.8
1830—1831			59	16832	22148	5316	31.6	27.5
1831—1832			54	15211	20555	5344	35.1	30.5
1832—1833			55	17992	25472	7480	41.6	36.2
1833—1834			79	25605	38760	13155	51.4	44.7
1833—1834			22	9520	12721	3201	33.6	29.2
1834—1835			56	21573	30508	8935	41.4	36.0
1835—1836								
1836—1837			29	17905	29043	11138	62.2	49.0
1836—1837			21	19793	28405	8612	43.5	34.3
1843—1844	休斯-唐宁公司	肯塔基—密西西比	13	5292	8695	3403	64.3	55.9

① Michael Tadman, *Speculators and Slaves: Masters, Traders, and Slaves in the Old South*, pp. 205-206.

续表

年份	企业	贩运路线	贩奴商购买的奴隶数	购买价格（美元）	出售价（美元）	毛利润	毛利率（%）	净利率（%）
1849—1850	坦普尔罗-古德文公司	弗吉尼亚—佐治亚	38	20655	25320	4665	22.6	19.6
1849—1850			26	12595	14685	2090	16.6	14.4
1850—1851			38	20217	26870	6653	32.9	28.6
1852—1853	A.沃克-A.T公司	北卡罗来纳—阿拉巴马	5	2090	2394	304	14.5	12.6
1853—1854			16	10237	13065	2828	27.6	24.0
1854—1855			13	9740	11780	2040	20.9	18.2
1856—1857			2	1635	2075	440	26.9	23.4
1856—1857	博尔顿-迪肯斯公司	密苏里、弗吉尼亚等—下南部	664	668474	798966	130492	19.5	17.0
1858—1859	查尔斯·奥因斯-罗伯逊公司	南卡罗来纳—路易斯安那	54	30186	37192	7006	23.2	20.2
1845—1846	怀特合伙公司	密苏里—下南部（路易斯安那、密西西比、得克萨斯等）	181	81887	107855	25968	31.7	27.6
1846—1847			12	5795	6789	994	17.2	14.9
1847—1848			29	14731	18679	3948	26.8	23.3
1848—1849			24	12727	17023	4296	33.8	29.4
1849—1850			88	50866	68309	17443	34.3	29.8
1850—1851			146	87060	112086	25026	28.7	25.0
1851—1852			19	10922	12883	1961	18.0	15.6
1852—1853			64	42485	58687	16202	38.1	33.2
1853—1854			28	23055	27810	4755	20.6	17.9
1854—1855			16	12495	15152	2657	21.3	18.5
1855—1856			62	48832	69859	21027	43.1	37.4
1856—1857			90	79854	102686	22832	28.6	24.9
1857—1858			62	54801	68170	13369	24.4	21.2
1858—1859			59	51026	71930	20904	41.0	35.6
1859—1860			183	176957	240718	63761	36.0	31.3

奴隶贩子的贩奴活动为奴隶人口剩余地区的奴隶主出售自然增长的奴隶获利制造了机会。内战以前北方的废奴主义者指责奴隶主蓄意繁殖饲养奴隶以供出售赢利。南部也有人这样谴责。1832年托马斯·杰斐逊·伦道夫在弗吉尼亚议会上指责说,弗吉尼亚州"就是一个巨大的畜栏,在那里饲养人是为了向市场出售,就像养牛是为了送到屠宰厂屠杀一样"。弗吉尼亚的大奴隶主、著名的农业改革者、极端分离分子埃德蒙·拉芬虽然表示他不认为繁殖饲养和出售奴隶是一种赢利渠道,不承认有奴隶主将繁殖出售奴隶作为生意来做,"没有人会如此没有人性,以至于繁殖饲养奴隶,定期将一部分卖掉,就像西部的赶牛人处理他们的牛一样"。但是他不否认,由于奴隶人口的大量增长,奴隶主确实出售奴隶。① 弗吉尼亚著名的奴隶制辩护者托马斯·罗德里克·迪尤在30年代初就承认,"现在,弗吉尼亚事实上是一个为其他州养育黑人的州,它生产的奴隶足够自己使用,每年还有6000名奴隶供出售"。② 彼得·J. 帕里什总结道,"繁殖奴隶的农场也许存在,然而那是一种例外情况。不过,那个时代家庭人口多,人口增长快,奴隶和自由人皆是如此。奴隶主非常清楚他们的奴隶可供出售,年轻女奴因为有生殖能力而增加了她们的价值。这样说应该是公平的:奴隶主准备着对奴隶的生殖力进行剥削,但很少人追求通过强制给奴隶配对来增加奴隶人口。他们享受着奴隶结合的成果,但没有采取强制手段"。③ 刘易斯·C. 格雷指出:"对于通过自然增加其奴隶人数这个问题,奴隶主确实十分关心……对新生儿价值的估计是以多少美元和美分来计算的。"④ 既然可以通过出售奴隶而获利,有些奴隶主便蓄意促进奴隶生育,通过饲养并出售增长的奴隶人口取得收益。卑劣之人在利益的刺激下会变得肆无忌惮。内战前南部奴隶主出卖奴隶是司空见惯的现象。1830年马里兰奴隶人口的12%在1830—1840年这10年间走上了奴隶拍卖台。在位于该州东海岸的肯特县和托尔伯特县,1830年奴隶人口的14%在这10年间被拍卖,该州南部的安妮阿伦德尔县、乔治王子县和霍华德县这3个县1830年奴隶人口的12%在这10年间被拍卖,该州北部的巴尔的摩县、卡罗尔县和哈福德县这3个县1830年奴隶人口的10%在这10年间被拍卖。被出售的这些奴隶中有16%的奴隶,即略低于1830年这8个县奴隶人口2%的奴隶,是由他们的主人将其卖到了其他州。大约相同人

---

① Lewis Cecil Gray, *History of Agriculture in the Southern United States*, pp. 661, 662.
② Drew Gilpin Faust, ed., *The Ideology of Slavery: Proslavery Thought in the Antebellum South, 1830-1860*, Baton Rouge: Louisiana State University Press, 1981, p. 31.
③ Peter. J. Parish, *Slavery: History and Historians*, New York: Harper & Row Publishers, 1989, p. 57.
④ Lewis Cecil Gray, *History of Agriculture in the Southern United States*, p. 663.

数的奴隶随着迁移的主人去了其他州。①"在1850年代,边界州的奴隶主出售了大约5.3万名奴隶,中部南部的奴隶主出售了约8.4万名奴隶给下南部的资本家。"②如此大量的奴隶被贩卖,无疑折射出买卖者的狠毒心肠。贩卖奴隶既为奴隶贩子提供了生财之道,也为拥有剩余奴隶人口的奴隶主创造了补充赢利途径,所以这些买卖奴隶的白人们,就不会怜悯被人买来卖去的黑人的痛苦了。对于黑人奴隶来说,亲人因被他人买卖而强制拆散无疑是一种撕心裂肺的痛苦,然而在内战前的南部这却是一种常见的景象。

这是一幅描绘奴隶拍卖的画作。在画面中,站在台上的拍卖主持者,站在左侧的奴隶买卖者和站或坐在地上的黑人奴隶,形成鲜明的境遇对照。这幅画上白人奴隶贩子和买卖者的表情,以及被拍卖的奴隶们的姿态表情都依稀可辨。

图3-2:"一场奴隶拍卖"③

---

① Barbara Jeanne Fields, *Slavery and Freedom on the Middle Ground: Maryland during the Nineteenth Century*, New Haven: Yale University Press, 1985, p. 24.
② William W. Freehling, *The Road to Disunion*, Vol. II, *Secessionists Triumphant*, *1854-1861*, p. 22.
③ David M. Kennedy, Lizabeth Cohen and Thomas A. Bailey, *The American Pageant: A History of the Republic*, New York: Houghton Mifflin Company, 2006, p. 359.

奴隶贩子贩卖的奴隶,绝大多数直接来自奴隶主。表 3-17 中数字表明奴隶主在大量出售奴隶。表 3-18 则显示了奴隶主通过出售奴隶人口获取的巨额利润。

表 3-17 贩奴商的奴隶来源及数量①

贩奴商	奴隶总数	销售单显示的奴隶购买来源					记录显示的购自司法出售的奴隶比例(%)
		奴隶主出售	奴隶主托管人出售	根据遗嘱出售	县治安官出售	奴隶主在衡平法庭上出售	
巴杰特	58	56			2		3.4
弗格森	35	28		4		3	20.0
格伦	214	201	9	3	1		1.9
朗	100	90		3	5	2	10.0
帕斯卡尔和劳克斯	146	139	1	6			4.1
罗巴兹	71	71					0.0
总数	624	585	10	16	8	5	4.6

表 3-18 主要奴隶出口州出售奴隶价值与商品农作物价值比较(百万美元)②

年份	商品农作物	从向奴隶贩子出售奴隶获取的价值	奴隶出售价值占商品作物价值的比例(%)
1839—1840	31.82	6.24	19.6
1849—1850	29.98	4.84	16.1
1859—1860	60.32	9.26	15.4

说明:主要奴隶出口州包括特拉华、肯塔基、马里兰、南北卡罗来纳、弗吉尼亚和哥伦比亚特区。

除了使用奴隶劳动进行商品农作物生产及出售自然增长的奴隶这两种途径赢利之外,奴隶主从蓄奴活动中获得经济收入的第三个途径是将自己的

---

① Michael Tadman, *Speculators and Slaves: Masters, Traders, and Slaves in the Old South*, p. 114.
② Ibid., p. 131.

奴隶外雇出去。内战前的美国南部，奴隶主雇出奴隶是一种普遍经常性行为。就个人来说，奴隶主雇出奴隶的原因多种多样，不过通过雇出奴隶而获得经济收入则是这种做法的共性。肯尼斯·M. 斯坦普指出：如果出于某种原因奴隶主自己不能使用奴隶赢利，如果他深陷债务，或者如果他有剩余的劳动力，他将宁愿将奴隶雇佣出去而不是卖掉他们。一个奴隶主去世后，负责执行其遗嘱的人往往在处理地产后，将去世者原有的奴隶出租给其他人，有时候连同土地一起出租给佃农。继承了奴隶的人如果没有地方使用，也会将奴隶出租出去。很多鳏夫、寡妇和幼儿就依靠雇出奴隶的收入生活。城市的奴隶主经常将家庭劳动使用不到的多余奴隶外雇给他人。在城市和乡村地区，奴隶主还经常将有技能的奴隶出租给他人。种植园主往往将自己的木匠和铁匠租给邻居使用。此外，南部还有人专门购买奴隶从事出租业务。"在1846—1852年，弗吉尼亚汉诺威县的比克顿·莱尔·温斯顿就为此目的至少购买了15个奴隶。"①

工业、矿业和铁路企业是雇佣奴隶的主顾之一。位于弗吉尼亚里士满的特拉迪加制铁厂就雇佣了大批黑人。"在1850年代该企业为雇佣奴隶支付的报酬是每年150美元，对于超时工作给予的奖金高达每月10—15美元。"乔丹-欧文公司建在弗吉尼亚西部的锻铁场和冶铁厂使用80—90名奴隶，其中14人为公司所有，其余是被雇佣的。肯塔基和密苏里的大麻加工厂，弗吉尼亚西部的盐井，弗吉尼亚和北卡罗来纳迪斯默尔沼泽的木材加工业都使用雇佣奴隶。②南部的铁路公司通常并不拥有他们使用的奴隶，而是采取招募方法从奴隶主那里雇佣奴隶。1836年阿拉巴马—佛罗里达—佐治亚铁路公司曾发布广告，在马里兰、弗吉尼亚和北卡罗来纳招募100名奴隶。1857年佛罗里达铁路公司宣布，在过去的两年内，该公司一直在从弗吉尼亚和南、北卡罗来纳招募奴隶。③

不过，使用雇佣奴隶最多的领域还是农业生产。当然，由于各地经济条件不同，使用雇佣奴隶劳动的情况也不尽相同。大致来说，商品化农业发达的地区奴隶雇佣活动较多，商品化农业不发达地区奴隶雇佣人数就较少。例如，1860年联邦人口普查手稿数字显示，在弗吉尼亚东部的阿科马克县，雇佣奴隶接近该县奴隶人口的10%，绝大多数雇奴者仅仅雇佣一个奴隶。但是在西部的阿尔伯马尔县，该县被雇佣的奴隶不足5%。同样位于西部的坎

---

① Kenneth M. Stampp, *The Peculiar Institution: Slavery in the Anti-Bellum South*, pp. 68-70.
② Clement Eaton, "Slave-Hiring in the Upper South: A Step toward Freedom", *Mississippi Valley Historical Review*, Vol. 46, No. 4 (Mar., 1960), pp. 670-671.
③ Kenneth M. Stampp, *The Peculiar Institution: Slavery in the Anti-Bellum South*, pp. 71-72.

伯兰县,被雇佣的奴隶超过6%。在北卡罗来纳的珀奎曼斯县,使用奴隶劳动人中近三分之一是雇奴者,但被雇佣的奴隶只有7%。在艾尔德尔县,该县奴隶人口有4177人,而只有51名奴隶被雇佣。奥兰治县被雇佣奴隶是19人,戴维县是9人,伦道夫县是16人,在梅克伦堡县,被雇佣奴隶是107人。马里兰州的奴隶雇佣现象也很少。安妮阿伦德尔县被雇佣奴隶约占奴隶人口的1.5%,在卡尔弗特县被雇佣奴隶只有29人,哈福德县为20人,弗雷德里克县为7人。① 雇佣奴隶的人中既有奴隶主也有非奴隶主。美国学者伦道夫·坎贝尔对1848—1862年得克萨斯东部和中南部20个县的623名雇奴者加以研究发现,"雇奴者中的四分之三(463人),在那些奴隶被雇佣年份,他们的名字能够在20个县的纳税名单上确切找到。其中,275人(59%)是奴隶主,另外188人(41%)在他们雇佣奴隶期间没有为奴隶交税"。② 没有缴纳奴隶税的人意味着他不是奴隶主。这种状况表明雇奴者中的多数是奴隶主,但是非奴隶主也是雇奴者中的重要组成部分。

　　南部也有一些人雇佣奴隶从事家庭服务。一些不愿意蓄奴或无能力蓄奴的非奴隶主,需要奴隶承担家务劳动,就可能选择从奴隶主手中雇佣奴隶。肯塔基州的约瑟夫·安德伍德就是一例。此人曾是肯塔基选出的联邦参议员。1850年,安德伍德家庭雇佣了4个仆人,还以低于市场的价格雇佣了一个女孩。来年一月,他的夫人写信给丈夫说,除了雇到一个厨师外,她再也雇佣不到其他人了。除非出特别高的价格,否则就雇不到一个女仆。③

　　奴隶主雇出奴隶,一般的做法是直接将自己的奴隶雇给雇主,并从雇主那里取得雇金。不过,也有很多奴隶主允许奴隶自雇,即奴隶以向奴隶主交还一部分外出劳动收益为条件,换取奴隶主允许自己离开奴隶主的家庭,另谋工作和收入。这种便利主要是给予那些有一技之长的奴隶,如铁匠、补鞋匠和瓦匠。虽然在北部废奴运动兴起后,南部各州禁止允许奴隶自雇,"但是,在整个内战前时期人们躲避有关这一问题的法律,奴隶自雇活动在有限的范围内继续存在"。④ 弗雷德里克·道格拉斯在回忆录中讲道,"允许奴隶拥有雇佣自己劳动时间的特权,这种做法在巴尔的摩是相当平常的事,在新奥尔良也是如此。一个被认为是忠诚守信的奴隶,通过在每周周末定期向主

---

① Clement Eaton, "Slave-Hiring in the Upper South: A Step toward Freedom", p. 674.
② Randolph B. Campbell, "Slave Hiring in Texas", *American Historical Review*, Vol. 93, No. 1 (1988), p. 111.
③ Clement Eaton, "Slave-Hiring in the Upper South: A Step toward Freedom", p. 668.
④ Ibid., p. 672.

人支付一定数量的钱款,就可以根据自己的意愿支配自己的时间"。① 道格拉斯在 1838 年春季就从自己的主人托马斯那里获得了雇佣自己的许可。另一个奴隶查尔斯·汤普森也回忆说,"允许奴隶雇佣自己,从事自己想干的工作,这在蓄奴州是一种习惯做法。有时候做出这种安排是为了免除奴隶主的麻烦。他自己的主人就让他找一份工作,雇佣他的人每月支付雇金 30 美元,并外加提供食宿。②

奴隶雇佣现象之所以广泛存在,根本原因是这种做法对于奴隶主和奴隶雇主都有利可图。"在 19 世纪 40—50 年代,奴隶雇佣成为南部奴隶制的一个重要方面。奴隶主雇出他们的奴隶能够获得的年收入平均为奴隶价值的 12%—15%。而雇奴者或雇主的雇奴成本,通常低于使用自由劳工所需的成本。"③但主要受益者还是雇出奴隶的奴隶主。内战前,随着南部经济的发展和奴隶价格的上涨,雇佣奴隶的费用也呈上涨趋势。1792 年弗吉尼亚的一则广告称要以每月 18 先令的价格招雇管理烟草的女劳工。1797 年 1 月华盛顿市的广告称以每年 70 美元的价格雇佣劳工,免费提供一切生活用品,还包括治病。1836 年在弗吉尼亚每年以 80—90 美元的价格可以雇佣到男性奴隶。1837 年生产烟草的男性奴隶劳工的雇佣费用是每年 80 美元,加上提供食物和衣服的费用是 92 美元。到下一年,在弗吉尼亚的阿默斯特县,雇佣黑人劳工的费用是每年 60 美元,时至 1848 年仍旧如此。到 1857 年,弗吉尼亚男性种田奴隶的雇佣费用,包括生活费用在内,是每年 120—150 美元,在肯塔基是 175 美元。从 1856 年年初开始到 1860 年,弗吉尼亚烟草加工厂的工资上涨了 15%。1860 年彼得斯堡市的烟草加工厂支付的工资是每年 225 美元。雇佣奴隶报酬的增加意味着奴隶主收入的增加。当然,奴隶雇佣费用各地并不一样。奴隶人口过剩的东部地区奴隶雇金低一些,西南部购买奴隶的各州,雇佣奴隶的费用要高于出售奴隶的东部老州。在佐治亚州中部地区,19 世纪的第一个十年头等种田男性奴隶的雇价是每年 100 美元左右,1812 年英美战争期间下降为 60 美元或 75 美元,1818 年又上涨到 150 美元。到了 30 年代,该地区奴隶雇佣价格普遍在 100—125 美元之间。1838 年运河承包商曾出每月 18 美元的高价雇佣奴隶,还提供食宿、衣服和医疗。1825 年南

---

① Frederick Douglass, *My Bondage and My Freedom*, New York, 1855, pp. 326-327. http://docsouth.unc.edu/neh/douglass55/douglass55.html Acessed: 2006/06/09

② *Biography of A Slave; Being the Experiences of Rev. Charles Thompson, A Preacher of the United Brethern Church, While A Slave in the South. Together With Startling Occurrences Incidental to Slave Life.* Doyton, Ohio, 1875, p. 59. http://docsouth.unc.edu/neh/thompsch/thompsch.html Acessed: 2006/06/09

③ Clement Eaton, "Slave-Hiring in the Upper South: A Step toward Freedom", p. 663.

卡罗来纳的男性种田奴隶雇佣费用是每年 80—100 美元,一些特别受欢迎的奴隶雇佣价格高达 120 美元。1838 年南卡罗来纳的奴隶雇佣价格是 100 美元左右。1851 年在该州达灵顿县,上等种田奴隶的雇佣价格在 100—150 美元之间。1855 年在西南部地区奴隶雇佣费用是每年 200 美元,1860 年在路易斯安那西北部地区出现了奴隶雇佣价格高达 300—360 美元的情况。[①] 不过很显然,不管是在哪类地区,雇出奴隶都是奴隶主的赢利之道。面对这些可赢利机会,奴隶主的自然反应就是将可以雇出的奴隶外雇他人以获取利润。尤金·D.吉诺维斯指出:"奴隶主抓住这些机会将他们的奴隶出租他人,为了便利或当雇佣他人的奴隶在经济上合算时,又雇佣他人的奴隶。"[②] 奴隶雇佣行为的广泛存在,也反证了奴隶主雇出奴隶的赢利性。

总体而言,内战前美国南部奴隶主群体的蓄奴经济显然具有赢利性。奴隶主既能够使用奴隶劳动生产商品农作物赚取利润,也可以通过雇出奴隶坐收佣金,还可以出售自然增长的奴隶人口而获利,奴隶主出售奴隶,又给奴隶贩子提供了生财之路。在内战前奴隶经济总体上兴旺繁荣的形势下,蓄奴成本对于赢利性的反制作用微乎其微。因为,其一,维持奴隶生存所需的基本食物和衣服大多是由奴隶自己劳动生产的,基本上不需要奴隶主花钱购买,因此可以不纳入蓄奴成本范围。其二,购买奴隶固然需要奴隶主的投资,但是只要他的奴隶仍然存在,即使由于种种原因他的蓄奴活动难以维系,那么他还可以通过出售奴隶收回部分或全部投资。考虑到内战前南部的奴隶价格总体上呈上升趋势,所以由购买奴隶投资构成的蓄奴成本其实对奴隶主的蓄奴经营没有多大负面影响。

蓄奴经济的赢利性在大种植园主的经营中最为明显。斯蒂芬·邓肯是 19 世纪 50 年代美国最大的种植园奴隶主。此人长久涉足纳奇兹的银行金融业,在北部也有大片土地,对北部铁路投资很多,有 6 个棉花种植园和两个甘蔗种植园。在减去了代理商的佣金以及运输费用、保险费、驳运费和其他费用后,1850 年他从棉花和甘蔗中的收益为 169354 美元。1851 年他的 8 个种植园共拥有 1018 个奴隶,此外在他位于纳奇兹附近的家中还有 23 个奴隶。他的奴隶们消费的食物并非全部从种植园生产,1857 年他为黑人购买了 135 桶猪肉,7 桶面粉。第二年他购买了 135 桶猪肉,13 袋豌豆,34 袋玉米,大量土豆和鸡蛋,两桶面粉,1 桶威士忌。1859 年他购买了 936 蒲式耳玉米,12 蒲式耳燕麦,135 桶猪肉,1 桶猪油,252 蒲式耳玉米,12 桶面粉,1 蒲式

---

① Lewis Cecil Gray, *History of Agriculture in the Southern United States to 1860*, pp. 667-668.
② Eugene D. Genovese, *Roll, Jordan, Roll: The World the Slaves Made*, New York, 1976, p. 391.

耳威士忌。艾萨克·富兰克林是路易斯安那西费利西亚纳教区的种植园主,他曾从奴隶贸易中发过大财,后退出奴隶贸易行业经营种植园。1846年他的财产包括在路易斯安那的6个种植园,共8687英亩土地,在田纳西有1个2000英亩的种植园。他的种植园中的700个奴隶在1847年、1848年和1849年这三年平均产棉1120包,价值大约3.6万美元,用以砍伐作为燃料的树林和木材另外给他每年带来1.2—2.5万美元。①

当然,从个人层面说,蓄奴活动中确实存在风险。奴隶主个人蓄奴活动的风险主要有三种。其一是商品农作物的市场变化风险。如果一个奴隶主的农产品上市时正好赶上产品价格下跌,那么奴隶主自然就会利益受损甚至不赢利。内战前南部的商品农作物的价格确实发生过波动,自然就有一些奴隶主因为赶上价格下跌而受损。其二是自然灾害导致农作物减产或绝收,发生了这种意外当然就不可能有利润可言了。其三是奴隶的逃亡或死亡。如果奴隶逃亡或死亡,奴隶主就失去了他的奴隶财产和劳动力。不过,这三种风险都是偶然的非正常现象。内战前南部的商品农作物价格虽有起伏,但总体上是上升的,并没有出现长期全面的自然灾害,也没有发生大规模奴隶逃亡或非正常死亡,绝大多数奴隶处在奴隶主的掌控之中,南部的农业生产进行正常。因此,虽然有个别奴隶主因为偶然的外在原因,或由于个人不善经营和管理,致使个人的蓄奴活动没有赢利,甚至导致个人的经济破产,但是,这些人毕竟只是极少数人,少数人的蓄奴活动不赢利不足以抵消奴隶主群体蓄奴活动的赢利性。

对于奴隶主来说,蓄奴是一种商业活动。蓄奴的赢利性包括两个既分离又相连的层面:奴隶主个人和南部整体。从个人层面上看,进行蓄奴的奴隶主有人发财有人破产,但从总体来看,投资于蓄奴会获得经济回报。原因有两个,"其一是存在着规模经济,大种植园常常比规模较小的种植园和农场产生更好的回报;其二,南部区域内的地区差异决定着利润估算的公式。在西南部极为肥沃的土地上生产的作物利润巨大,但是回到历史较久的东部诸州,出售奴隶的收入变成了这个产生投资收益方程式中的一个关键因素,它确保了在正常时候仅靠农业一项活动不能确保投资回报率的地区也处在兴旺之中。这样一来,州际奴隶贸易对于维持东南部的繁荣和西南部奴隶供应就都是必不可少了"。② 内战前南部商品农业的大发展证明,奴隶主作为一个群体显然从蓄奴活动中获利丰厚。1860年南部的奴隶制绝对不是处于崩溃边缘,"简短来说,在1805年奴隶就是宝贵的资产,到了1860年他们就更

---

① Paul W. Gates, *The Farmer's Age: Agriculture, 1815-1860*, p. 148.
② William J. Cooper, Jr. and Thomas E. Terrill, *The American South: A History*, p. 220.

加宝贵了。除此之外,还有一个根基良固的奴隶市场,这个奴隶市场的存在意味着奴隶是一种高度'流动性'的资产。奴隶主不管出于何种考虑只要有意把奴隶卖掉,就可以把这种奴隶资产转换成现金。南部1860年投资于'特别制度'的那些人根本没有必要为他们这种投资的经济可行性担心。正相反,在内战前夕美国的奴隶主们正处在一个半年代的生气勃勃的成长和扩张期中"。① 当时的废奴主义者确实宣扬种植园奴隶制效率低下。到南部对奴隶制进行实地深入考察的废奴主义者弗雷德里克·劳·奥姆斯特德,对其1853年在奥格奇河岸看到的理查德·阿诺德水稻种植园做了这样的情景描述:"门开着无人管,栅栏倒着无人理,不管不顾平常的命令;黑人从栅栏上拆下木棍,推测可能是用去烧火了;骡子是瘸的,农具是坏的,是使用时粗心大意造成的;一只平底船被马马虎虎地系在岸边;拉木头建新栅栏的人把木头堆放得乱七八糟,要把它们摆好需要两倍的劳动,他们事先稍微动点脑子就能轻易放好的;去一个重要的堤坝填补鳄鱼和其他鱼造成的洞的人,只是把洞的表面盖住了,让人看着像是完成了任务。"奴隶们表现出习惯性的粗心大意和懒惰,他们只有在监督下才干活。② 废奴主义者奥姆斯特德认定奴隶制没有经济效率,可是,假如奴隶制真的无利可图,那么奴隶主就不会继续蓄奴,非奴隶主白人也不会力争加入奴隶主行列了。

对于南部渴望兴家立业、发财致富的人来说,商品农业生产是一种已经习以为常的有经验的便利的赢利途径。既然此路可行,自然多数人就会选择走这条路。工业革命中兴起的产业部门,南部不是绝无,而是少有。南部与北部在经济上是互通互补的,南部经济是北部经济生活的一部分,北部经济也在一定程度上是依托南部经济而生的。

第三节　种植园主与南部的市场经济

内战前的半个多世纪里,市场经济在美国全国范围内得到大规模快速发展。但是,市场经济的发展程度出现了巨大的地区差异。在北部地区,随着工业化、城市化和农业生产商业化的发展,无论是非农业人口还是农业

---

① Roger L. Ransom, *Conflict and Compromise: The Political Economy of Slavery, Emancipation, and the American Civil War*, Cambridge: Cambridge University Press, 1989, pp.46-47.
② Frederick Law Olmsted, *A Journey in the Seaboard Slave States, With Remarks on Their Economy*, London: Sampson Low, Son, & Co., 1856, pp.480-481. http://docsouth.unc.edu/nc/olmsted/olmsted.html Acessed: 2006/06/09

人口都进入了市场经济机制之中,而在南部市场经济发展主要集中在商品农业领域,其他部门虽然有所发展,但也是为商品农业服务的部门,且规模与美国北部相比差距甚大;从参与的社会人群而言,主要是蓄奴规模较大的种植园主群体,小奴隶主和非奴隶主白人则或者甚少参与市场经济生产,或者完全孤立于市场经济之外,而广大黑人奴隶则完全被排斥在市场经济的主体之外。

一 美国史学界关于南部市场革命的争论

内战前的南部是否也像北部那样经历了市场革命?如果是,南部的市场革命呈现出什么特点?种植园主对于市场经济的发展发挥了什么样的作用?对这些问题美国史学界出现了大致两种对立的认识。一种观点认为内战前南部经历了独特的市场革命。持此论者之一是哈利·沃森,他认为,南部的市场革命具有独特性。对于南部来说,发生在南部之外的市场革命对南部发展的影响,远远大于南部内部市场经济成长对其地区经济生活的影响。他指出:"最明显的后果是,随着棉花王国的形成,南部实现了大规模的地理扩张。尤其是在1812年战争之后,工厂体系在旧英格兰和新英格兰的成长,促使南部人向西部去寻找新的种植棉花土地。由此产生的大规模移民,使得'南部'的范围从大西洋海岸扩展到墨西哥的边界,并触发了建立以奴隶制为基础的大陆帝国的狂想。从南部的这种扩张中获益最多的是雄心勃勃的种植园主。南部的这种扩张不仅对种植园主影响巨大,对于那些被强行拖离他们的朋友和家人'被卖掉顺河而去'的奴隶们生活的影响更大。奴隶贸易使得人的生命和劳动彻底商品化。"不过,在沃森看来,"南部的市场革命经历并非以向西移民而终结。白人民主的兴起,福音宗教的成长,以及第二政党体系下的政治冲突,都是内战前美国两个重大地区共有的突出特征。然而,旧有的重要经济、地理和社会特征使得市场革命在南部产生了不同的影响。这些不同影响的积累导致了一种'为使南部现代化'而进行的漫长斗争。这种斗争只是取得了部分成功。归根结底,奴隶制度具有强大的矛盾影响力,它既推动着南部走向更大程度的商业化,又阻碍着其最终目标的实现,为市场革命及其后果留下了一种独特的地区性色调"。造成南部市场革命矛盾后果的直接根源是南部的二元经济。大西洋海岸地区土地最肥沃,交通最便利,那个地区长久活跃于世界贸易中。受惠于平坦的地貌、肥沃的土壤、可通航的河流,这些地区传统上生产亚热带商品作物用于出口,产品运输使用的是水路,劳动力使用的是奴隶。殖民地时期主产作物是烟草、水稻和靛青,美国革命后,棉花和甘蔗成为主产作物,靛青生产则退出主产作物之列。

南部此一地区的种植园主一如既往依赖出口农业和变化多端的国家价格和信贷条件。南部内陆的情况则不同。滨海平原地区向西是一个陡然高起的坡地，河流在此地带形成了瀑布带，天然水路交通的便利到此为止。这个瀑布带以西是被称为皮德蒙特的高原，一直延伸到阿巴拉契亚山区。气候和地貌阻止了皮德蒙特地区种植园经济的发展，尽管零零星星有一些人成为了大奴隶主，但绝大多数人是小农场主，他们中有的人拥有几个奴隶，有的人没有奴隶。这些小农场主依靠自己和家人的劳动生产玉米和猪供自己消费，穿衣也是家庭纺织制作。尽管他们也带些自己的产品到远方的城镇交换一些家庭不能生产的物品，但是生活基本上是自给自足。海岸平原地带的沼泽和土地贫瘠地区人们的生活也是如此。①随着南部向西扩张，二元经济在阿巴拉契亚山脉以西地区得到复制。有可通航河流的河谷地区建立起奴隶劳动种植园，与其毗邻的丘陵地区则成为自耕农地区。在这个二元经济中，种植园经济与世界市场紧密相关，而自耕农经济相对与市场经济隔离。南部地区经济的重大变化对二者的影响并不一样。另一位学者塞思·罗克曼也认为，内战前南部经历了独特的市场革命，他指出："因为市场革命常常被与'向资本主义转型'（如工资劳动、城市化和工厂生产）等同，南部执着于种植园农业和奴隶劳动，似乎就将这个地区放到这个经济发展路程之外。"但是实际上，南部有自己独特的市场革命，并且取得了显著的成就。"如果在影响美国资本主义的因素中将奴隶制排除，那么就难以想象它的制造业、金融业、海运业，以及它的财产法。马萨诸塞纺织厂主可不是从附近的康科德农场主那里购买棉花的，是美国南部奴隶生产的棉花供应着新英格兰和旧英格兰的工厂生产。"南部不仅是美国北部和英国纺织工业的棉花基地，也是外来制造业产品的消费者，"像林恩这类小城镇生产的鞋子，往往最终穿到莫比尔奴隶们的脚上。南部种植园主的财富流进了纽约的银行，这些银行反过来又将资本贷给了北部的企业家。对于奴隶生产产品在整个大西洋世界的流动，北部的海运业和保险业也参与其中，有时他们还从奴隶贸易中获利。尽管奴隶制只存在于一个地区之内，但却是美国市场革命的核心"。在内战前，尽管以奴隶为劳动力，南部经济成绩却很显著，时至 1860 年，南部成为世界上位居第四的经济区域，"铁产量和铁路里程可比法国、德国和奥匈帝国。仅仅是与美国北部和英国相对比南部的工业发展才显得缓慢。更重要的是，到

---

① Hary L. Watson, "Slavery and Development in A Dual Economy: The South and the Market Revolution", in Melveyn Stokes and Stephen Conway, eds., *The Market Revolution in America: Social, Political, and Religious Expressions, 1800-1880*, The University Press of Virginia, 1996, pp.46-47.

1820年南部的棉花已经成为美国价值最大的产品,其出口价值在1860年达到1.91亿美元。棉花生产实际上成为整个种植园制度存在的理由。1860年美国白人占有近400万名奴隶,可不是因为他们要试验家长主义社会秩序,而是因为他们对强制黑人劳动生产价值很高的商品作物感兴趣。从根本上论,奴隶制是一种劳动剥削形式,这种剥削形式对于拥有他人的人显然有利可图"。据此他认为南部经历了自己的市场革命。当然,"说南部发生了市场革命,并不是这个地区像某个历史学家开玩笑地讽刺所说的那样南部'仅仅是使用皮鞭和锁链的北部',奴隶制下独特的社会关系不能简化为一种单纯的利润动机。不过同样,说奴隶主的家长主义自吹自擂也可以让人接受似乎也不诚实。不管奴隶主们怎样理解他们的行动,这种制度生产棉花以供销售,使用的劳动力本身就是商品"。① 除此两位学者外,查尔斯·塞勒斯也认为南部经历了市场革命,种植园主就是按照资本主义经济原则行事的,棉花种植园主对于种植园管理精打细算,按天、按季度、按年记录产量、成本、利润和劳动者的生产率。"植棉资本主义使得种植园主社会实现了资产阶级化,家庭的萎缩有助于种植园主子弟复制父辈的地位。尽管长子通常继承主宅和其附近的田地,奴隶通常是平等分割,以拆散奴隶家庭的悲剧为代价,作为其他年轻儿子们创建种植园的起步资本,他们通常是到西部价格更低的土地上兴建种植园。通过将婚姻理想化为亲密的伴侣,通过保持孩子的天真烂漫,通过设计保护个人隐私的住房,通过灌输资产阶级道德,助长了个人自立的个人主义。"② 爱德华·E. 巴普蒂斯特认为:"南部种植园主是资本主义世界体系的一部分。事实上他们指导着那个时期最能赢利和最重要的生产部门。如果说种植园本身并不是严格意义上的资本家企业,它们却实实在在是由大西洋资本主义塑造的企业。美国的奴隶制,不管是作为一种个人之间的社会关系,还是作为一种其产品依靠世界市场的经济制度,在19世纪的前半期都处在变革之中。"③

另一些学者认为内战前的南部没有像北部那样发生市场革命。道格拉斯·R. 埃杰顿否认内战前南部与北部一样也发生了市场革命。他提出:"辩称南部不过是有着皮鞭和锁链的北部的那些人应该想一想,南部占统治地位的社会关系抑制着资本主义心态,阻挠着恰恰是资本主义全面发展所必需的

---

① Seth Rockman,"Liberty is Land and Slaves:The Great Contradiction", *OAH Magazine of History*, Vol.19, No.3 (May, 2005), pp.8,9,11.

② Charles Sellers, *The Market Revolution: Jackson America, 1815-1846*, p.408.

③ Edward E. Baptist, *Creating an Old South: Middle Florida's Plantation Frontier before the Civil War*, p.18.

那些市场机制的成长。奴隶劳动不是单纯的经济投资,它还为一个前现代社会提供了基础。随着这个成熟的社会在内战前延续,其特色变得与北部大西洋世界越来越迥异。简言之,管治和保卫非自由劳动的需要,导致了一个以家长主义为基础的等级社会兴起。这是一种持续的诉诸协商和暴力的过程。遗憾的是,很多学者将其简化为一种简单的适应模式,即家长主义制造的意识形态规定了黑人和白人的相互责任和义务,将他们联结进一种确定无疑的前资本主义关系中。"市场经济与资本主义并不能划等号。资本主义是一种社会关系,不是生产方式,"如果资本主义的含义就是一种单纯的获利愿望(不管这个愿望多么微小),或只是一种不太强烈的贪婪心态,那么,不管是哪个世纪的土地贵族,几乎都适合这种最低标准的描绘。但是资本主义本是一系列社会关系,其特点是自由工资劳动以及劳动力与生产资料相分离,如果不走进市场劳工就无法生存,如果这样理解资本主义是恰当的话,那么奴隶南部就通不过这种检验"。资本家与工人之间的那种工资关系在奴隶主与奴隶之间并不存在。在南部,奴隶主与奴隶之间不存在工资和交易关系,"在种植园所有人与劳动者之间的协商,是在一个严酷的前现代的结合中进行的,这种结合与领主和农奴的结合没有什么不同。二者之间是家长制关系,尽管事实上黑人被置于一种旨在为主人生产利润的剥削形式中,他们之间的关系主要是社会性的而不是经济性的关系。白人种植园主与白人代理商之间的交换关系可能是以市场为导向,但是奴隶所有人与他的奴隶劳工之间的生产关系显然不是以市场为导向"。奴隶主与奴隶的关系主要是社会关系,而非经济关系。再则,南部种植园主尽管拥有大量财富,但是他们人数很少,对于南部市场经济发育不能起到根本性推动作用。"南部的财富集中在很少一些人手中,甚至就是最富有的种植园主,也很难消费足够的由地方生产的粮食和工艺品,从而产生一个健康的区域经济。既不拥有资本又不拥有自身,被他人作为财产加以占有的那些人占南部人口的40%,与北部劳工相对比,他们同样购买力不足。奴隶们获许拥有的那一点点财物其价值微乎其微,不足以支持南部的制造业部门。奴隶的法律地位是财产,显然这就意味着(与北部的佃农不同)他们没有能力实现从没有土地的劳工向有赢利意识的自耕农农场主转型。"内战前南部经济发展的受益者只是人数不多的种植园主群体。他们的兴旺是以面向生产出口的主产作物为基础。"少数白人的繁荣,完全是以人数更少的那些人的主产作物尤其是棉花的出口为基础的。这样,南部的繁荣就是建立在外国消费和一个更加起伏不定的大西洋市场的经济欲求上。对于来自英国工厂订单的祈盼永不停止,南部的政客们仅仅发展了那些出口经济所必需的商业制度。随着新英格兰和大不列颠的工厂增加,南部的反应是耕种更多的土地。在具备现金的北部,市场需求导致了商品农业、技术发明和工业劳动力的增长。在南部,市场需求仅仅导致了生产更多的棉花以及更多的蓄奴州。"南部的资本投放到了土地和奴隶之上,自然就影响了对非农业部门的投资。"如果大西洋市场按照自己的目的塑造了种植园经济,它同时也助长了一个经济利益和道德价值与现代资本主义精神相对立的土地贵族。"①克里斯多夫·克拉克也认为种植园主阻碍了南部市场经济的深度发展。"种植园主的政治权力,他们对投资于奴隶的执着,内战前的时期他们越来越不愿接受对奴隶制度的放松,极大地限制了他们对商业、基础设施建设和制造业的多样化投资。进行这种灵活的劳动和资本的再配置,可能会使他们对奴隶的控制陷入风险之中。"南部社会越来越拒绝解放奴隶,"结果南部的城市、工业和运输发展速度慢于其他地区"。南部还有三分之一到一半的白人没有财产,由于南部就业机会不充分,往往找不到长期的全日制工作。克拉克提出,美国独立后,殖民地时期就已经成熟的商品农业在南部继续发展。但是这种发展并没有导致南部经济结构发生质变。"时至1860年仅棉花一项就提供了美国出口价值的五分之三。当然,这种结果主要是通过种植园奴隶制的扩展达到的,所以在南部市场农业主要是建立在非资本主义社会关系之上的。在南部,自耕农农场主家庭数也在增长。在有些地方,他们率先来到新垦地区进行商业农产品生产,但是随后往往被奴隶种植园排挤出去。在那些与远方市场连接脆弱的内陆或边缘地区,自耕农仍旧属于主流。狩猎法规定和内战前南部很多地方开放牧地的保留,使得自耕农家庭能够在生产农产品的同时还能获得狩猎产品和饲养家禽。甚至那些增加生产棉花或粮食作物赚取现金的人,也继续进行自给自足的生产,以便至少保留一些阻挡市场变化影响的屏障。"②尤金·D. 吉诺维斯也认为种植园奴隶制限制了南部工业化、城市化和农业多样化的发展,在他看来,"蓄奴的南部没有能力产生一个充足的乡村市场阻碍了工业化和城市化,反过来又限制了农产品市场和损害了多样化努力。除了新奥尔良和巴尔的摩这两个城市之外,蓄奴州没有大城市,人口达到1.5万人的城市寥寥无几。正如普遍认识到的那样,南部的城市人口不能与东北部城市人口相比。还要

---

① Douglas R. Egerton, "Markets without a Market Revolution: Southern Planters and Capitalism", *Journal of the Early Republic*, Vol. 16, No. 2, Special Issue on Capitalism in the Early, (Summer, 1996), pp. 210, 211-214, 220. http://www.jstor.org/stable/3124246 Accessed: 2008/10/01

② Christopher Clark, "Rural America and the Transition to Capitalism", in Paul A. Gilje, ed., *Wages of Independence: Capitalism in Early American Republic*, Madison, Wisconsin: Madison House Publishers, Inc. 1997, pp. 70, 69.

进一步指出的是,它也不能与农业西部的城市人口相比。1860 年下南部城市人口仅占总人口的 7%,在占棉花地带的绝大部分地区的下南部西部,在此前的 20 年里城市人口相对减少。在新英格兰,城市人口比例是 37%,中部大西洋各州,包括俄亥俄,是 35%,最重要的是,在印第安纳、伊利诺伊、密歇根和威斯康星占 14%"。南部城市人口中有很多人是黑人奴隶或自由黑人,他们的购买力微乎其微,这就进一步限制了城市市场。"除了新奥尔良以外,这个城市是个例外,下南部只有 3 个城市人口达到或超过 1.5 万人,即莫比尔、查尔斯顿和萨凡纳,合计达 9.2 万人。这其中 37% 是奴隶和自由黑人,可以认为他们的购买力微乎其微。"他的结论是:"种植园奴隶制对南部购买力的限制是如此之强,以至于南部不能够支撑很多工业。能够兴办的行业,通常缺乏有足够规模的内部市场,难以使企业发展到大规模生产经营程度。由此常常造成生产成本太高,不能成功地与有着更广大市场的北部工业相竞争。没有足够的工业支撑城市化,普遍广泛的农业多样化是难以想象的。"①

二 种植园主与南部市场经济发展

美国史学界这两种观点的对立在很大程度上是概念界定上的分歧,而不是对于基本史实的异议。就内战前南部经济发展来看,内战前南部的市场经济确实出现了大幅度的发展,不过这种发展主要表现在商品农业发展上。内战前美国南部市场经济的大规模扩张并没有导致南部社会的质变。南部没有像北部那样转变成市场经济社会,绝大多数人口并没有成为市场经济主体。南部社会的经济主体主要是白人。在白人群体中,个人参与市场经济的程度与蓄奴规模成正比。种植园主是市场经济的首要主体。种植园主就是南部奴隶社会的资本家。他们购买奴隶是投资行为,建立和从事种植园经营是为了赢利。尽管商品农业,尤其棉花是奴隶主财富的主要来源和投资领域,但是并不是他们的唯一投资方向,大奴隶主还投资和涉足于金融、建筑、土地投机、城市房地产、工厂和经商等各种行业。威廉·考夫曼·斯卡伯勒对蓄奴 250 名以上的特大种植园主的投资领域进行研究后发现,"内战前南部的富豪奴隶主并未将其所有资本投放到土地和奴隶之上,他们的利润也不是仅仅来自主产作物的销售"。至少有五分之一的富豪奴隶主涉足了金融、商业、铁路、制造业和土地投机,有很多人投资于城市房地产,购买公司、州和

---

① Eugene D. Genovese: "The Significance of the Slave Plantation for Southern Economic Development", *The Journal of Southern History*, Vol. 28, No. 4 (Nov., 1962), pp. 435-436, 437. http://www.jstor.org/stable/2205407 Accessed: 2010/01/30

联邦的股票和债券,还有人兴办工厂。在其研究的对象中,18 人涉足金融业,15 人涉足制造业,25 人涉足商业,19 人涉足铁路或蒸汽船业,15 人涉足多种行业,包括商业、制造业和金融业,13 人涉足土地投机。在农业之外拥有经济利益的人为 72 人,占这个群体的 21.3%。① 不过,即使是大种植园主也很少是完全彻底的市场经济主体。南部的种植园除了种植经济作物外,还生产生活消费品,在奴隶生活消费品上尽力争取实现自给自足。在这方面最成功的是水稻种植园主,像海沃德家族、马尼高尔特家族、奥尔斯顿家族和波特家族,拥有很多种植园,有些种植园用来生产水稻,有些位于高地地区的种植园用于生产粮食、棉花和家畜。对于众多奴隶生活必需的食粮,他们即使不是全部生产也是尽可能多地生产。甘蔗种植园主也是尽力在消费品上实现自给自足。利奥尼达斯·波尔克 1853 年在他位于拉富什河畔的种植园生产了 120 万磅甘蔗,同时尽力安排粮食生产。尽管他的田地里玉米产量仅能达到每英亩 26 蒲式耳,但他还是坚持在自己的田地里为他的 370 名奴隶、75 头骡子和马匹、大批耕牛、猪和肉牛生产玉米食料。他原本决定每日配给每个奴隶半磅猪肉,但他的种植园从未生产出足够的猪肉以达到这个目标。犁、锄、推车和马车,以及奴隶的鞋子和衣服都是在这个种植园生产的。②

这些大种植园主为什么不专业生产主产作物,购买生活消费品呢?"原因很简单:对劳动力的需求,以秋季棉花收获时期为顶峰,在其他季节则很少。让奴隶自己种玉米、豆子、甜土豆和养猪,不仅节省了外部食物供应的费用,还可以让劳动力在农闲季节得到更充分的使用。况且土地价格低廉,外人租用奴隶的情况也很少,种植园主能够在不减少棉花生产能力的情况下生产玉米。总之,大量种植玉米与最大量地种植棉花并不矛盾。"③ 罗伯特·高尔曼通过研究发现,"棉花南部的大种植园主是在努力实现基本食物的自足。当他们未能达到自己的目的时,原因通常不是他们用牺牲食物生产来换取主要作物生产,而是在生产过程中食物生产和主产作物生产情况都不好"。对于种植园主要努力实现食品上的自给自足的原因,高尔曼做了这样的解释:一个劳动力能够种植的棉花量要多于他能够采摘的棉花量,因为棉花生产中最繁重劳累的工作是采摘棉花。在一定程度上,采摘棉花的繁重工作依靠将平时从事其他劳动的人投入采摘棉花劳动中,并租赁或通过与其他种植园主交换奴隶从事这项工作。即使如此,种植园种植棉花的能力仍是大

---

① William Kauffman Scarborough, *Masters of the Big House: Elite Slaveholders of the Mid-Nineteenth-Century South*, pp. 218-219.
② Paul W. Gates, *The Farmer's Age: Agriculture, 1815-1860*, pp. 120, 131.
③ Stuart Bruchey, *Enterprise: The Dynamic Economy of a Free People*, p. 245.

于采摘棉花的能力。这样一来,种植园棉花的种植面积就取决于采摘棉花的能力。除了采摘棉花的季节外,其他季节种植园都有剩余劳动力。在租赁市场活跃发达的地方,种植园主能够选择以租赁这种方式解决多余的劳动力,在土地价格昂贵又能够获得低价食物供给的地方,如密西西比河沿岸的冲积平原地带,无疑就会做出这种选择。但是这些条件不是所有地方都具备。种植园主一般是发现他们自己宝贵的劳动力过剩和自己有较廉价的土地,而他们面对的租赁市场并不发达。他们发现在西部的玉米运到时,价格并不便宜。而他们又能够在不减少棉花生产力的情况下种植玉米。因为棉花生产取决于短时期内采摘棉花的能力,即短时期内投入劳动力的规模和效率。所以,"毫不奇怪,在这种形势下,生产玉米更合算,种植园主懂得这一点。再有,种植园主做出的生产玉米选择往往会限制周边地区的经济发展,这样就限制了奴隶租赁市场的扩展,加强了人们的自给自足选择"。①

种植园主占据了适宜主产作物生长的土地和土地劳动力,但不仅自身没有成为完整的市场经济主体,棉花种植业的兴旺还阻挡了南部经济的多样化发展,加剧了阶级之间的冲突。广大小农被排挤到偏僻地区,或占有的土地不足以专业致力于商品农业生产。查尔斯·塞勒斯认为:"棉花种植业的兴旺一方面使得一些人致富,可是同时,通过垄断资本和企业家精神,通过保持土地价格相对来说低于奴隶价格,又压制了多样化的更大发展,就像北部正经历的产业发展那样。此外它还加剧了种植园主精英与白人南部中的小农场主多数之间的冲突。"②

如果说种植园主们对市场经济的参与都不彻底,那么蓄奴规模更小或没有蓄奴的自耕农白人参与市场经济的程度就更低了。在内战前美国南部自耕农是白人人口的绝大多数。这个社会群体参与市场经济的程度,直接决定了南部市场经济的社会广度。南部自耕农的经济生活具有地区差异性。土地肥沃、水路运输便利地区的自耕农,他们的经济生活中既有市场经济成分,也有自给自足的内容,"向海湾州的大移民将成千上万来自皮德蒙特地区的半自给自足的农场主转变为棉花生产者。其实要换取新主产作物提供的经济机会,没有必要放弃所有保障农民自给自足的做法。很多蓄奴很少或没有奴隶的小农场主将种植棉花和种植玉米以及养猪混合进行,尽管他们这样做赢利性要小得多,却保证了他们的家人有东西可吃,由此就抵御了单一经济

---

① Robert E. Gallman, "Self-Sufficiency in the Cotton Economy of the Antebellum South", Agricultural History, Vol. 44, No. 1 (Jan., 1970), pp. 22-23. http://www.jstor.org/stable/3741358 Accessed: 2010/11/08

② Charles Sellers, The Market Revolution: Jackson America, 1815-1846, p. 408.

作物价格波动的风险。棉花生产过程中留有大量的时间可种植玉米。有些定居者选择了松林地区，在那种地方人们可以利用公共土地上的树木生活，常常还使用奴隶伐木。另外还有人就像当地的印第安人那样饲养家畜出售。蹲地者（squatter，指没有购买就先占据开拓荒地的西进移民）一般从事的是狩猎、放牧和简单的农耕，因为只要他们的土地所有权在法律上没有保障，对他们的农场进行多少投资都没有什么意义"。①交通运输不便地区的自耕农只能以自给自足生产为主。内陆地区的自耕农基本上生活在市场经济之外。"如果南部的自耕农农场主在一年到头后还有剩余的玉米和猪，富余的部分就会拿到附近的乡村商店换取其他货物。尽管地方商人更愿意支付他们硬通货，绝大多数人还是用粮食作物交换他们的蔗糖、咖啡、鞋子和帽子。但是交易量往往一年不足10美元，数量太小既不足以将自耕农拉入市场经济，也不足以帮助南部的制造业。"②例如，在北卡罗来纳这个自耕农经济占主导地位的州，"运输状况的恶劣，使得绝大多数北卡罗来纳普通白人除了在自己的社区内生产几乎所有他们需要的物品外，很少有其他选择。迟至1850年，该州很多地方还是依赖老式的4匹马拉大车的运输系统。很多普通白人生活之地远离河流和其他运输方式。直到1850年代，铁路网并没有使得绝大多数普通白人的运输渠道比美国革命时期强一些。即使那些认为有着更大市场可利用的人，也常常发现他们要抵达市场特别困难。亨利·B.安塞尔1835年出生于诺茨岛（柯里塔克县东北海岸外），他回忆说，在汽船到来之前，一个人带着一车商品到诺福克来回要一周时间。去进行这种旅行的人不是定期去，而是'偶尔才去卖东西'"。③ 在这种原始运输条件下，人们的交易活动主要在亲戚和邻居之间进行，与外部世界的贸易很少。他们只是将很少的时间和精力用于生产向市场销售的物品。种植经济作物烟草和棉花是有风险的，种植粮食则可自种自食，保险得多，所以自耕农会选择安全第一的农业生产方式。即使在种植园地带，很多普通白人也不参与经济作物生产。珀森县毗邻弗吉尼亚，属于烟草生产地区，里士满县位于南部边界，毗邻南卡罗来纳，属于棉花地带，但是这两个县的小农场主都坚持的是自给自足的农业生产。表3-19中的数字显示了这两个县农场主参与市场经济的程度。

---

① Daniel Walker Howe, *What Hath God Wrought: The Transformation of America*, 1815-1848, p. 131.
② Douglas R. Egerton, "Markets without a Market Revolution: Southern Planters and Capitalism", pp. 217-218.
③ Bill Cecil-Fronsman, *Common Whites: Class and Culture in Antebellum North Carolina*, Lexington, Kentucky: The University Press of Kentucky, 1992, pp. 98-99.

表 3-19　1849 年北卡罗来纳珀森县和里士满县农场主参与市场作物生产的耕地面积①

珀森县农场主			里士满县农场主			
改良耕地面积（英亩）	人数	没有生产烟草者的百分比	改良耕地面积（英亩）	人数	没有生产棉花者的百分比	生产一包棉花者的百分比
3—49	188	50.0	3—49	101	31.7	16.8
50—99	167	38.3	50—99	155	18.7	15.5
100—249	197	19.3	100—249	221	6.8	8.1
+250	92	9.8	+250	65	6.2	3.0
总数	644	31.8	总数	537	14.9	11.4

位于阿肯色西部的耶尔县的经济情况,显示蓄奴规模与商品农业生产的程度成正比。1860 年的联邦人口普查材料显示,该县在 1860 年是一个产棉县,生产了 3768 包棉花。尽管位于阿肯色的高原,但这里的无霜期长到可以种植棉花。该县以产棉为主,1860 年仅生产了 11464 磅烟草,没有生产亚麻,生产的玉米勉强自足。不过生产的猪有大量剩余。1860 年该县有 27 个棉花种植园主,每人拥有奴隶 10 人以上,平均生产棉花 57 包。尽管人数仅占该县农场主的 3%,这些种植园主却占有该县奴隶的 54%,生产该县棉花的 41%,甚至生产该县玉米的 16%。四分之三的种植园主生活在达达尼尔和加里罗克镇,即阿肯色河谷的土地肥沃地区。这里的土地经过开垦改良,每英亩田地可以生产 1—2 包棉花或 70 蒲式耳玉米。这样,耶尔县的很多河谷土地、奴隶和棉花就集中在人数不多的种植园主手中。阿肯色河谷地区由于土地肥沃和便于河流运输成功地发展了棉花生产。但是在阿肯色河流域的高原地区和福什山区,土地肥力欠佳,运输也更困难,流行的就是多样化农业。山区的良田每英亩平均能生产一包半棉花或 30 蒲式耳玉米。然而耶尔县绝大多数拥有奴隶不足 10 人的小奴隶主生活在山区。他们平均蓄奴 4 人,每个农场大约生产 10 包棉花,这些蓄奴的棉花农场主实际上践行的是"安全第一"的农业生产原则,即种植足够田地的食物和饲料,以供应人畜之需,然后才把剩余的田地用于生产棉花。耶尔县的小奴隶主生产了该县 16% 的玉米,但仅仅生产了该县 16% 的棉花。即使在老南部棉花不同寻常丰产的 1860 年,耶尔县也有 38 个农场主,或者说耶尔县几乎三分之一的蓄奴农场主没有从事棉花生产。他们从事一般农作物种植,仅仅生产粮食、饲

---

① Bill Cecil-Fronsman, *Common Whites: Class and Culture in Antebellum North Carolina*, p.103.

料和蓄养家禽。尽管他们专业生产食物,他们仅仅生产了该县7%的玉米和6%的猪。①

南部的人口条件不利于市场经济的充分发展。在内战前的南部,奴隶占南部人口的比例高达40%,但是他们只是生产主要作物的劳动者,他们自身是奴隶主的资本,是可以买卖的商品,是被动地被放置进市场经济之中的,不可能自主自愿地从事市场经济活动,他们只是市场经济中的客体。他们的不自由状态成为南部与北部社会的本质差别。此外,南部不仅总人口比北部少,而且各州人口密度也比北部的州低很多。1860年"蓄奴州平均每平方英里有18个人,肯塔基比例最高才达31人。与其相比,马萨诸塞每平方英里有158人,罗得岛有138人,康涅狄格有98人,纽约有84人,新泽西有81人。在西部俄亥俄有59人,印第安纳有40人,伊利诺伊有31人"。②南部城市人口相对较少,也是制约南部市场经济发展的因素。表3-20中的数字显示内战前南部城市人口尽管也有大幅度增长,但是城市人口数远远落后于北部。城市人口当然不可能过着自给自足的生活。他们自然生活在市场经济之中。内战前南部城市的发展也远远落后于其他地区,自然也就成为限制南部市场经济发展的因素。

表3-20　1820—1860年美国城市人口的地区分布(千)③

年份	人口			占全国城市人口比例(%)	城市人口变化率(%)
	总数	城市人口	城市人口比例(%)		
全国					
1820	9638	694	7.20	—	—
1830	12860	1128	8.77	—	62.54
1840	17064	1845	10.81	—	63.56
1850	23193	3543	15.28	—	92.03
1860	31443	6216	19.77	—	75.44

---

① John Solomon Otto, "Slaveholding General Farmers in a 'Cotton County'", *Agricultural History*, Vol. 55, No. 2 (Apr., 1981), pp. 169, 170, 171. http://www.jstor.org/stable/3743126 Accessed: 2010/08/01

② Eugene D. Genovese: "The Significance of the Slave Plantation for Southern Economic Development", p.428.

③ Roger L. Ransom, *Conflict and Compromise: The Political Economy of Slavery, Emancipation, and the American Civil War*, p.129.

续　表

年份	人口			占全国城市人口比例(%)	城市人口变化率(%)
	总数	城市人口	城市人口比例(%)		
东北部					
1820	4360	480	11.01	69.16	—
1830	5542	785	14.16	69.59	63.54
1840	6761	1253	18.53	67.91	59.62
1850	8627	2289	26.53	64.61	82.68
1860	10594	3787	35.75	60.92	65.44
西部					
1820	859	10	1.6	1.44	—
1830	1610	42	2.61	3.72	320.00
1840	3352	129	3.85	6.99	207.14
1850	5404	499	9.23	14.08	286.82
1860	9097	1263	13.88	20.32	153.11
南部					
1820	4419	204	4.62	29.39	—
1830	5708	301	5.27	26.68	47.55
1840	6951	463	6.66	25.09	53.82
1850	8983	744	8.28	21.00	60.69
1860	11133	1067	9.58	17.17	43.41
远西部					
1850	179	11	6.15	0.31	
1860	619	99	15.99	1.59	800.00

原注：东北部：康涅狄格、缅因、马萨诸塞、新罕布什尔、新泽西、纽约、宾夕法尼亚、罗得岛和佛蒙特；西部：伊利诺伊、艾奥瓦、堪萨斯、密歇根、明尼苏达、密苏里、内布拉斯加、俄亥俄和威斯康星；南部：阿拉巴马、阿肯色、特拉华、哥伦比亚特区、佛罗里达、佐治亚、肯塔基、路易斯安那、马里兰、密西西比、北卡罗来纳、南卡罗来纳、田纳西、得克萨斯和弗吉尼亚；远西部：加利福尼亚、科罗拉多、新墨西哥、内华达、北达科他领地、俄勒冈、华盛顿和犹他州。

南部的运输系统也不利于市场经济的扩展。首先,南部的运输道路发展是以满足商业农产品的外运为目标的,所以在南部运输体系只是将主产作物产区与港口连接起来。这种安排当然满足了种植园主的运输需求。南部的议会是由奴隶主控制的,他们不愿意通过征税筹措资金来建设通往内陆的铁路。"没有充分发展的铁路体系将南部连成一个经济单位,要将不从事主产作物种植的生产者吸纳进市场经济是不可能的,至多他们也只能处于市场经济边缘。运输体系的不足是妨碍南部棉纺织业发展的一个重要因素。"①南部的运输体系并没有将南部的经济生活联系起来,使得南部实现经济一体化。"南部领导人建筑了他们自己的具有殖民地时期风格的运输体系:这种体系将生产主产作物的种植园地区与港口连接起来,在很大程度上绕过了内陆地区。这种体系没有推进全国或地区范围内商品交换,但推进了出口。"②其次,自然地理条件也影响着交通道路。南部的贸易中心有两个共同特征:一是通向外部世界,二是通向周边或内地的服务地区。南部的这些贸易中心分几个等级,第一级是港口城市,包括巴尔的摩、诺福克、威尔明顿、查尔斯顿、萨凡纳、莫比尔和新奥尔良以及加尔文斯顿,这些城市都有一个良港和一个内地;次一级的港口城市是北卡罗来纳的贝福特,南卡罗来纳的贝福特,佐治亚的布伦瑞克,佛罗里达的圣奥古斯丁和彭萨科拉,密西西比的圣路易斯,这些城市都有一个良港,但难以通行的松林荒原地带切断了他们与内地的联系。还有一类贸易地点,如南卡罗来纳的乔治敦、佐治亚的达里恩和佛罗里达的阿巴拉契科拉,都有河流可与内地交通联系,但缺乏港口条件。在内陆地区,在南部历史较长的那部分地区,主要贸易中心位于大河可通航河段的尽头,或者说"瀑布线"一带。在这样的地区,"种植园主和农场主将他们的产品带到这些地点用船外运,在此处他们采购各种供应物品。如果将货物顺流运走的船能够逆流返回,他们将为瀑布线地区的城镇商人运来制造产品、杂货和盐。即使木船不能逆流而上,蒸汽船到来前普遍如此,商品也可以通过背驮车拉运到主产作物外运的地点。对于生产者来说能够在同一市场上将他们的作物卖掉和购买他们的商品,这是一大便利"。向东流入大西洋河流可通航尽头的瀑布线城市,有亚历山大、弗雷德里克斯堡、里士满、彼得斯堡、法耶特维尔、哥伦比亚、奥古斯都、米利奇维尔和梅肯,流入墨西哥湾河流

---

① Eugene D. Genovese, "The Significance of the Slave Plantation for Southern Economic Development", p. 429.
② Eugene D. Genovese and Elizabeth Fox-Genovese, "The Slave Economies in Political Perspective", *The Journal of American History*, Vol. 66, No. 1 (Jun., 1979), p. 16. http://www.jstor.org/stable/1894671 Accessed: 2010/01/30

上的这类城市有哥伦布、蒙哥马利、什里夫波特、纳什维尔、诺克斯维尔,这些城市属于第二级城市。第三级城市是流经土地肥沃地区的河流形成的一些小城市。在密西西比河及其支流上,自然地理条件有利于纳奇兹、维克斯堡、孟菲斯、路易斯维尔和圣路易斯这些城市的商业发展。第四级城市的产生源于道路穿过山区,其成长则归功于直接的食品贸易。由于铁路的修建,亚特兰大成为佐治亚西北部通向棉花地带的门户,查塔努加因为位于十字路口而得以崛起,纳什维尔、诺克斯维尔、路易斯维尔和辛辛那提的贸易也有了很大增长。除了自然地理因素外,南部的运输、商业和城市发展还受到其他因素的制导。据菲利普斯分析,下列社会经济因素具有较大影响。第一,南部人口居住高度分散,没有任何地方形成密集的人群,因而旅客运输相对容易解决。第二,在每个大经济区域,几乎都出产相同的产物,相邻地区之间的产品交易很少,各地之间没有大量的贸易会发生。第三,主产作物外运和供应品的内运需求急迫,为公共运输商提供了赢利机会。不过,主产作物重量较轻但价值高,在销售季节种植者又让自己的劳动队伍处于休闲状态,又有通航的河流直通海洋。这就是说,如果需要运输的货物量增多了,种植园主甚至能够不受铁路的制约,独立运输自己的货物,这样就能够一直控制货物的运费。第四,对于公共运输商而言,另一个尴尬的情况是,在销售季节生意忙碌,其后是春季和夏季生意冷淡。运输棉花的铁路全年的利润实际上要在9月至1月期间获取。第五,奴隶制度导致将财富投资于奴隶劳工,有着强烈的反对流动资本倾向。奴隶贸易,不管是内部奴隶贸易还是对外奴隶贸易,将资本从其赢利的地区吸走,往往使得所有的人都成为需要筹钱的负债人,而不是成为追求投资出路的资本家,这就影响了运河和铁路等的建筑和运营。第六,人们普遍向往从事农业,可用于任何其他目的的本地白人劳动力就减少了。黑人的存在和奴隶制减少了欧洲移民的人数,种植园这种主产作物生产组织形式几乎彻底垄断了黑人劳工的供应。这样南部就十分缺少流动劳工,这种流动劳工的稀缺就压抑、破坏了很多创业活动。第七,支配着南部全部经济活动的种植园制度将几乎所有有才能之人吸引到农业管理中,导致其他行业缺少有才干的推进者和管理者。很多积极规划河流开发、铁路建设等的人士都是热情高于判断力,而那些才智更高的人往往满足于将自己的意见说说而已,并不积极努力为之奋斗。第八,南部的个人主义和保守主义显著,都不利于多种经营和新企业。很多项目因此失败,成功的那些都不得不竭尽全力。在铁路运输发明后,南部在内战前也基本上建成了铁路网,较大的城市与其他城市有了铁路连接。不过,南部的铁路运输只是发挥了运输主产作物的作用。"铁路的建设只是导致了种植园制度的扩展和加强,以及主产作物的产量增加。"①

近代西方的制造业本身就是市场经济的有机部分,可是内战前南部的制造业发展也是远远落后于北部。内战前的数十年间,美国北部和对面的大西洋彼岸地区工业革命方兴未艾,为这些地区生产供应棉花的南部人不可能对于工业生产完全无动于衷,南部确实有一些人投资于制造业活动,南部的制造业也有所发展。在1850年和1860年的南部和西部,虽然很多行业都有大企业,但是多数大企业集中在少数几个行业。在1850年的260家大企业中,171家属于5个行业,即包括伐木和锯木加工的木材业、纺织业、制铁业、磨面暨碾米业和肉类包装业。到了1860年还是5个行业占据工业生产的主导地位,只是制铁业的地位已经被酿酒业所取代。② 不过,南部制造业的投资数和产量都与北部相距甚远。"内战前南部的工业部门无论用哪个标准来衡量都相对较小。尽管这里并不缺少制造业活动,然而与新英格兰和中部大西洋各州相比,南部地区的工业就显得欠发达。1860年美国人口中近三分之一居住在南部,然而这个地区却仅仅生产了全国制造业产品的11%,人均产量低于全国平均数的三分之一。对制造业的投资略微超过属于农业地区的西部的一半,全部工业就业人数和资本额低于其他任何地区的水平。"③从表3-21中的数字来看,尽管所有地区的制造业投资和产值都呈上升趋势,但是南部的数字远远落后于其他地区和美国的平均数。

表3-21　1850—1860年制造业的地区分布④

地区	投资 (百万美元)	雇员 (千人)	产值 (百万美元)	人均产值 (美元)
1850年				
北部	465	845	902	61

---

① Ulrich B. Phillips, "Transportation in the Antebellum South: An Economic Analysis", *The Quarterly Journal of Economics*, Vol. 19, No. 3 (May, 1905), pp. 439-440, 441-442, 451. http://www.jstor.org/stable/1882660 Accessed: 2010/01/29

② Fred Bateman, James D. Foust and Thomas J. Weiss, "Large-Scale Manufacturing in the South and West, 1850-1860", *The Business History Review*, Vol. 45, No. 1 (Spring, 1971), p. 5. http://www.jstor.org/stable/3113302 Accessed: 2010/10/12

③ Fred Bateman and Thomas Weiss, "Market Structure before the Age of Big Business: Concentration and Profit in Early Southern Manufacturing", *The Business History Review*, Vol. 49, No. 3 (Autumn, 1975), pp. 314-315. http://www.jstor.org/stable/3113064 Accessed: 2010/10/12

④ John Ashworth, *Slavery, Capitalism, and Politics in the Antebellum Republic*, Vol. I, *Commerce and compromise, 1820-1850*, New York: Cambridge University Press, 1995, p. 91.

续 表

地区	投资 （百万美元）	雇员 （千人）	产值 （百万美元）	人均产值 （美元）
1850 年				
东北部	402	734	756	81
中部北部	63	111	146	27
南部	67	110	101	12
总计	532	945	1003	43
1860 年				
北部	866	1127	1618	78
东北部	692	938	1271	111
中部北部	174	189	347	38
南部	116	132	193	19
总计	982	1259	1811	59

南部制造业的相对落后与种植园主或奴隶主有何关联？因为种植园主或奴隶主属于南部社会的中上层，他们控制着南部的财富，南部地区制造业落后自然就让人想到是他们对制造业的参与不足。事实也确实如此。除了南卡罗来纳和北卡罗来纳出现一些显著的例外情况外，南部种植园主和奴隶主都没有广泛参与制造业。那些涉足制造业的种植园主，主要还是投资于农业领域。"那些从事制造业活动的种植园主仅占全部种植园主的 6%。与种植园主的情况相似，奴隶主对制造业的参与程度也显然很低，奴隶主的投资仅占全部制造业投资的 25% 左右。"①这就是说南部的资源就没有从农业部门转向进入制造业部门。表 3-22 显示制造业者身兼种植园主或农场主的比例。

---

① Fred Bateman, James Foust and Thomas Weiss, "The Participation of Planters in Manufacturing in the Antebellum South", *Agricultural History*, Vol. 48, No. 2 (Apr., 1974), p. 297. http://www.jstor.org/stable/3741236 Accessed:2010/10/12

表 3-22 1860 年拥有农场的制造业主在各州的分布比例(%)[1]

	种植园规模的农场			较小规模的农场		
	专注于一种主产作物的生产者	生产包括主产作物的生产者	生产一般农作物的生产者	专注于一种主产作物的生产者	生产包括主产作物的生产者	生产一般农作物的生产者
阿拉巴马	6.8	13.7	15.0	5.5	16.4	42.5
阿肯色	11.8	8.8	26.4	—	3.0	50.0
佛罗里达	22.2	11.1	22.2	—	—	44.5
肯塔基	11.8	—	35.3	5.9	5.9	41.2
密西西比	25.0	7.1	14.2	10.7	3.6	39.3
北卡罗来纳	21.7	4.3	37.7	—	—	36.2
南卡罗来纳	17.9	30.6	12.7	3.7	17.2	17.9
得克萨斯	14.0	6.0	16.0	6.0	—	58.0
弗吉尼亚	34.4	3.1	37.5	12.5	—	12.5
平均数	18.4	9.4	24.1	4.9	5.1	38.0

那么,南部社会的种植园主在内战前为什么没有将主要精力和资金转到制造业之上?他们毕竟是经济人,只要条件许可且有利可图,这个群体是不可能长期拒绝进入一个经济领域的。正如美国学者克里蒙特·伊顿指出:"从事务农之外的其他赚钱活动,对很多种植园主来说并不意味降尊纡贵。种植园主们经营渡口、磨坊、木料房、商店,承包运河开凿和铁路的路基建设,用他们的一队队奴隶来干这些活。"制导他们经济活动方向的选择主要是市场机制。在商品农业陷入萧条之中时,这个群体就会对制造业产生热情。随着 1830 年代棉花种植区域的扩展,棉花供应量极大增加,到 1840 年代初,英国纺织厂主囤积了大量棉花,导致棉花供大于求,再加上 1837 年的世界经济恐慌和后续的萧条造成南部棉花价格下跌,销售额下降,直到 1840 年代末棉花价格才恢复。这期间只有 1838 年和 1846 年这两年因为干旱造成棉花减产才使得棉花价格较高。在这个较长的萧条期,南部的报纸呼吁南部经济多样化,发展制造业,对资源加以再配置,通过与欧洲直接贸易消除中间商的利润。可是当商品农业生产利润丰厚时,他们对投身于制造业就热情大减。"南部地区棉花工厂创建的繁盛时期是 1840 年代,那是美国历史上棉花售价

---

[1] Fred Bateman, James Foust and Thomas Weiss, "The Participation of Planters in Manufacturing in the Antebellum South", p. 285.

最低的时期。在此年代北卡罗来纳建立了 32 家工厂,相比之下 1850 年代只有 11 家工厂建立。1839 年是棉花种植萧条的起点年,这一年阿拉巴马最大的工厂在佛罗伦萨建立。在内战前的最后十年,棉花加工业相对衰落,造成这种状况的主要原因,按照德鲍的说法,是原棉价格的巨大增长、对纺织品征收的关税,以及南部对于粗制棉产品的过量存储。另一个重要的关键点是纺织厂从他们的利润中拿出去分红的比例大于企业良好经营情况下合理分红的部分,这样就没有建立起足够的资金储备。……还有,南部主产作物价格的上涨,增强了农业的地位和利润。"①

当奴隶制问题使得地区对立情绪形成后,南部的社会有识之士便开始呼吁建立南部的工业,摆脱对北部工业的依赖。1846 年德鲍在新奥尔良创办了《南部和西部商业评论》即《德鲍评论》,积极宣扬南部应该发展商业和制造业。1847 年 9 月 12 日,约瑟夫·里思尼在写给约翰·卡尔霍恩的信中写道:"除了很小一部分外,我们所有的商业都掌握在北方人之手。以莫比尔为例,八分之七的银行股份为北方人拥有。……我们的批发和零售业,总之一切值得一说的东西,都掌握在那些将利润投资到北方的人手中……在金融上我们比我们的黑人更受奴役。"②1849 年《萨姆特旗帜报》(*The Sumter Banner*)刊载一篇呼吁培养南部青少年一代学习技术的文章,作者反问道:"在南部的何处你能发现工程师、木匠、油漆匠、机械制造师、石匠或建筑师不是北部人?"他无奈地承认南部使用的是北部制造的工具,南部现在应该抛弃"技工非绅士,是一种没有光彩的工作"这样的迂腐之见。1855 年 7 月 20 日《新奥尔良新月日报》(*New Orleans Daily Crescent*)载文写道:"我们从马萨诸塞、俄亥俄、纽约和康涅狄格进口我们的所有机械、所有家用器物、布匹、时装和很多很多生活用品。我们的轮船是在辛辛那提建造的,我们的蒸汽船是在纽约建造的,我们的纺织厂和机械来自波士顿,我们的棉织品、亚麻制品、耕犁、帽子、印刷纸,以及我们行走的路面都来自相同的地方。"③南部的铁路和工业建设在 50 年代确实有重大进展,但与北部相比则很落后。南部不是没有发展工业的资金,而是他们把资金投入到发展种植园经济上了。到 50 年代末期,南部的农业家们开始反对工业化的号召。1858 年一名阿拉巴马人写道,"北方确实是包揽了我们的绝大部分贸易和制造业,我们愿意让他们这

---

① Clement Eaton, *The Growth of Southern Civilization*, *1790-1860*, New York: Harper & Row, Publishers, 1961, pp. 222,228.
② James M. Mcpherson, *Battle Cry of Freedom: The Civil War Era*, New York: Oxford University Press, 1988, p. 92.
③ Avery O. Craven, *The Growth of Southern Nationalism*, *1848-1861*, Baton Rouge: Louisiana State University Press, 1953, pp. 247, 248.

样。我们是一个农业民族,上帝让我们可以继续这样做。我们是最自由、最幸福、最独立的人,我们有着地球上最强大的条件"。1860年4月9日《维克斯堡太阳报》(Vicksburg Sun)登载了一篇宣传发展工业的文章,该文作者抱怨道:"南部每个绅士,其雄心的终极点,都是拥有一个大大的种植园和很多黑人。为了这个目标律师倾注其精力阅读盖满灰尘的案卷,商人权衡着他的生意……编辑们笔耕不辍,技工手不停歇,人们但凡有所向往,就会把这个目标作为自己雄心中的目标。"①南部亲奴隶制辩论者们中发出的"棉花就是王"的叫嚣,同样反映了南部社会统治集团的自满心理。

由于商品农业生产是一种已经习惯的熟悉的经济活动,且这种经济活动有着强劲的市场需求和可靠的利润,所以南部社会的经济中坚力量在农业繁荣一旦到来时,就会将经济进取方向转到主产作物的生产上,制造业最多只是他们的一个附带经济活动领域。"在内战前时代后期的南部,有一些制造业,如烟草行业、铁制品的生产、锯木和碾米业都很兴旺。另一些重要产业,著名的是大麻、盐、生铁、金矿开采、农业工具和机械(轧棉机除外),以及某些州的棉花加工,已经衰落。造成这种衰落的首要原因是南部主产农作物又恢复了高价格,这样一来,资本就流入了农业开发领域,这样做似乎赢利更有保证,比制造业界竞争性更小。此外,在内战前的最后十年,发生了一场制造业合并运动,小企业普遍被合并成更大的单位,运输设施的扩张无疑加速了这种转变。"②

在内战之前的美国南部,企业家的社会声望远不及殖民地时期的南部商人。作为一个群体,企业家阶级的社会地位排在种植园主、政治家、军官和专业职业者之后。大多数年轻人向往跻身于后者的行列,而不是做一名企业家。一个非常鲜明的事实是,纽约垄断了南部与欧洲的棉花贸易,可以想象,如果南部人有强烈的商业意识,这种利润分红的生意本来是应该利于他们来做的。可是南部的商人们却向往着成为种植园主。

不管利益驱动背后是否有着身份认同的支持,南部社会的经济中坚力量把自己的精力和金钱主要投入了商品农业生产之中。"当然很多种植园主投资于道路和工厂,这些企业在1850年代是在扩张,但是从发展趋势来看,种植园主更为关注的方向是土地和奴隶。1850—1860年间南部人均财富增长了62%,与此同时,奴隶的平均价格增长了70%,南部农业土地每英亩价值增加了72%,南部制造业人均投资仅增长了39%。换句话说,1860年南部

---

① James M. Mcpherson, *Battle Cry of Freedom: The Civil War Era*, p.99.
② Clement Eaton, *The Growth of Southern Civilization*, 1790-1860, p.242.

人在土地和奴隶上的投资要比1850年的投资数额更大。"①南部由于内部市场相对狭小,而广大的外部世界对南部的需求恰恰是棉花,所以种植园主即使纯粹出于经济考虑也只会把制造业放到创业活动中的附属地位。"在南部蓄奴地区,内部市场主要由种植园构成,种植园主们从西部购买粮食,从东部购买制造业产品。种植园主仅仅为了一定目的才需要增加南部的制造业。他们需要廉价的奴隶衣服、轧棉机和一些简单的农业工具,以及棉花打包用的绳子等等。这种狭小的市场需求远不能与西部对各种工业商品的巨大需求相比,尤其是不能与西部资本更为密集的农场使用农具和机械的需求相比。东北部拥有进行相当大规模生产的资本和技术劳工,已经确立了对北部和西部已有市场的控制,南部的制造业者难以祈望在南部之外与北部制造业者竞争。使得北部能够控制北部市场的那些条件使他们渗透进南部市场,尽管存在着运输成本。"②可以说,内战前南部种植园主的投资偏好限制了经济的多样化发展,并间接限制了南部城市的发展。因为从事制造业者和城市人口按其生产和消费的性质必然是生活在市场经济之中,所以制造业和城市化发展的落后就意味着市场经济发展受限。种植园主对优质土地资源的占据排挤了小农场主和其他白人非奴隶主大众的市场经济生产,使得白人社会的主体被置于市场经济之外;种植园主在奴隶消费品上的自给自足选择使得广大黑人奴隶被排挤到市场经济消费活动以外。

　　从美国独立到内战爆发这一时期,美国南部和北部的市场经济都得到大幅度发展。北部地区市场经济的发展形成了市场革命,导致北部转变为市场经济社会。而南部市场经济的发展主要集中在商品农业发展方面,其他市场经济部门虽然也有所发展,但规模较小,南部的绝大多数人口没有进入市场经济。内战前美国南部的经济发展是在奴隶主集团主导下进行的,奴隶主的经济活动取向决定着经济发展的方向。由于从事商品农业生产市场巨大、利润丰厚,奴隶主的经济活动便主要集中在烟草、水稻、甘蔗和棉花等主产作物生产上,轻视对其他经济领域的投资经营,这样就造成了商品农业一枝独大、其他行业相对弱小的市场经济格局。就社会人口进入市场经济的程度而言,属于中等以上奴隶主的种植园主是市场主体,可是他们只是南部人口中的少数派。他们为市场生产,但他们的消费却不完全进入市场经济。小奴隶主和自耕农农场主是南部白人中的多数,他们的生产活动以自给自足为首要目的,他们或者处于市场经济边缘,或者完全置身于市场经济之外。广大黑人

---

① James M. Mcpherson, *Battle Cry of Freedom: The Civil War Era*, p.99.
② Eugene D. Genovese, "The Significance of the Slave Plantation for Southern Economic Development", p.430.

奴隶占南部人口相当大的比例，他们虽然是商品农业生产的劳动主力，但他们没有自主权，完全被拒绝在市场经济主体之外。这种状况决定了内战前美国南部市场经济发展的限度。南部在人口数量和密度、工业生产、城市化和交通运输方面均落后于北部，表明南部的市场经济发展没有达到北方市场经济发展的高度。

外部因素与南部内部因素的结合，形成了南部独特的经济特征。关于内战前美国南部的经济结构，美国经济史学家道格拉斯·诺斯概括为以下特征：其一，南部存在着面向市场（位于这个地区之外）所需的几种主产作物的集中生产，其中棉花的重要性最大。其二，大规模组织是这些主产作物生产的典型组织，这种情形反映了规模经济的重要性。生产棉花、甘蔗和水稻的种植园制度，为了实现将单位成本降到最低，将大量劳动和土地的互补性结合了起来。其三，种植园制度中的劳动当然由奴隶来提供，他们是种植园制度的重大投资。1802—1860年每名奴隶（头等种田劳力）的价格从600美元上涨到1800美元，这代表着奴隶投资的增长。其四，西部有可供棉花种植大规模扩张的土地，且这些土地质量优良，这决定了1815—1860年这一地区内部移民的显著特征。西进运动的步伐可用西南部各州人口增长来显示。人口西进不是一个连续过程，但是人口西进出现的高峰反映了西部棉花生产赢利性的吸引力。在这方面棉花价格是最大的决定因素。西部土地销售也显示了这种情况。其五，棉花价格的长时段波动是供需变化的市场反应。棉花价格上涨刺激更多人到西部兴建种植园，一时的生产过剩就会导致棉花价格下降。其六，"新兴南部地区与原有的老南部地区的种植园有几项重要差异。在西南部地区不仅生产成本更低，而且那里的种植园往往会比原有的老南部地区更专业化。部分原因是，由于可以从西部获得廉价食物，新兴南部地区的种植园主能够将全部最好的土地用于棉花生产。由于运输成本高，西部的食物对原有的老南部地区的种植园来说成本更大。另外，棉花和玉米的收益回报差距在原有老南部地区的绝大多数农业地区要比在西南部地区更小。原有老南部地区走向更大程度的农业多样化，在1840年代价格低迷时期尤其如此。南卡罗来纳开始饲养更多的家畜，更少依赖肯塔基和田纳西的牲畜供应。弗吉尼亚北部地区成为了一个重要的一般农业地区。北卡罗来纳位于生产棉花的潮汐地区之外的广大地区是小麦和玉米产区，尽管烟草在该州很多地区仍是重要经济作物"。其七，"在南部白人人口中，那些拥有奴隶和从事主产作物生产的人是一个少数派。除大种植园主外，还有大批小农场主拥有一些奴隶和生产少量棉花供应市场。不过，南部多数人根本没有奴隶，占很大比例的人口经济收入甚微，不能认为他们是市场经济的一个正常部分。甚至更引人瞩目的事实是,几乎没有将他们拉进市场经济的倾向。有一些自给自足的农场主随着西部经济机会的出现迁移去了西部,但是他们几乎没有为地方市场进行农业生产的倾向"。其八,南部缺乏城市化。除了一些服务于棉花贸易的港口城市如莫比尔、萨凡纳、查尔斯顿和新奥尔良外,南部的城市化发展程度很低。其九,南部的工业以地方为导向,服务业更是稀少。其十,南部人力资源投资不发达。①

总的来说,内战前美国南部市场经济规模的扩展是三个经济要素结合的结果。第一是市场因素,大西洋世界为南部的农产品提供了巨大的市场;第二是美国南部奴隶人口增长,为奴隶劳动经济生产提供了劳动力;第三是西部广大的新土地资源的获取。种植园主就是将这三个要素在内战前美国南部地区加以结合的经济主体,正是他们塑造了以主产作物生产为特色的南部商品农业发展。内战前南部的商品农业生产处在扩张之中,这本身就意味着奴隶主经济世界的扩张。种植园主和奴隶主中也有些人涉足制造业,不过,内战前南部的制造业虽然有所发展,但只是服务地方市场,所以没有大规模发展的利益诱导。南部实际上处在一种矛盾之中。一方面南部为外部的工业提供了一个市场,另一方面,由于这个市场的规模太小,不足以支持南部的工业实现规模扩张,与外部相竞争。南部两种最主要的制造业生产是棉纺织业和农具生产,主要是供应南部市场。南部的棉纺织业主要生产廉价粗布用于制作奴隶的衣服,然而即使在这个领域北部的企业主也将他们的产品向南部出售,或者在南部开设分支企业。这样,南部的商业性经济活动在内战前虽然实现了大规模发展,但是南部社会却没有像北部那样变成市场经济社会,没有导致南部经济结构和社会生活的质变。种植园主是市场经济的参与者,交通便利地区的自耕农也在一定程度上参与着市场交换。但是,奴隶只是市场经济中的客体,是被动地存在于市场经济之中,而不是市场经济中的主体,不能够进行主动的市场经济活动。多数自耕农白人因为交通运输条件和自身经济能力的限制,生活的自给自足程度很高。

---

① Douglass C. North, *The Economic Growth of the United States, 1790-1860*, New York and London: W. W. North & Company, 1966, pp. 129-133.

第四章 奴隶管理与主奴关系

在内战以前的美国南部，奴隶管理实际上在社会和家庭两个层面上进行。在社会层面，南部白人社会组织和个人对黑人言行的监控，法院对犯罪黑人的审判，治安人员和警察对黑人的惩罚，都属于社会管理范畴。不过，黑人奴隶的绝大多数活动是在奴隶主家园内部进行的，绝大部分时间处在奴隶主的监控之下。对于奴隶主来说，奴隶管理是其蓄奴生活的核心内容。站在他们的角度，奴隶管理的最佳程度是实现对奴隶言行的绝对控制。不过，这种奴隶主理想的奴隶管理状态不可能完全实现。奴隶毕竟不是无生命的工具，也不是有生命的牲畜，而是与奴隶主一样同属人类，有着人类共有的生物和社会属性。奴隶主对奴隶的管理，既是对财产的管理，也是对人的管理。作为财产，奴隶主要从奴隶身上榨取最大的使用价值；作为人，奴隶主要将自己的意志强加到奴隶身上。然而奴隶主个人在智慧、品性、气质、生活旨趣和个人修养等方面千差万别，这就造成了奴隶主强制奴隶服从的方式多种多样，强制的力度千差万别。奴隶主对奴隶的极权控制难免会遭到奴隶积极和消极的反抗，奴隶会自觉或不自觉地追求被奴隶主控制的最小化。奴隶的个性和智能多种多样，反抗奴隶主控制的方式也是形形色色。这样在奴隶主与奴隶的互动过程中，就形成了既有共性又有差异性的多样的主奴关系。

第一节 种植园奴隶管理

在内战前的美国南部，尽管绝大多数蓄奴者是中小奴隶主，但由于种植园是奴隶高度集中的地方，种植园地区是奴隶人口稠密的地区，所以种植园奴隶管理对于南部种植园主家庭和南部白人社会都具有压倒一切的重要意义。对于种植园主来说，对奴隶的管理要达到内含矛盾冲突的双重目的，一是要确保奴隶劳动的高效，为此就要对奴隶施加尽可能大的惩罚压力；二是要保证奴隶的顺从和身体健康。如果奴隶形成了反抗的意志、能力或习惯，则同样不能成为奴隶主的有效生产力;如果奴隶死亡,奴隶主就损失了财产,如体弱多病,就不能有效地参加劳动。奴隶主为了自身的利益,需要维持奴隶的身体健康;为了利用奴隶的劳动力,需要保持奴隶的强壮体力。"毫不奇怪,对种植园的每个奴隶进行了大量投资的种植园主,会有意保持奴隶的身体健康和心满意足。"① 种植园主的奴隶管理需要在这两个目的之间寻求平衡。

一　种植园劳动管理

奴隶生活在奴隶主的家园,不难理解,奴隶主家庭的成年人都可能是奴隶的管理人员,男主人与女主人在奴隶管理中具有互补的作用。不过,奴隶主蓄奴人数有多有少,蓄奴规模大小直接决定着日常生活中由谁担当具体的奴隶管理工作。只有一两个或几个奴隶的小奴隶主,甚至是拥有十几个奴隶的中等奴隶主,大多数是自耕农农场主,在日常的生产生活中这些人亲自对奴隶施加管理。种植园主奴隶成群,在仅靠自己和家人不足以对奴隶进行有效管理的情况下,就需要雇佣专门负责奴隶管理的监工。小奴隶主和中等奴隶主的奴隶管理不需要成文的管理规章,奴隶们只要随时听从主人的吩咐就行了。而大种植园的奴隶管理一般都有内容详细的成文的管理规章,监工的责任有明确的界定。

在内战前的美国南部,蓄奴十几个甚至更多一点的中等奴隶主,绝大多数是不雇佣监工的,"中等种植园主几乎一成不变地住在他们的种植园,有时候他们雇佣一个监工来管理细节,执行责罚奴隶这种令人烦心的工作。不过,如果我们假设上等种植园主每个人在1850年人口普查时至少有一个监工,那么剩下的监工只够满足那84328个中等种植园主中11%的人的需要"。这些中等种植园主在绝大多数时候是自己亲自管理奴隶,"一般来说,中产阶级种植园主和他的妻子会亲自关注奴隶生活的方方面面。他们很少与奴隶们一起劳动,奴隶们比在农场地区受到的约束更严格。这些种植园主很少有时间去奢侈一番和炫耀自己的生活,或者定时去放纵一下自己,享受生活。他们不得不早早起床安排一天的工作。往最好处说,他们过着舒适的生活;往最坏处讲,他们生活沉闷,过的是漫不经心和不舒适的日子。他们中最好的人家房子宽大,通风好,有玻璃窗和宽大的走廊,奶牛、果园和菜园增添了他们生活的舒适度。他们中最差的人家,房子不过是一个大大的原木屋棚,肮脏,苍蝇、蚊子结队成群。吃的食物单调乏味,就是腌肉、玉米饼、玉米

---

① William Kauffman Scarborough, *The Overseer: Plantation Management in the Old South*, Baton Rouge: Louisiana State University Press, 1966, p.71.

粥和咖啡"。①

在南部的大多数种植园,种植园主往往就是直接管理奴隶的人。虽然也有些种植园主过着外住生活(absenteeism),但是这样的人并不多。18世纪弗吉尼亚的种植园主一年中绝大部分时间在种植园度过,而南卡罗来纳海岸地区的种植园主则过着外住生活。棉花王国兴起后,即使是南卡罗来纳海岸地区,过着外住生活的种植园主也显著减少。佐治亚州水稻种植园主中在种植园常住生活的人偏少,但是即使这些在外居住的种植园主也会在自己的种植园住上一段时间。海岛地区的种植园主在气候最恶劣的季节会离开他们的种植园,但是他们也是尽量住在离自己的种植园不太远的地方,以便能够经常到种植园去看看。在南部腹地,有些种植园主虽然不居住在自己的种植园,也是生活在当地,能够经常到种植园去视察。在南部的黑人奴隶中,"种植园的奴隶大多数是与常住的种植园主生活在一起的。也有人数不少的奴隶主不是常年住在种植园。南部乡村地区大约一半的奴隶住在低于种植园规模的生产单位中,如果将这些奴隶计算在内,则南部绝大多数奴隶是与他们的主人生活在一起的,是在他们的监督下劳动的"。直接受监工管理的奴隶在奴隶群体中属于少数派,"与传说的情况相反,不超过三分之一,可能仅有四分之一的乡村奴隶是在监工的监督下劳动,其中有很多奴隶的劳动是同时受监工和常住种植园主的监督,或者是受一个本是种植园主亲戚的监工监督"。②

当然,那些在外居住或拥有多个种植园的种植园主,往往就不得不雇佣监工了。有的种植园只是在经济繁荣时期使用监工,而在经济萧条时期就不雇佣监工。1850年代是南部种植园使用监工最多的时期。表4-1中的数字显示了1850年和1860年南部奴隶人口密集州的监工人数。

表4-1　1850年和1860年主要种植园州的监工人数③

州	1850年监工总人数	1860年监工总人数
阿拉巴马	1849	4141
佐治亚	2166	4909
路易斯安那	1808	2989
密西西比	2324	3941
北卡罗来纳	989	1782

---

① Lewis Cecil Gary, *History of Agriculture in the Southern United States to 1860*, pp. 498-499.
② Eugene D. Genovese, *Roll, Jordan, Roll: The World the Slaves Made*, New York: Vintage Books, A Division of Random House, 1976, pp. 12, 13.
③ William Kauffman Scarborough, *The Overseer: Plantation Management in the Old South*, p. 10.

续 表

州	1850年监工总人数	1860年监工总人数
南卡罗来纳	1823	2737
弗吉尼亚	3747	5459
总数	14706	25958
美国监工总数	18859	37883

从来源来说，担任监工的，有的是种植园主的孩子或亲戚，他们做监工是要锻炼自己管理奴隶的能力，为将来自己成为种植园主做准备。有的是贫穷白人，这些人与种植园主只是雇佣关系，因此对于自己的工作往往并不特别尽心尽力，奴隶主也常常解雇这样的监工。"奴隶主解雇监工的原因多种多样。他们解雇那些对奴隶特别宽厚的人，更经常的解雇那些对奴隶太严酷的人。"①

在一个奴隶不可能产生积极性的劳动制度里却要求奴隶劳动高效，这是奴隶主面临的最大难题。奴隶管理既要能够最大限度地榨取奴隶的使用价值，又要保持奴隶的身体健康和顺从，这本身就是一种无法解决的矛盾。在种植园奴隶管理过程中，雇主与监工的关系，监工与奴隶的关系，是种植园主需要面对的棘手问题，其中涉及奴隶主、监工和奴隶三方的互动和利益。对于种植园主而言，监工既要称职又要忠心。在实际生活中，种植园主往往既要用监工管理奴隶，又对监工不放心。所以种植园主对监工的指示往往具体、细致、明确，涉及奴隶的劳动、衣食住行、健康医疗、活动空间、惩罚等几乎所有方面。种植园主既需要授权给监工却又不信任监工的窘境，在乔治·华盛顿写给其监工的一封信中折射出来：

> 我明确地要求你仍旧常留在家中，除非有什么不可避免的事务需要离开，或者去参加神圣的祈祷。要一直与你管的人在一起，要让黑人静静地把工作做好，除此之外没有其他什么更有效的方法。因为只要监视他们的人一转身，他们中的绝大多数人就会对工作掉以轻心，或完全无所事事。在那种情况下再教训他们也挽回不了什么啦，但是却将常常产生邪恶之行为，而邪恶要比这种病态更糟糕。除此之外也没有其他什么方式可以阻止偷窃或其他胡作非为，有机会就有后果。你要记得你的时间我是付报酬的。如果剥夺了我对你的时间的拥有，那比抢夺我的钱包更恶劣，因为那样还打破了信托，而每个诚实的人都应该坚守这种最神

---

① Eugene D. Genovese, *Roll, Jordan, Roll: The World the Slaves Made*, p.14.

圣的信托。你知道,当你用心尽自己的责任时,我将忠于我们协定中我的责任。可是要记住,一方违背协定就会免除另一方的责任。因而,如果我发现你没有正当理由离开了农场或那些人,我将认定我不再有责任支付你工资,只有在你尽心竭力去担当我所委托给你的任务时,我才有责任支付你工资。

还有一件事我要提醒你,不管什么原因,不要让我的那些能够胜任田间劳动或其他工作的黑人去你自己的家里为你干活。我不许任何监工这样做。对于让一个小男孩或女孩取取木柴,提提水,看看小孩,或做其他这样的事,我并不反对。但是只要他们能够下地干活了,我期望为自己收获他们劳动的收益。①

对于雇佣的监工,种植园主会对其职责做出书面的明确界定。1857 年《德鲍评论》上刊登了约瑟夫·阿克伦的种植园管理规章,其中对于监工的日常工作规定如下:

> 管理者要严格做到每天在黎明时起床,摇铃召集劳动力们集合;要求所有劳动力在铃声响后 20 分钟内到一个固定地点,管理者要在那里看到所有人都已经到场了,或者注意到谁没有来。在此之后黑人劳力领受命令,在他们的工长负责下开始干活。
>
> 生病的黑人要报告给管理者,如果可能就亲自向他报告,如果病得出不了房就由他人报告。
>
> 早晨召集之后,紧接着管理者要亲自到牲畜棚去,与犁地的人一起把马匹喂好,打扫干净,给牲口备好套。他还要确保喂好院子中的家禽。
>
> 在喂好和关照好马匹和家禽后,管理者就去吃早饭。饭后就立即去探访生病的人,给他们开药方。然后去田地查看劳动力们,在一天时间里尽可能多地与他们在一起。
>
> 对病人的探访不仅每天早饭后要去一次,而且不管是白天还是黑夜,只要病情需要随时都要去。要给出合适的药物、饮食和其他治疗措施,由护理者来管理,或者在更严重的情况下去请来医生,可以在每个种植园安排一个聪明且其他方面适合的妇女作护理者,由她管理药物和护理病人。
>
> 黑人吃饭的时间要预先申明,这些时间必须固定并得到遵守,管理者要常常检查厨子带来的饭食,看看饭做得是否可以吃,始终要蔬菜、肉和馒头一起供给。

---

① William Kauffman Scarborough, *The Overseer: Plantation Management in the Old South*, p. 73.

在每个星期日早饭后,管理者要探访和检查每个奴隶的住所,确保他们的房屋和院子干净、井然有序,每家人都穿得干干净净。①

无独有偶,阿拉巴马种植园主休·戴维斯在1854年6月17日制定的种植园管理规章中,对监工也有内容相似的要求:

管理规章(1854年6月17日)

第一,天亮前起床吹号,而不要天亮后才起床吹号。

第二,看着一组劳动力开始干活(犁地或锄地),再去另一组那里,看着他们开始很好地干活。然后是吃早饭,或者在家里吃,或者在田地里吃,这取决于在哪里吃更方便干活。

第三,站在锄地队伍的后边,认真查看每排的锄草情况,拔掉留下的草,指出出错的人是谁。11点左右去犁地的地方认真查看,确保将地犁好耙平。还要检查骡子的情况。在吃午饭之前要与犁地的人在一起。

第四,监工要在12点时亲自到伙房打开门,把饭食发出去,再把门锁上。然后去马厩,检查牲口草料,确保牲畜有饲料吃。然后与犁地的人一起去吃饭。之后再到马厩去给骡子进行梳理,再套好牲畜去犁地。监工要看着犁地的人开始犁地。然后回到锄地的人那里,天黑之前要与他们一直在一起,除非要去犁地那里,或者哪里有牲畜需要照料才离开。

第五,夜里监工要锁好饲料房门,把食物发出去,看着劳力们脱去衣服。然后自己吃晚饭,在农场记事本上记下这天工作的事,9点吹休息号,然后去睡觉。

第六,在任何情况下,监工都不许让一个正在犁地或锄地的人停下工作去干他自己有能力去做的额外零活。

第七,监工不许停下自己的工作去与过路的人说话,不许在劳动力干活时自己坐在栅栏上,不许到树荫下躲避日晒。这些做法在年轻的监工中常有,但对于一个正经做事的人是一种耻辱。

第八,雇主给予监工的任何权力都不得由监工转授给任何黑人。雇主想要的只是监工,因为黑人不能信赖。

第九,属于种植园的任何物品,不管多小,都要精心保护。主人可以送人物品,但监工必须拒绝别人(未经主人允许)拿走物品。

第十,监工必须尽可能地掩盖自己的过失使之不让黑人知道。如果

---

① "Rules in the Management of a Southern Estate", *Debow's Review, Agricultural, Commercial, Industrial Progress and Resources*, Vol. 22, Issue 4,(Apr.,1857), pp. 376-377. http://quod.lib.umich.edu/m/moajrnl/acg1336.1-22.004/381:6? page = root;rgn = full + text;size = 100;view = image Acessed: 2014/06/15

实在掩盖不了,在任何时候都不许请求或要求黑人对雇主掩盖他的过失。如果发生了这种情况,监工就是缺少男子汉气概。如果害怕他的劳动力将他告发,那最好立即离开这个让他蒙羞之地。

第十一,由于监工警觉而发现偷窃猪、鸡或其他家禽的事,每发现一次监工的工资增加 0.5 美元。

第十二,如果是监工自己操心饲养的猪,如果(按合同规定)工作到年底的话,每饲养或屠宰出 100 磅猪肉,监工将得到 50 美分奖金。①

种植园主安德鲁·弗林的种植园位于孟菲斯以南亚祖河和密西西比河交汇的三角洲上,他在 1840 年制定的管理规章中,也对监工的职责做出了具体细致的规定:

第一,要获得好收成,就意味着要把方方面面都考虑到。劳动力、哺育孩子的妇女、小孩子、骡子、家畜、食物、各种农具都要考虑到,还要注意整理好土地、沟渠、篱笆等等。因此,确定不移的目标不是要收获多少包棉花,而是要在方方面面不至于损失太多的情况下尽可能多收获棉花。

第二,绝对不期望监工下地干活,但是若不是被雇主的事务缠身,他必须始终与劳力们在一起,在绿谷种植园他做的一切事情,必须与雇主的生产或其他经济利益有直接和间接的关联。

第三,未事先得到许可,无论有什么理由,监工都绝对不得一个整夜或一个白天不在种植园。

第四,监工必须小心保管好钥匙,除他自己以外其他任何人都不得接触钥匙。在任何情况下,除了自己以外绝对不允许任何人打开伙房门或玉米仓的门。他必须每天夜里锁好牲口棚,早上再打开门,亲自看护骡子。每天至少要将其打扫干净一次、喂上两次,需要时及时给它们饮水。

第五,他必须每天早上天刚亮到黑人的房子探望。每周至少一次在夜间休息号响过后到黑人的房子查看一下。

第六,监工必须尤其关注雇主进行的所有试验,忠实地去做这些事情,定期准确地汇报。有些监工由于粗心大意或故意为之而使得重要的试验失败。

---

① Weymouth T. Jordan, "The Management Rules of an Alabama Black Belt Plantation, 1848-1862", *Agricultural History*, Vol. 18, No. 1 (Jan., 1944), pp. 56-57. http://www.jstor.org/stable/3739507 Accessed: 2010/10/28

第七，监工应该对所有关于作物种植和种植园的事务表达自己的意见，讲出他们的理由。但是如果其意见没有被雇主采纳，他就必须心领神会地彻底地遵守得到的指示，真诚地盼望产生最好的结果。

第八，监工应该不必等待要求就及时通报种植园发生的所有事情，或他知道的在其他地方发生的事情，这些事情可能以某种方式影响雇主的看法和利益，当然无论是什么时候，他的报告都要十分准确，无论是多么紧急的关头都要真诚。

第九，监工要特别留心负责关照家畜，绝对遵守所有给他的指示，至少每月清点一次数量，给它们喂好饲料和盐，千万小心把骡子照料好。

第十，早上天亮前监工吹一次号角，天一亮就再吹一次号角。第二次吹号角时黑人就要去干活了。如果天气很冷或下雨或易使人生病的季节，就不要让劳力在日出前出去，如果还继续下雨，就不要出去了。晚上号角吹响的时间，在夏季是9点，冬季是8点，之后绝对不许任何黑人以任何借口停留在自己的房子之外。

第十一，在下雨时尽可能不要让黑人淋雨。失去一点时间要比冒让他们生病和死亡的危险好一些。在下雨后或冬季的夜里，监工必须确保他们生好火。①

除了监工的责任得到明确规定外，有些种植园主还对处于不同岗位上的奴隶做出明确的责任划分。南卡罗来纳水稻种植园主 P. C. 韦斯顿1856年的管理规章就是一个例证。这个管理规章中除了对监工的各种要求外，还对工头、看家人、看河人、护理者、守院人、做饭人等的职责提出了明确具体的要求。工头的职责，是"在监工指导下，维持此地的纪律和秩序，他们要负责黑人住房地区的安静，劳动任务做得恰当，在早上早早地将黑人带出来上工，直接监督黑人干活儿，监工只是大概地加以监督"。看家人的职责，是"负责房屋、舟船和篱笆的安全，不允许牲口和猪进入此地。如果他发现房屋或栅栏失修了，或者如果他听说哪里发生了抢劫或盗窃，他必须立即通知监工。他必须帮助杀猪宰牛"。看河人的职责，是"在业主和监工指导下负责看管河道（例如河闸），每人自己使用一只船，不管什么理由都不能让别人使用"。护理者的职责，是"看护病人，负责落实监工或医生（如果他在场的话）的命令。病人的食物由他们掌管，他们要把医院的地板、床铺、毯子、餐具等等物品处理得干净整齐。允许他们使用木柴，他们的助手完全由他们管理，当业

---

① William Kauffman Scarborough, *The Overseer: Plantation Management in the Old South*, pp. 68-69.

主和监工不在而又有人生了重病时,护理者要去请医生"。守院人的工作,是"负责看守场院中的庄稼和谷仓"。做饭人的职责,是"每天领取所有人的食粮,唯病人的食粮除外(见配额条款)。尤其要请监工确保饭做得干净、做熟。一个做饭人去岛上做饭,另一个在家中给木工、磨工和高地干活的人等做饭。给孩子做饭的人在黑人的房屋给孩子做饭,他应该特别予以关照,这样孩子就不会吃到不卫生的食物了"。①

由于种植园主对于雇佣的监工往往会有不信任的心理,所以在授予监工管理奴隶之权时,往往又要限制其滥用权力。1837年南部《农场主记事》(Farmers' Register)杂志刊登了一篇讲述管控监工的文章,就泄露了种植园主的这种矛盾心理。该文首先讲了使用监工的必要性:"当黑人们习惯了一个监工时,如果你解除了他的职务,就必然给黑人们造成极大的诱惑,他们远没有抵抗这种诱惑的能力。他们并没有受到过做事要区分孰对孰错的教育,在对错问题上他们的思想在一定程度上必然是混乱的。他们的道德规则来自观察他人的示范,是从他们上司的示范中学到的。监工又不能一直与他的黑人在一起,例如,在他送粮食的时候,你让一个监工回去,这个狡黠的家伙就会随意拿走一蒲式耳玉米或小麦,而与其一起劳动的黑人永远不会告发他,不管这个知情人是多么诚实。因为在他们看来,一个告密者要比一个最臭名昭著的小偷更令人憎恶。"所以,尽管很多监工品质不高,却是种植园管理不可或缺的人,"我承认,很多监工是自负低能的暴君,'穿着一些权威的服装'。也许弗吉尼亚很大一部分农场主对于田地的耕种不热心吧,不过,我把监工视为不可取代的代理人,他的第一素质是诚实和坚定,还要做事克制和有好脾气。庄重是第一条件。雇佣者与被雇佣者之间要签订书面协定,确定条件,提出最重要的要求,这将影响到每个人。监工的工资要用货币支付,如果支付的是一部分的产品产量,那么你的土地就会使用到地力耗竭的地步,给田地里施不了多少农家肥。除此之外,你的想法还会常常与他的意志发生冲突"。关于对监工的态度,该文作者的建议是尊敬但不亲近,"对你的监工要表现出你的尊敬,如果你以蔑视态度对待他或者对他太过亲近,你的权威和他的权威都会受到伤害。不允许他用拳头或棍子打击黑人,更不许他严厉

---

① "Management of a Southern Plantation-Rules Enforced on the Rice Estate of P. C. Weston, Esq., of South Carolina", *Debow's Review, Agricultural, Commercial, Industrial Progress and Resources*, Vol..22, Issue 1, (Jan., 1857), pp. 42-43. http://quod.lib.umich.edu/m/moajrnl/acg1336.1-22.001/42:5? page = root; rgn = full + text; size = 100; view = image Accessed: 2014/06/15

惩罚黑人。因为赢得服从靠的不是惩罚的严厉,而是有过必惩的原则"。①

也有些种植园主会使用自己信任的奴隶担任监工。约翰·哈特维尔·科克是弗吉尼亚的大种植园主,他至少在口头上承认奴隶制是最大的邪恶之源,并且担任过旨在将解放后的奴隶迁徙到非洲的美国殖民协会副董事长。此人就使用自己信任的黑人奴隶作为种植园的管理人。担任他的种植园监工的奴隶乔治·斯基普斯1847年7月8日写信向其汇报种植园情况,字里行间表白着自己的尽心尽力,以证明自己对主人忠心耿耿,"现在我给你弄得庄稼长势良好,棉花和玉米都很好,你知道不付出艰苦劳动这是不可得到的。我让人干活都是有理由的,没有无故鞭打任何人。对于那些我矫正过的人,我给你说说他们是谁,犯了什么错"。接下去他叙述了被责罚的人所犯的过错。②

不管是自己亲自管理还是雇佣监工,甚至是使用奴隶作监工,奴隶劳动管理的目的是确保劳动效率。种植园奴隶众多,要使得成群结队本不情愿的劳动者具有劳动效率,还需要找到适宜的劳动组织方式。内战前南部的种植园主要有两种劳动组织方式,一是分队或按时劳动制度,二是包工或按工作量计算的劳动制度。在烟草、棉花和甘蔗生产的种植园,几乎都是采用分队劳动制度。当然,这些种植园有时也实行包工方式,如在挖沟和脱粒打场时就可以这样做。不过,这种分给每个人一定工作量的包工制度主要在水稻种植园地区采用。被沟渠分割开来的一块块稻田,适宜采取将一定任务量包给奴隶的方式。当然,在有些情况中,如水坝破溃需要集体堵缺口或用机械脱粒时,就采用分队劳动方式。在包工制中,每天分给奴隶一定量的劳动任务,奴隶在完成了包工任务后,便可以随意支配剩下的时间。分队劳动制是将奴隶分成小队,由一个工头或工长管理进行劳动。"最恶劣的情况是,工头带着鞭子跟着劳动队,时刻准备着用鞭子抽打磨蹭拖拉的人。这种极端做法也只是主要在西南部的大种植园流行。情况常常是这样,工头就是领队人,走在劳动队的前头确定劳动速度。在分队劳动制度下,除了留出的吃饭和休息时间外,劳动者被迫整天都进行劳动。"有时候劳动者根据体力和灵敏程度分成几个劳动队,以便让各队的劳动效率更一致。对于这两种劳动制度,刘易斯·C.格雷的评价是:"如果为了充分利用每个奴隶的劳动力对包工制每日进行准确的调整,也许效果会与编队制度一样。然而,奴隶是一个固定的阶级,对所有奴隶的任务加以标准化处理的趋向,使得这种制度必然向着这

---

① David Brion Davis, ed., *Antebellum American Culture: An Interpretive Anthology*, D. C Heath and Company 1979, p. 328.

② David Brion Davis, ed., *Antebellum American Culture: An Interpretive Anthology*, p. 323.

个群体中体力较弱的人做出调整。那些技能和体力高强的奴隶得以轻松地完成任务,到 2 点钟,不过一般 4 点到 5 点之间就能完成他们的工作;再则,包工制创造了将工作质量降低的趋向,在编队劳动制度下为确保数量和质量所需要的监督,在包工制下必须集中进行,以防止干活粗心大意敷衍了事。"①对于劳动组织形式形成的原因,现代美国学者菲利普·D.摩根认为,各种主产作物生产的需要是促成某种具体劳动组织形式的最重要因素,当然其他因素也发挥了作用,如种植园主不在种植园生活,奴隶易于从事种植水稻工作,也有利于劳动包工制度在低地地区得以更广泛更快速的传播推广。"再则,一旦劳动包工制度经过试验,得到检验,发现并无不妥之处,就有可能扩展到在其他地方使用编队劳动生产的作物生产上。"②

  1848 年《德鲍评论》载文介绍了南卡罗来纳州州长麦克·达菲在其棉花种植园实行生产分工的情况。在他的种植园,"棉花生产采用以下这个方案:如果准备要种棉花的田地在上一年种的也是棉花,第一项要干的活就是从地里拔出棉花秸秆,将它们放在两行棉花垄中间,然后一个劳力往回走,在土壤、叶子和从田埂上弄来的杂草乱枝中,踩着已经拔出并放成排的棉花秸秆,用锄头划出线,这项工作叫定垄。这项工作一个劳力一天要做完半亩地。在一行行田垄都弄好后,用铲犁在列成行的秸秆和杂草行两边各犁出一个犁沟,犁沟将秸秆和杂草行完全夹住。这是第一次使用犁,将秸秆和杂草行点燃烧掉就做成了两个犁沟。用同样的方法再做下两个犁沟,在种植前准备田地用犁的工作到此结束。然后用锄头将地垄两边的松土培植到地垄上,这样用锄头做两次,就把要下种子的地垄准备妥帖了。地垄上要施足草木灰肥,这种草木灰肥用棉花秸秆和能在土地上找到的一切杂草制成。但是,如果准备要种植棉花的田地原来种的是玉米、谷物或休耕地,要遵守的工作流程完全相同,只是仅仅需要用犁做出一个或几个犁沟,用犁将秸秆、杂草和庄稼茬翻下去,让它们变成棉花床或棉花垄上的肥料。待到播种期一到,劳动力就分成三等:第一等是最棒的劳动力,包括那些判断好动作快的劳动力;第二等是那些身体最弱效率最差的人;第三等是使用锄头的人。这样分类后,第一等的人在前头每隔 7—10 英寸开出一个小洞,第二等的人在这个小洞中丢入 4—5 粒棉籽,第三等的人在后面使用耙用土把种子盖住。你去这个农场看看就能亲眼看到棉苗长的多规整,绝不允许用锄头碰棉苗,拔除多余的棉苗

---

① Lewis Cecil Gray, *History of Agriculture in the Southern United States to 1860*, pp. 551, 556.
② Philip D. Morgan, "Work and Culture: The Task System and the World of Lowcountry Blacks, 1700 to 1880", *The William and Mary Quarterly*, Third Series, Vol. 39, No. 4 (Oct., 1982), p. 569. http://www.jstor.org/stable/1919004 Accessed: 2010/10/28

要用手,一个劳动力一天的任务是完成四分之三英亩地的农活"。①

这幅"棉田犁地"照片(图4-1),拍摄的是佐治亚州哥伦布县一个棉花种植园奴隶劳动的情景。从照片中的人物来看,成年奴隶和儿童都在田地劳动,白人监工站在地垄头监督着他们。

图4-1 "棉田犁地"②

为了加强奴隶管理,内战前南部的大种植园主,尤其是蓄奴规模很大的水稻种植园主,会使用一些精明强干的奴隶担任工头,协助监工进行种植园管理工作。"工头既担任劳动编队的工长,又是奴隶住处奴隶们言行举止的监察者。能干的工头容易成为种植园最重要的奴隶,常常比位在他们之上的白人更了解种植园管理。"在绝大多数种植园,工头决定插秧的最佳时间,淹灌时间的长短,什么时间排水锄地,何时进行庄稼收割。在水稻生长季节,工头负责驱赶野鸟,还要注意不让牲畜和害虫危害庄稼。工头监督奴隶的粮食作物生产和蔬菜生产。在收获季节,也就是种植园最繁忙的季节,工头决定哪块田地可以收割,割倒的稻秆在打捆运走前要在地里晾晒多久才运到谷场垒成谷垛等待脱粒。工头必须小心不让稻谷垛内部发热,那样就会导致稻米

---

① "Governor Mc Duffie's Cotton Plantation", *Debow's Review*, *Agricultural*, *Commercial*, *Industrial Progress and Resources*, Vol. 6, Issue 2, (Aug ., 1848), p. 149. http://quod.lib.umich.edu/m/moajrnl/acg1336.1-06.002? node = acg1336.1-06.002% 3A10&view = image&seq = 157&size = 100 Acessed:2014/06/15

② "Ploughing Cotton, Colombus, Ge". http://xroads.virginia.edu/-HYPER/JACOBS/hj-work3.htm Acessed:2013/05/06

变色,影响市场价值。总之,"涉及水稻种植园日常运作的方方面面的事情都受到工头的即时和直接的监督管理"。①

　　农业生产是受季节限制的,不同季节生产活动的内容不同,对劳动量的需求也不同,奴隶主会根据季节变化灵活调整奴隶的劳动方式。"在南部,劳动时间总体上与美国其他地区农场上的劳动时间是一样的,即在农忙季节一天是15—16 小时,包括吃饭时间和中间休息时间。南部一种非常普遍的习惯性做法,是在日出时把奴隶派往田地,把早饭送到田地里,允许奴隶有半个小时吃饭时间。中午给两个小时的休息时间,日落停止工作。不过在特别忙碌的季节,奴隶劳动可能延长到天完全黑时。当然,在包工制下奴隶完成了任务就可以停止工作了。在冬季以及农闲时期对劳动的需要可能较少。如果经济活动是非商业性的生产或生产单位规模不大,奴隶劳动就会更具有随意性。"②

　　无论是采取哪种劳动方式,其根本目的都是一致的,即最大限度地榨取黑人的劳动。对于奴隶主来说,确保奴隶高效劳动是他们关心的首要目的。为此奴隶主会对奴隶们的吃饭和休息时间根据季节变化加以调整,甚至奴隶们在劳动时哼唱什么歌曲都加以限定。《德鲍评论》1855 年第 19 卷上发表的署名阿格里科拉(Agricola)的种植园主的建议书中写道:奴仆们要早早起床,天光放亮时已经在工作了。这个国家的有些地方容易使人生病,在秋天让劳力们下地干活前先吃了早饭对身体健康有益。冬季白天短黑夜长,不要让他们天亮前就吃早饭侵占他们必要的休息时间。妥当地照料和给他们好的工具,就一定能让他们干更多的活。干活的时候他们要敏捷。如果你让一个人去干什么,而他反应不敏捷,就立即惩戒他一番。如果还是没有反应,就再惩戒一次,加大一倍的惩罚量。在干活时我不反对他们吹口哨或哼唱欢快的歌调,但是在田地里不允许哼唱拖拉长音的歌调,因为他们的劳动动作几乎一定是与乐调保持一致的。③

　　不管怎样安排,奴隶主在一年四季都会给奴隶安排各种各样的劳动任务。"在甘蔗种植园,奴隶们要干的工作几乎一年不断。新的土地在连续不断地清理,林木用来作建筑材料或作甘蔗房的燃料,或者出售给汽船。拦水

---

① James M. Clifton, "The Rice Driver: His Role in Slave Management", *The South Carolina Historical Magazine*, Vol. 82, No. 4 (Oct., 1981), p.331, 338. http://www.jstor.org/stable/27567710 Accessed: 2010/10/28
② Lewis Cecil Gray, *History of Agriculture in the Southern United States to 1860*, p.557.
③ Agricola, "Management of Negroes", *Debow's Review, Agricultural, Commercial, Industrial Progress and Resources*, Vol. 19, Issue 3, (Sept., 1855), p.361. http://quod.lib.umich.edu/m/moajrnl/acg1336.1-19.003/369:20? page = root; rgn = full + text; size = 100; view = image Acessed: 2014/06/15

坝需要加高,挖渠排水永无尽头。耕种,一次次锄草,收割和装卸甘蔗、碾磨煮熬,搬动庞大的蔗糖和糖浆桶、将它们拉到船上装好,将甘蔗幼苗排好,将甘蔗渣拉到田地里,这些活都需要费很大力气。一个作物年的工作还没有结束,下一个作物年的工作就从为新的种植整理田地开始了。甘蔗种植园的生活是严酷的,这里的劳动要比烟草和棉花种植园中的劳动更艰难、更繁多。"①生产烟草和水稻等其他主产作物地区的奴隶,大体上也是农忙时管理和收获庄稼,农闲时节加工农产品和备耕田地。一天劳作之后,还必须收好劳动工具。安德鲁·弗林的种植园管理规章第十六条规定:"不管是什么活,在干完后,所有使用的工具都必须收集起来小心放好,大车和小车都必须修好放在车棚中备用,犁和铁锹等等工具也一样。"②奴隶劳动管理可谓细致至极。

当然,人的体力毕竟是有限的,长期过度劳累必然损害奴隶的身体健康,奴隶身体受损反过来又损害了奴隶主的利益,所以精明的种植园主会尽量避免让奴隶长期过度劳累。在种植园主 P. C. 韦斯顿 1856 年的管理规章中就确定要让奴隶劳逸结合,有张有弛,他规定:"在耶稣受难日或圣诞节或任何星期日,都不允许让黑人做任何工作,去看病或照料病人除外。在这些日子他们做了任何工作都要报告给业主,他将为此支付报酬。圣诞节后的那两天,还有在每完成了打场脱粒、栽培、锄苗和收获之后的第一个星期六,都是他们的休假日,在这些日子他们可以为自己干活。除了在播种和收获时节,以及那些在本周内表现糟糕或撒谎的人外,每个星期六只做一半的工作任务。一项任务的工作量相当于体力最弱的成年劳动力 9 个小时勤奋劳动所能做的劳动量。工头要在每天早上向每人指出他的任务,这个任务绝不能再增加。不许让他们做超过任务的工作,除非是在非常紧迫必须之时刻,此时所做的超额工作要报告业主,其将为此支付报酬。不许让任何黑人做以其忍受力难以完成的任务。因为没有完成任务而惩罚是一个糟糕的方案。让任务完不成对纪律有损,对于因任务不可能完成而受惩罚的人不公平。一个优秀的管理者绝不会像一个糟糕的管理者那样,他能够分清一个劳动力能够做什么,绝不试图让他做得更多些。在得到工头检查和认可之前,不许黑人离开他的工作任务,之后允许他立即回家,要鼓励劳动力尽可能早些完成他们的任务,以便有时间为自己工作。每个黑人在日出时都必须到船上,生病的除外,有哺乳的孩子的人除外(给她们留了半个小时)。一个工头要先到船上,后面的工头要让所有的人跟着他,他负责把所有的人带来。守夜人要在

---

① Paul W. Gates, *The Farmer's Age: Agriculture, 1815-1860*, p. 128.
② William Kauffman Scarborough, *The Overseer: Plantation Management in the Old South*, p. 70.

日出前两个半小时敲响谷仓的钟声。"①18 世纪弗吉尼亚大种植园主兰登·卡特的日记中也有无奈地让奴隶休假的记述。1772 年 5 月 23 日的日记中写道:"今天给我的人放了一天假,尽管我的农活儿已经落后了。干旱似乎在折磨他们,玩一天也许能让他们的精神振作起来。"②

二 奴隶日常生活的管控

作为人类成员的奴隶与其他人种一样,都具有正常的人类属性。在地球上的生灵中,人是具有灵智的高级动物,人的天赋灵智使得人在生活中能够积累经验,吸取教训,吸收知识,思虑未来。既然人有能力进行思考,就几乎必然产生自己的愿望,确立自己的追求,这样一来,追求个人的自由发展就几乎成了人类的本能。然而奴隶制恰恰要彻底剥夺被奴役者的自由,将人变成牲畜一样的劳动动物。奴隶管理就是要遏制奴隶追求自由的本能发育成迫切的愿望,变成实际的行动。因此,奴隶主除了对奴隶的劳动加以严格管理外,对奴隶生活的其他方方面面同样施加细致入微的管理和限制。

休·戴维斯是阿拉巴马黑土地带一个典型的种植园主。他成为棉花种植园主的道路正是南部种植园主的典型道路。他在北美的祖先都是以务农为生。其曾祖父威廉·戴维斯是英国威尔士人,18 世纪初来到弗吉尼亚。美国革命后不久,就像很多弗吉尼亚滨海地区的人一样,威廉·戴维斯的一个儿子斯蒂芬向西部迁移去占取廉价土地。到 1787 年,他已经在此后不久就划归肯塔基州法耶特县的一个名叫列克星敦的乡镇附近建立了一个家园。斯蒂芬的一个儿子纳撒尼尔·鲍·戴维斯于 1817 年再次向南迁移,定居到阿拉巴马州莱姆斯通县(当时还是密西西比准州的一部分)位于亨茨维尔西北部 17 英里的一个地方。他自己的几个儿子以后又相继从这个地方迁往阿拉巴马的其他几个地方,其中一个就是休·戴维斯,他于 1834 年 12 月迁往了佩里县县城马里恩,在 1862 年 6 月 6 日去世前他一直居住在该县。自从他到了马里恩至 1848 年 1 月,戴维斯主要关注的是很挣钱的法律业务。作为一名律师,他有很多获得土地的机会,尤其是从那些不成功的早期拓荒者手中获取土地。1839 年 5 月他购买了第一块土地,到 1847 年 4 月,他已经购买了 1270 英亩田地。从 1848 年起,他开始了种植园主生活,1851 年完全关闭了自己的法律事务所,搬到了他的种植园,该地位于马里恩东南 10 英里,

---

① "Management of a Southern Plantation-Rules Enforced on the Rice Estate of P. C. Weston, Esq., of South Carolina", p. 40.
② Ulrich B. Phillips, *Plantation and Frontier Documents, 1649-1863, Illustrative of Industrial History in the Colonial & Ante-Bellum South*, Vol. II, p. 33.

因为它毗邻卡霍巴河，被命名为比弗本德（Beaver Bend 本意是河狸地带）。在长达 14 年半的时期里，他制定了全方位的种植园管理制度。当其去世时，他在马里恩县拥有 5138 英亩农耕地，11 个地块。他拥有的牲畜，包括骡子、马匹、母牛、猪、公牛、黄牛、绵羊和山羊，价值达 5152 美元；留有的农产品包括棉花、玉米、草料、豌豆、土豆、水稻、猪肉、亚麻籽油、盐和粗羊毛，价值为 14524 美元，家庭用品价值 2379.25 美元，未偿债单 2947.32 美元，78 个奴隶，价值 63965 美元。他的巨额家产就是在 1848—1862 年积累的，也就是在他管理他的比弗本德期间积累的。戴维斯制定了很多规范监工和奴隶的规定，他对奴隶生活管控的严密，在下列这几个他的种植园管理规章中得到展现。①

管理规章
年度总则和指示（1848 年 1 月 1 日）

第一，1 月 15 日开犁。

第二，2 月 15 日开始点种玉米。

第三，3 月 15 日开始种棉花。

第四，把牲畜赶出田地圈进畜厩。

第五，既不买肉也不买面包。

第六，把一切安排停当。

第七，谁是那有忠心有见识的管家，雇主派他管理家里的人，按时分粮给他们呢？雇主来到时应该能看到管家已经这样做了。（《路加福音》第 12 章第 42、43 节）

第八，但是如果那管家心里说，"我的雇主必来得迟（这种情况很少）"，就动手打仆人和使女，并且吃喝醉酒，那雇主就要在那管家想不到的日子，不知道的时辰，来解除合同，说：你不再是这里的管家了。

第九，仆人明明知道管家和主人的规矩，却又不顺从他的意思行事，那仆人必多受责打；唯有那不知道的，作了当受责打的事，必少受责打。

关于监工的特别规定（1848 年 1 月 1 日）

第一，黑人必须亲自首先向监工报告，然后才可以到（自己住的）窝棚或小屋去。

第二，任何时候未经允许，黑人都不得离开此地，即使到了去看望他妻子的时候也是如此。

---

① Weymouth T. Jordan, "The Management Rules of An Alabama Black Belt Plantation, 1848-1862", *Agricultural History*, Vol. 18, No. 1 (Jan., 1944), pp. 53-55. http://www.jstor.org/stable/3739507 Accessed：2010/10/28

第三，黑人不得用主人的玉米饲料喂自己的鸡。

第四，在任何情况下，黑人都不许出售水果，除非经监工许可。黑人也不得聚在一起吃水果。

第五，除非是监工在场，否则黑人不得下水。

第六，过了6月中旬后，监工要在每天中午给下田干活的劳动力两个小时的休息时间。在这个时间内，半个小时用于给劳动力分吃食，一个小时用于吃饭和休息，剩下的那半个小时用于给骡子梳梳毛洗洗身子。除非有充分的理由，前半个小时和后半个小时监工要与这些劳动力在一起。

第七，吃饭时间过后，食槽和架子上不许留食物，而是要小心地储存起来供下次吃。

第八，不得将栅栏弄倒，或对偶然倒了的栅栏视而不见。

第九，不得让任何牲畜在牲口栏或牲口厩内奔跑，所有门都要关上。

第十，违反这些规定的人，第一次要受到监工的斥责，第二次要受到监工的鞭打。

第十一，维修要尽早进行。

第十二，如果雇主连续两周发现违反这些规定，就可以认为监工知道，或已经发现，或同意那样做，并对此负责。

规章制度(1851年1月1日)

第一，任何黑人都不得拥有或行使对其他黑人或劳动力的权威或权力，或使用皮鞭。

第二，任何黑人都无权或任由其与此种植园以外的其他黑人做买卖，除非得到书面命令并提到了买卖的物品(任何黑人违犯这条规定，第一次将被没收其所得，第二次将受到体罚)。

第三，任何黑人都不得整夜为自己干活。除非其有一个职业，并且只能是在冬季，每周只能干两夜。

第四，任何一个黑人在告诉监工他生了病之前，都不能认为此黑人患了病；如果所有黑人都很快生了病，则需要他们亲自来报告他们的病情。

第五，对病人的指示。当一个黑人报告自己生了病时，首先给他"苏比利亚片"(Sobelia puke)，24小时用3次，如果他拒绝或不用药，抽打39鞭子，送回农田干活。除非是他在发高烧，那样的话就派人叫我。

第六，"苏比利亚片"是这样制作的……

休·戴维斯制定的这些管理规章表明，他力图通过对奴隶生活的方方面面施加全方位的限制,来达到全面控制奴隶思想和行为的目的。为此他还对《圣经》中的话语进行了改造。1848 年 1 月 1 日的管理规章的第七、八、九条,套用的是《圣经》中《路加福音》第 12 章中的话,在这几段文字中,这个奴隶主用雇主(employer)替换了《圣经》原文中的主(Lord)。

前文提到的种植园主约瑟夫·阿克伦,在其种植园管理规章中也有对奴隶生活施加严密管控的规定:

> 未经主人同意,奴隶不许与此庄园外或不属于此庄园的人结婚,不允许此庄园的黑人与自由黑人结婚。妻子在其他种植园的黑人,一周可以去探访妻子一次。
>
> 严格禁止奴隶在夜间跑动。在最后一次钟声响过之后,未经允许或没有合适的理由,任何黑人被发现在他的住所之外,都必须加以惩罚。
>
> 除了我自己的传教士外,不允许其他任何黑人教士在属于我的地方传教或停留。
>
> 被任命为长期在我的地方进行传教的教士,他的布道活动必须是在星期天的白天进行。否则的话就让他走人,离开我的地方。
>
> 夜里 10 点后就不要让黑人继续他们的夜晚聚会了。
>
> 在一般生活物品的供应上他们要受到公平公正的对待。①

有些种植园主制定的管理规章将奴隶的自主生活空间压缩到几乎不存在的程度。在条款的禁止性规定约束下,在违犯规定将遭受严厉惩处的威胁下,奴隶们在日常生活中除了唯命是从、循规蹈矩外别无选择。奴隶必须绝对服从管理人的管治,将自己变成没有自主意识、没有自主活动、只有劳动能力的非正常人。进行自主活动的奴隶几乎是动辄得咎,种植园成为奴隶主极权统治的世界。从约瑟夫·阿克伦的种植园管理规章中,可以窥见对奴隶日常生活控制的严酷程度。这些规定包括:

> 要求每个黑人都绝对服从命令,如果一个黑人在受到惩教时抵抗,其他所有在场的黑人必须帮助逮住他。
>
> 任何黑人都不许使用烈性酒,或在他的住房中藏有烈性酒。
>
> 偷窃、撒谎、通奸、鸡奸、污言秽语、打架和吵架都毫不例外予以惩罚。
>
> 任何黑人没有管理者、代管人或主人的书面许可不得离开庄园。
>
> 未有特别书面允许,黑人不许使用任何平底船或贸易船做生意搞运输,或以货易货。

---

① "Rules in the Management of a Southern Estate", pp. 377-378.

任何黑人不许饲养任何家畜。

未经许可,黑人不许在此地骑马、骑骡子或马驹子。此地在星期天和夜里骑马的习惯不得延续。

在一周内黑人必须一直在他们各自的种植园。除非得到允许离开,或去看望主人或代管人。星期天他们可以去其他种植园访问,不过首先要拿到监工的离开许可证。

黑人偶尔可以吃一些鲜肉,但是,如果主人在家的话,监工必须首先通知主人;如果主人不在家,就通知代管人他想为黑人杀哪些家畜。

虐待家畜、丢失劳动工具、留门不关闭,或损坏、拆散或以其他方式破坏种植园房屋的栅栏,这样的黑人必须受到一定惩罚;严格遵守这一规定,他们很快就会变得小心谨慎,细心入微。

黑人不许(这里特别要责令监工不要容忍他们)在他们的房下或房屋周围存有水桶、灰堆、鸡粪、垃圾或任何肮脏东西。他们的住地每周都必须清扫一次。

黑人必须在早晨第一次钟声响过后起床,夜里最后一次钟声响过后休息,之后不得离开他们的房中,除非是有工作要干或被叫走。

妇女由于怀孕或生病不能离开房中时,要做些纺织缝纫活。

男人在能够下地干活前,要在菜园或牲口棚附近干些活。

要求每个黑人在使用农具干完活后向监工出示农具,然后把它放回农具房中。①

对奴隶活动在时间和空间上加以严格限制,在内战前已经成为约定俗成的制度。"到内战前这一时期(大致从 1830 年开始),法律、习俗和理念已经聚集到一起形成了一种对奴隶活动的限制系统,这种限制有助于确立奴隶主的统治意识。种植园主主持着他所管控的世界中的事务,指示他的奴隶们到农田去,到院落去,或回到奴隶住所去,此中精心安排着休息和假日。早晨吹起床号,进行奴隶巡查、宵禁,以及要求奴隶携带通行证和禁止奴隶独立旅行或集会,这一切都用来限制和控制奴隶活动的空间和时间。女奴和男奴一样受到这种'地理遏制'的限制,但是限制在南部种植园的女奴隶人数更多,她们受到的限制在时间上的连贯性更大。作为一个群体,女奴隶们享有的流动性要比男奴隶更少。"②

违反管理规定的奴隶会遭到严厉惩罚,这不仅明确在奴隶主制定的管理

---

① "Rules in the Management of a Southern Estate", p. 378.
② Stephanie M. H. Camp: *Closer to Freedom: Enslaved Women and Everyday Resistance in the Plantation South*, Chapel Hill, NC.: University of North Carolina Press, 2004, p. 6.

规章中,还显示在奴隶的回忆里。生活在阿肯色的前奴隶亨利·特纳在 20 世纪 30 年代对采访者叙述说,奴隶主不允许任何黑人没有书面许可到主人的种植园以外去,这个书面许可叫通行证,上面写着黑人的名字、允许去的地方和必须回来的时间。县里和主人们雇佣了很多巡查人,他们的职责是在地方上巡逻,查找试图逃亡的黑人和超时在外的黑人。对奴隶的惩罚通常就由这种人来管理,一提到他们的名字就会让逃亡奴隶胆战心惊不寒而栗。① 当然,奴隶主也会采用奖惩并用的办法来鼓励奴隶遵守管理规定,例如,P. C. 韦斯顿 1856 年的管理规章规定,对奴隶活动的管理实行点名与发放许可证制度:"每个星期日早上和晚上要点所有人的名,除了那些有病或有许可证的人外,谁也不允许缺席。当晚上有教会聚会时,那些参加教堂聚会的人可以不来点名。在晚上点名时,每个黑人都必须干干净净洗刷一新。没有许可证,谁也不允许不在场,对于表现好而需要许可证的人就给他许可证。来自业主其他地方的任何人都要向监工出示他的许可证,监工要把他的名字签在证的背面,那些要离开的人要带回监工签过名的许可证。监工要在夜里隔一段时间就出去转一圈,进房中看看,查明住在这里的人是否在家。"②

为了在奴隶面前树立威严,有的种植园主还强调在奴隶面前要做到言必信行必果,不矫揉造作,不亲近奴隶。前文提到的那个自称为"阿格里科拉"的种植园主,在其建议书中写道:"在完全确信将得体公平之前,主人千万不要在奴隶之间做出任何规定。在确信能够如此之后,就要发布他的命令,要言出必行,做事要坚定,落实要迅捷,这将免去很多麻烦,这样可以避免在必要时才采取的鞭打方式。要让黑人感到主人是管治他的法律的制定者和法官,也是他的保护者和朋友,但是对他来说,主人高高在上,绝不能接近,除非是以最尊敬的方式。要是有正当的理由,他可以带着恰当的恭顺之情接近主人,向他提出自己的麻烦和抱怨。但是借口不能是虚假的,或以微不足道的小事去这样做。如果主人是个暴君,那么当他在附近时,他的黑人就会相当尴尬,不知所措,做不好自己的工作。"③

宗教活动是奴隶缓释被奴役的痛苦、寄托脱离苦难希望的所在。在奴隶的宗教活动中,隐含着对自由的向往,所以奴隶主对奴隶们的宗教活动也会

---

① *Born in Slavery: Slave Narratives from the Federal Writers' Project*, *1936-1938*, Arkansas Narratives, Vol. II, Part 6, p. 366. http://memory. loc. gov/cgi-bin/ampage? collId = mesn&fileName = 026/mesn026. db&recNum = 370&itemLink = D? mesnbib:1:. /temp/-ammem_Hbev Accessed:2014/06/15

② "Management of a Southern Plantation-Rules Enforced on the Rice Estate of P. C. Weston, Esq ., of South Carolina", p. 38.

③ Agricola, "Management of Negroes", p. 361.

加以管控。"奴隶主认识到了'自由'的期许是绝大多数奴隶宗教教义中的一个重要内容,因此在没有一个白人在场可以审查他们的这种话语的情况下,他们常常不允许奴隶举行宗教活动。"有些奴隶主允许他们的奴隶组织单独的黑人教会,不过很多奴隶主坚决反对奴隶单独举行宗教聚会,而是要求奴隶们与自己一起参加祈祷。一个名叫玛丽·弗朗斯·布朗的南卡罗来纳前奴隶记得:"我的女主人对我很好,教给我各种事情,教我读《圣经》,学习基督教的礼仪风范、博爱、举止和敬笃,我现在还是这样的人。"①那个自称"阿格里科拉"的种植园主也在其建议书里写道:绝对不许黑人在社区乱跑。在距离方便的情况下要鼓励他们去教堂。当一个种植园虔诚信仰的人多了,要允许并鼓励他们自己举行祈祷聚会,当人数太多,一间黑人房子容纳不下时,要让他们有一个单独的建筑供祈祷之用。在这种情况中,要给他们的祈祷聚会找一个牧师来为他们服务。牧师布道夏季在中午进行,冬季在夜里进行,牧师可以自己决定一周内他哪一天方便就在哪一天进行,但至少不能干涉了农场的任务。② 佐治亚前奴隶利亚·加勒特回忆道:"奴隶们与主人一起去教堂。布道人总是先给白人布道,然后才给黑人布道。他们对黑人说的话从来就是你必须好好表现,不能偷窃,不能与主人顶嘴,不能逃走,不能做这不能做那。他们让黑人教士来布道,但是给了他布道书让他从中宣读。他们不让我们唱像'我们将会自由'和'众声合唱'这样的歌曲。当黑人教士布道时,他们总是让人跟着奴隶们去教堂,以便听听他们说什么做什么。他们害怕我们想说一些反对他们的事情。"③佐治亚前奴隶爱丽丝·格林回忆说:"星期天他们让我们去教堂,是去白人的教堂,因为他们不想在这个种植园有黑人的教堂。我们也去主日学校。妈妈参加了白人的教堂,白人教士给她做了洗礼。他教我们读《圣经》,但是在有些种植园奴隶是不允许读书写字的。"④

---

① Brenda E. Stevenson, "'Marsa never Sot Anut Rebecca down': Enslaved Women, Religion, and Social Power in the Antebellum South", *The Journal of African American History*, Vol. 90, Issue 4, (Fall, 2005), p. 352.
② Agricola, "Management of Negroes", p. 363.
③ *Born in Slavery: Slave Narratives from the Federal Writers' Project*, *1936-1938*, *Georgia Narratives*, Vol. IV, Part 2, pp. 15-16. http://memory. loc. gov/cgi-bin/ampage? collId = mesn&fileName = 042/mesn042. db&recNum = 18&itemLink = D? mesnbib:1:./temp/~ ammem_4pje Acessed:2014/06/15
④ *Born in Slavery: Slave Narratives from the Federal Writers' Project*, *1936-1938*, *Georgia Narratives*, Vol. IV, Part 2, p. 42. http://memory. loc. gov/cgi-bin/ampage? collId = mesn&fileName = 042/mesn042. db&recNum = 45&itemLink = D? mesnbib:2:./temp/~ ammem_oJHQ Acessed:2014/06/15

大种植园主通过制定种植园管理规章明确了奴隶管理的准则,小种植园主即使没有制定成文的管理规章,在蓄奴实践中奉行的原则与大奴隶主的原则也基本相同。《德鲍评论》1851年第10期刊登了一个自称是密西西比种植园主的文章,介绍他自己的种植园奴隶管理方法。此文发表后,有一个自称是"小农场主"的奴隶主致信《德鲍评论》,讲述了他自己的奴隶管理方式。关于黑人的住所,他的做法是:"黑人的住房要好,每个家庭应有一个房子,宽16英尺,长18英尺,平木板地面,砖垒的烟囱,木板房顶。地板高出地面2英尺。房上不允许有阁楼,没有藏匿东西的地方,但要有钉子挂衣服。房中应配有一张床铺、棉垫子和足够的铺盖,以便使家长和小孩子能够舒适。"关于黑人的衣服穿戴,他的原则是:"衣服要够穿,但数量没有一定,因为无论给他们什么都会用掉或浪费掉。有的人有四身衣服却没有只有两身衣服的人穿得像样。我了解有的家庭给衣服从不超过两套,可是他们的奴隶总要比甚至有四套衣服的奴隶穿戴整齐。"他对自己的奴隶是:"冬季给一套麻毛混纺布衣服、一件毛料衬衣、一顶帽子、一双鞋、一个毯子,夏天是两件衬衣、两双鞋和一顶草帽。"奴隶们在田地里吃饭,饭食由一名妇女来做,这个做饭的妇女要把饭送到农田里,此外她还要负责看护孩子。关于劳动和吃饭休息时间,他的规定是,劳动时间是从天亮到中午12点,然后停工吃饭休息到2点,再继续劳动直到天黑。5月份的时候把休息时间延长为3小时,天气特别热的时候还会延长为4小时。早饭是在地里吃,吃饭时间是半小时或一小时,吃罢饭就去劳动。冬天的时候是吃了早饭再去下地,午饭送到地里吃。①

奴隶主对奴隶的男女结合也是加以管控的。奴隶制下黑人女奴遭受的性剥削包括两种形式,一是男性奴隶主对年轻貌美女奴的强暴,二是利用奴隶的生育能力,通过奴隶的生儿育女增加自己的财富。奴隶的配偶选择往往由奴隶主的意愿决定。定居在阿肯色的前奴隶G. W. 霍金斯回忆道,关于奴隶生育,"有男性奴隶让被奴役的奴隶妇女做他们想要做的那种事情。如果奴隶妇女不做,主人或监工就会鞭打她们直到她们去做为止,她们被打着跟他们走。他们都是身体高大结实的男人,主人想让这些女人跟这种男人生孩子。也有白人男子强迫奴隶妇女做那种他们想做

---

① "Management of Negroes", *Debow's Review, Agricultural, Commercial, Industrial Progress and Resources*, Vol. 11, Issue 4, Issue 5, (Oct. -Nov., 1851), pp. 370, 371-372. http://quod. lib. umich. edu/m/moajrnl/acg1336. 1-11. 004/383:3? rgn = full + text; view = image Accessed: 2014/06/15

的事情"。① 一个居住在得克萨斯名叫詹姆斯·马丁的前奴隶回忆说,他的母亲是一名奴隶,主人的女儿丽莎小姐给她读书,所以她学会了一些字。母亲的主人死后,把她留给了丽莎小姐。当他父亲遇见他的母亲想要与她结婚时,她就对丽莎小姐讲了这件事。可是丽莎却因为他的父亲是一个自由黑人而拒绝,反而要求她与一个奴隶结婚,她将大概是 10 个或者 15 个奴隶召集起来站成一队让她挑选。但是他的母亲坚决拒绝挑选别人。最后男主人表示,如果他们能够有 1200 美元,可以购买自己的自由。他的父母就用了好长时间攒钱,终于攒够了这笔钱,给了主人。主人虽然不情愿,但也没有食言,让她获得了自由。关于奴隶的婚礼,他回忆说,主人心情好会给安排个仪式,心情不好就没有。"结婚是一件大事,新娘和新郎要跳过扫帚把。主人有一个白人牧师,有时候会有很多好吃的牛肉和玉米饼。但要是主人不太把这个婚姻当回事儿的话,他就只是把他们叫到一起说:'穆迪,这是你的丈夫,卢夫斯,这是你的妻子。'"②

从大种植园主的管理规章到小种植园主的管理自述不难看出,奴隶主对于奴隶生活的方方面面都做出了细致的安排。从奴隶劳动的内容、方式甚至劳动的节奏,到奴隶的衣食住行、生病疗养,甚至宗教活动,都有明确的规定。这种对黑人生活细致入微的管控,是赤裸裸的极权统治。奴隶主们费尽心机所做的这一切,就是要实现对奴隶的全面管控,让奴隶们完全生活在奴隶主的绝对意志之下,没有任何自主的生活,从而完全成为奴隶主发财致富的工具。如果这种管理规定得到不折不扣的落实,奴隶的人性就遭到了完全彻底的否定。

第二节 惩罚与关心

奴隶主管理奴隶的意图是让奴隶绝对顺从主人的心意。可是,在人与人之间,一个人绝对顺从另一个人的心愿是做不到的。首先,由于人际交流中

---

① *Born in Slavery: Slave Narratives from the Federal Writers' Project*, *1936-1938*, *Arkansas Narratives*, Vol. II, Part 3, p. 218. http://memory.loc.gov/cgi-bin/ampage? collId = mesn&fileName = 023/mesn023.db&recNum = 218&itemLink = D? mesnbib:1:./temp/ ~ ammem_0Ncw Acessed:2014/06/15

② *Born in Slavery: Slave Narratives from the Federal Writers' Project*, *1936-1938*, *Texas Narratives*, Vol. XVI, Part 3, pp. 62- 64. http://memory.loc.gov/cgi-bin/ampage? collId = mesn&fileName = 163/mesn163.db&recNum = 68&itemLink = D? mesnbib:3:./temp/ ~ ammem_e7Tu Acessed:2014/06/15

不可避免地会发生信息误解，一个人不可能完全准确理解另一个人的意愿，一个奴隶即使很想理解奴隶主的心意，他事实上也不可能完全准确地做到。其次，更重要的是，作为一个有心智的人，奴隶在内心深处是不会甘愿被他人奴役的，追求自由和扩大自己的自主空间，是社会人的必然追求。这种追求必然诱发奴隶对奴隶主意愿的抵抗。奴隶的抵抗可能表现为暴烈的行动，但由于公开抵抗会招致残酷的惩罚，甚至被害身死，故更多的奴隶选择形形色色的消极抵抗方式。在日常生活中，奴隶主要从奴隶身上充分榨取使用价值，要实现对奴隶生活的绝对控制，就需要恩威并用，以便尽可能减少奴隶的反抗冲动。

一 惩罚奴隶

惩罚奴隶是奴隶主管控奴隶的首要手段，是奴隶主日常生活中的惯常性内容。在日常的主奴互动过程中，激发奴隶主或其代理人监工惩罚奴隶冲动的情况多种多样。对奴隶劳动表现不满会施加惩罚，对奴隶言行表现不守本分不合心意会加以惩罚，对奴隶的反抗行为当然更要惩罚，年轻貌美的女奴隶忤逆主人的欲望也会招致惩罚。关于奴隶的惩罚在很多种植园管理规章中有明文规定，在很多奴隶主的日记和信件中有记述，在更多的奴隶回忆中也有记载。可以说，生活在奴隶主监控的世界里，奴隶的任何不轨行为都会受到惩罚。

惩罚奴隶在种植园是频繁进行的活动。一个名叫 T. L. 范迪福的路易斯安那种植园监工，在种植园记事本上记下了一周内惩罚奴隶的情况：

> 1855 年 11 月 12 日，鞭打贝齐和巴拉克，因为他们在大车上换座位。
> 1855 年 11 月 13 日，鞭打纽戴夫和玛蒂达，因为打架。
> 1855 年 11 月 14 日，所有劳力如我所愿干得很好。
> 1855 年 11 月 16 日，鞭打摩根，因为说谎。
> 1855 年 11 月 17 日，鞭打兰开斯特，因为捡垃圾棉花。①

导致奴隶主惩罚奴隶的缘由是多种多样的。前文提及的种植园主安德鲁·弗林在其种植园管理规章的第 17 条中划定的奴隶惩罚因由包括："犯过惩罚命令如下：第一，逃离；第二，酗酒或拥有烈酒；第三，偷猪；第四，偷窃物品；第五，未经许可离开种植园；第六，号角吹过后不在家；第七，房中和身上不干净；第八，玩忽职守。最高的惩罚数是一天抽打不超过 50 鞭子。"②不

---

① William Kauffman Scarborough, *The Overseer: Plantation Management in the Old South*, p. 94.
② Ibid., p. 70.

过,奴隶主蓄奴的首要目的是利用黑人劳动,所以最常见的惩罚缘由是对奴隶劳动表现不满。18 世纪后期弗吉尼亚的大种植园主兰登·卡特的日记中,就有因为对奴隶劳动表现不满而加以惩罚的记述。1757 年他的奴隶们在进行燕麦脱粒过程中未能脱粒干净,兰登·卡特大为恼火,便常常鞭打奴隶。他在日记里写道:"天天都狠狠地揍他们。给过了他们所有的鼓励,但是这些恶棍就是不能脱粒得更干净些,所以我打算把放在那里的麦秸再打一遍。"1778 年当他的奴隶处理烟叶不当时他又慨叹道:"奴隶们就是魔鬼,要是不需要用他们当奴隶的话我就把他们释放了。"①

惩罚奴隶需要一定的技巧。如果惩罚奴隶肉体导致奴隶失去劳动能力,那样反而损伤了奴隶主的利益,对此种植园主当然心知肚明,所以一些种植园主对于惩罚奴隶的限度会有明确规定。安德鲁·弗林在管理规定的第 12 条确定的惩罚原则是:"对黑人要尽可能少鞭打,但是在必要时就一定要鞭打他们。一个好的管理者对劳动力们应该尽可能少惩罚多鼓励。绝对不许使用暴力威胁,绝对不用脚踢或用手、棍子和带金属鞭梢的鞭子抽打黑人,这些事情是不能容忍的,对此监工要严格遵守。未经雇主批准不得进行不同寻常的惩罚。"②在南卡罗来纳种植园主 P. C. 韦斯顿 1856 年的管理规章中,关于惩罚奴隶是这样规定的:"我希望在发现奴隶的过错与进行惩罚之间要隔 24 小时,惩罚不能超过抽打 15 鞭子,在监工认为必须进行严厉惩罚的情况中,他必须向业主申请,或者在业主不在这个地方时,向某某先生申请。能用监禁(不能在牲口圈)就不要用鞭打方式。但是停止其星期六的许可和让其在星期六干一整天活儿就足以阻止一般的犯罪了。在惩罚妇女时要特别小心,防止猥亵行为。除非是受监工之命且有监工在场,否则不许工头或其他黑人以任何方式惩罚任何人。"③种植园主约瑟夫·阿克伦关于惩罚奴隶的规定是:"所有惩罚的目标都应是,第一,为了改教人,以便阻止犯过者重复一个过错;第二,为了给其他所有人做出范例,向他们表明,如果他们犯下过错,将同样受到一些惩罚。正是有错必惩的必定性,而不是惩罚的严厉性,能够阻止人去犯罪。所以,对于违反一项既定规则的行为绝不能不加以指出,视犯错的性质和犯错时的处境对犯错者进行公正的惩罚,对所有人要一视同仁。监工在情绪激动时绝不要去惩罚奴隶,也不要发出惩罚奴隶的威胁,而

---

① Shearer Davis Bowman, *Masters and Lords: Mid-19th-Century U. S. Planters and Prussian Junkers*, p. 57.
② William Kauffman Scarborough, *The Overseer: Plantation Management in the Old South*, p. 69.
③ "Management of a Southern Plantation-Rules Enforced on the Rice Estate of P. C. Weston, Esq., of South Carolina", p. 40.

是要等到情绪完全冷静下来后,等到能够带着伤感之情而不是愤怒之情进行惩罚时,再去进行惩罚活动。"他强调惩罚奴隶不能过于残酷,只要达到制服奴隶的目的即可,"除了要把不服管教者控制在种植园内另当别论之外,惩罚只许用鞭打这种方式。鞭打绝不能残忍和严酷,鞭打过程中每间隔一个恰当的时段就报告一次奴隶的反应,直到他完全屈服为止。我反对把奴隶打得皮开肉绽,或者让皮鞭在我的黑人身上留下印迹。只要小心这总是可以避免的。任何监工如果用棍子或带扣子的皮鞭抽打我的黑人,或以任何方式伤害我的黑人,我一定将其解职。我的黑人不允许以任何方式受到虐待或伤害,同时他们还必须受到严格约束,可以通过与他们交谈,加上立即进行一定的适度的惩罚,就可以达到目的。关于黑人、家畜和农具等等的规则规定,各地的管理者每3个月要给黑人宣读一次"。① 自称"阿格里科拉"的种植园主也在其种植园管理建议书中写道:"关于惩罚黑人,一定要牢牢记住目的是纠正。如果黑人表现谦卑,显示出其已经准确意识到了自己行为的不当,对他稍微惩戒一下要比严厉惩罚效果更好。可是如果一个家伙顽固透顶傲慢无礼,还在你面前装腔作势,那么轻微的惩罚只能让事情更糟糕。应该让黑人看到你的冷静和意志坚定,让他明白他受到惩罚是因为他的过错,而不是你的火爆脾气,是为了改教他而惩罚他。改教奴隶的一般原则正如那句法律格言所云,'宁可放过99个罪人也不冤枉一个无辜的人'。可是也有例外的时候,例如,如果黑人杀了你的猪,或偷了你的鸡和鸡蛋,你又查不出是谁干的,你就只有在一些日子里让所有的黑人只得到平时分得的猪肉的一半,这样这种邪恶就将终止。这种纠正方法比永久责怪和怀疑所有人要好。"在他的话语里,惩罚奴隶也是要维护奴隶群体内部的和谐关系。"黑人在他们之间的交往中不许争吵,不许用绰号骂人,不许诅咒,不许口出污言秽语;儿童要尊敬长者,尤其是要尊敬老人。绝不允许身体强壮的人欺负体弱的人。要教育男人懂得,欺侮或凌辱妇女是可耻的行为。如果一个男人记不住这一点,竟然不顾羞耻打了一个妇女,那么就要让这个妇女用山毛榉木条抽打他一顿,把他按到栅栏上骑一下。不过不要让一个为人妻子的人这样打她的丈夫,以免对他们以后的相互尊敬和温纯产生令人不快的影响。"②

奴隶控制并不是一件轻易之事,很多奴隶诉诸各种可能的方式进行反抗。管束不服管教的奴隶是种植园奴隶主经常面对的难题,对于桀骜不驯的奴隶,更要注意惩治的技巧。南卡罗来纳种植园主查尔斯·马尼高尔特在1847年写信给他的种植园监工,就传授了具体的惩罚奴隶技巧。他写道:

---

① "Rules in the Management of A Southern Estate", pp. 376, 379.
② Agricola, "Management of Negroes", p. 362.

"关于雅各(你说他是唯一一个不安分的人),你最好慎思一下尊重他,你要始终记住那个重要的种植园格言,即'永远不要对一个黑人施以威胁',否则他将如你和我在学校时所做的那样逃走。但是对于这样一个家伙,当事情变得糟糕透顶时,你应该抓住一个机会,例如,当他与工头一起在食物房时,你到门口,口袋里装一条绳子,然后掏出绳子命令人把他捆起来。因为在这种情况下,让一个黑人成功地躲开并从你那里逃走是很让人气恼的。制服他之后,如果你想拿他做个典型,就把他送到萨凡纳监狱,让他受一受监狱的约束,单独囚禁3周。当他想再回家时,在他出狱之前,让他们提醒他记住教训,并告诉他这件事了结了,你绝不会抓住一个过去的争吵不放,现在他面前有一条明路可走,一切都看他自己了。到了此时他就明白了要修理一个'心思不良的黑家伙'是多么容易的事。然后再把我的话告诉他,说你给我写信讲了他的行为,我说如果他不变好的话,我就要把他卖给一个奴隶贩子,我将把他送到新奥尔良去,有几个奴隶因为行为不端或无故逃离已经被我送到那里去了。"①

奴隶主对奴隶的惩罚不是都能达到让自己心满意足的效果。佐治亚州杰斐逊县的种植园监工盖因1833年11月4日写信给其雇主亚历山大·特尔菲尔,描述了一个难以管束的奴隶。"我与这里所有的黑人相处得都很好,只是达科除外。她是这里最让人烦恼的家伙,搅得其他黑人不得安生,他们中几乎没有人敢走进这个院子。她的心性是如此残忍,就连她的姐妹、她的家人也不敢去那里。她不能在这个院子里与你送来的女孩儿相处,总是与她们发生摩擦。最后,在她的情绪过于激动时,我就去那里略微教训了她一下。可是结果更糟,她竟威胁说要取她们的小命,说要毒死她们。她们都吓坏了,求我允许她们搬到奴隶宿舍去。我已经允许她们离去了,她们到那里已经有一周时间了。"②

在肉体惩罚达不到制服奴隶的目的后,奴隶主往往会选择将难以驯服的奴隶卖掉。1846年4月约翰·拉马尔从佐治亚的梅肯写信给他的姐姐豪厄尔·科布夫人,发泄了他对一个无法管束的奴隶的愤怒。他写道:"我的那个奴隶约翰·特德,即那个木工,在这个种植园是个懒汉,或者说近乎是个懒家伙,就像小说《匹克威克》中那个懒惰的马夫。他这会儿在安装房门,正在愚蠢地想让人相信他正在做点什么事情。可是一想到他行为放纵不服管教,以及他那好与人争吵的品行,我已经想好了,最好还是多费心照看家。这个

---

① Ulrich B. Phillips, ed., *Plantation and Frontier Documents, 1649-1863, Illustration of Industrial History in the Colonial & Ante-Bellum South*, Vol. II, pp. 31-32.
② Ibid., p.39.

时候不说他的事让你烦心了。我不在家时我让他去了城里,回家后发现他醉醺醺的,与别人打过架,举止一无是处,所以我在想把他禁锢到乡下去生活。他是一个独眼奴仆。如果我能与他在一起的话,我那活儿可能已经又快又省钱地干完了。可我害怕让他去无所畏惧的地方干活,他现在在家里简直是什么都不做。不用他干活是不费一分钱,但是我知道你不想因此烦恼生气,而我担心甚至肯定,他酗酒大醉吵吵闹闹将惹你生气。只要一有机会我就把这个无赖卖掉。"南卡罗来纳种植园主威廉·卡佩斯在1863年9月15日写给查尔斯·马尼高尔特的信中写道:"杰克·萨凡奇一直对塔帕先生相当粗鲁无礼,他这会儿在安装机械。他对老查理说他回家来不是要被活儿累死的。从星期日早晨以来他的表现显示他有逃走的意向。我已经将他牢牢地圈禁起来了,建议你把他卖掉。"9月21日他又给查尔斯·马尼高尔特写信汇报了他商谈出售杰克的情况。9月28日再写信说:"今晨我已经以1800美元的价格将杰克卖掉了。"①

奴隶主惩罚奴隶不仅很少受到法律的制裁和白人社会的谴责,反而在有所需要时能够得到政府机构和白人社会的支持帮助,所以奴隶主几乎可以随心所欲地惩罚奴隶。奴隶主惩罚奴隶的方式是多种多样的,有些是极端恶毒残忍的做法。不过,虽然有的奴隶主会别出心裁使用一些令人发指的折磨奴隶的手段,但是,绝大多数奴隶主最常用的惩罚方法是鞭打,鞭打的次数和间隔时间是可以掌握的,鞭打的程度达到奴隶主认为合适为止。奴隶主惩罚奴隶的本意是彻底摧垮奴隶的反抗意志,惩罚过度导致奴隶身体伤残甚至死亡,或者拼死反抗或逃亡,都不符合奴隶主的利益,所以精明的奴隶主不仅对奴隶的惩罚会施展策略注意分寸,也会在奴隶管理中采取一些软办法,对奴隶的愿望要求做出一些让步,达成一种奴隶制下的妥协。"主奴关系达到成熟时就成了双方的一种妥协,尽管这是一种不平衡、不稳定和不公正的妥协,但毕竟是一种妥协。"②

二 对奴隶的"关心"

无论是在种植园主的管理规章中,还是在奴隶主的书信、日记和回忆录中,都有很多关于奴隶主关心奴隶的记述,很多前奴隶的回忆中也讲述了主

---

① Ulrich B. Phillips, ed., *Plantation and Frontier Documents, 1649-1863, Illustrative of Industrial History in the Colonial & Ante-Bellum South*, Vol. II, pp. 38, 32, 33.

② Eugene D. Genovese, "Master-slave Relation", in Randall M. Miller and John David Smith, eds., *Dictionary of Afro-American Slavery*, Westport, Connecticut and London: Praeger Publishers, 1997, p. 451.

人关心奴隶的故事。可以说,奴隶主关心奴隶之说并非无稽之谈、空穴来风。因为精明的奴隶主们明白,对奴隶的关心,完全符合自己的利益。对奴隶衣食住行生病吃药的关心,是为了确保奴隶有强壮的身体进行劳动,对奴隶生儿育女和幼儿的管护,是为了增添新的奴隶财富。奴隶在奴隶主的这种关心中得到了最基本的生存物资和极为有限的家庭生活,生理和精神需求得到稍许的满足。对于家庭可能被奴隶主拆散的恐惧,迫使奴隶对奴隶主恭敬有加唯命是从。这样一来,惩罚与关心的结合,迫使奴隶们接受了被奴役的命运。奴隶主在对奴隶的关心中没有付出任何代价,却换来了奴隶的安分守己。对此奴隶主们是了然于胸的,"因而,良好的管理是避免摩擦,尽可能与纪律相一致,安抚奴隶使得他们心生满意。主人不能漠视在他的种植园和社区已经确立的习俗的力量。例如,在圣诞节给几天假日的习俗几乎不能抛至一边。优秀的管理者会想方设法用小礼物、偶尔给个假日、举办舞会和烤肉野餐,以保持奴隶心情愉悦。有些种植园主保有一架小提琴,鼓励奴隶跳舞,或提供其他形式的娱乐。有些种植园主指示监工要询问奴隶中年长的人或头脑更精明的人关于种植园管理方略的建议。作为对惩罚制度的补充,很多种植园主使用奖赏制度鼓励奴隶的良好行为"。①

奴隶制剥夺的是奴隶作为正常社会人的权利,而不是要剥夺他们生存的必需资料。在将奴隶压制成与牲畜一样的财产后,对奴隶生活的关心也就成了对自己财产的关心,对于奴隶主来说这是不言自明的道理。南卡罗来纳水稻种植园主 P. C. 韦斯顿在 1856 年的管理规章中冠冕堂皇地宣称:"首先,业主希望监工非常清楚地理解,他的第一个目标,是在任何情况下都要关心黑人,关怀他们的幸福。业主随时准备着原谅由于判断不明而产生的错误,但是绝不能或不会原谅任何对黑人的残暴、严酷或漠不关心,因为要维持服从、秩序和纪律,确保这些任务及时认真地得到履行,使得生意得以平稳牢靠地进行,而不要在一方面软弱或在另一方面严厉,黑人们的幸福是绝对必要的。"②《德鲍评论》1851 年第 10 期刊登了一个自称是密西西比种植园主的文章,介绍自己的奴隶管理方法。该文作者坦言,奴隶主即使不是出于人道考虑,而是出于自己经济利益的考虑,也会尽量安排好奴隶的生活,保护奴隶的生命和健康。至于他自己,首先最为关心的是给奴隶建造能够健康生活的房屋。"我的种植园有 150 多名黑人,我给他们提供了 24 所房子。房子用粗橡木板建造,房上铺盖着柏木板,房子宽 16 英尺,长 18 英尺,地面用平板铺

---

① Lewis Cecil Gray, *History of Agriculture in the Southern United States to 1860*, p. 558.
② "Management of a Southern Plantation-Rules Enforced on the Rice Estate of P. C. Weston, Esq., of South Carolina", p. 38.

得严严密密,烟囱建造得很精良,房子高出地面 2 英尺。地板下面的土和房子周围的土每月清理一次,房子内外每年用白灰粉刷两次。这些房子分成两排,距离间隔大约 200 英尺。房子的门朝内开,自北向南排开成一条直线,房与房之间间隔大约 50 英尺。在这条街的一头有监工的住房,一个作坊,一个工具房,一个马车房;另一头是磨坊和锯木场。这条街道的两头都有干净的蓄水池,供应充足的纯净水。生活经验使人认识到,在这里的气候下,泉水、井水和湖水都不利于健康,而建造大一些的地下蓄水池可以保持水的洁净和清凉,因而大受欢迎。这种蓄水池建造起来既容易,也不费钱,使用又很方便。既省了请医生的钱,又避免了奴隶死亡的损失。"对于奴隶睡觉的方式他也有具体规定,他不允许奴隶睡在火边,因为奴隶往往将头朝向火,这样容易烧伤或染病。他要求奴隶睡在炕上,按他自己说,他给奴隶提供了充足的被褥。关于奴隶的食物,他写道:"对于每个外出干活的劳动力,我允许每周给 4 磅鲜肉和 1 配克玉米粉。午饭给他们做好送到田地里,还有季节性的蔬菜。专门有两间房子供他们中午吃饭,睡觉,如果他们想休息的话,他们可以进入一间窝棚或树林里休息,不允许他们休息时仍在火热的太阳之下。他们晚饭和早饭是由自己做,每个家庭给一个火炉、煮锅、筛子和一个咖啡壶(一般放进一些咖啡),他们自己还配备有小刀、小叉子、盘子、勺子和杯子等。"他允许自己的奴隶养鸡自食。"每个黑人都有一个养鸡用的鸡舍。不允许他们将鸡卖掉,他们自己把鸡和鸡蛋烹饪好添加到晚饭和早饭中。另外,每个家庭有一个用篱笆围起来的菜园,他们在里面种植他们喜爱的蔬菜和水果。有一个大房子供看护孩子使用,白天所有的孩子都带到那里,由一个细心和有经验的妇女看护,这个妇女的主要任务就是看护这些孩子,要恰当地喂养和照料他们,尽可能让他们不弄湿身体和保持干净。"关于衣服,"我一年给我的黑人四身衣服两双鞋,给妇女和女孩外加一个印花棉布裙和两个手绢"。他不允许奴隶进行市场交易活动,但是在圣诞节时给奴隶家庭的家长和单身奴隶 5 美元,在监管人的监督下到城镇去花掉这 5 元钱。不允许奴隶喝酒。奴隶生病时会得到治疗,"当他们生病时,我为我的黑人提供了一所既宽大又舒适的医院。医院附近设有一间护理房。当一个黑人叫嚷说自己太难受不能干活时,就立即把他送到这所医院,由一个经验丰富、细心的黑人妇女照看他吃药吃饭,直到能再干活才离开那里"。[①]

[①] A Mississippi Planter, "Management of Negroes upon Southern Estates", *Debow's Review, Agricultural, Commercial, Industrial Progress and Resources*, Vol. 10, Issue 6, (June, 1851), pp. 623-624. http://quod. lib. umich. edu/m/moajrnl/acg1336. 1-10. 006/648:3? page = root;rgn = full + text;size = 100;view = image Acessed:2014/06/15

奴隶主对奴隶生活的关心有很多种植园主的言行规定作为例证。弗吉尼亚种植园主理查德·柯斌在1759年1月写信给他的种植园管理人詹姆斯·森普尔指示说:"第一,关心黑人是我要建议你应注意的首要事情。你要及时告知我黑人们需要什么,以便给他们提供所有的必需品。对于生育孩子的女奴,你要指示监工,对她们更要和蔼和宽容一些。在她们孕育孩子的时期,不要强迫她们干什么活,或让她们干过重的活,那样将会伤害她们的身体,她们在孕育孩子时期是需要得到那样对待的。要把孩子照看好。每年春天和秋天要有一周时间给黑人们香藜籽,生病的人都要得到恰当的关心。务必要对监工保持谨慎警觉,让他们做事勤勉,将黑人生活安排得井然有序,以他们自己的勤勉作表率令黑人服从,要把农活的方方面面都做好,这样做要比行事匆忙和严厉更为有效。做活要持之以恒按部就班,不要一时匆匆一时无所事事,做事始终要有规则可循。能够这样去做定然能防患于未然,能够料事在先,不慌不忙地去做。能料事在先就绝不会把事情弄得乱七八糟,这样他的工作就不是一种劳动而变成了一种愉悦。"①纳奇兹种植园主约翰·奎特曼,此人后来成为密西西比州州长,南部分离运动的积极鼓吹者,在1839年写给他在路易斯安那种植园的管理人艾尔伯特的信中说道:"要让奴隶们衣服穿得好,让他们把个人身体和住所保持得干净整洁,鼓励他们种菜、管理果树和葡萄树,管理他们那一点点家内的物件,在与纪律不冲突的情况下让他们放纵一下。严厉使得黑人变得顽固;表扬,甚至奉承几句,最重要的是,待之仁慈,更能使得他们变得乖巧和服从。"②密西西比种植园主J. W. 富勒1857年写给监工的信中,也就如何管护奴隶做出详细的指示。他指出,种植园管理要让奴隶身体健康,感到心满意足,有良好的纪律,服从命令。应该给奴隶们足够的结实舒适的衣服,"给人和牲畜足够的既卫生又有营养的食物,这是成功的种植以及对投资给予合理的分红所不可取代的必要条件,更不用说是什么主人对其依附者、对他自己和上帝的责任了"。为此他制定了这样的规章:

> 对奴隶的惩罚绝不能残忍和滥用,仅仅出于激情或恶意而鞭打一个黑人是绝对卑鄙和怯懦的行为,这样做的人定然是无用之人,不适合去管理人和牲畜。我的黑人是允许来向我提出他们的抱怨和委屈的,绝不

---

① Ulrich B. Phillips, *Plantation and Frontier Documents, 1649-1863, Illustrative of Industrial History in the Colonial & Ante-Bellum South*, Vol. I, Cleveland, Ohio: The Arthur H. Clark Company, 1909, pp. 109-110.

② Shearer Davis Bowman, *Masters and Lords: Mid-19th-Century U. S. Planters and Prussian Junkers*, p. 182.

会因此而受到惩罚。如果经过调查我发现他们受到了残酷虐待,我认为这就是立即解雇一个监工的充足理由。以你的行为来证明和向他们显示你对他们温和尊重。绝不要残酷惩罚他们,或者让他们过度劳动,绝不要要求他们做按情理难以完成之事,或以其他方式虐待他们,而是要想方设法使得他们的境况变得舒适,让他们尽可能心满意足。确保他们的必需品得到供应,他们的食物要充足,衣服要结实,他们的房子要舒适,在他们生病和年老后要对他们态度和蔼加以关注。要确保黑人吃饭有规律,他们的食物要卫生、有营养,要煮熟;确保他们把自己搞得干干净净,至少每周一次(尤其是在夏天)到他们的房子里看看,确保他们把房子打扫得干净,检查一下他们的床铺,有时要确保他们那里通风好;他们的衣服要缝补好,要悉心照料他们,这样有助于使得他们健康、舒适和快乐。如果得到报告说有的黑人生病了,要立即去看看得了什么病,用哪种药合适,给他们以关心。精心谨慎照料他们康复。能找到一个合适的人布道时,我极为愿意让其向黑人宣讲福音。这样的事应该在安息日来做,如果牧师方便的话,白天做更好。基督教义、人道和秩序使得人人提高,无人受害,而背信、自私和思想混乱对一些人是诅咒,对另一些人是迷惑,使得所有的人堕落,因而我想要鼓励所有的人培养宗教感情和道德,对他们的孩子或家畜残暴要受到惩罚,对亵渎、撒谎和偷窃要予以惩罚。要求所有的劳动力在一个合适的时间去休息睡觉,在夜间短、早晨冷、天气恶劣的日子,允许他们休息到能够看得见怎样干活时再及时出去干活。允许他们有一块他们可能想要的土地种土豆、烟草,他们可以养鸡,还有权在闲暇时去卖掉他们的产品。种植园内供黑人相互交往的黑人足够多,不允许他们仅仅为了交往离开种植园,也不允许未经我本人或负责监工的许可去做生意,也不允许外边的黑人访问这个种植园。①

前文提及的种植园主约瑟夫·阿克伦在其种植园管理规章中也规定监工不许虐待奴隶:"要向你管理的黑人显示你对他们温和仁爱和相当尊重。既不要残忍地惩罚他们,也不要过度劳累他们,或虐待他们,而要争取尽可能地让他们有舒适满意的处境;确保他们的必需品得到供应,他们的食物和衣服又好又充足,他们的住房舒服,对于生病和年迈的人要和蔼关心。"监工必须关注黑人的健康状况,"要保持黑人的身体健康,生病时要关心他们,这是

---

① Ulrich B. Phillips, *Plantation and Frontier Documents*, 1649-1863, *Illustrative of Industrial History in the Colonial & Ante-Bellum South*, Vol. I, pp. 113-114.

需要你最为留心之处。最佳的尽职就是关注这些细节,忽视这些细节你就不适合担任现在的工作"。对于保持黑人身体健康应采取的措施,约瑟夫·阿克伦具体指出:"要保持黑人的身体健康,就必须让他们吃好穿好住得好。不要让他们不适当地遭受潮湿和寒冷,要避免这样的情况,在天气不好时就要适当地给他们安排房屋内的活。孕妇在分娩前后的几个月只让干最轻的活,允许做母亲的黑人有时间照料她们的婴儿直到断奶。衣服、住房和院子都要干干净净;儿童要有一个护理者、一个经验丰富的妇女来照料他们。"①密西西比州北部的种植园主安德鲁·弗林1840年的管理规定中也有近似的内容,其第十三条规定了对生病的奴隶必须给予关护和治疗:"对病人白天至少要看望3次,夜里必要时也去看望,尽可能加以关照。除非明显是装病,在他躺倒后最好让他休息一天。休息一下可以阻止病情恶化减少很多麻烦。给他们吃药要小心和减省些,当对给他们什么药有疑虑时,就什么药都不给。除非是医生开的药方或延续使用,否则绝对不给他们使用甘汞(calomal)或蓖麻油(castor oil)。"第十四条规定了对儿童的看护:"对儿童尤其要悉心关照,因为养育他们不仅是一种职责,而且还是种植园中最赢利的活动。要保持他们干净、干燥和暖和,吃得饱饱的。素食是他们的必需品,馒头、玉米粥或稠汤、蔗糖和一些肉,两三岁的孩子给糖浆,但年龄更小的不给。一般蔬菜对他们不太适合。"第十五条规定了对孕妇和哺乳妇女的特别关照:"对于孕妇和哺乳妇女要极为细心关照,让她们在家附近干活,干轻活,不要让孕妇犁地和搬东西,但是要让她们一直干些活儿,直到最后临产时刻。必须允许哺乳妇女有时间给他们的孩子喂奶,按照孩子的年龄一天2—3次。孩子12个月时必须断奶。"②

1832年6月2日佐治亚种植园主亚历山大·特尔菲尔给监工的指示中写道:第一,每个成年黑人,不管其有多老多么百无一用,以及每个在田地里干活的青壮年,每周的配额是一配克玉米,每月一品脱食盐、一块不超过14磅的肉。第二,不管身犯何错,不管罪恶多大,任何黑人遭到的鞭打不得超过50鞭子。第三,尚未断奶的孩子及其他不下地干活的小孩子领取一半配额的玉米和食盐。第四,任何黑人申请到这个居住区的任何地方去的许可证你都要给他们签发,但不许他们没有许可证就离开,也不要让没有证件的陌生黑人来此地。第五,当情况允许时就给黑人包工干活。要按照田地的状况和黑人的体力安排合理的白天干活的量,把分配的劳动任务做得完完

---

① "Rules in the Management of a Southern Estate", p. 376.
② William Kauffman Scarborough, *The Overseer: Plantation Management in the Old South*, pp. 69, 70.

整整。① 南卡罗来纳水稻种植园主 P. C. 韦斯顿 1856 年的种植园管理规章中,对生病奴隶的规定更是细致入微:

> 从他们第一次开始呻吟有病到能够再去干活,所有的病人白天和夜里都要待在医院。护理者要负责让病人不离开房子,负责把床铺和餐具等等收拾干净。未有监工或医生的命令,护理者绝不许给病人服任何药。除了有种植园护理者外,还要安排一个妇女护理所有病重的人。不管病情如何都要请医生,医生的话必须听从,不许更改他的诊治。产妇由产婆照料,一旦需要就要安排一个妇女整夜护理她们。她们将在黑人的房中停留 4 周,然后去地势高的田地工作两周。在有些情况下必须让她们躺着休息更长时间。由于在这个特别时刻缺乏照料,很多黑人妇女的健康被彻底毁掉了。有时候妇女不适合在水中工作,在这样的时候监工要关心她们。始终要让怀孕的妇女在分娩前做一些活,即使是仅仅走到田地里在那里待着。如果她们病了,就让她们去医院,留在那里直到肯定她们分娩的时间近了。对于那些正在恢复的妇女要提供营养食物,在业主不在家期间,监工要记下他为此购买的物品,业主一回来就会解决这些账目。
>
> 除非是医生之命,否则在任何情况下都严禁放血。尤其要警告监工不要给黑人服用像甘汞或催吐剂(tartar emetic)这样的烈性药,服用亚麻籽茶、薄荷水、6 号药、氧化镁等药做一下简单治疗,在绝大多数情况中就足以了,这样做伤害更小些。烈性药的使用应由医生来决定,因为业主从不会抱怨医生的用药账单,不管费用多大,他有权期望只要一旦有人生重病,监工就派人去请某某当地的医生,当这个医生不在时,就再去请另一位医生。务必小心提防什么病都没有或只有一点点不舒服的人撒谎,这种情况要立即查清楚。那些生病的人可以干点轻活,这样做是鼓励他们勤勉。没有什么比允许人作假更能对纪律构成颠覆,即没有比这更不公正的事了,因为那样一来就让那些性情好的人替懒汉做了工作。②

奴隶主的利益就蕴含在对奴隶的关心之中。为了让奴隶身体健壮,奴隶主不会让奴隶食不果腹。P. C. 韦斯顿 1856 年的管理规章中对食物配给的规定是:"配额和食物:要极为操心,绝不要让他们得到的配额量少于他们正

---

① Ulrich B. Phillips, *Plantation and Frontier Documents, 1649-1863, Illustration of Industrial History in the Colonial & Ante-Bellum South*, Vol. I, p. 126.

② "Management of a Southern Plantation-Rules Enforced on the Rice Estate of P. C. Weston, Esq., of South Carolina", pp. 41-42.

常的配额。如果他们对配额量发生怀疑,就要给他们最大的量。这种措施不能放弃,只能多做。只允许让他们用质量最好的生活品。如果发现用品被损害,如果主人在的话,就立即告诉主人,如果主人不在,要毁掉被损坏的物品。玉米在磨面之前要仔细挑选。那种小粒品种的稻米容易变酸,一旦发现有的稻米快要变酸了,就要每顿饭都吃这种稻米,直到将其吃完为止,或者如果这些稻米已经变酸了,不能食用了,就要将这些稻米毁掉。"①1837年《农场主记事》刊登的一篇讲述对监工加以管理的文章宣称:"要让黑人吃得随意喝得充足,穿得住得都暖和,你的黑人干活儿就更卖力,更心甘情愿,他们的身体会更健康,道德品质得到提高,因为他们不会被吃肉的渴望逼迫而去偷主人的猪、羊和家禽,或进入邻居们的家园劫掠。让黑人吃好、穿好和住好,你的黑人生孩子就会更快更多。这样常常就对某些奴隶主形成了一种诱导,这种人的心中可不是充溢着人道感情。"该文作者认为给奴隶一些温和关心更能换取奴隶的顺从,"黑人的品质是很低的,就像一堆黏土,可以按照塑造者的技能塑造成好看的人物或不好看的人物。对奴隶大发雷霆、咒骂他们,对他们说他们是可恶的恶棍,难以信任,就会让他们变成你所说的那样的人,他们根本不会爱这样的主人,反而憎恨这个主人。现在,如果你不怀疑他们,用给他们一点点信任来诱导他们,他们就会值得一点信任,你就使得他们变成了诚实、有用和有爱心的家伙"。②

当然,对奴隶的关心也意涵着对奴隶的防范,在自称"阿格里科拉"的种植园主提出的种植园管理建议书中,关于奴隶居住安排的建议就对此说得明明白白:

> 必须要求黑人把房子和院子保持干净,要是他们疏忽了这件事就要受到惩罚,直到能够确保他们形成在将来保持干净的习惯。
> 无论如何不允许两个家庭共住同一个房子,把那么多人挤进一个房中不健康,它将滋生不和,伤害感情,助长男女之间的不道德行为。③

奴隶主管控奴隶的理想目标,是既要让奴隶劳动具有效率,又不能摧毁奴隶的身体和劳动能力。对奴隶过于宽厚和过于严酷,都会损伤奴隶作为劳动力的价值。奴隶毕竟是人,在生活中有物质和精神需求。奴隶的这些本能需求又成为了奴隶主驾控奴隶的资源,奴隶主用满足或拒绝的方式,来控制奴隶的意志,迫使奴隶顺从。这样,在一定限度内满足或迎合奴隶的需求,与

---

① "Management of a Southern Plantation-Rules Enforced on the Rice Estate of P. C. Weston, Esq., of South Carolina", p. 38.
② David Brion Davis, ed., *Antebellum American Culture: An Interpretive Anthology*, p. 329.
③ Agricola, "Management of Negroes", p. 360.

惩罚手腕结合起来,更能有效地对奴隶施加控制。因此,奴隶主对自身利益的关心,自然就延伸成了对奴隶的关心。在实际生活中,具体到某个奴隶主对某个奴隶的关心,究竟是出于个人经济考虑,还是人道情怀,或二者兼而有之,也许因人而异因事而异,但不管动机如何,客观上都既符合奴隶主的利益,也迎合了奴隶的利益。如果说惩罚奴隶是奴隶主御奴术中狠毒钢硬的手段,是通过肉体和精神折磨强迫奴隶屈服,那么对奴隶的关心则具有怀柔性质,属于软办法,其用意是诱使奴隶顺从。就其本质而言,奴隶主对奴隶的关心是一种商道关怀而不是人本关怀。奴隶主不是将奴隶作为人而是作为一种劳动力、资本和工具来加以算计的,为了自己的经济利益不至于受损,才满足奴隶最基本的生存物资需求和精神需求。奴隶的需求是从属于主人的需要的。当主人的需求与奴隶的需求处于矛盾状态时,奴隶的需求就会被否定拒绝。只有当奴隶的需求与主人的利益一致时,奴隶的需求才可能被满足。是否满足奴隶的愿望取决于奴隶主的意愿、心情和利害的考量。奴隶主尽管声称关心黑人,实质上这是一种降人为畜后的关心,是缺失对人之爱的关心,其牵挂的是自己的财产和生产财富的劳动力。

奴隶主与奴隶的关系是在摩擦中互动的,双方都可能做出一些让步。就以18世纪弗吉尼亚种植园主兰登·卡特为例,他对奴隶既诉诸鞭打惩罚,也无奈地让他们休假,结果还是令他不满意。在1772年9月25日的日记中兰登·卡特发泄了对奴隶劳动的不满,他写道:"黑人们真是荒谬之极,在收割烟草的时候,如果一开始没有人监督他们的话,他们就会把他们身前的所有东西都割掉。现在正是一旦发生霜冻烟草就有损失的危险的时刻,他们不收割那些已经真正成熟的烟草,因为这些成熟的烟草叶较为厚实,就好像还有时间让这些烟草在那里挺立得时间更长。我的那些在福克斯的人们收割不了他们昨天本该就收割完的那块地,因为他们想着让那些烟叶长得再厚实些,不过今天我让他们去那里,要他们把所有好的烟草收割下来。"①这个奴役他人的主人尚且不满,被奴役的黑人们又怎会满意这样的生活?只是他们是无声的,没有留下他们的不满言辞罢了。

如果仅仅从物质生活条件来衡量,相对于同时代世界上其他地区贫穷之人的生活,内战前美国南部奴隶的生活确实不错,但是奴隶的不幸就在于他们被剥夺了自主做人的权利。"确实,在生活的物质条件:食物、衣服、住所和劳动时间等方面,南部那些被人奴役的人的境况与地球上其他劳动者相比并不差。然而,正是对其自由的绝对剥夺使得他们与其他劳动者有了天壤之

---

① Ulrich B. Phillips, ed., *Plantation and Frontier Documents: 1649-1863, Illustration of Industrial History in the Colonial & Ante-Bellum South*, Vol. II, p.34.

别,通常使得他们的境况陷入难以承受的境地。奴隶制使得他们无能力保护自己的家庭完整,常常让他们遭受无情的主人捉摸不定行为的伤害。"有的奴隶主对奴隶宽厚一些,有的则甚是恶毒。"这样一来,在老南部生为奴隶的人命运好坏就取决于偶然了,即使是在这种情况下还受制于由于主人死亡或经济损失而导致的情况骤变。"①从管理规章可以看出,奴隶主对于奴隶是恩威并用。奴隶在安分守己服从命令的时候,可以得到生存所需的基本物质,但是奴隶的活动范围受到极大的限制,行为受到严格的约束。即使奴隶绝对顺从,在有些时候有的地区有的奴隶主也并不能确保奴隶身体发育的食物需要,再加上繁重的劳动对体力的消耗,使得奴隶的身体实际上处于亚健康状态。这种体质不足以应付恶劣的自然生存环境,这是造成南部水稻和甘蔗种植园地区奴隶死亡率很高的部分原因。在密西西比州,疟疾成为奴隶的杀手,霍乱和黄热病的定期爆发夺去了很多奴隶的生命。例如,因为霍乱,1848 年利奥尼达斯·波尔克在拉富什河畔的种植园的 440 个奴隶中有 70 名丧命。还是因为霍乱,1851 年威廉·迈诺在路易斯安那南部的种植园损失了 37 个奴隶。②

奴隶管理是一个整体性管理,奴隶生活的方方面面,从劳动方式和劳动量,到生存物资的配给,再到家庭婚配、社会交往,都受到严格的限定。奴隶主对奴隶的关心与惩罚都是为了实现对奴隶的管控。

第三节 奴役的记忆与诉说

被人奴役是一种什么滋味,只有被奴役者才有资格去说。从获得自由后的前奴隶自述来看,既有对恶毒主人的愤恨,为遭受撕心裂肺痛苦而耿耿于怀,也有对前主人的温馨记忆,回忆中不无几分感激,甚至还有人表示怀念那往昔的生活。前奴隶是奴隶制本质的人证,他们的诉说出现差异性、多样性,既反映了奴隶制下奴隶的遭际不尽相同,也佐证了奴隶主在心智、修养、品格和优先追求等等方面的差异和多样。

一 痛苦的记忆

生活在心智蒙昧之中的人,其痛苦更多是在肉体方面,食不果腹,衣不暖

---

① William Kauffman Scarborough, *Masters of the Big House: Elite Slaveholders of the Mid-Nineteenth-Century South*, p.176.
② Paul W. Gates, *The Farmer's Age: Agriculture*, *1815-1860*, p.128.

体,劳累和鞭打,皆是肉体的痛苦。而一旦一个人心智已开,有了做人的尊严意识,认识到自己应该享有做人的权利,那么他的肉体痛苦不减,精神痛苦更为剧烈。渴望自由而不可得,家人受辱而无力保,妻离子散而不能救,人类的非常之痛在奴隶的日常生活中司空见惯,生活在如此境遇中的人,在祸不关己时也会物伤其类,悲苦凄凉,在大祸临身时的痛苦更是撕心裂肺。所以在奴隶的叙述中,痛苦遭遇是最常见的话题。

  在一些奴隶的回忆中,遭受奴役时代的物质生活是清苦的。尽管很多奴隶主自诩配给了奴隶充足的生活物资,但是奴隶记忆中却是衣食不足、生活凄苦。一个名叫詹姆斯·史密斯的前奴隶回忆说,"我们的衣服是用麻布做成的。对于儿童除了给一件衬衣外就什么也没有了。对于年龄大一点的人,则按男女再各给一条裤子或袍子。除此之外,冬季还有一件外套或一件圆领夹克。对男人每隔两三年给一顶羊毛帽子,每年给一双粗布短靴。我们的住所是在地面上用圆木建筑的小屋。对于奴隶来说,木地板是从未知道的奢侈品。房中既无家具也无床架,我们的睡铺就是扔在墙角的一堆谷草和破旧布片,有的睡铺用板子围起来,有的则是填着谷草的旧褥套。谁也不会去想什么体面和雅致"。按照詹姆斯·史密斯的叙述,奴隶的生活在各地都是相同的,物质生活条件简陋低劣,劳动紧张,心情凄凉、沉重、悲哀。"我们弗吉尼亚的生活方式与其他蓄奴州并没有什么不同。夜里睡觉时身上裹着粗布毯子,将人与人分隔开来的用品是一个旧被子或毯子,或其他什么能够达到分隔目的的东西把房间分隔开来,不幸的奴隶从未听说过用什么木料来分隔。家具就是一个水桶、一个烧水壶和一些葫芦。玉米粒用手工磨磨成面,然后用水壶来煮,壶就吊在火堆之上。孩子们围着火堆蹲着,用牡蛎壳作汤匙。甜土豆、牡蛎和蟹类变换着作为食物。一大早母亲们就结成队去地里劳动了,年纪太大只能靠拄着拐棍行动的人留下来看管那些静悄悄的婴儿。下地干活的人没有时间准备他们的早饭,就匆匆地拿上一块饼子和腌肉,或拿起手边能找到的可以吃的东西,然后就在黎明时分匆忙地手拎着耙或锄头下地了,因为响亮的号角在催促他们去干活。他们一天在棉田中来来回回地忙碌,心情是沉甸甸的,监工的鞭子根本不在意他们那痛苦的心情。"因为劳动量大而奴隶主配给的食物又不足以吃饱,奴隶就去抓捕一些野物来充饥。"一周的食物配额是这样:男奴隶是一配克半玉米面和两磅腌肉,女奴隶是1配克玉米面、1磅半到两磅腌肉,儿童的玉米面是半配克到1配克不等,腌肉是从半磅到1磅不等,为了让我们的配额能够吃到头,我们就去捉蟹抓鱼。

冬天夜里我们常去打猎,抓牡蛎、浣熊和负鼠。"①路易斯·休斯出生于弗吉尼亚,后来被卖到密西西比州,成为一个名叫麦吉的种植园主的奴隶。关于奴隶的居住条件,路易斯·休斯诉说道:"种植园有一个区叫宿舍区,奴隶的小屋就在那里。这些小屋是用原木建成的,墙上糊着这个地区的红土或泥巴。根本就没有想过要把它弄得整洁些,甚至没有粉刷成白色。每个小屋是大约14平方英尺的一间房,房顶盖的是橡树木板,3英尺长,这种板是用手工把树木劈开做成的。板上没有钉钉子,而是用在每个角上对槽的方式放在那里。每个房间有两扇窗户、一扇门和一个很大但粗糙的火炉。门框和窗户框是用木钉钉在那里的,铁钉只是用来钉门。小屋内外没有什么精致的东西,房子没有粉刷过,只有一个肮脏的地板。家具就是一张床、一张木板桌子和几条木凳子,都是奴隶自己做的。有时候一个小屋住着两家或多家人,在这种情况下床数就得相应增加。屋内照明用的是一盏烧油脂的灯,这是一种铁匠用铁皮做成的碗状的灯,碗中装满油脂,用一个破布条或灯芯的一头放在碗边点亮。这种灯照明很好,奴隶普遍使用这种灯。油脂蜡烛是奢侈品,只有在种植园主的'大房子'中才能见到。奴隶在户外照明用的唯一用具是将木棍和木材捆成一束作成的火把。"关于奴隶的伙食,路易斯·休斯叙述说:"夏天奴隶吃的饭在户外做。在一棵树下燃起一堆大火,在火堆两边的地面插上两根木头树杈,在木头杈上放一根杆子,杆上吊一个铁壶,就这样在火上做饭。夏天的主食是白水煮白菜和猪肉,有时是猪肉和豆角,饭食还有馒头和玉米面包子,馒头是一个小圆球,用玉米面和煮过猪肉后留下的油脂水和面做成的,放进开水中煮熟,大家认为这种食物美味可口,尤其是在煮过猪肉的水中煮出来更好吃。在冬季,奴隶的饭是在小屋内做的,主食是甜土豆、干豆角和猪肉,这是正餐或午餐。晚餐每个奴隶分到两片猪肉、两片面包,不过面包片很大,有6寸厚,是在一种老式的饼锅中做成的。面包是玉米面做的,因为我说过,只有在节日或特别的机会,奴隶们才能吃到白人吃的那种面包。晚上分到的肉和面包要留一部分用来早上吃。奴隶们从来就没有早餐,而是天一亮就下地干活,直到太阳升得老高了才停下来吃自己的早点。经常有这样的事情,某些年轻人在晚上就把发的东西吃完了,到了早上就没有东西吃了,就只能等到中午再吃了。停下来吃早点的时间很短,接着就再

---

① *Autobiography of James L. Smith, Including, also, Reminiscences of Slave Life, Recollections of the War, Education of Freedman, Cause of the Exodus, Etc.* Norwich:Press of the Bulletin Company,1881,pp.7,8. http://memory.loc.gov/cgi-bin/query/r? ammem/lhbcb:@field (DOCID+@lit(lhbcb15959div8)) Acessed:2014/06/15

去干活直到中午,然后再被叫到一起用他们的主餐。"①另一个名叫奥斯丁·史迪华的弗吉尼亚前奴隶回忆道:他们一家是种植园主威廉·赫尔穆的奴隶。关于居住状况,他回忆说:"如通常的习俗那样,我们住的是一个很小的粗木板建成的屋子,地板就是地面,墙的两边开着小口子作为窗户。烟囱是用木棍和泥巴垒成的,房门是粗木板,整个房屋是用最粗糙的方式建筑的。这个简陋住所内的家具是奴隶自己弄来的,奴隶们偶尔被允许在干完一天的活后去挣一些钱。"关于食物,他写道:每周种植园供给的食物量,永远是每个奴隶1配克玉米或玉米面,在有玉米面时就会配给玉米面,在没有玉米面时,奴隶们收到的就是玉米,他们在从田地里收工回来后在杵臼中捣碎玉米。我们这个种植园的奴隶得到的肉很少,除了1配克玉米或玉米面外,他们还能分到一点盐和一些鲱鱼,如果他们想要更多一些,就得通过干更多的活来挣取。他们被允许有一个小菜园,因而能够给自己提供些微的便利。但是这些菜园仅仅让一些更为勤劳的奴隶种植,赫尔穆上校允许在收获季节给奴隶数量不多的肉,不过收获一结束,就又回到原来的配给了。②

奴隶记忆中的劳动是劳累和监工皮鞭抽打的催迫。关于种植园监工的残酷路易斯·休斯写道:"监工是一个雇来看管农场和鞭打奴隶的人。这种人常常不仅残忍而且野蛮。每个农场主或种植园主都认为必须有一个监工。通常每个种植园还有一个工头,这是一个更为伶俐些的奴隶,他分管的奴隶的劳动由他负责,如果他们完不成要求完成的任务就要去鞭打他们。还有一个女工头,负责女奴隶和12—16岁的男孩和女孩以及身体虚弱的老人。"③关于劳动,弗吉尼亚前奴隶奥斯丁·史迪华做了这样的描述:在我们的种植园,很多工作通常是男男女女一个挨着一个劳动的,女人被迫做和男人同样的工作。赫尔穆上校雇佣了一个监工,他的工作就是看管田地里的每个奴隶,确保他们各干各的活儿。监工走到哪里都带着皮鞭,这种鞭子长大约9英尺,是用最结实的牛皮制成的,鞭子头上有一个直径4英寸或5英寸的金属球,这是一种可怕的折磨人的工具,掌握在一个残酷的监工手中时真是令

---

① *Thirty Years a Slave, from Bondage to Freedom: The Institution of Slavery as Seen on the Plantation and in the Home of the Planter, Autobiography of Louis Hughes*, Millwaukee:South Side Printing Company, 1897, pp. 25-26,·37-39. http://memory. loc. gov/cgi-bin/query/r? ammem/lhbcb:@field(DOCID+@lit(lhbcb21103div1)) Acessed:2014/06/15

② Austin Steward, *Twenty-two Years A Slave, and Forty Years a Freeman; Embracing a Correspondence of Several Years, while President of Wilberforce Colony*, London, Canada West,Rochester, N. Y.: William Alling, 1857, pp. 13, 14. http://memory. loc. gov/cgi-bin/query/r? ammem/lhbcb:@field(DOCID+@lit(lhbcb34319div1)) Acessed:2014/06/15

③ *Thirty Years a Slave, from Bondage to Freedom: The Institution of Slavery as Seen on the Plantation and in the Home of the Planter, Autobiography of Louis Hughes*, p. 22.

人害怕,一头牛或一匹马的皮都能被它打裂。因此,常能看到可怜的奴隶的脊背受到令人恐怖的鞭打。我们的监工就拿着这种鞭子,带着一条大犬,整天跟在奴隶的身后。如果有哪个奴隶不管什么原因落在了后边,这种残酷的武器就发挥出可怕的力量。他会催一下那只狗,抽打一下那个奴隶,以便让那只狗撕咬那个奴隶,他的那只恶犬咬人成性。史迪华诉说,为了挤出时间让奴隶劳动,奴隶吃饭因陋就简,吃饭的时间受到严格限定,"在我们的种植园,通常的做法是分出一个年迈的奴隶来做饭。所有下田干活的奴隶都需要从他每周分得的配额中交出一份,不管是生面团或玉米面,给这个做饭的奴隶。做饭的方式是,这个伙夫生起一堆火,将奴隶交给他的东西拌上白菜放入火灰中烤,这样烤出的面包既甜又熟。不过白菜叶不一定什么时候都能得到,没有白菜叶时,面包就成了生面团和火灰的混合物,这就不好吃了。吃饭的时间是 1 小时,只要一发号令,所有奴隶都得去干活。监工总是出现在行动拖拖拉拉的人身边,让他感受到皮鞭的沉重抽打"。① 前奴隶所罗门·诺瑟普诉说道:"正如人们一直描述的那样,在锄地的时候,监工或工头骑着马带着鞭子跟在奴隶们的后面。锄地速度最快的人领着头排,他通常比其他锄地的人领先一杆(a rod)的距离,如果有谁超过了他,这个人就要挨鞭子,如果有谁落在了后边或停顿了下来,他也要挨鞭子。事实上,从早到晚一整天都在用鞭子抽打。"在摘棉花的时候,"发给每个奴隶一个袋子,上边系着一根绳子,绳子绕过脖子好让袋子口达到胸部,而袋子底儿几乎挨着地面。每个人还给一个很大的篮子,能装下大约 2 桶棉花。这是用来在袋子装满棉花后再装棉花的"。为了尽最大可能压榨奴隶的劳动,奴隶主采用了类似 20 世纪初美国工业生产中泰勒制的那种生产方式,按诺瑟普叙述:"当一个还不适应干这种活的新手第一次被送到田间时,就会对他进行巧妙的鞭打,以使得他一整天尽可能快速地干活。到了夜里,把他摘的棉花称一下,他摘棉花的能力就算是知道了。此后他每天必须摘同样多的棉花带回来,如果缺了斤两,就可以看成是他偷懒的证据,惩罚是多多少少的一顿鞭子。"对时间的管控异常严格,"干活的人要求天一亮就到棉田,中午会给 10—15 分钟时间吃他们的凉腌肉,直到天黑得看不见东西前是不允许闲一会儿的。若是月圆的日子,他们常常要干到半夜,在工头给出命令之前,即使到了晚饭时候他们也

---

① Austin Steward, *Twenty-two Years a Slave, and Forty Years a Freeman*; *Embracing a Correspondence of Several Years, while President of Wilberforce Colony, London, Canada West*, pp.14-15, 16.

不敢停下来,不管天多晚了也不敢回到他们的住地"。①

马里兰的前奴隶威廉·格林回忆说,他父亲的主人南希·罗德斯,"人们认为是那个地方最卑鄙的人之一,他总是让他的奴隶食不饱腹衣不蔽体。从未听说他给过奴隶们足够的吃食。他让他们干活儿早出晚归,白天从不让他们上床。床,我要说,可怜的人儿根本就不知道什么是床,他们知道的床就是冰凉地面上的一堆稻草。天亮前两小时,监工吹响的牛角号声就把他们叫起来去喂牲口,做其他必要的事儿,领取他们自己的食物,这些食物不多,用不了多长时间就吃完了。待到牛角号吹响第二遍,此时天色才刚蒙蒙亮,每个人,不管男女都要准备好下地,如果你没有准备好,不管你有什么借口,他的法律是至高无上的。他是一个残忍和严厉的主人。我知道他把他的一个奴隶打得头盖骨开裂。主人对可怜脆弱的奴隶拥有一切权力,可以随意处置奴隶,奴隶无权向任何人诉怨"。不过这个凶残的主人对格林的父亲稍好一些,"因为某种原因他喜欢我的父亲,所以父亲的生活要比绝大多数奴隶好些。他让父亲在他的种植园担任工头,表面上好像很关心我父亲,但是真正的原因是,我父亲是一个特别能干的人,总是能圆满完成任务。那时我们常说,他从找不出任何充分明显的理由来使得他不给父亲留些体面。他在我父亲到了某个年龄时给了他自由,具体哪个年龄我记不得了,但是我相信这是他一生所做的唯一善事"。②

奴隶主在出卖奴隶时拆散夫妻、母子、父子和兄弟姐妹,对奴隶无疑会造成撕心裂肺的痛苦,留下刻骨铭心的心理伤痕,在奴隶心中激起的仇恨往往终生难消。威廉·格林的记忆中就留存着这样的痛苦,他回忆说:"我大概19岁时就被迫目睹了我的哥哥被带走,他被放进一个大约160多人的用铁链连成的队伍,被赶往遥远的南方,到甘蔗或棉花种植园上去劳作直至死亡。你们想想那一刻吧,如果你的兄弟姐妹就在你面前被人拉走,戴上沉重的铁锁链,被驱赶到你从此再也无法听说他们的地方,你会有什么样的感情,难道你不会热血沸腾吗?难道你在与这样一个犯有如此罪恶的人交谈时不会有立即复仇的念头吗?"回想到此,他心中的愤恨再次涌起,说道:"这是一个多

---

① Solomon Northup, *Twelve Years a Slave: Narrative of Solomon Northup, a Citizen of New-York, Kidnapped in Washington City in 1841, and Rescued in 1853*, London: Sampson Low, Son & Company, 1853. pp. 165, 167. http://docsouth.unc.edu/fpn/northup/northup.html Acessed: 2014/06/15

② *Narrative of Events in the Life of William Green, (Formerly a Slave.) Written by Himself*, Springfield: L. M. Guernsey, Book, Job, & Card Printer, 1853, pp. 6-7. http://memory.loc.gov/cgi-bin/query/r? ammem/lhbcb:@field(DOCID+@lit(lhbcb06094)) Acessed: 2014/06/15

么残忍的制度!"①俄克拉荷马的前奴隶贝蒂·弗罗曼·切塞尔的叙述也显证了奴隶的家庭生活完全服从于奴隶主生活的需要。他说道,"我的母亲名叫梅琳达·曼丽。是北卡罗来纳州州长亨利的奴隶。我的父亲名叫阿诺德·福曼,是鲍勃和福曼两个年轻人的奴隶。他们从阿肯色州来拜访我母亲的主人,爸爸和妈妈就见面结婚了。我的父亲在每年夏季随着他的主人来拜访母亲的主人时才能与母亲相聚一次,然后就又被带回去了。我有3个姐妹2个兄弟,但是他们没有一个与我既同父又同母。我一直留在主人的宅邸中,可是我的兄弟姐妹被送给了主人的儿子和女儿,在他们成婚时送给了他们,这些儿女被告知,要是送给他们的奴隶死了,就再来要一些奴隶。在奴隶制时代我从未与母亲在一起。我留在主人的家院里,我在饭厅餐桌下面与另外3个黑人一起睡"。②另一个名叫方丹·休斯的前奴隶,其祖父曾是托马斯·杰斐逊的奴隶,他回忆说,在奴隶制下,"我们没有家,对待我们就像对待一群牛"。奴隶主会将不服管教的奴隶卖掉,"卖女人,卖男人,就是那样。如果奴隶主有坏奴隶,就把他们卖给黑人贩子,他们将把他们用船运到南方去。如果你是一个好人,他们就不卖你。但是如果你是个不好的人,是个卑鄙的人,他们不想揍你了,就把你卖给他们称的黑人贩子"。③一个生活在路易斯安那的前奴隶查尔斯·威廉斯的回忆说明了顺从和忤逆主人的心意的后果。据他说,他的母亲是一个奴隶工头,身体健壮,除了干家务活外,还带着皮鞭与奴隶们一起下地,听从骑着马的主人的指示干活。尽管他的母亲为主人尽心出力,他的父亲还是死于奴隶主之手。据他母亲给他讲述,他父亲喜欢吃乌龟,有一次在主人房中吃了一只乌龟脚,主人发现了要打他,他就逃走了,主人带着16只猎犬去追,最终用枪将他打死扔进了河里。④

在一些奴隶的心目中,奴隶主并不关心奴隶婴儿的幸福与安全。关于奴隶幼儿的看护,前奴隶路易斯·休斯写道:"有小婴儿的妇女会配给认为是'轻活'的工作,如锄地、在栅栏角割草以及其他类似工作。上午大约9点钟、中午和下午3点钟,可以看到这些妇女——他们在农场被说成是'哺乳动物',放下工作去给他们的婴儿喂奶。很多伤心的母亲叹息着去照看他们的

---

① *Narrative of Events in the Life of William Green*, (*Formerly A Slave.*) *Written by Himself*, p. 6.
② *Born in Slavery: Slave Narratives from the Federal Writers' Project*, 1936-1938, Oklahoma Narratives, Vol. XIII, p. 30. http://memory.loc.gov/cgi-bin/ampage? collId = mesn&fileName = 130/mesn130. db&recNum = 33&itemLink = D? mesnbib: 1:./temp/ ~ ammem _ bLFc Acessed:2014/06/15
③ *Fountain Hughes Charlottesville, Virginia born 1848, Interviewed by Hermond Norwood, Baltimore, Maryland, June 11, 1949*, http://xroads. virginia. edu/ ~ hyper/wpa/hughes1. html Acessed: 2013/05/06
④ *American Slave Narratives*. http://newdeal. feri. org/asn/asn11. htm Acessed:2013/05/06

婴儿。有些小家伙看来很饿了,因为他们的母亲一天只能停下来3次照看他们。当婴儿长到能喝牛奶时,就让他们喝牛奶、煮白菜水、面包和牛奶混在一起。在母亲们不在时,一个年老到不能干其他任何活的老妇人被派来看管这些婴儿,很少有其他人来帮她。那些被与母亲的关爱和保护完全隔开的小家伙的哭声令人心碎。"[1]

惩罚奴隶往往是令人毛骨悚然的恐怖记忆。路易斯·休斯回忆奴隶们受到的残酷虐待时写道:"有几周我似乎是无缘无故地受到鞭打,缘由只不过是主人为了取悦女主人的好奇。"有一次他去送信,因为下雨当晚没有赶回来,第二天回来后就遭到主人的一顿鞭打。有的奴隶主惩罚奴隶的方式是极端残酷的,路易斯·休斯写道:"惩罚的方法是极端野蛮的,方法太多我不想全部描述了。方法之一是把那个奴隶绑在树上,扒掉他的衣服,然后用皮鞭或一根长长的木棍或令人恐怖的牛皮鞭来抽打。另一种方法是把奴隶捆成一团,即把他的双脚捆在一起,让他的膝盖顶住自己的下巴,将双手捆在一起拉到膝盖之下,在膝盖之下、胳膊之上穿一根棍子。这两种方法下奴隶都只能听凭抽打他的人处置,任其随意鞭打。在挨过鞭打后,奴隶常常被扔在那里不管不问,任其伤口流血,直到主人或监工觉得该让他起来时为止。最常见的惩罚方法是让奴隶们围成一个圆圈,称作'牛圈',被惩罚的人裸体在圈子中,然后给奴隶们每人一根棍子、一条皮鞭或皮带,每个奴隶都被迫抽打在这个在圈子内奔跑的奴隶。围成这个圈子的人有男人、女人和孩子,人数从40人到50人,每一圈都被抽上同样的鞭数,到这个受害者跑了2—3圈时,他的情况就可想而知了。监工总是圈子上的人之一,他用力抽打,监督其他奴隶同样用力抽打。有些挨打的奴隶在跑完一圈前就晕倒了。女奴隶也用同样的方法惩罚。在每次惩罚之后给奴隶用盐水洗澡。"[2]有的奴隶主对奴隶的惩罚残忍至极,一个名叫 H. B. 霍洛威的前奴隶回忆说:"老玛雅·格林会把一个黑人的脚绑在铁路的一条铁轨上,把手绑在另一条铁轨上,抽打他到鲜血流下来。然后把他带到熏烟房,用猪油和红辣椒往他身上搓,'多搓点,'他会说,'不要娇惯他。'"[3]

想起奴隶主对奴隶进行过的恶毒惩罚,有的奴隶对于奴隶主遭遇不幸事故会情不自禁地产生一种幸灾乐祸的心理。一个名叫夏洛特·布鲁克斯的

---

[1] *Thirty Years a Slave, from Bondage to Freedom: The Institution of Slavery as Seen on the Plantation and in the Home of the Planter*, Autobiography of Louis Hughes, pp. 43-44.

[2] Ibid., pp. 19, 45-46.

[3] *Slave Narratives: A Folk History of Slavery by Work Projects Administration*, Vol. II, *Arkansas Narratives*, part 3, Washington, 1941, p. 111.

黑人妇女回忆说:"是的,孩子,我们听人说北方人在为解放我们而战斗。但是我的孩子,对于我们可怜的黑人来说谈论自由就是死亡。我们那里有一个人叫乔治。主人很不喜欢他,不知道为什么。有一天他偷听到乔治在谈论自由。我告诉你,那一天这个主人差一点把乔治杀了。他自己把乔治打了一阵子,然后又叫工头把乔治打了一阵子,他们说他们抽了乔治900鞭子,然后用盐水把他浑身上下洗了一遍。这个主人在抽打乔治时弄出了他的一个眼珠子。可怜的乔治从此剩下了一只眼。但是让我告诉你吧,在这件事后的3个月,主人买了一匹良马,他常常将这匹马套在他的单人轻马车上赶车到各处去。我觉得主人爱这匹马胜过对他妻子的爱。有一天早晨他赶着车出门了,那匹马受了惊奔跑,把马车撞得分离破碎,主人四肢朝天摔在地上,断了一条腿。此后主人走路便离不开一支拐杖。我对你说,我对主人的这个状况表示遗憾,因为他断了腿卧床不起的日子里可受了很多罪。但是我想,当他把乔治的眼珠子弄出来后,他就不会有什么好结局了。"①

有的奴隶往往对监工的憎恨超过对主人的憎恨,他们往往认为监工是恶毒的,而主人反而是使他们免受监工折磨的人。生活在俄克拉荷马的前奴隶爱丽丝·亚历山大回忆说:"是的,我们那里有一个监工,母亲对我说他是世界上最卑鄙的人,他到田地里去抽打黑人。我母亲告诉我,有一天他到田地里抽打她的妹妹,她就扑到他的身上,几乎把他打了个半死。年迈的主人及时赶到看到了一切,他解雇了那个监工,说他不想让任何会去鞭打妇女的男人为他工作。"②一个名叫沃尔特·卡洛韦的阿拉巴马前奴隶回忆道:"我的主人约翰有一个很大的种植园和很多奴隶。他对待我们很好,但是我们必须努力干活。我到10岁时就成了一个正式的扶犁的人。是的,主人约翰对我们很好,我们有足够的食物吃,但是他有一个监工名叫格林·布什,如果我们不合他的意他就鞭打我们。他不但自己发疯似地打我们,还有一个身材高大的黑人小伙子名叫莫西,恶毒如魔鬼,健壮如牛,监工让他来抽打我们。他能够抡得起生牛皮鞭。他抽打一个大约13岁的黑人姑娘,打得太重,她几乎死去,我们后来都诅咒他。这件事让主人约翰气得发疯,他解雇了那个监工,莫

---

① Albert, Octavia V. Rogers (Octavia Victoria Rogers), *The House of Bondage, or, Charlotte Brooks and Other Slaves, Original and Life Like, As They Appeared in Their Old Plantation and City Slave Life; Together with Pen-Pictures of the Peculiar Institution, with Sights and Insights into Their New Relations as Freedmen, Freemen, and Citizens*, New York: Hunt & Eaton, 1890, pp.40-41. http://docsouth.unc.edu/neh/albert/albert.html Acessed: 2014/06/15

② *Born in Slavery: Slave Narratives from the Federal Writers' Project, 1936-1938*, *Oklahoma Narratives, Vol. XIII*, pp.6-7. http://memory.loc.gov/cgi-bin/ampage? collId = mesn&fileName = 130/mesn130. db&recNum = 10&itemLink = D? mesnbib:1:./temp/~ammem_bQPm Acessed: 2014/06/15

西也再没有打过人。"①奴隶对监工的感受也许就个人而言属于事实。人毕竟是有道德修养和品性差异的,监工中性情歹毒之人对于他们有权管治的奴隶施威呈暴以显示自己的权力,甚至满足自己的欲望,这种事在奴隶制下难免发生。不过这些憎恨监工胜过憎恨主人的奴隶们也许没有意识到,他们的痛苦之源正是主人。主人雇佣监工就是要他们强制奴隶劳动并顺从被奴役命运的,如果监工们对奴隶心慈面软,那么奴隶会愿意为奴吗?

在奴隶制下,奴隶主为黑人奴隶制造着大大小小的个人痛苦。奴隶的遭遇大同小异。奴隶的自由被剥夺是普遍的,遭遇亲人被拆散的奴隶众多,遭受肉体惩罚有多有少,因人而异。当然,奴隶主并非都是心性险恶之人,绝大多数奴隶主在管理奴隶时是理性的,是权衡利弊之后再决定的。在与利益无碍、奴隶恭顺、奴隶主心情又好的时候,有的奴隶主也会对奴隶,特别是对天真稚气的儿童奴隶展现出温馨的态度。所以,在前奴隶的回忆中,也有一些关于好主人的叙说。

二 关于好主人的叙说

奴隶心目中的好主人好在何处呢?或者说,这种奴隶主怎样的言行方式让被其奴役的人反而觉得他是好人呢?1930年代新政时期,联邦政府资助了一项对前奴隶进行采访的口述史项目。此时仍然在世的前奴隶多数已经年至耄耋,个别已是人瑞。他们对奴隶制的认识来自父母长辈的叙说和自己的幼年记忆。受访时他们并不是在受人强制的境况下诉说的,因此他们的话表达的是自己真正的认识。在这些前奴隶的口述中,有不少人对前主人予以肯定。透过他们的话语,可以看到奴隶心目中的好主人究竟能好到什么程度。

有些前奴隶对前主人有着温馨的记忆,据一位名叫莱里·布拉纳姆的前奴隶回忆说:

> 我的老女主人"贝琪小姐"对我们非常好,她对我们操的心比我们的父母还多,就是因为她有更多的时间关照我们,当然她也爱我们。贝琪小姐有时候会让我们把一种茶当药吃,要让我把这种茶吃下去她可费了很大劲儿,但是最终我还是得吃下。有时候她会给我们桃子白兰地酒喝,我总是很喜欢喝。有时候我们会装病,这样就能得到甜咖啡和奶油饼干,我们黑人当然觉得很好吃。我想念贝琪小姐就像想念我的母亲一样。

---

① *Walter Calloway, Birmingham, Alabama, Interviewed by W. P. Jordan.* http://xroads.virginia.edu/~hyper/wpa/callowa1.html Acessed:2013/05/06

当白人男孩和女孩不在的时候,贝琪小姐就会把黑人小孩叫到炉火旁跟我们说话。有一天我对贝琪小姐说,"为什么我们黑人小孩必须为你干活?"她说,"那是父母祖辈确立的方式。"我对她说"我长大后要改变这种状况"。①

一个名叫诺亚·戴维斯的前奴隶回忆说,他父亲约翰·戴维斯一家人的主人是罗伯特·帕滕,此人是一名富商,家住在弗吉尼亚州的弗雷德里克斯堡,他与约翰·汤姆合伙拥有一个很大的轧钢厂。他的父亲在这个工厂担任工头。按他所说,"帕滕先生一直被认为是最好的主人之一,他允许自己的奴隶有很多特权。但是我的父亲享有的特权比别人更多"。具体表现在,"允许我的父亲占有一头牛和一匹马供自己使用,允许他在工厂里养自己的猪和家禽。他有权与自己的孩子生活在一起,直到他们长到可以自己选择自己的行业为止"。后来在帕滕卖掉了这座工厂后,他们一家迁到主人在佩尔库克县的另一个农场去生活,此后不久他的父母就被主人解放了,主人"允许他们在这个农场上种地,自己养活自己"。②这个奴隶主在与自己的利益无损或损失轻微的情况下,对长期忠于自己的奴隶施以一些恩惠,就让他的奴隶们觉得他是很好的主人了。

一个名叫查理迪·安德森的前奴隶在 1937 年回忆说,"我的老主人是个好人,他对待自己所有的奴隶都很和蔼,悉心照料他们,他想把自己的奴隶留给他的孩子们。在主人吃饭时,我们大一点的孩子很难把很小的黑人孩子弄到餐厅外,他们会溜进餐厅站到主人的餐桌旁,主人吃罢饭后会拿出一个盘子给他们,这些小孩子就蹲在火炉旁吃。不过,亲爱的孩子呀,不是所有的白人都会善待奴隶,我就亲眼看到过,因为没有按照白人的话去做,就有可怜的黑人几乎被狗撕碎,被无情地鞭打。但是感谢上帝,我遇到的是好白人。他们信任我,我负责家中的所有钥匙,等候女主人和孩子。星期六夜里我把所有要穿的衣服放到桌子上,星期日早上我把所有的脏衣服取走,他们什么事都不用做"。③ 定居在阿肯色的前奴隶威廉·甘特回忆说,他的主人是一个好主人,"他对待他的奴隶们相当好,他不毒打他的奴隶,要打的话就是打他们三四下而已。他让奴隶们吃得很好。冬天我们衣服穿得暖,我从未见过有

---

① Levi Branham, *My Life and Travals*, Dalton, GA: The A. J. Showalter CO., 1929, pp. 3-4. http://docsouth.unc.edu/neh/branham/branham.html Acessed: 2014/06/15

② *A Narrative of the Life of Rev. Noah Davis, a Colored Man, Written by Himself, at the Age of Fifty-four*, Baltimore: John F. Weishampel, Jr., 1859, pp. 9, 10-11, 12. http://memory.loc.gov/cgi-bin/query/r? ammem/lhbcb:@field(DOCID+@lit(lhbcb64878div1)) Acessed: 2014/06/15

③ *Charity Anderson, Mobile, Alabama Interviewed by Ila B. Prine*, April 16, 1937. http://xroads.virginia.edu/~hyper/wpa/anderso1.html Acessed: 2013/05/06

谁被卖掉。我的兄弟姐妹被分派到其他地方。贝茨小姐是我的少女主人。我可以去看望我的亲人。我一生从未见过艰难的日子。我必须干活,否则就被人说懒惰。我乐意干活。太阳升起来了我就到田地里干活了,用犁犁地,干完活了就回到家中吃饭喂牲口,在附近的阴凉地休息。那时的人们不像现在那样很害怕干活。我在白天天热的时候就躺着休息,那时候有那种树冠很大的树,黑人可以在树荫下休息、吃东西、打来泉水喝。我犁地犁到天黑得看不见了才回到牲口圈"。① 生活在得克萨斯的前奴隶安迪·安德森出生于1843年,据他回忆:"主人哈利对他的有色人很和蔼。实际上他对谁都很和蔼,人们都喜欢他。打人的事不是常有,除非必要否则就不会打人,打人是有理由的。那些白人习惯上称我们是被娇惯的黑人。"在他的记忆里,"该种植园有12个黑人家庭,大约30个老人和年轻人,20个干不动活儿的黑人小孩,白天在他们的妈妈下地时由一个护理看管。这个种植园主要种棉花,也种些小麦和玉米。棉花用于销售;小麦和玉米自用,多余的部分才销售"。② 生活在北卡罗来纳的前奴隶兰西·哈里斯不知道自己的亲生父母是谁,大约生于1852年7月。他讲了一个好主人的故事。"迪克·哈里森是另一个奴隶主。他没有结过婚,没有与奴隶女孩生过孩子,他对他的黑人很好,从来不允许任何人打他的奴隶,他会说'我绝不允许任何人鞭打黑人'。但是当这个人需要钱的时候,他就会把长得最好看的奴隶送到里士满的监狱去卖掉。(显然种植园没有监狱,唯一的监狱在里士满。)"③在这些前奴隶的心中,只要不残酷虐待奴隶就算是好主人了。

有些前奴隶对奴隶制没有什么痛苦的记忆,主人留给他的印象并不差。一个名叫坦佩·赫恩登·德拉姆的北卡罗来纳前奴隶对奴隶制时代甚至有些怀恋,他说:"自由当然是很好啦,但是南部投降以前的黑人们生活得更好些,因为那时他们被人照料,他们不会卷入打打杀杀,就像这些日子那样。在奴隶制时代,如果一个黑人惹是生非了,他的老主人就会狠狠抽打他一顿,他就会回归本分。如果他生了病,主人和女主人就照料他,如果需要吃药店的药,就会买来让他吃。他不用付钱。他甚至不用考虑穿衣吃饭,都会做好提供给他们。也许不是每个人的主人都像主人乔治和夫人贝齐那样好,但是他

---

① *Born in Slavery: Slave Narratives from the Federal Writers' Project*, 1936-1938, Arkansas Narratives, Vol. II, Part 3, p. 11. http://memory. loc. gov/cgi-bin/ampage? collId = mesn&fileName = 023/mesn023. db&recNum = 15&itemLink = D? mesnbib:1:. /temp/ ~ am-mem_A65E Acessed:2014/06/15

② *American Slave Narratives*. http://newdeal. feri. org/asn/asn12. htm Acessed:2013/05/06

③ *American Slave Narratives*. http://newdeal. feri. org/asn/asn15. htm Acessed:2013/05/06

们对我们黑人来说就像爸爸妈妈一样。"①被人称为埃迪大姨的佐治亚前奴隶也对奴隶制时代有几分怀念。她在被采访时表示主人待她和蔼。她说他们关心奴隶们的精神健康,奴隶们定期被招进来参加祈祷会。②萨拉·格雷回忆奴隶制时心情似乎也很平静,她讲道:"尽管我们那个时候经历了艰难困苦,我们还是有很多要感谢的地方。那时我们有的玩耍,有很多好东西吃,尤其是在一场婚礼后。"③定居在阿肯色的前奴隶蕾切尔·汉金斯回忆道:"主人哥伦布会在星期天晚上把我们黑人召集到一起,给我们读《圣经》,告诉我们如何做。他教我们唱一支歌,就是这支'整理好你的灯让它燃烧'。他让我们每星期天晚上都唱,他告诉我们这支歌的意思是要做好事,让其他人都看到我们的良善。下雨的时候我们就不用唱歌聚会了,不下雨时就总是聚会。"④

前奴隶中有的人表示对奴隶制时代的物质生活心满意足,与当下的贫困生活相对照,反而会说奴隶制时代的生活更好些。这究竟是他们的牢骚之词还是真正的想法无从考证。生活在俄克拉荷马的前奴隶约翰·哈里森生于1857年,他对奴隶制下的生活认识来自母亲的讲述,他的父母都是出生于佐治亚的奴隶,被贩卖到了俄克拉荷马,被印第安人酋长摩西·佩里曼购买,后来父亲又被卖给奴隶贩子,不知所终。由于奴隶制时代他尚年幼,他自己对奴隶生活并没有多少记忆。他听母亲讲,她并不为吃穿和医药发愁,因为主人对所有人都关照得很好。"母亲告诉我,那场战争前人们总的来说生活得相当舒服满意。印第安人、克里克印第安人与白人和有色人通婚,成为了部落的公民,他们对于他们的这块新土地上的纯种人也很满意。"⑤南卡罗来纳的前奴隶乔治·弗莱明在回忆中对主人甚至监工都大加赞美,"监工生活在

---

① *Born in Slavery: Slave Narratives from the Federal Writers' Project*, 1936-1938, *North Carolina Narratives*, Vol. XI, Part 1, p. 290. http://memory.loc.gov/cgi-bin/ampage?collId = mesn&fileName = 111/mesn111.db&recNum = 294&itemLink = D? mesnbib:2:./temp/~ammem_XAvr Acessed:2014/06/15

② *Slave Narratives: A Folk History of Slavery by Work Projects Administration*, Vol. IV, *Georgia Narratives*, Part 2, Washington, 1941, p. 9.

③ *Born in Slavery: Slave Narratives from the Federal Writers' Project*, 1936-1938, *Georgia Narratives*, Vol. IV, Part 2, p. 30. http://memory.loc.gov/cgi-bin/ampage?collId = mesn&fileName = 042/mesn042.db&recNum = 32&itemLink = D? mesnbib:1:./temp/~ammem_XGJL Acessed:2014/06/15

④ *Born in Slavery: Slave Narratives from the Federal Writers' Project*, 1936-1938, *Arkansas Narratives*, Vol. II, Part 3, p. 155. http://memory.loc.gov/cgi-bin/ampage?collId = mesn&fileName = 023/mesn023.db&recNum = 155&itemLink = D? mesnbib:1:./temp/~ammem_gFNS Acessed:2014/06/15

⑤ *American Slave Narratives*. http://newdeal.feri.org/asn/asn14.htm Acessed:2013/05/06

种植园,他们不是贫穷白人。主人山姆的所有监工都是好人,他们与自己的家人在一起生活。主人的家人也与他们相来往。他们住的是好房子,比我们住的房子好。主人不允许他们鞭打奴隶,但是他们把我们管得循规蹈矩。如果一定需要鞭打的话,就由主人来做,但是他不会抽打得过多。他就是用一根棍子在他们身上打几下,不把他们打得伤势过重。他总是说这个黑家伙不改正就把他拉到拍卖台上处理掉。通常到了这个地步就够了,因为主人说到做到,这一点黑人们都知道"。他甚至表示怀念奴隶制,"有些人不喜欢奴隶制,但是我不是这样。慈悲的主呀,那时候是我们的美好时代。那时的生活比现在好。我领取救济金好长时间了。领的救济金并不多。如果倒退回奴隶制时代,我们不用为住房和吃饭发愁,要是自由不到来的话,我们有一份终生的工作"。①

有些前奴隶在叙述中表达了对主人的亲切感情。杰里·穆尔1848年5月28日生于得克萨斯州哈里森县,主人是艾萨克·凡·赞德特。穆尔一直在当地生活,获得自由后是一名瓦匠。据他叙述,他的前主人是和善宽容之人。他的女主人叫范尼,是一个很亲切的人,她家有一个大农场,但住在城镇里,他的母亲给女主人做衣服,所以他与他的母亲住在城镇,"农场上有很多黑人,这一片的人都称我们是'艾萨克·凡·赞德特的自由黑人',因为我们的白人与他们的黑人同甘共苦,教他们识字写字。其他的主人不会让他们的黑人像凡·赞德特的黑人那样"。他的父亲名叫亨利·穆尔,为阿拉巴马的一位名叫穆尔的单身老汉所有。"穆尔在奴隶解放之前就解放了除3名奴隶之外的其他所有奴隶。这3个人需要偿债。我的父亲被选中为3人中的一个。他自己买下了自己。他过去攒下了一些钱,当他们去卖他时,他自己出价800美元,拍卖商叫着要人提价,但是没有人竞买我的父亲,因为他是穆尔的一个自由黑人。"这样他的父亲成了自由人。关于女主人范尼,他写道:"女主人范尼在星期六夜里给孩子们糖果,大人们跳舞和聚会。有马戏团来城镇时她就给每个孩子25分钱。我们这个地方不允许巡查人来,黑人们不受打扰。我从未见到我们这里有一个奴隶被抽打。黑人要是多干了点零活她就给他们钱,这钱他们想怎么用就怎么用。她是一个信奉基督的女人,一直读《圣经》。奴隶解放时她给了我母亲2英亩土地。"②定居在阿肯色的前

---

① *American Slave Narratives*. http://newdeal.feri.org/asn/asn09.htm Acessed:2013/05/06
② *Born in Slavery: Slave Narratives from the Federal Writers' Project ,1936-1938 , Texas Narratives*, Vol. XVI, Part 3, pp. 121, 122. http://memory.loc.gov/cgi-bin/ampage? collId = mesn&fileName = 163/mesn163.db&recNum = 126&itemLink = D? mesnbib:3:./temp/~ammem_sl9R Acessed:2014/06/15

奴隶威廉·哈里森也认为自己的前主人是善良之人,他回忆说:我的主人对我相当好。他送我去北卡罗来纳的亨德森维尔学习拉小提琴。我对那个有色人教师很是害怕,所以我一个月就学会了他能拉出的所有曲子。奴隶制时代我在 8 个州为聚会演奏过小提琴,都是北部州,那时他们训练孩子跳舞。……他们对我像自己的亲人一样。我与他们吃喝相同。获得自由后,我两次回去看望我的少主人。一次他送给我 350 美元,以便继续进步。① 对于生活在一个极端压迫的世界里的黑人奴隶来说,遇上这样的主人算是不幸中的万幸了。

有的前奴隶在回忆奴役的日子时,为自己身受好主人的奴役感到庆幸。受采访时生活在印第安纳的前奴隶海蒂·沃特金斯叙述了路易斯·沃特金斯的奴隶人生。路易斯·沃特金斯 1853 年生于田纳西州距离查特努加大约 15 英里的一个种植园,主人是皮勒·帕克。路易斯·沃特金斯讲过,他的主人对他很好,监工从未打过他。星期天允许他与父母一起去教堂。这一天是奴隶的休息日。他有一名白人教师,他星期日下午来到主人房中的一间屋内教奴隶学习。让奴隶们尽可能地学习认字、写字和计算,鼓励奴隶们在工作之余读书看图画。奴隶们的衣食住所都很好。主人留有 4 个成年的奴隶干农活,女主人留了两个人在主人房中干活。在白人吃过饭后,奴隶就被带到大饭厅或厨房中在一起吃饭,有一个单身的奴隶妇女管理他们吃饭,她确保他们有足够的饭吃,不能以任何借口让任何一个奴隶饿着肚子离开。他的父母从未被从这个种植园卖掉,也没有其他人被卖掉。他获得解放时,是主人告诉他的父母这个消息。主人给了他们选择,或者仍然留在种植园,给他们工资,或者到别处去。没有人匆忙离开,而是在过了一些时间后迁移到附近他们能够找到工作挣工资的地方。②生活在阿肯色的前奴隶玛蒂尔达·哈切特回忆他的父亲时讲了这样一件事:他父亲的老主人叫克劳,他去世前解放了自己的父亲和他的孩子。他有 4 个奴隶。克劳的女儿想得到这些奴隶,打算违背父亲的遗嘱。老主人知道女儿的心意,于是就在遗嘱中规定给奴隶一辆马车,因为他知道在他去世后他们这些人不能留在此地。他表示在其去世后他的黑人不属于任何人。尽管奴隶主的女儿不愿意,他的父亲和他的孩子

---

① *Born in Slavery: Slave Narratives from the Federal Writers' Project*, *1936-1938*, Arkansas Narratives, Vol. II, Part 3, pp. 186-187. http://memory. loc. gov/cgi-bin/ampage? collId = mesn&fileName = 023/mesn023. db&recNum = 187&itemLink = D? mesnbib:1:./temp/ ~ ammem_fM9O Acessed:2014/06/15

② *American Slave Narratives*,http://newdeal. feri. org/asn/asn16. htm Acessed:2013/05/06

还是获得了自由,去了自由州。①

　　关于好主人的评说并不只是出于 20 世纪 30 年代这些已成为年迈老人的前奴隶之口,内战前的奴隶诉说中也有好主人的评说。马里兰的前奴隶威廉·格林在回忆自己的人生经历时写道:他出生的家庭世代为奴,在他还年幼时,他的少主人打算迁移到新奥尔良创业,想要带他一起去。他的母亲不愿年幼的他离去,就乞求主人。他的少主人"辛格尔顿的目的无疑是把我卖掉,把我装进他的口袋里,但是看到母亲那般悲痛就产生了一些怜悯之心,他对她本有一些尊敬,他还是孩子时是她看护他的。他告诉她如果她能在一周内找到一个人愿意买下我,他就把我卖掉,不带走。我母亲听之欣喜若狂,费尽全力找了一个买主。她找到一个名叫爱德华·汉密尔顿的人,他说愿意买下我以免我到南方去,这样一来我就被用一匹骏马交换了过来"。格林的新主人汉密尔顿是一个厚道人,"汉密尔顿先生是那种温和的人,他操心自己的事情,不管别人的事情。他是鳏夫,有 6 个孩子——我所知道的奴隶主孩子中很少的或从未听说的那种优秀孩子。他们为人和蔼,不虐待奴仆,我一生中从未听说他们中有谁因一时之愤而打奴隶。汉密尔顿先生是个富人,有 8 个或 9 个种植园,每个种植园的土地为 400—500 英亩,每个种植园都是奴隶成群。但是我必须承认作为奴隶主汉密尔顿先生是一个仁慈的人。他是要求严格,但一般对奴隶是和蔼的。是的,我必须说在让他们吃穿方面是很宽厚的"。②

　　从这些前奴隶关于好主人的叙述来评判,奴隶心目中的好主人大致可以分成两类人。一类只不过是在奴隶管理中对奴隶不是特别凶狠残暴的人。这种人或是由于个人品性修养较高,不屑于使用修养不高的人惯用的毒辣手段,或者是出于精明的算计,认识到对奴隶施压过度反而损害自己的利益,因而便理性地选择了在确保对奴隶能够管控的前提下,满足奴隶的生存物质需要和有限的生理和心理需要;对于天真稚气的奴隶儿童,不加刻意的恶言和虐待,有时会将自己吃剩下的饭菜扔给他们去吃。如果放在地位平等的人之间,这样的奴隶主其实算不上是在做好事。但是对于那些深陷奴隶制无边苦海的奴隶而言,能够不过于虐待自己,能够稍微留给自己一点点正常人的生活,就已经算是好主人了,他们在被奴役的人生中碰巧遇到这样的奴隶主,就

---

① *Born in Slavery: Slave Narratives from the Federal Writers' Project*, 1936-1938, Arkansas Narratives, Vol. II, Part 3, p. 200. http://memory. loc. gov/cgi-bin/ampage? collId = mesn&fileName =023/mesn023. db&recNum =200&itemLink = D? mesnbib:1:. /temp/ ~ am-mem_U7go Acessed: 2014/06/15

② *Narrative of Events in the Life of William Green*, (Formerly a Slave.) *Written by Himself*, pp. 3-4.

算是幸运了。另一类好主人则是对自己的奴隶有着真正的关爱之心和行动。人与人在长期的共同生活中是可能形成关爱之情的。一些奴隶家庭多代为主人家庭的奴隶,有的奴隶长期与主人相伴,在长时间的朝夕共处中产生相互关爱之心,这也是很正常的人类社会现象。如果说奴隶主与所有奴隶的交往中就只有恶毒的虐待而没有丝毫的关怀,那也不可能符合人的本性。

图 4-2　女主人在给奴隶儿童读书①

内战前留下的照片,也可佐证有些奴隶主确有对奴隶温情的一面。在这幅女主人给奴隶孩子读书的照片中(见图 4-2),在给两个奴隶儿童读书的女主人,将一个奴隶孩子搂在身边,另一个奴隶孩子也紧挨着她的身子。如果

---

① "女主人在给奴隶儿童读书"。http://xroads.virginia.edu/~HYPER/JACOBS/hj-work2.htm Acessed: 2013/05/06

这个女主人对于奴隶儿童极端厌恶,没有丝毫关爱之心,就不会拍出这样的照片来。

第四节 主奴关系

在前奴隶评说前主人的话语中,既有对恶毒主人的血泪控诉,也有对善良主人的感念之词。那么,美国奴隶制下主奴关系的真实情况究竟如何?这个问题是美国社会和学术界争论已久的话题。静心来想,美国的奴隶制是白人奴隶主将黑人作为财产加以占有的制度安排,是一种将黑人降为类似牲畜一样的财产的制度。在这样的制度里,主奴关系必然是压迫与被压迫和剥削与被剥削的关系,这是主奴关系的共性。可是现实生活中的人在智能、品德、个性、修养和具体追求等等方面是千差万别的,所以不同的奴隶主对待奴隶的方式也必然存在差异,即使是同一个奴隶主对待不同的奴隶态度也会不同。这样一来,具体到个人身上,主奴关系也就不尽相同了。

一 主奴关系的史学争论

奴隶制的定性是美国社会以及学界一个历久弥新的话题。内战前南部的亲奴隶制辩护中就流行一种家长主义论调,这种论调将奴隶主比作家长,将奴隶视为永远的儿童。内战以后这种家长主义论调并未消失。R. Q. 米兰德在内战后撰写的为种植园奴隶制辩护的书中写道:南部的种植园是家长制,有种植园主、监工和奴隶工头三级管理者。种植园生活是温馨的,"不止一种力量确保奴隶会受到符合人道的仁慈对待。第一,任何地方任何阶级中都有心地仁慈和天性博爱的人,南部的种植园主就是这样的人。我们这里的种植园主通常是受过大学教育和具有自由文化思想的人,他们中很多人是高尚的基督徒绅士,与任何文明中都会产生的君子一样。其次,公众强烈排斥残酷的主人。此外,自我利益对于克制残酷虐待奴隶也有强大的影响力,伤害奴隶就是金钱损失"。监工虐待奴隶的情况也很少有,"监工通常拥有一个要保护的家庭。妻子和孩子把家庭生活的一切束缚都扔到了他的身上。或许他不像工厂里的工头那样滥用自己的威权作为腐败的手段。即使他对待奴隶残酷,奴隶也始终有权向主人上诉。一旦证实是监工有过错,他就会收到'离职文件',会把他的薪水给足,通知他一准备好就离去,这样一来他的声誉就受到了损伤"。黑人工头的情况与监工相似,一旦发现其滥用权力谋取私利和残酷对待其他奴隶,他的地位就会立即被剥夺,"工头、木匠、车夫和家仆奴隶构成了黑人贵族,被逐出这个受到宠爱的上层圈子,是一种他们几乎害怕得要死的羞辱。作为工头被免职,就像是在军队中被降为列兵一样的耻辱。这对他来说绝对是非同小可的事,这种事常常发生,就足以对这些激情冲动的黑人官员施加有益的限制了"。①

这种美化奴隶主的家长主义论说,在 20 世纪初得到美国著名的奴隶制史学家乌尔里希·B. 菲利普斯的传承。菲利普斯作为职业史学家对种植园奴隶制进行了长期深入的研究,取得了不菲的成就。然而与同时代的绝大多数白人一样,菲利普斯对黑人抱有种族偏见,认为种植园奴隶制对于黑人并不残酷,他提出:"典型的情况是,尽管种植园主在与人交谈时言语是温和的,但很少有人把这种温和用文字写下来。除了那些给管理人和监工的指示外,种植园主中很少有人将他们的管理标准写成文字。这些指示写作的时间和地点相隔久远,种植园主出于自己的理想而提出的建议内容细节差异很大,但是其主要条款竟然是惊人的一致。"在实际的种植园管理中,"绝大多数主人住在种植园,如果情况是这样,监工的责任通常就限于执行种植园主的日常命令,在田地和奴隶住所监视奴隶。但是当主人不在种植园时,虐待和误解的机会就增加了。管理奴隶的权限和执行的方法就成为抱怨最频繁发生的问题"。在菲利普斯看来,"如果使用证据,那么所有证据清楚表明,管理人生活在黑人奴隶之中并要对他们加以成功管理,这就推动着并且几乎必然需要他们将远见与坚定、温和与耐心结合起来集于一身。没有前一种能力很有可能造成经济损失,缺乏后一种能力将使得奴隶生不如死。拥有全部这些能力意味着管理人要容忍对日常工作并无大碍的思想懈怠。一个种植园就像一张玫瑰花床,只要把玫瑰上的刺去掉,就是一个安乐窝"。②在 20 世纪 50 年代中期以前,美国史学界主流界定奴隶制的传统观点就是美化奴隶制。这类学者的基本立场是,由于非洲裔人是劣等种族,所以美国的奴隶制是一种文明教化制度。

从 20 世纪 50 年代后期开始,伴随着美国民权运动的蓬勃开展,史学界对奴隶制的解释发生了根本性变化,奴隶制开始被认定为一种强制压迫制度。肯尼思·M. 斯坦普在 1956 年出版了他的专题研究《特别制度:内战前南部的奴隶制》,对奴隶制给予彻底否定。他认为黑人与白人一样是正常的

---

① R. Q. Mallard, *Plantation Life before Emancipation*, New Orleans, LA.: Whittet & Shepperson, 1892, pp. 44,45,46. http://docsouth.unc.edu/fpn/mallard/mallard.html#Mallard208 Acessed:2014/06/15

② Ulrich Bonnell Phillips, *American Negro Slavery: A Survey of the Supply*, *Employment and Control of Negro Labor as Determined by the Plantation Regime*, pp. 261, 280, 287.

人类成员,他们渴望自由,黑人奴隶是奴隶制下的受害者,他指出,"一个人可以对内战前南部的白人抱以同情,一个人可以理解他深陷其中的道德困境。但是他必须记住,成为奴隶的是黑人而不是白人,黑人从南部奴隶解放中获益最大。当自由到来时——即使是'二等公民'的半自由——从真正意义上说黑人失去的也只是锁链"。①斯坦莱·埃尔金斯在1959年出版的《奴隶制》一书中,将美国的奴隶制与纳粹的集中营相对比,他认为,在奴隶制下,奴隶的文化和自尊被剥夺,给他们留下了一个不能够造反的"婴儿"人格,使他们在心理上依赖奴隶主。②尤金·D.吉诺维斯在其1972年出版的《奔腾的约旦河:奴隶们创造的世界》这部研究奴隶生活的巨著开篇即指出:"通过残酷、不公正、剥削和压迫,奴隶制将两个人民约束在一种痛苦的对抗之中,并与此同时创造了一种竟然是如此复杂和矛盾的有机关系,以至于双方不提到对方谁也不能表达最简单的人类感情。奴隶制是建立在对人的财产所有权原则之上的,即一个人占有另一个人的人身及其劳动成果。无论就其定义还是实质来说,它都是一种阶级统治制度,在这种制度下一些人靠其他人的劳动生活。美国的奴隶制使一个种族屈从于另一个种族,由此使得它的基本阶级关系更加复杂和模糊,但是它仍旧是阶级关系。"③奥兰多·帕特森在1982年出版的《奴隶制与社会死亡》中,更是将奴隶制等同于奴隶的社会性死亡,他指出:"奴隶制不是一种赦免,而是具体的有条件缓刑。奴隶默认其无权力状态多久,对他的处决执行就搁置多久。主人本质上是一个勒索者,他购买或获取的是奴隶的生命,对主人肆意毁灭奴隶生命的限制,并没有破坏他对奴隶生命的所有权。因为除主人外奴隶的生存得不到社会承认,他就成了一个没有社会地位的人(social nonperson)。"④

在奴隶制的本质遭到彻底否定后,奴隶主自诩的家长主义也成为史学剖析的对象。尤金·D.吉诺维斯指出:"一旦抛开奴隶主们意识形态中的特别承诺以及继续将家长主义与仁慈和'善待'混为一谈的那些历史学家的糊涂认识,家长主义的真实历史本质就显现了出来。这是一种包括相互权利、义务和责任的等级结构制度。主人应该给奴隶们提供的是从摇篮到坟墓的物质保障,以及精神与道德指导,奴隶要为主人劳动和服从主人。界定双方条件的权力被主人霸道地掌握在自己手中,所以毫不奇怪主人们在方方面面都

---

① Kenneth M. Stampp, *The Peculiar Institution: Slavery in the Antebellum South*, p.430.
② Eric Foner, "Slavery, the Civil War, and Reconstruction", in Eric Foner, ed., *The New American History*, p.74.
③ Eugene D. Genovese, *Roll, Jordan, Roll: The World the Slaves Made*, p.3.
④ Orlando Patterson, *Slavery and Social Death: A Comparative Study*, Cambridge, Massachusetts: Harvard University Press, 1982, p.5.

做出了有利于自己的规定。"他认为,家长主义是奴隶主强加给奴隶的,奴隶不遵照奴隶主确定的家长主义规则行事,就会受到暴力惩罚,只有遵守奴隶主确定的行为准则,才会减少被折磨的痛苦。奴隶们为了减少不必要的痛苦,无奈之时只能佯装出对主人的恭顺。"对于主人来说,如果奴隶们的表现证明他们温顺、听话和服从,是主人期望的那种对主人感恩戴德的家伙,那么一切都好。在温顺、听话和服从中奴隶们有自己的利益。皮鞭抽打的前景,更有甚者被从自己亲爱的人身边卖走的前景,无疑在奴隶们的心头深深萦绕,害怕痛苦是不分种族、阶级和性别的人的共性。但是人的身上也充盈着勇敢精神,即使最胆怯的奴隶也知道如何挫伤主人的计划。"实际上生活之中奴隶们对奴隶主是服从而不是认同,真正对主人感恩戴德的奴隶人数极少。"主人们将家长主义强加于人,奴隶们以自己的方式接受了它。他们不可能有别的选择,因为尽管他们内心渴望自由,并且进行了难以抑制的抵抗,但是黑人知道,在人数上和在武器上他们都是被压倒的。此外,正常情况下黑人与其他人一样渴望安全和秩序,害怕由于反抗一个无情的威权而带来的后果。"①只是到了内战时期,当获得解放的机会降临时,奴隶忠诚的真面目才暴露出来。保罗·D.埃斯科特认为,内战前南部种植园主所谓的家长主义中很少有对奴隶真正关心的内涵,大多数奴隶主更关心的是自己的经济利益而不是自己对奴隶应尽什么家长责任。"家长主义无疑是内战前南部社会秩序的一部分。政客们和奴隶主们时常谈论它,家长主义教义也广为人知。但是问题仍然是,家长主义是为谁存在的、其目的是什么?显然,一些奴隶主认真地接受了家长主义,在生活中尽力承担自己的家长主义责任。但是更多的奴隶主更感兴趣的是多收庄稼多挣钱,而不是忠诚地管护他们的奴隶'孩子'。对于南部白人来说,家长主义主要是用来抵御外部的批评,这是一种论辩说辞,是说他们给了奴隶们所需的所有关护。种植园的家长主义大多只是言说,而不是种植园生活的真情实况。"②

也有学者认为奴隶主标榜家长主义对于奴隶来说也有好处。纳萨里·登森斯认为:"不管其潜在的或未曾言明的动机是什么,这种家长主义给奴隶带来很多好处。与主人关系的密切导致奴隶制一定程度的人道化,还使得法律留下的空白得以填补,奴隶制的严酷性得以减缓。奴隶们从主人那里获得了比法律所授予的更多的东西。食物和衣服得到提供,住所得到了更好的

---

① Eugene D. Genovese, "Master-slave Relation", in Randall M. Miller and John David Smith, eds., *Dictionary of Afro-American Slavery*, pp. 452, 453.

② Paul D. Escott, *Slavery Remembered: A Record of Twentieth-Century Slave Narratives*, Chapel Hill:The University of North Carolina Press, 1979, p. 20.

确保,获得了更多的医疗关怀,假日通常得到尊敬,给奴隶圣诞礼物的习俗很普遍。由于种植棉花或烟草比种植水稻和甘蔗对劳动量的需要小一些,所以生产棉花或烟草的奴隶主,就不派年少的儿童去干活儿。不管是出于人道还是经济考虑,可能还会为了保护孕妇而提供特别供给。奴隶们常常获许有一个菜园甚至一些家禽,尽管这样做并不包括在法规中。主奴之间形成一种相对复杂的关系,更是意味着奴隶与主人经历了长久的协商,这种协商或许使得这种制度更能够让人接受,因为主人明白,给予奴隶们的好处将他们与种植园绑在了一起,阻止了他们逃跑,减少了造反的风险。"[1]

随着史学界对奴隶制研究在广度和深度上的拓展,有的学者发现奴隶制下事实上存在着主奴之间的协商性互动。彼得·J. 帕里什承认,奴隶制从根本上说是以暴力为手段的强制压迫制度,"很显然,使用奖励和利益刺激,即使这种做法很广泛,本身也不能证明在驱使奴隶艰苦努力劳动中强制的作用不重要。确切无疑的是,在奴隶制度的本质中,暴力或暴力威胁是根本性的,其他所有方法都是次要的"。不过他认为,在这种奴役的框架内,主人和奴隶都会做出务实的妥协。"在一个显而易见的强制框架范围内,奴隶们可能接受这种思想,尽最大力量改善自己的境地,以额外的劳动或技能获取奖励。与此同时,主人们也会采用多种技巧,如说服、思索和妥协,包括利益诱导和付给各种各样的东西等。他们这样做既有充分的经济原因,但也有其他动机。用软办法处理事情,常常要更为容易和方便些。这样做可以使生活更平静些,在日常生活中避免了将奴隶制的非人道方面推向极端。无休止地使用暴力,肆无忌惮的压迫,对于奴隶主也是一种严重的身心消耗,对于奴隶则是遭受苦难。再则,这样一种全方位的极端压迫,只会有助于创造一支心灰意懒的依附者和没有效率的劳动者队伍。"[2]奴隶制的实际情形并不是简单的暴力强制,对此其他学者也有认识。克莱蒙特·伊顿指出:"实际运作中的奴隶制无疑是主人或监工与奴隶之间的一种妥协。"[3]

沿着奴隶制中存在妥协的思路进一步思考,当代美国历史学者埃拉·伯林竟然提出了美国的奴隶制是一种协商制度的论断。他提出:"奴隶制,尽管其确立和维持依靠暴力,但却是一种通过协商形成的关系。"在他看来,"知道一个人是奴隶,并不是就能说出关于他(或她)的全部事情。换一种说法,尽管奴隶主对被奴役者的生活加以严厉限制,但是他们从来没有能完全

---

[1] Nathalie Dessens, *Myths of the Plantation Society: Slavery in the American South and the West Indies*, Gainesville: University Press of Florida, 2003, pp. 92-93.

[2] Peter J. Parish, *Slavery: History and Historian*, p. 34.

[3] Clement Eaton, *The Growth of Southern Civilization, 1790-1860*, p. 83.

限定奴隶生活的内容。奴隶既不是其主人意志的延伸,也不是市场需求的产物。奴隶的历史,和全部人类的历史一样,其内容不仅包括强加给他们的那些事情,而且包括他们为自己做的那些事情"。奴隶拥有独立性,并且为了自己的利益与奴隶主进行斗争。伯林知道,在现代社会中,"协商"是在平等的主体之间进行的,而奴隶与奴隶主并不平等。他承认,"无疑,主人与奴隶的斗争不是在平等基础上进行的。主人几乎垄断着武力,这种情况始终贯穿在这种斗争中。按理来说,奴隶的选择要比其他任何人更少,因为奴隶主确定了奴隶的工作和生活条件。确实,主人与奴隶关系的不对称是如此广泛,所以很多人认为'协商'这个观念对于研究奴隶制毫无价值"。但是他坚持认为,尽管奴隶与奴隶主之间的斗争道路并不平坦,奴隶与奴隶主的关系却受制于不断的协商。因为奴隶主和奴隶都具有人性,而"人性"对人的思想行为发挥着制约作用。"认识不到协商的普遍存在,是没有正确理解人性对主人和奴隶的制约。"伯林觉得,在奴隶主与奴隶的互动生活中,奴隶主不是无所不能,奴隶也不是一无所能。"因为,在这种最悲惨的竞争中,虽然奴隶主掌握着绝大多数好牌,奴隶也持有自己的牌。即使是在他们的牌被削弱到近乎毫无价值之时,奴隶仍然掌握着最后一张牌。他们的主人十分清楚,他们可能在任何时候打出这张牌。"①伯林并不否认暴力在奴隶制中发挥的作用,但他更愿意将协商因素放置到奴隶制的演变动因中。他承认,"奴隶制的历史不能回避这些主题:暴力、权力、劳动,因此不能回避阶级和种族的形成和再形成。对北美大陆奴隶制的研究,首先是要研究一些强权者使用大量可怕的暴力强夺他人的劳动,由此取得了居于美国社会之巅的位置"。不过,尽管奴隶主与奴隶斗争的平台并不平坦,但是奴隶主从未获得全胜。他指出:"虽然奴隶主赢得了几乎所有重大战役,但奴隶也赢得了他们的小小战斗,挫伤了奴隶主的大计划。尽管被否定了结婚的权利,他们还是建立了家庭;被否定了拥有独立宗教生活的权利,他们却建立了教会;被否定了持有财产的权利,他们却拥有很多东西。他们被界定为财产,被称为是比野兽好不了多少的东西,但他们拒绝放弃他们的人性。"在伯林看来,奴隶们的顽强斗争为他们的最终胜利奠定了基础,最后的胜利者是奴隶而不是奴隶主。他的结论是:"所有这一切是说,尽管奴隶制在起源上由暴力强建并依靠暴力维持,奴隶制的内容却是协商形成的。"②

将奴隶制定性为一种协商制度,难免让人感到有偏离历史事实太远之嫌。伯林刻意宣称奴隶制是一种协商形成的制度,其本意也许是要指出协商

---

① Ira Berlin, *Many Thousands Gone: The First Two Centuries of Slavery in North America*, p. 2.
② Ira Berlin, *Generations of Captivity: A History of African-American Slaves*, pp. 3, 4.

在奴隶制的发展过程中发挥着重要作用,反驳那种认为奴隶制是一种单纯的暴力强制制度的观点。不过,虽然从历史现象看奴隶与奴隶主关系中确实存在协商活动,但这种协商并不是奴隶与奴隶主关系的正常现象,而是在特殊时期才会出现的情况。往往是在奴隶主的生活中出现了危机,如美国独立战争时期和内战时期,奴隶主的力量受到极大削弱,无力对奴隶施加暴力强制,又需要奴隶尽心竭力为自己服务,才不得已摆出进行协商的姿态,与奴隶进行实用性交易。协商活动只是奴隶与奴隶主关系中的非正常现象,这种活动的存在并不能改变奴隶制的本质。作为一种制度,奴隶制是奴隶主使用暴力和暴力威胁压榨奴隶的关系。简言之,奴隶与奴隶主关系中虽存在协商,但不是一种协商关系。

二 主奴关系的共性和差异

奴隶制是一种以暴力强制为基础的、充满压迫性的人际关系格局。在奴隶制框架内,奴隶主对奴隶拥有绝对的权力,奴隶的人身是奴隶主的财产,奴隶人身所能带来的价值,包括奴隶劳动生产的产品,奴隶的外雇和出售带来的收入,都归奴隶主所有。奴隶主把自己的意志强加给奴隶,奴隶只是服从他们意志的实用工具。主人与奴隶之间的关系是奴役与被奴役的关系,这是所有主奴关系的共性。

不过,尽管主奴关系的基本权力格局是固定的,可是在实际生活中,主奴关系却是千差万别的。主奴关系是在具体的主人与奴隶互动交往中塑造变化的,在这个过程中,无论是主人还是奴隶,都会针对对方的意愿和言行对自己的言行做出一些调整,向对方做出一些让步,以避免主奴关系的恶性破裂。他们从生活经验和社会见识中能够认识到,对自己利益最大化的追求,都必将导致主奴关系的恶性破裂。奴隶的最大化利益是摆脱奴役获得自由,而主人的最大化利益,是完全漠视奴隶做人的物质和精神需要,榨取最大限度的价值。如果奴隶主走向极端,那么遭受非人般重压的奴隶可能逃亡,或者奴隶的肉体和精神都被摧垮,导致劳动能力减弱和精神萎靡不振,这就都反过来损害了奴隶主的利益。故奴隶主只有在一定程度上满足奴隶做人的要求,奴隶才可能终生接受奴隶主的奴役,即接受非自由人的生活。如果只有奴隶对主人的顺应,那么主人在奴隶身上的欲望便会无限膨胀,奴隶遭受的压迫终将无法承受,那时奴隶要么被压迫至死,要么拼命反抗,这两种情况都意味着奴役关系的破裂。只有让奴隶在接受奴役的情况下还能过上一定程度的正常人生活,包括家庭的建立和维护,奴隶才可能忍受对他的奴役。奴隶管理中这种利害相倚的关系,决定了主人会向奴隶的诉求做出一定的妥协让步,以维护自己的利益。从奴隶这一方来说,如果奴隶诉诸极端,绝对拒绝接受奴隶主的奴役,奴隶主就可能完全不考虑奴隶的利益,对奴隶进行极度惩治,加大劳动强度,拆散奴隶家庭,欺辱奴隶的妻女等等。在这种情况下,奴隶如果顺从就是默认失去自己的利益,如果反抗、逃离甚至暴力对付主人,实际上最终都无法挽救自己的利益。身为奴隶最大的痛苦就在于此。而奴隶主则可以通过买卖奴隶的办法更换奴隶,维护自己的利益。这样一来,奴隶主为了获取利益,奴隶为了减少苦难,就都会调整自己适应对方。不过奴隶主的让步是微小的,但是奴隶主微小的让步对于奴隶来说却是至关重要的生活条件;奴隶的让步是重大的,是以接受对自己的奴役为代价换来的。奴隶主给了奴隶一点点正常人的权利,恰恰遏制了奴隶们反抗奴役的意志,对他们管控奴隶更为有利。奴隶们在奴役制度下获得的一点点做人的权利,却又恰恰转化成了对奴隶制度的维护。"尽管内战以前有成千上万的奴隶逃向了自由,但是绝大多数奴隶未能逃向自由。绝大多数奴隶为之奋斗的是作为人、作为父母、作为家人的供养者、作为社区的成员而生活下去。如果这种斗争与主人的利益实现了结合,那么他们无意中就为这种桎梏他们的制度做出了贡献。他们的选择并不多。从冲突与让步的角度来审视奴隶制或许低估了这种制度的力量,它常常将奴隶们的独立行动转化成另一种压迫方式。"①

在奴隶制的既定框架内,奴隶和奴隶主能够在实际生活中找到达成妥协的利益共同点。奴隶家庭是奴隶主利益与奴隶利益能够结合到一起的领域之一。"站在奴隶的角度上,家庭生活提供了一个道德和心理力量的源泉,提供了个人的慰藉,提供了一种与非洲过去的连续,一种做母亲、父亲、丈夫和妻子的身份感。对于被奴役的非裔美国人而言,家庭完整的意义体现在家庭的持久性上。站在主人的立场上,奴隶是财产,奴隶组成家庭和生育孩子是自己的商业事务。但是,一个奴隶主的商业利益与决策,除了受其他事务影响外,还取决于奴隶对组建家庭生儿育女的兴趣,正如奴隶对家庭生活所做出的抉择,除了受其他事务影响外,还取决于主人的生意抉择一样。这种结构上的而非道德上的结合,使得奴隶制既可以使奴隶主赢利又能让奴隶过上可以忍受的生活,通过这样的方式奴隶制下财产与人性之间的冲突得以解决。不仅如此,它还使得奴隶制得以自我延续。"②可以说这是一种同床异梦似的结合。正是由于奴隶主意识到了奴隶组建家庭符合自己的利益,所以在

---

① Christopher Morris, "The Articulation of Two Worlds: The Master-Slave Relationship Reconsidered", *The Journal of American History*, Vol. 85, No. 3, (December, 1998), p. 1007.

② Christopher Morris, "The Articulation of Two Worlds: The Master-Slave Relationship Reconsidered", p. 988.

内战前的美国南部,大多数奴隶主还是鼓励奴隶组建自己的家庭,当然,"有些人这样做是出于道德原因,另一些人则是出于经济原因。这些原因与商业作物生产和其他非技能性和技能性劳动的关联,要比与生育劳动人口的关联更大。绝大多数时候,在主人的算计中,奴隶妇女被算作母亲,而男奴隶被算作劳动力。尽管生育劳动力人口并不需要完整的奴隶家庭存在,劳动纪律的维持却需要"。因为一旦有了妻室儿女牵挂,奴隶在与奴隶主的对抗中就有了更多顾忌,为了家庭,就会更主动顺从主人的意愿,讨得主人的欢心,至少不惹主人生气,以免主人对自己产生惩罚报复之心。"一个做丈夫和父亲的奴隶将会更加努力工作,以便让他的孩子得到额外的伙食,挣得现金给妻子买一件首饰,或者防止他的孩子被卖掉。"①有的奴隶主还在有限的程度上允许奴隶拥有自己的家庭财产。内战之前,"在南部各地,奴隶主允许他们的奴隶出售或者交换菜园的蔬菜,家禽,篮子,生产加工糖、烟草和酿酒所用的木柴,衣服,首饰,现金或信贷。奴隶主为控制内部经济,把菜园产品和手工制品的生产和流通限制在种植园范围内或社区内,或在他们的监督下,进行了三心二意的努力,但是奴隶们还是能够设法相互之间、与商贩、过路的白人和自由黑人做交易,尽管常常是非法地在天黑后进行交易"。在奴隶制框架内容许或默许奴隶享有有限的自由和生活便利,恰恰又反过来维护了奴隶主的利益,"总体而论,被奴役的男男女女们在干自己的活儿时劳动效率最高,这一点美国的奴隶主们太了解了。种植园管理者没有与这种实情相对抗,而是对这种实情加以利用,以减少开支,提高劳动者劳动情绪,并将奴隶与这种制度绑在一起,同时仍旧确认家长主义理想"。②甚至有的种植园主会购买自己的奴隶生产的食物和用具,让奴隶得到一些收入。在南卡罗来纳殖民地,1728 年种植园主鲍尔的一个名叫亚伯拉罕的奴隶因为给主人提供了 18 只家禽而得到了 1 英镑 10 先令的报酬,另一个女奴隶因为给主人提供了几头猪而得到 8 英镑报酬。1736 年这个种植园主家庭中有 22 个奴隶因为给主人提供不同数量的水稻而得到的报酬超过 50 英镑。有些主人和奴隶之间的这种食物交易量颇为可观,例如,在两年里,属于詹姆斯·哈特利财产的奴隶因为提供了 290 蒲式耳的玉米而得到 124 英镑的报酬。亨利·拉夫纳尔不仅购买他的奴隶们提供的食品,包括玉米、家禽、猪和鲶鱼,而且购买他们制造

---

① Herbert G. Gutman, *The Black Family in Slavery and Freedom*, 1750-1925, Vintage Books, New York: A Division of Random House, 1976, p.79.
② Christopher Morris, "The Articulation of Two Worlds: The Master-Slave Relationship Reconsidered", pp.994, 998.

的独木舟、篮子和桃金娘蜡(myrtle wax)。①

既然实际生活中奴隶主会对奴隶做出一些让步,那么让步的大小多少、时机和对象,就会因奴隶主的利害考量和品行而变化。首先,奴隶主当然是从自己的利益考虑决定对待奴隶的方式的,关键是具体的奴隶主怎样认定自己的利益。一个雄心勃勃锐意蓄奴创业的年轻奴隶主,极可能对奴隶进行最大限度的压榨,而一个家境稳定已经与奴隶形成了契合的奴隶主,极可能对奴隶会温和一些。边疆地区的奴隶主由于正处于创业阶段,客观条件的不足再加上受其狂热发财意志的驱迫,比之东部家大业大的种植园主对待奴隶会更严酷一些。弗吉尼亚的种植园主威廉·泰洛,就曾责怪他的弟弟亨利·泰洛在他的阿拉巴马种植园对奴隶劳动的驱迫过甚,劝他对奴隶"不要再有残暴行径"。但是他的劝告对于远在数百英里之外的弟弟并无效力。南卡罗来纳的种植园主亨利·汤斯相信南卡罗来纳的奴隶主比阿拉巴马的奴隶主更文明更人道,阿拉巴马的奴隶制,尤其是那些雇出奴隶,是一种残忍的生意。他的弟弟萨姆尔·汤斯到阿拉巴马创业,在1834年9月的第一个农业收获季节,他觉得周边的种植园主都要发大财了,自己可能失败。这种想法折磨着他,刺激他竭力加大奴隶的劳动量。他觉得监工塔克对奴隶的驱使不够紧迫,为此大为不满。他还对菲利斯和玛瑟丽娜这两个女奴十分恼怒,因为她们每天只能摘40磅多一点棉花,而其他女奴隶能摘190磅。他要求监工让这两个女奴每天摘棉至少100磅,否则就把她们往死里打。结果在接下去的几周里玛瑟丽娜的摘棉量提高了两倍,但是也没有到100磅。第二年菲利斯被卖掉了。他抱怨说这个奴隶身体不强壮不能够工作,而且耳朵不灵头脑不清。②

在确保自己的意志能够实行,在可控的范围内,有的奴隶主会通过给予奴隶较好的物质生活待遇和一定的尊重,以争取奴隶的合作来换取服从和生产效率。约瑟夫·戴维斯和杰斐逊·戴维斯兄弟的做法就是这样。1818年约瑟夫·戴维斯从联邦政府购买了密西西比河边的大片土地,他购买下了当地已经存在的几个农场,获得了1.1万英亩土地,因为这个地方是一个河湾,故被人们称为戴维斯湾。他将一些土地卖给了几个好朋友以便作邻居,自己保留了5000英亩,委派他的弟弟艾萨克到那里开发种植园。可是在第一所住房刚刚建成后,这个地方就遭到飓风袭击,艾萨克受伤,落下终生残疾,他的一个幼儿丧命。艾萨克不愿在这个地方继续生活,便带着自己的家人迁移

---

① Philip D. Morgan, "Work and Culture: The Task System and the World of Lowcountry Blacks, 1700 to 1880", p.572.

② Joan E. Cashin, *A Family Venture: Men and Women on the Southern Frontier*, pp.114-115.

到别的县去了。但是约瑟夫坚持在这个地方开发种植园,并把这个地方命名为"飓风"。他原本在 1824 年从父亲那里继承了一些奴隶,此时尽其财力购买新的奴隶。1827 年,42 岁的约瑟夫·戴维斯又娶了一个 16 岁的来自新奥尔良的女孩,带着自己与前妻所生的 3 个年轻女儿,定居到戴维斯湾,开始专心营建种植园。约瑟夫·戴维斯对待奴隶的方式明显与众不同。他的奴隶所住的房屋建筑坚固,墙面粉刷,有大大的火炉,内有两个大房间,并附连着两个棚子。房子有前后走廊,有果树遮阴,附近有一个很大的储水房,到那里可以取清水。在食物配给方面,他不像绝大多数种植园所做的那样每周配给奴隶一定量的玉米面,而是允许奴隶到磨坊拿取自己所食和喂鸡所需的玉米,奴隶的房舍后有鸡窝。奴隶除了可以吃到鸡蛋和鸡肉外,还能得到充分的猪肉,偶尔还能得到牛肉和羊肉,甜土豆始终供应充足,蔬菜水果随季节供应,衣服和床铺铺盖也很舒适。约瑟夫·戴维斯不仅仅对于奴隶的生活所需显得慷慨,对于奴隶的管理方式也是别具一格。他创建了一种形式上自治的机制,建立了一个法院,每周日在一个称作法庭的房间开会,由奴隶组成陪审团,听取对奴隶行为不当的指控和被告奴隶的自辩,未经这个陪审团认定有罪,则任何奴隶不受惩罚。戴维斯自己在现场算是法官,他很少进行干预,偶尔进行干预也多是减轻对奴隶的惩罚。这个法庭不仅裁决奴隶们之间的争执,也审查监工的抱怨,未经这个法庭许可他不能惩罚奴隶。此外,约瑟夫·戴维斯还允许奴隶学习技能,允许奴隶出售自己养的鸡和鸡蛋以及其他家禽和蔬果,允许奴隶将自己砍伐来的木柴卖给附近河流上航行的蒸汽船。他还喜欢送奴隶一些小礼物,有的小礼物是对取得的成就的奖励,有的是作为奴隶出生或结婚的礼物,或者是奴隶死亡时作为安慰。① 佐治亚奥尔塔马霍河畔被称为"巴特勒岛"的水稻种植园的园主 R. 金,也对奴隶采取了有奖有惩的管理策略。在 1802 年取得了对这个种植园的拥有权后,金发现这里的奴隶因为先前监工经常更换而精神低落,于是他实行了新的管理制度。他颁布了固定的管理规则,通过定期审判确立了一些范例,避免采用残暴和肆意的惩罚,未经正式审判任何工头不许在田间惩罚奴隶。这个奴隶主的儿子小 R. 金亲自对奴隶进行判决,按照他自己的说法,采取了各种各样的惩罚方式,对于奴隶惩罚很少采用鞭打的方式,而是戴枷,在表现好的奴隶休息时让被惩罚的奴隶继续劳动,最经常的做法是剥夺他一次进城游玩的机会。他们鼓励奴隶们在自己的时间里为自己工作谋利,认为为了自己的利益而勤奋工作的奴隶也会为主人勤奋工作,再则,拥有了自己的财产的奴隶就不会逃走

---

① Janet Sharp Herman, *The Pursuit of a Dream*, New York:Oxford University Press, 1981, pp. 6-15.

了。通过认真遵守均衡的任务分配和周六奖励给奴隶半天自己支配的时间,换来了奴隶们积极主动的表现。① 一个名叫理查德·托勒的前奴隶的回忆,佐证了奴隶主有时也不得不对奴隶做出让步,他说:"他们从未虐待我,他们一直鞭打奴隶,但我总是逃走。我就对他们讲,如果他们打我,我就杀了他们,于是他们从此再也没有打过我。如果我发觉有人朝我来啦,我就藏进树林。他们就派人来找我,说'回来吧,我们不打你'。但是他们也打死了一些黑人。"②

奴隶和奴隶主都重视奴隶的生育,但是他们的动机却不相同。对于奴隶主来说,女奴生养奴隶意味着自己财富的增加,1858 年《南部农家》(The Southern Cultivator)杂志刊登了一篇标题为"务农的收益:事实与数字"的匿名文章,该作者宣称,他自己不会要不能繁衍奴隶的奴隶队伍。黑人人口增长比白人人口增长快,奴隶繁衍使得奴隶主发财致富,他讲述自己的成功之路说:"我有一个女奴,1827 年她还是一个姑娘时,我付的成本是 400 美元。除了食物和衣服,在她身上再没有花费其他费用。现在她有 3 个男孩子了,价值超过 3000 美元,已经在田地里劳作 3 年了。在他们能顶半个劳动力干活儿之前所做的事儿,就足以支付他们的费用了,在那以后我得到了他们半劳动力的利润。她生过十几个孩子,不过现在还活着的只有 3 个男孩和 1 个女孩。"奴隶主乐于看到奴隶生育,因为"奴隶主把一个奴隶儿童的出生首先看成是一个经济事实,但是奴隶则把他看成是一个社会和家庭事实。能够早早生育(接着就是多生育)大大增加了一个已婚或未婚妇女对其主人的价值,因而减少了她被卖掉的可能性"。③ 对于奴隶夫妻来说,生育自己的儿女本应是可喜之事。不过,那些生育儿女的父母并无力保护自己的家人。"一个奴隶妇女失去自己的孩子的途径不止一种。如果这个孩子死了,她可以盼望这个孩子的死得到上帝的批准。可是如果这个孩子还活着并被卖掉了,她就只能想那是主人的权力,他能够肆意嘲弄她的母亲身份。否则的话,她就必须找出一种方式来拒绝主人行动的正当性,找到一种超越性别界限的方式以她的意志反对主人的意志。没有哪个黑人男人,不管他是多么爱她,即使他就是孩子的父亲,能够给她提供需要的帮助。他可以尝试,他可以用牺牲自己去阻止对妻子的攻击,或为她受到的攻击复仇。但是如果他不使自己陷于风险之中,他就不能保护他的妻子和孩子。而她认为那是一种不可接受的

---

① Ulrich Bonnell Phillips, *Life and Labor in the Old South*, p. 260.
② Richard Toler Cincinnati, Ohio, Interviewed by Ruth Thompson. http://xroads.virginia.edu/~hyper/wpa/toler1.html Acessed: 2013/05/06
③ Herbert G. Gutman, *The Black Family in Slavery and Freedom*, 1750-1925, pp. 77-78, 75-76.

风险,因而她会努力阻止他去冒那种风险。"①

家长主义的光环不仅可以美化奴隶主的个人形象,掩盖奴隶主奴役奴隶的本质,还能给奴隶主制造一种施恩于人的心理满足。所以一些奴隶主或真或假地标榜自己对家长主义的信奉。但是一旦家长主义信条与奴隶主的利益发生冲突,奴隶主的真正意图就会本能地暴露出来。詹姆斯·H.哈蒙德的所作所为就是一个案例。此人属于南部种植园贵族中的暴发户。他原本出身卑微,但通过迎娶凯瑟琳·菲茨西蒙斯,获得了有 1 万英亩土地的棉花种植园"银崖"(Silver Bluff)和 147 名奴隶,位于南卡罗来纳的西部高地地区。他投身到种植园管理之后,听从他的弗吉尼亚朋友埃德蒙·拉芬关于科学农业的建议,对农田施用粪肥,成功地提高了种植园的产量。为了在管理黑人劳动力方面取得同样的成功,哈蒙德对他的监工提出了详细的指示,试图通过对奴隶们恩威并用、实现思想控制来达到提高效率之目的。他写于 1841 年到 1861 年的秘密日记记下了自己的所作所为。哈蒙德的日记清楚显示他尽力争取在主奴关系的家长主义理想与不惜任何代价有效管理种植园的需要之间达到平衡。一方面他担心奴隶的健康,在日记涵盖的这 23 年间他的奴隶的死亡率很高,哈蒙德的关心无疑有经济考虑,但也不无人道主义的关心。另一方面,自从他 1831 年来到银崖种植园,他就竭力在奴隶中实行分队劳动方式,他相信这样奴隶的劳动效率更高。可是这种劳动方式需要实行严厉的约束,结果使得奴隶过度劳累,精疲力竭。通过实行这种劳动方式,哈蒙德显然也是在追求宣示自己的权力,创造一支对他唯命是从的劳动力,从而增加劳动效率。然而,他的努力遭到奴隶们的抵制,奴隶们故意放慢劳动节奏,常常装病,频繁地制造一些事故阻止农活儿顺利进行。时至 1850 年,经过多年的劳动绩效不佳,哈蒙德相信他必须放弃分队劳动方式,换成奴隶们较为愿意的包工劳动方式。哈蒙德还力图将西方的宗教和医疗强加给奴隶,但是奴隶们尽力保持自己的宗教自主和黑人基督教文化传统,偶尔使用巫术治病,也不愿用白人的科学医疗方式。奴隶逃亡也时有发生,1831—1855 年平均每年有两名奴隶从这个种植园逃离,证明了奴隶在不断抵抗哈蒙德的极权设计。②

无独有偶,与哈蒙德同时代的弗吉尼亚种植园主约翰·哈特维尔·科克也是一个既标榜家长主义又力图实行对奴隶从肉体到灵魂全面控制的人。

---

① Elizabeth Fox-Genovese, *Within the Plantation Household: Black and White Women of the Old South*, pp. 373-374.
② Enrico Dal Lago, *Agrarian Elites: American Slaveholders and Southern Italian Landowners, 1815-1861*, Baton Rouge: Louisiana State University Press, pp. 159-161.

在他位于布里默的种植园,科克设计了一套全面控制奴隶活动的规划,这些规划与哈蒙德的规划很相似。科克对奴隶的工作加以严格监督,实行严格的约束,对奴隶的奖励和惩罚加以精心算计。该种植园的制度就类似一个准军事化制度。科克关注的是种植园的效率,相信严格的约束能够改善奴隶的劳动绩效。科克同时宣扬家长主义伦理,承担起他所认为的作为主人应承担的责任和义务,为他的奴隶提供舒适的住所、充足的衣服和食物,甚至还允许他们识文断字。作为家长主义的标榜者,科克还宣扬自己要提高奴隶的道德境界。科克本人是戒酒运动的领导人,也积极推动农业改革,就像美国革命时期的领袖们那样声称自己承认奴隶制是一种罪恶,对奴隶和主人有着同样的腐化作用。奴隶们在通过基督教教化达到了灵魂洁净之后可以得到自由。1820—1860 年间,他与他的第二个妻子路易萨在布里默种植园贯彻对奴隶的基督教教育。每周六和周日都有教士在种植园的教堂对奴隶布道,路易萨·科克夫人亲自教导奴隶儿童读书识字。他们严格要求奴隶保持个人和住房的干净和舒适,严禁奴隶饮酒。科克的这些管理得到了他的朋友埃德蒙·拉芬的称赞。拉芬也是戒酒协会的成员,严禁奴隶酗酒,主张农业改良。然而,在这些家长主义言行背后,"科克的首要目的是创造一支驯服的劳动力,一支应该在主人认为必要的时间内对主人全心全意奉献的劳动队伍"。① 他的奴隶中有的不服管教,有的表白感激。对于奴隶的真实思想,希尔·D. 鲍曼指出,多数奴隶对主人的服从是出于实用主义,而不是在内心里接受主人,或者像他们的拥有者喜欢认为的那样是出于感激。即使在最好的情况下他们与主人的和平也是麻烦的和平。尽管很多奴隶善于扮演忠诚或驯服的蠢奴角色,以便博取主人的喜爱和避免惩罚,但只有某些奴隶似乎是真的屈服于主人的权力,只有少数这些臣服者变成了盛气凌人的家长主义者感恩戴德的崇拜者。②

内战前南部社会中的小奴隶主获得了善待奴隶的好名声。但是实际情形竟如何呢?在中小奴隶主家中,奴隶与主人的互动更密切更直接,"有10 个以下奴隶的农场并没有实行一种广泛的劳动分工。白人农场主和他的妻子分配各种活儿,但是奴隶分工的专业化程度很少分派超过一个或两个妇女去干家内的活计,即使是她们在需要时也必须下地干活。主人和奴隶共同干活,这就产生了一种平易的熟悉关系,生活安排也增强了这种关系。女主

---

① Enrico Dal Lago, *Agrarian Elites: American Slaveholders and Southern Italian Landowners, 1815-1861*, pp. 163-166.

② Shearer Davis Bowman, *Masters and Lords: Mid-19th-Century U. S. Planters and Prussian Junkers*, p. 179.

人或一个女奴同时用同样的方法为所有人做饭。仅仅在吃饭时在饭桌上是隔离开的,这时才划出了一条等级界线。奴隶或是与主人的家人一起睡在一所小房子中,或是睡在同一所院子内的一个小窝棚中。奴隶和自由人、黑人和白人,相处紧密,他们的关系使他们获得广为人知的'善待'名声"。但是实际上,尽管奴隶与主人十分熟悉,"这种熟悉并不能防止奴隶受到奴隶主的惩罚。与奴隶主接触密切鼓励了他们在平日里的放纵情绪,但并没有阻止奴隶主拆散奴隶家庭,主人脆弱的经济地位常常使得他们没有多少选择的余地。在家境一般的白人小农场主中间,将奴隶外雇出去,以及与外雇相伴随的不确定性事件,更是普遍发生"。① 可以说,蓄奴规模小对于主奴关系并没有本质影响。

奴隶主个人品行当然会影响他们对待奴隶的态度。人毕竟是有道德修养差异的,品质不同的人为人处世的方式是不一样的。奴隶主群体是由形形色色的人构成的。彼得·J.帕里什认为:"将奴隶制看成是坚如磐石的制度是最大的错误。"他发现奴隶制中存在的多样性是由多种因素造成的,其中个人品性的多样性也是因素之一。"奴隶制的多样性产生于人性的多样性。与其他人一样,奴隶的所有人和奴隶可能为人诚实,也可能不诚实;可能是弱者,也可能是强者;可能负责任,也可能不负责任;可能待人仁慈,也可能是施虐狂;可能严守道德,也可能纵欲好色;可能饮酒不醉,也可能是醉鬼一个;可能处事稳重,也可能精神失常;可能聪明,也可能愚蠢。如果说奴隶制对奴隶的影响取决于主人的品质和心态,奴隶对自己处境的反应则取决于个人的品质、意志、忍耐力、适应力,以及奴隶的家庭、集体、信念和生活方式的延续能力。……奴隶制需要或鼓励形成特别的人际关系,这种特别制度的特别之处之一就存在于这种独特的人际关系中。"②一名法国游客1807年出版的游记对路易斯安那地区种植园的描述,也佐证了不同品质的奴隶主对待奴隶的差异,他写道:

> 从进口商那里购买并由购买者带回家园的黑人通常与旧有的黑人受到不同的对待。他们只能逐渐适应工作。经常要让他们洗澡、让他们时不时地走走路,尤其是让他们跳跳舞,他们按小批分到旧有的奴隶中间,以便安排他们更好地养成他们的习惯。这些关注通常不是出于人道情感,而是出于利益考量。这样的情况太经常发生了,即那种卑鄙的主人,他们没有其他奴隶,或是太贪婪,要求那些新来的奴隶承担沉重的劳

---

① Eugene D. Genovese, *Roll, Jordan, Roll: The World the Slaves Made*, pp.8-9.
② Peter J. Parish, *Slavery: History and Historian*, pp.3-4, 6.

动,很快就消耗尽了他们的身体,因而使得他们生了病,更经常的时候是使得他们精神忧伤,从而失去了这些奴隶。他们常常加速他们自己的死亡,有些人进行自残,另一些人拉直自己的舌头以阻止呼吸窒息而亡,还有人服毒药,或逃走,在痛苦和饥饿中身亡。那些进口到路易斯安那的黑人仍然要比那些其他殖民地(法兰西的西印度地区)更多地受到疾病的威胁。冬季到来严寒骤降,对黑人造成极为严重的伤害,尤其对于那些已经不年轻的人更是如此。必须始终穿够衣服做好保暖。我能提到的某些吝啬的种植园主为此已经付出了沉重代价。①

奴隶主家庭成员在蓄奴生活中是一个利益共同体,女主人即使在日常生活中对奴隶制有所抱怨,也很少有人真正反对奴隶制。总体上南部妇女也是奴隶制的捍卫者,尽管她们自己也是依附男人生活的。"事实上,在法律上南部女主人的权利在一些基本方面与奴隶是等同的,两者都不能拥有财产,不能代表男人或自己上法庭。可是南部贵妇中仍然很少有人把她们的不自由与奴隶制进行比对。"②人在生活中难免有所抱怨,抱怨所指的当然是自己的生活遭际,有些奴隶主家庭的妇女对奴隶制发几句牢骚,即使真的内心有所不满,也只是说说而已,并不能上升到行动上。"南部蓄奴家庭的妇女比奴隶妇女更为欣然地接受她们在家园内部的依附地位,她们甚至宣扬那种积极赞扬集体主义、等级制和社会某些成员对另一些成员恰当顺从的意识形态是一种美德。他们的阶级地位为他们提供了比社会上其他妇女更多的特权,她们通常不会抱怨她们的社会和经济地位,即使她们偶尔会对具体的不便有所抱怨。"③

就是那些丧偶成为寡妇的女奴隶主,对奴隶制的态度也与一般奴隶主没有多少差别。那些丈夫去世后守寡的奴隶主,一般不会卖掉全部奴隶退出蓄奴生活,这些靠蓄奴生活的人无法想象没有奴隶后如何生活。虽然说她们可以放弃蓄奴生活,"但是绝大多数蓄奴的寡妇们没有那样选择,那些本可以卖掉或解放她们的奴隶的人几乎从没有那样做过。那些被奴隶养大的白人妇女中很少有人能够想象一个没有奴隶的未来。对于绝大多数这样的寡妇而言,拥有奴隶就意味着管理他们。她们中很少有人能够依靠亲戚来替她们

---

① Ulrich B. Phillips, ed., *Plantation and Frontier Documents, 1649-1863, Illustrative of Industrial History in the Colonial & Ante-Bellum South*, Vol. II, p. 31.

② Annegret S. Ogden, *The Great American Housewife: From Helpmate to Wage Earner, 1776-1986*, Westport, Connecticut: Greenwood Press, 1986, p. 38.

③ Elizabeth Fox-Genovese, *Within the Plantation Household: Black and White Women of the Old South*, p. 96.

管理一切事情,只有那些最富有的人才能够承受起做一个完全外住的种植园主。结果就是,新成为寡妇的人别无选择,只能自己去管理奴隶,尤其是对劳动、衣食、健康和纪律这些关键事务进行管理"。这些寡妇对奴隶的管理,基本上会沿用男人们的做法,并不会有多少女性的温柔和善良。"即使是在内战前这些仁慈理念流行正盛的年代,蓄奴的寡妇们也是一如既往地以牺牲奴隶为代价追求她们的经济利益和个人舒适。她们中绝大多数人强加给奴隶沉重的劳动量,常常还会克扣他们的伙食。当奴隶未能达到她们的期望之时,寡妇们对于对奴隶进行肉体惩罚很少有责怪的时候,她们希望通过州和法律来捍卫她们对奴隶人身的财产所有权。这些方式加在一起来看,蓄奴寡妇们与蓄奴男性十分相像。"当然蓄奴规模和经济状况的不同,也会造成寡妇奴隶主奴隶管理方式的差异。家境平常蓄奴数少的寡妇需要自己与奴隶一起劳动,种植园主寡妇就不需要亲自参加劳动,只要发号施令就行了。作为女性,这两类女主人一般不会亲自对奴隶进行肉体惩罚,不会对男奴隶进行性剥削。不过对于奴隶来说,落入寡妇奴隶主之手,遇到三种情况就可能使得他们更为不幸。"其一,财产处理使得奴隶主变成吝啬鬼,因为很少有财产能够完全解决债务和用手头的现金把遗产处理得令人满意的时候;其二,一个奴隶主的死亡,或者是将奴隶出售,或者是在他的继承人中间分配奴隶,这就增加了奴隶们失去亲人的风险。正如很多逃亡奴隶和前奴隶作证所说的那样,与家人的分离造成的伤害可能比遭受鞭打还要重;最后,奴隶发现,即使有些寡妇有意忽视奴隶的各种玩忽职守行为,有一些寡妇却不会这样,更不要说还有帮助寡妇管制奴隶的州和其他白人。因此总体而论,奴隶没有多少理由会希望生活在一个寡妇的统治之下。"①

奴隶主的利益会因时因地而变化,奴隶主个人的品行修养千差万别,这就自然造成了奴隶主对待奴隶态度的多样性,这种多样性与奴隶反应的多样性相结合,必然就导致具体的主奴关系具有差异性。在生活互动中,奴隶主和奴隶都会在尽力维护自己利益之时去适应对方。奴隶会诉诸各种各样的方式抵抗主人对自己的管控压制,奴隶主会对奴隶做出少许让步。"奴隶们能够以数不清的方式对抗他们主人的控制。绝大多数奴隶主,甚至是那些专横无比的人,也学会了在管理他们的'令人麻烦的财产'时采用更为灵活的方式。一个聪明的主人可能容忍各种各样的行为,从在医院里多装几天病,到短暂外逃一个时期,再到小偷小摸。"可以说南部奴隶制中有给有取,"很多种植园奴隶们耕种他们自己的菜园地块以补充他们的食物,或者甚至养几

---

① Kirsten E. Wood, *Masterful Women: Slaveholding Widows from the American Revolution through the Civil War*, pp. 35,37.

只鸡下蛋吃或拿去卖。男奴隶常常去打些猎物以增加基本伙食的品类,有时甚至卖给女主人。这些增加的收入,就像从主人的储藏房中偷出的猪肉一样,将会与奴隶社区的其他成员分享,尤其是与家庭成员或住在一个奴隶住所的成员分享。但是奴隶及他们的时间都是属于奴隶主的,从这一程度上说,这些形式最好理解为是种植园家庭整体收入的再分配"。①不过,具体主奴关系的差异性只是奴役程度的差异,而不是主奴关系性质的改变。奴隶制的残酷性并不会由于奴役程度的差异性而根本改变。"对奴隶的管制是建立在专制主义之上的,在这里主人的话几乎不容挑战,在这里监工的皮鞭和查尔斯顿城中的'黑洞'旨在使每个奴隶心惊胆战地顺从,在这里像杰克·萨凡奇和铜匠乔治的妹妹简尼将被毫无愧疚地永远卖掉,与配偶、家人和朋友相分离,如果这样做被认为是保持种植园纪律所必需的话。"②尽管奴隶制下存在着奴隶主对奴隶的让步,但是奴隶制绝不是一种协商制度。人在社会化过程中当然会形成一定的性情。具体关系中的奴隶主与奴隶的性情当然会影响他们之间的互动。但是,人的性情是多样的,它可能导致协商行为,也可能导致对抗行为。况且,人的行为,尤其是经济行为,主要是由理性而不是受性情所支配的。奴隶主的蓄奴活动正是经济活动。从经济理性考虑,奴隶主会最大限度地榨取奴隶的劳动,奴隶会尽可能减少自己付出的劳动。双方的利益截然对立,难以调和。从历史情形看,奴隶主与奴隶之间充满斗争,虽然相互之间进行妥协,但这种妥协应该说是斗争的结果,而不是协商的产物。美国的奴隶制是一种强制剥削制度,而不是协商形成的制度。

  种植园主是大奴隶主,与只有一两个或几个奴隶的小奴隶主不同,这些种植园主必然是农业资本家,是商业农场主。种植园主的经济生产依靠的是奴隶和监工。种植园存在着三个利益主体,一是种植园主,二是奴隶,三是日常管理奴隶的监工。三者之间的利益根本上是不一致的。奴隶主的利益存在于从奴隶身上榨取最大效率的劳动,奴隶从自己的劳动中一无所获,按照人之常情自然就不会有尽力认真劳动的意愿。种植园主由于奴隶人数多,往往需要雇佣他人作为监工来管理日常生产,而被雇佣的监工只是领取约定的报酬,种植园收益与他们的收益并不挂钩,他们属于奴隶主与奴隶之间的第三者,对于工作的态度并不直接受收益考虑的影响。由于种植园主与奴隶存在着截然对立的利益,种植园管理实际上就是要在敌对的利益主体之间寻求和谐,从人类的理性和经验来判断,此种工作实乃不可能之事。种植园主既

---

① Elizabeth Fox-Genovese, *Within the Plantation Household: Black and White Women of the Old South*, pp. 95,96.
② William Dusinberre, *Them Dark Days: Slavey in the American Rice Swamps*, p. 432.

不能完全信任奴隶,也不能绝对信任监工,他既要利用监工督促奴隶劳动,又要防止监工怠惰失职或恣意妄行伤害他的奴隶财产,造成劳动力的受损。监工是为报酬干活,但他又置身于奴隶之中,所以他既要与雇主种植园主协调,又要想方设法控制奴隶,有些人还会一逞心意。奴隶消极怠工会受到惩罚,积极劳动又情所不愿,但为了免于肉体受惩之痛和家人离散或受虐之悲伤,也要与主人和监工相周旋。不过,三者之间利益也有重叠一致之时。奴隶主需要奴隶的劳动力,就必须让奴隶养壮身体,这就需要让奴隶吃饱穿暖,满足基本的物质营养需要。奴隶主还要调动他们的积极性,为此要对奴隶做出一定的让步,迎合奴隶的生存生活需要,让奴隶结婚成家,在不伤及自己根本利益的前提下满足奴隶维护家庭的愿望。奴隶在不存在获得解放的生活环境中,只能退而求其次,追求在接受奴役的状态下尽量维护自己的利益,追求不忍饥挨饿,追求自己的家庭不被拆散和自己的妻儿老小不被欺凌,这样奴隶主与奴隶的追求就有了重合之处。监工为了不被解雇,就需要尽责,既要迎合种植园主的追求,又要不能把奴隶逼之过急,需要上下周旋。只有这三者的追求达到了一个平衡点,种植园的生产和生活才能安全稳定进行。然而种植园管理毕竟是对立主体之间的互动,种植园主与奴隶和监工相互之间都是既信且疑。"种植园生活中人际关系的密切并不一定导致人与人之间形成友谊,更经常的是恰恰相反的情况。任何一种关系背景都对其中的角色产生巨大影响,在没有相互尊敬或公平的地方很少能产生温暖和信赖的关系。当人们为情势所迫在一起生活时,他们一般将找出某种办法减少紧张,理顺社会交往,但是他们的真实感情会深深埋在表面之下。对于美国黑人而言,奴役的不公正是一个位于他们与白人关系中心的巨大事实。对于南部白人来说,不管是否是奴隶主,种族主义确立了他们与黑人交往的界限。这种感情预先阻止了绝大多数建立友谊的可能性。生活在种植园的南部人不得不找出某种度过相处时间的方式,他们必须调整适应种植园生活方式,这就为黑人和白人的活动提供了一个共同的结构。但是实际活动中的交往密切并不等于有共同的观点。奴隶的感情往往隐藏在白人看不到的地方。假如种植园主能够看到的话,他们发现的将是愤怒和压抑的不满。"①处在严密的管控之下根本无法逃脱被奴役命运的黑人,顺从奴隶主的安排,迎合奴隶主的心情,自然就是最可行的选择了。大奴隶主对于在家庭内侍奉主人生活的男女侍奴和陪伴主人社会活动的贴身侍奴可能会产生怜悯和仁爱之心,他们对主人的忠心有些也能换来主人的恩惠关照。不过,这些能够得宠的奴隶毕竟只

---

① Paul D. Escott, *Slavery Remembered: A Record of Twentieth-Century Slave Narratives*, p.22.

是奴隶群体中的极少数人,绝大多数奴隶对主人的忠诚只是无奈的屈服,很难获得主人的信任。而一旦有了获取自由的机会,争取自由的本能就会变成行动。不过在内战前的时代,不管是真心还是假意,表现忠诚是奴隶们的高明选择。奴隶主与奴隶都向对方做出妥协让步,但是双方各怀心机,相互之间难以信任。奴隶主会以小恩小惠来培养奴隶的忠诚,奴隶更善于向主人表忠心献殷勤。这其中有真有假,难以分辨,难以让对方放心。奴隶制下的主奴关系是同床异梦。

第五章 亲奴隶制辩论

内战前美国南部的奴隶主集团之所以进行一次又一次的亲奴隶制辩论，根源在于奴隶主们的利益追求与近代西方精神文明的发展方向相悖逆，与人类成员自由平等的近代伦理相冲突。假如就像古代希腊、罗马世界那样人们普遍认同对异族的奴役合情合理，或者像中世纪的欧洲那样人们普遍接受社会成员的高低贵贱之分和尊卑有序的社会关系，甚至假如内战前在美国白人大众的心目中，奴隶主对黑人的奴役并不违背社会伦理，那么奴隶主的蓄奴活动就不会受到质疑和谴责，自然也就没有必要进行亲奴隶制辩论了。然而，欧洲文艺复兴和宗教改革催生了近代人本主义观念，继之启蒙运动阐扬了自然人权，进而美国革命将生命、自由和追求幸福的权利推高为不言自明的真理，是造物主赋予人类所有成员不可剥夺的权利，人类的道德文明发展到这样的高度，一个人对另一个人赤裸裸的奴役就成为了道德上的邪恶行为。正是这种新的社会伦理推动着奴隶人口较少的北部走上了去奴隶制的道路，最终导致奴隶制在北部的消失。美国革命后，拉丁美洲的独立革命运动消除了部分新独立美洲国家的奴隶制，英法等欧洲殖民大国在19世纪前期也走上了废除美洲殖民地奴隶制的道路，包括美国北部在内的大西洋世界的反奴隶制区域越来越大。南部没有像北部那样走上消除奴隶制的道路，南部奴隶主既然坚守着蓄奴生活，他们在大西洋世界中自然就陷入越来越孤立的道德境地，不得不为自己的生活方式加以辩护。

第一节 美国革命时期的亲奴隶制辩论

18世纪末发生在北美的美国革命是在捍卫人的自然权利纲领下进行的，《独立宣言》宣称人人拥有生命、自由和追求幸福这三项不可剥夺的自然权利，无疑就在理论上否定了奴隶制度的正当性。然而，由于在很大程度上美国革命是由南部奴隶主政治精英领导的，南部奴隶主集团又是美国革命的重要支持力量,所以美国革命没有导致南部奴隶制走向灭亡。为了维护自身的利益和权势,一些奴隶主政治精英和地方奴隶主集团在美国建国创制的政治斗争中"挺身而出",公然为黑人奴隶制的正当性和必要性进行辩护。南部的这些亲奴隶制论点对于反奴隶制人士并无说服力,但却为南部坚持奴隶制找出了所谓的理由,并开启了南部对亲奴隶制理论的探索。奴隶制关及的不仅是财富和权势,而且关及身家性命,奴隶主集团保持高度警惕是自然的,他们的亲奴隶制辩论并非是一时的有感而发,而是针对反奴隶制声音有的放矢的攻击而进行的反击,是他们捍卫奴隶制坚定意志的表现。

一　南部亲奴隶制辩论的缘起

美国革命前,黑人奴隶制在北美已经实行了一个多世纪。不过,在这一历史时期奴隶制并没有成为社会议论的主题。虽然有个别人和教派发出了反奴隶制的声音,但北美白人社会的主体只是想当然地接受了黑人奴隶制,并没有对奴隶制的正当性进行思考和议论。"美国革命以前,奴隶制在相当程度上是被理所当然地接受。因为抨击奴隶制的冲动在很大程度上尚不存在,也就没有为奴隶制辩护的需要。"18 世纪初马萨诸塞的两个法官萨姆尔·休厄尔和约翰·萨芬为奴隶制的合理性进行了语言交锋。"这次早期辩论中值得注意的事实是,萨芬在其论辩中使用了绝大多数直到内战时期的亲奴隶制辩论文献中的'典型'内容。"19 世纪亲奴隶制辩论者论辩中大约五分之四的论点,都在萨芬的论辩中提到过。① 不过,由于没有出现强劲的反奴隶制声音和运动,奴隶主也就没有感到有为奴隶制进行辩护的必要。所以在殖民地时期,北美并没有强势的大众性的亲奴隶制辩护活动。

正是美国革命的进行使得黑人奴隶制在北美第一次成为公共辩论的主题。"独立战争爆发前的政治辩论所留下的最大遗产,乃是政治自由主义的'常识化'。'常识化'实际上乃是一种'本土化',欧洲自古希腊、罗马,特别是启蒙运动以来形成的自由主义政治哲学,经由北美居民的咀嚼和消化,与他们的国民性中固有的权利意识相融合,形成一种强烈而持久的自由精神,铸就了一种支撑美国民主大厦的大众政治理性。"②从 1760 年代开始,北美

---

① Susan-Mary Grant, "The Slavery Debate", in Richard Gray and Owen Robinson, ed., *A Companion to the Literature and Culture of the American South*, Blackwell Publishing Ltd, 2004, p. 82.
② 李剑鸣:《美国独立战争爆发前的政治辩论及其意义》,《历史研究》2000 年第 4 期,第 87 页。

与不列颠的摩擦引发了大西洋两岸的政治大辩论,北美人反对英国的奴役,宣称自由是人人生而享有的自然权利,自然地就引申到对北美现存的黑人奴隶制的否定。在美国革命期间,黑人奴隶制成为美国社会政治辩论的对象。关于奴隶制问题的产生和美国革命的内在关系,邓肯·麦克劳德指出:"美利坚的共和主义固然是在北美大陆殖民开发过程中铸造的,但是也是在抗议和战争的火热中锤炼而出的。这是一次北部和南部平等分享的全大陆性的发展。对那些具有扩展性的政治准则所做的阐述,处处突出了奴隶制的过时性错误,推动了民众对奴隶制问题的辩论。这是美国历史的一个新起点。此前有过个人的抗议,在某些社群内部也发生过激烈的讨论,如教友派信徒和佐治亚的萨尔茨堡人中间,但是从未发生过在报纸上和立法机关内的广泛讨论,要求如此广泛的民众将奴隶制作为一个对他们的政治和社会生存方式具有根本意义的问题来思考,这样的事此前也从未有过。那些捍卫奴隶制的人,不管是绝对拥护奴隶制,还是仅仅从种族共存的务实背景出发拥护奴隶制,被迫就他们的立场做出说明并找出其正当性的理由。这种辩论在报纸杂志、州议会和美国国会持续进行。每当讨论奴隶贸易时,每当提出影响黑人的立法时,这种辩论就会激烈起来。"①据伯纳德·贝林分析,北美殖民地的革命家宣称他们追求的是自由人权,可是他们自己却剥夺了黑人的自由,这二者之间的对比是如此显眼,根本无法加以回避,或视而不见。同时,他们也不可能使用洛克为奴隶制辩解的理由来为美洲的奴隶制辩护。洛克认为可以将战争中获得的俘虏作为奴隶。在他看来,这些战俘本来是应被杀死的,他们不被杀死而是成为俘虏他们的人的奴隶,就已经是命好了。可是北美的奴隶制显然不是这种情况。所以,尽管不是所有人都认识到了这一点,"但是逐渐地,北美人宣称的自由原则和美利坚生活现实之间的矛盾被普遍承认"。②

可以说,正是美国革命的进行使得黑人奴隶制成为无法回避的问题。首先,美国革命的纲领鲜明地映衬出了北美社会黑人奴隶制的荒谬。《独立宣言》宣称美利坚人反对英国的奴役,捍卫的是他们的"生命、自由和追求幸福的权利",因为这些权利是造物主赋予的人人生而所有的不可剥夺的自然权利。既然如此,那么为什么北美的革命者还奴役黑人?在《独立宣言》发表后,马萨诸塞的前皇家总督托马斯·哈钦森就撰文嘲讽奴隶主革命领导人的虚伪。他指出,马里兰、弗吉尼亚和卡罗来纳的代表和选民们如何"为剥夺

---

① Duncan J. Macleod, *Slavery, Race and The American Revolution*, pp. 14-15.
② Bernard Bailyn, *The Ideological Origins of the American Revolution*, Cambridge, Massachusetts: The Belknap Press of Harvard University Press, 1992, p. 235.

10多万非洲人的自由和追求幸福的权利,以及在某种程度上剥夺他们的生命权利而辩护?如果他们的这些权利是绝对不可剥夺的话"。① 对革命者的真诚性提出质疑的并不只是反对革命的亲英人士,在拥护反英革命的阵营中,同样有人毫不讳言地指责奴隶主革命者的虚伪。1764年詹姆斯·奥蒂斯指出:"殖民地人按照自然法则生而自由,所有的人,不管是白人还是黑人都是如此。……因为一个人的肤色是黑色就有权对其奴役,这样的理由成立吗?"②在1767年曾任抗议印花税运动领导人的波士顿商人纳撒尼尔·阿普顿撰文指出,北美的奴隶制与北美争取的自由相矛盾。他写道:"啊,你们这些自由之子们,停一下听我说,你们的行为不自相矛盾吗?你们审视一下我们近来为自由而进行的斗争,同时思考一下奴隶贸易,难道能不感到脸红吗?"③1776年塞缪尔·霍普金斯在其撰写的关于奴隶制的文章中指出,非洲人并没有放弃他们的自由,或者给任何人奴役和出卖他们的权利,然而那些宣称为了自由而奋斗的人却在奴役他们,"啊,这是多么令人震惊的事情啊!这是不可容忍的自相矛盾。这是卑鄙的、赤裸裸的、确确实实的自相矛盾"。④ 随着这种谴责黑人奴隶制的声浪掀起,不愿放弃黑人奴隶制的人便陷入道德尴尬境地。美国革命纲领和黑人奴隶制之间显而易见的矛盾,对于那些不愿放弃蓄奴生活的奴隶主来说,如果不愿忍受道德的谴责,就必须为他们坚持继续奴役黑人的选择寻找理由。

更为重要的是,美国革命并不仅仅是给奴隶主造成了道义上的压力,还给奴隶制造成了现实的直接威胁。其一,一些奴隶主在革命意识的感召下,解放了自己的奴隶。部分奴隶主对奴隶的解放导致上南部出现了一个自由黑人群体。奴隶主感到,自由黑人的存在导致其他黑人奴隶处于不安分状态。如果听任愿意解放奴隶的奴隶主继续解放自己的奴隶,那么其他奴隶就会为争取自由而斗争。其二,美国革命引发的废奴运动给奴隶主造成更可怕的现实的威胁。美国革命时期出现了废奴组织,他们和反对奴隶制的宗教教派一起展开废除奴隶制的宣传活动。这样,美国革命实际上制造了一种赞成解放奴隶的社会氛围。如果听任这种反奴隶制言行继续发展,那么奴隶制似

---

① Sylia R. Frey, "Liberty, Equality, and Slavery: The Paradox of the American Revolution", in Jack P. Greene, ed., *The American Revolution: Its Character and Limits*, New York: New York University Press, 1987, p. 230.

② James Otis, "Rights of the British Colonies, 1764", in Roger Bruns, ed., *Am I not A Man and A Brother: The Antislavery Crusade of Revolutionary America, 1688-1788*, New York: Chelsea House Publishers, 1977, p. 104.

③ Nathaniel Appleton, "Considerations on Slavery, 1767", in Roger Bruns, ed., *Am I not A Man and A Brother: The Antislavery Crusade of Revolutionary America, 1688-1788*, p. 136.

④ Bernard Bailyn, *The Ideological Origins of the American Revolution*, p. 244.

乎就注定了灭亡的命运。其三,美国革命的成功产生了创建美国国家政体问题。围绕美国创建国家体制和政策设计而进行的斗争,迫使奴隶主政治家为奴隶制进行辩护。

就现存史料来看,美国革命时期的亲奴隶制辩论集中来源于两个群体。一是来自南部的政治人物在参加大陆会议、邦联国会、制宪会议和国会的决策时,在奴隶制遭到抨击时,或在南部奴隶主的利益受到国家政策可能的直接或间接威胁时,便以强硬的姿态为奴隶制的正当性和必要性进行辩护。二是弗吉尼亚在 1785 年出现亲奴隶制请愿活动。在废奴运动的推动下,弗吉尼亚于 1784 年制定了《解放奴隶法》。弗吉尼亚的奴隶制受到了直接的挑战。为了捍卫自己的蓄奴生活,维护自己的利益,弗吉尼亚一部分奴隶人口稠密县的奴隶主组织起来,向州议会递交陈情书,强烈反对解放奴隶。他们在陈情书中,也为奴役黑人进行了强词夺理的辩护。

二 奴隶制正当性辩护

北美白人社会普遍信仰基督教,尽管存在教派分歧,但《圣经》的教导是所有教派都承认的基督徒应该遵行的行为指南。如果能从《圣经》中找出支持奴隶制的言辞,那么就意味着奴隶制是得到上帝认可的制度,因而蓄奴活动也就具有正当性了。美国革命时期南部奴隶主亲奴隶制辩论的论证路径之一,就是在《圣经》篇章中寻寻觅觅,搜求所谓的《圣经》中存在支持基督教徒蓄奴的证据。1785 年弗吉尼亚奴隶主的亲奴隶制陈请书中的论说,就鲜明地展现了利用《圣经》为奴隶制求取正当性的努力。

1785 年 11 月 8 日弗吉尼亚州梅克伦堡县有一份 223 人签名的陈请书递交州议会,呼吁禁止解放奴隶。其中指出,《圣经》中的《旧约》有允许奴隶制的记载。《利未记》第 25 章第 44、45 和 46 节中提到:至于你的奴仆、婢女,可以从你四围的国中买。并且那寄居在你们中间的外人和他们的家属,在你们地上所生的,你们也可以从其中买人,他们要作你们的产业。你们要将他们遗留给你们的子孙为产业,要永远从他们中间拣出奴仆。在他们看来,这就是允许基督徒蓄奴的明证。他们进而断言,奴隶制一直延续下来,"我们没有发现耶稣基督或者他的使徒曾废除它。承诺给其信徒的自由,是摆脱原罪和撒旦奴役的自由,是摆脱人的欲望和激情支配的自由。至于他们的外在状态,在他们接受基督的教义之前不管是受奴役还是拥有自由,在此后仍旧处于原来的状态"。他们还指出,圣保罗在《哥林多书》中讲道,个人蒙召的时候是什么身份,仍要守住这身份。① 这份陈请书还得到其他几个县的奴隶主集团认可和采用,1785 年 11 月 10 日皮特西尔韦尼亚县有 54 人签名,1785 年 11 月 10 日阿米利亚县有 22 人签名,分别作为他们的陈请书递交给了州议会。

1785 年 11 月 10 日布伦瑞克县 266 人签名的陈情书递交州议会。其中在援引《圣经》为奴隶制辩护时,除了也指出《利未记》第 25 章第 44、45 和 46 节中的教义作为例证外,还提出《创世记》中也有支持奴隶制的论述。他们指出:《创世记》第 9 章第 25、26 和 27 节有这样的话:迦南(Canaan)当受咒诅,必给他弟兄作奴仆的奴仆。耶和华闪(Lord God of Shem)的神是应当称颂的,愿迦南作闪的奴仆。愿神使雅弗扩张,使他住在闪的帐篷里,又愿迦南作他的奴仆。第 21 章第 9、10、11、12 和 13 节指出,撒拉(Sarah)看见埃及人夏甲(Hagar)被亚伯拉罕(Abraham)所生的儿子戏笑,就对亚伯拉罕说:"你把这使女和他儿子赶出去!因为这使女的儿子不可与我的儿子以撒(Isaac)一同承受产业。"亚伯拉罕因他儿子的缘故很忧愁。神对亚伯拉罕说:"你不必为这童子和你的使女忧愁,凡撒拉对你说的话,你都该听从,因为从以撒生的,才要称为你的后裔。至于使女的儿子,我也必使他的后裔成立一国,因为他是你所生的。"第 27 章第 29 节说道:"愿多民侍奉你,多国跪拜你;愿你作你弟兄的主,你母亲的儿子向你跪拜。凡咒诅你的,愿他受咒诅;为你祝福的,愿他蒙福。"该章第 38、39 和 40 节写道:以扫(Esau)对他父亲说:"父啊,你只有一样可祝福的吗?我父啊,求你也为我祝福。"以扫就放声而哭。他的父亲以撒说:"地上的肥土必为你所住,天上的甘露必为你所得。你必依靠刀剑度日,又必侍奉你的兄弟。"此外《创世记》第 19 章第 27 节有亚伯拉罕购买和蓄奴的证据:"他房中的所有人,生在这房中和用钱购买的陌生人,与他一同受割礼。"(查《圣经》该部分,实际上并不是这段话。可能是引用者记错了这段话的出处,也可能是史学研究者抄错了。)最后又指出,在《传道书》第 2 章第 7 节中,有所罗门(Solomon)拥有奴仆的记载。② 通过如此在《圣经》中寻章摘句,他们便宣称找到了奴隶制合理性的神圣依据,因为上帝允许奴隶制,耶稣基督和他的使徒没有禁止奴隶制。

从美国革命意识形态中寻找支持奴隶制正当性的依据,是亲奴隶制辩护

---

① Fredrika Teute Schmidt and Barbara Ripel Wilhelm, "Early Proslavery Petitions in Virginia", *The William and Mary Quarterly*, Third Series, Vol. 30, No. 1 (Jan., 1973), p.139. http://www.jstor.org/stable/1923706 Accessed:2009/04/03

② Fredrika Teute Schmidt and Barbara Ripel Wilhelm, "Early Proslavery Petitions in Virginia", pp.143, 144.

的另一个路径。美国革命的指导思想,在很大程度上受英国启蒙思想家约翰·洛克政治理论的影响。洛克在其《政府论》中指出,"生命、自由和财产"是人的自然权利。托马斯·杰斐逊在《独立宣言》中修改为"生命、自由和追求幸福"是人的自然权利。不过,这种修改并不意味着美国的革命者放弃了私人财产神圣不可侵犯的信念。南部的奴隶主是《独立宣言》的积极支持者,但是在他们的心目中,奴役黑人就是他们的一项自由,他们对奴隶的所有权就是他们的财产权。可以说,"南部的亲奴隶制宣讲者并没有发誓要放弃《独立宣言》的基本前提。他们所做的是将其作为教条来继承和坚持。和绝大多数美国人一样,南部人相信,革命战争是一场争取自由、反对英国暗中攻击的斗争。然而具有讽刺意味的是,他们将财产权与'自由'等同,将'自由权'转换成拥有活人的自由"。在北美革命者的政治演说中,普遍存在着对财产权不可侵犯的强调。"革命时期制定的州宪法毫无例外地将自由、财产和幸福这三个词联系在一起,就像其中的一项就意含着其他两项一样。"①一旦将财产权与自由连接在一起,也就进一步与个人的安全和幸福联系了起来。这样,捍卫他们对奴隶的财产所有权,捍卫他们的自由,就成了奴役黑人的自由。

阿米利亚县的陈请书中开篇就指出,北美人之所以反抗英国而独立,就是英国议会图谋侵害北美人的财产权。"当英国议会篡夺了未经我们同意就支配我们的财产的权利时,我们就解除了与祖国的联盟,建立了我们自己的宪法和政体,这样将使得我们的财产在未来得到安全保障。为了达到这个目的,我们以自己的生命和财富冒险,经历了血流成河。幸赖天意相助,我们的努力取得了成功。我们拥有了自由权利和财产权。"他们宣称,现在有人试图通过弗吉尼亚议会制定全面解放奴隶法,实际上就是要剥夺"我们的一部分至关重要的财产"。卢嫩堡县的陈请书在一开始也表达了同样的思想。"当英国议会篡夺了支配我们的财产的权利时,并不是这件事情本身,而是为达到这个目标而采取的方式引起了我们的警惕。它趋向于建立一个将来某天可能对我们的财产权具有致命影响的原则。因此,为了给我们的财产确立一个在未来不被动摇的安全基础,我们解除了与我们祖国的联盟。"为此我们经受了流血牺牲,"我们已经用鲜血确立了对无论何时何种方式合法获得的财产的完全、自由和绝对的享用权"。②

---

① Sylia R. Frey, "Liberty, Equality, and Slavery: The Paradox of the American Revolution", in Jack P. Greene, ed., *The American Revolution: Its Character and Limit*, pp.241, 242.

② Fredrika Teute Schmidt and Barbara Ripel Wilhelm, "Early Proslavery Petitions in Virginia", pp.139, 140, 141.

在第一届联邦国会中，来自南卡罗来纳的议员威廉·史密斯就挺身而出为奴隶制辩护。在 1790 年 3 月 17 日的辩论中，他援引历史先例为奴隶制辩护，指出，尽管反对奴隶制的声音时常出现，"但是，在这个世界中奴隶制并不是新事物。当基督教首次出现在社会上时，罗马人、希腊人以及其他古代民族就蓄有奴隶。即使那些宣扬基督温和教义的教授们也没有宣讲反对奴隶制"。①

这样，通过对《圣经》教义中片言只语的解释，通过对美国革命理论的演绎推论，再加上援引历史范例，南部一部分奴隶主似乎就找到了奴隶制的正当性。然而，综观他们的这些论辩，并不能经得起道德的考量和理性的思考。《圣经》的内容庞杂多样，其中固然有些言语可以解释为允许奴隶制，但是，按照《圣经》的教导，人类本身就是上帝创造的。以此而推论，人类成员相互为兄弟姐妹，是平等的关系，如果按照此一思路推论，上帝就是不允许人奴役人的行为。当时美国反对奴隶制的宗教派别，如教友派，就是以此推论来强烈要求废除美国的奴隶制的。可以说，《圣经》有关奴隶制的只言片语语义是模糊的，并不足以证明上帝允许基督徒蓄奴。美国革命意识形态当然包含着私人财产权不可侵犯的信念，但是，《独立宣言》明确强调了自由权是人人生而具有的不可剥夺的权利，这一原则实际上就否定了奴隶制的正当性。强调奴隶是奴隶主的财产，奴隶主的这种对活人拥有的财产权不可侵犯，实际上是以奴隶主为本位，否定奴隶也是人这一事实，从而否认奴隶有权享有自由。这样的论辩是赤裸裸的霸权逻辑，根本无法通过理性的思辨。至于历史上存在过奴隶制确是事实，但曾经存在过的制度并不等于就是正当制度，毕竟 18 世纪的西欧各国已经普遍抛弃了奴隶制度。显然，历史范例也无法成为奴隶制具有正当性的有力证明。

三 为奴隶制必要性辩护

仅仅找出奴隶制正当性的所谓依据，并不能充分证明奴隶主坚持在美国实行奴隶制的合理性。因为 18 世纪的西欧各国，也就是北美白人的来源地，已经普遍不存在奴隶制。既然自己的祖国都没有实行奴隶制，为什么还要在北美实行奴隶制呢？很显然，为了能够为奴役黑人的行为找到更充分的说服力，南部的亲奴隶制集团还不得不为在北美坚持奴隶制的必要性寻找辩解说辞了。

为奴隶制必要性辩解的说辞之一，是将解放奴隶的后果描绘得极端恐

---

① *Annals of Congress*, 1st Cong., 2nd sess., p. 1506. http://memory.loc.gov/ammem/amlaw/lwac.html Accessed: 2009/04/03

怖。阿米利亚县的陈情书中提出："解放奴隶也是极端不明智的。这样做将导致自由公民陷入短缺、贫困、艰难和毁灭；使黑人幼儿和年迈、无力劳动的父母陷入无人照管、饥饿和死亡。将出现强奸、谋杀、暴行这些无法无天、无所顾忌、仇恨填胸和残酷无情的匪徒所能够犯下的所有可怕罪行；将不可避免地导致财政破产，最终打破公众的信心，失去对其他国家的信誉，最终肯定是给我们这个现在兴旺、自由和幸福的国家带来毁灭。"布伦瑞克县和哈里法克斯县的陈情书都表达了同样的观点。① 尽管这种恐怖情景只是一种想象的描绘，但是趋利避害是人之常情，这样的说辞极易被白人社会所接受。

对黑人加以丑化描绘，将黑人定性为劣等种族，断定黑人与白人这两个种族无法平等共处，是亲奴隶制辩护的又一种说辞。一些南部的政治家对黑人的品行加以贬低丑化，提出白人普遍厌恶黑人是合理的，黑人与白人两个种族不能自由平等共存。南卡罗来纳议员威廉·史密斯1790年3月17日在国会辩论中宣称，"众所周知，他们那些人懒惰成性，不考虑将来，厌恶劳动。一旦将他们解放，他们将要么忍饥受饿，要么抢劫"。此外，指出白人普遍不愿意与黑人融合。史密斯讲道，"人们从经验得知，白人有其比黑人优越的观念，他们从未与黑人联接在一起，即使是那些黑人的最热心朋友们，也与黑人保持着距离，拒绝与他们进行任何交往"。史密斯还援引托马斯·杰斐逊的种族偏见来支持自己的论点。托马斯·杰斐逊在他所撰写的《弗吉尼亚纪事》中提出，黑人是一个劣等种族，白人对黑人有着自然的反感，两个种族不可能自由共存。在引用了杰斐逊的这个论点后，史密斯进一步指出，"如果黑人不与白人通婚，他们将永久是黑肤色的人，因为不能说将他们解放了他们的肤色就洗白了。如果他们与白人通婚，那么白人种族就将灭绝，美利坚人民都将成为黑白混血种人。不管从哪个方面来看，解放奴隶的愚蠢都是昭然若揭"。在史密斯看来，解放奴隶必将造成一种非此即彼的后果，"或者是种族混交导致白人种族堕落，而黑人并没有得到改良；或者是在社会上创造两个不同的阶级，它们之间形成根深蒂固的仇视，将以这个或那个种族被屠杀和被根除而告终，就像莫尔人被从西班牙驱逐和丹麦人被从英格兰驱逐一样。黑人不会从获得解放中受益。自由黑人的才能从未提高，他们从未致富，他们继续与他们自己肤色的人联系在一起。造成这种情形的原因，或者是白人对黑人具有天生的反感，这是一种他们对自己种族的优越感，或者是因为黑人自己对于相同肤色的人有着自然的归属感。不管是哪种情况，都意味着他们在获得解放后仍将是一个独特的民族，有着自己独有的兴趣"。他

---

① Fredrika Teute Schmidt and Barbara Ripel Wilhelm, "Early Proslavery Petitions in Virginia", pp. 139-140, 141, 146.

认定,正如杰斐逊所指出的那样,"他们是比印第安人还低劣的种族"。①

宣称南部的自然地理环境不适宜白人劳作,强调只有黑人奴隶适合在这样的自然地理环境中劳作,因而断定黑人奴隶制是南部文明的基础,这也是亲奴隶制辩护者采用的说辞。南卡罗来纳的托马斯·林奇1776年7月30日在大陆会议上宣称:"在我们的殖民地不能让自由人工作。自由人没有能力和意向去做黑人所做的工作。"②威廉·史密斯在1790年3月17日的国会辩论中宣称:"南卡罗来纳只能由奴隶来耕作。那里的气候、土质和长久的习惯都禁止白人承担劳动。历史经历使我们确信这个真理。大不列颠为使佐治亚由白人单独开垦进行了各种努力,但失败了,最终被迫引进了奴隶。之后该州的财富和重要性快速增长。如果将奴隶解放,他们将不会留在那个地区。这样将这块土地的劳作者移走,整个低地地区,他的所有肥沃水稻和靛青生产地区将被抛弃,沦为荒芜。"③

亲奴隶制辩护者甚至采用反证法论证奴隶制的必要性,提出奴役黑人实际上符合黑人的利益。美国革命时期,反奴隶制人士的一个核心主张是将解放的奴隶送回非洲,因为他们与亲奴隶制人士有一个共识,即黑人和白人两个种族不可能自由共存。对于将解放的奴隶送到外国这个主张,史密斯反问:"可是,将这些人流放到遥远的国家,将他们从出生的土地上驱逐,离开他们有归属感的地方,难道这样做符合人道吗?如果他们愿意留在这里,却又不让他们留下,这样做对于自由原则来说是可恶的。如果违背他们的意愿强制将他们从这个国家驱逐出去,他们怎么能被称为是自由人?"④

除了直截了当赤裸裸地为奴隶制辩护之外,还有一些人理论上承认奴隶制的邪恶,但在其论著中却强调奴隶制伤害的是白人,让人觉得白人是无可奈何地接受了奴隶制,而不是喜欢奴隶制。对于奴隶制对黑人造成的伤害,他们则要么否定,要么轻描淡写。戴维·拉姆齐在其1790年出版的《美国革命史》中对奴隶制的评述,就是这种心思的展现。他写道:

> 确实,连接数省的低地地区的很大部分,如果不是已得到黑人的垦拓的话,必然还是未垦之地。想来必然如此,基于这片地区的自然状况,奴隶制看来是强加给南部诸省的。奴隶制有利于耕作,但造成很多有害的后果,尤其是对年轻人的恰当教育不利。在奴隶劳动不仅带来了生活

---

① *Annals of Congress*, 1st Cong., 2nd sess., pp. 1505, 1506, 1508-1509.
② Ford et al, eds, *Journals of Continental Congress*, Vol. VI, p. 1080. http://memory.loc.gov/ammem/amlaw/lwjc.html Accessed:2009/03/24
③ *Annals of Congress*, 1st Cong., 2nd sess., p. 1510.
④ Ibid., p. 1505.

必需品而且还有生活享乐品的丰盈之地,在日常生活机会和设施可供人在早年就进行过度的和令人体衰力弱的放荡生活的地方,勤奋、克制和戒酒这些保持人身心健康和活力所必不可少的美德,很难得以践行。奴隶制还导致土地集中到少数人手中。它阻碍了自由劳动力的引进,当然削弱了这个国家进行积极防御的能力,与此同时,通过繁衍出一种与土地利益无干的居民而危及了内部的安宁。因为,如果在这个世界上奴隶能够拥有一个国家的话,他必然不喜欢一个被迫为主人劳动的国家。尽管将自由人贬低到奴隶的境地,但很多人宁愿忍受奴役也不愿去死,这就是习惯的力量,人性的柔韧。不过人们知道,黑人生长在奴隶制的习惯中,对他们的境地心满意足,以至于一些人拒绝了给予他们的自由。就形势所许可的范围来判断,解放奴隶显得并不符合他们大多数人的意愿。很少有哪个国家的农民能够像有一个好主人的奴隶那样得享一定的生活舒适。利益与人的高雅情感相逢一处,使得奴隶主们以人道和温情来对待那些服从他们意志和权力的人。厨房中的人常常比客厅里的人更幸福,奴隶们的欢愉通常多于主人的欢愉。奴隶制的邪恶不在于它给奴隶造成的困苦,而在于它削弱了对勤劳的激励,在于它对社会总体状况造成的令人不快的影响。在奴隶制已成常态的地方,一些人发了财生活奢侈,但是该社区却被剥夺了实现独立幸福所需的很多资源,其在国家的位置被压低到低层。在一个奴隶和自由人交混的国家中,其总体产业必将少于有同样自由人口的国家。要激励人的勤奋,没有什么比得上利益。一个为他人工作的人,会用尽心机尽可能少做,可是谁若是能从他的劳动中获得直接的收益,那么不论是什么活儿,不论时间和季节,他都会去做。在已经得到奴隶垦拓的地区,劳动很快就成了自由人厌恶的活动,这是降临到这个国家头上的最大诅咒。那些靠着他们奴隶们的勤劳得以从劳作中脱身的人,将会有强烈的冲动去做很多对自己和他人都有害的事情。懒散是万恶之母,这真是这个国家的不幸。在这里,条件的必需迫使人使用奴隶。这真是这里人民的不幸,他们原本受到的神圣教导是"自食其力",现在人们却是普遍在用一切办法来逃避劳动。①

美国革命时期,为了捍卫黑人奴隶制,南部一部分奴隶主在自己的知识和经验范围内搜经求典,舞文弄墨,通过对《圣经》片段的倾向性解释,通过对美国革命意识形态的扭曲,再加上对历史范例的选择性列举,专横地制造出了美国奴隶制的正当性。又通过对奴隶制的必要性加以强调,似乎他们就

---

① David Ramsay, *The History of the American Revolution*, pp.23-24.

找到了在美国坚持黑人奴隶制的合理性。他们的这种亲奴隶制辩论对于那些反对奴隶制的人们并没有什么说服力,美国革命时期及以后,美国社会没有发生反奴隶制力量向亲奴隶制立场转换的例证。不过,对于那些坚持捍卫奴隶制的人来说,亲奴隶制论点却给他们提供了解脱心理压力的处方。为了消除因为行为与道德的矛盾而产生的心理压力,人往往能够有意识地通过为自己的行为寻找合理性而选择新的伦理道德,这样就可以使得心理上的压力得到释放,变得心安理得。美国革命时期南部奴隶主的亲奴隶制辩护就是这种行为。他们既然冠冕堂皇地抛出了这些亲奴隶制论点,当然就意味着他们选择了美国革命纲领与奴隶制不存在矛盾这样的认知。这样一来,具有讽刺意味的是,南部奴隶主集团的亲奴隶制辩论,实际上是为美国革命界定了另一个定义,即美国革命是一场捍卫奴隶主奴役黑人的自由的斗争。

第二节 美国革命后南部亲奴隶制论辩的演进

因应时势变化,美国革命后南部的亲奴隶制辩论发生了基调转变,从宣称奴隶制是"必要的邪恶"转换到断言奴隶制是"有益的善举"。亲奴隶制辩论基调的转变和强化是形势使然。这种转变实有一箭多雕之目的。反击北部和欧洲废奴主义者对南部奴隶制的抨击,在外人面前捍卫南部人的尊严和荣誉,这是南部亲奴隶制辩护者集体的对外目标;整合南部社会在奴隶制问题上的思想,劝导包括奴隶主和非奴隶主在内的南部白人大众接受黑人奴隶制的合理性,这是南部亲奴隶制辩护者的集体对内目标。作为个人,无论是撰文著书还是发表演讲,每个进行亲奴隶制辩论的人都是怀有心机的,或为扬名立万,或为献媚邀宠,或为谋取权位,或为一发胸臆,千差万别不一而足。

一 亲奴隶制辩论基调的演变:从"必要的邪恶"到"有益的善举"

美国革命时期,虽然也有人在亲奴隶制辩论中宣称奴隶制并非邪恶,但是这种论调并不是社会和政治舆论的主流。美国革命者既然选择了高举人类自由的大旗来捍卫自己的利益,也就在理论上否定了奴隶制的道德合理性。在这样的语境中,对于自己对黑人的奴役,也就不该理直气壮地加以标榜,因此,佯装出一种惋惜和无奈的神气,强调奴隶制是一种"必要的罪恶"(necessary evil),就成为了那个时期奴隶主集团为奴隶制辩护的基调。这种基调在建国之后得到延续。联邦国家早期,南部奴隶主基本上能够容忍对奴隶制的道德指责。威廉·S.詹金斯对19世纪第一个十年里南部政客在奴隶制问题上的姿态做出了这样的概括:"在这整整一个十年里,南部的国会议员通常能够以一种礼貌的姿态,对于那种将奴隶制说成是一种堪比道德邪恶的政治邪恶这样的指控,保持沉默加以忍受……不过,为奴隶制辩解只是为奴隶制辩护的一种形式。只要没有联邦干涉或侵犯的危险,这就将是一种最有利的辩护形式。不过,当偶尔发生受到的指责过于严厉的情况时,南部人就会把辩解的面纱抛到一边,他们的真实思想就会显露出来。"①

内战前南部亲奴隶制论辩基调的转变经历了一个渐变过程。密苏里危机期间,南部议员掀起了一个奴隶制辩护的高潮。他们在论辩中虽然大体上仍沿用奴隶制是"必要的邪恶"这个基调,但却给出方方面面的依据来证明坚持奴隶制的合理性,尽力淡化对奴隶制是一种邪恶的定性,推卸自己的责任。1819 年 2 月 15 日弗吉尼亚议员 P.P. 巴伯在国会发言中为奴隶主辩护,他宣称:"尽管他们被作为财产加以占有,但是他们是被作为最宝贵的和最喜爱的财产加以认识和对待的。主人们记得他们是人,尽管肯定他们在社会的阶梯上被贬压到人下之位。由于他们的劳动,我们对他们感到同情,这种同情将人们一个个联结起来,尽管他们是比我们智质低劣的另类人。我们的偏见、教育和习惯也使得我们依恋他们。简言之,这就是南部人民对他们奴隶的感情。除非是出于主人的必需,或者是由于奴隶的犯罪,否则几乎任何东西都难以诱使他们出卖自己的奴隶。如果主人移民迁居,他就会带上他的奴隶与其一起走,不仅出于他已经申明的各种理由,而且是因为,走进荒野,在那里开垦原野是需要很多劳动的,出于这个原因,他们这些奴隶是特别必需的。在这种情况下,禁止向那里输入奴隶,几乎就等同于禁止南部人民向密苏里州迁移。"此外,他力陈允许奴隶制扩张对于维护南部社会稳定的重要性。他指出,老蓄奴州的奴隶人口增长很快,南部蓄奴州的力量是建立在白人人口远远超过黑人人口基础之上的,"奴隶制的实际效能将只是蕴含在,或者几乎只是蕴含在白人人口极大地超过黑人人口这种状况之中。通过将黑人在更广大的区域散布开来,你就取得了这些有利条件。第一,通过减小奴隶在与白人对比中的人数比例,你就减小了他们进行暴动的动机;第二,即使那种事情万一发生,显然也是更容易、更有把握加以镇压"。② 1820 年 2 月 1 日佐治亚州的众议员罗伯特·里德在国会发表长篇演讲宣称:"与古代的维兰农奴(villein)不同,南部的奴隶所承受的劳动是固定的和适中的。他

---

① William Sumner Jenkins, *Pro-Slavery Thought in the Old South*, Gloucester, Mass: Peter Smith, 1960, p.55.
② *Annals of Congress*,15th Cong., 2nd sess., pp.1188, 1189. http://memory.loc.gov/ammem/amlaw/lwac.html Accessed: 2009/04/03

们的食物和衣物得到充分供给,他们'生活得心满意足,不为明日生活所虑'。我们所信奉的宗教之光芒既照在主人们的身上也照在他们身上;他们的人身安全权利得到了宪法和法律的保障,受到法院警觉地保护。确实,他们常常受制于暴君的肆意妄为行动,但是这不是只有他们才受到的特别不幸!因为,你看看犯罪记录就会发现,暴君在持续不断地猎捕他的臣民,在权力的复仇激情和贪婪的受害者中,白人与黑人同样多。相信我先生,我并不是奴隶制的赞颂者。奴隶制是一种违背自然的状态,是一片乌云,遮盖了我们制度一半的光彩。但是,它是一个既定的邪恶,我们只能对其加以减轻。"他坚称,美国没有废除奴隶制的可能,"奴隶们的福利,我们公民的安全都禁止解放奴隶。我们能够把他们与我们融为一体让他们成为与我们一样的人民吗?北部和南部的偏见会以同样的力量起来反对这一措施"。他反唇相讥地挖苦说,北部那些高调宣扬《独立宣言》的人们其实也憎恶黑人,"至于我自己,尽管从身在摇篮到此时此刻一直被奴隶制所环绕,可是我'憎恶奴仆之手的碰触,讨厌奴隶在身边卑躬屈膝地围绕',如果那最为辉煌的一天到来,那时既能确保他们自己也能确保我们公民的安全,又能让美国的黑人人口位列在平等权利的崇高地位上,得受美国公民的特权和豁免权的保护,那我将为之而欢呼。但是这只是一个永远不可能实现的慈善梦想,在这个国家谁要是按照这种幼稚的理论去行动,那他就不再是一个施恩者,而是成为人类家庭的毁灭者"。① 1820 年 1 月 26 日南卡罗来纳的参议员威廉·史密斯在发言中则大言不惭地赞扬奴隶制。他宣称,通过历史观察可以发现,"奴隶制一直就是人类的命数,在所有时代人们都一直是以这种或那种形态相互服务。至少奴隶制已经在全球所有国家都盛行过。东方的所有国家都大量持有奴隶"。他举出希腊人和罗马人,雅典人和斯巴达人,以及恺撒都大批出售奴隶,甚至宾夕法尼亚和罗得岛州也还有奴隶,用这些例证来说明奴隶制并非大恶,"这只是一个小小的原罪,是在这些为数不多的人将来死亡消失后才再可以加以忏悔的事"。他断言奴隶是不可能暴动的,"这些人是如此的驯服,或者说是受到他们的主人如此温和的对待,他们的境遇得到如此改善",所以暴动者是不可能在他们中间煽动暴动的。史密斯还从宗教角度为奴隶制辩护,他援引《利未记》第 25 章第 44、45 和 46 节的话,"至于你的奴仆、婢女,可以从你四围的国中买。并且那寄居在你们中间的外人和他们的家属,在你们地上所生的,你们也可以从其中买人,他们要作你们的产业。你们要将他们遗留给你们的子孙为产业,要永远从他们中间拣出奴

---

① Annals of Congress,15th Cong., 2nd sess., pp. 1024, 1025.

仆"。声称"这是上帝自己送给他的神圣仆人摩西的神圣言语,是作为他的神圣的人民的法律的"。他宣称:"可是有人称奴隶制是违背基督教精神的。是何时哪个权威教导我们要把上帝肯定的法律与基督教加以分离的?基督本身就赞同奴隶制,他告诫他们奴仆们要服从他们的主人,他在其一生中从未说过禁止奴隶制的话。那时地球上所有的国家都有广为人知的奴隶制。基督是来履行法律的,不是来摧毁法律的;基督是来执行派遣他而来的天父的意志的;他是来带走世界的罪恶,让人们转离他们的邪恶生活的。"他继续说,"《圣经》告诉我们,奴隶制在圣父们中间是普遍乐用的。上帝的选民就是奴隶;得到他的神圣的许可,约瑟被他的兄弟将其卖给了埃及商人,他们把他带入奴隶制中,上天没有对这些人将他们占有为奴进行复仇,直到上帝以其智慧看到适当之前他们没有得到解救。"针对杰斐逊在《弗吉尼亚纪事》中对奴隶制的否定评价,史密斯进行了客气但坚定的反驳。杰斐逊认为奴隶制使得奴隶主成为性情狂暴的暴君,儿童模仿大人的蓄奴行为,也就对白人儿童在成长中健康性格的形成造成了致命伤害。史密斯反驳道:"主人没有任何动机去诉诸这种狂暴的敌对,那样做是与他们的土地利益对抗的,与他的舒适相对立的。主人与奴隶之间的全部交往是族长制下的交往,主人改善这种制度的动机应有尽有。至于对孩子的影响则正相反。黑人孩子往往就是白人儿童的伙伴,他们一起吃饭一起玩耍,他们之间的关爱之情通常在早年生活中就已经坚固形成,再难以忘掉。如此这般成千上万的事例中奴隶制只不过是一个剩下的影子罢了。杰斐逊先生的观察难以得到事实支撑。他的那些话是写来用以吸引外国人的,是应那个外国人所请而写的,那时候美国人都是满腔热情。那些话是他年轻无畏的头脑中思辨哲学的倾泻,他到成熟年岁后已经加以纠正了。他写下那些言语已经是近40年前的事了。自那时以来他的生命一直在献给那种扩大人类幸福范围的更务实的哲学,献给推进公民自由;在其全部时间里,他的主要财富一直就在奴隶身上,他仍旧继续占有他们。要说他的思想随着反思和通过观察获得信息而扩大,以至于他能够接受这种观点,而与此同时他还蓄奴,那是不可能的。"①

密苏里危机通过南北妥协得到解决后,1820年代进入了奴隶制问题的平静期,联邦政治舞台上没有发生激烈的奴隶制辩论。不过在这个时期,出现了一种渐渐抛弃对奴隶制邪恶定性的论说。担任过国会议员的弗吉尼亚种植园主约翰·泰勒在1821年发表的文集《阿拉托》中,专门针对杰斐逊在《弗吉尼亚纪事》中对奴隶制表示歉疚的言论进行反驳。他虽然宣称自己承

---

① *Annals of Congress*,15th Cong., 2nd sess., pp.266,267,269,270.

认奴隶制是一种邪恶,但是却为坚持奴隶制找出了一系列理由:第一,希腊和罗马实行奴隶制比美国更为长久,他们产生了世界上广为人知的伟大人物。第二,在美国蓄奴州贡献出了很多声誉卓著的人,杰斐逊就是一个例子。第三,奴隶就像马一样引起人的慈爱之心,奴隶给主人提供了很大的力量,但奴隶远在主人之下,激不起主人的激情,只要给他们一些舒适,审慎地赐予他们一些果酒,他们就变得幸福、有用和驯服,对他们的境况永远喜欢。第四,奴隶的邪恶增加了主人的美德。他们的奴性和谄媚激发出主人对那些低劣品质的鄙视。第五,奴隶是道德低劣、最为堕落的人类阶级,他们的智能不能提高到适应超过奴隶制的生活。第六,将人作为财产的奴隶制导致了一种更为克制和人道的态度。第七,奴隶制不能通过合法途径废除,美国宪法明确规定奴隶制属地方管理事务,由各州自己单独来处理。任何对奴隶制的联邦管理都将侵害宪法对契约自由的保障,这种契约中就包含着使用奴隶耕种田地的谅解。① 泰勒的结论是奴隶制只能加以缓解,不能加以消除。尽管泰勒没有说出奴隶制是有意的善举这样的话,但这种意思已经包含在他的话语中了。约翰·泰勒反对杰斐逊认定的奴隶制腐败白人社会的论点。泰勒坚持认为,如果杰斐逊的说法正确,那就最好解放黑人并与他们战斗,为此不惜冒国家灭亡的风险,也比活在对上帝的恐惧中和人的憎恨中要好。但是杰斐逊的看法是错误的,奴隶制一直是西方伟大文明的支柱,希腊罗马都实行奴隶制,但是这两个国家产生了很多伟人。"借用古代希腊和罗马作例证,他暗示南部就应该继承包括奴隶制在内的西方传统,后来的亲奴隶制辩护者将在这一论点上进行扩展论述。"泰勒接着宣称南部也出现了很多伟人,其中就包括杰斐逊,奴隶制并不是就像杰斐逊所说的那样必然会使人腐败。白人儿童和奴隶主不仅不会被奴隶制腐化,而且由于他们看到了奴隶的不良品质,反而鼓励他们修养美德,善与恶本身就是相互映衬的,"也许就是由于如此,人身占有的奴隶制(personal slavery)时常反映着最强烈的公民自由和爱国主义光芒"。②

托马斯·杰斐逊去世前6个月,一个名叫爱德华·布朗的人出版了《奴隶制的起源与必要性》一书。与弗吉尼亚的圣乔治·塔克在1803年做出的对奴隶制的论述相比,布朗的论说是一种极大倒退。"对于布朗来说,近代的进步不是由自由而是由奴隶制创造的。塔克曾经把美国的历史看成是欧

---

① Eugene Tenbroeck Mudge, *The Social Philosophy of John Taylor of Caroline: A Study in Jeffersonian Democracy*, New York: Columbia University Press, 1939, pp.205-206.

② Adam L. Tate, *Conservatism and Southern Intellectuals: Liberty, Tradition, and the Good Society*, Columbia, Missouri: University of Missouri Press, 2005, pp.115-116.

洲人的自由和非洲人的奴役制造的,曾经想着美国的未来将是一个将前者的自由扩展到后者身上的过程,但是布朗认为奴隶制使得新世界得以开拓,使得人类得有文明。"在布朗看来,奴隶制使得原始人放纵无忌的自由本能得到约束,他写道:"奴隶制一直就是一种阶梯,由此阶梯文明国家从野蛮走向了文明,……唯有奴隶制这种状态,能够给内含在人身上的对独立和舒适的热爱带来纪律,要供应人的肉体所需的食物、衣服和住所,就必须有这种纪律。"奴隶制的产生不是由于人的贪婪而是由于需要,它让奴隶交出自由换取保持生活的途径。这当然不是一件容易的事。奴隶制是由供需法则决定的。在劳动的供应大于需求的国家中,如近代的英国和法国,奴隶制就是多余的。然而在其他地方,尤其是新开拓的地区,劳动力成本很高而生活成本很低,奴隶制就是必需的,它是充分开发一个地区必须付出的代价,是为了建立文明需要付出的代价。① 如果按照泰勒和布朗的论点进一步推论,既然奴隶制为文明进步做出了不可或缺的重大贡献,那么当然也就可以说这是一种对人类有益的好制度了。所以说他们的奴隶制辩护中已经内含了奴隶制是有益的善举这样的思想。

如果说弗吉尼亚的约翰·泰勒至少表面上还承认奴隶制是一种邪恶,下南部则已经有人撰文著书否认奴隶制是一种道德邪恶了。理查德·福曼在1823年出版的一本阐述浸礼派教徒对待奴隶制态度的小册子中表示,南部在奴隶制问题上的立场应该以道德为基础,而不是以必要性为基础。他认为自由的存在是以现实为基础的,"只要人类仍然处在无知和错误的锁链之中,或者在暴君的欲望与激情的支配之下,他们就不能是自由的"。怀特马什·B. 西布鲁克在1825年出版的一本小册子中评述了各种对奴隶制的抨击,提出南部人应该对这些攻击予以反击。1826年南卡罗来纳的托马斯·库珀出版了他的第一部亲奴隶制小册子,其中宣称《圣经》中没有任何禁止奴隶制之处,人类文明史上普遍存在过奴隶制,与其他国家的穷人相比,南部奴隶的状况还要更好些。1829年 C. C. 平克尼在南卡罗来纳农业协会发表演讲宣称:"说我们这里存在的奴隶制是比降落到一般穷人身上的更大更不同寻常的邪恶,这一点我们不准备承认。"1829年南卡罗来纳州州长斯蒂芬·D. 米勒在致州议会的咨文中宣称:"奴隶制不是一种国家邪恶,而是国家的福利。这个国家的农业财富是建立在那些拥有奴隶的诸州之上的,政府财政收入的很大一部分源自奴隶劳动的产品。在任何地方都有某种形式的奴隶制。不管从哲学角度来看它是自愿的还是非自愿的都无关紧要。从政

---

① Michael O'Brien, *Conjectures of Order: Intellectual Life and the American South, 1810-1860*, Chapel Hill: The University of North Carolina Press, 2004, pp. 940, 941.

治角度来看,非自愿的奴隶制具有优势,因为所有那些享有自由权利的人那时事实上已经是自由的了。财富对于选举没有影响,财富只是在白人承担体力劳动的地方产生影响,而我们这里是黑人从事体力劳动。在这个问题上我们不要变得低声细语、心存畏惧或假装慈善。"①这些人公然宣讲这样的言论,表明到 1820 年代末,下南部奴隶制辩护的基调已经发生了质变。

  弗吉尼亚的奴隶制辩护在 1830 年代初也转向了在道德上高度肯定奴隶制的立场。在 1831—1832 年弗吉尼亚议会关于奴隶制存废的辩论中,很多代表一开始还是引用杰斐逊关于奴隶制是一种邪恶的说法。然而在此后托马斯·罗德里克·迪尤发表了对这场辩论的长篇评论,断然否定奴隶制的邪恶。他专门针对杰斐逊谴责奴隶制的论述进行了反驳。托马斯·杰斐逊在《弗吉尼亚纪事》中,提出奴隶制对人的品行塑造造成恶劣影响。他指出:"毫无疑问,在我们中间存在的奴隶制度一定会对于我们人民的风俗习惯产生不幸的影响。主人和奴隶之间的整个交往,是一方永远发作最狂暴的脾气,不断地施行暴虐,而另一方屈辱的顺从。我们的孩子看到这个,便去模仿它;因为人类是一个喜欢模仿的动物。这个本性是教育的基础。从他的摇篮到他的坟墓,他都在学习所看到的其他人所做的事。如果父母之抑制住自己而不对奴隶大发脾气,不是出于慈善心肠或他的自爱的话,他的孩子在场应该是他这样抑制自己的充分理由。但是,一般说来这是不够的。父母暴跳如雷,孩子在旁边看着,注意到愤怒的特征,于是在年幼的奴隶圈子里也做出相同的神态,把最坏的脾气发作出来,而且这样被抚养、被教育并且天天练习虐待行为,这样就不能不学到一身可厌的怪癖。"②在引用了杰斐逊的这段话后,迪尤反驳道,杰斐逊的论断不符合事实,奴隶主并不是杰斐逊所描绘的那样,相反奴隶主对奴隶温和善良,宽容厚道。"我们可以放心,在一个好主人与他的奴隶的交往中,教给孩子更多的是善良而不是邪恶,这样崇高的道德和宗教原则将在某个时刻灌输进孩子的头脑,永不磨灭;而不是被培养成一个自私的心胸狭隘的人,唯我独尊。孩子将形成一个更仁厚更宽广的心胸,灵魂得到升华,将一个更宽广的天地接纳进他那慷慨活动的范围。"迪尤提出,奴隶主是有道德的君子,不是邪恶小人。"看看我们国家的蓄奴人口,他们具有高尚崇高的思想,符合人道和美德感情,他们的这些特点你随处可见。在他们中间找不到那种待人冰冷、心胸狭隘和斤斤计较的自私性……。"针对杰斐逊关于奴隶可能仇恨其主人的暗示,迪尤针锋相对地提出,奴隶与奴隶主的关系是朋友关系。"我们毫不犹豫地确认,在我们的整个蓄奴国家,

---

① William Sumner Jenkins, *Pro-Slavery Thought in the Old South*, pp. 72-73, 76, 76-77.
② 梅利尔·D. 彼得森注释编辑:《杰斐逊集》(上),第 309 页。

好主人的奴隶们是他最热心、最忠实和最全心全意的朋友。他们习惯于求主人做他们的支持者、指导者和保护者。"奴隶们与主人的家庭同甘共乐。"我们毫不怀疑,他们是我们社会中最幸福的那部分人。美国的黑人奴隶是地球上最快乐的人。"①迪尤对奴隶制的重新界定,标志着上南部奴隶制辩护基调发生了质变。

南部政治家在国会公然宣称奴隶制是有益的善举,可以看作是南部在奴隶制辩护中基调转变的彻底完成。1835年国会争论哥伦比亚特区奴隶制问题时,南卡罗来纳众议员詹姆斯·H.哈蒙德作了长篇发言为南部的奴隶制辩护,他声称:"据说奴隶制是一种邪恶,它使得人民陷入贫困,摧毁了他们的道德。如果它是一种邪恶,那也只是对我们自己的邪恶,我们乐意有这种邪恶,他人干嘛要来干涉? 但是奴隶制并不是邪恶。恰恰相反,我相信,奴隶制是仁慈的上帝施予我们这个受他宠爱地区的最大的天赐之福。因为,如果没有奴隶制,我们那肥沃的土地和能够物产丰饶的气候就将是白白没有用了。实际上,我们享用奴隶制只是一段短短的历史,已经使得我们的南部家乡的财富、人才及其风度广为人知。"哈蒙德放言称:"我要勇敢地说,在这个地球的表面上,没有哪个种族比我们的奴隶更幸福、更心满意足。我出生并在他们中间长大,就我的知识和经验所及,我要说,他们拥有生活幸福的所有理由。干的活不重,丰衣足食,远比这个世界上任何国家的自由劳工要好,或许我们自己地区的以及我们国家的那些其他州的情况例外。他们的生命和人身受到法律的保护,他们所有的痛苦都会由于受到最仁慈的照顾而舒缓。至少就我所知,他们对家庭生活的喜爱会得到精心的保护和保持。"对于白人对黑人进行性剥削,哈蒙德没有选择蛮横地否认,但是他否认奴隶主与奴隶的性结合。他说道:南部存在混血的穆拉托人是事实,但是"绝大部分在城市,在我们的种植园中养育的穆拉托人寥寥无几。城市中一大部分居民并不拥有奴隶,更大一部分人是原籍北部的人或外国人"。话说到此,哈蒙德急转话头,表示他并不是说这些外来人与黑人进行性结合制造了穆拉托人,他弄不清事实真相。不过,他指出,社会对这种性结合是持否定态度的。"众所周知,在我们的社会中,这种性结合是被认为高度不光彩的事,如果成了习惯性行为,一旦被人所知,那将严重影响一个人的地位。能够接纳一个有色主妇的人很少,属于例外,这样做会立即失去他的地位。"他坚持说:"我的既定思想是,我们的奴隶制度为高雅和高尚文化及其发展做出了很大贡

---

① Thomas Roderick Dew, "Abolition of Negro Slavery", in Drew Gilpin Faust, ed., *The Ideology of Slavery: Proslavery Thoughts in the Antebellum South, 1830-1860*, Baton Rouge: Louisiana State University Press,1981, pp.64, 65, 66.

献。"哈蒙德表示,奴隶主也是人,他们有激情。一些人并非总是能够控制住自己的激情,但是这并不是仅仅奴隶主才有的情况,做丈夫的人,做父母的人,作为朋友,都有控制不住自己激情的时候,就像奴隶主有时候控制不住自己的激情一样。但是,"我要毫不迟疑地说,我们的奴隶主是仁慈的,就像人们通常是仁慈的丈夫、父母和朋友一样。而且就一般情况而言,奴隶主更为仁慈。一个不好的奴隶主,即他让奴隶劳动过度,对奴隶生活供应不良,或对待奴隶过分严厉,都会失去他的公民同胞的敬意和尊敬,就如他违反了社会的和绝大多数道德责任那样"。哈蒙德断言:奴隶主对奴隶是人道的。为此他举证说,南部奴隶人口增长速度与白人一样快,而白人有外来移民的加入,黑人则是自然增长,这就表明黑人奴隶的生活舒适。另一个事实是奴隶中患精神病和自杀的人很少,而在英国则很多。因此不能说黑人奴隶生活在悲惨之中。至于拆散奴隶的家庭,这样的事虽然有一些,但是,"我们的奴隶主实际上总是首先考虑保持他们的家人在一起。黑人本身对这种事情倒是不合情理地相对冷漠"。他宣称黑人偏爱与相隔一些距离的其他奴隶主的奴隶结合,"由于一个奴隶主迁移、去世或经营失败,以及分散他的财产,有时不可能防止家庭分离"。他强辩说,在发生这种情况时,奴隶主都会尽力不拆散奴隶。即使他们被拆散,他们也不抱怨自己的主人,而是抱怨命运。有的奴隶宁愿与主人继续在一起而不愿与自己的家人在一起。①

约翰·C.卡尔霍恩曾经担任过副总统,是下南部奴隶主集团的领袖人物。在1838年1月12日的国会辩论中,卡尔霍恩公然抛出了奴隶制是一种"有益的善举"(positive good)的断言,他宣称:"我坚持认为,在现在这种文明状态中,这两个起源不同的种族,又由肤色和其他体质差异以及智能差异将两者相分别,要把他们带到一起,现在在蓄奴州存在的这两个种族之间的关系,并非是一种邪恶,而是一种善举,一种有益的善举。"②他辩称:"南方很多人曾经相信奴隶制在道德和政治上是一种邪恶。那种愚蠢和幻象已经不存在了。现在我们看到了它的真实情况,认为它是世界上自由制度最安全最稳定的基础。在我们这里不可能发生劳资之间的冲突,而在没有这种制度的所有富有和高度文明的国家里,很难确立和维护自由制度。南部各州是一个社区的集合,而不是个人的集合。每个种植园都是一个小社区,其中主人为首领,他把劳资的联合利益集于自己一身,他就是这些共同利益的代表。这些

---

① *Selections from the Letters and Speeches of the Hon. James H. Hammond of South Carolina*, New York: John F. Trow & Co., Printers, 1866, pp. 34, 36, 137, 138, 144, 150-152.

② Richard K. Cralle, ed., *The Works of John C. Calhoun*. Vol. II, New York: D. Appleton and Company, 1867, p. 631.

小社区集合起来构成了整个州,州的行动,平等地代表了劳动和资本的利益,实现了它们的完美谐和。因此,那个地区的和谐、联合和稳定,除了受到这个联邦政府行动的干扰外,很少受到骚扰。这种状态的福利扩展到了南部之外。奴隶制使得该地区成为这个联邦体制的平衡者。这个伟大的保守力量,防止了其他社会构造不那么幸运的地区陷入冲突之中。在北部存在劳资之间走向冲突的趋势,这种冲突在不断地增加。南部的力量现在处于,并且仍将站在保守的一方,反对这一方或那一方的侵略,这种侵略将会破坏我们政治制度的平衡。这就是我们的符合常情的立场,如果对我们不予干扰,保持至今的这种制度值得称颂的影响力,将继续保持我们的自由制度。这就是那些陷入幻想中的疯子们正在煽动苍天和大地意图摧毁的制度。作为男子汉和爱国者,最崇高和最神圣的责任召唤我们捍卫的就是这种制度。"①卡尔霍恩对奴隶制的重新定性,公然宣称奴隶制是有益的善举,使得他成为南部社会第一个宣扬奴隶制道德合理性的国家领导人。他的这一演说出笼,可以算是南部社会完成了在奴隶制定性问题上的基调转变。此后尽管并非没有人继续坚持奴隶制是"必要的邪恶"论说,但南部主流社会的亲奴隶制辩论基调变成宣扬奴隶制是"有益的善举"了。

二 走向对《独立宣言》的否定

对奴隶制性善的强调,必然走向对美国革命宣扬的自然权利学说的否定。《独立宣言》高调捍卫的是人类的自由权利,强调的是人人平等。亲奴隶制辩论既然转向了奴隶制性善的立场,就不得不去否定人的自然权利,否定人人平等学说的合理性。

直截了当否定自然权利的存在是亲奴隶制辩论的论辩方式之一,这种论辩否定人类社会存在过自然状态。早在 1792 年,南卡罗来纳查尔斯顿的种植园主蒂莫西·福特就撰文抨击自然权利理论,他宣称:"现在很显然,自亚当和夏娃被创造出来以来,这种被称为自然状态的状态事实上从未存在过,人类从一诞生就在某种共同的纽带下联系了起来,这个纽带将人类种族束缚在一起。"②来自弗吉尼亚的众议员约翰·泰勒 1820 年 2 月 7 日在国会发言时,明确否认《独立宣言》宣扬的人人平等有实现的可行性。他先是表示他不想否认《独立宣言》宣扬的所有人拥有同等的自由、主权和独立,承认这是一个抽象的真理。但是话锋一转,他坚定地断言这种原则不具有社会可行

---

① Richard K. Cralle, ed., *The Works of John C. Calhoun*, Vol. III, New York: D. Appleton and Company, 1867, pp.180-181.

② William Sumner Jenkins, *Pro-Slavery Thought in the Old South*, p.58.

性。"能够承认这个主张在社会上可以实行吗？你在生活的方方面面难道不能看到这种主张的荒谬吗？人的差别是存在的。美德与邪恶，富有与贫困，勤劳与懒散，构成了如此多以人之力不能打破的障碍，这些障碍将阻止我们将这个伟大的原则完全付诸实行。对世界上的君主们去宣讲这个原则，他们会从高高在上的显赫之位上下来吗？或者会把人类提高到与他们平等的地位吗？不会。虽然这个原则是那么的可爱和美丽，但是它不能消除社会中存在的那些人与人之间的差别，这些差别正是社会本身制造出来的。自由和平等都是动人心弦的声音，但是它们常常吸引人去进行毁灭。"他警告说，反对奴隶制扩张已经引起了地区间的敌意，联邦有分裂的危险，"一种地区性感情已经产生，一个地理界线已经划定。……这是一个共和国的祸害，是一块应该极为小心地避开的岩石，它是共和国即合众国现在面临的最大危险"。①

卡尔霍恩在1828年撰写的《政府论》中，对美国革命所倡导的天赋人权提出了直接的挑战，否认《独立宣言》主张的人人平等。他写道："综上所述，自然可得出这样的结论，以为所有的人都同等拥有享受自由的权利，这是一个巨大而危险的错误。自由是对奋斗努力的奖励，并不是无偿地、慷慨地、不加区别地施与所有人的恩惠。自由这种奖励是保留给那些有心智、有爱国心、有美德和操行的崇高之士的，而不是作为一种恩赐赐给由于其太无知、太堕落、太邪恶而不能欣赏或者享受自由的那些人的。给予自由不应该成为对自由的诋毁，现实情况就是这样，也应该是这样。相反，自由是最高的赞扬，是最令人自豪的标志，它是大智大慧的上帝为我们道德和心智能力发展保留的最高贵最崇高的奖赏。品行高洁的人应该得到的最合适的报偿莫过于自由，对那些品行低劣的人施加的最正当的惩罚莫过于使其受制于无法无天的专制统治。这种奖惩似乎是某种固定规则的结果，为了干扰或击败这种规则进行的种种努力，通过努力提高人在自由天平上的位置超出其应据的地位，这种努力必然被证明徒劳无功，以令人失望的结局告终。"接着卡尔霍恩宣称，宣扬自由和平等密切相连，没有完善的平等就不可能有完善的自由，这是又一个错误。他宣称："平等和自由在一定程度上是统一的，而且按照此规则来看，在民治政府中，公民的平等对于自由而言是根本性的，人们承认这一点。但是要再进一步，让平等成为自由的根本条件，就会破坏平等和进步。理由是，条件不平等虽然是自由的必然结果，但它对于进步同样必不可少。要理解何以如此，有必要记住这样一点：进步的主要源泉是个体改善自身处境的欲望，能够给予个人的最强大的动力，就是让个体自由地以他们认为可

---

① *Annals of Congress*, 15th Cong., 2nd sess., pp. 1384, 1393.

能最适于那一目的的方式去竭尽全力,当然它至少要能与政府所授命的目的相一致,而且要保护他们奋斗努力的所有成果。由于个体彼此之间在智力、聪慧、精力、坚定性、技能、勤奋与节俭的习惯、体力、地位和机遇方面存在巨大差异,让所有人自由地竭尽全力去争取改善其条件的必然后果,必定是那些可能有较高素质和条件的人与那些可能在这些方面有所欠缺的人之间相应的不平等。可以阻止这一结果的唯一方法,要么是对那些可能拥有较大优势的人们的努力加以限制,把他们与那些不拥有优势的人们置于相同的层次上,要么就是剥夺他们努力的果实。但对他们施加这样的限制会破坏自由,而剥夺他们努力的果实会破坏其改善自身状况的愿望。实际上,正是这种进步征途中存在的条件不平等,才给了走在前面的人强大的冲动以维护他们的地位,同时给了后面的人强大的冲动,以奋力向前挤进前面的行列。这种不平等是进步的最伟大的动力。通过政府干预迫使走到前面的人退回到后面,或者试图把后面的人推向与前面的人一样的水平,会终结进步的动力,最终禁锢进步的发展。"①

19世纪30年代以后,南部的亲奴隶制辩护士更是对《独立宣言》的主张进行赤裸裸的攻击。托马斯·库珀在1835年写道:"我们就人类的权利说过了太多的胡言乱语,我们说人是生而自由的,是与其他人平等的,再也没有什么比这说法更不真实的了。人类从未是,现在和将来也不会是生而自由的。襁褓中的婴儿的自由在哪里?没有哪两个人生来就是或者将来会相互平等。难道他们的身体会同等强壮,才能会同等水平,生来就有同等的抱负和机会?如果人的低劣由自然决定,那么这种低劣将通过人生讲出自己的故事,事实就是如此。"②这是一种釜底抽薪式的论辩方式,按照逻辑推理,既然自然状态在人类社会根本就不存在,既然人根本不是生而自由,那么人人享有自然权利的主张也就不具有合理性了。威廉·哈珀对《独立宣言》直截了当地进行了点名批评,反驳人人生而平等的政治主张。他狡辩道:"如果说没有人生来就是自由的,没有哪两个人生来就是平等的,这样说难道不是更显然接近真理吗?人生来就处于最无可奈何的依赖他人的状态。他继续受到他人的绝对控制,在法律规定的假定他的能力达到成熟的时间到来之前,仍将处于这种状态。然后,不平等进一步发展,变成无数种不平等,任何社会,不管是在什么政府形式下,都是如此。拥有财富和陷于贫穷,名声远扬或默默无

---

① Richard K. Cralle, ed., *The Works of John C. Calhoun*, Vol. I, New York: D. Appleton and Company, 1863, pp. 55, 56, 57. (译文参考雅法:《自由的新生:林肯与内战的来临》,谭安奎译,华东师范大学出版社2006年版,第683—684页)

② William Sumner Jenkins, *Pro-Slavery Thought in the Old South*, p.125.

闻,身强力壮或身体虚弱,有知或无知,轻松或劳作,有权有势或受制于人,构成了人类状态的无限的多样性。"他指出:"人生来就受制于人。他不仅仅在婴儿时期是依附者,受到他人的控制。在所有时代,人天生的思想就是,强壮和聪明的人控制弱者和无知的人。"在他看来,"拥有能力和知识的优等人,因而也就拥有优势权力,应该控制和支配那些劣等人,这是自然和上帝的命令。人类应该相互奴役,就像其他动物相互猎食一样"。①

乔治·菲茨休也在其亲奴隶制辩论中否定《独立宣言》宣扬的人人生而平等学说,强调人类社会的普遍状态是人与人之间生来就不平等。"我们相信,四面八方都承认,人生来在肉体、道德或心智上就不是平等的。有人是男性,有人是女性;有人生来身材高大、强壮和健康,其他人则虚弱、身材矮小、疾病缠身。有人天然的和蔼可亲,有人则易为各种邪恶之举。有些人勇敢,有些人胆怯。自然的不平等招致权利的不平等。心智和躯体虚弱的人需要指导、养育和保护,他们必须听从那些保护和指导他们的人的吩咐并为之工作,这些人拥有的自然权利是得到监护人、委员会、教师或者是主人的监护。自然使得他们成为奴隶,法律和政府所能够做的是管理、修改和减轻对他们的奴役。如果没有合法的奴隶制,在弱者受制于强者、愚者受制于智者和狡黠者的自然奴隶制之下他们的状况会更恶劣。那些有智慧、道德、头脑和身体强健的人天生是要指挥和保护他人的,法律不过是遵循自然使得他们成为统治者、立法者、法官、军官、丈夫、监护人、委员会和主人。天生卑鄙的阶级生来就有犯罪倾向,他们也是我们的兄弟,他们有权得到教育和宗教指导,得到所有可以用来纠治他们邪恶倾向和一切缺点的东西。他们有被送到监狱的权利,因为到那里,如果他们不改良的话,至少也不能扰乱社会。"菲茨休否认个人拥有不可剥夺的权利,他写道:"人生来就是社会的一个成员,而不是去组成一个社会。就像蜜蜂和昆虫那样,自然已经为他把社会组织好了。他与社会都是上天赋予的,社会是一个存在体,他是这个存在体的成员之一,他没有任何与社会利益对立的权利。社会可以恰如其分地使用他以促进公益事业。他拥有的不管什么权利都服从于整体的利益,他从未向社会让出自己的权利,因为他生来就是奴隶,他没有可供让出的权利。"他否定近代欧洲启蒙思想家宣扬的社会契约论,推崇古代的贵族政体,"政府是社会的创造物,还可以说他的权力取自于被治理者的同意。但是社会的主权不归于其成员各自的同意、决断或协议。就像蜂巢,它既是自然之作也是其成员的组成。由此来说,自由贸易学说的截然对立面就从我们的学说中产生了。这种学说

---

① William Harper, "Memoir on Slavery", in Drew Gilpin Faust, ed., *The Ideology of Slavery: Proslavery Thoughts in the Antebellem South, 1830-1860*, pp. 83, 85, 89.

使得每个社会成为一个兄弟团队,为共同的利益工作,而不是在一个布口袋中相互撕咬和害怕的猫。竞争制度是一个对抗和战争制度,我们的制度是和平博爱的制度,前者是自由社会的制度,后者是奴隶社会的制度。希腊人、罗马人、犹太人、埃及人,以及古代所有的政体,都是建立在我们的理论之上的。在那些时候最崇高的贵族推崇的不是自私,不是冷若冰霜的个体,而是做社会和他的国家最忠诚的仆人。在古代,个人在人们心目中不值一提,国家才是一切。可是就是在这种制度下,产生了这个世界可以看到的最高尚的个人。"①

这种直接否认自然权利的论说,很难得到美国绝大多数白人的思想认同。自然权利学说毕竟是绝大多数美国人根深蒂固的信念,否定自然权利也就否认了美国白人认为自己享有的权利。为了不刺激白人大众,更多的亲奴隶制辩论选择调和自然权利与奴隶制矛盾的论辩策略,强辩奴隶制与自然权利在人类社会中相容共生。J. K. 保尔丁在 1836 出版的《美国的奴隶制》中将自然权利分成两类,一类是不可剥夺的权利,如自卫权,另一类是可以自愿放弃的权利,如罪犯、战俘或负债人就放弃了他们的权利。他指出:"毫无疑问,所有的人是生而平等和自由的,可是很多人放弃了他们的自由。否认这一点就是对自卫权的怀疑,这就是必须使战俘不能再伤害我们的理由,也是制定那些实行囚禁和苦役法律的理由。"还有,虽然所有的人都有能活多久就活多久的自然权利,但是也会受惩罚或为了社会的安全而被剥夺生命。任何人当然也有权追求自己的幸福,只要他的这种追求没有非法地不道德地干涉他人的幸福。对《独立宣言》只能这样来理解,而不应该另加解释,如果另加解释的话,"就会将其原则歪曲为授权在不可剥夺的自然权利的批准下去违反人类的全部法令。该宣言不是对人权进行玄思妙想式的讨论,而只不过是宣示了重大的普遍原则。要把其他例外之事一一列举那就要给世界写一卷厚书了,那就不是一个简洁的权利宣言了。因此,对我们的原则与我们的实践不一致的指责,完全是站不住脚的"。艾伯特·泰勒·布莱索在他撰写的《自由与奴隶制》中表示,他承认所有的人都有一些不可剥夺的权利,"任何人都无权剥夺他的权利。所有的自然权利,其实只要是真实的和现在存在的,都是不可剥夺的。这就是说,没有谁能够正当地将这些权利转交给社会,社会也不能正当地解除他的这些权利。要说一个人对某种东西拥有权利,同时又声称社会可以拿走他的这种权利,那就是肯定社会可以施加不义之举,

---

① George Fitzhugh, *Sociology for the South, or the Failure of Free Society*. Richmond, VA. A. Morris, Publisher, 1854, pp. 177-178, 25-26, 26. http://docsouth.unc.edu/southlit/fitzhughsoc/fitzhugh.html Acessed: 2009/08/17

或剥夺个人的应有之物"。但是,他否认生命和自由是人的不可剥夺权利,例如杀人犯没有生命权利,抢劫犯没有自由权,不过所有人都有尽职的权利,这是一种不可剥夺的绝对权利。对于那些拥有自由权利的人来说,他们的权利是不可剥夺的,社会不能剥夺他们的这种权利,但是对那些不拥有这种权利的人而言,"生命和自由都可以为了社会的最崇高利益而被社会所剥夺。我为奴隶制进行辩护正是基于这种理由,不是基于社会可能解除奴隶拥有永久自由的自然权利,而是他不拥有这样的自然权利,社会全体的利益与他们的永久自由是不相容的"。①

援引历史和社会现实作为例证,来证明奴隶制与自由并不矛盾,是一些亲奴隶制辩论者为否定人人平等的自然权利学说而采用的迂回辩术。托马斯·迪德里克·迪尤在他的亲奴隶制辩论中援引史例来证明奴隶制对共和精神具有支持作用。他宣称:"有人辩称奴隶制对共和精神不利,但是整个世界历史证明事实远非如此。在希腊和罗马这些古代共和国,自由精神最为强烈,而那里的奴隶人口多于自由民。亚里士多德这个上古时期的伟人认为,自由精神的活力必然由奴隶制来保持。在斯巴达,甚至不允许自由民担当奴隶的工作,唯恐这样将使他们失去独立精神。在近代时期也是如此,蓄奴社会总是热切渴望自由。"他指出南部社会就是如此。正是奴隶制使得南部蓄奴州所有白人中流行平等精神。"正是这种平等精神引发并保持了真正的自由精神。"②哈蒙德同样援引历史来证明奴隶制对于文明的积极作用。他提出人类文明处在发展之中,人类历史正在进入一个新时代。"我们正在接近一个文明的新时代,如果我们还没有已经进入这个新时代的话。19世纪的人类不是17世纪的人类,与18世纪的人类也有着巨大差别。在过去60年里发生变化的不是地球表面而是文明人的历史,这种变化要比自查理曼统治时期以来发生的变化更大。"他认为,社会变化的根本原因是知识的传播。"先前,一切学识都限制在神职人员范围内,所有的政治权力都归于人民的世袭统治者。"由于印刷技术的发明,知识传播到中产阶级,神职人员不再能够吸收所有知识。由此导致的第一个后果是基督教会专制统治的毁灭,继之发生的便是智能反对政治压迫的战争。但是,权力诱惑又使得人们相争,乔治二世时期英国议会内的斗争,随之发生的美国革命,以及继之发生的法国革命,都是智识之士发起的。在经历了多少个世纪的无知和懒散之后,人们便在知识的驱使下不管好坏向前奋进。蒸汽机、铁路和机械的力量改变了世

---

① William Sumner Jenkins, *Pro-Slavery Thought in the Old South*, pp. 122, 123, 124.
② Thomas Roderick Dew, "Abolition of Negro Slavery", in Drew Gilpin Faust, ed., *The Ideology of Slavery: Proslavery Thoughts in the Antebellem South*, 1830-1860, pp. 66, 67.

界,"一句话,我们这个时期已经不能再说什么事情是不可能的了"。在这个巨大变革时期,统治者与被统治者之间的斗争激烈进行。"世袭的制度已经走了,法兰西的贵族已经被推翻了,贵族在英帝国的日子也屈指可数了。"哈蒙德指出,美国并不存在世袭制度。不过在美国,"奴隶制确实创造了一种贵族,一种有才干、为人慷慨和勇敢的贵族。在一个奴隶制国家中,任何一个自由人都是一个贵族。不管贫富,即使他一个奴隶也没有,他生来就拥有他所在社会的所有自然优势,所有的荣誉对其开放,邀请他尽情施展才华"。他表示确信,"我们管理的家庭奴隶制产生的社会组织是地球上曾经存在的最崇高、最纯洁和最佳的组织"。在他的心目中,任何社会都必然存在阶级的类分,最典型的是贫富阶级、文化阶级和无知者阶级划分。穷人没有闲暇时间去担当公共职责,无知者则完全不适合担当公共职责。然而在共和政体中,由于选举权的普遍,政府就落入人数上的多数派手中,这样的政府是一种令人极不愉快和不安全的政府,因为它是由最无知的公民和与其利益关联最小的人所执掌。而奴隶制则使南部社会避免了这种情况。"可是,在蓄奴州,几乎占整个人口一半的那些最贫穷最无知的人,没有任何政治影响力,因为他们是奴隶。在另外的一半中,就他们的境况而言,一大部分人受过教育又有独立行事能力。而那些不幸并非如此的人们,也得到提升,超过了大众,比起其他任何国家的同类阶级,在保护一个稳定和秩序井然的政府方面,他们气更壮,兴趣更浓。因此,奴隶制实在是人所能够精心设计出的可以长久存在的共和大厦的'基石'和基础。"①按照这些人的论辩逻辑来推断,既然人类社会过去、现在都存在人对人的奴役,既然奴隶制是文明的支柱,那么人人平等的自然权利学说反而不应该赞扬了。

南部亲奴隶制辩论的主调转变在1830年代完成后,"1840年代,尽管随着政治舞台越来越喧闹不安、令人担忧和不可预测,论辩的语气越来越急迫,但是亲奴隶制辩论主要是在精细化,而很少有创新"。到了1850年代,亲奴隶制意识形态已经建构完成。"亲奴隶制辩论的路线到1850年代初已经牢牢确立,已经开始进入发行文集的阶段,不再有创新,而成为了学童们死记硬背的东西,成为了像托马斯·库珀这类的亚历山大派学者们加以概括的东西。标准已经形成了。1852年查尔斯顿出版商沃克和理查德出版了400多页的《亲奴隶制论证:南部州最著名作家所持的论证,包括迪尤、哈珀、哈蒙德的著述以及西姆斯的一个摘要》。1860年由密西西比州的埃利奥特编辑的《棉花为王:亲奴隶制辩论》在奥古斯塔出版,此书篇幅扩大到900页,其

---

① *Selections from the Letters and Speeches of the Hon. James H. Hammond of South Carolina*, pp. 41-44, 45, 126-127.

中收录了《亲奴隶制论证》一书中除迪尤和西姆斯的文章以外的其他文章，增加了索恩顿·斯特林费洛、艾伯特·泰勒·布莱索和塞缪尔·卡特莱特的文章，而且使用了辛辛那提人戴维·克里斯蒂和普林斯顿的查尔斯·霍奇的文章，用以表示北部人也在为奴隶制辩护。①

三 奴隶制辩护基调转变的必要性

南部的亲奴隶制辩论转向强调奴隶制是"有益的善举"，从人在生活中对道德伦理的选择规则来判断，是南部奴隶主集团选择坚持奴隶制永续和扩张立场的必然结果。美国革命创造了一种与奴隶制截然对立的意识形态，从人类文明的原则高度否定了人奴役人的合理性，确立了人人平等享有自由生命和追求幸福权利这种新的文明原则。尽管《独立宣言》的主张实际上至今并未变成现实，但是其主张成为人类的文明理想。可是内战前美国的奴隶主集团既然选择了捍卫奴隶制永续扩张的立场，就只得在原则上否定《独立宣言》宣扬的美国革命理想原则了。人类毕竟是生活在道德伦理框架之下的，自认为自己属于文明之列的人，是不可能选择为一种自己都承认是邪恶的制度加以辩护的。当为了自己的利益和幸福而要永久捍卫一种制度时，就必然会选择将这种制度加以美化，断言这是一种美好的制度，是一种合理的制度。美国革命后，南部奴隶主既然走上了坚持并扩张奴隶制之路，在道德上走向对奴隶制的肯定性评价就是必然的选择。因为如果承认奴隶制是一种罪恶，那就不应该让这种罪恶扩张，就应该为这种制度的终结做出安排。南部奴隶主既然选择继续捍卫奴隶制，坚持奴隶制的扩张，那么就只能强词夺理，将奴隶制定性为一种"有益的善举"。

转向强调奴隶制是有益的善举，这是南部奴隶主集团在世事变化中做出的符合他们利益的理性选择。本来，在美国革命后，即使在南部，也存在着反奴隶制的情感和声音。"1830年代前反奴隶制情感在南部一直存在。1827年教友派改革者本杰明·伦迪发现美国有130个反对奴隶制的协会，其中103个位于梅森—迪克森线以南，那时在南部还能见到反奴隶制出版物，与此相应，北部也有一些为奴隶制辩护的声音。"②尽管南部也有亲奴隶制辩论的出现，但是，"在1790—1820年这一时期，总的来说亲奴隶制理论处于一种安静状态。尽管在这三个年代南部的主流舆论支持奴隶制，但在表面上奴隶

---

① Michael O'Brien, *Conjectures of Order: Intellectual Life and the American South, 1810-1860*, pp. 959, 965-966.

② Nathalie Dessens, *Myths of Plantation Society: Slavery in the American South and the West Indies*, p. 118.

制辩护处于潜伏状态,被从消极状态中激起进行巧言相辩的事情只是偶尔发生。与后来几个年代奴隶主们为捍卫他们的制度进行咄咄逼人甚至好战性的举动相比,这一时期奴隶主们对奴隶制问题倒显得冷漠,所持的是一种为之辩解的态度。"①然而,大西洋世界发展潮流的质变,使得南部的奴隶制遭到来自三个方面的挑战。其一是北部政治权力的挑战。在奴隶制成为南部的地区制度后,北部政治力量在奴隶制扩张问题上几乎一致成为南部的对手,在其他涉及奴隶制问题上,越来越多的北部政治人物从同情暧昧走向了反对立场,他们在联邦政治中对奴隶主权势构成了直接挑战。其二是意识形态挑战。虽然美国革命已经从理论上否定了奴隶制的正当性,但是只要没有人喋喋不休地对这个问题进行宣讲,南部奴隶主就可以佯装不知。可是19世纪30年代开始美国的废奴主义运动蓬勃兴起后,奴隶制遭到猛烈抨击,使得南部奴隶主不得不去回应对他们的道德谴责。其三是南部社会内部在奴隶制问题上存在着现实的和潜在的危机。在1831—1832年的弗吉尼亚,一场奴隶暴动引发了州议会的奴隶制大辩论,西部地区要求废除奴隶制,这使得奴隶主集团感受到了现实的危机。潜在的危机则是非奴隶主白人对奴隶制的矛盾态度。这三个方面的挑战都要求奴隶主集团为奴隶制进行理直气壮的辩护,而要做到理直气壮,哪怕是装出理直气壮的样子,就不能再像过去那样承认奴隶制是一种邪恶了。从这种转变发生的时机和针对性来看,30年代以后的亲奴隶制辩论既是对废奴主义活动家对奴隶制进行激烈道德谴责的反诘,也是在联邦政治权力结构中对北部政治权力挑战的应对,还是对南部社会奴隶制现实危机的应对和对潜在危机的预防行动。

  首先,从权力角逐角度来说,联邦国家范围内围绕奴隶制问题进行的地区权力斗争是逼迫奴隶主政客为奴隶制进行辩护的缘由。美国建国后,每当联邦立法涉及奴隶制问题时,联邦国会就成为奴隶制辩论的主要场所,亲奴隶制议员和南部议员在这里进行面对面的言语交锋。从1793年国会制定《逃奴法》,到1819—1820年的密苏里争议,再到1830年代前期的《钳口律》争议,进而到美墨战争引发的国会大辩论,以及1854年《堪萨斯—内布拉斯加法案》制定中的辩论,直至内战的发生,在国会辩论中,反奴隶制议员对奴隶制和奴隶主进行了道德谴责和尖刻嘲讽,要求限制奴隶制扩张,限制奴隶主对逃亡奴隶的追捕。对于南部奴隶主来说,这不仅是一个荣誉问题,更是一个生死攸关的问题,一旦奴隶制的扩张权力和追捕逃奴的权利被否定,一旦奴隶主被定性为罪恶之人,那么奴隶制就失去了元气。荣誉和利益的一体

---

① William Sumner Jenkins, *Pro-Slavery Thought in the Old South*, p. 48.

迫使南部国会议员气急败坏地站出来,气势汹汹地进行强词夺理的亲奴隶制辩论。

其次,从意识形态斗争角度来论,南部的亲奴隶制辩论也是对大西洋世界废奴主义运动的回应。美国革命后,废奴主义运动首先在欧洲兴起。大西洋世界的废奴运动并不只是对奴隶制进行道德谴责的宣传运动,而且还诉诸实际行动推动美洲殖民地奴隶制的终结。法国大革命爆发后,革命派暂时中止了奴隶贸易。但是1802年拿破仑又恢复了奴隶贸易。在丹麦,1803年通过皇帝的圣旨终结了奴隶贸易。英国是第三个禁止奴隶贸易的国家,并走上了解放其殖民地奴隶之路。"实际发生的事情是,尽管存在政治反动和国内压迫情况,英国在1807年还是快速从当时世界上主要的非洲奴隶买卖者转向完全取缔奴隶贸易。此后,从1823年开始,英国采取步骤旨在保护和改善西印度、南非和印度洋(但不包括印度)殖民地奴隶们的生活状况。1833年议会一项立法和平地解放了近80万奴隶(我们知道这些奴隶直到1838年才真正获得自由),为奴隶的所有人或奴隶所有人的债权人提供了当时是天文数字的2000万英镑的补偿。"①本来拉丁美洲的革命已经开始推动废奴运动,英国的废奴行动进一步推动了新世界奴隶制的废除。"当1838年加勒比海地区由奴隶转变为学徒的黑人最终获得解放时,美洲奴隶制已经永久终结的地区是智利、墨西哥和玻利维亚,这几个国家分别是在1823年、1829年和1831年终结奴隶制的。不过,废奴主义运动的国际成长,导致美洲绝大多数实行奴隶制的强国在此后的半个世纪里解放了他们的被奴役劳工。在1842—1854年之间,奴隶制在乌拉圭、厄瓜多尔、秘鲁和委内瑞拉被废除。在丹麦和法国的殖民地,奴隶在1848—1849年得到解放。"②

在美国,1831年初加里森出版了第一期《解放者》,激进废奴主义运动在北部兴起。"从1830年代早期开始,白人废奴主义者力图证明美国的奴隶在自称拥有他们的那些人的手中遭受着肉体上、情感上和精神上的痛苦。他们感到他们需要让美国公众相信奴隶们受到了虐待。他们一再辩称南部种植园的基本事实是:奴隶主拆散奴隶的家庭,对奴隶进行合法的强奸,不承认奴隶婚姻的合法性。奴隶主毒打奴隶,剥夺他们的食物和休息,阻止他们上学和进教堂。最著名的废奴主义文学作品中带着激情宣称这些观念,寻找新的

---

① David Brion Davis, *Inhuman Bondage: The Rise and Fall of Slavery in the New World*, New York: Oxford University Press, Inc., 2006, pp.233-234.
② Kenneth Morgan, *Slavery and the British Empire: From Africa to America*, New York: Oxford University Press Inc., 2007, p.197.

方法证明他们的论点,一再重述那些关于虐待奴隶的故事。"①

南部奴隶主并不是生活在与外部世界隔绝的封闭社会中,而是依托大西洋世界经济而生存。大西洋世界的舆情变化,他们不可能视而不见听而不闻,外部的废奴主义者宣传刺激了南部奴隶主的神经,使他们的自尊心和道德感受到了严重伤害。面对来自大西洋世界反奴隶制运动越来越强大的压力,他们不得不做出反应。南部奴隶主集团固然严密封锁反奴隶制作品在南部的传播,"自1830年代中期之后,在梅森—迪克森线以南地区,对奴隶制进行公开抨击变得越来越危险,即使是南部本土人也是如此"。而形形色色的亲奴隶制辩论则受到欢迎,即使那些不合乎南部人思想的亲奴隶制论调至少也得到容忍,而任何反对奴隶制的声音都会遭到激烈的打压。"1860年南部州迫切需要的是自由行使批判精神。尽管南部拥有几个现实主义思想家,社会氛围对于直言不讳地对社会秩序的批评是如此敌视,以至于不同意当时主流思想的人,不得不掩盖自己的意见。"②但是言论可以钳制,思想却难控制。对此奴隶主集团当然也是懂得的。为了消弭南部在奴隶制问题上的思想分歧,整合南部人的思想到坚定地支持奴隶制的立场上,奴隶制的捍卫者就需要进行亲奴隶制辩论。"美国南部的奴隶主精英们都是放眼四海的有学问之人,他们理解思想话语在政治塑造中所发挥的作用。废奴主义的一个核心内容,是从思想上和道德上挑战奴隶制的正当性,亲奴隶制辩论力图回答这些废奴主义者发出的挑战。"③总体上来说,"1830年后形成的系统亲奴隶制思想是对废奴主义者对人际奴役制度抨击的反应。自然而然,废奴主义者抨击的具体内容也就决定了亲奴隶制反应的特色。由于废奴主义者希望将奴役制度描绘成野蛮的制度,与近代宗教、政治和社会原则绝对脱节,奴隶制的辩护者便不得不将奴隶制描绘成美好社会的基石。事实上,在宗教和世俗亲奴隶制知识分子的著述中,都充斥着宣称奴隶制是产生和维护社会秩序的必要基础这种论述"。④

奴隶主的财富、权势和荣誉都是以奴隶制为基础的,对奴隶制的否定就

---

① Michael D. Pierson,"'Slavery Cannot Be Covered up with Broadcloth or a Bandanna': The Evolution of White Abolitionist Attacks on the 'Patriarchal Institution'", *Journal of the Early Republic*, Vol. 25, No. 3 (Fall, 2005), pp. 383-384. http://www.jstor.org/stable/30043336 Accessed: 2012/03/21

② Clement Eaton, *The Growth of Southern Civilization, 1790-1860*, pp. 309, 313.

③ Edward B. Rugemers, "The Southern Response to British Abolitionism: The Maturation of Proslavery Apologetics", *The Journal of Southern History*, Vol. IXX, No. 2 (May, 2004), p. 245.

④ Stephen R. Haynes, *Noah's Curse: The Biblical Justification of American Slavery*, Oxford: Oxford University Press, 2002, p. 90.

是对他们存在合理性的否定。他们当然不能接受对自己的强烈的道德指控。关于南部亲奴隶制辩论的缘起,美国学者爱德华·B.鲁格默进行了这样的概括:

> 奴隶主们的财富、身份、声望和未来的繁荣全部是建立在他们将非裔美利坚人作为奴隶来占有的权利的长久性之上的,从18世纪后期到19世纪早期,大西洋世界的废奴主义运动发展成了对长期保障奴隶财产的严重威胁。1833年西印度殖民地的奴隶制被废除,近80万黑人奴隶由英国议会的法令予以解放,与此相比,以前废奴主义者取得的成就相形失色。站在西印度地区和美国南部地区的种植园主的角度来看,英国议会对西印度殖民地奴隶制的废除是一种极端行动,是一个暴政政府对财产的非正义剥夺,是废奴主义思想所能产生的力量的最终展现。南部的白人同处在英国废奴行动的思想环境中,他们相信北部那些受到启示的废奴主义者对南部一方构成了严重威胁。英国的废奴迫使南部思想家扩展他们的亲奴隶制论辩话语。像普利尼和哈蒙德这样的诡辩家突出宣扬英国劳工的痛苦,用以给自由劳动制度的道德优越性投上怀疑。他们描绘的西印度奴隶制是与美国的奴隶制对立的严厉的制度,以给南部奴隶主披上慈爱的外衣。他们的辩论是一种阴险的杰作,力图在破坏反奴隶制信念的同时将美国的奴隶制放置到废奴主义者的批评之外。①

在19世纪30年代后的南部亲奴隶制辩论中,南卡罗来纳人成为辩论的领军人物。"南卡罗来纳人成为创造亲奴隶制论点的领导者,因为该州是南部奴隶人口比例最大的州,1850年其奴隶占人口的比例是57.6%,弗吉尼亚的奴隶人口比例仅占32.2%。而且,那里的沼泽水稻种植园对奴隶劳动的需要比其他主产作物生产地区的需要更为迫切。因为尽管黑人并非对疟疾有免疫力,但他们与白人相比,比较不容易感染疟疾。再则,那些无知愚昧的黑人们看来需要主人的控制。卡罗来纳人还形成了夸张的自豪感和捍卫自己权利的传统。"②南卡罗来纳的奴隶制卫士们高度关注着英国的废奴运动。1833年英国议会做出了废除西印度殖民地奴隶制的决定。南卡罗来纳的奴隶主们密切关注着英国议会的辩论和抉择。1833年8月,南卡罗来纳《信使报》上连续发表了以"济贫法和内部奴隶制"为题目的一系列文章,作者没有

---

① Edward B. Rugemer, "The Southern Response to British Abolitionism: The Maturation of Pro-slavery Apologetics", pp. 247-248.

② Clement Eaton, *The Growth of Southern Civilization*, *1790-1860*, p. 304.

使用自己的真实姓名,而是使用古罗马史学家"普利尼"的名字作为自己的化名。不过从文章所引用的材料来分析,作者应该来自社会权贵阶层。作者多次引用了当代的思想家和英美的报刊,这就揭示了作者的社会和教育背景。"普利尼提及了布莱克斯通、吉本、休谟、马尔萨斯和南卡罗来纳的历史,以及《爱丁堡评论》和巴尔的摩的《奈尔斯纪事周刊》。如此广博的学识显示了他的权贵社会背景和受过古典教育(或许是在国外或北方受过教育)的知识背景。普利尼对英国废奴主义者的关注和他对当代报刊的使用,表明他接触了大西洋世界当时发生的事件。他来自种植园主阶级,或许就来自南卡罗来纳。"①在国会辩论中肆无忌惮地断言奴隶制是有益的善举的卡尔霍恩和哈蒙德,就是来自南卡罗来纳的种植园主政客。

再次,从政治谋略角度来判断,亲奴隶制辩论也是奴隶制卫道士对南部社会现实危机的反应和对潜在危机的防范。从 1808 年对外奴隶贸易结束到 1830 年代,奴隶制辩论并未从南部社会和政治生活中消失。1792 年和 1799 年肯塔基制宪会议选举中对奴隶制进行过争论,在 1808—1823 年间肯塔基废奴协会成员超过百名。在 1830 年前的南部有 2 种反奴隶制潮流,一是像杰斐逊和圣乔治·塔克这样的政治家进行的无组织的半心半意的反对奴隶制活动,这些人关注的是奴隶制对白人的不良影响,二是宗教牧师们大量进行的活动,他们强调奴役他人是道德邪恶。1822 年南卡罗来纳发生了所谓的登马克·维西奴隶暴动密谋,使得南卡罗来纳白人社会加强了捍卫奴隶制的决心和措施。1831 年 8 月 21 日弗吉尼亚发生了纳特·特纳奴隶暴动,虽然这场暴动很快就被镇压了,但却引发了弗吉尼亚白人社会对奴隶制的大辩论。对于究竟应该从这场奴隶暴动中吸取什么教训,一些人警告说会发生更多的暴动,主张预防血腥种族冲突的最佳途径,是实行一项补偿解放奴隶计划,并将此计划与把获得解放的奴隶送出美国的殖民方案相结合。这个逐渐改革方案的支持者绝大多数来自西部奴隶人口稀少的地区,而东部的奴隶主集团则反对这个方案。经过州议会冗长激烈的争论,1832 年 1 月 25 日州议会众议院以 67∶60 票的表决通过决定,"迁移奴隶的进一步行动将等到公共舆论更明确的发展之后进行"。② 无限期地推迟对奴隶制问题做出决定,就意味着维护现实的奴隶制。不过,这个表决票数显示弗吉尼亚白人社会的反奴隶制力量与亲奴隶制力量不相上下。"1829 年州议会席位分配的不当,使得弗吉尼亚西部少得了 7 个席位,东部多得了 7 个席位,如果按白人一人一

---

① Edward B. Rugemer, "The Southern Response to British Abolitionism: The Maturation of Pro-slavery Apologetics", p. 225.
② Daniel Walker Howe, *What hath God wrought: The Transformation of America*, p. 326.

票分配议会席位的话就不该如此。"①尽管弗吉尼亚议会的奴隶制辩论最终做出的决定是捍卫奴隶制,但是弗吉尼亚社会在奴隶制问题上的分歧依旧存在。1859 年弗吉尼亚人辛顿·罗万·赫尔珀在《南部迫在眉睫的危机:如何解决》一书中,将南部的落后完全归罪于奴隶制,"奴隶制是南部所有的羞耻、贫困、无知、暴政和愚钝的根源。必须将奴隶制彻底铲除。如果这样做了,一个光荣的未来就在等待我们"。② 他号召非奴隶主白人用选票推翻奴隶主寡头统治。这些反奴隶制话语出自他的口中,意味着南部内部在奴隶制问题上并无一致的立场。亲奴隶制辩论者有着争取南部非奴隶主大众拥护奴隶制的意向,"亲奴隶制辩论著述中存在着对一些主题的显然重复,这种论辩可归入博取自耕农青睐的类别。一再重申奴隶制具有普遍的经济优势,奴隶主是成功福音的活生生的写照,种族是地位的保障,奴隶解放的后果是种族杂合,重申这些话语适合非奴隶主白人中间那些头脑顽固者的兴趣和自我需要"。③ 他们摇唇鼓舌舞文弄墨宣扬奴隶制是有益的善举,"这种为奴隶制进行精心辩解的盘算旨在让南部人自己觉得奴隶制在道德上是正义的,以便平息他们可能拥有的负罪感。托马斯·罗德里克·迪尤撰写的《1831 年和 1832 年弗吉尼亚立法机构辩论之评论》,其目的首先就是说服弗吉尼亚人相信奴隶制是一种必要的制度,而不是回应北部的废奴主义者。在一篇对 1836 年发表于《南部文学信使》杂志上的鲍丁的《美国的奴隶制》的评价中,贝弗里·塔克宣称,南部的作家们必须捍卫奴隶制,'使我们的人民相信'奴隶制的正确性"。④ 菲茨休在 1854 年出版的《南部社会学》开头的献词中就写道:"在南部社会一直是如此的平静,人心一直是如此的满足,这个社会遭受的犯罪或极端贫困之苦如此之微,以至于这个社会一直没有感受到自由社会里的革命骚乱、喧嚣、乞丐生活和犯罪。意识到自己享有幸福或免受邪恶的人现在很少。"⑤这是一种"此地无银三百两"的表述方式,恰恰表明菲茨休是以南部白人为说教对象的。

最后,就个人而言,在南部这个奴隶主统治的世界里,自觉自愿地不惜劳神费力撰文著述亲奴隶制篇章,不无迎合统治集团心愿的用意,藏有媚权邀宠心机和博名取利期望。南部社会的统治者是奴隶主,文人们不管自己是不

---

① William W. Freehling, *The Road to Disunion*, Vol. I, *Secessionists at Bay, 1776-1854*, p. 188.
② Avery O. Craven, *The Growth of Southern Nationalism, 1848-1861*, p. 250.
③ Ralph E. Morrow, "The Proslavery Argument Revisited", *The Mississippi Valley Historical Review*, Vol. 48, No. 1 (Jun., 1961), p. 82. http://www.jstor.org/stable/1902405 Accessed: 2008/10/04
④ Clement Eaton, *The Growth of Southern Civilization, 1790-1860*, p. 303.
⑤ George Fitzhugh, *Sociology for the South, or the Failure of Free Society*, p. iii.

是奴隶主,却肯定不敢得罪社会的统治者,向统治者献媚邀宠,是博取个人声名利益的途径。"尽管亲奴隶制滔滔论述并非雕琢得言辞一致以迎合哪一个社会经济集团的需要,但有理由相信辩护者集团中很多人本就应该对蓄奴者兴趣浓厚。辩护者自己的人际交往,常常鼓励他们去熟悉更有财富阶级的思想和感情。很多作家或者通过拥有奴隶或者通过家庭关系与奴隶制联接在一起。那些与奴隶制没有至关重要联系的学者、教士、文学人士和公共宣传分子,也与本土成长起来的贵族有着固定的交往,这些贵族以其各种各样的能力成为教育和宗教机构以及学生和教区居民的主顾和管理者。与奴隶主们的交往,使得作家们站在这个社会最高阶层的立场上思考,还推动着他们对思想质量的关切。因为奴隶制的永久化,首先依靠的是那些涉入这种特别财产的人和在南部拥有很大决策权力的人毫不动摇的忠诚。很多宣传家往往辩称,随着一个人社会地位的上升其迟疑不决会变得更加危险。"①戴维·唐纳德研究发现,那些积极撰写亲奴隶制著作和论文的人有一个共性,即"所有人都是不快乐的人,在关及他们在南部社会的地位方面有着严重的个人问题。尽管雄心勃勃并且顽强努力,他们在通向从事种植业、从事法律服务和政治的道路上是失败的,这些行业名义上在南部是开放的。他们中很少有人在他们捍卫的那个制度中有很大的个人利益。他们中的绝大多数人怀着渴望之情回顾这个共和国的早期岁月,那时候像他们这样的人,那时是他们的先人,曾经是南部的领导人"。② 这种人创业无能却还想名声显耀于世,就选择撰写发表一些言辞惊人的亲奴隶制作品来吸引社会的注意,博取奴隶主集团的青睐。从人种学视角宣扬黑人种族独特论的乔赛亚·C.诺特承认:"人生的经历告诉我,如果一个人想要快速进取,就必须装腔作势玩弄倒霉的大众。一个人必须以某种方式使自己声名远扬,否则潮流就会从身旁一闪而过。"他总结自己从社会纵横中获得的好处是知名度、金钱和专业声誉。③

总之,南部进行亲奴隶制辩论的人并不是在进行有感而发的哲学推论,不是进行立场超然的思想探索,而是进行有针对性的意识形态争斗,也有追求个人名利的心机。亲奴隶制辩论的演讲、文章、著作等是公之于世的,但是他们针对的对象不外乎三类人群:一是针对奴隶主群体自身,这种辩论旨在消除他们对奴隶制的道德疑虑或良知的不安,坚定他们捍卫奴隶制的意志;

---

① Ralph E. Morrow, "The Proslavery Argument Revisited", pp. 86-87.
② David Donald, "The Proslavery Argument Reconsidered", *The Journal of Southern History*, Vol. 37, No. 1 (Feb., 1971), p. 12. http://www.jstor.org/stable/2205917 Accessed: 04/10/2008
③ Ralph E. Morrow, "The Proslavery Argument Revisited", p. 92.

二是针对大西洋世界的反奴隶制人士,这种辩论旨在维护自己的尊严,免于使奴隶主集团遭受道德谴责;三是针对南部和北部的非奴隶主白人大众,这些人在奴隶制问题上属于沉默的大多数,但是在选举制度的作用下,他们的态度将决定奴隶制的前途和命运。从亲奴隶制辩论发生的具体因缘来看,亲奴隶制辩论浪潮的掀起都有具体的时事背景。每当奴隶制在社会上受到质疑和挑战,每当联邦政治斗争中涉及奴隶制问题,南部社会各界的精英们就会挺身而出,为奴隶制进行强词夺理的辩护。"到内战前的后期,亲奴隶制文论已经是南部州最具特色的思想表达。由于在美国和世界中的处境越来越孤立,蓄奴南部感到不得不为他们的生活方式做出更加精妙的辩护,以对抗日趋强劲的政治和意识形态攻击。这样在内战前的 30 年里为奴隶制所做的辩护达到了精巧至极的地步,实现了最充分的表达。尽管从 17 世纪以来亲奴隶制辩论就显示了明显的一致性,甚至还追根溯源到《旧约》、亚里士多德和圣奥古斯丁,在 1830 年代亲奴隶制思想已经变成一种明确的程式化的意识形态,系统地寻求列举出所有可能的奴隶制支柱。"①

第三节 1830 年代之后的亲奴隶制论辩路径

投身于亲奴隶制辩论的那些人,在他们的知识世界里搜寻一切可能采用的材料,在他们的思辨能力内不遗余力地构建论说。尽管他们的亲奴隶制辩论路径多样,论据形形色色,有时相互矛盾冲突,但是殊途同归,他们都会得出奴隶制合理正当的结论。尤金·D. 吉诺维斯认为,在奴隶主历史上,"第二个决定性的转折点是明确表达出奴隶制是有益的善举这种亲奴隶制论点。表明这样的论点,意味着奴隶主作为一个统治阶级已经成熟,他们的自我意识已经形成。他们远非是仅仅在为奴隶制加以辩解或加以合理化,这种论点的表明是奴隶主阶级的地位、愿望和气质的真实反映,是其世界观的明确表达"。②

一 亲奴隶制辩论的宗教路径

从基督教角度为奴隶制进行辩护的方式在美国历史上由来已久。早在 1743 年,马里兰的圣公会教士托马斯·培根在其"关于仆人责任的布道"中,

---

① Drew Gilpin Faust, "Proslavery Argument", in Randall M. Miller and John David Smith, eds., *Dictionary of Afro-American Slavery*, p. 598.

② Eugene D. Genovese, *The World the Slaveholders Made*, *Two Essays in Interpretation*, p. 99.

就为奴隶制进行了简明扼要的基督教辩护。他将奴隶制比喻为家庭。他为社会不平等和等级制进行辩护说,是上帝让"一些人为王,一些人为男主人和女主人,一些人作商人和劳动者,其他人做仆人和奴隶"。如前文所述,1784—1785 年弗吉尼亚的亲奴隶制陈请书同样援引《圣经》为奴隶制辩护。美国建国后亲奴隶制势力继续沿用这种传统的辩论路径。因为无论是宗教界早期的反奴隶制力量,还是后来的激进废奴主义者,都从宗教角度抨击奴隶制违背基督教伦理,所以亲奴隶制教士们也就征引《圣经》,以证明奴隶制得到了《圣经》的赞同。"奴隶制的宗教辩护是在南部神职人员与北部废奴主义者就奴隶制的道德性进行辩论的背景下设计的。在这场辩论中,亲奴隶制教士们有两个基本的不可分离的目标:确立奴隶制的正义性,摧毁废奴主义的信誉。奴隶制的道德性和废奴主义的道德缺失是宗教亲奴隶制正统思想的两大支柱。"这种在基督教信仰世界里为奴隶制进行的辩护,目的是否认奴隶制是邪恶制度。"因为《圣经》是上帝的教导,而上帝在道德上是至高无上的,所以《圣经》中赞成的任何事物都必然是道德的。"如果发现《圣经》赞成奴隶制,就在宗教信仰上为蓄奴活动找到了支点。南卡罗来纳的塞缪尔·邓沃迪指出:"因此,上帝,以其无限的智慧、正义和神圣,从不可能授权道德邪恶行为。可是上帝授权了奴隶制行为。不仅以其行为明确许可,而且用他的教导明确规定。由此而言,奴隶制不是一种道德邪恶。"①在基督教信仰世界里,上帝是万事万物的最高权威,上帝的许可是人类行为道德合理性的依据。对于基督徒来说,上帝的意志是通过《圣经》的教义和事例来展示的。对于亲奴隶制辩论者来说,如果在《圣经》中找出认可奴隶制的依据,无疑就是找到了上帝许可奴隶制的凭据,有了上帝做靠山,奴隶制也就拥有了压倒一切的道德优势。所以,无论是各个基督教教派教会的神职人员还是非神职人员在宗教上进行的亲奴隶制辩论,都会援引《圣经》教义,征引《圣经》中的事例,加以诠释和推论,最终得出奴隶制符合上帝意志这个结论。

1822 年南卡罗来纳发生了所谓的登马克·维西奴隶起义密谋事件。此后不久该州出现了两本由查尔斯顿教士撰写的小册子。一本是理查德·福曼撰写的《关于美国有色人浸礼会教徒的观点申论》,该书于 1823 年问世。在此书中福曼从基督教视角为奴隶制的道德性进行了辩解,并对从宗教角度反对奴隶制的观点进行了批驳。他提出,奴隶制符合上帝的道德规范,"因为《圣经》通过教义和范例明确确立了蓄奴权利"。他列举了《圣经》中《利未记》第 25 章第 44、45、46 等节作为证据并指出,在《旧约》中,以色列人得到从

---

① Mitchell Snay, *Gospel of Disunion: Religion and Separatism in the Antebellum South*, New York: Cambridge University Press, 1993, pp. 26, 54, 58.

异国购买男仆和女仆的指示，只是购买对象不包括迦南人，因为那些迦南民族是要被毁灭的。《圣经》中宣布购买的那些人要"永久为奴"，是"他们和他们孩子的继承财产"。这些被购买的异国人不能像那些被人购买的希伯来人那样在千禧年得到自由。在范例方面，希伯来人的家庭中就有仆人或奴隶，他们或者就是出生在他们的家庭中，或者是用钱购买来的，所以那些生来为奴的人和他们的父母应被看成就是奴隶。在《新约》中，福音历史或对事实的展示，显示了与基督教开创时期古代国家历史状况相应的状态。希腊和罗马都成为强大的帝国，他们国家都有大量的奴隶，他们中的很多人与主人一起皈依了基督教，一起被接纳加入了基督教会。他们在纯粹的精神上享受着平等的特权，但他们的主奴关系并没有解体。并没有要求主人解放奴隶，但是对他们提出了同样的警告，要他们头脑清醒，知道天堂中还有一个主人。如果蓄奴是一种道德邪恶，那么那些基督的使徒们就不会容忍奴隶制，就会要求主人解放奴隶。"但是并非如此，他们让那种关系作为合法的和正当的关系原封未动，坚持他们的相应责任。"在其看来，证明了《圣经》支持奴隶制，就找出了奴隶制的道德合理性，"因为上帝的法律从不赞成不道德的行动"。① 另一本小册子是1823年出版的由弗雷德里克·多尔乔撰写的《以圣经为基础对南卡罗来纳奴隶人口的务实思考》。按照多尔乔的说法，从《圣经》的教义来看，人类由于不服从和原罪而失去了不朽性。他声称："或许我们可以发现，黑人，他们是含的后裔，由于其先祖的可恶的邪恶而失去了他们的自由。"尽管多尔乔并未进一步说明这个"可恶的邪恶"究竟是什么，他宣称诺亚的诅咒涵盖了"迦南的整个种族……他们特别邪恶，令人讨厌，应受到上帝的惩罚"。他强调说很难分辨黑人的"真实品质"，提高奴隶道德和精神状况的措施要十分谨慎，谨防危害现存的社会秩序。换句话说，就是对奴隶利益的关心不能威胁到现实的社会秩序。②

进入19世纪30年代后，南部和北部在奴隶制问题上对立的尖锐化，使得南部的宗教界完全转向亲奴隶制立场，成为南部亲奴隶制辩论的主力之一。诺亚诅咒是亲奴隶制辩论中频繁使用的证据。斯蒂芬·海恩斯经过研究发现："如果从其如何对待《创世记》第9章第20—27节的角度来考究，可以从内战前的亲奴隶制文论中分辨出三种类型的诠释。多数人在其文论中提及了这个故事（既作为奴隶制的《圣经》辩护，又作为对将仆役制度引入大

---

① Rev. Dr. Richard Furman's Exposition of the Views of the Baptists, Relative to the Colored Population in the United States, Charleston: A. E. Miller, 1838, pp. 7-10. http://eweb.furman.edu/~benson/docs/rcd-fmn1.htm Acessed: 2010/05/07

② Stephen R. Haynes, Noah's Curse: The Biblical Justification of American Slavery, pp. 71, 98.

洪水后世界的叙述),但没有详细介绍或分析。第二类文论中讲述这个故事作为赞同奴隶制的理由,在讲述过程中对其加以解说或详细说明,但是他们并没有对含或迦南受到咒诅的那种冒犯加以描绘。第三类文论分析或重述了这个故事,在这个过程中描述或提示了含做出的不当行为的性质。"在这三类文论中,持第一类立场的人最多,具有代表性的文章有1836年詹姆斯·斯迈利发表的《评一封来自奇利科西长老会致密西西比长老会的关于奴隶制的信件》。在从《旧约》中列举亲奴隶制证据时,斯迈利写到,"显然,在《创世记》第9章第25、26和27节中,那时地球上就只有一个家庭,按照父亲诺亚的意志,家人中的一部分注定要成为其他人的奴隶。那部分人就是含的后裔。人们认为,非洲人就是从他们中间产生的"。1818年北卡罗来纳参议员威廉·史密斯在演讲中宣称,"含对上帝和他的父亲犯下了罪行",但是没有对究竟是何种罪行加以描述。第二类文论讲述了《创世记》第9章第20—27节的内容,但没有列举含或迦南的罪行。代表性著作是1857年弗吉尼亚长老会教士乔治·阿姆斯特朗发表的《奴隶制的基督教学说》,其中写道:"有记录可据的第一个奴隶判决,即诺亚对迦南和他的后裔的判决,是由于其犯下的罪恶,这种罪恶部分是实际已经犯下的,但更多是对未来犯罪的预见。"第三类文论则强调奴隶制与荣誉的关联。按照这种诠释,含偷看了其父亲诺亚的赤身裸体,并告诉了他的哥哥闪(Shem)和雅弗(Japheth),是对其父亲荣誉的冒犯。诺亚的荣誉应该得到尊重,含犯下如此不光彩的罪行,应该得到"社会死亡"的惩罚,他的后裔成为奴隶是对他的这种不光彩罪行的应有惩罚。①

　　在众多投身于亲奴隶制辩论的宗教界人士中,索恩顿·斯特林费洛是一位显著人物。1860年出版的《棉花为王》这本南部亲奴隶制辩护文集就收录了他的三篇文章。他在1841年发表的《〈圣经〉论辩,或从神启看奴隶制》是一篇从《圣经》角度全面论证奴隶制合理性的文章。在此文中,索恩顿·斯特林费洛首先提出了自己的4个论点:"第一,在牧首时代万能的上帝就认可奴隶制;第二,奴隶制被纳入了唯一一部源自上帝的国家宪法中;第三,在耶稣基督的王国里,奴隶制的合法性得到耶稣基督的承认,奴隶制下的相对责任得到耶稣基督的规范;第四,奴隶制是满含仁爱的制度。"接下去他通过对《圣经》进行解析,寻找支持奴隶制的依据,并通过推理和演绎,归纳出《圣经》认可奴隶制的结论。关于第一个论点,斯特林费洛总结道:"首先,很清楚,上帝在奴隶制存在之前就命令确定这种奴隶制状态;第二,很显然,上帝

---

① Stephen R. Haynes, *Noah's Curse: The Biblical Justification of American Slavery*, pp. 70-71, 72-74.

给予凡人善意的最好显示就是与亚伯拉罕订立的契约。在那个契约中他要求亚伯拉罕给他的所有男仆行割礼,这些男仆有的是他用钱买来的,有的是生在他家的;第三,可以肯定他将这些仆人作为财产给了以撒;第四,可以肯定,作为这些奴隶的所有人,以撒收到了相同的显示上帝恩宠的标志;第五,可以肯定,继承其父亲以撒财产的雅各,收到了相同的上帝恩宠的标志;第六,可以肯定,通过对《圣经》语言的公平解释,可知被上帝视作人类至善典范的约伯(Job)就是一个奴隶主;第七,可以肯定,在上帝显示荣耀和通过亲自带领雅各的后代走出埃及来赐福他们时,他们就是奴隶的所有人,奴隶是用钱买来的,是被作为财产来对待的。上帝允许这些奴隶一起向他们的主人赞美上帝的善举,而雇佣的仆人则被排除在外;第八,可以肯定,上帝进行干预,在埃及给予约瑟(Joseph)权力,他使用这个权力,在埃及人中开创了那种状态或状况,基本上就与牧首时代和近代的奴隶制相一致;第九,关于亚伯拉罕家中及周边民族中的这种制度,在500年的时间里,在上帝与人的交流中,从未受到谴责;第十,可以肯定,在上帝为神圣的时代确定时期时,他承认西奈山上的奴隶是财产。因而,如果奴隶制从一开始就是罪恶的,它就会遭到禁止。奴隶制不是天然形成的,而是源自于上帝的无上快乐。"关于第二个论点,他总结道:"从亚伯拉罕时代开始,直到基督的来临(在这个历时2000年的时期),奴隶制这种制度得到了上帝的恩宠。没有一点上帝对其表现不喜欢的迹象。因此,奴隶制的道德属性必定是与他要求按照《摩西法典》行使的道德原则相协调的,确保世界和谐幸福的正是这些原则,即:对上帝至高无上的爱,爱邻居就像爱自己。"关于第三个论点,即奴隶制得到耶稣的承认,他强辩说,在上帝与亚伯拉罕订立契约时,亚伯拉罕就是奴隶主,当上帝指引亚伯拉罕的后代走出埃及时,他们也是奴隶主,"当上帝给了他们一部政府宪法时,他给了他们将世袭奴隶制永久化的权利。在他们国家存在的1500年时间里,他没有表达对这种制度的不满"。斯特林费洛援引历史说,有实证的历史显示,"在向他们宣布福音时,罗马帝国的每个家庭和每个省都存在着奴隶制"。他推断说,从《新约》中可知所有教会都包括主人和奴隶,基督教导他们要承担自己的相应责任,基督并没有废除奴隶制,没有禁止一个基督徒奴役另一个基督徒,反而增加了仆人尽心为主人服务的责任,"福音信徒并不接纳那些对此持不同意见的人"。关于第四个论点,为了证明奴隶制是一种仁慈制度,斯特林费洛提出了以下论据:其一,"实际历史证明,在很长的历史时期,正是这种制度提供了饶恕囚犯生命的动机"。按照斯特林费洛的意思,部落时代战争频仍,《圣经》中涉及的4个世界帝国也进行了连绵不断的征服战争,正是奴隶制拯救了战俘的生命。非洲的历史也证明了奴隶制拯救了无数非洲人的生命。在这种制度被刻入犹太人的宪法中时，主要的目的不是扩大他们的人数，而是为了改善周边民族中奴隶的状况。在他看来，非洲人被基督徒奴役是一种幸福，如果不是受到福音的影响，他们将陷入永久的毁灭。"在这里他们在尘世上身受奴役，生活得到了更好的供给，他们中大批大批的人成为我主耶稣基督的自由人，怀着得到上帝荣光的希望，快乐地离开这个世界。"让奴隶脱离《圣经》的影响，必然导致他们的毁灭，因为他们完全没有准备好进入一种更高级的文明状态。"作为一个阶级，他们现在的状况要好于地球上任何其他与其人数相同的劳动者，并且还在天天提高。"①按照这种逻辑推理，奴隶制当然就不该被废除，他在1856年发表的文章最后表示："我们不能终止非洲人奴隶制。即使我们想那样，我们也不应该那样做；即使我们能够那样做，也要等到上帝打开了一扇门，使得它的灭亡成为一个赐福而非咒诅的时候。当上帝这样做了，这个联邦的奴隶制就要终结。"②

从宗教角度为奴隶制辩护并非仅限于宗教界人士，南部政客和各界亲奴隶制辩论者往往也在其论辩中加入宗教辩护。迪尤在为奴隶制辩护时，虽然感到无法否认奴隶制违背基督教的基本精神，但他却强调《圣经》中没有禁止奴隶制的教义。他表示，"对于那种断言奴隶制违背基督教精神的一般说法，我们准备承认。但是对于《旧约》或《新约》中有任何地方将会证明奴隶制在被引入后应该不惜任何代价加以废除，或者表明主人占有奴隶犯下了任何罪行，我们坚决否认。以色列人自己的孩子本身就是奴隶主，他们并没有因为蓄奴而受到谴责。在他们征服了迦南之地后，他们让整整一个部落成为'劈柴挑水的人'，这正是他们受耶和华训导的时期。他们得到明确的允许，可以购买异教徒做奴隶，把他们作为遗产留给他们的后人。甚至以色列儿童也可以被奴役6年。"在他看来，《新约》中没有任何一段教义可以让"一个诚实的奴隶主感到良心不安"，耶稣并没有干涉人类已经确立的制度，"他出生于罗马世界，这个世界存在着最痛苦的奴隶制，要比我们自己国家的奴隶制残酷一千倍。然而耶稣在任何地方都没有鼓励暴动，在任何地方都没有煽动不满，而是一贯地劝告人们要绝对地服从和恭顺"。他认为，《新约》中有很多段教义"令人信服地证明，《新约》中没有任何地方指控罗马世界的奴隶制

---

① Thorndon Stringfellow, "The Bible Argument: or, Slavery in the Light of Divine Revelation", in E. N. Elliott, ed., *Cotton is King, and Proslavery Arguments* Augusta, Ga: Pritchard, Abbott & Loomis, 1860, pp. 462, 472-473, 478, 490, 491.
② Thorndon Stringfellow, "Statistical View of Slavery", in E. N. Elliott, ed., *Cotton is King, and Proslavery Arguments*, p. 546.

是一种错误,或指控蓄奴是在犯罪,倒是处处命令绝对地服从"。① 哈蒙德在1845年1月28日致英国反奴隶制人士托马斯·克拉克的信中宣称:"我坚信,美国的奴隶制不仅不是一种原罪,而且尤其是上帝通过摩西而命令实行,基督通过他的使徒所赞同的。"②

《旧约》和《新约》都被利用为亲奴隶制辩论的工具。很多亲奴隶制教士指出,《旧约·创世记》第9章第25节中诺亚对迦南的父亲含的诅咒,"迦南当受咒诅,必给他的弟兄作奴仆的奴仆"这句话,就是基督徒奴役非洲人的依据,在他们看来这句话不仅证明了是上帝而不是人类创立了奴隶制,而且表明了诺亚的咒诅是专门针对黑人的,因为黑人就是含的后代。1844年佐治亚一位亲奴隶制教士称:"从含那里降生了占据迦南之地的民族,以及那些现在的非洲人或黑人种族。"密西西比州的J. B. 思拉舍更进一步说,黑人是"迦南后裔中最低劣最堕落的人"。亲奴隶制教士们还从《旧约》的《摩西法典》中寻找上帝赞成奴隶制的言论。其中被引用最多的是《利未记》第25章第44—46节中所谓的授权将奴隶作为财产来买卖、占有及传给后代的文字。"来自《圣经》中以色列人蓄奴的历史先例对内战前的美国人有强大的号召力,他们把自己看成是受到上帝独特宠爱的人。例如,佐治亚的一位浸礼会教士向他的读者保证说'犹太人在其民族流散之前,毫无疑问是蓄奴的人,就像现在佐治亚人一样'。"《旧约》中的几位先知拥有奴隶,这成为上帝赞成奴隶制的又一证据。南卡罗来纳的卫斯理会教士塞缪尔·邓沃迪指出《创世记》第14章第14节中记载亚伯拉罕蓄奴。亚历山大·麦凯恩1842年在卫斯理新教教会的致辞中指出,雅各、以撒和约伯蓄奴。J. B. 思拉舍甚至说,因为以撒生活在与南部美国人大致相同的纬度地区,所以可以将其认为是"南部的"奴隶主。《新约》中并没有明确支持奴隶制语言,南部的亲奴隶制教士们就强辩说,《新约》没有明确谴责奴隶制就意味着赞成奴隶制。"因为《新约》中对于奴隶制没有明确的赞同,南部的神职人员被迫辩解称,不存在对奴隶制的谴责就表示着同意。"南部卫斯理会的杂志公然宣扬道:"既然不存在这种训斥,难道我们不是就有充足的理由说,使徒并不认为奴隶制应受斥责,恰恰相反,他们将这种关系本身看成是道德的合法的关系,并由此致力于规范基督徒主人和基督徒奴隶的相互责任。"弗吉尼亚诺福克的第一长老会教堂(the First Presbyterian Church)教士乔治·阿姆斯特朗指出:使徒接

---

① Thomas Roderick Dew, " Abolition of Negro Slavery", in Drew Gilpin Faust, ed ., *The Ideology of Slavery: Proslavery Thoughts in the Antebellem South* , 1830-1860, pp. 61,62.

② *Selections from the Letters and Speeches of the Hon. James H. Hammond of South Carolina*, p. 124.

纳奴隶主加入了基督教会,宣讲了主人和奴隶的相应责任,保罗曾经将逃亡奴隶阿尼西姆(Onesimus)送还其主人腓利门(Philemon),这些事例清楚表明,蓄奴活动"在上帝看来并不是一种罪恶,并不被其教会说成是一种'罪行'"。狂热的教士甚至从基督教视角推断出奴隶制是最好的制度,1861年佐治亚的沃伦牧师宣称:"基督教和奴隶制都来自天堂,二者俱是赐给人类的幸福,二者都将延续到时间的终结。"①

二 黑人种族独特论路径

宗教辩护对于虔诚的基督教信徒来说可能具有说服力,但是19世纪是工业革命在欧美方兴未艾、科学主义信仰越来越普及的时代,社会大众对宗教的信仰即使没有消失,但虔诚程度还是趋向降低。仅仅从基督教的角度解释奴隶制的合理性,对于那些不以《圣经》教义为生活原则的人来说,就很难产生说服力。于是,迎合时代的科学精神,19世纪50年代出现了两种从科学角度宣扬黑人种族独特论的亲奴隶制辩论。第一种是乔赛亚·C.诺特从所谓的人种学视角对黑人进行人种分析,第二种是塞缪尔·A.卡特莱特从体质学视角对黑人进行体质解析,这两种论辩都打着科学研究的旗号,但他们最终得出的都是黑人是一个低等人种的结论,证明接受白人的奴役是黑人的自然归属。

在30年代以后的南部亲奴隶制辩护名人中,乔赛亚·C.诺特是唯一迁往西南部地区并在那里永久安家的人。他出生于南卡罗来纳的皮德蒙特地区,父亲亚伯拉罕是一个来自康涅狄格的北方人,不过他母亲的亲戚中有的家族自18世纪中期就定居在南卡罗来纳,所以诺特在成长过程中接触过很多种植园主。他的父亲1830年去世,他本人在南卡罗来纳的哥伦比亚和法国巴黎学医后,1836年定居到莫比尔开业做医生。② 1844年他出版了《高加索人和尼格罗人种族自然史二讲》,提出上帝多次创世说,否定黑人和白人同是亚当和夏娃后裔的基督教教义,断定黑人种族是一个独特的劣等人种,从人种学上排除了黑人与白人平等的可能性。他宣称:"我们可以将尼格罗人的历史追溯4000年(尽管做得不太完美)。我们知道,那时候这个人种已经拥有其现在所有的全部身体特征了。我们有充足的理由相信,在道德和心智水平上那时候的黑人与现在的黑人完全相同。他们不能像白种人那样把文明代代相传,他们是没有进步的人种,他们的活动受制于本能,本能之外没

---

① Mitchell Snay, *Gospel of Disunion: Religion and Separatism in the Antebellum South*, pp. 56, 57, 58, 75.

② Joan E. Cashin, *A Family Venture: Men and Women on the Southern Frontier*, p. 113.

有进取。我要说,何地何时有哪位黑人在生活中为其时代留下了自己的足迹?说黑人和印第安人一直是环境的受害者,对此有理性的人谁能够相信?是自然赋予其低劣的身体构造。就是倾尽人间力量,也难以提高他们的能力,使他们摆脱他们的天定命运。"他将自己的结论归结为以下 12 点:1. 上帝对世界的创造不是只进行了一次,而是进行了多次,依次发生的创世都在地球上创造了与原已存在的人种和动植物物种不同的全新的人种和动植物物种;2. 自诺亚时期的大洪水以来,动植物王国中已经发生了多次物种创造;3. 这些事实并非必然与《旧约》或《新约》相冲突;4. 历史事实显示,带有与现在同样身体特点的尼格罗人在 4000 年前就已存在;5. 尽管他们原已存在,但是与诺亚家族没有关联;6. 全部历史都已证明,尼格罗人从来没有也不可能到温暖气候以外生活,或者说,白人从来没有也不可能到热带非洲生活;7. 白种人与黑人在身体构造和生理特点上存在不同。文字记载的历史和自然史都证明这些差别不可能是由气候及其他自然原因导致的;8. 通过与动植物王国的类比发现,人类中存在不同的人种;9. 种族之间过去一直存在,现在仍然存在着显著的道德和智能差距,白人种族之外从未存在过高级文明;10. 有充分的理由相信,在任何一个国家内看到的不同人种,以及在不同部落中看到的体征上的相近性,都源自不同种族之间的混血;11. 语言和宗教上的相似性并不能证明任何东西;12. 穆拉托人是杂种人。① 1854 年诺特和吉尔登合著了《人类类型》一书。"这本书中一再出现的观点是,非白人种族,在没有发生混血之前,没有能力迈出走向文明的第一步,这是一条不变的定律。诺特宣称,没有哪个黑人或印第安人或其他不是白人的人能够证明他有高级智能,除非他至少有一个白人祖先。"诺特提出,在智能上"黑人更接近黑猩猩和苏门答腊猩猩,而不是更接近白人"。②

另一个打起科学旗号进行亲奴隶制辩论的人是塞缪尔·A. 卡特莱特。此人也是一名医生,他选择了从医学分析角度论证黑人体质的独特性,得出黑人接受奴役符合其体质需要的结论,以此来证明黑人奴隶制的科学合理性。1849 年 12 月路易斯安那州医学会议委任他向大会做一个关于黑人独特疾病的报告,卡特莱特抓住这个机会,选择通过对黑人进行人体构造和生理特性解析来为黑人奴隶制进行辩护。该报告于 1851 年在《德鲍评论》上

---

① Josiah C. Nott, "Two Lectures on the Natural History of the Caucasian and Negro Races", in Drew Gilpin Faust, ed., *The Ideology of Slavery: Proslavery Thoughts in the Antebellem South, 1830-1860*, pp. 235, 236-237.

② Thmas F. Gossett, *Race: The History of an Idea in America*, New York: Oxford University Press, 1997, p. 65. http:// site. Ebray. com/lib Acessed: 2010/03/25

以"疾病与黑人种族的独特性"为标题发表。他的结论是,"对解剖学和生理学的探究得到的回答是,埃塞俄比亚人,或者说迦南人,由于其身体构造,以及依据那种构造可言的生理定律,不适合承担自由人承担的职责。他们像孩子一样,仅仅适合处在一种依附和顺从他人的状态"。对于奴隶管理,卡特莱特也从医学角度提出建议。他从疾病解析角度解释奴隶逃亡的原因说:"就绝大多数情况而言,促使黑人逃离其服务的原因,是一种和其他精神错乱疾病一样的头脑疾病,而且一般更易于治疗好。只要得到恰当的治疗建议,严格遵守,这种令人头疼的黑人逃亡行为几乎就能够完全被阻止,尽管奴隶身在自由州的边界,离废奴主义者仅有一线之隔。"那么,应该用什么办法来治疗呢?卡特莱特开出的方案是,既不能对奴隶太残酷,也不能太宽容。要保证奴隶的基本物质生活需求得到满足。如果还有哪个黑人有所不满的话,就对其进行惩罚。"如果得到温和待遇,衣食足用,再加上足够整夜生个小火的燃料,分居在家庭中,每个家庭有自己的房子,夜里不许跑出去到邻居家串门,不许接待来客,或不许使用烈性酒,不使他们劳累过度,或受到过多的风吹日晒,他们就相当容易管理,比世界上其他任何人都易于管理。在做到了这些以后,如果还有谁或哪些人在某些时刻有挺胸抬头与主人或监工平起平坐之意,出于人道和为了他们自己好,就需要对他们进行惩罚,直到他们养成顺从态度。……只能使他们处在那种状态,把他们当小孩子来对待,待之以关心、温和、照料和仁慈,以阻止和治疗他们的逃亡。"卡特莱特宣称,黑人患有一种独有的反应迟钝病。黑人漫不经心的活动,恶作剧倾向,表面上看似乎是蓄意的,"但是在绝大多数情况中是因为头脑的愚蠢和由于患此病而导致的神经失去知觉。于是他们打破、浪费和毁坏自己手上的所有东西,虐待牛马,撕破、烧毁或撕裂他们自己的衣服,不关心财产权,偷盗别人的东西以代替他们毁掉了的自己的东西。夜里到处游荡,白天昏昏欲睡。工作怠慢,锄地时砍掉玉米、甘蔗和烟草,好像完全是恶作剧。无缘无故地给监工和他们的同伴制造麻烦,受到惩罚时似乎对疼痛没有感觉"。卡特莱特认为这就是病症。至于病因,他认为:"这种疾病是黑人自由的自然结果。黑人的自由是懒散的自由,委身污浊的自由,沉湎于不当饮食的自由。"卡特莱特断定黑人的身体构造和生理机能与白人不同,黑人是永远长不大的孩子。只有白人对黑人的奴役才能够使得黑人摆脱这种疾病。"白人的强制权力,使得懒惰的黑人进行积极活动,使其肺部得到积极活动,通过这个器官将恢复活力的血液送进大脑,使得他的头脑得到自由,开启了其心智提高的大门。这种对黑人如此有益的活动,被用在了耕作那些种植棉花、甘蔗、水稻和烟草的热的滚烫田地上。如果没有他们的劳动,在酷热的气候中这些田地就变成了不毛之地,世界就将得不到这些田地上生产出的产品。黑人和主人双方都是受益者。"①

在抛出自己的基本论点后,卡特莱特一再撰文为奴隶制辩护。在《凸颌人种自然史》一文中,卡特莱特宣称:"即使将《圣经》的权威置之不论,自然史揭示的有关黑人的事实也与《圣经》揭示的事实相同。自然史证明至少存在着三种独特的人种,他们的本能、体型、习惯和肤色不同。白人人种具有黑人人种被剥夺了的素质。一个人种拥有自由思考的头脑,另一个人种拥有一个顺从他人的头脑;一个是能够思考和反思的人种,另一个是有感觉、会模仿但几乎缺少反思能力的人种,因而他们没有能力养活和照料自己。即使没有《圣经》权威的支持,这两个如此不同的人种之间也将自然生成主奴关系。这种主奴关系是自然的关系,通过劣等人种模仿优秀人种的方方面面,或者换句话说,通过获得教育,将拉近他们之间的距离,而不是将他们割裂开来。"②在《奴隶制的民族学思考》一文中,卡特莱特论述了黑人的生理独特性,他写道:"黑人的血流根本不能主宰他的淋巴和神经系统。他们的消化能力就像孩子一样强健,能产生丰富的分泌物和排泄物。尿液除外,他们的尿液很少。发育到成熟年龄后,他们并不会变得消化不良和虚弱,肌肉不会变得松软和减少。"他宣称发现黑人呼吸的氧气比白人少。"盎格鲁-撒克逊人和黑人这两个种族,有着截然不同的身体构造。前者红血充盈,甚至穿透了毛细血管和静脉,上涌到脸上,使人变得满面红光。他们皮肤色白,嘴唇薄,鼻子高,头发是红褐色、淡黄色、红色或黑色,胡须浓密,眼睛炯炯有神,具有坚忍不拔的意志,头脑和肌肉充满活力。后者的血液像糖浆一样流动迟缓,几乎不能穿透毛细血管;其皮肤黝黑,隔膜黏液和肌肉的颜色更黑,其血液和皮肤就充斥着这种更深的黑色。黑人的嘴唇厚,且向前凸出,鼻子宽而平,头皮上盖着一层又涩又硬的厚厚的细毛。没有胡须,或稀稀拉拉地有几根卷毛,地方人称其为'山羊胡'。头脑和身体反应迟钝,懒惰,意志力薄弱或缺乏意志力,或是逆来顺受。"③在 1858 年发表在《德鲍评论》上的《高加索人和非洲人》一文中,卡特莱特宣称,黑人在炎热的气候下劳动很快乐,而且,让他们过度劳累对他们并没有危险。他们与白人不同,白人就像血液饱满的马,劳动过多会死。黑人就像骡子,不可能劳累过度。他宣称,美国的白

---

① Samuel A. Cartwright, "Diseases and Pecularities of the Negro Race", in Paul F. Paskoff and Daniel J. Wilson, eds., *The Cause of the South: Selections From De Bow's Review*, 1846-1867, Baton Rouge: Louisiana State University Press, 1982, pp. 33, 35. 36, 37, 38, 41.

② Samuel A. Cartwright, "Natural History of the Prognathous Species of Mankind", in E. N. Elliott, ed., *Cotton is King, and Proslavery Arguments*, p. 716.

③ Samuel A. Cartwright, "Slavery in the Light of Ethnology", in E. N. Elliott, ed., *Cotton is King, and Proslavery Arguments*, pp. 693, 705-706.

人创造过很多奇迹,但是还从未能使一个黑人劳累过度。黑人的奴隶地位可以追溯到公元前 1600 年的新石器时期,热爱做仆人和侍从就是他们的天性。在 1858 年发表的《黑人或凸额种族民族学》一文中他又宣称,黑人接受奴隶制是他们的自然状态,在美国革命时期试图逃跑的奴隶不及十分之一。之所以发生奴隶起义,原因不在黑人,而是居心叵测的白人的煽动。1860 年 8 月卡特莱特在《德鲍评论》上发表了《希伯来文〈圣经〉否认人类种族同一性》一文,试图调和诺特的种族多源论引发的争议。他宣称,通过对希伯来文《圣经》的深入研究,他相信至少存在着在不同时期创造的两个具有不朽灵魂的智能人种族。引诱夏娃堕落的并不是一条蛇,而是一个黑人,黑人为此行为受到的惩罚是永远为奴。对《圣经》的研究和对黑人劳动时情形的观察使他深信,黑人的地位正是实现了《圣经》的预言。黑人劳动时弯腰弓背正应了《圣经》中那句"你必得匍匐而行"这句戒律,黑人因为一种疾病而吃土,正应了"你必得终生整日吃土"那句话。美国的神职人员之所以没有意识到这个事实,是因为没有认真研究过希伯来文《圣经》。①

诺特和卡特莱特的所谓科学研究,并不是真正的科学探究或学术研究,而是披着科学外衣的亲奴隶制辩论,只是旨在为南部的黑人奴隶制制造科学依据的伪科学。与从其他角度的亲奴隶制辩论一样,他们也是先有结论后找证据。无论他们怎样精心编制科学的外衣,都无法掩盖他们为奴隶制辩护的心机。诺特直言不讳地表达了他对《创世记》叙事的否定,表示自己拒绝"让那些陈腐的传说妨碍科学的道路"。尽管装出了尊重科学的姿态,诺特的实际用意还是为奴隶制进行辩护。他认识到,奴隶制是"宗教难以抉择的紧急问题之一"。他对生物学和人类学进行研究,是希望使用这些领域的知识将南部对奴隶制的舆论争取到自己一边。② 不过,他们在亲奴隶制辩论上的标新立异并没有赢得南部社会主流的呼应。诺特的这种学说因为与基督教的基本教义相冲突遭到南部社会的不满。"种族多样性学说在南部引起一场狂暴的抗议,因为它与《圣经》对人类起源的叙述相冲突。"③南部社会对于这种多元种族学说并不欢迎。1854 年由南部激进分子主办的《里士满问询报》发文指出,一些人也许会接受这种不信宗教者的多样性学说,因为其看起来是一种极佳的奴隶制辩护,但是他们将犯错误。如果必须以《圣经》为代价

---

① James Denny Guillory, "The Pro-Slavery Arguments of Dr. Samuel A. Cartwright", *Louisiana History: The Journal of the Louisiana Historical Association*, Vol. 9, No. 3 (Summer, 1968), p. 224. http://www.jstor.org/stable/4231017 Accessed: 2010/03/28
② Ralph E. Morrow, "The Proslavery Argument Revisited", p. 90.
③ Peter Kolchin, *American Slavery, 1619-1877*, p. 193.

的话,南部人就不能够承受像诺特和吉尔登这样的辩护者。难道不是废奴主义者通过拒绝承认《圣经》对奴隶制的明确承认和证明其正义性来试图破坏《圣经》吗?① 乔治·菲茨休在他的亲奴隶制辩论中公开表示,"我们厌恶《人类类型》宣扬的那种学说。首先因为它与《圣经》相冲突,《圣经》教导我们整个人类种族源自共同的起源;其次是因为它鼓励和煽动残忍的主人不是把奴隶作为脆弱、无知和依赖的兄弟来对待,而是当作邪恶的没有一丝人性的野兽来对待。南部人是黑人的朋友,是黑人唯一的朋友"。② 这种打起科学幌子的亲奴隶制辩论在内战前南部舆论中并不占主流地位。

不过,大多数亲奴隶制辩论者只是简单地使用描写人类低劣智质和不良品质的消极否定性语言来为黑人进行集体定性,将黑人描述成为智质低下、天性顽劣、生活野蛮和道德缺失的属于文明之外的低阶人种,是南部白人思想家的一贯做法。彼得·科尔钦指出:"在南部的奴隶制辩护中,这种种族论辩确实普遍存在。"这种论点不仅在像诺特和卡特莱特这种所谓的科学种族主义者的亲奴隶制辩护中很常见,在其他的亲奴隶制论辩中也很常见。"在整个南部,白人坚持认定黑人与白人不同,他们是劣等人,奴隶制适合他们。"③托马斯·杰斐逊尽管对奴隶制进行过道德谴责,但是他在1782年撰写的《弗吉尼亚纪事》中表白反对奴隶制的同时,又提出黑人是劣等种族的说法。他写道:"因此,我只是作为一个疑问提出下面看法:黑人,不管本来就是一个独特的种族,还是由于时间和环境而变为一个独特的种族,在肉体上和精神上的禀赋都低劣于白人。……在获自由后,他应该被迁移到不致发生混血的遥远地方去。"④如果杰斐逊对黑人的劣质定性还带有一点存疑的语气,那么30年代以后的南部政治家则直言不讳断言黑人就是天生的低劣种族。以此作为奴役黑人正当性的理由之一。1837年2月6日在参议院就接纳废奴陈情书的问题发表的演讲中,卡尔霍恩提出了奴隶制是一种善举的论点。他列举的证据是,奴隶制确保了黑人种族的文明和进步。他宣称:"非洲中部的黑人种族,从历史的黎明到如今,不仅在体质上而且在道德和心智上,从未达到如此文明的状态,得到如此的改善。来到我们中间时,他们尚处于低级的、堕落的和野蛮的状态。在几代人的时间里,在我们的制度的培育关爱下,他们一如既往受着责骂,但他们成长了起来,达到了现在这种相

---

① Thmas F. Gossett, *Race: The History of an Idea in America*, p.66.
② George Fitzhugh, *Sociology for The South or The Failure of Free Society*, p.95.
③ Peter Kolchin, "In Defense of Servitude: American Proslavery and Russian Proserfdom Arguments,1760-1860", *The American Historical Review*, Vol. 85, No. 4 (Oct., 1980), p.810. http://www.jstor.org/stable/1868873 Accessed: 04/10/2008
④ 梅利尔·D·彼得森注释编辑:《杰斐逊集》(上),第290页。

对文明的状态。这一点,再加上其人数的快速增长,就是这个种族处在总体幸福状态中的结论性证据,尽管所有夸大其词讲述的故事正好相反。"①在1844年6月21日就奴隶制问题写给英国格拉斯哥自由教会的信件中,哈蒙德将非洲的黑人与美国的黑人对比,提出奴隶制拯救了黑人种族。他声称:在非洲的黑人是赤裸裸的野蛮人,"几乎就是食人者,无情地压迫和毁灭他们的同胞。懒散、不忠、崇拜偶像,是对上帝形象的羞辱"。而美国南部的300万黑人得到了拯救,受到了教化,为人类大家庭的生存做出了巨大贡献,"他们的激情得到制约,他们的爱心得到培养,他们的躯体需求和体弱者得到供给,他们还学会了他们的创造者和拯救者的真正宗教。奴隶制对他们是一个诅咒吗?"②乔治·菲茨休在他的亲奴隶制辩论中,强调黑人在心智方面是永远不能长大的儿童,需要白人奴隶主作为家长来加以管护。"黑人不过是身体长大成人的儿童,必须被作为儿童来管理,而不是作为疯子或罪犯来管理。对于他来说主人所占的位置就是父母或监护人的位置。其次,黑人没有远见,不会为了冬天所需而在夏天储存,不会在年轻时积累供来日不时之需,他们将成为社会苦不堪言的负担。社会有权利预防这种事情发生,只能通过强迫他们进入家庭奴隶制才能达到这一目的。最后,黑人种族比白人种族低劣,生活在白人中间,在自由竞争的角逐中他们将会被远远超过或被玩弄淘汰,渐渐地但是肯定地走向灭绝就是他们的命运。"而对黑人的奴役反而实现了他们的文明进步:"我们要提醒反对和同情黑人奴隶制的人们,这里实行的奴隶制将他们从非洲更残酷的奴隶制中解救了出来,或者说从偶像崇拜和食人生活中解救了出来,从一切能够玷污他的人性的残暴恶习和犯罪中解救了出来。我们这里的奴隶制对他们进行基督教化,加以保护、养育和文明教化。他们受到的管理要比自由劳工在北部受到的管理更好。……我们的黑人不仅在生活舒适度上比自由劳工好,而且道德状况也比他们好。"③威廉·哈珀也宣称,任何文明社会出于必要都要有各种状态和工作。"黑人种族,基于他们的气质和能力,尤其适合他们现在所占据的位置,在这种职位上,他们并不比世界上任何其他相应的阶级更加不快乐。"他断言"奴隶是永远的孩子",从这个假设前提出发,哈珀得出了奴隶制是人道制度的结论。"奴隶制的趋向是使人更加人道而不是更加残暴。"在哈珀的笔下,黑人是一个独特的劣等种族。"最显著的特点是他们对个人自由的冷漠。"他认为黑

---

① Richard K. Cralle, ed., *The Works of John C. Calhoun*, Vol. II, p.630.
② *Selections from the Letters and Speeches of the Hon. James H. Hammond of South Carolina*, pp. 112-113.
③ George Fitzhugh, *Sociology for the South, or the Failure of Free Society*, pp. 83,84-85.

人是按照本能行事的,他们在非洲就是相互奴役,但是与其他种族相反,拥有奴隶并没有提高主人的品格、推进主人的文明。"另一个特点是缺少对家庭的关爱,对于亲人之间的联系无动于衷。"在他看来,黑人不关心婚姻,不关心父母和孩子。他的结论是,"黑人部落的品行多种多样,有些部落残暴、野蛮凶猛和嗜血,奴役他们是对他们的仁慈"。①

三 社会对比路径

自19世纪30年代开始,尤其是时至50年代,社会对比成为亲奴隶制辩护者热衷采用的论辩路径。这种论说一方面将自由和奴隶制放置于人类文明历史视野中加以比照,竭力赞扬奴隶制对人类文明发展的积极作用,相应地否认奴隶和农奴解放的进步性;另一方面对当代欧洲和美国北部的自由资本主义社会与南部的奴隶制社会进行对照,指控自由劳动社会是普通劳动者没有生活保障的残酷的人吃人社会,相应地溢美奴隶制是一种最安全的劳动组织形式,给奴隶提供了食物、衣服、住所、医疗以及童年和老年时期的保护,奴隶过着比雇佣工更幸福的生活,从而得出奴隶制是人类最美好社会制度的结论。这两种论辩方式在这些亲奴隶制辩护者的文论中交织在一起,构成了一种鲜明独特的社会对比亲奴隶制辩论路径。

1830年代初,托马斯·迪德里克·迪尤在他的《黑人奴隶制的废除》一文中,除了论证废除奴隶制的不可行性外,还援引历史证明废除奴隶制并不应当。在迪尤看来,美国北部和西欧废除奴隶制不能成为南部效法的先例。在北部地区,"奴隶人口的稀少,不利的气候,以及其农业状况,再加上南部对奴隶的大量需求,使奴隶制废除这件事得以完成"。而在西欧地区,"正是城市的兴起,中产阶级的崛起,以及农业的变化,这些因素渐渐地,在极大程度上是通过自私自利原则的运作,才使得奴隶的解放得以实现。商业和制造业兴起于西方国家,与其相伴,在城市和乡村崛起了自由民中产阶级。他们渐渐地神不知鬼不觉地将所有奴隶吸纳进自己的群体"。迪尤认为,"在希腊和罗马,以及我们想象到的中世纪也是如此情况,即在那里家庭奴隶常常是属于那些最有学识、最遵守道德、最聪明的社会成员之列"。因而将这些人吸收进中产阶级并不困难,"自由民群体可能会欣然并毫不困难、毫无危险地吸收他们"。②

---

① William Harper, "Memoir on Slavery", in Drew Gilpin Faust, ed., *The Ideology of Slavery: Proslavery Thoughts in the Antebellem South*, 1830-1860, pp. 82, 99, 100, 113-114.
② Thomas Roderick Dew, "Abolition of Negro Slavery", in Drew Gilpin Faust, ed., *The Ideology of Slavery: Proslavery Thoughts in the Antebellem South*, 1830-1860, p. 58.

威廉·哈珀的《奴隶制纪事》原是 1837 年在哥伦比亚发表的一次演讲，1838 年年初印刷成册。哈珀一开篇就指出："在人类居住的地球上，家庭奴隶制度存在的地区更大。在几个世纪之前，可以说它存在于整个地球，至少存在于地球上向文明发展的所有地区。因而我们可以有把握地认定，奴隶制深深奠基于人类的本性和人类社会的严酷状况中。"哈珀沿着迪尤认定奴隶制是文明主要根源的论点进一步论述说，奴隶制是文明的唯一原因。他将奴隶制与人类的劳动活动等同起来，提出，"对于那些不习惯劳动的人来说，劳动是痛苦，而人的天性是反感痛苦。即使是得到了文明的所有训练、帮助和鼓动，我们发现，在最有教养的社会中，也有很多人克服不了对痛苦的反感。仅仅依靠奴隶制的强制就足以塑造人的劳动习惯。没有它，就不可能有财富的积累，就没有对未来的供给，没有对舒适或典雅的品味，这些都是文明的特点和本质"。①

卡尔霍恩在其辩护中抛出了人类社会存在奴隶制的必要性，他提出，人类历史上所有富裕和文明的社会都是建立在一部分人依靠另一部分人的劳动而生活这种状况之上的。相对而言，奴隶的生活状况要比自由劳动制度下劳动者的处境更好。"将奴隶的状况与欧洲更为文明的那部分地区济贫院的佃户对比一下，一方面看看那些生病的、年老的和体弱的奴隶，他们生活在他们的家庭和朋友中间，受到心怀仁爱的男女主人的精心关照；再看看济贫院的贫民无依无靠的悲惨状况。"从政治方面来说，奴隶制为南部保障自由和稳定的政治制度提供了坚实持久的基础。卡尔霍恩认定，在文明的高级阶段，就会出现劳动与资本的冲突。"南部的社会状况使得我们免受由这种冲突导致的混乱和危险。并且这一点还说明了为什么蓄奴州的政治状况要比北部的政治状况稳定和安静得多。"②哈蒙德呼应卡尔霍恩的论调，他赞美奴隶制使得南部成为一个人类有史以来最好的和谐社会。"南部的最大实力来自于他的政治和社会制度的和谐。这种和谐提供了这个世界上最好的社会，有着一定程度的政治自由，结合了完全的安全保障，这个地球上没有任何一个民族曾经享有这样的社会。"他宣称："在所有社会制度中都必须存在一个阶级去履行仆人的职责，去承担生活的劳累。这个阶级只需要有低级的智能和微不足道的技能。它需要拥有的是精力、驯服和忠贞。必须有这样一个阶级，否则就不会有领导进步、文明和高雅的另一个阶级。它构成社会和政治政府的地基……对南部白人来说，幸运的是，他们发现自己身边就存在适

---

① William Harper, "Memoir on Slavery", in Drew Gilpin Faust, ed, *The Ideology of Slavery: Proslavery Thoughts in the Antebellem South*, 1830-1860, pp. 79-80, 81.

② Richard K. Cralle, ed., *The Works of John C. Calhoun*. Vol. II, p. 632.

应这个目标的种族。这个种族比他们自己低劣,但是在脾气、精力、驯服和忍受气候的能力方面素质突出,正符合南部的所有需要。我们为此而使用他们,称他们为奴隶。"①哈蒙德指出,社会都是按照自己的利益行事的。废除奴隶制的地区是由于那里的奴隶制无利可图。"如果看看全世界就会发现,所有发现奴隶制无利可图的国家,那里的奴隶制已经遭到废除。"他指出,"解放他们自己的奴隶并不符合南部奴隶主的利益,他们永远不可能表明解放他们自己的奴隶符合他们的利益"。哈蒙德否认奴隶制在战争时期造成威胁。他援引历史说,尽管他们的奴隶人数很多,"奴隶制没有削弱罗马,没有削弱雅典,也没有削弱斯巴达",南部的奴隶不会造反,"现在这一代奴隶出生于我们中间,除非受到他人的煽动,否则在任何时候都永远不会想到要去造反这样的事情"。②

在其亲奴隶制辩论著述中,乔治·菲茨休宣称自文艺复兴以来西方文明的进步只是发生在自然科学和机械制造方面,而在人文艺术方面是倒退的。"自宗教改革以来,这个世界在自然科学及其向机械结构的应用方面一直在进步,与此同时,在才智、品味和艺术方面一直在整齐地倒退。"自由社会的受益者只是百万富翁们。"但是近代文明这个自由社会文明的最糟糕的特征,仍有待揭露。节省劳动的程序在18世纪已经将提供舒适生活所需的劳动量减少了一半,与此同时自由劳工为资本和竞争所迫所付出的劳动比过去更多,生活舒适度更差。社会组织骗走了他的收入,那些收入去膨胀了无知的百万富翁们粗俗的浮华,他们成为当代仅有的大人物。"既然自由社会不好,奴隶制是人类的出路,那么是不是南部白人也应该成为奴隶呢?菲茨休当然不能得出南部普通白人也应该变成奴隶的结论,对此他进行了说明,"在南部我们绝不需要白人奴隶,因为我们有黑人奴隶。我们的公民,就像罗马和雅典的公民那样,是一个特权阶级。我们要训练和教导他们配得上这个特权,履行社会赋予他们的责任。不是用粗俗的煽动方式,不是用人类平等的话语压抑他们的自尊,我们最好提醒他们不用像其他国家的白人那样做那些仆人的工作,以此来激发他们的自豪感。在南部社会感受不到为供养为数不多无依无靠的穷人的生活而承担的负担"。在菲茨休那里,中世纪欧洲农奴的解放反而导致了社会的倒退。"欧洲农奴们在获得解放后呈现的现象,恰恰不是有钱有势的阶级所展现的那样。我们从英国史学家那里得知,在开始逃离他们的主人并企图实践掠夺性和游牧性自由之前,农奴并不知道

---

① *Selections from the Letters and Speeches of the Hon. James H. Hammond of South Carolina*, pp. 317, 318-319.
② Ibid., pp. 32-33, 34, 128-129.

什么是生活贫困和乞讨为生。自由,就我们所知,就像家畜变成野生牲畜那样。不同的是大自然给了野生牲畜食物,但却没有给农奴食物。这些获得自由的人成为一帮帮盗贼和乞丐,骚扰国家,扰乱安定。他们的躯体状况变得比在贵族主人统治下更糟,道德状况也更糟,因为自由了,为了生存的必需而成为了盗贼和杀人犯。必须把他们保持在奴隶制中,不仅是为了支持和延续他们的生存和防止广泛的乞讨,而且同样是为了治理他们防止犯罪。普遍自由的倡导者承认劳动阶级在作为奴隶时要比作为自由人享有的物质生活更舒适,衣食住更好。犯罪统计资料显示,奴隶与自由劳工相比,其在道德上的优越性还要大于其享有的动物般幸福的优越性。奴隶中不会有一个像在码头和城市郊区那样低贱的阶级。奴隶主需要并确保了奴隶们拥有基本的道德和勤奋。我们很是担心,如果能够将我们的自由黑人与逃亡的安格鲁-撒克逊农奴的行为和舒适进行一番忠实的对比,那将发现黑人的日子要比白人过得更好些,犯下的罪更少些。但是 14 世纪和 15 世纪是流浪汉的太平盛世,那些为数不多逃脱奴役的人找到了他们可以偷窃和乞讨的广阔天地,没有法律和足够的警察来限制他们,因为直到那之前主人对秩序的维护要比法律维护得更好。可是这些光荣的旧时代过去很久了。血腥的法典、常备军和高效的警察现在让他们变得悄无声息。他们的人数成倍增长,可是他们的贫困比人数增长更快。不再是偷窃、乞讨和懒洋洋地过着无家可归的日子,现在他们是一天工作 14 个小时,被禁锢在拥挤的房间里,呼吸着污浊的空气,喝着污染的水,食物污秽而且不足,常常是不管男女夜间拥挤在地窖或阁楼上睡觉。"①

与历史比照相协调,将欧洲和北部自由资本主义社会的雇佣工与南部奴隶的生活境遇进行对比,或者宣称奴隶与雇佣工的处境没有本质差别,或者宣扬奴隶境遇更优越,是一些亲奴隶制辩护者论辩的另一个方向。威廉·哈珀将奴隶买卖与自由工人更换雇主加以等同。他写道:"奴隶肯定是容易被卖掉的。但是,也许应该问的是,与人口充足的国家容易被雇主解雇的劳工相比,他们不能确定是否在别处能够获得工作,或得到谋生的手段,与他们相比,奴隶的被卖是一种更大的罪恶吗? 在我们这里,雇主不给奴隶提供一个新雇主就不能解雇他的劳工。他的生活资料是有保障的,这是一个很大的补偿。他也容易被人将其与妻子和孩子分离,尽管与其他地方劳工穷人在其状况的逼迫下被迫家庭分离相比,奴隶被迫妻离子散这种情况并不是更经常发生。但是我意识到,由于他们的原本品行和气质,家庭分离的感受并不强

---

① George Fitzhugh, *Sociology for the South, or the Failure of Free Society*, pp. 90-91, 92, 93, 34-36.

烈。"哈珀宣称:"哪里存在着一个人按照另一个人的意志劳动,将其劳动成果的更大部分给了那个人,哪里就存在奴隶制。至于使用哪种类型的强制征服了这个劳动者的意志无关紧要。"自由人就是在饥饿和家人的生存压力下而劳动的,"他与雇主的关系中很少存在兴趣和依恋,而主人与奴隶之间却常常存在着这些情感,这就缓解了后者的状况……其他国家贫穷劳动者的状况难道不更常常像是没有主人的奴隶?"①在他看来,相对于自由劳动制度,奴隶制更加优越。

亨利·休斯试图用社会学理论来论证奴隶制的合理性。他辩称,在自由劳动形式的社会组织中,经济制度中并无预设和既定的秩序,联合、调整与管理都是任意安排的,是偶然性的而不是必然的,不是根本性的东西,不是公众制定的。资本家与劳工之间的利益并不协调。劳工与资本之间不会有和谐系统的关系调整,资本家希望劳工过剩,"他们的利益是对抗性的。他们的对抗力量并不对等,结局是不公正的。工资参差不等,或许会降到低于舒适生活所需之下。这种社会效率低下,不能保障人们的生存,谁都没有保障。匮乏没有被铲除。对于身体欠佳的人、犯罪的人和有急需的人工资是变化不定的,年轻人、老年人和其他无力劳动的人不是由资本家的资本来养活,而是劳工的工资来支持,他们的工资数不是按照他们的消费所需来定的,人人境遇无异,贫困没有被铲除"。资本家对劳工的死活并不关心,因为一个劳工的失去并不影响资本家的利益,劳工的生存没有保障,工作和生活资料没有保障。在政治体制中,阶级冲突尖锐:"税收不是资本家支付的工资的一部分,由于经济原因的犯罪没有消除,没有预防犯罪的经济方法,经济上没有普遍和特别的保障。执政的成本高昂且只是政治方面的,富人和穷人是冲突的,均贫富思想没有消除,关于公共卫生、公共和平、公共产业和公共生存的根本法律没有得到执行。人人漠不关心,秩序也就不存。罢工和骚乱没有被消除,政治体制的便利性仅仅是政治上的便利。经济体制不是文明地建立,也没有文明地落实。……美国南部的经济制度不是奴隶制,而是带有民族资格的保障制度。这是一种正义的制度,便利的制度,进步的制度。南部不是靠对抗来进步,而是靠协作来进步。南部的制度根本就不是奴隶制。这种制度从宗教上来说是关心,经济上说是保障,其进步的顶峰就是社会的完美。"②

---

① William Harper, "Memoir on Slavery", in Drew Gilpin Faust, ed., *The Ideology of Slavery: Proslavery Thoughts in the Antebellum South*, 1830-1860, pp. 110, 112-113.

② Henry Hughes: "Treatise on Sociology", in Drew Gilpin Faust, ed., *The Ideology of Slavery: Proslavery Thoughts in the Antebellem South*, 1830-1860, pp. 269, 270.

在通过社会对比进行亲奴隶制辩论的人中,乔治·菲茨休是一个走到极端的人物。除了发表文章外,他于 1854 年出版了《南部社会学》,1856 年出版了《食人生番》。在这两部亲奴隶制论著中,他赤裸裸地肆无忌惮地攻击自由劳动制度,将奴隶制美化成为人类最美好的制度,是真正的社会主义。在菲茨休的笔下,自由社会才是邪恶社会。因为自由社会使得道德沦丧,"在自由社会里,人们只知道自私是美德,因为在竞争的角逐之中只有自私能够帮助自己。在这样的社会里美德失去了所有爱护人的内涵,因为自私就是美德的目的。君子和小人的终极目的是一样的,即自我推销,高升自我。君子为人做事小心谨慎且狡猾,他深深懂得那些能够以牺牲与他打交道的人的利益为代价而使得自己运气高升的艺术(如果你乐意也可称之为美德)。他做事'不过分',不欺诈,他只是做好生意赚取丰厚的利润。由此之路他得到了更多的臣仆,人人到他这里都被放了血。他等待着时机,利用那些傻瓜们,利用他们的鼠目寸光和恶习,从他们这些蠢人中,他的乡亲的弱点中,赚取自己的财富。小人为人做事轻率鲁莽,无技巧不明智,他同样是自私的,只是不够谨慎和狡猾。自私几乎是自由社会中人们行为的唯一动机,在那里人人受到这样的教导,即他的首要责任是改变和改善他的金钱境况。"在菲茨休的话语中,自由劳动是人吃人的制度。他对资本主义社会贫困人口的生活加以渲染性描绘:"自由劳工很少有属于自己的房舍家园,他们的就业是不稳定的,疾病可能随时压垮他们,剥夺他们的生活来源;他们肯定会年老,如果那时他们还活着,普遍会发现自己没有生活资料。他们的家庭或许人口增加了,但是那对于他们毫无帮助反而成为了负担。这一切都不能唤起人的美德,反会诱使人去犯罪,幸福无丝毫之源,痛苦之源却足够多。陷此境遇的人要获得纯洁高尚的道德,那他就得是超人。"在菲茨休看来,持续的自由竞争招致人际间的恶毒。"持续的竞争招致四面八方的对抗、嫉妒和仇恨。穷人不可能热爱和尊敬富人,富人不是帮助和保护穷人,而是致力于降低他们的劳动价格,拿走他们的生活资料。一想到财富来自贪婪、谨慎小心和艰难的交易,富人也很难尊敬他们自己。"为了证明雇佣劳动制度的残酷和奴隶制度的仁爱,他将美国北部社会普通劳动者与南部奴隶的生活进行对比。他指出:"北部一半以上的白人公民是普通劳动者,要么是在田地间,要么是给人作贴身仆人或家仆。他们所做的是与我们的奴隶同样的工作。他们受雇佣为雇主服务,在是否去进行服务上他们与我们的奴隶一样没有多大选择,因为没有工资他们就不能生活。他们的雇佣报酬或工资,除了那些身强力壮的人之外,尚不足我们付给奴隶的一半,因为他们的工资完全不足以维持舒适的生活,而我们的奴隶以其过去的、现在的或预期的劳动作回报得到了生活的舒适。社会主义者说工资就是奴隶制,这是对奴隶制的恶劣诽谤。工资是在身强力壮时才给你的,当你生病或年老、最需要它的时候却拒绝给你了。而奴隶从不缺少一个主人来养活他。自由劳工尽管愿意工作却不是总能找到一个雇主,找不到雇主他就没有了地方住,没有了工资。在人口稠密的国家,劳工的供应超过需求,工资制比奴隶制更糟。啊,自由和平等,你给你的崇拜者带来一个多么悲哀的东西。这就是法国和英国社会大众的准确状况,我们美国的北部正在快速接近这个状况。这种状况在法国带来了最近的那场革命。"而奴隶制使得南部避免了这一切。"在蓄奴的南部生活井然有序,社会静谧,物质富足,人人心满意足。我们这里没有暴民,没有工会,没有为了更高的工资而罢工,没有对法律的武装抵抗,穷人对富人的妒忌很小。我们的监狱关押的人寥寥,济贫院的人更少。我们为比我们人口多3—4倍的人提供了足够的生活舒适和必需品,我们完全避免了贫困、犯罪、平均田地论和背信弃义这些从欧洲的监狱和济贫院正在涌向人口本已稠密的北部的激流。"按他的话说,南部人口增长缓慢而财富增长很快,马尔萨斯的人口论不适合南部地区。"现在我们有足够的东西,我们的未来没有可怕的马尔萨斯幽灵。我们这里的财富分配比北部更公平,北部的一些百万富翁拥有绝大部分国家财产(这些富翁都是冷血低智之人,他们知道如何挣钱,但不懂得如何为了他们自己和他人而用钱)。南部人不管贫富都是智德高超、心性高雅。在北部金钱是人们最推崇的东西,例外的人寥寥无几。我们中间也有穷人,但是没有人过度劳动和食不果腹。我们没有拥挤的城市,因为这里土地丰富,这些土地的主人仁和慈悲、热情好客。穷人与富人一样,黑人与白人一样热情好客。没有人想过将一个朋友、亲戚或陌生人拒之门外。就是那些视偷窃不是犯罪的黑人也会蔑视不热情好客的行为,那些来借用我们的马匹或在我们家中住上一周的穷亲戚或朋友是我们欢迎的客人。严格来想,南部经济的松散和生活方式的浪费反而是一种天赐之福,它将匮乏、稀缺和饥馑阻挡在外,因为它留下了节省的空间余地。法国、英国和新英格兰的那种精密精确的经济将社会始终保持在饥馑的边缘,因为它没有给节省留下任何空间,人们只是靠他们现在的消费之物生活。我们的社会没有呈现早熟之态,没有衰败之象。我们的面前还有长长的可持续进取的路可走,以人类的目光看不到它的尽头。我们的白人比自由州的白人更接近真正的自由平等。在我们的白人中很少有人是整日劳累的劳动者,没有人做厨师、帮厨、马夫、侍从或其他体力活儿。不存在一个自由公民对另一个自由公民的欺压,由此我们彰显出了独立和平等的感情、高傲的性格和自尊自重,这使得我们在与北部人交往时得到了优势。做南部人是一种荣耀,就像作为罗马人曾经是一种荣耀那样。"①

在1857年出版的《食人生番》中,菲茨休再次重申了他的既定论点。"南部的黑人奴隶是最幸福之人,而且在某种意义上说是这个世界上最自由的人。儿童、老年和体弱之人根本不用干活就能得到所有生活必需品的供给。他们享受着自由,因为他们没有操心费力之苦。妇女很少干重活,她们的主人保护她们免受丈夫的专制。黑人男性在天气好的日子去工作,一般来说一天就是9个小时,劳动和不劳动的时间正好对半。此外他们还有安息日和假日。白人男子有那么多的许可和自由,会无聊厌倦得要死,可是黑人则沉溺于肉体和精神的静息中。大白天他们只要一躺下就能睡着。安静入睡是我们人类最大的享受。"为生活劳累奔波的自由劳工则根本就没有生活的幸福:"自由劳工的权利和自由不及黑人奴隶的千分之一,实际上他们没有一丝的权利和自由,除非说去死也是一种权利和自由的话。"②

在否定了自由劳动制度后,菲茨休开出的救世良方就是奴隶制。他宣称奴隶制制造了人际关系温馨和谐的社会。"自由和自由竞争的介入导致的劳动的分解和社会的瓦解,对于更为贫困阶级的伤害尤重。因为除了抚养家庭必需的劳动外,穷人还要关心找到住所安家、获取就业和关照家庭的所有需求和关切。奴隶制完全解除了我们奴隶们的这些关心。奴隶制是一种形式的社会主义,是最好形式的社会主义。事实上,普通工人的平常工资不足以为穷人家庭的每个成员提供家庭设施,在很多情况下只能是在要么合作要么挨饿之间选择。在自由社会里,欧洲和美国一样,这是一个熟知的理论,已经采取过各种各样的方案来疗治这种邪恶,结果无一成功。在一个共同的头人或统治者之下进行恰当的劳动合作,将使得劳动效率更高,解除掉劳动者很多的家务关心,在他们生病和年迈时给他们提供保护和养护,此外还预防了由于劳工过剩和自由竞争导致的工资过大削减。奴隶制取得了这一切成果,舍此还有何能为之?"他断言,"只有奴隶制能够建立一个安全、有效和人道的财产社会。古代就是这么做的,封建时代是这么做的,现在在东欧、亚洲和美洲也是这么做的。奴隶绝不会因为饥饿而死亡,因为匮乏而受苦的情况也很少。中国人在生活无路可走的时候就是卖掉自己。一个南部农场就是一种股份公司,或社会机构,在其中主人提供了资本和技巧,奴隶提供的是劳

---

① George Fitzhugh, *Sociology for the South, or the Failure of Free Society*, pp. 24-25, 38, 250-251, 253-255.
② George Fitzhugh, *Cannibals All! or Slaves without Masters*, Richmond, VA: A. Morris, Publisher, 1857, pp. 29-30, 31. http://docsouth.unc.edu/southlit/fitzhughcan/fitzcan.html Accessed: 2009/08/17

动,利润的分配不是按照各人的投入,而是按照各自的需求和必要"。菲茨休在其论辩中甚至还借用了欧洲理想社会主义者和共产主义者对资本主义社会的批判,以此来讽刺自由劳动社会的丑陋恶毒,同时宣称奴隶制消除了自由劳动制度的弊病,消灭了人与人之间的对抗。"奴隶之间不像自由劳工之间那样为了获得就业进行对抗和竞争,主人和奴隶之间也没有战争。主人的利益阻止了他去减少奴隶在幼年时期或生病时的生活费用或工资,因为他要是这样做的话就有可能失去这个奴隶。他自己对奴隶的感情绝不许他对老年奴隶有所吝惜。奴隶们丰衣足食,烧火木材量多,日子过得幸福。他们不害怕未来,因为没有匮乏之忧。"沿着这种论辩路径走向极端,菲茨休竟然套用社会主义术语,断言奴隶制就是社会主义,提出人类应该普遍回归奴隶制。"人们都同意说自由社会是一个失败。我们奴隶主说你必须重新实行家庭奴隶制这种最古老、最优秀、最常见的社会主义形式。社会主义的新学派承诺了某种更好的东西,但是承认要获得那种东西他们必须首先摧毁和铲除人类的本性。"菲茨休在《南部社会学》附录的《奴隶制正当性》一文中写道:"法国共产主义者中最狂热的一个派别建议不仅将所有财产公有,而且不是按照每个人的投入和劳动,而是按照每个人的需要来分配利润。现在,这就是我们的家庭奴隶制度。主人的需要更昂贵和优雅,所以他得到很大份额的利润。一个南部的农场就是共产主义的美好理想国,它是一个联合企业,其中奴隶对粗制产品的消费多于主人,可是奴隶更幸福,因为尽管企业或许失败,但是,他只是转移到另一个主人那里参与另一个企业的利润分配,他的生活始终有确切的保障。"①欧洲的社会主义者和共产主义者否定了资本主义后主张建立的是人人自由平等的社会,菲茨休指出的出路则是回归奴隶制,一个黑人没有做人权利的表面上和谐的社会。

威廉·格雷森在1856年发表的长诗《雇佣工和奴隶》是一篇诗歌形式的为奴隶制辩论的作品。其中并没有论点上的创新,只是将南部社会已经盛行的亲奴隶制论点论据以诗句的形式叙述出来。格雷森在序言中提出,奴隶制是适合黑人的劳动制度,与雇佣劳动制没有本质的区别。他认为:"尽管其中存在虐待和苦难,雇佣制度却使得白人劳工受了益;同样,尽管存在心狠的主人,在基督教徒中间奉行的奴隶制却对黑人有利。"在他看来,"奴隶制就是那种用工作交换生计的劳动制度,它确保了主人对奴隶的终生供养,确保了奴隶为主人终生劳动。奴隶是在为生活而做学徒,主人应该在奴隶在世期间供养其生活。奴隶制是黑人的劳动制度,他们做人懒惰无远见。奴隶制

---

① George Fitzhugh, *Sociology for the South, or the Failure of Free Society*, pp. 27-28, 48, 246, 72, 245.

使得人人劳作,确保了人人得到住所、食物和衣服。奴隶制不容懒散,却为病人、幼儿和老人提供了生活之需。它不允许浪荡为生或逃避责任,也没有生活的贫困"。格雷森狡辩说,所有的劳动制度都有虐待。"如果说奴隶制有虐待的倾向,它也有它的好处,它在资本和劳动之间确立了更长久因而也就更仁和的关系。"工人为资本家劳动是按天或按周来计算的,没有人关心工人的死活。奴隶为奴隶主的劳动是长久的,这就使得主人与奴隶的关系更密切,"雇佣劳动中最悲惨的特征莫过于那个孤立可怜的人没有住所,没有工作,没有食物,没有人对其特别关心。只有在雇佣关系中才会显见这种现象"。格雷森竭力否认奴隶制的罪恶,就是对于奴隶主出卖奴隶这种残忍行为,他也竟然说成是与雇主解雇雇工的性质相同。"卖掉奴隶被认为是对奴隶的极大罪恶。但是,其实质难道不仅仅是将劳动从一个雇主转移到另一个雇主那里吗?这样做对于一个劳工是罪恶吗?欧洲的雇佣者们是否会考虑让法律要求每个主人在解雇他的工人之前先确保他们有了另一个雇主?当一个人正在没有食物充饥之时,让他得到工作从而免于没有雇主没有工作之苦,这样做对雇工是罪恶吗?出售奴隶只是确保奴隶免于雇佣制之苦的一种形式,他给了这个奴隶确定的就业和生活保障。这两者雇佣制都没有给。"为了为奴隶制开脱罪责,他宣称奴隶制在南部解决了那些在欧洲泛滥的社会问题。"我不是说奴隶制是最佳的劳动制度,只是说它是这个国家适合黑人的最佳制度。在一个由同一个种族或相似种族构成的国家里,劳动者聪明、勤劳、节俭,获得货币工资或许能够维持更好的生活。即使方方面面都条件优越,雇佣制中也有重大缺陷,对此迄今没有哪个治国者发现救治的良方。在实行雇佣制的那些州,有成千上万的懒汉、游荡者、偷猎者、走私者、醉汉和小偷,他们把偷窃变成了专业职业。成千上万的人深受衣食匮乏之苦又没有能力获得衣食。对于不去工作和不能工作的这两个阶级来说都没有充足的生活来源。奴隶中不存在游荡者、懒汉、走私者、偷猎者,没有人受匮乏之苦。人人都得去工作,不容许任何人受饥饿。奴隶制为黑人做的一切,就是欧洲的设计师们徒劳无功地试图为雇佣工所做的一切。奴隶制确保了所有人的工作和生存,也确保了秩序的更加安定和顺从。"格雷森强辩说,如果硬要说奴隶制是一种罪恶,那么雇佣劳动制也是同样的罪恶。奴隶制下的主人与奴隶都心满意足,"还能要求奴隶制比其已经为黑人所做的一切之外更多做些什么呢?奴隶制已将他从野蛮人变成了守纪律高效率的劳动者,奴隶制供养他过着舒服和睦的日子;奴隶制限制了他的恶习;奴隶制提升着他的头脑、道德和举止;奴隶制教授给了他基督教知识"。总之,奴隶制是善举,"我们看到奴隶制已经导致的善行多多,黑人的状况得到改善,对黑人是有益的;将森林开垦成稻田,将气候不适宜白人劳动的国家变成丰饶之地,对国家是有益的;而对于提供了黑人的非洲大陆也是有益的,因为这或许最终是对大陆人民进行文明教化的唯一途径"。①

格雷森的诗句谈不上典雅,但观点直白明了,对自由劳动社会的嘲讽和对奴隶制的溢美,形成鲜明对照。关于自由劳动社会的情形,诗中写道:

在那里,慈善家冷漠的双眼,
注视着人类苦难的各个阶段:
疲惫的儿童被迫在煤矿里为奴,
挤过狭窄的煤缝进入活人的坟墓;
被迫离开清风拂煦的山冈,
和那阳光和煦的林间空地
无情的心肠迫使他们成为苦力;
不识那少年的游戏,不识那玩耍的时光,
被剥夺了天赐众生的福恩,那白昼的光亮;
像牲畜那样套上轭辕,
手膝并用,拖曳载煤的车辆。
那是个人群拥挤的窝棚,散发着恶臭的地方,
道德与体面谁人知详;
恶徒所行无所羁绊,唯有饮酒作乐的狂欢;
为了那过量过度和残忍的斗争,
酒醉的雇工献出了生命,
除此之外别无他路,
工资微薄得可怜只能让他挨饿。
在那里女人卖身为妓只为面包,
身为母亲的女人带着野蛮的欢快骚动,
只为那被害的婴儿换得埋葬的费用;
童年哪有稚气的游戏或玩具,
老年无享敬重与静养;
饥饿使得劳工冲突不止,
匮乏和痛苦伴随着终生;
拥挤的窝棚里疫病流行,

---

① William J. Grayson, *Hireling and Slaves*, *Chicora*, *and Other Poems*. Charleston, S. C.: McCarter &Co., Publishers, 1856, pp. vi, vii, viii, ix, x, xi.

>伤寒潜伏,致命的黑死病来攻,
>残忍的饥荒扑向它的猎物穷人,
>天天掳走群群生灵;
>无人埋葬的尸体污染了夏日的空气,
>犯罪和暴行在绝望中放纵。①

在罗列了自由社会种种丑陋现象后,格雷森对南部种植园社会进行了天堂般地描绘,他写道:

>在这里生活是那么无忧无虑,
>得到的工作适度,给养还很富足,
>饥饿穷人所需的他们都有,
>种植园的奴隶生活得更加幸福;
>免受疑虑闹心,不必常年担忧,
>无收成之年奴隶也不害怕饥荒;
>倘若天不吉祥庄稼歉收,
>主人便会恩赐食粮;
>这里的穷人不会由于缺少面包而死亡,
>或是依靠外国的捐赠食物苟延时光,
>没有无家可归的农民成群结队远乡流亡,
>到那遥远的地方诉说自己的段段哀肠。
>他们的命运远为别样,免于忧虑和争斗,
>因为工作或面包陪伴着黑人的生活。
>基督徒的奴隶们也许会怀疑这竟是他们自己的境遇,
>只在寓言的国度里拥有的幸福——
>木屋为家虽粗陋但并非不舒适,
>每日的劳动不重,食物却很充足,
>有节制的生活习惯产生了健壮的体格,
>欢快的歌声从一块块田间传出;
>他们那洪亮的笑声,
>自由人也很少发出。
>心中没有忧虑折磨,

---

① William J. Grayson, *Hireling and Slaves, Chicora, and Other Poems*, pp.24-25. (译文参考了沃侬·路易·帕灵顿:《美国思想史,1620—1920》,陈永国、李增、郭乙瑶译,吉林人民出版社2002年版,第440—441页)

这乃是天赐之福,

开一些粗鲁的玩笑,

讲一点不雅的幽默,

尽管粗俗却没有留下痛苦的折磨。

回到他们的居所,

为给卑微的命运祝福,

热情的欢聚快乐就围绕着黑人的小屋。

夜晚的舞蹈传递着甜蜜,

年轻人的心中充满了爱情的欢乐,

平和年代完成了劳作,

便是夏日里纳荫乘凉,冬日里享受暖阳。

他毕生不知贫困匮乏为何,

又怎会临终抱怨济贫所。①

在《汤姆叔叔的小屋》出版后,50年代南部的文学界掀起一股亲奴隶制文学创作热,成为进行社会对比宣传奴隶制优越性的重要组成部分。"时至1850年代,尤其是在《汤姆叔叔的小屋》面世后,绝大多数南部作者感到不得不去对奴隶制进行美化描绘。他们衷心同意南部地区的政治家和评论家的这个意见,即奴隶制对奴隶是一种天赐之福,是南部文明的屏障。由于主要是写给南部的读者看的,所以这些小说家感到有义务安慰这些读者,他们这些作者在奴隶制问题上是'安全的'。引人注目的是,那些常常主要是描写人际关系和家庭诡秘的小说,原本与奴隶制或其他社会问题没什么关系,都会在某些地方以奴隶开怀大笑或兴奋快乐的形式提到奴隶制的美好。南部的小说呈现出令人压抑的一致性,例外者寥寥无几。"②美国学者托马斯·戈塞特发现,从1852年《汤姆叔叔的小屋》出版到内战爆发这一时期,美国出现了27部针对《汤姆叔叔的小屋》进行反驳的亲奴隶制小说。这些小说的作者有南部人也有北部人,有男有女。他们的辩论之术多种多样,有的赞美种植园是美好家园,有的攻击北部对白人奴隶(工人)的虐待,他们将黑人描绘成在奴隶制下过着幸福生活,其种族特性使得他们不适合自由。③

---

① William J. Grayson, *Hireling and Slaves*, *Chicora*, *and Other Poem*, pp.50-51.(译文参考了沃依·路易·帕灵顿:《美国思想史,1620—1920》,第441—442页)

② William F. Mugleston, "Southern Literature as History: Slavery in the Antebellum Novel", *The History Teacher*, Vol. 8, No. 1, (Nov., 1974), p.20. http://www.jstor.org/stable/491435 Accessed: 2012/03/21

③ "Uncle Tom's Cabin and American Culture". http://utc.iath.virginia.edu/proslav/antitoms.html Acessed:2014/07/26

这些小说的文字内容在这里没有叙述的必要和价值,从书中的插图更能看到作者的心机。这些插图内容展示的尽是奴隶的幸福生活。

图 5-1　唱吧,黑货,唱吧①

这幅画是罗伯特·克里斯维尔所著的小说《"汤姆叔叔的小屋"与白金汉厅的对比,种植园主的家园,或对奴隶制问题的公正审视》中的插图,标题是"唱吧,黑货,唱吧"。画面上黑人们围着草垛或躺或坐,听坐在草垛上的黑人唱歌或讲故事。树下站着的两个人显然是白人,他们站在一边悠然观看,没有一点让人畏惧的样子。

从社会对比角度进行亲奴隶制辩论的这些人,将黑人的生活描绘成无比幸福,将人间的一切美好归功于奴隶制度,将一切罪恶归罪于自由制度,写出这样的狂言乱语,并不是他们的心智已经失常,他们肆意纵情发泄对自由社会的仇恨,疯狂地美化奴隶制度,达到了挑战人类的生活本能和生活理性的程度,只能说明他们的道德已经堕落到了极限。谎言讲一千遍还是谎言,谬误宣扬得再美好也还是谬误。这些为讨好权势集团编造胡言乱语的人成一时之名,留永世臭名。这些亲奴隶制言语在后人读来难免会让人觉得是狂言乱语,没有理性,觉得其人可气、可恨、可厌、可鄙、可耻,甚至可怜。

---

① "Sing, Darkeys, Sing." Fullpage Illustration for "*Uncle Tom's Cabin*" Contrasted with Buckingham Hall, *The Planter's Home*; or, *a Fair View of Both Sides of the Slavery Question*, by Robert Criswell, New York: D. Fanshaw, 1852. http://utc.iath.virginia.edu/proslav/gallcrisf.html Acessed: 2014/07/26

图 5-2　上帝保佑您,女主人①

这幅画是索恩顿·伦道夫(真名是查尔斯·雅各·彼得森)所著的《小屋与客厅,或奴隶与主人》中的插图,标题是"上帝保佑您,女主人"。画面上一个成年男奴隶在向主人祝福,而一个奴隶幼儿在扑向女主人,画中的所有人都显得自然欢快。

南部的亲奴隶制辩论并非仅限于上述三种路径或策略,可以说他们是用尽了他们能够想到的一切方法来为奴隶主辩护,推脱罪责,镀金抹彩。托马斯·罗德里克·迪尤就在他的《黑人奴隶制的废除》这篇文章中,为南部坚守奴隶制找出多种理由,他指出:"弗吉尼亚州现在有 1 亿美元的奴隶财产",采取什么样的方式消除这些奴隶人口并不重要,重要的是,"不管如何去做,何时去做,做出此举,弗吉尼亚就将成为沙漠"。为了证明奴隶制的可行性,他一方面强调绝大多数奴隶热爱自己的主人,提出奴隶们"普遍爱戴

---

①　"God Bless Yes, Missus." Fullpage Illustration by Stephens, facing page 320 in *The Cabin and Parlor; or, Slaves and Masters*, by J. Thornton Randolph [pseudonym for Charles Jacobs Peterson], Philadelphia: T. B. Peterson, 1852. http://utc.iath.virginia.edu/proslav/gall-randf.html Acessed: 2014/07/26

他的主人和主人的家庭。实际上能够冷酷地谋划屠杀主人和孩子的奴隶寥寥无几"。为此他断言南部的奴隶是文明化了的奴隶。"美国的黑人已经接受了白人的道德、思想和情感。一句话,他们已经文明化了,至少相对来说是如此。他们的全部教育和生活道路与堕落行为相对抗。"他们不可能成为谋杀者。另一方面,迪尤指出白人所占的优势地位。"财富、才能必然统治单纯的体力,近代时期更是如此。"在南部社会,财富、才能、团结一致甚至习惯都站在白人一边,白人社会不必害怕奴隶暴动。迪尤还反驳了奴隶劳动没有效率的论点,认为奴隶在监督之下集体劳动,可以做比自由劳工更多的工作。不过,他并没有对自由劳工制度进行攻击,只是强调奴隶劳工在南部有效率。他指出:"看看联邦政府建立前各殖民地的进步吧,可以发现蓄奴州最繁荣最富裕。北部害怕组建联邦政府,就是因为其贫穷。这是历史事实。"① 威廉·哈珀在其论辩中除了断言奴隶制与雇佣劳动制本质相同外,还坚称南部是被迫接受奴隶制的,"奴隶制是在一场争取生存的斗争中,由形势的极端紧迫强加给我们的。没有奴隶制,现在这个大陆上是否会有一个白人存在是很令人怀疑的。肯定的是,如果有白人的话,他们也将处于极度贫困、脆弱和不幸的状态。必要性将奴隶制强加给了我们,母国的高高在上的威权进一步将它捆绑在我们身上。对此礼物我既不反对也不抱怨。我们没有制定奴隶制度。非洲人被带到我们这里前,总体而言,在他们自己的国家里就是奴隶,只是换了一下主人而已"。② 可以说,亲奴隶制辩论者对于为奴隶制进行辩护是绞尽了脑汁,用尽了方法,竭尽了全力。

  南部奴隶主的亲奴隶制辩论是一种建构亲奴隶制意识形态的努力。不过,南部奴隶主集团虽然能够消灭反奴隶制言论,却不能创造出亲奴隶制意识形态上的共识。南部亲奴隶制辩护的多样性和矛盾性,恰恰反映了南部奴隶主集团在创建亲奴隶制社会共识方面的失败。如果有哪一种论证是成功的,就不会需要其他论证的出现了。南部的亲奴隶制精英们在他们的知识视界里寻寻觅觅搜求而来的有时甚至相互矛盾的证据,最终构成了一个亲奴隶制辩论大杂烩,对于人类的理性不会产生说服力。任何理论的力量都在于能够说服人的理性,经得起判断性思维的求证。拼凑在一起的亲奴隶制辩论证据,恰恰经不起理性的检验。《圣经》对奴隶制的认同与否是可以进行完全相反诠释的。如果按照《圣经》字面意义去理解,似乎可以说《圣经》允许奴

---

① Thomas Roderick Dew, "Abolition of Negro Slavery", in Drew Gilpin Faust, ed., *The Ideology of Slavery: Proslavery Thoughts in the Antebellum South*, 1830-1860, pp.39, 67, 68, 69, 75.
② William Harper, "Memoir on Slavery", in Drew Gilpin Faust, ed., *The Ideology of Slavery: Proslavery Thoughts in the Antebellum South*, 1830-1860, p.96.

隶制,可是同样按照《圣经》的教义,人类是上帝创造的,都是亚当的后代,都是兄弟姐妹,自然也应该都是平等的关系,奴隶制就不是上帝许可的制度。人类历史上的奴隶制确实为古典文明做出了巨大贡献,但是这不能掩盖奴隶制的残酷性,人类不是依靠本能生存的低级动物,人类是具有灵智的理性动物,人类能够通过社会制度的改进实现文明的升华,这种升华在人文方面就表现为逐渐减少人际关系的残酷性。理性的道德智者不会看到战争客观上发挥过积极作用就主张战争,看到残酷客观上发挥过建设性作用就宣扬残酷。如果那样的话,就等于让人类在人文道德方面永远处于原始状态。黑人种族独特低劣的论说是赤裸裸的妄言臆说,不值得现代史学去费力批驳。至于社会对比路径更是荒谬。资本主义制度下尽管自由劳工的生活艰难,但他们至少有人身自由,被社会作为正常的人来看待。南部那些被作为牲畜来对待的奴隶们的人生质量,远不能与自由劳工的人生相比较。那种强调奴隶比自由劳工生活更幸福的论说,是蛮横者强词夺理的荒谬之词。荒谬毕竟是荒谬,对于渴望用荒谬的理论掩护自己利益权势追求的那些人,接受荒谬原本是他们的心理所需。对于知识浅薄、头脑简单、不善分辨的人来说,谎言也可以轻易当作真理接受。对于有理性判断能力和道德底线的人来说,荒谬不可能变成真理,谎言讲一千遍也还是谎言。不管亲奴隶制人士如何巧言,只能欺骗那些原本就心智不开、没有分析判断能力的无知之人,再就是增进他们自己立场的顽固性。从历史上来看,亲奴隶制辩论从整体上是无效的,他们没有说服外部社会接受他们的观点,反而在他人眼中玷污了自己的形象,刺激了对他们的鄙视和愤怒。从回顾历史的角度来看,那些不遗余力进行亲奴隶制辩论的人所从事的是一种注定失败的事业,"不管他们的动机是出于自私自利还是道德和宗教上的负疚,抑或是真诚地相信在一个没有公平的世界里他们的特别制度真的提供了一个资本与劳动之间唯一的实在的关系,他们面对的是要给一个既不是他们制造,也不是他们的能力所能解决的邪恶提供一个解决方案,这是一个变圆为方的不可能完成的任务。对于内战前的南部人而言,奴隶制辩论到1850年代后期已经走到了尽头。直到内战将近结束,确切说直到奴隶制和邦联已经成为历史,他们才能再次正面谈论这个问题。即使是到了那时,围绕解放奴隶是否是支持邦联战争努力的可行方式的辩论,最多也是不温不火的。很多南部人也许会觉得他们被南部的亲奴隶制辩论家们出卖了。这些人长期以来一直向他们保证说,他们的世界是人世间可能有的最好的世界,值得用他们的生命去捍卫"。①

---

① Susan-Mary Grant, "The Slavery Debate", in Richard Gray and Owen Robinson, ed., *A Companion to the Literature and Culture of the American South*, p. 91.

从历史发展过程看,美国历史上的亲奴隶制辩论是与反奴隶制宣传相因应的。殖民地时期,北美社会既有反奴隶制声音,也有相应的亲奴隶制辩护。不过这两种针锋相对的言论并没有成为社会舆论的焦点。美国革命时期,新生的美利坚国家内部掀起了对奴隶制谴责的声浪,但是也还是存在亲奴隶制杂音。建国之后,北部社会的奴隶制逐渐走向终结,而南部的奴隶制走向兴旺。亲奴隶制辩护渐渐就成为南部现象。在北部废奴主义运动兴起后,南部内部曾经存在的反奴隶制声音愈来愈微弱,直至完全从公共生活中消失,而亲奴隶制辩护的声音则愈益抬高,直至完全主宰了南部社会在奴隶制问题上的话语,成为整合南部社会思想的工具,与此同时,奴隶制辩护的基调发生了质变,从承认奴隶制是"必要的邪恶"转而高调宣扬奴隶制是"有益的善举"。南部社会不再容忍反奴隶制言论的存在,而形形色色的亲奴隶制辩护者则可以炮制各种亲奴隶制学说。从亲奴隶制辩护的气势、内容和投入的力度来看,那些为奴隶制进行辩护的人确实是殚精竭虑地在做这件事。也就是说,他们进行亲奴隶制辩论的态度是十分认真的。但是,他们尽心竭力地进行亲奴隶制辩论并不等于他们在奴隶制问题的立场上不是虚伪的和伪善的。若说亲奴隶制辩论者是真诚地相信他们自己的论说合情合理,这一点实在让人难以理解。他们在日常生活中耳闻目睹奴隶们的悲惨生活,他们不可能意识不到奴隶制对于奴隶是残酷制度,受人奴役是人生的大不幸。他们并非不能认识到奴役他人违背人人平等自由的近代人类文明原则,他们只是不能承认这个原则也应该应用到黑人奴隶身上。为了维护奴隶主集团的私利,他们需要否定或扭曲人类成员自由平等这个近代文明的伦理原则。他们进行亲奴隶制辩论,不管是宣称奴隶制是"必要的邪恶"还是"有益的善举",都是在给自己的邪恶寻找托词。如果这些人是没有文化、不善深思的愚氓,他们就没有能力进行亲奴隶制辩论。他们能够巧言谎语进行亲奴隶制辩论,证明他们有能力思考,有判断是非的能力。故意颠倒是非就是虚伪,将邪恶说成美善就是伪善。如果他们这样做还不算是虚伪伪善的话,那么那些公开或私下里承认奴隶制是一种与美国革命原则相冲突的国父们,就是虚伪伪善之徒了。不过,谎言终究是谎言,就是凭借强权强加于人也不会变成真理。奴隶主集团的亲奴隶制辩论至多是强化了他们自己捍卫奴隶制的意志,凭着自己的顽固和专横在联邦政治中为自身的利益进行争斗。

第六章 奴隶主集团的政治争斗

作为奴隶制的最大受益者，维护奴隶制自然是奴隶主集团的首要目标。在内战前的美国社会变革中，南部奴隶主集团在联邦政治舞台上遭到越来越严重的挑战。随着奴隶制在北部的废除，美国变成了一个两种对立制度各据一方的国家。裂开的房子是站不住的，家不和，难长久。北部和南部两种制度对立，随着双方力量的消长，两个地区的相互敌意变得越来越强烈。在地区对抗中，为了维护奴隶主利益，奴隶主政客在联邦国会、政府行政部门和最高法院都进行了顽强激烈的斗争。但是在人口增长方面南部蓄奴州远远落后于自由州，这样在选举制度的作用下，联邦政治权力的天平便向着有利于北部的方向倾斜。意识到奴隶制在联邦范围内将陷入危险之中，在林肯当选总统后奴隶主集团中的激进分子便策动南部走上了分裂联邦国家之路。

第一节 奴隶主集团对南部社会的掌控

通过蓄奴，奴隶主获取了财富，有了财富，他们可以得到优质的社会资源如优质教育、关键性人脉以及从事政治活动的闲暇时间。正是蓄奴生活带来的社会优势，使得内战前的奴隶主不仅是黑人奴隶的主人，而且还成为南部广大白人非奴隶主大众的领导者。在南部这个奴隶主控制的世界里，奴隶主的统治地位并没有遭到来自奴隶的挑战，尽管发生过小规模的奴隶暴动和暴动密谋，尽管有无数奴隶进行过消极和积极的反抗，然而没有发生大规模的奴隶起义。同时，奴隶主的地位也没有受到来自非奴隶主白人大众的挑战，尽管内战前南部与北部一样经历了民主制度的发展，白人成年男性普遍拥有了选举权和被选举权，但能够当选为各级议员和官员的人，绝大多数来自奴隶主家庭。

一 奴隶主群体的社会规模

在内战前的美国，奴隶主是一个开放的社会群体，一方面很多非奴隶主白人通过购买或继承奴隶跻身奴隶主行列,另一方面也有蓄奴之人由于破产卖掉奴隶或由于道德良知觉醒而解放了自己的奴隶,从而退出奴隶主群体。由于奴隶主群体成员的非固定性,要确定奴隶主群体的社会规模就只能进行一个大概的估算。20 世纪 30 年代刘易斯·C. 格雷按照美国联邦人口统计登记信息来推算,估计出 1790 年、1850 年和 1860 年奴隶主群体的社会规模,如表 6-1 所示。

表 6-1　1790 年、1850 年和 1860 年南部奴隶和奴隶主人口比例①

州	奴隶占总人口的比例(%)			蓄奴人口占自由人总人口比例(%)			奴隶和蓄奴人口占总人口比例(%)		
	1790 年	1850 年	1860 年	1790 年	1850 年	1860 年	1790 年	1850 年	1860 年
阿拉巴马	—	44.4	45.1	—	38.9	35.1	—	66.1	64.4
阿肯色	—	22.4	25.5	—	21.0	19.4	—	38.7	40.0
特拉华	15.0	2.5	1.6	23.1	5.2	2.9	34.6	7.5	4.5
佛罗里达	—	45.0	44.0	—	41.7	36.0	—	67.9	64.1
佐治亚	35.5	42.1	43.7	26.1	41.8	38.0	52.3	66.3	65.1
肯塔基	16.1	21.5	19.5	17.4	28.4	22.8	30.6	43.7	37.9
路易斯安那	—	47.3	46.9	—	43.2	32.2	—	70.0	64.0
马里兰	32.2	15.5	12.7	37.3	20.3	12.6	57.5	32.6	23.7
密西西比	—	51.1	55.2	—	44.4	48.0	—	72.8	76.7
密苏里	—	12.8	9.7	—	18.4	12.5	—	28.9	21.0
北卡罗来纳	25.5	33.2	33.4	32.2	27.8	28.8	49.5	51.8	52.5
南卡罗来纳	43.0	57.6	57.2	33.9	51.5	48.7	62.3	79.4	78.1
田纳西	9.6	23.9	24.8	9.1	25.3	24.3	17.8	43.1	43.1
得克萨斯	—	27.4	30.2	—	28.6	28.5	—	48.1	50.1
弗吉尼亚	39.2	33.2	30.7	43.5	33.1	25.9	65.6	55.3	48.7
南部州	33.5	33.3	32.3	35.3	30.9	26.1	57.0	53.9	50.0
边界州*	32.0	24.7	22.3	35.9	26.0	20.8	56.4	44.3	38.5
下南部	41.1	45.4	44.8	31.8	40.5	35.6	59.8	67.5	64.5

* 原注:此处边界州包括特拉华、肯塔基、马里兰、密苏里、北卡罗来纳、田纳西和弗吉尼亚。

① Lewis Cecil Gary, *History of Agriculture in the Southern United States to 1860*, p.482.

奴隶主的共同之处是蓄奴。由于奴隶本身就是奴隶主的财产,所以蓄奴人数的多少意味着奴隶主财富的差距,再由于内战前南部绝大部分奴隶使用在商品农业生产领域,蓄奴人数的多少也就意味着奴隶主耕种土地数量的多少,蓄奴人数越多往往意味着耕种土地数量越多。不过,奴隶主群体内部的分层难以找到一个完全合适的标准。蓄奴多少当然意味着奴隶主富有程度的差异,奴隶主群体分成上中下三个等级,大体上能够反映奴隶主群体的内部分层,但是要用一个明确的界限来区分三个阶层,则并不绝对合理。大奴隶主与小奴隶主的财富和生活显然不同,但是小奴隶主与中等奴隶主之间很难划出显而易见的界限,如果蓄奴数只相差几个人的话,其社会地位和财富不会有本质的差距。故将蓄奴数作为划分奴隶主大中小的标准线只具有宏观的模糊的参考价值。1860年美国联邦人口统计时,将拥有20个奴隶的农场主确定为种植园主。在没有更好界定标准的情况下,历史学家大多接受这个不是绝对合理的标准。按照这个标准,内战前种植园主属于少数群体。1860年整个南部只有46274名种植园主,仅占南部蓄奴家庭的12%,而蓄奴家庭又占所有南部白人的24%。大约20789个种植园主蓄奴数在20—30个之间。只有那些蓄奴上百人的种植园主,才具有大庄园主的气派,这类种植园主在1860年大约有2300名。在19世纪中期只有1%的蓄奴家庭符合这个类别。自18世纪中期以来这类人就一直是占这个比例。① 表6-2显示了联邦建立之初与19世纪中期南部奴隶主的构成。

表6-2 不同蓄奴规模奴隶主所占比例②

蓄奴数	占蓄奴家庭比例(%)	
	1790年	1850年
1	24.5	17.4
2—4	30.5	29.5
4—9	22.0	24.4
10—19	14.3	17.4
20—49	6.4	9.1
50—99	1.0	1.7
100—199	0.2	0.4
200—299	A	0.1
300及以上	A	A
不详	1.0	0.0

说明:A表示不足千分之一。

① John Michael Vlach, *Back of the Big House: The Architecture of Plantation Slavery*, Chapel Hill, NC: University of North Carolina Press, 1993, pp.7-8.
② Stuart Bruchey, *Enterprise: The Dynamic Economy of a Free People*, p.239.

由于社会经济规模和人口的大幅度扩张，内战前奴隶主群体的总数实现了大幅度增长。然而到了1850年代，奴隶主占白人人口的比例呈下降趋势，而大奴隶主人数的增长速度高于小奴隶主人数增长速度。"在脱离联邦前那个年代，整个南部的蓄奴家庭从占南部白人家庭的43%下降到37%。与此同时，拥有20个以上奴隶的白人家庭数比拥有1—4个奴隶的白人家庭数增长快6倍。"① 大奴隶主控制的奴隶人口也在增长。"1860年南部有151.6万户自由家庭，其中只有38.5万户家庭是奴隶主，南部近四分之三的自由人家庭根本就没有奴隶。典型的南部人不仅是小农场主，而且不是奴隶主。况且在蓄奴家庭中，人数很大的多数派仅仅拥有一些奴隶。如表6-2所示，在1850年，89%的奴隶主占有的奴隶不到20人，71%蓄奴低于10人，近50%蓄奴不足5人。"如果接受以蓄奴20个作为种植园主的最低标准，那么这种比例情况说明，不仅一般奴隶主不是种植园主，而且典型的种植园主使用的是一支20—50名奴隶的劳动队伍。种植园贵族大约由1万户使用50人以上奴隶的家庭构成，但是奴隶绝大多数就属于这些大种植园主，只有四分之一的奴隶属于蓄奴不足10人的奴隶主，一半以上的奴隶属于蓄奴20人以上的种植园主，近四分之一的奴隶属于蓄奴50人以上的奴隶主。②

　　虽然种植园在南部各地区都存在，但是地区分布并不均衡。到1860年，种植园发展最旺盛的有3个地区。那些历史最长和名声显赫的种植园位于从切萨皮克湾到佛罗里达北部的海岸地区，这个地区从大西洋沿岸向内陆延伸不超过100英里。第二个集中的大种植园地区是一条宽50英里的棉花生产地带，该地带从南卡罗来纳、佐治亚、阿拉巴马中部穿过直到密西西比州东部。第三个种植园地区是密西西比河下游的河谷，土地肥沃地带，从孟菲斯北部起向南过了新奥尔良。此外，在佛罗里达走廊地区、阿拉巴马北部和得克萨斯的海湾沿岸地区，是规模较小的种植园区。③ 这三个种植园集中地区大部分位于下南部。表6-3也表明种植园主要分布在下南部地区。

---

① William W. Freehling, *The Road to Disunion*, Vol. II, *Secessionists Triumphant, 1854-1861*, New York: Oxford University Press, 2007, p.22.
② Stuart Bruchey, *Enterprise: The Dynamic Economy of a Free People*, p.238.
③ John Michael Vlach, *Back of the Big House: The Architecture of Plantation Slavery*, pp.6-7.

表 6-3　1860 年南部蓄奴 10 人以上的种植园人口①

	南部	边界州	下南部
蓄奴 10 人以上种植园的蓄奴人口占蓄奴总人口百分比	28.1	22.6	33.9
蓄奴 10 人以上种植园的自由人口占自由人总人口百分比	7.4	4.7	12.1
蓄奴 10 人以上种植园的人口占种植园总人口百分比	58.0	47.0	66.4
蓄奴 10 人以上的种植园人口占总人口百分比	29.0	18.1	42.8

南部商品农业条件欠佳的阿巴拉契亚山脉地区总体上是种植园稀少地区,当然在不同发展阶段,这个地区不同地方的奴隶主情况也不同。19 世纪初,南部白人的定居边疆还在阿巴拉契亚地区,此时边疆白人社会的奴隶主比例反而比后来要高。1800 年,弗吉尼亚的阿巴拉契亚地区的家庭中有近一半是奴隶主。在 1800 年代,阿拉巴马、佐治亚、肯塔基和南卡罗来纳的阿巴拉契亚地区诸县中有三分之一的家庭蓄奴。马里兰和田纳西的阿巴拉契亚地区有四分之一的家庭蓄奴,北卡罗来纳西部有五分之一的家庭蓄奴。西弗吉尼亚奴隶主人数最少,但即使在这个地区,也有 18% 的家庭蓄奴。随着阿巴拉契亚地区得到定居开发,蓄奴家庭比例反而有所下降。1860 年阿巴拉契亚地区多数人不是奴隶主,有近一半的家庭没有土地,生活在贫困之中,另外有五分之二的家庭拥有土地但不是奴隶主。在整个南部,29% 的家庭是奴隶主,但在阿巴拉契亚地区仅有 18% 的家庭蓄奴。阿巴拉契亚地区各地的蓄奴情况也不尽相同。阿拉巴马、佐治亚、南卡罗来纳和弗吉尼亚的阿巴拉契亚地区有五分之一到四分之一的家庭蓄奴。马里兰和田纳西的阿巴拉契亚地区有五分之一的家庭蓄奴,但是肯塔基东部和北卡罗来纳西部只有十分之一的家庭蓄奴。西弗吉尼亚地区的奴隶主最少,仅有十六分之一的家庭蓄奴。在占阿巴拉契亚地区面积一半的 103 个县中,只有不足 10% 的家庭蓄奴。在这些蓄奴比例低的县中,有 41 个县位于肯塔基东部和西弗吉尼亚。有 51 个县大约十分之一家庭蓄奴,另外有 45 个县是 15%—24% 的家庭蓄奴。在佐治亚、北卡罗来纳、田纳西和弗吉尼亚的阿巴拉契亚地区 17 个县中,有五分之一到四分之一的家庭蓄奴。不过,阿巴拉契亚地区也有 22 个县的蓄奴家庭比例超过或接近南部的平均蓄奴家庭比例。在西弗吉尼亚有 40 个县蓄奴家庭比例不足 15%,但是杰斐逊县有三分之一家庭蓄奴。在肯塔基东部 27 个县,不足 15% 的家庭蓄奴,但麦迪逊县超五分之二的家庭蓄奴。田纳西的阿巴拉契亚地区 90% 的县蓄奴家庭比例少于 15%,但该地区富兰

---

① Lewis Cecil Gary, *History of Agriculture in the Southern United States to 1860*, p. 482.

克林县超过三分之一的家庭蓄奴。阿巴拉契亚地区的蓄奴规模也因地貌而变。在阿巴拉契亚山岭地带的各县中,蓄奴家庭的比例不足8%,但是在另两种地貌地区蓄奴者比例较大,丘陵高原地带有大约16%的家庭蓄奴,山岭间的河谷地带有18%的家庭蓄奴。尽管阿巴拉契亚地区的奴隶人口在1800—1860年呈递减趋势,可是这一时期这个地区蓄奴者的人数却有所增长。从长期来看,肯塔基东部蓄奴者人数剧烈下降,西弗吉尼亚略有下降,在其他地方,蓄奴家庭比例有所上升。①

尽管从人数上来说南部阿巴拉契亚地区是一个非奴隶主的世界,但是即使在这个区域,种植园主或蓄奴农场主的财富也是远远高于没有蓄奴的一般务农家庭。1860年,在阿拉巴马、佐治亚、马里兰和南卡罗来纳的阿巴拉契亚地区有大约三分之一的农场主经营着小种植园,北卡罗来纳西部地区五分之一的农场主和田纳西阿巴拉契亚地区四分之一的农场主是小奴隶主,而在弗吉尼亚的阿巴拉契亚地区农场主中近一半经营着小种植园,肯塔基东部和西弗吉尼亚的农场主中小奴隶主不足15%。尽管蓄奴家庭仅占阿巴拉契亚地区家庭不足五分之一,但是他们却控制着这个地区一半以上的土地。平均来说,阿巴拉契亚地区的奴隶主经营的农场要比非奴隶主拥有的农场大5—10倍。在阿拉巴马、佐治亚、南卡罗来纳、田纳西和弗吉尼亚的阿巴拉契亚地区诸县,奴隶主拥有五分之三或更多的农场土地,在马里兰和北卡罗来纳阿巴拉契亚地区的县中,奴隶主占据着超过五分之二的农场土地,仅有七分之一的土地被农业家庭中最贫穷的那些人得到。在肯塔基东部和西弗吉尼亚,尽管种植园寥寥无几,可是蓄奴家庭占有了三分之一到五分之二的农场土地。非蓄奴家庭占阿巴拉契亚地区家庭80%以上,其中只有不到一半的家庭拥有土地。尽管他们构成了人口的多数,但是这些非奴隶主家庭占有的财富不及该地区财富的四分之一。奴隶主占该地区家庭不足18%,他们积累的平均财富是19388美元,典型的蓄奴家庭拥有的财富是非奴隶主邻居的9倍。即使小奴隶主也比非奴隶主富有。小奴隶主的平均财产是13051美元,比拥有土地的非奴隶主多6倍,比没有土地的非奴隶主家庭多75倍。该地区不足2%的家庭蓄奴在20人以上,但是就是这一小批人拥有该地区29%的财富。这些种植园主的财产平均数是108110美元,他们持有的财富是一般非奴隶主家庭的46倍。最上层的蓄奴家庭占有的财富是占人口一半的底层普通家庭财富的618倍。南部阿巴拉契亚地区的种植园经济欠发达,但是也不是说这里就绝对没有种植园出现。阿拉巴马北部9个生产棉花的

---

① Wilma A. Dunaway, *Slavery in the American Mountain South*, Cambridge, UK: Cambridge University Press, 2003, pp.25-26.

县、佐治亚北部、南卡罗来纳的皮肯斯县和弗吉尼亚蓝领地区生产烟草和小麦的县是大种植园集中的地区。阿巴拉契亚地区每 143 个农场中就有一个是种植园,在丘陵高原地区或山脊间河谷地区大种植园更多一些,大约是山岭地区的 3 倍。地貌并没有绝对阻止种植园的扩展,在主产棉花的阿拉巴马州杰克逊县,每 26 个农场中就有一个大种植园。在阿拉巴马、佐治亚、南卡罗来纳和弗吉尼亚阿巴拉契亚地区的县中,每 31 个农场主中就有一个经营着大种植园。阿拉巴马州的塔拉迪加县,佐治亚的卡斯县、卡图萨县、弗洛伊德县和波克县是主产棉花地区,这些地方与下南部一样依靠奴隶劳动。弗吉尼亚的阿尔伯马尔县、贝德福德县、克拉克县、福基尔县、麦迪逊县、纳尔逊县、拉帕汉诺克县、罗阿诺克县和阿莫斯特县大量种植小麦和烟草出口,所以这些地区种植园使用的奴隶规模超过了南部种植园奴隶的平均数。①

尽管美国学者就内战前南部奴隶主和种植园主的人数和占人口比例给出的数字不尽相同,但是所有学者的数字都显示,在内战前的美国南部,奴隶主在人口中只是少数派,种植园主更是少数派中的少数派。种植园主可说是奴隶主中的佼佼者,大种植园主可谓种植园主中的出类拔萃者,他们在奴隶主群体中虽然属于少数,但是影响却在小奴隶主之上。南部社会是他们的天下,奉行的是他们的意志。黑人奴隶大多数掌管在他们之手,白人大众也在他们的领导之下。

二 奴隶主集团对南部白人社会的掌控

在内战之前的半个多世纪美国的政治制度发生了重大变革,其显著标志是废除了选举权和担任官职的财产资格限制,确立了成年白人男性的选举权和担任官职资格,在制度上确立了白人民主制。然而在美国南部蓄奴州,政治权力却落入奴隶主的掌控之中。这样,法制上的白人民主制在实际政治世界中转变成了奴隶主统治。

关于内战之前美国南部政治的性质,美国学术界存在着两种对立的解说。一种观点认为,内战前美国南部实行的是种植园主寡头政治。尤金·D. 吉诺维斯认为,在内战之前,"种植园主指挥着南部政治,确定着社会生活的基调"。② 另一种观点认为,内战前南部实行的是白人民主制度。弗里彻尔·M. 格林指出:"1776—1860 年南部各州的宪法和政府发展史显示,南部在实现政治平等纲领上是向前进步的。到 1860 年,贵族气派的种植园主阶级已经被剥夺了特权和政治权力。虽然他们仍然对政治生活施加有声有色

---

① Wilma A. Dunaway, *Slavery in the American Mountain South*, pp. 32-37, 28-29.
② Eugene D. Genovese, *The Political Economy of Slavery*, New York: Pantheon, 1965, p. 28.

的影响,但是已经不能支配和控制政治秩序了。白人大众已经牢牢地确立了自己的支配地位。把南部州解释成'最严厉最可憎的政治贵族制'并没有事实依据。"①

从政治权力的归属来看,建国初期的美国南部是大奴隶主统治的世界。1820 年南部共有 447 个县或教区。当时只有在佐治亚、阿拉巴马和路易斯安那 3 个州地方政府官员是由民选产生。这 3 个州仅占当时南部县的五分之一,占南部人口还不及五分之一。在弗吉尼亚、肯塔基、北卡罗来纳和田纳西 4 个州,县法院拥有立法、行政和司法权,可是法官不是选举产生,而是由州长或州议会委任或任命的。这 4 个州的人口为 270 万人,几乎占南部人口的三分之二,他们直接受制于非民选的政府。在密西西比、马里兰和南卡罗来纳这 3 个州,地方政府官员也是由州议会遴选。南部各州议会虽然由民选产生,但是绝大多数州实行选民和政府官员任职的财产资格限制。在弗吉尼亚,只有拥有 50 英亩未垦地或拥有 20 英亩田地并在田地中建有一所房屋者才能够投票。在南卡罗来纳和田纳西,只有拥有土地才能投票。在路易斯安那、佐治亚和密西西比,只有纳税人才能投票。在北卡罗来纳,纳税人可以选举州众议员,拥有 50 英亩土地的选民可以选举州参议员。只有在肯塔基、马里兰和阿拉巴马这 3 个州选民没有财产或纳税资格限制。除了这 3 个州外,其他各州普遍实行担任官职财产资格限制,例如在路易斯安那,担任州众议员需拥有价值 500 美元的土地,参议员需拥有 1000 美元土地,州长需拥有 5000 美元土地。② 田纳西州 1796 年宪法规定,担任议员或州长分别需要拥有 200 英亩和 500 英亩土地。在密西西比州,州议员和州长需要拥有 50—600 英亩土地,或价值在 500—2000 美元的不动产。担任官职的财产资格限制剥夺了贫穷白人的政治权力。在南部地区,"投票和官员任职的财产资格限制,意味着南部州的当政者在很大程度上是种植园主贵族"。③

但是在内战以前半个多世纪里,美国的政治制度并不是处于恒定状态,而是发生了巨大变化。伴随着美国社会的扩张和变革,美国的民主制度相应地实现了重大进步。这种进步的最显著标志是选民和政府官员任职的财产资格限制被取消,确立了成年男性白人的选举权和担任官职资格,从而在法制上确立了白人民主制。

---

① Fletcher M. Green, "Democracy in the Old South", in George Brown Tindall, ed., *The Pursuit of Southern History, Presidential Addresses of the Southern Historical Association, 1935-1963*, Baton Rouge: Louisiana State University Press, 1964, pp. 191-192.

② Charles S. Sydnor, *The Development of Southern Sectionalism, 1819-1848*, Baton Rouge: Louisiana State University Press, 1948, pp. 39, 42-43, 47-48.

③ Fletcher M. Green, "Democracy in the Old South", pp. 180-184.

从法制的层面上看,内战前美国南部蓄奴州和北部自由州一样经历了政治民主化过程。1792年新建的肯塔基州给予所有成人男性选举权,1799年又将选举权限定为白人成年男性。担任官职没有财产和宗教条件限制。1792年规定州长由选举团选举产生,1799年后改为由民选产生。① 田纳西州1834年修改宪法,废除了选举权的财产资格限制,县政府官员改为民选产生。1832年密西西比州修改宪法,确立了普遍男性选举权,废除了选举的财产资格限制,州的财政长官和审计长官由选民选举产生。到19世纪50年代前,在阿拉巴马、密西西比、田纳西、阿肯色和得克萨斯这5个州,"州长由民选产生,实行普遍男性选举权,州议会两院议员名额按白人人口分配,并规定定期重新分配,县政府成为民主政府"。②

在弗吉尼亚、马里兰、北卡罗来纳、南卡罗来纳和佐治亚这些历史较长的州,政治民主化遇到了居于统治地位的大种植园主的顽强抵制,因此民主政治的发展显得滞后和落伍。但是,30年代南部各州掀起了争取扩大民主权利的人民运动,在佐治亚、马里兰、弗吉尼亚、北卡罗来纳、密西西比和田纳西等州都举行了人民代表会议修改宪法。这些人民代表会议运作的结果,大大推进了白人民主制度的发展。除了弗吉尼亚和北卡罗来纳坚持选举权的财产资格,路易斯安那仍然要求以纳税为选举资格,其他所有南部州都取消了选举权的财产资格限制。除了南卡罗来纳和路易斯安那外,其他各州都取消了担任官职的财产资格。以前由州议会挑选或州长任命的大批官员改由民选产生。这些官职包括文职和军职官员、治安法官、高等法院法官。除了弗吉尼亚和南卡罗来纳外,其他各州州长改由民选产生。弗吉尼亚在1851年也改为州长由民选产生。北卡罗来纳在1856年废除了选举州参议员需要拥有50英亩土地的资格限制。南卡罗来纳的政治民主化发展最为迟滞,该州虽然在1810年确立了男性选举权,但是直到内战时期,仍然要求州长拥有田产,州长和总统选举人由州议会挑选产生。③ 从总体来看,内战前南部社会的政治制度民主化得到了长足的发展,"在1820年代初,南部10个州中只有3个州的地方政府实行民主制,此3个州包括的县仅占南部所有县的五分之一。但到该世纪中期,南部13个州中有8个州,这些州所包括的县占南部全部县的五分之三,让各县的选民选举他们的地方统治者"。④

从选民参与选举的情况来看,南部蓄奴州与北部自由州没有大的差别,

---

① Fletcher M. Green, "Democracy in the Old South", p. 181.
② Charles S. Sydnor, *The Development of Southern Sectionalism*, *1819-1848*, pp. 283-284.
③ Fletcher M. Green, "Democracy in the Old South", pp. 186-188.
④ Charles S. Sydnor, *The Development of Southern Sectionalism*, *1819-1848*, p. 287.

两个地区的选民选举参与率都实现了较大的提高,这也从一个侧面反映了白人民主的发展。在 1828 年的总统选举中,拥有 296806 白人人口的佐治亚州投了 18790 张票,拥有 289603 白人人口的康涅狄格州投了 18277 张票。而拥有 190406 白人人口的阿拉巴马州投了 19076 张票。这样,佐治亚和康涅狄格的投票数占其选民的 6.3%,但阿拉巴马占 10.1%。同样在这次总统选举中,拥有 603351 自由人口的马萨诸塞州投了 35855 张票,拥有 694300 白人的弗吉尼亚州投了 38853 张票,但仅有 535746 白人的田纳西州投了 46330 张票。这 3 个州的投票比例分别是 5.9%、5.5% 和 8.2%。在 1860 年的总统选举中,拥有 595088 白人人口的佐治亚州投了 106365 票,拥有 406147 白人的康涅狄格州投了 77146 票,有 529121 白人的阿拉巴马州投了 90307 票。这 3 个州的投票比例分别是 18.%、16.7% 和 17%。在这次选举中,马萨诸塞州拥有 1231066 自由人口,投了 169175 张票,弗吉尼亚州拥有 1105453 白人人口,投了 167223 张票,田纳西州拥有 834082 白人人口,投了 145333 张票,这 3 个州投票比例分别是 13.7%、15.1% 和 17.4%。把全部南部州与北部州进行对比显示,南部全部白人人口为 7614018,投了 1260509 张票,北部人口为 18736849,投了 3369134 张票,南部的投票比例为 16.6%,北部为 17.9%。南部的投票比例是 69.5%,北部是 69.7%。① 高投票比例表明,南部和北部一样,相当多的白人选民积极参与政治选举。

在内战前的美国南部,黑人无论是奴隶还是自由人,都普遍被剥夺了公民权,没有任何政治权力。白人妇女也没有选举权和被选举权。所以,内战前南部的政治进步是仅对成年白人男性而言的。选举权和被选举权财产资格的取消,标志着已经在法制上确立了白人民主制度。选举产生官员的范围扩大,广大白人大众积极参加政治选举,也意味着白人民主制至少在形式上得以实现。

但是,法制上和形式上的白人民主制,在实际政治生活中是否能够真正落实为白人大众掌权呢?这要看在内战前的南部政治权力究竟落入谁手,占据政府权位之人和政党各级领导人物来自社会的哪个集团。西方学者进行的多项案例研究显示,内战前南部的政府权力实际上落入了奴隶主集团之手。彼得·科尔钦发现:"例如,在阿拉巴马州,拥有奴隶的州议员比例在 1850 年是 66.4%,到 1860 年至少增长到 76.3%。1860 年除了密苏里、阿肯色和特拉华外,其余所有蓄奴州的多数议员是奴隶主。作为一种独特现象,南部腹地诸州议员的四分之三蓄奴,上南部三分之二的议员蓄奴。在南部州

---

① Fletcher M. Green, "Democracy in the Old South", pp. 189-190.

长中，几乎所有人都蓄奴。"①另一学者爱德华·佩森指出：在内战前的美国，"执掌政府和控制大政党事务之人都是律师、商人、企业家和那些拥有财产数相对较大的人。在南部地区此类人中更多是拥有奴隶之人，尤其是那些蓄奴特别多的人"。②

美国学者弗雷德·A.贝里对田纳西州邦联军人的问卷调查进行的分析，同样证明了政治权力集中在奴隶主手中。1921年，田纳西历史委员会对田纳西州的邦联老兵进行了一次问卷调查，田纳西州档案员约翰·特鲁特伍德·摩尔收集了1648份问卷的绝大部分，汇集成了田纳西内战老兵调查问卷。贝里研读了其中的1220份答卷，发现了内战以前田纳西州政治权力在不同阶级之间的分布状况。如表6-4显示，贫民父亲中有95.8%的人没有担任过任何政治职务，只有3.8%的人担任过地方政治职务，担任州一级政治职务的人仅占0.4%。没有人上升到担任国家级政治职务的高度。非奴隶主自耕农中有10.6%担任地方政治职务，这一比例比贫民高，但没有人担任州和国家级的政治职务。自耕农奴隶主中有15.9%的人担任地方职务，1%的人担任州一级职务，没有人担任国家一级的职务。富人中担任各级政治职务的比例最高，担任地方职务的占18.1%，担任州一级职务的占4.3%，担任国家级职务的占0.3%。虽然田纳西邦联军人的问卷调查并不足以反映南部政治权力分布的全貌，但它至少折射出了政治权力社会分布的大致格局。它显示南部政治格局呈现出金字塔形态，大奴隶主高踞于金字塔顶部，向下依次是中小奴隶主、非奴隶主自耕农和贫穷白人，非奴隶主基本上被排挤在权力结构之外。换句话说，政治权力基本上是被奴隶主把控。

表6-4 田纳西邦联老兵问卷调查对象中父亲的社会地位和政治职位分布③

	贫民	非蓄奴自耕农	蓄奴自耕农	富人
总人数(人)	239	331	384	282
无政治职位占比	95.8%	89.4%	83.1%	77.3%
地方政治职位占比	3.8%	10.6%	15.9%	18.1%
州政治职位占比	0.4%	0.0	1.0%	4.3%
国家政治职位占比	0.0	0.0	0.0	0.3%
总比例	100	100	100	100

① Peter Kolchin, *American Slavery*, *1619-1877*, p.184.
② Edward Pessen, "How Different from Each Other Were the Antebellum North and South?" *The American Historical Review*, Vol. 85, No. 5 (December,1980), p.1138.
③ Fred A. Bailey, "Class and Tennessee's Confederate Generation", *The Journal of Southern History*, Vol.51, No. 1 (Feb 1985), p.43.

从政党制度来看,虽然南部存在两党竞争格局,但两党实际上都是奴隶主政党,两党的领导人绝大多数是奴隶主。伯顿·W. 佛尔瑟姆二世对内战以前田纳西州戴维森县政治精英的背景考察证明了这一事实。该县 1880 年出版了一本县志,其中附带该县的 200 名杰出人物和开发先驱的小传。在这 200 位名人中,有 151 人是 1835—1861 年这一时期的名人。在这 151 人中,有 105 人的政治身份可以确定。伯顿·佛尔瑟姆二世发现,在这 105 人中,53 人属于民主党,52 人属于辉格党。这些杰出政治人物绝大多数是奴隶主,尽管分属在不同的政党,但相互之间并没有冲突。大人物家庭往往相互联姻。"关于田纳西州戴维森县这些杰出人物的材料显示,两大政党的杰出支持者之间在社会经济背景上没有明显差别。相反,这些人表现出了明显的社会和睦。党的成员在教育、职业、宗教、出生地和民族文化背景方面存在明显的相似性。"[1]这一个案研究证明,南部的两大政党民主党和辉格党都掌握在奴隶主手中。

威廉·G. 萨德对弗吉尼亚爱德华王子县的个案研究同样揭示了奴隶主把持政治权位的政治格局。如表 6-5 所示,1840 年该县政党领导人中长期居民占 61%,有文化者占 100%,没有一个是非奴隶主;小奴隶主和中等奴隶主各占 23%,大奴隶主占 54%;在选民中,长期居民占 43%,有文化者占 90%,非奴隶主仅占 9%,小奴隶主占 53%,中等奴隶主和大奴隶主各占 19%。这说明该县的政治权力格局呈现出与经济财富格局相对应的金字塔结构。这种现象一方面表明大小奴隶主都积极参与政治活动分享政治权力,另一方面表明大奴隶主掌握着与其人数不相称的过大份额的政治权力,大奴隶主仅占选民的 19%,却占政治领导人的 54%。而非奴隶主则完全被排斥在政治领导集团之外。

表 6-5　1840 年爱德华王子县政治领导人和选民的社会特点[2]

	占领导人百分比(%) 总人数 = 56	占全部选民百分比(%) 总人数 = 623
长期居民	61	43
有文化者	100	90

---

[1] Burton W. Folsom II, "The Politics of Elites: Prominence and Party in Davidson County, Tennessee,1835-1861", *The Journal of Southern History*, Vol. 39, No. 3 (Aug., 1973), p. 376.

[2] William G. Shade, "Society and Politics in Antebellum Virginia's Southside", *The Journal of Southern History*, Vol. 53, No. 2 (May, 1987), p. 175.

续表

	占领导人百分比(%) 总人数=56	占全部选民百分比(%) 总人数=623
年龄		
20—39 岁	36	46
40 岁以上	64	54
蓄奴数(人)		
0	0	9
1—10	23	53
11—20	23	19
20 以上	54	19

萨德对爱德华王子县投票人和非投票人社会特征进行的比较研究,则更清晰地证明了非奴隶主在政治领域的影响无足轻重。表6-6显示,从任何一个影响地位的变量来看,非投票人都不及投票人。在投票人中,长期居民占53%,有文化者占92%,非奴隶主占11%,小奴隶主占53%,中等奴隶主和大奴隶主各占18%;非投票人中长期居民占24%,有文化者占81%,非奴隶主占40%,小奴隶主占43%,中等奴隶主占11%,大奴隶主占6%。这种投票现象说明,社会各阶层中都有很大一部分人不参加政治选举。这种现象其实不难理解,政治世界毕竟不是一般生活领域,并非人人都对政治活动有兴趣。在社会生活正常的情况下,社会中总会有一部分人不愿参加政治活动。不过,虽然各阶层都有相当大一部分人放弃行使政治参与权,但政治权力的分配是由参加选举的人来决定的。该县参加选举的人中绝大多数是奴隶主,非奴隶主仅占11%,这样的政治世界显然就只能是由奴隶主来主宰了。

表6-6　1840年爱德华王子县的白人男性户主中投票人和非投票人的社会特点①

总人数264人	投票人比例(%)	非投票人比例(%)
长期居民	53	24
有文化者	92	81
年龄		
20—39 岁	42	65
40 岁以上	58	35

① William G. Shade, "Society and Politics in Antebellum Virginia's Southside", p. 176.

续　表

总人数 264 人 蓄奴数（人）	投票人比例（%）	非投票人比例（%）
0	11	40
1—10	53	43
11—20	18	11
20 以上	18	6

英国学者布鲁斯·克林斯认为，种植园主并不热心于政治活动，活跃在政治舞台上的是小奴隶主。"在 19 世纪 60 年代的 7 个南部腹地州中，州议会议员绝大多数是奴隶主。但是，只有在南卡罗来纳议员的多数是种植园主。在这 7 个州中，有 4 个州种植园主占议员数不足 30%。在 7 个上南部州中（不包括特拉华），有 5 个州种植园主占议员数不足 20%。因此，立法权虽然掌握在奴隶主手中，但不是集中在种植园主手中。再则，议席的更换率是很高的。1849—1859 年，肯塔基的议员中只有 10% 任职一届以上；在阿肯色州，1835—1861 年只有 6% 的议员连任一届以上；1849—1861 年，弗吉尼亚州得以连任的议员数比较多一些，但也仅仅有 18.3% 的议员任职两届以上。在各州，绝大多数议员没有再担任公职，绝大多数在当选议员前也没有担任过公职。"①这里需要指出，克林斯借用的数据并非必然证明他的结论正确。事实上，他的数据完全可以得出相反的结论。种植园主在人口中的比例很小，绝大多数奴隶主并不是拥有 20 个以上奴隶的种植园主，而是蓄奴自耕农。以种植园主微小的人口比例而占有近 30% 的州议会议员席位，正说明他们实力的强大和政治参与热情极高。

内战之前美国南部白人社会在法律上确立了白人民主制，但政治权力却集中在奴隶主群体手中。南部政治精英的主体来自奴隶主群体，政府职务主要由奴隶主把持。即使在参加选举层次上，奴隶主的选举参与率也远远高于非奴隶主的选举参与率。非奴隶主白人不仅参与选举的比例不高，而且很少有人能够成为政治领导人或当选为政府官员。非奴隶主白人虽然在法律上有参与政治的权利，但很少能够深度参与政治活动，他们位于政治世界的边缘。总体上看，老南部虽然不再是种植园主寡头统治，但也不是真正由白人大众当家做主，而是奴隶主政治精英统治的世界，内战前美国南部的政治实

---

① Bruce Collins, *White Society in the Antebellum South*, New York: Longman Group Limited, 1985, p. 22.

际上是奴隶主民主制,南部的政治权力掌控在奴隶主集团手中。

为什么法制上的白人民主制度在实际政治世界中却蜕变成了奴隶主集团统治?审视内战前的美国南部社会不难发现,尽管非奴隶主占人口多数,且存在奴隶主与非奴隶主的利益矛盾,但是南部白人社会却呈现出一种独特的"和谐"生态。第一,内战之前南部社会没有出现以阶级为阵营的大规模社会冲突;南部既没有发生过白人武装暴动,也没有发生过非奴隶主群众的社会抗议运动。白人社会的社会秩序表面上处于稳定状态。虽然在地方选举议员名额数的分配和政治民主化问题上山区地区的自耕农与平原地区的种植园主集团发生过斗争,但这种斗争是在正常的政治过程中进行并加以解决的,没有发展成超越法律的社会阶级冲突。第二,没有以阶级为界限的政党,无论辉格党还是民主党都是由奴隶主政治精英领导的,两党的社会基础都涵盖了奴隶主和非奴隶主。虽然在具体经济主张上有分歧,但两党在维护奴隶制这一南部根本利益上立场一致,两党之间的竞争不是阶级斗争。第三,从社会运行角度看,南部社会总体上呈现出奴隶主集团支配社会运作,普通非奴隶主服从奴隶主统治的社会政治生态。正是非奴隶主白人大众在政治上服从奴隶主集团的领导,才确立了奴隶主集团在南部的统治地位。

那么,南部的非奴隶主白人大众为什么会服从奴隶主集团的领导?为什么南部社会没有发生非奴隶主群体与奴隶主集团的阶级冲突?究其原因,最根本的制约因素还是种族奴隶制对白人社会的影响。第一,奴隶制扭曲了正常的阶级划分界限,模糊或掩盖了阶级之间的差异性。伴随着把黑人作为一个种族压迫到社会最底层,白人社会内部的阶级划分标准也被改变。阶级的正常划分标准是一个人是否占有或支配生产资料以及个人财富的多少,但是在内战以前的南部社会,蓄奴成为确立个人社会身份的一个标志,是否蓄奴成为阶级的划分标尺之一。蓄奴者由于他们共同的奴隶主身份就构成了一个阶级,他们都是奴隶人身和劳动的直接占有者,对于他们来说,奴隶既是生产资料又是赢利资本。可是奴隶主阶级内部在经济财富和社会地位上又存在巨大差别,大种植园奴隶主拥有巨大经济财富和政治权势,中小奴隶主中多数是自耕农农场主,依照经济财富的多少来划分,大中小奴隶主显然又不属于相同的社会阶层。大奴隶主无疑属于上层阶级,中小奴隶主属于中等阶级。非奴隶主中绝大多数是经济地位低下的普通白人。奴隶主群体跨越了社会上、中两个层次,甚至也有一些佃农、工匠也拥有一两个奴隶,这就模糊或掩盖了社会阶层之间的界限。奴隶主群体的这种跨社会阶层构成,就排除了奴隶主群体内部不同阶层之间在奴隶制问题上发生冲突的可能性。

第二,种族奴隶制确立了蓄奴活动的社会开放性,给普通非奴隶主白人指点了个人的社会奋斗方向。奴隶主阶级是一个开放的阶级，所有白人（甚至自由黑人）都有资格通过蓄奴而进入奴隶主阶级队伍。由于南部是一个农业社会，社会流动的方向就是通过蓄奴扩大财富和提高社会地位，所以蓄奴就成为个人在社会上向上流动的标志和途径。这种社会流动方向主导了个人的奋斗方向。在社会竞争过程中，那些个人创业能力较强的人就进入了奴隶主行列。蓄奴作为一种诱导把社会精英人物拉入了奴隶主的行列，这就极大地缓解了非奴隶主对奴隶主的敌对情绪，抑制了非奴隶主与奴隶主对立意识的形成。南部奴隶制的一个显著特色是奴隶主不是极少数人。即使在奴隶主人数相对下降的1850年代，南部也有三分之一的白人家庭拥有奴隶。在密西西比和南卡罗来纳州，几乎一半白人家庭拥有奴隶。跻身奴隶主行列似乎并非高不可攀的目标，只要拥有一两个奴隶就成了主人阶级的一员。这种蓄奴的诱惑对非奴隶主白人，特别是对于正处于人生创业期的中青年白人产生了很大吸引力，这就增强了白人社会跨阶级的内部凝聚力。

第三，种族奴隶制造成的社会财富格局将城镇中产阶级吸引到种植园主的周围。南部的社会精英人物，如律师、教师、教士、政府官员、医生等，不管他们是否蓄奴，都通过为奴隶主阶级提供直接的服务而与奴隶主结成了利益共同体，成为奴隶主集团的一部分。美国学者威廉·W. 弗里林认为，南部地区每一个县都至少有一个乡村作为地方政治、经济和文化中心，他指出："中产阶级村庄领导人，包括律师、医生、编辑、商人、银行家、传教士，通常热情地支持农村政权。他们有些人拥有奴隶，有些人已计划买奴隶，他们中间如果谁赞成反对奴隶制的话，他就会失去一切。"因为奴隶主不仅控制着社会财富，而且控制着经济机会，这些社会精英人物的服务对象就是奴隶主，特别是种植园主。对于他们来说，"绝大多数生意通常来自奴隶主——处理地产权、遗嘱、房地产和奴隶出售这些乏味但挣钱的事务，……利益驱动使律师去帮助奴隶主解开纠葛，帮助支持种植园主政权"。城镇资产阶级的其他成员也是如此，"医生为种植园的奴隶治病，商人销售种植园的主要作物，编辑向种植园主销售他们的亲奴隶制报纸，银行家为购买奴隶提供资金，亲奴隶制的牧师给奴隶和奴隶主布道。村庄的资产阶级是农村领主们的坚实后盾"。①

第四，城镇中产阶级加入奴隶主集团阵营，一方面壮大了奴隶主集团的力量，另一方面削弱了非奴隶主群体的力量。一般来说，在传统农业社会里，社会下层阶级的领导不可能来自阶级内部，而是来自社会的上中等阶级，特别是文化界。南部中等阶级认同了奴隶主群体，就使得非奴隶主群体缺少社

---

① William W. Freehling, *The Road to Disunion*, Vol. I, *Secessionists at Bay, 1776-1854*, pp. 47-48.

会精英人物做领袖。没有精英人物的阶级意识启蒙和领导,下层阶级不可能产生阶级意识。南部的非奴隶主阶级仅仅从外部的观察来看是存在的阶级,但本身并没有有机的联系,既无阶级意识也没有阶级组织,借用马克思对法国农民的定性话语来说,内战以前南部的普通非奴隶主只是"自在的阶级",但不是"自为的阶级"。相当大一部分普通非奴隶主白人认识不到白人内部的阶级矛盾和冲突。田纳西邦联军人问卷调查的答案证明了这种思想状况。表6-7显示,多数白人认识不到存在阶级对立或对抗,但是贫穷白人中认为没有阶级对抗的比例最小,而生活有保障的自耕农绝大多数感受不到阶级对抗。当然,在各阶级中,都有一部分人认为存在阶级对抗,但认为存在重大阶级对抗的人很少,仅占10.5%。不过贫穷白人中认为存在重大阶级对抗的人占21.4%,这表明个人生活质量不同,对阶级关系的感受也不同。自耕农以上的人没有物资生活不足的折磨,很难感受到生活中的压迫。

表6-7 田纳西邦联老兵问卷调查对象中父亲的社会地位与对阶级对抗问题的回答情况①

	贫民	非蓄奴自耕农	蓄奴自耕农	富人	总数
总人数	234人	321人	376人	278人	1209人
无阶级对抗	59.4%	70.4%	78.7%	77.7%	72.5%
非激烈对抗	19.2%	17.4%	14.9%	17.3%	17.0%
重大对抗	21.4%	12.2%	6.4%	5.0%	10.5%
总比例	100.0	100.0	100.0	100.0	100.0

第五,种族奴隶制对个人社会活动能力的影响也影响了阶级关系的格局。个人的能力不是天生的,而是在个人的社会化过程中逐渐培养的。在传统农业社会里,个人的家庭背景对个人社会成长有着至关重要的作用。个人从家庭继承的财富对于个人的发展还是次要的,更主要的是家庭对个人能力培养的影响。社会下层家庭由于生活的贫困不能够使自己的孩子获得充分的教育,没有广泛的社会关系给孩子提供培养社会活动能力的机会。这样就造成人类社会中普遍存在的社会地位代际继承现象。虽然个人能力是一个难以准确衡量的变量,但它确实是个人在竞争社会中决定创业成败和事业发展限度的决定性因素。从生产方式看,内战以前的南部仍是传统农业社会,由于奴隶制促进了社会经济财富和政治权力的不平等分配,从而进一步影响了个人社会生活能力的培养。一般来说,非奴隶主家庭的子弟不仅在家庭经

---

① Fred A. Bailey, "Class and Tennessee's Confederate Generation", p.46.

济基础和社会关系资源方面不及奴隶主家庭的子弟,而且接受教育的质量和程度也低于奴隶主家庭子弟。田纳西邦联军人的问卷调查分析清楚地显示了非奴隶主与奴隶主家庭的子弟在教育程度上的差别。如表 6-8 所示,接受低质量教育的人在贫民中的比例是 89.9%,非蓄奴自耕农是 91.1%,蓄奴自耕农是 76.5%,富人是 42.1%。而富人子弟的 57.8% 和蓄奴自耕农子弟的 23.5% 能够得到优质教育,只有少数富家子弟能够获得家庭教师教育。由于家庭经济基础、社会关系和受教育质量与程度的差异,自然就造成了非奴隶主与奴隶主在社会活动能力上的差别。作为个人,非奴隶主的社会活动能力一般不及奴隶主,作为一个群体,非奴隶主的社会活动能力绝对不敌奴隶主。

表 6-8　田纳西邦联老兵问卷调查对象中父亲的社会地位与儿子的教育情况[①]

	贫民	非蓄奴自耕农	蓄奴自耕农	富人
总人数	237 人	324 人	378 人	280 人
低质量教育	89.9%	91.1%	76.5%	42.1%
无教育	2.5%	1.5%	0.3%	0.0
公共学校教育	48.1%	46.3%	37.3%	11.8%
赞助学校教育	34.2%	34.3%	32.3%	25.7%
公共或赞助学校教育	5.1%	9.0%	6.6%	4.6%
优质教育	10.2%	9.0%	23.5%	57.8%
公共和赞助学校教育	1.3%	2.2%	5.8%	7.1%
专科学校教育	8.9%	6.8%	17.7%	48.9%
家庭教师教育	0.0	0.0	0.0	1.8%
总比例	100.1	100.1	100.0	99.9

　　社会生活中,人际关系的铁律是弱者受制于强者。上升到阶级关系层面来看,弱势阶级无可避免地受到强势阶级的支配。非奴隶主阶级主要由社会生活能力较低的人组成,自然就会被由社会强人构成的奴隶主阶级支配。政治世界是一个非普通的生活领域,不是任何人都能够进入。对于个人来说,经济基础和个人政治活动能力是进入政治领域的基础。由于奴隶主拥有经济财富做后盾,在社会化过程中培养了比一般非奴隶主更强的社会活动能

[①] Fred A. Bailey, "Class and Tennessee's Confederate Generation", p.40.

力,这就自然形成了奴隶主跻身政治的局面。非奴隶主白人不具有经济优势和个人能力优势,很难对政治活动进行深度参与,当然就很少能够获取官职或政治职位。这样,制度上的白人民主在实际政治竞争中就蜕变成了白人奴隶主民主。

在内战前的美国南部,小奴隶主的经济境况更接近非奴隶主白人自耕农而不是种植园主,小奴隶主和非奴隶主白人的生活境况与种植园主差距较大。他们过着日出而作日落而息的农耕生活,一年四季为备田、播种、管苗和收获等等农活所缠身,本来就没有多少闲暇时间去对政治进行深度参与。再加上受视野褊狭见识不足等限制,这些长期在一个地方务农的普通白人的思想倾向往往受地方强人所引导,而地方社会的强人往往就是奴隶主政治精英人物。芸芸众生中能够做出独立思考和判断的人毕竟只是少数,绝大多数人会自觉和不自觉地接受统治集团的说教,成为主流意识形态的俘虏,社会下层的人更是如此。内战前南部的小奴隶主和非奴隶主白人大众并没有成为种植园主的敌人,反而在政治世界中成为他们的支持基础。人数上的少数派并不等于权势上的弱势派,奴隶主们在南部地区实际上一直是强势集团。

第二节 联邦政治斗争

从联邦政府成立一直到内战爆发,美国联邦政府一直扮演着奴隶制最后捍卫者的角色。南部地区的奴隶制固然得到南部各州、县和地方政府的强力保卫,但是在全国范围内保护奴隶制的责任则由联邦政府来承担。在内战前的 70 多年间,联邦政府的立法、行政和司法三大部门都在各自的职权范围内采取了护卫奴隶制的措施。美国国会制定了《逃奴法》,通过了允许奴隶制扩张的"密苏里妥协案"和"1850 年妥协案",还一度制定了禁止反奴隶制请愿的《钳口律》等;最高法院通过德雷特·斯科特案判决确立了奴隶制的全国合法原则;以总统为首的行政部门不仅执行了立法和司法部门的决定,还主动采取行政措施,禁止向南部散发反奴隶制宣传。联邦政府之所以会对奴隶制给予护卫,一是因为各部门的相当多官员本身就是南部奴隶主,二是南部奴隶主掌控着南部社会,具有制衡联邦政府决策的力量,三是北部白人社会主流对于黑人奴隶的福祉漠不关心。

一 总统与奴隶制

从联邦政府创立到 1860 年总统选举之前,即使不能说南部奴隶主集团一直支配着联邦政府的行政部门，至少也是在其中居于强势地位。只要简单梳理一下内战前美国的总统更迭就不难发现，在内战前的大部分时间里，美国的总统职位执掌在奴隶主之手。首任总统华盛顿是大种植园主。继华盛顿之后担任总统的约翰·亚当斯来自马萨诸塞，不是奴隶主。第三任总统杰斐逊是大种植园主，第四任总统麦迪逊是大种植园主，第五任总统詹姆斯·门罗虽不是大种植园主但也是奴隶主。继门罗担任总统的约翰·昆西·亚当斯，即约翰·亚当斯的儿子，不是奴隶主。之后是安德鲁·杰克逊，又是大种植园主。再之后的马丁·范布伦来自纽约州，他曾经是一个小奴隶主，但在担任总统前早就不再是奴隶主。然后是威廉·哈里森，他出身于弗吉尼亚种植园主家庭，后来迁居到禁止奴隶制的俄亥俄州，他当然就不可能是奴隶主了，然而他就任总统后一个月就去世了，继任总统的副总统约翰·泰勒是来自弗吉尼亚的大奴隶主。继约翰·泰勒担任总统的詹姆斯·K.波尔克是来自田纳西州的大种植园主。继波尔克担任总统的扎卡里·泰勒是来自弗吉尼亚的大种植园主。扎卡里·泰勒任职未满身死，继任的副总统米勒德·菲尔莫尔来自纽约州，不是奴隶主。之后的富兰克林·皮尔斯来自新罕布什尔州，不是奴隶主。随后的詹姆斯·布坎南来自宾夕法尼亚，不是奴隶主。1860年12月当选总统的亚伯拉罕·林肯来自伊利诺伊州，不是奴隶主。同样具有重要意义的是，1860年之前所有能够连选连任的总统都是南部奴隶主，他们是华盛顿、杰斐逊、麦迪逊、门罗和杰克逊，而非南部人担任总统的人中没有一个人能够连选连任。既然内战前美国的总统职位长期被奴隶主把控，南部人在政府官员中也就占有过大的比例。从1789年到1861年，一半的内阁和外交任命给予了来自蓄奴州的人，在约翰·亚当斯当政时，南部人占有政府高级职位的51%，在杰斐逊当政时占56%，在杰克逊当政时占57%。① 身在高位，权柄在手，奴隶主集团在联邦政府中有过大的影响力不言自明。

如果说总统致国会的信函、特别报告和国情咨文中涉及奴隶制的论述代表了总统的正式立场，那么通过梳理这类报告，可以发现不同总统对奴隶制问题的立场。

华盛顿在1795年12月12日回复参议院的信函中提到过一次奴隶制，不过谈论的问题是阿尔及利亚人掳掠美国人为奴隶这件事。1807年11月11日杰斐逊在致国会的特别咨文中也提到过一次奴隶制，针对的也是阿尔及利亚人掳掠美国人为奴之事。在总统国情咨文中第一次提到美国本身的

---

① Leonard L. Richards, *The Slave Power: The Free North and Southern Domination, 1780-1860*, Baton Rouge: Louisiana State University Press, 2000, p.92.

奴隶制的是麦迪逊,他在1816年12月3日第八个年度咨文中讲到了美国禁止国际奴隶贸易之事,表达了赞成和支持的态度。他指出:"美国,通过禁止输入奴隶,以及对于参与这种贸易的美国公民予以惩罚,已经率先在其权限范围内废除了运输非洲本土人进入奴隶制,并对于通过其他国家为普遍压制这个如此巨大的邪恶而做出的一致努力而取得的进步甚感满意。同时美国人更为关心他们自己的管理规章取得最为完满的成效。抱着这种观点,那些违犯和逃避管理规定的活动看来需要国会加以干预处理,兹建议,对于那些混迹于奴隶贸易的不良美国公民应该提出指控,他们在外国国旗保护下与外国港口进行奴隶贸易,并且相互勾结,通过与美国毗邻的港口和地区将奴隶进口到美国。兹将此议题提交给国会,并诚挚保证愿意采用通过修改法律而提供的所有补救措施。出于人道目标,原本旨在防止诸州之间此种类似性质的贸易被滥用的管理规定,也应该采取措施保证其实施效果。"①

第一次在就职演说中提到奴隶制的总统是马丁·范布伦。马丁·范布伦虽然出身纽约,但他是一个依靠南部支持当选总统的政客。他本人并不反对奴隶制,"在纽约州的《解放奴隶法》生效前范布伦的家庭拥有奴隶,至少到1814年他本人还拥有一个奴隶。他对奴隶制没有道德情感,这个总统把自己对奴隶制的关心辩解为保存民主党和联邦"。② 范布伦在1837年3月4日的就职演说中就对南部奴隶主示好。他声称,"在我们的政治现状之中潜伏着的能够造成不睦与灾难的诸多显著根源中,最后一个,或许也是最大的一个,就是内部奴隶制度。我们的先父们深知这个论题的微妙,他们以宽容克制之心来应对这个问题,这种做法是如此明智,以至于尽管有过一个个不祥的预感,但直到此时之前却一直没有扰乱我们这个共同国家的安宁。这一结果就足以证明他们采取的路线具有正义性和爱国性。这一例证不应被误解为,遵守这一路线就能阻止所有尴尬窘迫情况的发生,这些情况是由这个问题以及人们预料到的一切制造麻烦和危险的原因所造成的。近来发生的事件难道不是让人稍加思索就能明白,稍微偏离宽容克制精神,对所有人的利益,包括人类的利益在内,将构成伤害吗?人们在激情迸发之下有时就会对这种宽宏大量的兄弟友爱感情弃之不顾"。范布伦表面上是呼吁美国人要效仿国父们一代人对奴隶制采取克制容忍态度,避免争论,实际上他反对

---

① James Madison, "Eighth Annual Message, December 3, 1816", Online by Gerhard Peters and John T. Woolley, The American Presidency Project, http://www.presidency.ucsb.edu/ws/?pid=29458 Acessed: 2014/08/30
② Daniel Walker Howe, *What hath God Wrought: The Transformation of America, 1815-1848*, p.508.

的是废奴主义者向国会的请愿。他的立场不是超然的,而是偏袒南方的。他接下来表示,作为总统,他毫不妥协地反对国会违背南部州的意愿废除哥伦比亚特区的奴隶制,坚定不移地抵制任何旨在干涉现有蓄奴州奴隶制的行为。他反对由废奴主义者向国会递交废奴陈情书引发的对哥伦比亚特区奴隶制的辩论。"如果就这一问题进行争辩的原意是使我们的制度得以稳定的话,已经发生的事情已经足以显示这种争辩显然没有达到目的。在这件事中,一如在所有其他事例中一样,胆怯者对于我们政府的毁灭感到恐惧,而邪恶之徒希望我们的政府毁灭,他们将再次注定以失望告终。"他不点名地抨击废奴主义宣传,断言:"在我们的领土范围之内,人们对我们政治制度的热爱之情高于一切。心平气和的明智判断最终将我们的人民作为一个巨大的团体来治理。对于国内外所有旨在或将会导致推翻我们的制度的行动,人民将永远可以加以抵制和控制。"① 入主白宫后,范布伦忠实地兑现了他的亲奴隶制承诺。他支持国会制定的《钳口律》。在阿米斯达特案件发生后,范布伦政府大力支持将涉事的奴隶遣返给古巴的西班牙当局。由于范布伦有意再度竞选总统,他便极力讨好南部,让国务院、联邦的各级检察长和海军提供服务,希望该案件在联邦法院尽快地、尽可能冷漠地、不带情感地得到处理,他还安排一艘军舰做好准备,他相信法院会做出有利于原告的判决,一旦法院做出这样的判决,就立即将这些被俘的黑人送往哈瓦那。他的司法部长,来自田纳西州的菲利克斯·格伦迪不请自来地向法院提交意见,支持古巴原告的立场,辩称这些黑人就是奴隶,美国的法院没有审判他们的管辖权,因此总统有责任将他们交给古巴当局。② 尽管联邦法院对这个案件的判决背离了范布伦的意愿,但是他的举动还是表明了他竭力讨好奴隶主集团的态度。

第一个就奴隶制扩张问题向国会提出特别咨文的总统是詹姆斯·K. 波尔克。美国入侵墨西哥的战争引发了国会内关于奴隶制扩张问题的大辩论。作为大奴隶主的波尔克当然支持奴隶制扩张。他在1848年8月14日提交国会的特别咨文中,用回顾历史、追溯既往的方式来论述自己立场的合理性。他指出,奴隶制问题威胁着美国的强大和福祉,"对于蓄奴州来说,这个问题不仅仅包含着有多么贵重的财产权利,而且进一步上升到事关每个家庭的和睦和安全的高度"。他追述说,美国的国父们预见到这个问题的复杂和微

---

① Martin Van Buren,"Inaugural Address, March 4, 1837", Online by Gerhard Peters and John T. Woolley, The American Presidency Project, http://www.presidency.ucsb.edu/ws/? pid =25812 Acessed: 2014/08/30

② William M. Wiecek, "Slavery and Abolition Before the United States Supreme Court, 1820-1860", The Journal of American History, Vol. 65, No. 1 (Jun., 1978), p.41. http://www.jstor.org/stable/1888141 . Accessed: 2013/03/23

妙,以一种妥协和相互让步的精神来处理这个问题,他们将这个问题完全留给各州,让他们处理自己的奴隶制问题,而对于逃亡到非蓄奴州的奴隶予以交还奴隶主的处理。密苏里危机发生后,国会最终做出了妥协方案,"这个妥协有效地平息了动乱的波涛,在整个联邦恢复了和平和善意"。既然在密苏里危机时可以通过妥协达成解决方案,1845 年 3 月 1 日国会通过的接纳得克萨斯加入联邦决议也是奉行的密苏里妥协原则,现在也可以这样做,"我坚信,凭借所有各州人民之严肃思考和坚定的爱国精神,他们将会得出这个结论:智慧的抉择就是依循先人们的范例,以密苏里妥协,或其他公平的妥协为基础,来解决这个危险问题。这种妥协将尊重所有各方的权利,让这个联邦的不同部分都感到满意"。① 在 1848 年 12 月 5 日在向国会提交的第四个年度咨文中,波尔克再次谈到奴隶制扩张问题。他质疑并否认国会有权对美国领地进行立法禁止奴隶制,呼吁国会将是否实行奴隶制问题交给领地上的人民抉择。由于从墨西哥割让的土地绝大部分位于密苏里妥协划定的北纬 36°30′之南,所以他也接受将密苏里妥协线向西延伸的方案。"如果不是遵守不干涉路线,将采纳内部制度的抉择留给可能定居在那些领地上的人民去做出,或者,如果不是将密苏里妥协线向西延伸到太平洋,国会则应该更乐意将可能产生的合法性与合宪性问题提交法院来裁决,就像参议院上一次会议通过的一项法案所建议的那样,通过这种方式可能实现一种调整。如果将整个问题提交给司法部门,联邦的所有部分都将乐于默认依据宪法所创立法庭的最终裁决,以便解决在美国的宪法、条约和法律之下产生的所有问题。"②

　　由兼并墨西哥领土而引发的奴隶制大辩论在 1850 年以一揽子妥协方案告终。继任扎卡里·泰勒担任总统的米勒德·菲尔莫尔支持大妥协方案,他在 1850 年 12 月 2 日提交国会的第一个年度咨文中表示:"我相信这些措施为这个国家的形势和状况所需要。我相信这些措施对于缓解刻薄之心和敌意仇视是必要的。那种刻薄和敌视一直在快速地使这个国家的一个部分与另一个部分疏远开来,摧毁着作为宪法最强壮支柱的兄弟友爱感情。这些措施是抱着和解精神制定的,也是以和解为目的的。我相信我们的大多数同胞对这种精神和目的予以同情,基本上同意并准备着在各方面支持这

---

① James K. Polk,"Special Message, August 14, 1848", Online by Gerhard Peters and John T. Woolley, The American Presidency Project, http://www. presidency. ucsb. edu/ws/? pid = 68034 Acessed:2014/07/31

② James K. Polk,"Fourth Annual Message, December 5, 1848", Online by Gerhard Peters and John T. Woolley, The American Presidency Project, http://www. presidency. ucsb. edu/ws/? pid = 29489 Acessed:2014/07/31

些决定。"①菲尔莫尔在其 1851 年 12 月 2 日提交国会的第二个年度咨文中,再次谈到奴隶制大妥协。他首先重复了上一年度国情咨文中的有关表述,进而指出:"这些建议做出已经一年时间了。我仍然坚信,你们和国家普遍认可这些和平措施,在这个共和国到处都展示出了这种认可。不仅仅是普遍认可这些措施,而且在全国各地针对这些措施所显示的和解精神,已经将成千上万关心我们制度持久性的善良之人的疑虑和忐忑之心消除了,恢复了人们对我们的自由和联邦的信心,人们相信我们的自由和联邦将会为了这一代人和未来一代代人的福祉而共同存在。对此我予以祝贺。"②

继菲尔莫尔担任总统的富兰克林·皮尔斯,向着亲南部的方向又前进了一步。他在 1855 年 12 月 31 日提交国会的第三个年度咨文中谈论了奴隶制问题。他谴责北部对《逃奴法》的抵制。在奴隶制扩张问题上,他认为由准州居民进行抉择才是合理的,密苏里妥协禁止在路易斯安那购买地上的北纬 36°30′以北地区实行奴隶制,这是对南部的不公平限制。"在很多有识之士看来,这些限制从一开始就是无效的,是没有得到宪法授权的,与割让路易斯安那的条约规定相悖,与各州平等相矛盾。"他含沙射影地谴责废奴主义者进行反奴隶制煽动,警告说南北极端分子的煽动极可能导致联邦解体。他呼吁说:"因此,对于现在某些州盛行的地区煽动筹划,在这里有必要明明白白说一说。这些进行地区煽动者的计划既不务实也不符合宪法,如果坚持下去必然以灾难告终,要么是联邦分裂和内战,要么只是用愤怒、无聊和无目的的行动打乱公共和平和人心的恬静。为了什么而分裂联邦呢?如果不是疯狂主义和党派精神的愤怒激情将此种事情强加给我们,那么很难让人相信,在这个开明国家中,有相当大一部分人民能够让自己降服于这样的疯狂志向。他们为美国相对人数寥寥的非洲人的想象的利益而奋斗,而完全弃之不顾 2500 万美国人的利益,将道德和宪法责任的约束践踏在脚下,怀着复仇的狠毒之心,谋划着要反对与其共享我们的制度遗产的那些人。"③皮尔斯在其 1856 年 12 月 2 日提交国会的第四个年度咨文中就堪萨斯内战发表了看法。他对废奴主义者反对奴隶制扩张进行了言辞激烈的谴责,"在这个伟大的自

---

① Millard Fillmore,"First Annual Message, December 2, 1850", Online by Gerhard Peters and John T. Woolley, The American Presidency Project, http://www.presidency.ucsb.edu/ws/?pid=29491 Accessed: 2014/07/31.

② Millard Fillmore,"Second Annual Message, December 2, 1851", Online by Gerhard Peters and John T. Woolley, The American Presidency Project, http://www.presidency.ucsb.edu/ws/?pid=29492 Accessed: 2014/07/31.

③ Franklin Pierce,"Third Annual Message, December 31, 1855", Online by Gerhard Peters and John T. Woolley, The American Presidency Project, http://www.presidency.ucsb.edu/ws/?pid=29496 Accessed: 2014/08/30.

由庇护下,在法律和他们所攻击的政府的保护下,某些州的某些人结成了协会,他们佯称追求的目的只是阻止奴隶制扩张进入联邦现有和将来要建立的州。这些人真正的炽烈愿望,是改变现有州的内部制度。为实现这种目标,他们令人厌恶地竭力贬低阻挡他们之路的政府组织,此外,不仅对那些他们发现有法律瑕疵州的公民,而且对整个国家所有不参加他们攻击宪法之举的其他公民,他们都不加区别地诽谤中伤。宪法是由我们的国父们制定和采纳的,以其已经获得的特权和带来的福祉,理应得到他们的孩子们的坚定支持和满怀感激的敬重。这些人心知肚明他们追求的是革命性的目标。他们完全清楚,他们推动的蓄奴州黑人与白人种族关系的变化,超出了他们的合法权力。这是一个本不属于他们的目标,他们以任何和平手段都不可能实现。对于他们和他们作为公民所属的州来说,实现其目标的唯一之路是焚毁城市,毁坏田地,屠戮人口,完全是进行一场匪夷所思的最可怕内战和奴隶起义复杂交织的战争"。皮尔斯指责北部在奴隶制问题上对南部进行了一系列间接侵略。这些侵略行径的第一步是北部州公民在国会内外就南部州黑人解放问题进行不遗余力的煽动,第二步是帮助南部奴隶逃亡,阻止将逃亡奴隶引渡回去,第三步是在准州政府组建和接纳新州加入联邦问题上反对奴隶制扩张,北部在堪萨斯和内布拉斯加准州组建问题上的立场就是如此。他强调国会无权决定各州和准州的内部制度。针对堪萨斯亲奴隶制力量与反奴隶制力量展开的争斗,他表示总统也无权干预堪萨斯的内部纷争。"美国的所有政府都是实实在在地建立在人民选举之上的。选举的自由易于受到非法选票侵入或合法选票遭到排斥的损害,受到不正当的势力、暴力活动或欺诈的损害。但是美国人民本身就完全足以保卫他们自己的权利。设想他们将不会在适当的季节补救任何此类公民自由中的事件,那就是设想他们不再能够自治。美国的总统无权介入选举去确保他们的自由,去彻底检查他们的投票,或去判断他们行动的合法性,在准州和已有的州都是一样。如果他有这种权力,政府将会只是形式上的共和政府,将成为事实上的君主制政府。如果在堪萨斯的事情上总统那样做的话,他就将理所应当地被指控为篡夺和违犯了美国人民最挚爱的权利。"①

继皮尔斯担任总统的詹姆斯·布坎南尽管不是南部人,但是他的支持力量主要来自南部,因此他也是一个亲奴隶制总统。布坎南在其1857年3月4日的就职演说中就表明了他的亲奴隶制立场。"国会应用这个简单的法则,

---

① Franklin Pierce, "Fourth Annual Message, December 2, 1856", Online by Gerhard Peters and John T. Woolley, The American Presidency Project. http://www.presidency.ucsb.edu/ws/?pid=29497 Acessed:2014/08/30

即在准州内部奴隶制问题的解决由那里的多数人的意志来决定,这是一个多么令人高兴的观念。"在他看来,"这样一来,整个准州问题就以人民主权的原则解决了,这种原则与自由政府本身一样古老,一切实质性问题都已得到了解决。不再有其他任何问题需要调整了,因为人们都同意,在宪法之下各州的奴隶制只属于其所在州的权力管辖,此外任何人无权过问"。他警告说奴隶制争论有导致联邦分裂的危险。长达 20 多年的奴隶制争辩没有给任何人带来益处,却成为给奴隶主、奴隶和整个国家造成巨大祸害的根源。"这种争论使得姐妹州的人们相互疏远不睦,甚至严重危及了联邦的存在。这种危险还未完全停止。"①

布坎南在 1857 年 12 月 8 日提交国会的第一个年度咨文中谈论了奴隶制。此时南部的亲奴隶制势力和北部的反奴隶制势力为争夺堪萨斯已经开始了相互杀戮。亲奴隶制势力制定了一个实行奴隶制的莱克蒙顿宪法,申请以蓄奴州加入联邦。北部议员坚决反对。对于堪萨斯是否实行奴隶制,布坎南表示自己不能坚持什么立场,应该通过投票来决定。不过,他援引最高法院在斯科特案中确定的原则指出,即使堪萨斯的宪法不允许奴隶制,奴隶制在堪萨斯也将存在,得到美国宪法的保护。"即使多数选票采纳的是没有奴隶制的宪法,该准州现在已有的对奴隶的财产所有权也是保留的。奴隶的人数是很少,但是如果人数更多一些的话,该规定同样公正合理。这些奴隶是在美国宪法保护下被带入该准州的,现在是他们主人的财产。这个国家的最高法院已经做出了最终裁决,做出这种裁决所依据的原则简洁明了,即当一个由主权州组成的联邦以他们共同的付出获取了新的领地之时,平等和公正要求某个州和所有州的公民都有权将他们共同的宪法所承认的任何财产带入进去。要是草率地没收了在准州已经存在的对奴隶的所有权,那将是十足的不公正之举,与联邦中已经废除奴隶制的老州的习惯做法相背离。"②在1858 年 2 月 2 日向国会提交的关于堪萨斯宪法的咨文中,布坎南指责反奴隶制人士抵制亲奴隶制分子制定的莱克蒙顿宪法,吁请国会接受亲奴隶制分子的申请,让堪萨斯作为蓄奴州加入联邦。这样一则可以避免奴隶制争辩再次发生,避免蓄奴州对联邦的反抗,恢复国家的和平安定,"再则,快速接纳堪萨斯进入联邦将恢复整个国家的和平和安宁。这个准州的事情已经让人们

---

① James Buchanan, "Inaugural Address, March 4, 1857", Online by Gerhard Peters and John T. Woolley, The American Presidency Project. http://www.presidency.ucsb.edu/ws/? pid = 25817 Acessed: 2014/08/30

② James Buchanan, "First Annual Message to Congress on the State of the Union, December 8, 1857", Online by Gerhard Peters and John T. Woolley, The American Presidency Project. http://www.presidency.ucsb.edu/ws/? pid = 29498 Acessed: 2014/08/30

关注得太多了。令人悲哀的是,这些事情影响了各州人民相互的友好关系,让爱国人士心生恐慌,担心联邦的安全。堪萨斯一旦被接纳加入联邦,刺激人心的事情就地方化了,由于没有了外来的支持,冲突很快就会熄火"。① 但是,国会并没有接受布坎南的建议,堪萨斯未能以蓄奴州加入联邦。1858 年12 月 6 日布坎南在第二个年度咨文中再度谈论了堪萨斯问题。为了促使接纳蓄奴的堪萨斯,他提出了这样的建议:国会通过一个普通法,规定当准州立法机关宣布该准州已经有了一定数量的定居者,就有权选举出一名国会议员,此时总统就有责任在这个准州进行一次人口普查,如果达到了法定的足够人数,就可以用他们自己的方式制定一个准备加入联邦的州宪法。他还建议国会拨款让总统在堪萨斯进行一次人口普查。② 显然布坎南还是在竭力推动让堪萨斯以蓄奴州身份加入联邦。1859 年 12 月 19 日布坎南在第三个年度咨文中也谈论了奴隶制。他对联邦最高法院对斯科特案的判决大加赞扬,认为最高法院对于准州的奴隶制问题做出了最终决定,"每个公民将包括奴隶在内的任何财产带入属于联邦所有州共同领地的权利已经得到确立,在那里使其得到了联邦宪法的保护。无论是国会或者准州的立法机关,还是任何人为力量,都无权取消或减少这个既定的权利"。③ 1860 年 12 月 3 日在第四个年度咨文中,布坎南完全站在南部立场上责难北方。此时南卡罗来纳已经宣布脱离联邦,下南部各州的分离分子正在推动各州的脱离联邦运动,联邦国家已经处在分裂危机之中,作为总统的布坎南,竟然将南部分离分子的行动归罪于北部的反奴隶制运动。他宣称:"北部人民旷日持久且肆无忌惮地对南部诸州的奴隶制问题进行干涉,终于产生了其自然而然的效果。联邦的不同部分现在相互为敌,时间已经到了,我们的国父们甚为惧怕的那种相互敌视的地区性党派已经形成。"他指责说,在长达四分之一世纪的时间里,北部废奴主义活动在南部制造了恐惧。"在整个南部,无数个家庭主妇夙夜恐惧,害怕等不到天明就会有什么降临到自身和她的孩子们身上。"他认为一劳永逸解决奴隶制问题并不难。那就是让南部蓄奴州自己决定自己的奴隶制问题,"对于南部的奴隶制问题,就像对于俄罗斯或巴西的相似问

---

① James Buchanan, "Message to Congress Transmitting the Constitution of Kansas, February 2, 1858", Online by Gerhard Peters and John T. Woolley, The American Presidency Project. http://www.presidency.ucsb.edu/ws/? pid = 68298 Acessed: 2014/08/30

② James Buchanan, "Second Annual Message to Congress on the State of the Union, December 6, 1858", Online by Gerhard Peters and John T. Woolley, The American Presidency Project. http://www.presidency.ucsb.edu/ws/? pid = 29499 Acessed: 2014/08/30

③ James Buchanan, "Third Annual Message to Congress on the State of the Union, December 19, 1859", Online by Gerhard Peters and John T. Woolley, The American Presidency Project. http://www.presidency.ucsb.edu/ws/? pid = 29500. Acessed: 2014/08/30

题那样,北部人民既没有责任也没有权力加以干涉"。他宣称北部应该废除抵制《逃奴法》的立法以拯救联邦,"依据宪法南部州有权利要求北部州做出这种正义的行动"。如果北部拒绝,南部州就有理由以革命方式抵抗联邦政府。面对南部的脱离联邦运动,布坎南推荐国会制定一个说明性宪法修正案(explanatory amendment)明确以下三点:一是承认在现有蓄奴州或将来可能建立的蓄奴州中对奴隶的财产所有权;二是在所有共同领地上保护这种财产所有权;三是明确承认奴隶主有获取逃亡奴隶的权利。"有此一个说明性宪法修正案,相信将会永远终止现在的冲突,恢复诸州之间的和平与和谐。"①

布坎南提交国会的上述这一系列咨文明确表露了他在奴隶制问题上的亲南部立场,这种立场与他就任总统时对德雷特·斯科特案的判决表态背后的立场如出一辙。还在候任总统时,布坎南就对德雷特·斯科特案予以关注。1857年2月3日,布坎南开始与最高法院的约翰·卡特伦法官通信,而卡特伦也回复了布坎南的每一封信。布坎南想知道法院什么时候能作出判决,卡特伦对此无法明确回复,但是透露说判决肯定涉及领地问题,这就涉及了1820年"密苏里妥协案"的决定。2月23日另一个法官罗伯特·格里尔在回复布坎南的信中泄露判决意向,"即使不是7名法官,也会有6名法官将决定1820年的妥协法案无效"。布坎南1857年3月4日在其就职演说中提到,最高法院就德雷特·斯科特案即将做出的判决将"快速并最终"解决所有关于领地上奴隶制的问题,不管判决是什么,将予以服从。人们推测,此时布坎南要么是已经看到了首席大法官坦尼判决书的一个副本,要么就是站在他身边参加就职仪式的坦尼悄悄告诉了他判决的内容。②

不管个人对奴隶制的真实情感究竟如何,不管担任总统之人是不是奴隶主,他们在总统职位上都没有对奴隶制发起挑战,绝大多数总统没有公开谴责奴隶制,没有呼吁或推动国会采取反奴隶制举措,恰恰相反,他们都奉行国会制定的奴隶制立法。华盛顿签署了1793年的《逃奴法》,詹姆斯·门罗签署了"密苏里妥协案",马丁·范布伦支持《钳口律》,米勒德·菲尔莫尔支持1850年的大妥协,富兰克林·皮尔斯支持《堪萨斯-内布拉斯加法案》。詹姆斯·布坎南支持德雷特·斯科特案的亲奴隶制判决。就是原则上反对奴隶制的共和党总统林肯,在其1861年3月4日的第一个就职演说中,也表示不

---

① James Buchanan, "Fourth Annual Message to Congress on the State of the Union, December 3, 1860", Online by Gerhard Peters and John T. Woolley, The American Presidency Project. http://www.presidency.ucsb.edu/ws/? pid = 29501 Acessed: 2014/08/30

② Eric H. Walther, *The Shattering of the Union: America in the 1850s*, Wilmington, Delaware: Scholarly Resource Inc., 2004, pp. 120-121.

改变南部的奴隶制:"对于现存奴隶制各州之奴隶制度,我无直接或间接干涉之目的。我相信我依法没有权力去那样做,并且我无意去那样做。"①

二 国会与奴隶制

美国宪法对奴隶制的模糊用语给后人留下了对立诠释的空间。1789 年第一届国会召开时,教友派教徒向国会提交请愿书,要求其回答国会是否有权废除奴隶制。在南部议员的反对下,国会通过决议申明只有拥有奴隶的州才有权做出释放奴隶的决定。这一年国会重新通过了 1787 年邦联国会通过的《西北法令》。这项法令的第 6 条规定在西北联邦领地上不实行奴隶制,但是允许奴隶主到该地区追捕逃奴。1793 年国会制定了联邦第一个《逃奴法》,规定奴隶主及其代理人有权到外州追捕逃亡奴隶。1801 年联邦政府建立哥伦比亚特区时,提供这个地区的弗吉尼亚和马里兰要求联邦政府不得改变该地区的法律和体制,包括实行奴隶制的规定,国会也接受了这一条件,从而开始了联邦首都实行奴隶制的历史。②

1793 年联邦国会《逃奴法》的制定得到了时任总统华盛顿的配合。具有讽刺意味的是,这项立法的缘起竟然是为了保护自由黑人不被当成逃奴抓捕。这项立法的来龙去脉是这样的:宾夕法尼亚西南部地区一个名叫约翰的黑人,因为其主人没有按照宾夕法尼亚州《渐进解放奴隶法》的规定登记而在 1783 年获得了自由。可是他却被作为一个奴隶扣留在弗吉尼亚,并雇给他人使用。在反奴隶制人士帮助下,他于 1788 年逃离弗吉尼亚返回宾夕法尼亚。可是不久之后,3 个弗吉尼亚人代表雇主来到宾夕法尼亚,强行将约翰带回弗吉尼亚重新做奴隶。两年后,在宾夕法尼亚促进废除奴隶制协会的压力下,宾夕法尼亚州州长托马斯·米夫林于 1791 年写信给弗吉尼亚州州长贝弗利·伦道夫,要求引渡这 3 个绑架者,恢复约翰的自由,伦道夫对此予以拒绝,同时向华盛顿总统寻求解决办法,他建议总统要求联邦立法机构制定立法,"对这个如此微妙和重要的宪法问题中存在的所有疑虑和尴尬予以消除"。华盛顿于是便将这个问题提交给了第二届国会。众议院在收到华盛顿的来函后,马萨诸塞众议员西奥多·塞奇威克提议设立一个委员会来制定立法,众议院立即任命了一个以塞奇威克为主席的委员会。1791 年 11 月塞奇威克提交的报告在众议院没有结果,此后这一问题转由参议院解决。参

---

① Abraham Lincoln,"Inaugural Address,March 4,1861", Online by Gerhard Peters and John T. Woolley, The American Presidency Project. http://www.presidency.ucsb.edu/ws/? pid =25818 Accessed:2014/08/30
② 王希:《原则与妥协:美国宪法的精神与实践》,第 207—208 页。

议院在 1792 年任命了一个委员会,负责制定关于逃犯和逃奴的立法。过了 4 周后,北卡罗来纳的威廉·约翰斯顿提交了委员会的报告,经过激烈争论,报告被退回重写,约翰斯顿于 1793 年 1 月初提交了修改的报告,参议院于 1 月 18 日通过,众议院经过简单讨论,仅对一处进行了文字修改,便以 48∶7 的表决比例接受了参议院的立法报告。2 月 12 日总统乔治·华盛顿签署了这项立法,1793 年《逃奴法》就这样出台了。①

  密苏里危机是国会内发生的第一次南北对抗。密苏里准州申请加入联邦的备忘录 1817 年年末已经送到国会。针对这个议题,众议院的一个专责委员会(the select committee)提交了一项法案,授权该准州于 1818 年 4 月 3 日制定一部宪法和成立州政府。1818 年 12 月众议院发言人亨利·克莱提交了密苏里法案,1819 年 2 月全体委员会(the committee of the whole)接受了这个法案。此时密苏里准州人口中有 5.6 万名自由人和 1 万名奴隶。为了阻止奴隶制向西部扩张,当密苏里法案提交第 15 届国会讨论时,来自纽约州的众议员詹姆斯·陶尔梅加 1819 年 2 月 12 日发表演讲,谴责奴隶制是人类的巨大瘟疫、人类的祸害和上天都厌恶的事物。1819 年 2 月 18 日陶尔梅加为授权密苏里制定州宪法和接纳其加入联邦的法案提出了两项修正案,第一项修正案是在将来禁止奴隶进入已经加入联邦的密苏里州,第二项修正案要求在密苏里被接纳进入联邦后出生的奴隶在年龄达到 25 岁时予以解放。陶尔梅加的提案导致了南北议员的尖锐对抗和南部社会的强烈抗议。在国会的表决投票中,陶尔梅加的那项不太激进的提案,即在将来禁止奴隶进入密苏里,在众议院是以 87 票对 76 票通过,北部议员中有 86 票赞成 10 票反对,南部议员有 66 票反对 1 票赞成。陶尔梅加最激进的那个提议,即在此后出生的奴隶年龄达到 25 岁时予以解放,是以 82 票对 78 票通过,北部议员中有 80 票赞成,14 票反对,南部议员有 64 票反对,2 票赞成。在参议院的表决中,陶尔梅加的修正案以 22 票反对 16 票赞成被否决。1819 年联邦表面上有 11 个自由州 10 个蓄奴州,但是伊利诺伊州名义上是自由州,实际上离它废除自己名为黑人学徒制的奴隶制还有 5 年时间,该州的两个参议员都是原籍南部之人,曾经拥有奴隶或此时还有黑人学徒,在参议院的表决中,南部议员一致反对,伊利诺伊州的这两个议员还有另外 3 个北部议员与南部站在一起。② 在陷入僵局的情况下,亨利·克莱施展周旋手段进行协调。他提议成

---

① Don E. Fehrenbacher, *The Slaveholding Republic: An Account of the United States Government's Relations to Slavery*, Oxford: Oxford University Press, 2001, pp. 209-211.
② William W. Freehling, *The Road to Disunion*, Vol. I, *Secessionists at Bay, 1776-1854*, p. 149.

立一个23人的众议院委员会与参议院的一个委员会进行协商。这个成立的众议院委员会以克莱为首,通过协商,达成了一个妥协法案,密苏里以蓄奴州加入联邦,确定以北纬36°30′为界线,该线以北地区禁止奴隶制。这个妥协案在众议院以87票赞成81票反对获得通过,参议院在众议院通过该法案两天后也予以通过。支持妥协的门罗总统随后签署了该法案。8月10日密苏里被接纳进入联邦。有人认为,"事实上南部赢得了他们想要得到的绝大部分东西,因为双方的争斗一直是围绕密苏里州的性质进行的。那条36°30′分界线是为北部附加上去的,目的是让他们把苦药喝下去"。①

1819年北部的国会议员还力图禁止在阿肯色领地上输入奴隶制。但是南北议员斗争的结果是众议院以89∶87的票数删除了阿肯色领地法案中的反奴隶制条款,南部议员以74∶1的票数赞成奴隶制,北部议员以86∶15的票数反对奴隶制。禁止奴隶制向阿肯色领地延伸的要求在参议院以19∶14的票数被击败,有4个北部议员站到了南部议员的立场上,而没有一个南部参议员站到北部议员的立场上。②

密苏里妥协达成后,19世纪20年代美国国会没有发生大的奴隶制争议。直到30年代美国激进废奴主义运动在北部掀起,并且展开积极的废奴宣传和请愿活动,才又在国会引起激烈的奴隶制辩论。南部的国会议员们一如既往捍卫南部奴隶主们的利益。1835年7月美国反奴隶制协会的领导人给南部上层社会人士邮寄去了大量反奴隶制材料,旨在劝说他们放弃奴隶制。此举引发南部社会的激烈抗议。在南卡罗来纳的查尔斯顿发生了聚众公开烧毁邮寄的反奴隶制材料的活动。扣留了废奴主义者邮件的南卡罗来纳查尔斯顿的邮政局长写信请示如何处置废奴主义者的邮件,1835年8月4日杰克逊政府的邮政部长阿莫斯·肯达尔回信说,他没有合法权力将那些报纸从邮件中排除掉,也不能由于邮件的性质或倾向禁止将他们投递。不过,邮政局是为各州服务的,这种服务不应该导致州的毁灭。他理解这些邮件中的材料具有最高程度的煽动性和暴动性,他不会下令将这些邮件投递。"我们对法律负有责任,但是我们对我们所生活的社区负有更高的责任。"在这种情况下,"爱国主义蔑视法律"。1835年8月7日肯达尔写信给杰克逊总统请求指示,8月9日杰克逊回复说,他本人作为一个奴隶主,很遗憾这个国家存在着那些"刻意煽动奴隶起义"的人,如果能够找到这些人的话,这些人

---

① John C. Waugh, *On the Brink of Civil War: The Compromise of 1850 and How It Changed the Course of American History*, Wilmington, Delaware: A Scholarly Resources Inc., 2003, p. 13.

② William W. Freehling, *The Road to Disunion*, Vol. I, *Secessionists at Bay*, 1776-1854, pp. 149-150.

"应该为这种邪恶的举动付出生命的代价"。不过他对于暴民私刑的行为也很遗憾。在国会制定出关于这一问题的立法前,他建议将"那些煽动性的报纸送给要求这些报纸的订购者,邮政官员要记下每一个订购者的姓名,将他们在公共报刊上公开,让订购这种邪恶的旨在煽动黑人进行杀戮计划的人暴露在世人面前",这样将迫使他们要么断了此念,要么"离开这个国家"。在1835年12月给国会的国情咨文中,杰克逊提出建议,制定法律"以严厉的惩罚来禁止在南部州通过邮件来传播旨在煽动奴隶进行暴动的煽动性出版物"。① 杰克逊建议联邦政府应该界定并排除邮件中的"煽动性"材料,而卡尔霍恩却在参议院提出了更为严厉的法案,要求联邦邮政局执行任何州制定的审查立法。在这个问题上,副总统范布伦投了一张关键的支持票,但卡尔霍恩的建议最终被挫败,有7个蓄奴州的参议员,包括亨利·克莱和托马斯·哈特·本顿,与北部议员一起投了反对票,"事关公民自由,即使是那些不受欢迎的少数派的公民自由,在国会大厅里要比在杰克逊政府内更被看重"。②

1836年7月国会通过一项新的《邮政法》,规定所有邮件都必须送交收信人。这项立法表面是废奴主义者的胜利,但实际上在南部并没有得到认真执行。"废奴主义者的邮件在南部很多地区继续被阻隔送交,无论是肯达尔还是杰克逊都没有对这种广泛的漠视《邮政法》的行为眨一下眼睛。某封信是否送到收信地留给了各个邮政人员来处理。"③

废奴主义者在反奴隶制材料遭到联邦邮政部门扣押和南部的抵制后,改变策略,转而向国会连续递交反奴隶制陈情书。在1837—1838年,他们就向国会狂轰滥炸般地投送了13万份要求在首都废除奴隶制和奴隶贸易的陈情书、18万份反对兼并已经实行奴隶制的得克萨斯的陈情书。④ 他们首先致力于推动废除首都的奴隶制,因为根据宪法,国会有权处理首都的奴隶制。对于这类陈情书众议院以往一向予以搁置。1835年12月16日,众议院还是依从旧例,搁置了两份反奴隶制请愿书,但是18日第三份陈情书送到众议院后,南卡罗来纳众议员詹姆斯·H.哈蒙德起身发言,要求众议院"用断然拒

---

① Michael Kent Curtis, *Free Speech*, *"The People's Darling Privilege": Struggles for Freedom of Expression in American History*, Durham: Duke University Press, 2000, pp.155-156.
② Daniel Walker Howe, *What hath God Wrought: The Transformation of America*, *1815-1848*, p.429.
③ David S. Reynolds, *Waking Giant: America in the Age of Jackson*, New York: Harper Collins Publishers, 2008, p.120.
④ Leonard L. Richards, *The Slave Power: The Free North and Southern Domination*, *1780-1860*, p.136.

绝的方法,更加明确地证明对他们予以拒斥"。① 同样来自南卡罗来纳的弗朗西斯·皮肯斯在1836年1月21日做了更为详细和更为狂妄蛮横的发言。他宣称"我看到的已经足够了,我深信这里以及其他地方存在着一种不健康的感情,这种感情与我们的权利和制度完全处于交战状态"。他指出,虽然废奴主义团体从成员人数上说在北部是很小的党派,但是由于非蓄奴州的政党是分裂的,废奴主义派别就成为了关键性力量,"在各党派的对立中,废奴主义者变成了重要而强大的党派,掌控着权力平衡。由此其他所有党派在一定程度上都渴望在自己的措施和运动中得到他们的力量和认可"。废奴主义者由于所处地位而变得强大起来。废奴主义者力量中包含着疯狂主义,而在世界历史上,疯狂主义从来很难控制。"让我们看看全世界的历史吧。在疯狂主义开始之际,它看起来就像遥远天边的一个瑕疵点,但是随着它的兴起便形状毕露,不断扩大,越变越黑,直到其就像迅猛的龙卷风那样怒号着席卷而来,肆虐大地,善良和智慧的人被打击得哑口无言,身强胆壮的人瑟瑟发抖,就像未断奶的婴儿听到喇叭吹响那样。"他进而指出英国也在大力宣扬废奴,"真相是,全世界的道德力量都在与我们为敌。对此加以掩盖是无用的,迟早我们必须面对这个强加给我们的重大问题"。他表示:"闭眼不看刚刚发生在我们身边、这个国家和整个欧洲的一个个事件是没有什么用的,每件事都表明,迟早我们将不得不直面这个强大力量。在我们的父辈的坟墓之上,为了我们神圣的家庭生活和家园以及我们的上帝而斗争,或者就是放弃我们的家园,让它变成一个黑人殖民地,到西部的荒野为我们寻找一个避难所。要想避免争斗是徒劳的。"②

  1835年12月21日,佐治亚民主党人众议员乔治·欧文斯提出动议,宣布哥伦比亚特区的废奴问题不应由国会受理,所有以此为目的的陈情书都应不加宣读就予以搁置。欧文斯的提议没有付诸表决。1836年1月缅因州的民主党众议员伦纳德·贾维斯又提出了相同的建议,但也无果而终。由于众议院被不断递交的反奴隶制陈情书所困扰,于是南卡罗来纳的众议员亨利·平克尼提议,将所有关于哥伦比亚特区奴隶制的备忘录和动议提交给一个特别委员会,指示该委员会申明国会没有宪法权力干涉各州的奴隶制,不应该干涉哥伦比亚特区的奴隶制,因为那样做的话,将"违背公众的信念,是不明智的,对联邦来说是失策的和危险的"。尽管遭到哈蒙德和其他南部极端分

---

① *Register of Debates*, *House of Representatives*, *24th Congress*, *1st Session*, p. 1965. http://memory. loc. gov/ammem/amlaw/lwrd. html Acessed:2013/05/24

② *Register of Debates*, *House of Representatives*, *24th Congress*, *1st Session*, pp. 2242, 2243, 2244.

子的反对,这些人认为这个建议是在国会是否有权废除哥伦比亚特区的奴隶制问题上向废奴主义者投降,但是众议院还是以绝大多数票支持平克尼的提议,提名他担任处理这一问题的特别委员会主席,众议院发言人田纳西的詹姆斯·K.波尔克安排支持这一决议的人进入这个委员会,总统范布伦也公开表态支持这个决议。过了 3 个多月,平克尼提交了特别委员会的报告,根据这个报告,1836 年 5 月 25 日,众议院以 117∶68 的票数通过了《钳口律》。①

《钳口律》的制定并没有能够压制住废奴主义者向国会递交陈情书,反而刺激了废奴主义运动发展。此后国会一再制定新的《钳口律》,而签名请愿的人越来越多。第一个《钳口律》针对的是 3.4 万名签名人,第二个针对的是 11 万名签名人,第三个针对的是 30 万名签名人,最后一个《钳口律》针对的是近 50 万名签名人。②《钳口律》之所以刺激了美国民众的强烈反弹,是因为这种做法公然违反了美国宪法第一条修正案。《钳口律》压制的是废奴主义者的陈请,但也力图压制国会的讨论,它既封住了废奴主义者的口,也封住了国会议员的嘴,这就突出证明了废奴主义者的警告:"对废奴主义者权利的镇压,也就意味着是对其他人权利的镇压。"③尽管通过了《钳口律》,但是赞成《钳口律》的票数越来越少。"1836 年第一次通过的表决票差是 149 票,第二年下降到 49 票,再然后是 48 票,在 1840 年最后一次票差是 6 票。自由州的国会议员赞成《钳口律》的人数从 64 人下降到 28 人。公众中的不满情绪也在蔓延,南部的胜利,即使不能说是皮洛士胜利,也证明是代价沉重。"1844 年 12 月,约翰·昆西·亚当斯在国会提出取消《钳口律》动议,在众议院以 108∶80 的票数获得通过。④

1846 年爆发的美国侵略墨西哥战争,导致南北双方围绕奴隶制扩张问题再次陷入对抗。1846 年 8 月,大力推动美国入侵墨西哥战争的奴隶主总统詹姆斯·K.波尔克,向国会提出拨款 200 万美元用于向墨西哥索取土地。在国会讨论拨款法案时,反对奴隶制扩张的宾夕法尼亚众议员戴维·威尔莫特为拨款法案提出了一个附文,规定在美国新获取的领土上不允许实行奴隶

---

① Don E. Fehrenbacher, *The Slaveholding Republic: An Account of the United States Government's Relations to Slavery*, pp. 75-76.
② Leonard L. Richards, *The Slave Power: The Free North and Southern Domination, 1780-1860*, p. 137.
③ Michael Kent Curtis, *Free Speech, "The People's Darling Privilege": Struggles for Freedom of Expression in American History*, p. 180.
④ Donald J. Meyers, *And The War Came: The Slavery Quarrel and the American Civil War*, New York: Algora Publishing, 2005, pp. 67, 69.

制。这条附文在众议院以 83∶64 的票数通过。① 由于南部在众议院的议员人数已经远远落后于北部,他们只能在参议院与北部抗衡。为了避免国家分裂,美国的政治领导人促使国会于 1850 年制订了一系列妥协方案。1850 年 8 月 1 日,关于设立犹他准州政府的法案获得通过。当天还讨论了得克萨斯与新墨西哥边界问题的法案和加利福尼亚加入联邦法案。斯蒂芬·A. 道格拉斯建议得克萨斯放弃领土要求,接受一笔 1000 万美元的补偿,该法案首先以 30∶20 票通过,其中 12 张反对票来自蓄奴州,8 张来自自由州。接着加利福尼亚加入联邦法案也以 34∶18 票的比例获得通过,赞成的参议员中 15 位是北部民主党人,11 位是北部辉格党人,4 位是南部辉格党人。反对者全部来自南部,这些反对者中除 3 人外其他全是民主党人。8 月 15 日一个没有威尔莫特附文的设立新墨西哥准州政府的法案以 27∶10 的票数通过,反对者全部来自北部。8 月 26 日,一个新的《逃奴法》以 27∶12 的票数通过,反对者主要来自北部辉格党,15 名北部参议员没有投票。关于废除哥伦比亚特区奴隶贸易的法案 9 月 16 日以 33∶19 的比例通过,13 名南部民主党和 6 名南部辉格党人投了反对票。② 1850 年的大妥协实际上是没有原则的实用性妥协。两个最为关键的法案,即接纳加利福尼亚加入联邦和《逃奴法案》,都是先在参议院通过后才到众议院通过的,而且是在先表决加利福尼亚法案后再表决《逃奴法案》。表 6-9 显示了这两个法案的表决情况。

表 6-9 《加利福尼亚立州法案》和《逃奴法案》在参众两院的投票结果③

	加利福尼亚立州法案			逃奴法		
	赞成	反对	无票	赞成	反对	无票
参议院						
总投票数	34	18	8	27	12	21
不同政党						
民主党	17	14	2	18	3	12
辉格党	15	4	6	9	8	8
其他党派	2	0	0	0	1	1

---

① Daniel Walker Howe, *What Hath God Wrought: The Transformation of America*, 1815-1848, p. 767.

② John C. Waugh: *On the Brink of Civil War: The Compromise of 1850 and How It Changed the Course of American History*, pp. 179-180.

③ Roger L. Ransom, *Conflict and Compromise: The Political Economy of Slavery, Emancipation, and the American Civil War*, p. 112.

续表

	加利福尼亚立州法案			逃奴法		
	赞成	反对	无票	赞成	反对	无票
不同地区						
蓄奴州	6	18	6	24	0	6
自由州	28	0	2	3	12	15
众议院						
总投票数	150	56	17	109	76	38
不同政党						
民主党	55	44	9	80	15	13
辉格党	85	12	8	29	52	24
其他党派	10	0	0		9	1
不同地区						
蓄奴州	27	56	4	78	0	9
自由州	123	0	13	31	76	29

罗杰·L. 兰塞姆发现:地区和党派的投票结果凸显了两个事实。第一是这两个法案都是勉强在参议院获得通过,事实上《逃奴法》无论在参议院还是众议院都没有获得绝对意义上的多数票;第二,绝大多数议员是按照地区利益而不是政党归属来投票的,"因此,自由州的参议员和众议员中没有一人投票反对接纳加利福尼亚,而来自蓄奴州的参议员和众议员没有一人投票反对《逃奴法》"。兰塞姆指出,在众议院的投票中,只有28位众议员,也就是全部众议员人数的13%,赞成5项妥协措施;如果再把那些没有投票反对任何一项妥协措施的人也算成是赞成5项妥协的话,那也只有54位众议员赞成妥协,他们占众议员总数的四分之一多一些。对比之下,有80位众议员,他们占众议员总数的三分之一以上,各自出于北部或南部的立场考虑,强烈反对这个一揽子妥协案。① 由此可见,北部的政治家绝大多数坚持了反对奴隶制扩张的立场。

大妥协法案最终在斯蒂芬·A. 道格拉斯的运作下通过逐个表决的途径通过了,但是它并没有解决南部和北部在奴隶制问题上的任何分歧。对于在奴隶制扩张问题上的人民主权原则,南北双方都可以按自己的意愿加以理解

---

① Roger L. Ransom, *Conflict and Compromise: The Political Economy of Slavery, Emancipation, and the American Civil War*, pp. 112, 113-114.

和阐释。到《堪萨斯-内布拉斯加法案》制定时,南北分歧再现。在第 33 届国会的第一次会议上,来自密苏里的众议员约翰·G. 米勒和来自艾奥瓦州的参议员道奇提出《堪萨斯-内布拉斯加法案》。1854 年 1 月 4 日,斯蒂芬·A. 道格拉斯就从他领导的委员会正式提出了《道奇法案》。实际上,斯蒂芬·A. 道格拉斯是这个法案的始作俑者。他本人在西部领地购买了大片土地,希望推进西部建州来进行土地投机,为了赢得南部议员们的支持,他提出了取消密苏里妥协的主张。1854 年 1 月 16 日,肯塔基参议员阿奇博尔德·迪克森在参议院说,如果要讨论此法案的话,他就提出修正案,建议取消密苏里妥协的第 8 款,即禁止在 36°30′以北地区蓄奴的那一条款。他提出,南部奴隶主应该能够自由地到准州和将建成的州蓄奴。北部的政治家把南部的这一要求解释成奴隶主势力贪得无厌的扩张要求,北部社会普遍相信了这种说法。南部的社会反应则比较冷淡,因为堪萨斯-内布拉斯加这个地区的自然条件根本不适合发展奴隶制经济,南部得不到实惠,还招致北部的敌对。不过南部的国会议员还是经不住扩张奴隶制的诱惑。迪克森、艾奇逊和菲利普斯参加了该法案的制订,杰斐逊·戴维斯与道格拉斯共同说服皮尔斯总统接受了该法案。迪克森辩解说,非奴隶主提出取消密苏里妥协对奴隶制的限制,这一举动是一种"公共正义和宽宏大量之举"。他觉得所有国民都"相信密苏里妥协案是一个显然的错误,最初本来就是针对蓄奴州人民的,应该予以撤销",因为它与 1850 年的法案不一致。但南部表示怀疑的也大有人在。不过南部议员们普遍不反对这个法案,特拉华州的参议员克莱顿的话道出了南部议员的心思,"但是,一个其选民蓄奴的参议员,你能期望他抵制和拒绝北部如此慷慨提议的本来就该给我们的措施吗?我们如何能够违背信念而答应他们的提议,对此任何人都很难去解释。当两党如此同意撤销二者先前的一个安排时,南部必须接受它,因为这是'一项姗姗来迟的正义法案'"。① 在表决时,只有两个南部参议员和 9 个南部众议员投了反对票。在得到南部的支持后,设立堪萨斯-内布拉斯加准州的法案于 1854 年 3 月 4 日以 37∶14 的票数在参议院通过,5 月 22 日以 113∶100 的票数在众议院通过。② 这一立法实际上推翻了"密苏里妥协案"。不过,北部民主党议员此举得罪了选民们,在 1854 年的中期选举中,那些投票支持《堪萨斯-内布拉斯加法案》的北部民

---

① Avery O. Craven, *The Growth of Southern Nationalism*, *1848-1861*, pp. 179,192,194.
② Roger L. Ransom, *Conflict and Compromise: The Political Economy of Slavery*, *Emancipation*, *and the American Civil War*, p. 125.

主党议员们中的 70% 丢掉了他们的议员席位。①《堪萨斯-内布拉斯加法案》的通过刺激了南部激进分子和北部废奴主义者对堪萨斯的武装争夺。南部亲奴隶制分子通过选举欺诈控制了堪萨斯制宪会议,并通过了允许奴隶制的莱克明顿宪法,申请堪萨斯以蓄奴州加入联邦。1858 年 3 月 23 日参议院以 33∶25 的票数接纳堪萨斯加入联邦,在表决中,上南部前辉格党人田纳西的约翰·贝尔和肯塔基的约翰·克里滕登投了反对票。在众议院 8 月 1 日的表决中,以 120∶112 的比例拒绝了莱克明顿宪法的堪萨斯加入联邦。北部共和党的全部和北部民主党 40% 的议员投了反对票,6 名上南部的前辉格党人议员投了反对票。南部所有的民主党人议员、下南部的所有议员和中南部除了 1 名前辉格党议员外的所有其他议员都投了赞成票。但是边界州南部 8 名前辉格党议员中有 5 人效仿约翰·贝尔和约翰·克里滕登投了反对票。这意味着奴隶制扩张权不仅在众议院遭到北部的一致反对,而且在南部也出现分裂。"南部人之前在重大奴隶制问题上从未输过,这一次边界州成了他们的阿基里斯之踵,让他们失败了。"②这也表明奴隶制扩张遭到北部社会的坚决抵抗,随着 50 年代后期共和党的崛起,奴隶制通过立法获得合法扩张的权利已经不可能了。

三 最高法院与奴隶制

美国宪法设立了联邦最高法院作为美国的司法机构,约翰·马歇尔通过马伯里诉麦迪逊案确立了最高法院的司法审查权。从理论上说,最高法院可以通过司法判决确立或否定奴隶制的合法性。但是,内战前美国的最高法院并没有这样做。与行政首脑总统一样,最高法院原则上顺应着国会的决定。虽然最高法院在具体涉奴案件中做出的判决对奴隶制的态度并不一致,但是最高法院从没有利用自己掌握的司法审查权来处理奴隶制的合宪性问题。

从法官构成来看,内战前美国最高法院的法官多数是奴隶主。最高法院法官是由总统提名、参议院确认的,"从华盛顿当选总统到林肯当选,共有 34 位任命法官,其中 19 人是奴隶主"。③ 在马歇尔担任首席大法官之前,曾经有过三位首席大法官,即约翰·杰伊、约翰·拉特里奇和奥利弗·埃尔斯沃

---

① Don E. Fehrenbacher, *The Slaveholding Republic: An Account of the United States Government's Relations to Slavery*, p. 276.
② William W. Freehling, *The Road to Disunion*, Vol. II, *Secessionists Triumphant*, 1854-1861, pp. 140-141, 141.
③ Leonard L. Richards, *The Slave Power: The Free North and Southern Domination*, 1780-1860, p. 94.

斯,不过他们任职时间很短,对联邦法院职权建设和判决意向影响不大。内战前担任首席大法官时间长久影响巨大的是约翰·马歇尔和罗杰·B.坦尼。马歇尔担任首席大法官的时间是1801—1835年,坦尼担任首席大法官的时间是1836—1864年。在内战前总统对大法官的任命中,华盛顿先后任命过8位大法官,其中5位来自南部蓄奴州,他们是来自南卡罗来纳的约翰·拉特里奇,来自弗吉尼亚的小约翰·布莱尔,来自北卡罗来纳的詹姆斯·艾尔德尔,来自马里兰的托马斯·约翰逊,来自马里兰的塞缪尔·蔡斯。约翰·亚当斯任命的两位大法官都是南部人,他们是来自弗吉尼亚的布什罗德·华盛顿和来自北卡罗来纳的艾尔弗雷德·穆尔。杰斐逊任命的3位大法官中有两位是南部人,即来自南卡罗来纳的威廉·约翰逊和来自肯塔基的托马斯·托德。麦迪逊任命的3位大法官中1位是南部人,即来自马里兰的加布里埃尔·杜瓦尔。约翰·昆西·亚当斯任命的1位大法官是来自肯塔基的罗伯特·特林布尔。杰克逊任命的4位大法官中两位是南部人,即来自佐治亚的詹姆斯·韦恩和来自弗吉尼亚的菲利普·巴伯。范布伦任命的3位大法官都是南部人,即来自田纳西的约翰·卡特伦,来自阿拉巴马的约翰·麦金利和来自弗吉尼亚的彼得·丹尼尔。约翰·泰勒任命的1位大法官、詹姆斯·波尔克任命的两位大法官和米勒德·菲尔莫尔任命的1位大法官都是北部人。富兰克林·皮尔斯任命的1位大法官是南部人,即来自阿拉巴马的约翰·坎贝尔。詹姆斯·布坎南任命的1位大法官是北部人。① 如果考虑到内战前美国的蓄奴州数少于自由州,南部白人人口数远远落后于北部白人人口数,那么显然,来自南部的大法官人数在联邦法院中占有过大的比例。

早期的最高法院在奴隶制问题上没有明确立场。在马歇尔担任首席大法官之前,最高法院在1793年首个重要案件,即奇泽姆诉佐治亚案(Chisholm v. Georgia)判决中,提出只有非洲人奴隶是被统治者,这意味着自由黑人也是美国公民。此外在1801年的一项判决中提到奴隶时只是作为财产列举,在这些列举单上并没有标出需要特别处理,也没有提出特别的道德问题。②

在马歇尔担任首席大法官时期,联邦最高法院的判决主要受到马歇尔的

---

① 任东来与胡晓进:《在宪政的舞台上:美国最高法院的历史轨迹》,中国法制出版社2007年版,第505—507页。
② Leslie F. Goldstein, "Slavery and the Marshall Court: Preventing 'Oppressions of the Minor Party'?", *Maryland Law Review*, Vol. 67, Issue 1 (2007), p.174. http://digitalcommons.law.umaryland.edu/mlr/vol67/iss1/13 Accessed: 2014/12/01

影响。马歇尔本人是一个小奴隶主,他承认奴隶制是一种邪恶,"奴隶制与自然法是相对立的,因为'人人都有获得其劳动成果的自然权利',并且'任何其他人都无权剥夺他的这些成果,违背其意志占用这些成果'。除了受奴隶制的道德邪恶所困之外,马歇尔对奴隶制的经济有害性和潜在的灾难性政治和社会后果表达了更大的忧惧"。他认为在弗吉尼亚,奴隶制使诚实的劳动变成了不光彩的事情,导致很多过不上富裕悠闲生活、勤奋的年轻人离开了弗吉尼亚。不过,"像他那一代人中的很多人那样,他希望奴隶制最终终结,但是废奴主义者和南部亲奴隶制疯狂主义使他对通过和平方式实现这一目标感到失望。在他的心目中,保持宪法和联邦压倒了对奴隶制的立即铲除。"① 就个人而言,马歇尔在奴隶制问题上的言行要比第一个担任最高法院首席大法官的约翰·杰伊更为慎重一些。杰伊在被提升进最高法院前一直是纽约推动解放奴隶协会的活跃分子。退出最高法院后,他在密苏里争议期间发表公开信,支持国会有权限制奴隶制扩张,反对密苏里以蓄奴州加入联邦。马歇尔是旨在推动解放奴隶的美国殖民协会的成员,原则上反对奴隶制度。然而,"尽管在理论上反对奴隶制,但是像所有弗吉尼亚人一样,马歇尔敏锐地意识到废除奴隶制的艰难。他对存在一个人数很大的自由黑人人口这个问题尤其敏感,他认为黑人与白人是不能实现社会融合的,因此他支持将黑人送往非洲的殖民活动。"②

马歇尔法院审理过的涉及奴隶制的案件大致分为三种类型:"(1)白人就某个奴隶发生的财产争议,对此类案件法院按照应用于其他动产的规则来处理;(2)奴隶以这种或那种理由要求获得自由的诉讼;(3)在联邦法律禁止进出口奴隶后的刑法问题"。③ 在这些案件的审理中,马歇尔力求超越自己对奴隶制的态度,以客观主义的姿态判决具体的涉奴案件。不过在不同的案件中,马歇尔的立场也是有所变化的。

在1813年的米玛王后诉赫伯恩(Mima Queen v. Hepburn)这个关于在世时承诺解放奴隶的案件审理中,马歇尔拒绝使用传闻证词作为证据来解放奴隶,即使所有的见证人都已不在人世了也不行。他解释说,不管个人在感情上对于要求获得自由的人是否关心,如果对传闻证据规则不加以严格遵守的话,"可能支持一项权利要求的证据是如此轻易地就能获得,那就没有人能

---

① Charles F. Hobson, *The Great Chief Justice: John Marshal and the Rule of Law*. Lawrence, Kansas: University Press of Kansas, 1996, p. 164.
② William M. Wiecek, "Slavery and Abolition Before the United States Supreme Court, 1820-1860", pp. 35-36, 37.
③ Leslie F. Goldstein, "Slavery and the Marshall Court: Preventing 'Oppressions of the Minor Party'?", p. 175.

够对他的任何财产感到安全了"。马歇尔的这一判决阻碍了废奴协会保护黑人自由的努力。不过16年后在1829年的布莱斯诉安德森一案(Boyce v. Anderson)中,马歇尔稍微放松了一些他将黑人奴隶界定为财产的立场,认定一个公共运输业者应对其运输的奴隶死亡负责,这里他采用的是管理旅客的责任规则,将奴隶作为人而不是没有生命的货物来看待了。①

为了照顾南卡罗来纳和佐治亚奴隶主集团的利益诉求,1787年宪法确定国会在20年内不得制定禁止对外奴隶贸易的立法。20年后的1807年,国会通过立法禁止各州继续参与贩卖非洲奴隶的贸易。最高法院也在司法判决中坚守了这一国家政策。在1825年对安特洛普案(The Antelope case)的审理中,马歇尔采取了一种所谓的客观主义原则。安特洛普是一艘西班牙籍航船,在海上被海盗劫持后,用于载运从其他航船上抢来的非洲黑奴。后来该船被美国联邦缉私船抓获,将该船以及船上的280名黑奴带到佐治亚的萨凡纳。包括西班牙和美国公民在内的船主们纷纷前来索取这些被抢来的黑奴。在代表最高法院就此案件做出的判决中,马歇尔一方面援引自然权利学说指出,从道德哲学上讲,奴隶制是不可接受的,贩卖奴隶违背自然法。不过他又称奴隶制和国际奴隶贸易是历史形成的结果,所有欧洲殖民大国都曾参与贩卖奴隶的贸易,虽然英美两国已经禁止本国公民继续从事这种贸易,但西班牙等国的法律仍允许这种贸易,因此他的判决是,将安特洛普号上的黑奴加以区别,将约30名黑奴归还给西班牙籍的船主,理由是当该船被截获时这些非洲人已经为西班牙籍的公民所拥有并成为了他们的财产,而对于其余的美国船主声称属于自己的黑奴则以走私物品为名没收。对于这种判决王希教授评价道:"这项判词虽然宣示了反对奴隶制的道德原则,但只将此原则运用于当时已明令禁止的海外奴隶贸易,并没有涉及美国国内的奴隶制。与此同时,马歇尔也非常用心地强调了对奴隶制形成的历史的尊重,避免给南部奴隶主势力造成精神压力。"②在安特洛普案判决中,马歇尔虽然一方面谴责奴隶制和奴隶贸易违背自然法,认定奴隶制和奴隶贸易只能通过实证法来确立,但是他又认为海洋强国通过从事奴隶贸易而将其合法化了,通过法规对其进行了保护,通过条约进行了管理,这就为持续这种贸易提供了必要的惯例和国内法。③

---

① William M. Wiecek, "Slavery and Abolition Before the United States Supreme Court, 1820-1860", p. 38.

② 王希:《原则与妥协:美国宪法的精神与实践》,第210页。

③ William M. Wiecek, "Slavery and Abolition Before the United States Supreme Court, 1820-1860", pp. 37-38.

马歇尔法院在奴隶制问题上表现的客观主义原则,究竟是出于真诚的信念,还是出于避免麻烦缠身,或者兼而有之,后人只能加以猜测推想。不过通过采取骑墙立场,无论是作为集体还是作为个人,他们确实达到了避免陷身于奴隶制争论之中的目的。马歇尔法院在形式上遵循客观主义原则,不将个人情感带入法律判决,实际上是为了避免卷入奴隶制争议,危及法院以及个人的地位。"法官们能够避免表达对奴隶制的赞同,由此缓解自己的良知压力,同时保护自己免受来自奴隶制辩论双方的攻击。"①总体来说,"马歇尔法院总是展示出一种微妙的意识,显示自己在奴隶制议题上能力有限。法官们个人对于奴隶制并非无动于衷,恰恰相反,有几个法院成员,以及马歇尔的前任首席大法官约翰·杰伊,在参与奴隶制争议的组织或事件中发挥过突出的作用"。②

在罗杰·B. 坦尼就任最高法院首席大法官之位后,最高法院在涉及奴隶问题的案件审理中并没有立即表现出截然不同的立场。在阿米斯达特案件(The Amistad case)的处理上,最高法院选择的是否定奴隶贸易的立场。这个案件的原由是:一个葡萄牙奴隶贩子从非洲几内亚的曼迪部落带着52名非洲人于1839年到达古巴,在古巴的奴隶市场将他们卖给了西班牙臣民,这一行为违反了西班牙禁止国际奴隶贸易的法律。购买这些非洲人的买主用一艘西班牙帆船阿米斯达特号将他们从哈瓦那运送去卡马圭省(Camaguey province),在途中这些非洲人进行了暴动,杀死了船长和厨师,命令购买者将船转向开往非洲。白天买主服从了,可是到了夜里便将船转向开往北方,希望到美国南部蓄奴州登陆。然而鬼使神差他们却航行到了纽约的长岛附近海域,被美国海岸测量船俘获,穿过长岛海峡带到了康涅狄格的新伦敦。经过废奴主义者的大力斗争,这个案件最终做出了否定奴隶贸易的判决。最高法院通过约瑟夫·斯托利大法官之口做出判决,反对古巴奴隶贩子的要求,理由是没有有效的证据证明这些俘虏是奴隶。③

不过还是这个约瑟夫·斯托利大法官,在另一个涉及《逃奴法》的普利格诉宾夕法尼亚(Prigg v. Pennylvania)案件中,却选择了亲奴隶制立场。1832年黑人妇女玛格丽特·摩根与她的自由黑人丈夫从马里兰迁移到宾夕法尼亚。玛格丽特在马里兰州时事实上就是一名自由黑人,尽管她本人和她

---

① Donald M. Roper, "In Quest of Judicial Objectivity: The Marshall Court and the Legitimation of Slavery", *Stanford Law Review*, Vol. 21, No. 3 (Feb., 1969), p. 539. http://www.jstor.org/stable/1227622 Accessed: 2013/01/22

② William M. Wiecek, "Slavery and Abolition Before the United States Supreme Court, 1820-1860", p. 35.

③ Ibid., pp. 40, 43.

的父母并未从他们的原主人那里明确得到解放的证明。原主人的女继承人生活在巴尔的摩,她想再奴役这个身体健壮的黑人妇女,就委托她的律师爱德华·普利格前去抓捕这个所谓的逃亡奴隶。① 1837 年,南森·毕米思、爱德华·普利格与另外两个人到宾夕法尼亚,抓住了他们宣称的逃亡奴隶玛格丽特·摩根和她的孩子,将他们带回了马里兰。他们此举违反了 1826 年宾夕法尼亚制定的《人身自由法》。宾夕法尼亚州约克县的检察官立即指控这 4 个人进行了绑架,违反了宾夕法尼亚法律。在马里兰和宾夕法尼亚之间进行了一番交涉后,马里兰州长同意将这 4 名抓捕奴隶者中的一人,即爱德华·普利格引渡给宾夕法尼亚。普利格随后被宾夕法尼亚法院以绑架罪判刑。普利格上诉到美国联邦最高法院。在 1842 年最高法院的判决中,推翻了对他的有罪判决。② 这一案件的核心是 1793 年的联邦《逃奴法》与 1826 年宾夕法尼亚的《人身自由法》之间的冲突。联邦的《逃奴法》给予了奴隶主或其代理人抓捕逃奴的权力,他们可以逮捕逃亡奴隶,将其带到联邦法官那里,或者在抓捕到这个逃奴的州中将其带到任何一个县、市或镇区的地方法官那里,一旦主持处理这个事件的官员得到满意的证据证明这个被抓捕的人欠下了劳务,该官员就要发布一个授权证明书,允许该奴隶主或他的代理人将这个逃亡奴隶带回他自己的家乡州。然而宾夕法尼亚的《人身自由法》却禁止以奴役为目的强迫将黑人从该州带走。③ 在代表法庭意见做出的判决中,约瑟夫·斯托利大法官给出了 5 点结论:(1)1793 年的《逃奴法》是合乎宪法的;(2)任何州都不得对该法增加可能妨碍归还逃亡奴隶的新要求;(3)宪法提供了一种习惯法性质的财产取回权利,这是一种自救权利,它允许一个奴隶主或他的代理人在任何地方抓捕任何逃亡奴隶,并将其带回到主人那里,而无须遵守《逃奴法》的条款,任何一个州的法律都不能够干涉将其带走的行动;(4)州官员按理本应该执行 1793 年的《逃奴法》,但却不能要求他们这样做;(5)任何逃亡奴隶都无权得到正当程序的听讯或审判,对其仅使用一种简短程序,以确定这个被抓捕的人是否就是索取人提供的宣誓书或其他

---

① Joseph Nogee, "The Prigg Case and Fugitive Slavery, 1842-1850", *The Journal of Negro History*, Vol. 39, No. 3 (Jul., 1954), p.185. http://www.jstor.org/stable/2715841 Accessed: 2013/01/22

② Paul Finkelman and Joseph Story, "Story Telling on the Supreme Court: Prigg v Pennsylvania and Justice Joseph Story's Judicial Nationalism", *The Supreme Court Review*, Vol. 1994 (1994), p.252. http://www.jstor.org/stable/3109649 Accessed: 2013/01/22

③ Earl M. Maltz, "Slavery, Federalism, and the Structure of the Constitution", *The American Journal of Legal History*, Vol. 36, No. 4 (Oct., 1992), p.474. http://www.jstor.org/stable/845555 Accessed: 2013/01/22

文件中描述的那个人。① 尽管大法官斯托利还判决说联邦政府结构意味着联邦政府不能迫使州执行1793年的《逃奴法》,但是这个判决还是从宪法上确立了《逃奴法》至高无上的地位。对此王希指出,"这样的解释实际上等于说,联邦宪法是支持奴隶制的,拥有奴隶是公民的权利,这种权利是受宪法保护的;而宾州要求奴隶主在捕捉逃奴时出示繁杂的证据的法律是违宪的"。②

1847年的琼斯诉范·赞特案(Jones v. Van Zandt),1859年的埃布尔曼诉布思案(Ableman v. Booth)和1861年的肯塔基诉丹尼森案(Kentucky v. Dennison),也涉及逃亡奴隶问题。在琼斯案中,范·赞特质疑因他经过俄亥俄州运输一个逃亡奴隶而对他进行罚款的决定。他的律师,后来成为联邦大法官的萨尔蒙·P. 蔡斯在法庭上辩解说,因为俄亥俄州禁止奴隶制,范·赞特可能以为俄亥俄州的所有非裔美国人都是自由人,所以他没有意识到他是在运输逃亡奴隶。但是法院没有采纳蔡斯的意见,支持了对范·赞特罚款的决定。在埃布尔曼一案中,罗杰·B. 坦尼法官推翻了威斯康星高等法院认定联邦《逃奴法》失效的判决,坦尼宣称,联邦政府是至高无上的,有足够的能力通过自己的法庭执行自己的法律,各州必须执行联邦的《逃奴法》。肯塔基诉丹尼森一案源起于俄亥俄州州长威廉·丹尼森拒绝从自由州引渡一个帮助奴隶逃走的自由黑人到蓄奴州。对此案坦尼的判决是,联邦政府不能执行引渡,但是州政府应该出于善意进行引渡。③

可是到了50年代后期,在奴隶制问题已经造成南北地区社会剑拔弩张的形势下,在德雷特·斯科特案的审理中,最高法院的多数大法官最终选择了全面捍卫奴隶制的立场。德雷特·斯科特原是密苏里州的一名黑奴,主人约翰·爱默生是一名随军医生。1834年斯科特跟随爱默生到伊利诺伊州住过两年,随又到威斯康星领地住了两年。这两个地方都禁止奴隶制。1838年斯科特又随着主人回到密苏里州。1843年爱默生去世,斯科特成为主人的遗孀爱默生夫人的财产。在废奴团体帮助下,1843年斯科特向密苏里法院申诉,要求获得自由,理由是他曾在伊利诺伊州和威斯康星州生活过,而此两州都禁止奴隶制,根据密苏里法律规定,一个人一旦获得自由就永远自由,所以即使他又回到了密苏里州,也不应该再被作为奴隶对待。1850年密苏

---

① Paul Finkelman and Joseph Story, "Story Telling on the Supreme Court: Prigg v Pennsylvania and Justice Joseph Story's Judicial Nationalism", pp. 252-253. http://www.jstor.org/stable/3109649 Accessed: 22/01/2013
② 王希:《原则与妥协:美国宪法的精神与实践》,第218页。
③ Thomas Tandy Lewis, ed., The U. S. Supreme Court, Salem Press, Inc., 2007, p.1069.

里州地方法院作出判决，允许其获得自由。但此时爱默生夫人已将斯科特转让给了自己的弟弟桑弗特。桑弗特将案子上诉到密苏里州最高法院，密苏里州最高法院推翻了地方法院的判决。1854 年斯科特又上诉到联邦巡回法院，联邦巡回法院维持了密苏里州最高法院的判决，1856 年 2 月，斯科特又将官司打到了联邦最高法院。

斯科特是否应该获得自由事关美国重要的宪政问题。王希分析说："司各特案（即斯科特案）涉及三个重要的宪政问题：（1）司各特是否具有密苏里州的公民身份，从而具备向联邦法院申诉的资格？（2）司各特在自由州和联邦自由领地上的短暂居住是否可以使他自动地（按宪法规定的州与州相互承认法律和权利的原则）获得自由人的身份？（3）国会是否有权在联邦领土上禁止实行奴隶制？"①

1856 年联邦最高法院掌控在亲奴隶制人士之手。首席大法官罗杰·B.坦尼来自马里兰，曾为奴隶主。在其他法官中，来自阿拉巴马州的约翰·坎贝尔，来自田纳西州的约翰·卡特伦，来自弗吉尼亚的彼得·丹尼尔，来自佐治亚的詹姆斯·韦恩这几个人，都是长期以支持奴隶制和州权著称，他们都曾拥有过奴隶。来自北部的两个法官，马萨诸塞的本杰明·柯蒂斯和宾夕法尼亚的罗伯特·格里尔，都是长期支持奴隶制扩张和《逃奴法》。②

最高法院对于这个案件难以达成共识，就这个案子法院发布了 9 种不同的意见。最终的判决是坦尼代表的多数派意见。坦尼做出的判决中最臭名昭著的内容是第一部分，在这一部分中他认定斯科特不是公民，因为无论是奴隶还是自由黑人都不能要求拥有公民的特权和豁免权。为了得出这一结论，坦尼采取追根溯源的策略论辩说，在美国宪法中既没有包括黑人，制宪者也没有打算将黑人纳入美国公民范畴，恰恰相反，在制定宪法的时候，黑人被认为是一个从属的劣等的阶级，受着统治种族的支配。由于黑人的种族低劣，他们没有白人享有的必须被尊重的权利，即使在某些州，像马萨诸塞州，给予了黑人一些权利，他们的州公民身份也没有授予他们美国公民的权利。"密苏里妥协案"是违背宪法的，联邦政府除了保护对奴隶的财产权外没有其他管理奴隶制的权力。联邦宪法第 4 条第 3 款授权国会为美国领地立法，仅限于 1789 年美国已有的领地。按此逻辑，只有 1787 年的《西北法令》是合乎宪法的。可是一旦领地上的人民能够自己给自己立法，国会就无权为他们

---

① 王希：《原则与妥协：美国宪法的精神与实践》，第 234 页。王希先生在此书中将斯科特（Scott）译为司各特。

② Eric H. Walther, *The Shattering of the Union: America in the 1850s*, p. 120.

立法了,这是再次肯定了《堪萨斯-内布拉斯加法案》中的人民主权原则。①斯科特案的判决意含着蓄奴活动在全国范围内的合法化,"坦尼的裁决实际上宣布了奴隶制可在联邦境内的任何地区发展,同时也以第 5 条宪法修正案为依据建立了奴隶制是受宪法保护的这一重要理论,将自 1790 年以来的关于奴隶制与美国宪法的关系作了一个清楚的结论,从宪法的角度为南方奴隶主势力的政治要求开了绿灯"。②

罗杰·B. 坦尼在 1857 年斯科特案的判决与他早年在奴隶制问题上的言行判若两人。坦尼 1777 年出生于马里兰州卡尔弗特县一个烟草种植园世家,由于他是父亲 4 个儿子中的第二个儿子,没有机会继承种植园,1792 年父亲送他到宾夕法尼亚的狄金森学院学习法律。在这里坦尼受到校长查尔斯·尼比斯特的指导和关爱。尼比斯特对奴隶制持批判立场,坦尼受到了这种思想的影响。1796 年坦尼离开狄金森学院到安纳波利斯研究法律,3 年后成为律师。1801 年他迁居到弗雷德里克县开展自己的法律业务,1806 年与安妮·福伯·查尔顿·基结婚。此时的坦尼对奴隶制持反对立场。坦尼的反奴隶制立场首先表现在他解放自己的奴隶的行动上。1818 年 7 月 14 日,坦尼签署法庭文书,交纳了所需的交易费用,解放了自己的 7 个奴隶。1820 年他又与弟弟奥克塔·维厄斯一起解放了属于他父亲的两个奴隶,在此后的 4 年里,他又解放了两个奴隶,使得他解放的奴隶人数达到 11 人。他还利用自己的律师身份帮助奴隶和反奴隶制人士。坦尼为卫斯理公会教士格鲁伯的辩护就是一个事例。1818 年 8 月格鲁伯在马里兰的华盛顿县讲道时,公开谴责奴隶制违背《圣经》和《独立宣言》,为此他受到起诉,在弗雷德里克县受到审判。坦尼在为他所做的辩护中说了这样一段话:"确实,一种艰难的必要性迫使我们要一时忍受奴隶制的邪恶。它是由另外一个国家强加给我们的,那时候我们还处于殖民地臣民的状态。它不可能轻易地,或骤然地去除。然而在其还在延续时,它就是我们国民性上的一个污点。任何一个真正热爱自由的人都真心实意地希望奴隶制被真正扫除掉,尽管必须是通过渐进之路,诚挚地寻找达到这一目标的最好的方法。直到完成了这一目标,直到那时我们才能在指点《独立宣言》中的语言时不羞愧脸红,在此之前人类的每个朋友都应寻求减轻奴隶制那令人心痛的锁链,尽其最大力量改善奴隶的

---

① Michael Grossberg, ed., *The Cambridge History of Law in America*, Christopher Tomlins, 2008, p. 310.
② 王希:《原则与妥协:美国宪法的精神与实践》,第 237 页。

不幸处境。"①这样的话语无疑表明他此时在原则上反对奴隶制的立场。

人是发展变化的。古今中外随着地位处境和利益的改变,走向自己原来思想情结对立面的不乏其人,坦尼用自己的行为变化证明了自己也属于这类人。随着坦尼在仕途上步步高升,在奴隶制问题上他最终放弃了作为县城小律师时的立场。1823 年坦尼离开弗雷德里克县前往巴尔的摩寻求更大发展。1827 年高升马里兰的州检察长。因为支持安德鲁·杰克逊,1831 年杰克逊总统任命他短暂担任了代理陆军部长,随后任命他担任美国司法部长,后来还任命他担任财政部长,1836 年他被任命为美国最高法院首席大法官。随着进入统治集团的上层,坦尼转向了顽固捍卫奴隶制的立场。作为最高法院的首席大法官,坦尼在一系列案件判决中支持南部奴隶主的利益要求。1841 年的格罗夫斯诉斯莱特案(Groves v. Slaughter)涉及在密西西比州出售奴隶,坦尼超出该问题的范围,不顾同僚的书面意见,辩称管理州际奴隶贸易的权力完全在各州。在 1842 年的普利格诉宾夕法尼亚案(Prigg v. Pennsylvania)中,坦尼支持多数法官意见,以宾夕法尼亚州的《人身自由法》违反联邦宪法和 1793 年的《逃奴法》为由予以取消。不过,对于斯托利大法官在判决中认定奴隶主收复奴隶财产的权力完全由国会掌握,坦尼并不同意。坦尼强调,联邦宪法只是禁止州干涉奴隶主恢复其财产的权利,没有禁止州支持或强制执行奴隶主的权利,在不威胁宪法对奴隶主的保障这个界限内各州可以管理奴隶制。在 1851 年的斯特雷德诉格拉汉姆(Strader v. Graham)一案中,坦尼再次为州有权保护奴隶制进行辩护。这是一桩财产损失诉讼案件。事情的起因是,一群肯塔基奴隶短时期内被带到俄亥俄州,后来从肯塔基逃亡到了加拿大,这些奴隶的主人起诉一群人帮助奴隶逃走。被告方辩护律师称 1787 年的《西北法令》禁止在老西北部地区实行奴隶制,这意味着这些奴隶到了俄亥俄州就被解放了。对此案件最高法院意见一致拒绝审理,在坦尼书写的法院意见中,拒绝审理该案件的理由是缺乏管辖权,因为肯塔基州的法律高于《西北法令》。坦尼在这一系列案件中的立场表明,作为最高法院的首席大法官,坦尼有着更为坚定的亲奴隶制立场,"尽管在这些最高法院的判决中没有哪个判决存在特别争议,坦尼还是超过同僚留下了一个坚定的亲奴隶制记录。在每个案件中,坦尼都通过确保州保持对奴隶制的管理权来保持奴隶主的权利"。②

---

① Timothy S. Huebner, "Roger B. Taney and the Slavery Issue: Looking beyond-and before-*Dred Scott*", *The Journal of American History*, Vol. 97, No. 1 (June, 2010), pp. 18-19, 20, 25.

② Timothy S. Huebner, "Roger B. Taney and the Slavery Issue: Looking beyond-and before-*Dred Scott*, " pp. 26, 35-36.

在内战前的数十年间，联邦政府的三个权力部门对待奴隶制问题的态度存在着差异和变化。在行政部门，内战前入主白宫的有 15 人，他们个人与奴隶制的关系不尽相同，对奴隶制的态度也有差异。大体来说，美国的建国总统们在道义上反对奴隶制，不过在行动上他们没有采取或推动任何反对奴隶制的政策。而自杰克逊总统以后，总统们不仅不再在道义上反对奴隶制，反而采取了取悦南部奴隶主集团的立场，支持国会和最高法院确立的维护奴隶主利益的政策。到了内战前最后一位总统布坎南执政时，更是完全站到了南部奴隶主集团的阵营。而联邦国会内始终存在反奴隶制力量，北部议员或者出于反奴隶制道义或者出于地区利益考虑，向南部奴隶主集团发起过猛烈的挑战，但是国会最终制定的涉奴立法皆是妥协的产物，使得奴隶主集团的利益得到一定程度的保障，密苏里妥协和 1850 年大妥协就是例证。最高法院在马歇尔担任首席大法官时期在涉奴案件判决中标榜奉行客观主义原则，没有明显的反奴隶制或亲奴隶制立场。不过在坦尼担任首席大法官后，最高法院最终转向了坚定地全面捍卫奴隶主利益的立场。联邦三个权力机构在奴隶制问题上的表现虽然时有差异，但是都没有超出联邦宪法的规定去反对奴隶制，都在各自的权限内为奴隶主利益提供了保护，这样一来内战前的联邦政府实际上就扮演了奴隶制最高保护者的角色。联邦政府之所以会担当此任，当然是奴隶主精英们政治争斗的结果。正是他们利用权位和影响纵横捭阖，竭力争取，才使得联邦政府成为保护奴隶主利益的工具。不过，随着时易世变，南部奴隶主集团在联邦政府中的影响力趋向衰落。

第三节　南部脱离联邦

脱离联邦是南部奴隶主集团为捍卫奴隶制而做出的孤注一掷的选择。在内战前数十年的社会发展变革中，在人口数方面南部蓄奴州与北部自由州的差距越来越大。在以人口数为基础的联邦政府选举机制下，这就意味着南部奴隶主集团在联邦政治中的权势基础趋向削弱。伴随着北部反奴隶制立场趋向坚定，尤其是在 50 年代，坚决反对奴隶制扩张的共和党在北部迅猛崛起成为美国第一大政党，使得南部一些敏感的奴隶主精英人物意识到，在联邦国家内维护奴隶制的长久存在已不可能。为了维护奴隶制，在共和党候选人亚伯拉罕·林肯当选总统后，他们便策动了南部脱离联邦运动。

一　奴隶主集团权势基础的削弱

在美国的联邦制度下，南部在联邦政治中的影响是以其选民人口为基础的。美国的众议员是按州的人口比例来分配名额的,总统选举人是众议员数与参议员数之和,这也意味着一个州众议员人数增加了,其总统选举人人数也就相应增多了。在建国早期,联邦宪法中对奴隶人口按五分之三计算的条款对于助长奴隶主集团的权势略有帮助。1790年南部诸州白人人口仅占联邦白人人口的40%左右,控制着大约众议院和总统选举团47%的选票。不过,将奴隶人口按五分之三比例计算之后略微增加的选举力量,只是在当总统选举投票和众议院投票中对立的票数极为接近时才能发挥作用。在1800年的总统选举中确实就发挥了作用。在选举团投票中,五分之三条款给南部人增加了额外的14票,共和党人托马斯·杰斐逊以73:65的票数击败了联邦党人约翰·亚当斯,额外选票中杰斐逊获得了12票,失去了2票。"如果不是五分之三条款的存在,如果众议员名额的分配严格按照白人人数来定,那么亚当斯将可能会以63:61的选票比例险胜。"①然而应该看到,虽然1787年宪法确定的黑人奴隶按五分之三比例计算的原则对南部有利,但是在内战前的发展中,北部自由州的人口增长速度远远高于南部蓄奴州人口增长速度,北部人口大幅度超过了南部人口,这种人口变化的政治影响就是奴隶主集团在联邦政治中的权力基础遭到削弱。

内战前的北部和南部人口都出现大幅度增长,而南部增长速度落后于北部,结果导致南部人口占全国人口的比例呈下降趋势。表6-10显示了内战前南部和北部人口的变化情况。如果仅看白人人口,南部人口所占比例更低,表6-11显示了这种情况。

表6-10　内战前美国地区总人口的变化②

年份	北部	南部	南部人口占总人口的比例(%)
1790	1968040	1961174	49.9
1800	2686582	2607808	49.3
1810	3758999	3456859	47.9
1820	5152635	4452779	46.7
1830	7012399	5808469	45.3
1840	9728922	7290719	42.8
1850	13527220	9612929	41.5
1860	19051291	12237997	39.1

① William W. Freehling, *The Road to Disunion*, Vol. I, *Secessionists at Bay, 1776-1854*, p.147.
② Jesse T. Carpenter, *The South as a Conscious Minority, 1789-1861: A Study in Political Thought*, Gloucester, Mass: 1963, p.21.

表 6-11　内战前美国的白人人口变化①

年份	北部	南部	南部人口占总人口的比例（%）
1790	1900616	1271390	40.1
1800	2602881	1693449	39.4
1810	3653308	2192686	37.5
1820	5034220	2809963	35.8
1830	6871302	3633195	34.6
1840	9557063	4601893	32.5
1850	13330650	6184477	31.7
1860	18825075	8036699	29.9

就人口的自然增长而言，南部和北部没有什么差别，无论是白人还是黑人，出生率不存在地区差别。实际上，美国人口在 19 世纪一直处于增长之中，"在早期，人口增长率甚至更高，1790—1810 年的年增长率在 3% 以上，19 世纪 40 年代和 50 年代的情况同样如此"。人口增长主要还是依靠自然增长来推动，"在 1840 年之前的数十年中，净移民在总人口中所占的比例不到 1/6 甚至 1/7。但是在 1840 年之后，随着海外移民的大量涌入，净移民在人口增长中所占的比例达到了 1/4 甚至 1/3"。②南部白人的自然增长率也是很高的。按照刘易斯·C.格雷的估计，南部白人人口的自然增长率在 1830—1840 年为 29.5%，1840—1850 年为 26.8%，1850—1860 年为 23.8%。③ 美国人口的出生率在 1770—1920 年呈明显下降趋势。"17 世纪结婚的妇女平均生育 7.4 个孩子。18 世纪后期成婚、到 1800 年后生育的妇女平均生育 6.4 个孩子。1800—1849 年已婚妇女平均生育 4.9 个孩子，而 1870—1879 年已婚妇女平均仅有 2.9 个孩子。"④尽管生育率下降，但是内战前美国妇女的生育率还是足以使得人口大幅度增长。

内战前美国增长的人口中，很大一部分是外国移民。然而内战前进入美国的外来移民绝大多数去了北部和西部。1850 年，外国移民的 59.1% 去了东北部，29% 去了西部，1.2% 去了远西部，只有 10.8% 去了南部。到了 1860

---

① Jesse T. Carpenter, *The South as a Conscious Minority, 1789-1861: A Study in Political Thought*, p.22.
② 斯坦利·L.恩格尔曼和罗伯特·E.高尔曼主编：《剑桥美国经济史》第二卷，王钰、李淑清译，中国人民大学出版社 2008 年 7 月版，第 106 页。
③ Lewis Cecil Gary, *History of Agriculture in the Southern United States to 1860*, p.657.
④ Robert V. Wells, *Revolutions in Americans' Lives: A Demographic Perspective on the History of Americans, Their Families, and Their Society*. Westport, Con. 1982. p.92.

年,东北部吸纳了外来移民的 48.9%,西部吸纳了 37.3%,远西部吸纳了 4.3%,南部吸纳了 9.5%。① 南部的上南部和边界州吸引了一些外国移民,"1850—1860 年间,边界州吸引了大约 14.2 万名外国移民,几乎是其损失的黑人劳工的 3 倍。与此同时,南部中部得到了大约 3.1 万名外国移民,超过其失去的黑人人数的三分之一"。② 但是南部整体上吸引的外来移民远远落后于西部和北部地区,这就是说,南部占全国人口比例的下降在一定程度上是由于南部吸引外来移民不足造成的。

那么,内战前南部为什么不能像北部那样吸引外来移民呢? 内战前的废奴主义者宣称是奴隶制抑制了欧洲移民进入南部的意愿。现在也有学者强调这一点。不过,移民选择目的地主要是出于经济考虑。赫伯特·韦弗的分析颇具说服力:"首先,绝大多数欧洲移民是通过东部而不是通过南部港口进入美国的,很多人从未离开过他们登陆点附近地区。那些摆脱了港口骗子的控制而又还有足够的钱继续旅行的人,发现通往西部的旅途要比通往南部的旅途更方便,费用更低。西部有广阔的廉价土地可以获取,开拓商人和吹嘘的天花乱坠的广告计划鼓励外国移民前往那里定居。另一方面,南部很多地方相对缺少廉价的未垦地,盛行的种植园经济需要相当大规模的启动投资,那里几乎到处都种植绝大多数欧洲人不熟悉的庄稼,还有与奴隶劳动相竞争的前景,这就在那些可能的移民农民中间引起迟疑。还有,在这个农业占首位的地区并不需要大量的工业工人,这个地区的人民,往往将外国人与废奴主义联系起来,也不鼓励这些陌生的外来者前来。"③ 罗伯特·V. 威尔斯将 19 世纪南部吸引不来外国移民的原因归结为两点:"第一,对从事农耕有兴趣的新来者来说那里可供获取的土地很少。更重要的是,南部能够寻找到工作的城市很少。"④ 那些为数不多的进入南部的外国移民主要是进入了南部的城市,埃拉·伯林和赫伯特·G. 古特曼指出:"19 世纪尽管移入南部的欧洲人人数相对较少,但那些移入南部的人普遍定居在了城市。南卡罗来纳、佐治亚和阿拉巴马得到的外国移民人数很少,但是查尔斯顿、萨凡纳和莫比尔的外国移民有很多。在该世纪中期,在这些州中只有南卡罗来纳外国出

---

① Roger L. Ransom, *Conflict and Compromise: The Political Economy of Slavery, Emancipation, and the American Civil War*, p.131.

② William W. Freehling, *The Road to Disunion*, Vol. II, *Secessionists Triumphant, 1854-1861*, p. 23.

③ Herbert Weaver, "Foreigners in Ante-Bellum Towns of the Lower South", *The Journal of Southern History*, Vol. 13, No. 1 (Feb., 1947), p. 64. http://www.jstor.org/stable/2197857 Accessed:2010/06/15

④ Robert V. Wells, *Revolutions in Americans' Lives: A Demographic Perspective on the History of Americans, Their Families, and Their Society*, p.104.

生的人口数达到了 3%,但是近三分之一的查尔斯顿居民,超过四分之一的萨凡纳居民,以及几乎三分之一的莫比尔居民出生在外国。"这些进入南部城市的欧洲移民,有一些人开设小商店、小餐馆和小店铺,成为小业主和小商贩,更多的人成为主要城市的劳工。"外国移民通常成为自由男性劳工人口的主要成分,在包括自由人和奴隶在内的整个男性劳工中占据很大比例。"①

南部不仅没有能够吸引大量外国移民,也没有能够吸引美国本土人。如表 6-12 所示,南部很少吸引来自北部的移民,南部新兴地区吸引到的移民来自南部其他地区。不仅如此,南部还有一些人迁移到了蓄奴州以外的地区。时至 1850 年,已有 15 万余名弗吉尼亚人生活在成为自由州的老西北部地区。5 万余名北卡罗来纳人生活在老西北部地区,36698 名马里兰人生活在俄亥俄州,10177 人生活在印第安纳州,6898 人生活在伊利诺伊州。下南部的南卡罗来纳很少有人迁往上南部和北部,但有 1341 名佐治亚人生活在伊利诺伊州。②

表 6-12　南部白人人口居住地和出生地分布百分比③

居住地区	出生在本地区	出生在北部其他地区	出生在南部其他地区
1850 年			
新英格兰	97.72	2.03	0.25
中部大西洋沿岸	93.49	5.21	1.30
南部大西洋沿岸	96.68	2.54	0.78
中部北方的东部	65.13	22.92	11.94
中部南方的东部	77.23	2.29	20.48
中部北方的西部	48.14	20.89	30.97
中部南方的西部	53.67	8.83	37.51

---

① Ira Berlin and Herbert G. Gutman, "Natives and Immigrants, Free Men and Slaves: Urban Workingmen in the Antebellum American South", *The American Historical Review*, Vol. 88, No. 5 (Dec., 1983), pp. 1178-1179. http://www.jstor.org/stable/1904888 Accessed: 2008/10/02

② William O. Lynch, "The Westward Flow of Southern Colonists Before 1861", pp. 303-305.

③ Roger L. Ransom, *Conflict and Compromise: The Political Economy of Slavery, Emancipation, and the American Civil War*, p.141.

(续　表)

居住地区	出生在本地区	出生在北部其他地区	出生在南部其他地区
1860 年			
新英格兰	97.04	2.65	0.30
中部大西洋沿岸	94.64	4.14	1.22
南部大西洋沿岸	96.36	2.74	0.90
中部北方的东部	70.76	20.98	8.27
中部南方的东部	80.69	2.74	16.57
中部北方的西部	44.41	35.34	20.25
中部南方的西部	52.68	7.03	40.29

注释:新英格兰:康涅狄格、缅因、马萨诸塞、新罕布什尔、罗得岛和佛蒙特;中部大西洋沿岸:新泽西、纽约和宾夕法尼亚;中部北方的东部:伊利诺伊、印第安纳、密歇根、俄亥俄和威斯康星;中部北方的西部:艾奥瓦、堪萨斯、明尼苏达、密苏里、内布拉斯加;南部大西洋沿岸:特拉华、哥伦比亚特区、佛罗里达、佐治亚、马里兰、北卡罗来纳、南卡罗来纳和弗吉尼亚;中部南方的东部:肯塔基、田纳西、阿拉巴马和密西西比;中部南方的西部:阿肯色、路易斯安那和得克萨斯。

　　内战前南部的人口变化存在显著区域差异。随着内战前数十年黑人和白人大量外移,建国时期南部原有各州遭受了巨大的人口损失,这就意味着这些州在联邦政治角逐中影响力的降低。"30 年代美国总体人口增长了 32%,弗吉尼亚、北卡罗来纳、南卡罗来纳和马里兰的人口增长仅仅分别为 4%、2%、2% 和 7%。1840 年弗吉尼亚奴隶人数比 1830 年少 20670 人。这些高傲的州,其领导人先前曾统治这个国家,现在发现他们自己的政治重要性在减小,经济实力在减弱。"①内战前的 70 年间,奴隶占人口的比例在边界南部和中部南部地区大幅度下降,而在下南部地区则是大幅度上升。"在 1790 年至 1860 年间,边界南部和中部南部损失了近 75 万名奴隶,几乎是该地区全部自然增长的奴隶人数。马里兰和弗吉尼亚奴隶人口占南部奴隶人数的比例从 60% 下降到 18%,下南部的比例从 21% 上升到 55%。1790 年边界州的居民中有 27.5% 是奴隶,1850 年则只有 16.7% 的居民是奴隶。"②"时至 1860 年,边界州包括大约 41.9 万名外国移民和自由黑人,相比之下奴隶人

---

① Paul W. Gates, *The Farmer's Age: Agriculture, 1815-1860*, p.106.
② William W. Freehling, *The Road to Disunion*, Vol. I, *Secessionists at Bay, 1776-1854*, p.24.

口只是略多一点,大约是 42.9 万人。1860 年马里兰的外国移民(约 7.7 万)、自由黑人(约 8.4 万)或奴隶人口(约 8.7 万)几乎一样多。1860 年密苏里的外国移民比奴隶人口多 40%。与其形成对照的是,在下南部,奴隶人数几乎比外国移民人数多 14 倍。"①而在南部人口增长最快的南部腹地地区,1820—1850 年代阿拉巴马、密西西比和路易斯安那 3 州的人口从 1820 年的 40 万人增长到 1860 年的 250 万人,白人和黑人人口正好相等。1860 年这 3 个州的人口占南部蓄奴州人口的 20%,占美国总人口的 8%。内战前夕美国奴隶人口的三分之一就生活在这 3 个州。② 尽管西南部人口增长很快,但是也不足以改变南部总人口远远落后于北部人口的格局。

南部人口比例的降低对于南部奴隶主集团的影响力产生了釜底抽薪式的影响。奴隶主集团在联邦政治中的权势是以南部人口数为基础的。南部人口占全国人口比例呈现降低趋势,这意味着南部在联邦政治中的影响力走向萎缩。表 6-13 和表 6-14 显示了内战前 70 年南部和北部所占有的联邦众议员和总统选举人名额和比例的变化,这种变化清晰地显示了南部政治影响力的衰落趋势。

表 6-13 内战前美国众议员人数地区分布的变化③

年份	北部	南部	南部所占比例(%)
1789	35	30	46
1790	59	47	44
1800	77	65	46
1810	105	81	43
1820	123	90	42
1830	142	100	41
1840	141	91	39
1850	147	90	38
1860	163	85	35

① William W. Freehling, *The Road to Disunion*, Vol. II, *Secessionists Triumphant, 1854-1861*, p. 23.
② Adam. Rothman, *Slave Country: American Expansion and the Origins of the Deep South*, p. 220.
③ Jesse T. Carpenter, *The South as a Conscious Minority 1789-1861: A Study in Political Thought*, p. 22.

表 6-14 内战前美国总统选举人人数地区分布变化①

年份	北部	南部	南部所占比例(%)
1790	61	49	45
1800	79	67	46
1810	107	83	44
1820	125	92	42
1830	145	102	41
1840	143	93	39
1850	149	92	38
1860	165	87	35

南部政治影响力的萎缩在联邦选举中得到明确显现。联邦众议院在19世纪20年代已经被北部所支配。在总统选举中,南部的影响力越来越小,1860年林肯仅依靠北部的支持就当选了总统。表6-15显示了1852—1860年总统选举中各个候选人支持力量的分布。

表 6-15 1852—1860 年总统选举结果②

候选人	政党	普选票		选举人票				
		总数	比例(%)	总数	北部	西部	边界州	南部
1852年		3157326	100.00	296	110	66	32	88
富兰克林·皮尔斯	民主党	1601274	50.72	254	92	66	20	76
温菲尔德·司各特	辉格党	1386580	43.92	42	18	0	12	12
约翰·黑尔	自由土地党	156667	4.96	0	0	0	0	0
1856年		4053967	100.00	296	110	66	32	88
詹姆斯·布坎南	民主党	1838169	45.34	174	34	28	24	88
约翰·C.弗里蒙特	共和党	1341264	33.09	114	76	38	0	0
米勒德·菲尔莫尔	一无所知党和辉格党	874534	21.57	8	0	0	8	0

---

① Jesse T. Carpenter, *The South as a Conscious Minority 1789-1861: A Study in Political Thought*, p.23.
② Roger L. Ransom, *Conflict and Compromise: The Political Economy of Slavery, Emancipation, and the American Civil War*, p.156.

续表

候选人	政党	普选票		选举人票				
		总数	比例(%)	总数	北部	西部	边界州	南部
1860年		4682069	100.00	303	110	73	32	88
亚伯拉罕·林肯	共和党	1866452	39.86	180	107	73	0	0
斯蒂芬·道格拉斯	北部民主党	1376957	29.41	12	3	0	9	0
约翰·贝尔	保守联盟党	849781	18.15	39	0	0	12	27
约翰·布雷肯里奇	南部民主党	588879	12.58	72	0	0	11	61

说明:北部指康涅狄格、缅因、马萨诸塞、新罕布什尔、纽约、新泽西、宾夕法尼亚、罗得岛和佛蒙特;西部指加利福尼亚、伊利诺伊、印第安纳、艾奥瓦、密歇根、明尼苏达、俄亥俄、俄勒冈和威斯康星;边界州指特拉华、肯塔基、马里兰和密苏里;南部指阿拉巴马、阿肯色、佛罗里达、佐治亚、路易斯安那、密西西比、北卡罗来纳、南卡罗来纳、田纳西、得克萨斯和弗吉尼亚。

19世纪30—40年代是美国政党史上的第二政党体系时期,辉格党与民主党都是全国性政党,两党在联邦政治舞台上分庭抗礼争权夺势的过程中,在奴隶制问题上的表现存在差别。民主党几乎支持所有的白人主权和奴隶制政策,支持迁移印第安人、支持州权、尊重财产权,不信任政府对经济的干预,批评早期的工业资本主义,以及主张兼并得克萨斯。不仅南部的民主党人而且北部的民主党人也毫不掩饰地赞成奴隶制,谴责反奴隶制活动。辉格党在奴隶制问题上的投票则存在着地区分裂,而北部的民主党人通常支持南部民主党人的立场。"对1300名内战前政客的研究找出了320个'假面人'(doughfaces),即在涉及奴隶制的关键问题上与南部投票一样的北部议员。这些人中除了10人外其他都是民主党人。"①在内战前南部奴隶主集团能够通过联邦政府机构实现对其利益的辩护,表明他们在联邦政治中一直处于强势地位。"事实上,直到1850年代,南部在国家政治中做得相当好。在这一时期的主要经济问题上,南部找到足够的盟友来摧毁国家银行,到1846年拉低了关税,将内部交通开发保持在最低的水平,阻止了它认为有害的公共土地政策。在总统选举中,南部多数州通常属于胜利的一方。"②1850年大妥协

---

① Daniel Walker Howe, *What Hath God Wrought: The Transformation of America, 1815-1848*, p. 510.
② Peter J. Parish, *The North and the Nation in the Era of the Civil War*, Fordham University Press, 2003, p. 134.

之后，坚决支持奴隶制的民主党在北部受到削弱，在南部则保持了生命力。主张妥协的辉格党在南部和北部都消失了。在北部，坚决反对奴隶制扩张的共和党成长起来成为第一大党。表6-16 显示了 1844—1860 年各地区及政党在国会内的影响力变化。

表6-16　1844—1860年各地区及政党赢得的国会席位①

地区及政党	1844—1845年	1846—1847年	1848—1849年	1850—1851年	1852—1853年	1854—1855年	1856—1857年	1858—1859年	1860年
新英格兰									
民主党	10	9	12	14	13	1	2	0	0
辉格党	20	21	15	13	15	3	0	0	0
共和党	0	0	0	0	0	5	25	29	19
其他1	0	0	0	0	1	18	0	1	0
其他2	0	0	0	0	0	0	0	0	1
大湖区									
民主党	30	25	30	28	35	9	19	17	17
辉格党	10	16	11	15	13	0	0	0	0
共和党	0	0	0	0	0	41	31	34	35
其他1	1	0	5	3	2	0	0	1	0
其他2	0	0	0	0	0	0	0	0	0
中部大西洋沿岸									
民主党	34	19	11	36	41	14	27	7	16
辉格党	23	43	48	26	21	48	0	0	0
共和党	0	0	0	0	0	0	25	22	45
其他1	6	1	5	0	1	【15】	8	33	0
其他2	0	0	0	0	0	0	0	0	3【联合】

① James L. Huston, *Calculating the Value of the Union: Slavery, Property Rights, and the Economic Origins of the Civil War*, Chapel Hill: The University of North Carolina Press, 2003, p. 275.

续 表

地区及政党	1844—1845年	1846—1847年	1848—1849年	1850—1851年	1852—1853年	1854—1855年	1856—1857年	1858—1859年	1860年
南部边界州									
民主党	38	30	38	33	37	31	43	36	无
辉格党	20	28	20	25	18	6	0	0	无
共和党	0	0	0	0	0	0	0	0	无
其他1	0	0	0	0	2	20	14	21	无
其他2	0	0	0	0	0	0	0	0	无
南部腹地州									
民主党	24	24	24	11	29	26	29	30	无
辉格党	7	9	9	4	4	0	0	0	无
共和党	0	0	0	0	0	0	0	0	无
其他1	0	0	0	4	0	7	4	3	无
其他2	0	0	0	14	0	0	0	0	无

原注:"其他1"在新英格兰、中部大西洋沿岸和大湖区是指美利坚党;中部大西洋沿岸地区括号内的"15"是因为这15个候选人是从一无所知党转化来的辉格党人或民主党人。南部腹地州的"其他1"是指州权党;"其他2"是指联盟党。"无"在南部腹地和边界南部地区是因为要么在1860年没有举行国会议员选举,要么是应该举行选举的州脱离联邦了。1860年新英格兰的"其他2"是指宪政联盟党人,中部大西洋地区"其他2"中的3个人是联合主义者候选人。

各政党在国会选举中的变化显示,在新英格兰诸州,1844—1854年民主党一直选出大约10人进国会,然后到1854—1855年,新英格兰诸州的民主党代表消失了。辉格党也消亡了,代替他们的是共和党人、联合主义者和戒酒倡导者。时至1856—1857年,共和党成为新英格兰诸州国会议员选举中最大的力量,除在波士顿有一个宪政联盟党人当选外,其他所有国会议员席位皆被共和党人赢得。大湖区的情形也几乎如此。1854年民主党在这个地区失去了近一半的代表席位。中部大西洋诸州情况较为混乱,辉格党与民主党几乎是一年换一次位,1854年以后民主党受到长期损失,赢得席位的究竟是辉格党人、一无所知党、还是联合主义者联盟党人,难以确定。不过可以肯定,共和党人在1860年的选举中赢得了统治地位。

国会选举变化预示了共和党反奴隶制立场的胜利。第一,北部政党体制变化的那一年是 1854 年;第二,共和党很快夺去了大湖区。那里存在着一无所知党,但在国会层面这些本土主义者不能发起挑战,但是在新英格兰和中部大西洋地区有足够的共和党基础,使得他们可以扩大和争取与一无所知党和其他党派的联盟;第三,1854 年国会选举争论的问题是《堪萨斯-内布拉斯加法案》和取消"密苏里妥协案",在北部各地议员候选人谈论的是内布拉斯加问题。在南部腹地 1851 年后民主党的霸权地位增强了,反对派的地位削弱了。在边界州并不明显,1851 年后民主党反而赢得了更多一些国会席位,而反对派获得的席位略有下滑。这表明 1850 年代南部政治开始了重组,这种重组是围绕奴隶制问题进行的。①

在 1850 年大妥协之后的美国政治世界里,南部奴隶主集团的政治权力达到了巅峰,通过《堪萨斯-内布拉斯加法案》和斯科特案判决,他们的利益得到了最完全的保障,然而实际上这不过是日落时的辉煌。1850 年大妥协之后,北部的政治生态发生了根本性变化,各种反奴隶制力量联合组成了共和党,共和党反对奴隶制扩张的纲领得到了北部社会多数选民的支持,很快成为北部的第一大政党。与此同时,辉格党迅速瓦解消失,民主党内部出现了地区分裂的迹象。联邦政治力量朝着反奴隶制方向重组是南部奴隶主权势基础削弱的反映,结果是使南部奴隶主集团在联邦政治中遭遇了难以克服的挑战。不过一向自高自大不可一世的奴隶主集团不会接受丧权失势的结局,面对着北部社会反奴隶制立场愈益坚定,敌视奴隶主势力的情绪越来越强烈,他们困兽犹斗,做出的反应也越来越激烈,最终,他们认为脱离联邦是捍卫奴隶制最佳的也是最后的选择。

二 分离声音的泛起

山雨欲来风满楼。美国侵略墨西哥的战争重新激活了国会的奴隶制大辩论。在 1846—1847 年的冬天,南北议员在国会围绕奴隶制的扩张权展开了情绪激昂的辩论。北部议员批评詹姆斯·K. 波尔克发动的墨西哥战争,反对奴隶制扩张。南部议员则为总统辩护,坚决捍卫奴隶制的扩张权。弗吉尼亚的詹姆斯·A. 塞登指名道姓攻击普里斯顿·金提出的在所有领地排除奴隶制的提议是不考虑后果的煽动。他警告说,"联邦将并且必然第一个被牺牲掉"。奴隶制扩张权实际上是政治权力之争,南卡罗来纳的罗伯特·巴尼维尔·雷特直言不讳地宣称:"政治权力,这个联邦不同地区的权力,在追

---

① James L. Huston, *Calculating the Value of the Union: Slavery, Property Rights, and the Economic Origins of the Civil War*, pp. 274-276.

求统治权,这无疑就是提出将奴隶制排除在我们领地之外建议的强大因素。如果我们领地的一部分由南部州定居开拓,那么只要 2.8 万名白人居民就可以创立一个州,在国会拥有代表权所需要的其余 7 万名白人人口,可以由奴隶来组成,他们中的五分之三是计算为代表权的……现在,这个建议旨在将他们排除在我们的领地之外,以此来阻碍南部州政治权力的成长。北部的增长是无限的,我们的所有领地都对他们的特别喜好和张狂开放。"这样的发展将决定各州及联邦国家选民的性质,使南部降低到无足轻重的少数派地位。这种做法是违宪的,将导致联邦的解体。在国会之外,南部的报纸纷纷发表文章,捍卫奴隶制的扩张权,南部州议会通过决议,州长发表声明,表示为了奴隶制扩张不惜脱离联邦进行内战。美国学者埃弗里·O.克拉文指出:"这样在 1847—1848 年冬季的国会会议和来年夏季的总统竞选时,南部人已经有了一种警觉的防卫性心态。这个地区在历史上第一次整体准备、严肃考虑将脱离联邦作为补救抱怨的务实方法。美国这个国家将要面对其最严重的危机。"①

在卡尔霍恩的支持下,1849 年 10 月密西西比州的奴隶主政客呼吁于1850 年 6 月的第一个星期一在田纳西州的纳什维尔召开南部代表会议,以便南部在奴隶制问题上采取一致立场。分离分子想利用这次会议策动南部分离联邦。詹姆斯·H.哈蒙德写信给激进分离分子、弗吉尼亚的埃德蒙·拉芬说:"如果这个代表会议没有开辟出分裂联邦之路,我希望它就永远不要召开。"他认为在这个会议上几个南部州可以预先就脱离联邦达成一致,那样的话就可以有把握地把联邦搞垮了。② 然而这次在纳什维尔召开的南部代表会议并未达成一致,而在国会内南部的政客们通过交易接受了大妥协方案。

虽然国会内围绕奴隶制扩张问题的争斗以大妥协暂时缓解,但是却刺激了脱离联邦思想在南部的传播。美国学者戴维·M.波特认为,"将脱离联邦作为一个可行的选择这种想法在 1846—1850 年持续很久的僵持期间在南部第一次得到广泛的赞同"。直到 1846 年亲奴隶制的南部仍然是亲联邦的,南部人普遍把分裂联邦与叛国联系起来。尽管有少数人已经主张脱离联邦,但绝大多数主张南部权利的人承认分离联邦是一种耻辱,避免使用这种话语。但是 1846—1850 年的斗争却使得南部人真正开始认真考虑脱离联邦问题了。1849 年 12 月 5 日,亚历山大·H.斯蒂芬斯写信给他的哥哥林顿·斯蒂

---

① Avery O. Craven, *The Growth of Southern Nationalism*, 1848-1861, pp. 38, 39, 41.
② William W. Freehling, *The Road to Disunion*, Vol. I, *Secessionists at Bay*, 1776-1854, p. 481.

芬斯说:"我发现,南部成员中有赞成解散联邦的感情——假如反奴隶制措施做到了极端的话,这种感情现在要比开始时更普遍。那些在12个月前还很难允许自己去想一想解散联邦的人,现在开始很严肃地谈论这个问题了。"北卡罗来纳的詹姆斯·佩蒂格鲁在1850年1月8日承认,"我惊讶地看到,在一年时间里,分裂联邦的精神在所有地方都得到快速发展。人们以平静的语气讨论这个问题,对此没有人觉得应该惊恐。而在数年前,要让人说出这样的话,还必须先把他们弄得情绪激愤起来"。1851年5月南卡罗来纳的詹姆斯·奥尔在一次集会上说:"在5年前,分裂联邦建议在南卡罗来纳是不能容忍的,但是如今在这么多人的会议中竟然没有一个人是拥护联邦的"。①

1850年关于奴隶制的大妥协从一定意义上是激进分离分子的挫折。但是这些人并没有放弃自己的理想。仍然继续进行煽动活动。1854年6月21日由南卡罗来纳极端分离分子罗伯特·巴尼维尔·雷特主办的《查尔斯顿信使报》发表社论宣称:"此刻南部和北部展示的景象,是足以让有头脑的人士关注的。在前者那里,我们发现社会被震撼了,在经过短时间令人产生错觉的休眠后,所有休眠地区的怨恨又被煽动起来了,奴隶制争辩再次被唤醒了。他们的实力得到了增强,渴望着发起攻击。北部的报刊如此接近于一致地加入到废奴事业中,这是过去从未有过的情况。在过去从未有过什么问题让他们如此专心,整个地区的感情和声音如此团结一致地进行针对南部的战争……这就是北部的状态。在南部呢?一切都是平静和温馨的冷漠。从北部滚滚而来的雷声在抵达我们这里之前就销声匿迹了,纵使听到了,也几乎没有人注意。攻击者的活跃和凶猛,被攻击者的安静和冷漠,两者之间展示出的这种对照是非常值得注意的……北部团结一致努力扫除他们认为的大暴行,但是,如果我们现在看看南部,就会发现这里的人在《内布拉斯加法案》上众说纷纭。很多人对其冷漠相视,有一些人公开反对,而大众则认为它带不来多少实际好处,认定不值得为了保护它进行一场积极的斗争。"北卡罗来纳州州长托马斯·布拉格也煽动说:"我们不能闭目不看这个联邦的非蓄奴州最近展示出来的景象,即使能不看也不应该闭目不看,不能不看一直在做出的努力……挑动地区反对地区,人民反对人民。……这一天可能要来了,那时我们的北部兄弟们将发现南部州打算要么在联邦中平起平坐,要么就独立于联邦之外。"②1859年10月16日激进废奴主义者约翰·布朗袭击弗吉尼亚哈珀斯费里事件确实给分离分子提供了口实。分离分子借此事

---

① David M. Potter, *The Impending Crisis, 1848-1861*, New York: Harper & Row, Publishers, 1976, pp.122, 124.

② Avery O. Craven, *The Growth of Southern Nationalism, 1848-1861*, pp.196-197, 204.

件煽动南部的分离情绪。詹姆斯·D. B. 德鲍在 1860 年 1 月出版的《德鲍评论》上说,北部"对盗窃、谋杀和叛国予以赞成和欢呼,在我们北部兄弟们的手中南部人的鲜血已经流在了南部的土地上。这里没有和平,这里不可能有和平"。① 一些人对联邦失去信心。一位名叫威廉·沃尔斯的北卡罗来纳人在 1859 年 12 月 8 日的信中写道:"我一直是一个热情的联邦人。但是我承认,北部对哈珀斯费里暴行和赫尔珀那可憎学说的支持,动摇了我对联邦的忠诚。……我宁愿尽快接受分裂联邦可能产生的全部邪恶,也不愿再屈服于北部的侮辱和暴行了。"② 不过在南部,明确坚决主张分离联邦的人仍然只是少数人。分离分子要驱使南部脱离联邦,还需要进行精心的谋划和策动。

1860 年的总统选举,为南部分离分子提供了政治机会。经过大妥协后的政治重组,辉格党在美国政治舞台上消失,新生的共和党迅速崛起成为北部第一大党。能够与共和党相抗争的就只有民主党了。共和党由于得到北部社会的广泛支持,在 1860 年的总统选举中有极大可能夺取总统职位。共和党的总统候选人林肯在道义上反对奴隶制,从政治上坚决反对奴隶制扩张,从法律上主张不干涉南部既有的奴隶制。然而奴隶制一旦失去扩张的可能就不再具有生命力,不再能凝聚非奴隶主白人的支持,这是奴隶主集团无法接受的。分离分子清醒地意识到南部奴隶主的原则立场,就抓住这个时机,通过政治选举操作,让林肯当选,以刺激南部的反抗情绪。他们的算计是,民主党还是一个全国性政党,如果南部的民主党人与北部的民主党人分裂,那就客观上有助于林肯当选。如果林肯当选,南部人就会陷入恐慌或迷茫之中。恐慌和迷茫之人是最容易被操纵愚弄的。所以促使民主党分裂就成为南部分离分子的关键一步。

策动民主党分裂的主谋是威廉·朗兹·扬西。扬西 1814 年 8 月 10 日出生于佐治亚州,父亲本杰明·扬西是一名律师和地方政治人物,在扬西出生后不久就带着家人到南卡罗来纳的阿布维尔与约翰·卡尔霍恩一起开办法律事务所。此人不幸患黄热病于 1817 年 10 月 26 日去世,年仅 37 岁,当时扬西才 3 岁。父亲去世后,母亲带着年幼的孩子返回佐治亚,在扬西 7 岁时改嫁给了一名来自新英格兰的教士南森·比曼。继父不久就卖掉了母亲拥有的奴隶,然后带着他们去了纽约州的特洛伊安家。扬西在继父的家庭本来得到了优质教育,可是进入大学后他表现不佳,1833 年为了避免被从威廉姆斯学院(Williams College)开除,他主动退学,去了南卡罗来纳的格林维尔,

---

① James L. Abrahamson, *The Men of Secession and the Civil War, 1859-1861*, Wilmington, Delaware: A Scholarly Resources Inc., 2003, p. 10.

② Avery O. Craven, *The Growth of Southern Nationalism, 1848-1861*, p. 311.

跟随本杰明·佩里学习法律。他娶了当地的富家之女,获得了35个奴隶。穷人乍富,他便放弃了法律学习,带着妻子奔赴阿拉巴马去开创种植园。然而命运不济,1837年爆发的经济危机打压了棉花价格,两年后一个种植园邻居的监工又给扬西的奴隶下了毒,绝大多数奴隶被毒死,活下来的奴隶也身体过于虚弱不能劳动。扬西于是放弃了种植业。他还因为与妻子的一个亲戚吵架扬言要杀人而被判入狱一段时间。出狱后于1840年又开始学习法律,并与弟弟一起开办一家报纸,加入杰克逊民主党阵营。1844年他当选国会众议员。因为极端主张州权而于1846年中期辞职。他迁移到阿拉巴马州的蒙哥马利市,与罗伯特·巴尼维尔·雷特的一个亲戚合伙开办律师事务所,并投身于州政治活动,开始不遗余力地宣扬州权至上。① 政治上的极端言行提高了扬西在南部社会的知名度,知名度的提高又推进了他个人的法律服务生意,使得他跻身富人行列。时至1859年,他在城镇的地产价值评估为7000美元,农场有77英亩土地,价值为2000美元,马车640美元,家畜600美元,珍宝和家具1500美元,总共是11740美元。此外他还有几百美元的其他行业投资和24个奴隶。其实在此前两年扬西的身体状况很糟糕,几乎不能工作。1859—1860年扬西又大力投身于法律服务生意,挣了更多的钱。在1860年的人口统计中列出他的动产和不动产价值为52700美元。② 从知名度中捞到丰厚经济回报的扬西在政治极端之路上越走越远,最终成为极端分离分子。对于制造民主党的分裂,扬西可谓蓄谋已久。他早在1848年与人合作起草的阿拉巴马民主党政纲中,就要求民主党的总统候选人表态,肯定无论是国会还是准州的立法机关都不能废除美国领土上的奴隶制。在遭到1848年民主党代表大会拒绝后,他就退出了代表会议,只有一位南部代表跟随他退出了会议。③ 1856年1月初阿拉巴马州"民主党与反一无所知党代表会议"在蒙哥马利召开,扬西担任政纲委员会主持人。他主导制定的政纲要求所有公民在美国领地上特权平等,实际上是要求奴隶制有自由扩张权,宣称"美利坚联邦的重要性仅仅次于其旨在永久维护的那些原则和特权的重要性"。阿拉巴马州将用打破将其与联邦约束在一起的所有纽带的方式抵制未来任何地方任何形式对奴隶制的攻击。该政纲的第10条完全复制了1848年的阿拉巴马政纲,宣称如果民主党全国代表会议拒绝采纳阿拉巴马

---

① James L. Abrahamson, *The Men of Secession and Civil war*, 1859-1861, pp.54-56.
② Eric H. Walther, *William Lowndes Yancy: The Coming of the Civil War*, Chapel Hill: North Carolina Press, 2006, p.146.
③ William W. Freehling, *The Road to Disunion*, Vol. II, *Secessionists Triumphant*, 1854-1861, p.279.

人提出的有关领地上奴隶制的决议,阿拉巴马代表团就必须退出会议。①1858年扬西与弗吉尼亚激进分离分子埃德蒙·拉芬联合组织了"南部团结同盟"(The League of United Southners),他在写给詹姆斯·斯莱特的信中写道:这个同盟矗立在所有党派之外,因为"没有一个全国性政党能够拯救我们"。只有"整个植棉州的安全委员会(只有在他们身上我们才能希望进行任何有效的运动)"能够"点燃南部的心灵,指导南部的头脑,并且相互鼓励"。那样的话,"在恰当的时刻,通过有组织的协调的行动,我们就可以激发植棉州投入一场革命之中"。②

1860年4月23日民主党全国代表会议在南卡罗来纳查尔斯召开。会议的第5天,即4月27日,有两份政纲报告提交到会议讨论,代表南部立场的报告阐述了阿拉巴马政纲的立场,主张国会和准州政府都不能将奴隶制拒绝在美国领地之外。北部民主党人的报告主张人民主权原则。在辩论时,扬西发表了一个半小时的演讲。他否认他的代表团有分裂民主党或瓦解联邦的意图,他们阿拉巴马人来参加会议是为了拯救国家和民主的。不过如果达不到这两个目的,他们有责任要求北部坚守联邦宪法,而民主党的组织却蓄意拒绝这样做。扬西列举了从密苏里妥协到斯蒂芬·A.道格拉斯在1857年阻止奴隶制向堪萨斯扩张这些北部阻止奴隶制扩张的行动,他指控北部的民主党人没有阻止北部民众的反奴隶制情感,这是对南部兄弟的背叛。反奴隶制情感发展造成的结果,是废奴主义者从一小撮在北部都不受欢迎的人变得壮大起来,现在他们分裂成三个集团,一是废奴主义者,二是自由土地党,三是人民主权论者。到1845年反奴隶制力量甚至也使得浸礼会、循道宗和长老会教会以是否反奴隶制为分界陷入分裂,使得美利坚人有了两个上帝、两个祭坛、两种祈祷制度。北部在社会、政治和宗教上的疯狂行动的巅峰,自然而然就成了对奴隶制和奴隶主的暴力攻击,约翰·布朗袭击就是例子。最后他发出威胁性警告,要求北部的代表们告诉他们的人民:"如果我们被打败了,就将出现联邦分裂。"③尽管扬西激情洋溢的演讲赢得了南部代表的欢呼,但是支持斯蒂芬·A.道格拉斯的北部民主党人压倒南部民主党人通过了道格拉斯的竞选纲领。在这种情况下,阿拉巴马的民主党代表团在勒罗伊·沃克带领下退出了会议,密西西比、路易斯安那、南卡罗来纳、佛罗里达和得克萨斯的代表团,以及特拉华和阿肯色的一些代表也跟着退出了会场。第二天佐

---

① Eric H. Walther, *William Lowndes Yancy: The Coming of the Civil War*, pp.187-188.

② William W. Freehling, *The Road to Disunion*, Vol. II, *Secessionists Triumphant, 1854-1861*, p.280.

③ Eric H. Walther, *William Lowndes Yancy: The Coming of the Civil War*, pp.240-242.

治亚代表团和阿肯色代表团等剩下的代表团代表也退出了会议。在无法继续召开会议的情况下，民主党代表会议决定于6月18日改到马里兰州的巴尔的摩复会。退出会议的南部各州的民主党代表，除了新选出的南卡罗来纳代表团拒绝前往巴尔的摩外，其他代表均参加了复会的民主党代表会议。当会议表决将阿拉巴马和路易斯安那的全部代表席位、佐治亚的一半代表席位和阿肯色的部分席位，给予支持道格拉斯的派别时，他们再一次退出了会议，这一次，弗吉尼亚、北卡罗来纳和田纳西的代表、马里兰的半数代表，加利福尼亚和俄勒冈，以及绝大多数肯塔基的代表，密苏里和阿肯色的代表效仿下南部代表退出了会议。6月23日留在会议中的北部民主党代表一致推举道格拉斯为民主党总统候选人，同一天退出会议的民主党代表，加上一些来自东北部的民主党代表，在巴尔的摩另开会议，推举约翰·布雷肯里奇为总统候选人。① 民主党在1860年的总统选举中分裂成了两个阵营。民主党的分裂虽然形式上只是一个政党的分裂，但实质上是南部政治力量与北部政治力量的分裂。这种分裂正符合南部分离分子的心意。民主党的分裂确保了林肯当选总统，而林肯当选使得南部奴隶主大众陷入彷徨迷茫和忧惧之中，他们这种忐忑不安的心情被分离分子所利用，被其牵引着走向了脱离联邦之路。

三 南卡罗来纳的分离联邦选择及其分离辩护

在共和党候选人亚伯拉罕·林肯于1860年11月7日当选美国第16任总统后，在分离分子领导下，南卡罗来纳州议会立即做出了召开州人民代表会议解决分离联邦问题的决定。到12月20日，南卡罗来纳人民代表会议正式通过了分离联邦的法令，南卡罗来纳成为1860—1861年美国南部分离联邦危机期间第一个单独脱离联邦的南部蓄奴州。在分离联邦决定做出之前，为了动员社会公众支持分离选择，南卡罗来纳的分离分子纷纷发表文章、演说为他们的分离主张进行辩护。在分离联邦法令通过后，为了说服和引导其他蓄奴州跟随南卡罗来纳采取分离联邦行动，南卡罗来纳人民代表会议又分别于12月22日和24日专门通过了两个正式宣言，向南部蓄奴州和全世界解释他们采取分离联邦行动的原因和理由，并派出特使到其他蓄奴州进行分离鼓动。这样，个人的辩护和官方的辩护相互呼应，汇聚成一场声势浩大的分离辩护高潮。南卡罗来纳的分离辩护虽然明显是在为分离主张进行社会动员，但辩护的主题内容和话语同时表露了分离分子分离联邦的思想动机。

---

① James L. Abrahamson, *The Men of Secession and the Civil War, 1859-1861*, pp.60-61.

从策略上说，单独脱离联邦这种方式并不符合南卡罗来纳分离分子的初衷。早在1832年南卡罗来纳就以关税问题为借口挑起了否决国会法令事件，向联邦国家权威发出挑战。但当时南部蓄奴州普遍不支持南卡罗来纳的行动，结果南卡罗来纳向联邦国家的第一次挑战以失败告终。在1850年因为奴隶制问题而酿成的美国政治危机中，南卡罗来纳的分离分子又积极倡导脱离联邦，结果还是得不到其他南部蓄奴州的广泛响应，致使他们的分离图谋未能得逞。鉴于两次在南部蓄奴州被孤立的教训，南卡罗来纳分离分子在重新进行分裂策动时，便首先寻求南部蓄奴州进行合作，以求集体分离联邦。

在发生了激进废奴主义者约翰·布朗袭击弗吉尼亚的哈珀斯费里事件后，南部蓄奴州对北部自由州的敌视情绪迅速高涨。南卡罗来纳分离分子认为这是推进南部分离联邦的又一次机会，便再次开始了联络南部蓄奴州进行合作分离的活动。1859年12月22日，南卡罗来纳议会决定派一名特使去弗吉尼亚，建议两州合作采取共同防卫措施，并邀请其他南部州举行一次南部州会议，以考虑共同面对的危险，筹划共同的行动。南卡罗来纳州州长任命克里斯多夫·梅明戈为特使，于1860年1月11日前往弗吉尼亚。1月19日，梅明戈在弗吉尼亚议会发表演讲，他虽然没有明确提出分离联邦的主张，但是提出，"如果最糟糕的事情发生了，我们必须把命运掌握在自己的手中。召开一次南部会议是做出把我们置身于世界国家之林这种安排的一个必要步骤"。① 然而，弗吉尼亚的政治精英对南卡罗来纳的建议反应冷淡，结果，梅明戈无功而返。在写给威廉·波彻尔·米尔斯的信中梅明戈写道："我很遗憾地得出这一结论，即弗吉尼亚没有准备做任何事情。对分裂联邦可能的忧惧将使得该议会拒绝我们的大会。"米尔斯在给他的回信中写道："听到弗吉尼亚竟然如此冷漠，我深感痛苦和侮辱……我们这些再往南一些的人必须采取行动，'拖着他们走'。"②

在1860年美国总统竞选斗争中，南部蓄奴州民主党人退出美国民主党导致了民主党的分裂。民主党的分裂增加了在自由州得到普遍支持的共和党获胜的机会。虽然共和党总统候选人林肯不是废奴主义者，但他从道德原则上反对奴隶制，在政治原则上反对奴隶制在美国领土内扩张。共和党的竞选纲领中有明确反对奴隶制扩张的条文。共和党的这种政治立场和获胜的前景极大地加剧了南部奴隶主们的危机意识。一旦林肯当选总统，南部蓄奴州应该如何行动？这一问题成为1860年总统竞选期间南部争论激烈的话

---

① David M. Potter, *The Impending Crisi*, *1848-1861*, p.487.
② Avery O. Craven, *The Growth of Southern Nationalism*, *1848-1861*, p.311.

题。南部分离分子公然扬言，如果林肯当选总统南部就要退出美国联邦。南卡罗来纳选出的美国国会众议员就公开表态，如果林肯当选总统南卡罗来纳就脱离联邦。

在总统竞选斗争的同时，南卡罗来纳的分离分子也在进行着分裂联邦的串联和鼓动活动。1860年10月，南卡罗来纳州长威廉·吉斯特写信给南部腹地州的州长，再次试探他们对合作分离的态度。他写道："南卡罗来纳的愿望是由其他某个州领头，或则至少与南卡罗来纳同时行动。一旦确知多数选举人将支持林肯的话，该州将毫无疑问召开人民代表会议。如果有一个州领头，南卡罗来纳将跟随行动。如果没有其他州分离，(在我看来)如果有另一个州或其他几个州向其保证将跟随其分离联邦的话，南卡罗来纳将单独分离。否则的话，那就难说了。"①对于南卡罗来纳的试探，佛罗里达州州长表示该州不充当分离的领头者，但如果有任何一个植棉州分离联邦的话，该州将追随行动。阿拉巴马和密西西比州表示将抵制黑色共和党人的控制，但主张召开南部州会议采取行动。佐治亚、路易斯安那和北卡罗来纳认为林肯当选总统这一事件并不足以成为分离联邦的理由，如果林肯就任后做出了冒犯行动，那时才应该采取行动。这样，在林肯当选总统时，南部合作分离联邦的谋划未见成效。

南部合作分离努力的失败使南卡罗来纳陷入进退两难的境地。如果做出单独分离联邦的决定，就要再次冒被孤立的风险。第二种选择是放弃分离选择，这是分离分子所不愿意的选择。在这样的困境中权衡利弊，南卡罗来纳的分离分子最终选择了单独脱离联邦。

为什么南卡罗来纳分离分子在合作分离努力失败后决定采取单独分离行动呢？除了他们在思想感情上强烈认同分离事业外，另一个关键因素是他们得到了其他蓄奴州分离分子的鼓励和支持。例如，弗吉尼亚的分离倡导者埃德蒙·拉芬作为客人应邀参加了南卡罗来纳的议会会议，11月7日晚上他对南卡罗来纳议会讲道：

  卡罗来纳不必担心仍然孤立无援。其他州很快将跟随它采取行动。弗吉尼亚再加上五六个蓄奴州完全有信心、有力量、有能力击败敌人，就好像全部蓄奴州在与他们一起行动一样。纵然卡罗来纳仍然孤立——其实不是它想象的那样会被孤立，但即使是那样，也应该相信它自己有能力抵抗反对它的任何强权。②

---

① David M. Potter, *The Impending Crisis, 1848-1861*, p.488.
② Marion Mills Miller, ed., *Great Debates in American History*, Vol. V, New York: Current Literature Publishing Company, 1913, p.276.

杰斐逊·戴维斯在1860年11月10日写给小罗伯特·巴尼萨尔·雷特的信中表示，虽然他不主张南卡罗来纳单独采取分离行动，而是主张南部采取合作行动，但又提醒南卡罗来纳，如果决定单独行动的话，就要在林肯就任总统前采取行动。他指出：

> 如果南卡罗来纳决定在取得其他州的合作之前分离联邦，决心在佐治亚、阿拉巴马和路易斯安那留在联邦并且没有理由能料想他们将跟随它采取分离行动的情况下自己走出联邦，那么在我看来，等到联邦政府传递到敌对者手中，以及人们对全国政府做出的对其建立的目的加以破坏性和攻击性扭曲的行为习以为常的时候再采取行动，是没有有利条件的。①

在南卡罗来纳人民代表会议召开之前，南部的国会议员已经公然号召南部州单独脱离联邦。12月13日夜里，来自南部9个州的7名参议员和23名众议员向他们的选民发表公开信，宣称："辩论已经走到尽头。我们确信南部人民的荣誉、安全和独立只有在一个南部邦联中才能实现。只有各州脱离联邦才能达到这一目的。"②当南卡罗来纳人民代表会议召开时，来自密西西比和阿拉巴马州的特使，以及佛罗里达州州长麦迪逊·佩里和佐治亚州的分离运动领袖豪厄尔·科布，都出席了这次会议，他们满怀激情地呼吁南卡罗来纳率先采取分离行动，以带动其他州分离联邦。③

这种来自州外分离分子的鼓励和支持对南卡罗来纳的分离分子起到了鼓气壮胆的作用。他们认识到这一次分离努力不会面对被孤立的结局。南卡罗来纳的分离行动只是为南部蓄奴州的分离联邦领头带队，其他蓄奴州会跟随南卡罗来纳脱离联邦。11月5日，即美国进行总统选举的前一天，南卡罗来纳州州长威廉·吉斯特召集州议会举行特别会议，在这次会议上，他提出了南卡罗来纳率先单独退出美国联邦的主张：

> 来自许多南部州的暗示使我有理由得出这一结论，在南卡罗来纳分离联邦后，他们即使不是同时采取行动的话，也将立即跟随南卡罗来纳采取分离行动，最终使整个南部跟随南卡罗来纳脱离联邦。我们很多公民一直在等待着向往已久的与有相似制度的其他州的合作，这种合作在我看来已经近在咫尺了。只要我们对自己充满信心，这种合作很快就会

---

① "Jefferson Davis to Robert Barnwell Rhett, Jr", *The Papers of Jefferson Davis*, Vol. 6. http://jeffersondavis.rice.edu/Content.aspx? id = 85 Acessed: 2015/05/18
② David M. Potter, *The Impending Crisis, 1848-1861*, p.493.
③ Avery O. Craven, *The Growth of Southern Nationalism, 1848-1861*, p.363.

实现。①

在1860年南卡罗来纳是南部蓄奴州中唯一一个还是由州议会确定总统选举人的州。1860年11月5日,州议会开会确定总统选举人。由于明知林肯当选已成定局,州长吉斯特不让议会结束会议,而是等待总统选举结果,以便立即采取行动。在得知林肯当选总统的正式消息后,州议会随即通过了召开州人民代表会议的法令,定于1861年1月8日举行人民代表选举,1月15日召开会议。然而到了1860年11月9日,事情发生了根本性变化,一是传来消息说,佐治亚州的参议员罗伯特·图姆斯已经从参议院辞职。这个消息后来证明是虚假的。另外一个被证实的消息是,佐治亚州的州长已经要求州议会召开人民代表会议决定脱离联邦问题。参议员詹姆斯·切斯尼特也在哥伦比亚发表演讲,支持脱离联邦。他宣称分离联邦不会带来战争,如果发生战争的话,他愿意喝干由于脱离行动而流的每一滴血。在此关键时刻,一个规模庞大的代表团从萨凡纳来到查尔斯顿以庆祝连接两个城市的铁路完工。9日夜里举行了一次场面宏大的脱离联邦集会,推举代表向州议会施压,要求尽可能提前召开人民代表会议。在这种社会气氛的推动下,11月10日南卡罗来纳州议会决定于12月6日进行人民代表选举,17日召开人民代表会议。② 12月6日,南卡罗来纳如期进行了人民代表选举,当选代表全部赞成南卡罗来纳立即单独分离美国联邦。12月17日代表会议在哥伦比亚的浸礼会教堂召开,当天就以159票对0票通过了分离联邦的决定。由于这个城市正在流行天花瘟疫,代表会议便转移到查尔斯顿继续进行,1860年12月20日,正式通过了分离联邦法令。这样,南卡罗来纳在南部蓄奴州中便率先单独做出了分离联邦抉择。

在一个人民崇尚法度的社会里,要号召人民支持分裂国家,分离分子就不得不就分离联邦的合法性和合理性做出有说服力的解释。实际上南卡罗来纳分离分子的分离辩护,正是以分离联邦行动的合法性和合理性为基本主题。南卡罗来纳是否有权分离联邦?现在采取分离联邦行动有什么正当理由?对于这两个问题,南卡罗来纳的分离分子主要是通过按照自己的愿望解释美国宪法和历史,以及夸张共和党执政后对南部社会制度和生活秩序的极大威胁来进行论辩的。

关于分离联邦的合法性,分离辩护主要是通过阐释美国的建国历史和宪法来进行的。新当选的南卡罗来纳州州长弗朗西斯·皮肯斯在1860年12

---

① Marion Mills Miller, ed., *Great Debates in American History*, Vol. V, p.270.
② David M. Potter, *The Impending Crisis, 1848-1861*, pp.490-491.

月 16 日的就职演说中宣称,南卡罗来纳是联邦契约的原创者之一,是在特殊情况下同意这一契约的,当时面临着强大的外部压力,出于保卫国家平等和以同等方式增进所有州利益和一般福祉的目的,南卡罗来纳接受了联盟契约。当联邦不再这样运作时,也就不再有永久的联盟了。他说:

> 把为了毁灭我们的联邦推论为永久联盟将是一种谬论。宪法是合作州之间的契约,不是与联邦政府签订的契约。在生死攸关的问题上,并且涉及缔约方的和平和安全的时候,依据契约的性质,每个州都必须判断保护它的和平以及保持它的地方和内部制度所必要采取的方式和措施。因此,南卡罗来纳将自己做出决定,按照自己享有的权利,作为一个独立国家行使它认为恰当的原始政府权力,如签订条约,缔结联盟或签订盟约。①

在代表会议正式通过的由梅明戈起草的《南卡罗来纳分离联邦的直接原因及其理由宣言》中,首先援引美国革命和建国的历史来证明南卡罗来纳在美国组成前就是独立国家。《独立宣言》宣布各殖民地"现在是并且有权利成为自由和独立的国家",《邦联条例》规定各国保持自己的主权、自由和独立以及根据联盟条约没有明确委托给合众国的一切权力、权限和权利。在与英国签订的和约中,英国承认十三个殖民地成为自由、独立的国家。"这些行动确立了殖民地宣扬的两大原则,即一个国家有自治的权利,当政府对其建立的目的具有破坏性时,一个国家的人民有废除政府的权利。伴随着这两大原则的确立,各个殖民地变成了被母国所承认的自由、主权和独立的国家。"②在谈到 1787 年美国宪法时,则突出强调州的主权地位。宣称 1788 年 5 月 23 日南卡罗来纳人民代表会议通过的法令批准了美国宪法,这个美国宪法是主权州之间的契约。根据这样的契约建立的国家政府的目标和权力仅限于用明确的言辞授予的范围,没有明确授予联邦政府的权力则保留给各州或人民。《宣言》指出:

> 我们认为这样建立的政府服从于《独立宣言》宣扬的两大原则,并且进一步认为,这个政府的形成方式,使他服从于第三个基本原则,即契约法原则。我们坚持主张,在任何由两方或多方订立的契约中,缔约方具有相互的义务。缔约一方未能履行协定的实际内容,就完全解除了其

---

① "Gov. Pickens' Inaugural Message". http://alpha.furman.edu/~benson/docs/scccn01.htm Acessed:2004/01/04

② "Declaration of the Immediate Causes Which Induce and Justify the Secession of South Carolina from the Federal Union", p. 9. http://alpha.furman.edu/~benson/docs/decl-sc.htm Acessed:2004/01/04

他方的义务。在没有仲裁人的地方,每一方都允许根据自己的判断来确定违约是否属实,以及随着违约而带来的一切后果是什么。①

这样,通过梳理历史知识和美国立国文献的内容,分离辩护者找到了分离联邦合法性的依据:北美殖民地的反英革命确立了各州的自治权利和人民废除政府的权利;1787年宪法是主权州之间签订的契约,依据这个宪法组成的美国联邦只是主权州之间的联盟,州的主权地位并没有改变。既然州有权订立宪法契约,也就有权解除这个契约。这样,无论从美国革命确立的原则还是从宪法的性质来说,主权州都有权退出美国联邦,分离联邦行动并不违背美国革命和宪法确立的原则。

在推导出分离联邦的合法性结论后,分离分子还必须为分离的合理性进行辩护。有权分离并不等于有理由分离。即使按照分离分子的推论联邦国家只是一个主权州之间的联盟,也不意味着每个州可以随意退出这个联盟。契约一旦订立就不能随意撕毁,这是法制社会的一个基本行为准则。但如果缔结契约的一方率先破坏了这个契约,缔约的另一方也就可以不再继续履行这个契约。基于这样的法理共识,分离分子便竭力把北部自由州描绘成宪法契约的破坏者,指控北部州违背了宪法契约,使得联邦事实上已经不存在了,依此逻辑推论来构建分离联邦选择的正当理由。

皮肯斯在就职演说中把林肯当选总统阐释为北部人民对南部的公然冒犯。他的话语逻辑是:共和党是以野心和盲信为原则组织起来的,其毫不掩饰的目的就是使联邦政府的权力为这些州的内部利益和内部制度服务。这样一个完全以北部州为基地的党派有这样的公开目标,就不仅使联盟近一半州的和平受到威胁,而且使他们的基本生存也受到危害。在最近这次总统选举中,他们的选举原则使得南部不再能够依靠联邦政府和联邦契约的保护。北部人民通过行使选举权采取这样公然支持共和党的行动,"这样,他们就是向拥有巨大权力的陆海军行政首脑建议,不要对所有州一视同仁,不要负责所有州的共同利益和命运,而是进行恶毒的敌对活动,呼吁他对联盟一半州的权利、利益和和平生活进行毫不妥协的战争"。②1860年12月17日,南卡罗来纳人民代表会议在哥伦比亚的浸礼会教堂召开,会议主席戴维·弗劳尔·亚米森也发出一连串的质问,他指责北部违反了宪法契约:

---

① "Declaration of the Immediate Causes Which Induce and Justify the Secession of South Carolina from the Federal Union", p. 15.
② "Gov. Pickens' Inaugural Message".

我深信我们与北部保持联盟的任何进一步联系之门现在永远关闭了。他们还能为我们提供比我们之间现有的成文契约更有约束力、更严肃和具有更高制约力的保证吗？那个在40年前开始的以密苏里妥协为结果的神圣契约，保护了我们免遭北部人的嫉妒和攻击了吗？它保护了我们免受北部人的贪婪之苦了吗？35年来他们一直把维持政府的负担主要放在南部身上。难道它使我们免受那些旨在刺激和伤害我们心灵的废奴请愿书被提交到国会所造成的折磨了吗？难道每一个北部州没有通过制定取消《逃奴法》的法令而把这一契约践踏在他们脚下吗？先生们，我深信我们不应该再相信纸面保证。除非是写在人的心中，纸面保证毫无价值。既然我们之间已经没有了共同的纽带，为继续保持联合而进行的一切努力都将证明是徒劳无益的。①

詹姆斯·福曼、托马斯·阿瑟·威廉·坎贝尔和威廉·托马斯4人在1860年11月22日发表的《为了南部的事业致格林维尔区公民的公开信》中宣称：宪法是神圣的，可是北部州却把宪法践踏于脚下。以宪法为掩护的废奴主义活动剥夺了南部的财产，破坏了南部的和平与安宁，"就在这部宪法的保护之下我们的'内部安宁'遭到了侵犯，一个高度自负、愚蠢高傲和旨在侵犯人权的残暴政党，正如他们预言的那样，'取得了政府权力'，他们的恶毒目的就是最终使这种安宁生活彻底毁灭，这些难道不是明明白白的事实吗？"②在《南卡罗来纳分离联邦的直接原因及其理由宣言》中也写道：北部非蓄奴州的反奴隶制立法和行动破坏了宪法契约，也就解除了南卡罗来纳的义务。"这样，既定的契约就已经遭到非蓄奴州的故意破坏和漠视，其结果就是南卡罗来纳被解除了它的义务。"③对于南部蓄奴州来说，制定宪法的目的是为了保护奴隶财产，但是这些目的失败了。该《宣言》宣称：

我们确信政府建立的目的遭到了失败。由于非蓄奴州的行动，政府本身成了其目的的破坏者。那些北部州已经掌握了决定我们内部制度是否适宜的权力，已经否定了在15个州确立的并被宪法承认的财产权。他们谴责奴隶制是罪恶的制度，他们允许在他们中间公开建立明确以扰乱其他州和平以及将他们公民的财产转移至异国他乡的组织。他们已

---

① Emory M. Thomas, *The Confederate Nation, 1861-1865*, New York: Harper & Row, Publishers, 1979, p.35.
② "Letter to the Citizens of the Greenville District For the Southern Enterprise", p.13. http://alpha.furman.edu/~benson/docs/scgese112260.htm Acessed: 2004/01/04
③ "Declaration of the Immediate Causes Which Induce and Justify the Secession of South Carolina from the Federal Union", p.21.

经鼓励和帮助我们成千上万的奴隶离开了他们的家园,对那些没有离开的奴隶则通过派遣使者、分送图书和图画的方式煽动奴隶暴动。①

罗伯特·巴尼维尔·雷特是南卡罗来纳分离运动的领袖,有南部"分离联邦之父"之称。由他执笔的《致南部蓄奴州的公开信》宣称,"合众国宪法的被颠覆是一大罪恶,所有其他罪恶都随之而生。合众国政府不再是联邦共和国政府,而成了集权的民主制。不再是自由政府,而成了专制主义。实际上它现在就是大不列颠努力强加给我们先辈的那种政府,我们的先辈们抵制了那种政府,经过七年的斗争将其击败,赢得了独立"。②他通过将南卡罗来纳分离联邦行动与北美殖民地脱离英国行动加以同等类比,借美国反英革命的合理性来证明南卡罗来纳分离联邦的合理性。他提出,现在南部的处境就是1776年北美与英国关系中的那种处境。"现在,南部州在对待北部州的问题上正好处在殖民地对待大不列颠那样的位置。北部州在国会拥有多数,他们拥有的立法权力的威力和英国议会曾经对殖民地拥有的立法权的威力完全相同。"为了证明北部州的专制主义,雷特还把北方主张的高关税政策也解释为对南部的强制和压迫,"在这样一个政府的管理下,联邦的两大地区之间当然必然发生很多永无止境的'不可抑制的冲突'",南部作为弱小的一方只有与北方分离才能得到和平和自由。"南部已经丧失了对北部的一切信心。北部长达半个世纪的失信已经开辟了南北分离的鸿沟,任何许诺和约定都不能填补这个鸿沟。"不过,他论辩的主题还是奴隶制受到了危害。废除奴隶制将导致文明的毁灭,为了抵制北部的专制主义,南部选择分离是合理的。他强调指出,宪法建立的联邦是蓄奴州联邦,当时13个州中只有一个州不是蓄奴州,联邦是以奴隶制为基础的,国会代表的分配就是以奴隶数的五分之三为基数来确定的。然而随着时代变迁和世事变化,北部州和南部州的关系彻底改变了。北部变成了一个商业、制造业地区,南部成了农业地区。过去存在的感情、利益和制度认同现在不存在了,两个地区过去在联邦政府中的平等地位现在也不存在了。"我们只能效仿先辈们的做法解除与非蓄奴盟友的联盟,寻求与蓄奴州建立联盟。"在对废奴主义主张和共和党进行了一番抨击后,他得出结论说,"事情的真相是,他们已经违反了内容明确的

---

① "Declaration of the Immediate Causes Which Induce and Justify the Secession of South Carolina from the Federal Union", p. 24.

② "The Address of the People of South Carolina, Assembled in Convention, to the People of the Slaveholding States of the United States", p. 2. http://alpha. furman. edu/ ~ benson/docs/SCaddress. htm Acessed:2004/01/04

宪法条款,作为一个契约,宪法已经终止了"。①

　　南卡罗来纳是在林肯当选总统后立即开始分离联邦行动的,此时当政的仍然是亲南部的布坎南总统,林肯和共和党要等到1861年3月4日才能执掌美国行政权力。这就是说,纵然林肯和共和党有反对南部的思想,也还没有利用国家权力反对南部的行动。分离分子断言林肯和共和党政府将毁灭奴隶制的指控充其量是一种预测,而不是以事实为依据。为了解答这个难题,上文提到的福曼等4人在公开信中作了一个形象的比喻。他们说,老虎在跃起扑向猎物之前是没有"公然行动"的,它只是走到它要跃身而起的位置上,稳稳地蹲下,静悄悄地等待,就像没有任何事一样。大蟒蛇一旦把它的猎物缠绕住后,就不再做不必要的收缩以刺激它要吞噬的猎物,而是等到它耗尽气息,这样肯定就能很容易地将猎物毁灭。"同胞们,这就是我们的废奴敌人们(再称呼他们是兄弟将是对自己残酷的折磨)给我们设计的命运。可是我们这些可怜的纯朴人呀还在等待他们的'公然行动'"。② 按照这样的话语逻辑,他们自以为就推导出了在林肯就任美国总统之前就采取分离联邦的合理性。于是他们号召人们现在就采取行动,抛弃已经被破坏的宪法契约,脱离美国联邦。

　　言为心声,南卡罗来纳分离辩护的目的虽然是动员社会支持分离运动,但分离辩护的言辞却表露了分离分子选择分离联邦的根本目的是捍卫奴隶制。内战之后南部前邦联分子在进行分离辩护时竭力回避或淡化奴隶制是他们分离联邦的主要原因,与战后的这种分离辩护形成鲜明对照的是,此时的分离辩护毫不隐讳分离联邦的目的就是为了捍卫奴隶制。分离辩护中充斥着为奴隶制的正当性辩护的言辞,一再宣称分离联邦的根本原因是北部的反奴隶制立场对南部的利益构成了威胁。例如,皮肯斯在就任南卡罗来纳州州长时的就职演说中宣称:

> 南部州存在着两个完全不同的分离的种族。一个种族从属于另一个种族,这种关系是从高尚爱国的先辈们那里和平继承下来的。了解这两个种族的人都十分明白,这是保护这两个种族生存和保持安定和谐的文明秩序的唯一政府形式,任何趋向改变或削弱这个政府和种族之间从属关系的事情,不仅将威胁到社会的和平局面,而且将危及

---

① "The Address of the People of South Carolina, Assembled in Convention, to the People of the Slaveholding States of the United States", pp. 4, 11, 12, 13. http://alpha.furman.edu/~benson/docs/SCaddress.htm Acessed: 2004/01/04

② "Letter to the Citizens of the Greenville District For the Southern Enterprise", p. 12.

社会本身的存在。①

梅明戈起草的宣言中也坦然声明,分离的直接原因就是北部抵制《逃奴法》。对于林肯就职后对南部的威胁也明确表达为是对奴隶制的威胁,"到下一年的3月4日,这个党将控制联邦政府。他已经明确宣布了南部将被排除在公共领地之外,法庭将成为为区域利益服务的工具,必须进行反对奴隶制的战争,直到奴隶制在整个合众国停止存在"。② 雷特在代表会议上为自己起草的宣言辩护时竭力赞扬奴隶制是文明的基础。他提出,由于北部和欧洲都敌视奴隶制,所以有必要说明奴隶制是文明的基础。"欧洲国家鄙视奴隶制。必须向他们表明美国现存的奴隶制度的公正性。向他们说明文明世界的幸福和繁荣尤其是以我们种植棉花为基础的,在一般意义上则是以我们种植稻米、甘蔗和烟草为基础的。解放我们的奴隶会使欧洲国家和北部州的自由人沦落到极为悲惨的境地。"③在代表会议就分离原因进行辩论时,格利戈提出关税应该是分离的根本原因,但吉特等人反驳了这种观点,"我们的人民是因为奴隶制问题才走到今天这个地步的。我的愿望是这份公开信应该围绕奴隶制这个问题来写。我想我们现在讨论的核心问题就是这个问题,我不愿意将公众的注意力从这个问题上引开"。④《查尔斯顿信使报》的编辑L.W.斯普拉特在1861年2月13日发表公开信,批评蒙哥马利代表会议制定的南部邦联临时宪法,他直言不讳地承认这场斗争是两个社会之间的斗争,"这场斗争不是北部和南部两个地理区域之间的竞争,如果两者仅仅是两个地理区域就不会有竞争;也不是北部人民和南部人民之间的竞争,因为我们之间的关系相当愉快。……真正的竞争是在北部和南部确立的两种社会形式之间的竞争。……一个社会由一个种族构成,另一个由两个种族构成。一个社会是由夫妻和父子这两大关系联接而成,另一个是由夫妻、父子和主人与奴隶这三种关系联接而成。"⑤南卡罗来纳派往弗吉尼亚的特使约翰·S.普里斯特1861年2月9日在弗吉尼亚代表会议上发表演说时讲道,

---

① "Gov. Pickens' Inaugural Message".
② "Declaration of the Immediate Causes Which Induce and Justify the Secession of South Carolina from the Federal Union", p. 27.
③ "South Carolina Secession Declaration Debate". http://history. furman. edu/~benson/docs/scdebate3. htm Acessed:2004/01/04
④ "S. C. Secession Declaration Debate". http://history. furman. edu/~benson/docs/scdebate2. htm Acessed:2004/01/04
⑤ "The Philosophy of Secession; A Southern View; Presented in a Letter addressed to the Hon. Mr. Perkins of Louisiana, in Criticism on the Provisional Constitution Adopted by the Southern Congres s at Montgomery, Alabama, By The Hon. L. W. Spratt". http://docsouth. unc. edu/imls/secession/secession. html Acessed:2003/02/05

非蓄奴州的人民对非洲奴隶制进行了几乎 30 年的抨击,废奴主义群众集会疯狂表示要以最可怕的方式废除奴隶制,号召奴隶进行纵火和谋杀活动。他指出,"南卡罗来纳有 30 万白人,40 万奴隶,白人依靠奴隶来维持他们的文明秩序和生存。北部的 2000 万人,加上权力强大的有组织的政府,他们在最神圣的职责驱使下,判定必须废除奴隶制。弗吉尼亚人,难道为了权利、正义和生存不值得进行一场斗争吗?"①

为了增强分离辩护的感召力,南卡罗来纳的分离分子刻意构筑了一种"权力和荣誉话语",将奴隶制的命运与南部人的生存、自由、权利和荣誉联系起来,把北部人民反对奴隶制的言行指斥为是对南部人的自由、权力、荣誉的侵犯,甚至对南部人的生存方式也构成了威胁。由于殖民地时期就在北美奠基的自由生活传统和美国革命确立的自由与权利意识形态在美国人民大众中凝聚成一种"自由情结",南部的奴隶制又培养了南部白人的一种过度敏感的"荣誉情结",这样,在南部社会使用"自由""权利"和"荣誉"这些话语来为分离联邦行动辩护无疑要比单纯把奴隶制作为一种财产制度来捍卫更具有感召力。不过,尽管分离辩护者采用了这种"权利和荣誉话语",但他们并不隐瞒这些话语的具体内容就是捍卫奴隶制。为了促使人们赞成捍卫奴隶制,福曼等 4 人在公开信中勾画了奴隶制被废除后南部白人的恐怖生活情景。他们预言,林肯上台后,思想上反奴隶制的北方人借助于联邦政府权力和委任官员手段破坏奴隶制,最终必然导致奴隶制被废除。一旦奴隶们获得解放,"在南卡罗来纳,在任何一个南部州,每个黑人都将成为自己的主人,不,还不止于此,他们还将与你们每个人平等。如果你们柔弱到屈服的程度,废奴主义牧师很快就来主持你们的女儿与他们的黑人丈夫的婚礼。不,不,我们乞求你们饶恕南卡罗来纳的妇女吧,不要向他们提出这种建议。如果她们的父兄们没有勇气挣脱一个其当选首脑的目的就是要制造这种局面的政府,南卡罗来纳的女儿们将为男人们的不光彩行为感到羞辱,她们将选择死亡"。他们在公开信中的最后呼吁:南卡罗来纳人为了自尊、荣誉、妻子和孩子的安全要捍卫奴隶制度。"黑人与你们是不平等的,否则的话就是《圣经》不正确,或你们证明自己不配享有自由人这个名称。废奴主义者不是我们的主人,尽管他们已经'掌管了政府',但是只要你们不屈服,他们就不能对你们行使政府权力。"②

---

① "Address of Hon. John S. Preston, Commissar from South Carolina, To the Convention of Virginia, February 19,1861". http://docsouth.unc.edu/imls/prestonj/prestonj.html Acessed: 2003/02/05

② "Letter to the Citizens of the Greenville District For the Southern Enterprise", pp. 5, 21.

四 南部脱离联邦

南卡罗来纳率先采取脱离联邦行动,用意就是带动其他南部蓄奴州跟随其退出联邦。他们的这一用意在下南部如愿得逞。不过,在下南部其他蓄奴州,分离分子尽管不是极少数人,也不是多数派。这些州最终选择了脱离联邦,是分离分子用心策划,精明操弄舆情、煽动情绪的结果。南部关心时事者人心惶惶、议论纷纷,具体主张大致分成了两种意见,一种是主张立即退出联邦,另一种是主张南部州合作行动。持后一种主张的人又各怀心机,有的人是拖延观望,有的人内心反对脱离联邦,有的人真的希望南部蓄奴州合作行动以确保成功。这些合作主义者中的绝大多数最终选择了追随分离主义者的抉择,这既有时事催迫和分离分子操弄的因素,也是因为他们有着利益认同和思想倾向上的一致,纵然少数人心有异志,也不敢公开反抗。

人民代表会议(convention)本是中世纪英国的一种制度,在美国革命时期在殖民地得到普遍应用,通过其做出重大政治问题的决议。这种人民代表会议不同于立法机构,又高于立法机构,体现的是人民的意志。这种会议在南部脱离联邦运动中再次得到普遍采用。从人民代表会议中的斗争来看,分离分子在下南部只是险胜。1860年12月20日,即南卡罗来纳人民代表会议做出脱离联邦决定的当天,密西西比州进行人民代表会议的选举。投票结果是29%的选票投给了没有做出任何承诺的候选人,31%的选票投给了承诺赞成南部合作行动的候选人,仅有40%的选票投给了主张分离的候选人。[1]这次投票大约有4.1万人参加,其中大约1.2万张票投给了没有做出承诺的候选人,在剩下的2.9万张选票中,大约1.68万张投给了分离主义者,12218张投给了南部合作主义者。在两天后佛罗里达进行的人民代表选举中,合作主义者获得的选票在36%—43%之间,又过两天后在阿拉巴马的选举中,分离主义者投了3.56万张票,合作主义者投了2.81万张票。在1861年1月2日佐治亚的人民代表选举中,分离分子的优势仅是44152票对41632票。1月7日路易斯安那的人民代表选举中,分离主义者以20214票对18451票领先。在得克萨斯人民代表会议召开的程序就不符合常规。由于州长休斯顿拒绝召开立法机构会议,分离分子便在奥斯丁呼吁选举人民代表会议代表,选举从1月8日开始,但显然在不同地方选举的时间并不一致。最终召开的人民代表会议以166票对8票通过了分裂联邦法令,在随后进行的人民复决

---

[1] William W. Freehling, *The Road to Disunion*, Vol. II, *Secessionists Triumphant*, 1854-1861, p. 490.

投票中,分离分子取得了 44317 票对 13020 票的优势。①

分离分子尽管只是简单多数,却也控制了人民代表会议的抉择方向。除了得克萨斯以外,其他所有州的合作主义者都寻求采取措施呼吁召开某种南部大会,通过南部大会向共和党提出最后的要求,或者安排南部州一致行动,或两者都做。除了佐治亚外,所有州的合作主义者都提出将分离联邦决议付诸选民批准,但是他们的提议都被否决。投票比例在密西西比州是 74∶25,佛罗里达州是 39∶30,阿拉巴马州是 54∶46,佐治亚是 164∶133,路易斯安那州是 84∶43,得克萨斯投票表决将分离法令提交人民复决,这个决定是分离分子以 145∶29 票自己做出的,并不是反对派强加给他们的。最终合作主义者绝大多数转向了支持分离联邦的立场,1861 年 1 月 9 日密西西比州以 85∶15 的票数,1 月 10 日佛罗里达州以 62∶7 的票数,1 月 11 日阿拉巴马州以 61∶39 的票数,1 月 19 日佐治亚州以 208∶89 的票数,1 月 26 日路易斯安那州以 113∶17 的票数,2 月 1 日得克萨斯州以 166∶8 的票数,通过了脱离联邦法令。在 42 天的时间里,下南部 7 个州退出了联邦。这些州都接受了南卡罗来纳专员的邀请于 2 月 4 日到阿拉巴马州的蒙哥马利市开会,2 月 7 日各州代表同意成立南部邦联,2 月 9 日他们选举杰斐逊·戴维斯为总统,2 月 18 日举行了就职仪式。②

下南部的分离分子在推动下南部各州脱离联邦和创立南部邦联时,强烈希望上南部也响应他们的举动退出联邦。然而他们的愿望一时未能如愿。从 1861 年 1 月 12 日到 1 月 29 日,上南部确实有 5 个州的立法机构要求召开人民代表会议。阿肯色 1 月 12 日决定于 2 月 18 日进行人民代表选举,弗吉尼亚 1 月 14 日决定于 2 月 4 日进行人民代表选举。密苏里 1 月 18 日决定于 2 月 18 日进行人民代表选举,田纳西 1 月 19 日决定于 2 月 9 日进行人民代表选举,北卡罗来纳 1 月 29 日决定于 2 月 18 日进行人民代表选举。不过选举的结果让分离分子很是失望。2 月 4 日弗吉尼亚进行选举,在是否将人民代表会议通过的任何决议提交投票人批准这个问题上,分离分子持反对立场,但是他们以 100536∶45161 票被击败。而且,在选出的 152 个人民代表会议代表中,立即分离主义者仅赢得了大约 32 个名额。2 月 9 日田纳西的选举以 69387∶57798 票的比例反对召开人民代表会议,在预备召开这种会议的代表选举中,88803 票赞成联邦主义者,24749 票支持分离主义者。在 2 月 18 日阿肯色的选举中,分离主义者同样遭到失败,投票人以 27412∶15826 票赞成召开人民代表会议,但是他们选出的代表多数是联邦主义者。在密苏里联

---

① David M. Potter, *The Impending Crisis, 1848-1861*, pp.496-497.
② Ibid., pp.498-499.

邦主义者获得了 11 万票的支持,而分离主义者仅得到 3 万票的支持。当选代表中没有一个人是毅然决然的分离主义者。在 2 月 28 日北卡罗来纳的选举中,以 47323∶46672 票否决了召开人民代表会议的提议,在预备召开这种会议的代表选举中,在当选的 120 个代表中,仅有 42 人是分离主义者。在另外 3 个蓄奴州,分离主义者的命运更糟。肯塔基州州长贝利亚·麦格芬倾向支持分离,当州议会于 1 月 17 日召开时,他建议召开人民代表会议,但是在下议院被以 54∶36 票拒绝,议会于 2 月 11 日休会,没有做出任何决定。在马里兰,州长托马斯·希克斯坚决反对召开立法机构特别会议,像在得克萨斯那样,分离分子采取法外步骤号召召开人民代表会议,但是在这里他们没有成功。在特拉华,州议会无条件反对以脱离联邦作为补救南部抱怨的措施。①

　　林肯就任总统后,4 月 12 日南部邦联军队炮击位于南卡罗来纳州查尔斯顿港口外由联邦军队占领的萨姆特要塞,4 月 15 日林肯总统下令征召 7.5 万名民兵平叛,美国内战爆发。面对着这种局势变化,上南部的 4 个蓄奴州做出了退出联邦的抉择。这种抉择实际上是由各州的奴隶主集团做出的。4 月 17 日,弗吉尼亚人民代表会议以 88∶55 票的比例推荐立即退出联邦,在 5 月 23 日的公民表决中,以 125950∶20373 票通过了分离联邦的决定。但是奴隶人口为数不多的西弗吉尼亚地区反对分离联邦。在 4 月 17 日的人民代表会议表决中,西弗吉尼亚地区的代表以 26∶5 票反对分离联邦。西弗吉尼亚的 33 个县占弗吉尼亚白人人口 33%,但这个地区的奴隶人口仅占 3%,在 5 月 23 日的全民复决中,该地区以 3∶1 的票数否决了分离联邦。在弗吉尼亚退出联邦后,西弗吉尼亚做出了退出弗吉尼亚的抉择。在 1861 年 6 月 11—20 日,西弗吉尼亚代表在惠灵召开人民代表会议,实际上做出了以一个新州的身份加入联邦的决定。② 阿肯色紧跟着弗吉尼亚做出了退出联邦的抉择。阿肯色人民代表会议在 3 月份休会时没有做出任何决定,只是确定在遇到紧急情况时重新开会。5 月 6 日阿肯色人民代表会议重开,以 65∶5 票通过了脱离联邦决定。北卡罗来纳议会 5 月 1 日开会,授权 5 月 13 日选举人民代表会议代表,于 5 月 20 日开会。5 月 20 日北卡罗来纳人民代表会议代表一致投票通过分离联邦法令。在田纳西州,州议会简化了人民代表会议程序,由其直接通过了一个独立宣言,并将这一决定于 6 月 8 日付诸全民复决。表 6-17 中的数字显示,蓄奴人数多的人民代表会议代表更倾向于支持脱离联邦,来自奴隶占人口 25% 以上县的代表更倾向于支持脱离联邦。

---

① David M. Potter, *The Impending Crisis, 1848-1861*, pp. 507, 509-510.
② William W. Freehling, *The Road to Disunion*, Vol. II, *Secessionists Triumphant, 1854-1861*, p. 526.

表 6-17 弗吉尼亚和田纳西人民代表会议代表的立场与蓄奴关系[①]

	代表们的蓄奴中位数		来自奴隶占人口不足25%县的代表(人)		来自奴隶占人口25%以上县的代表(人)	
	弗吉尼亚	田纳西	弗吉尼亚	田纳西	弗吉尼亚	田纳西
投票赞成分离联邦	11.5	6.5	34	30	53	23
投票反对分离联邦	4	2	39	20	13	2

将南部蓄奴州是否选择脱离联邦和做出脱离联邦抉择的时间进行对比,不难看出不同地区和各州的抉择与各自的奴隶占人口比例相对应。如表6-18所显示,奴隶占人口比例最高的南卡罗来纳第一个做出了脱离联邦的抉择,奴隶占人口比例很高的下南部其他州紧随南卡罗来纳退出了联邦,而奴隶占人口比例低于下南部却又高于边界州的上南部4个州在内战爆发后做出了退出联邦的抉择,奴隶占人口比例最低的边界州则始终没有退出联邦。这种现象凸显了奴隶主集团与南部脱离联邦选择的直接关联。

表 6-18 1860 年南部的奴隶制与脱离联邦日期[②]

州/地区	脱离联邦日期	白人总人口(千)	黑人总人口(千)	自由黑人总人口(千)	黑人占总人口比例(%)	蓄奴家庭占白人人口的比例(%)
南卡罗来纳	1860年12月20日	291	412	9.9	59	49
密西西比	1861年1月9日	354	437	0.1	55	48
佛罗里达	1月10日	78	63	1.0	45	36
阿拉巴马	1月11日	526	438	2.7	45	35
佐治亚	1月19日	592	466	3.5	44	38
路易斯安那	1月26日	357	350	18.6	50	32
得克萨斯	2月1日	421	183	0.4	30	29
下南部		2619	2349	36.2	47	38
弗吉尼亚	4月17日	1047	549	58.0	34	26

[①] James M. McPherson, *Battle Cry of Freedom: The Civil War Era*, p.283.
[②] James L. Abrahamson, *The Men of Secession and the Civil War*, 1859-1861, p.85.

续表

州/地区	脱离联邦日期	白人总人口(千)	黑人总人口(千)	自由黑人总人口(千)	黑人占总人口比例(%)	蓄奴家庭占白人人口的比例(%)
阿肯色	5月6日	324	111	0.1	26	19
田纳西	5月7日	827	283	7.3	25	24
北卡罗来纳	5月20日	630	362	30.5	36	29
上南部		2828	1305	95.9	32	25
特拉华	留在联邦	91	22	19.8	19	3
肯塔基	留在联邦	919	236	10.7	20	23
马里兰	留在联邦	516	171	84.0	25	13
密苏里	留在联邦	1063	119	3.6	10	13
边界南部		2589	548	118.1	17	16
南部总体		8036	4202	250.2	34	26

就是在1860—1861年冬春之季退出联邦的南部各州内部,在是否脱离联邦问题上也存在着显著的地区分歧。脱离联邦各州中普遍发生的一个现象是:奴隶主影响相对较小的地区倾向于反对脱离联邦,而奴隶主势力强盛地区赞成脱离联邦。如果将弗吉尼亚、北卡罗来纳、田纳西、佐治亚、阿拉巴马、密西西比和路易斯安那的537个县按照奴隶人口比例分成高中低三类,则1860年总统选举中约翰·布雷肯里奇夺得了64%的奴隶人口比例低的县、56%奴隶人口比例中等的县、52%奴隶人口比例高的县。由于布雷肯里奇要比约翰·贝尔和斯蒂芬·A.道格拉斯更接近一名分离联邦分子,所以这个投票比例表面上显示非奴隶主白人要比大奴隶主,或至少他们居住的那些县,更接受分离联邦。但是这一次只是选举总统。到1861年,还是这537个县中,奴隶人口比例最低的县仅有37%的选票支持立即脱离联邦,而那些奴隶人口比例最高的县中72%的选票支持脱离联邦。那些奴隶人口比例最低的县中,有130个县曾经投票支持布雷肯里奇,但是这些县中后来只有65个县投票支持脱离联邦。在奴隶人口比例最高的县中,有87个县曾经投票支持贝尔或道格拉斯,但后来转变了方向不再支持联邦。"脱离联邦变成了一场奴隶主运动,奴隶人口为数不多的县的人民对此运动持压倒性的否定态度,这远远超出了奴隶主们的预期。"① 上南部4个州进行的脱离联邦复决也显示了同样的现象。在弗

---

① David M. Potter, *The Impending Crisis, 1848-1861*, pp.503-504.

吉尼亚奴隶人口仅占 2.5% 的 35 个县中投票人以 3∶1 的比例反对脱离联邦,而在该州的其他地区,奴隶人口占总人口的 36% 以上,则以超过 10∶1 的比例支持脱离联邦。田纳西东部的 30 个县奴隶人口仅占总人口的 8%,以超过 2∶1 的比例反对脱离联邦,而其他地区奴隶人口比例达 30%,以 7∶1 的比例支持脱离联邦。在阿肯色与北卡罗来纳情形大致相似,在那里温和代表蓄奴的中位数大约是彻头彻尾的分离分子蓄奴中位数的一半。①

在没有脱离联邦的边界州,大奴隶主一般同情南部。尽管特拉华下议院的一致意见是不赞成脱离联邦,但是这种决议在参议院却是以 5∶3 的票数通过,那 3 张否决票来自 3 名奴隶主参议员。在马里兰,波托马克河附近种植烟草的县是最激烈主张分离的人们所在的县。在密苏里人民代表会议代表中,捍卫南部权利集团成员的平均蓄奴数是 10.5 个,远高于联邦主义者的平均蓄奴数 4.1 个。不过,在肯塔基这个小奴隶主人数众多而大奴隶主寥寥无几的州,蓄奴与认为应该脱离联邦之间没有显著关联。②

总体来看,奴隶主集团成功地左右了下南部的政治走向,勉强控制了上南部的局势,却未能左右边界州的取向。密苏里和肯塔基这两个边界州的分离分子都在南部邦联另外组织了流亡政府,他们宣布这两个州脱离联邦加入南部邦联,所以南部邦联的国旗上有 13 颗星。但实际上真正加入南部邦联的只有 11 个蓄奴州。这样一来,南部奴隶主集团的脱离联邦运动导致了南部社会的分裂。"南部那些反对南部邦联的人中,包括至少中部南部的 10 万名白人,三分之二的边界南部白人,以及大约 50 万名逃亡奴隶,这些人将帮助把分离主义者的灵丹妙药转变成自杀赌博。"③随着战争的爆发,和平时期的正常生活秩序被打破,不管是支持脱离联邦的奴隶主集团,还是那些不愿脱离联邦的人,甚至是与奴隶制没有直接利益关联的普通非奴隶主白人,在这场由激进分离分子策动脱离联邦引发的战争中,都将遭受战祸的磨难。

---

① James M. McPherson, *Battle Cry of Freedom: The Civil War Era*, pp. 283-284.
② Marc Egnal, *Clash of Extremes: The Economic Origins of the Civil War*, New York: Hill and Wang, A Division of Farrar, Straus and Giroux, 2009, p. 297.
③ William W. Freehling, *The Road to Disunion*, Vol. II, *Secessionists Triumphant, 1854-1861*, p. 530.

第七章 奴隶主集团的灭亡

如果说美国奴隶主的兴起和成长主要是经济力量的作用,那么他们的灭亡则主要是政治和军事力量角逐的结果。1860年林肯当选总统后,下南部奴隶主集团率先选择了脱离联邦创建独立的奴隶制国家道路。下南部脱离联邦将国家引入内战之中,随着内战爆发,又有上南部4个蓄奴州加入了分裂国家的活动之中。为了维护国家统一,美国进行了4年内战。对于奴隶主集团来说,脱离联邦使他们走上了毁灭之路。经过4年残酷厮杀,南部的奴隶制被毁灭了,南部创建独立奴隶制国家的努力失败了,奴隶主个人的家庭生活、经济财富和政治权势都受到极大损伤,他们的奴隶主身份永远失落了。尽管战后联邦政府对他们采取了极为宽大的政策,但他们却永远失去了昔日的威势。①

第一节 走进绝境:内战后期南部邦联的武装奴隶抉择

美国内战期间,南部的黑人奴隶是南北双方都可能加以利用的人力资源。1863年1月1日林肯颁布《解放黑人奴隶宣言》,决定解放南部叛乱地区的奴隶,并且征召黑人参加联邦军队,自此联邦政府正式开始采取武装黑人政策。具有讽刺意义的是,为了捍卫奴隶制而战的南部邦联在灭亡前夕,也匆匆做出了武装奴隶和解放参军奴隶的决定。这种垂死挣扎并未挽南部邦联于既倒,只是反映了奴隶主集团已经走入进退皆亡的绝境。

一 武装奴隶必要性的形成

南部邦联武装奴隶的必要性,是在内战进行的过程中形成的。南部与北部在战争人力资源对比中的劣势,战争对人力的巨大消耗导致南部邦联白人

---

① 关于奴隶主集团在灭亡过程中的磨难和挣扎,在拙著《南部奴隶主与美国内战》中已有较为充分的论述,故本章仅加以稍许资料补充和简要概述,对该书中论述较为薄弱的论题则利用新史料加以细化充实。

人力资源枯竭,联邦政府采取解放和武装奴隶的政策产生的效应,南部继续进行战争对人力的需求,以及南部存在人数巨大的黑人奴隶人口,这些因素结合在一起所形成的情势,导致了南部邦联武装奴隶的必要性。南部邦联的统治者如果不甘失败,就不得不做出武装奴隶的抉择。唯有这样,南部邦联才有可能继续进行战斗。

美国内战是一场使用最初级近代武器进行的战争,战斗人员数量的多少,在很大程度上决定着战争的胜负。表7-1 中 1860 年美国总人口、10 岁以上成人人口和 10—49 岁男性人口的地区分布状况清晰显示:其一,联邦的总人口和青壮年人口远远超过南部邦联的同类人口数。其二,联邦的白人总人口和青壮年白人人口远远超过南部邦联同类人数。其三,南部邦联存在着人数巨大的黑人奴隶人口,北部的黑人人口则为数不多。这种人口分布状况的军事意义在于:由于北部的战争人力资源居于优势,战争人力资源居于劣势的南部邦联要进行战争,就需要对其人力资源进行更充分彻底的战争动员。在南北双方都对自己的白人人力资源进行充分动员的情况下,南部将无法建立与北部在人数上相匹敌的军队。所以南部邦联比北部更需要从黑人人口中获得兵源。南部邦联存在着人数巨大的黑人奴隶人口,这为南部邦联当政者利用黑人奴隶作为战斗人员提供了基础条件。南部的黑人奴隶本身处在南部奴隶主的控制之下,如果南部当权者有意为之,就可以设计方案利用黑人奴隶为邦联的战争服务。如果南部能够将黑人奴隶变成南部的战斗人员,无疑将在一定程度上弥补白人人力的短缺。反之,如果南部的奴隶被联邦所利用,成为联邦的战斗人员,那么不仅会大大增强北部的军队,同时也会加速南部社会的瓦解,因为南部社会的劳动力是由奴隶提供的。正是这种人力资源格局,决定了武装奴隶成为对南北双方都至关重要的问题。对于南部来说,在一场持续时间长久的人力消耗战中,更是存在利用奴隶作为战斗人员的必要性。

表 7-1　1860 年自由州和蓄奴州的人力资源(人)①

人口分类	地区	总人口	10 岁以上成人人口	10—49 岁男性人口
所有种族	邦联诸州	9101450	6229697	2837819
	边界州	3211897	2235217	1019340
	联邦诸州	19086250	13846835	6128138
	合计	31399597	22381749	9985297

① Roger L. Ransom, *Conflict and Compromise: The Political Economy of Slavery, Emancipation, and the American Civil War*, p.191.

续 表

人口分类	地区	总人口	10岁以上成人人口	10—49岁男性人口
白人	邦联诸州	5447220	3779721	1712064
	边界州	2650243	1849012	850552
	联邦诸州	18860008	13675972	6057644
	合计	26957471	19304705	8620259
奴隶	邦联诸州	3521470	2425751	1088464
	边界州	432586	291043	131708
	合计	3954056	2716794	1220172
自由黑人	邦联诸州	132760	94225	37291
	边界州	129068	95162	37080
	联邦诸州	226242	170863	70494
	合计	488070	360250	144866

说明：边界州包括特拉华、肯塔基、马里兰和密苏里。

不过，内战初期，南北双方都没有预见到这场战争会转变成长期的人力消耗战，都幻想着通过一两次战役一举击败对方，达到自己的战争目的，所以南北双方都将这场战争限定为"白人之间的战争"，都拒绝让黑人成为自己的战斗人员。然而事与愿违，美国内战成为美国历史上伤亡人数最多的战争。这次内战造成的人口伤亡，超过了越南战争之前美国历次对外战争伤亡人数之和。从战争伤亡人口占当时总人口比例来看，内战的人口伤亡比例也是最高。内战期间，联邦和南部邦联军人死亡总人数达到618222人，即每1万人中有182人死亡。而在美国独立战争中，每1万人中有118人死亡；第二次世界大战中，每1万人中有30人死亡；越南战争中每1万人中有3人死亡。[1]随着战争对人力的巨大消耗，使用黑人作为战斗人力的必要性就凸现出来。

自1863年开始，联邦政府率先走上了解放奴隶和武装黑人的道路。1863年1月1日林肯颁布《解放黑人奴隶宣言》，宣布解放南部处于叛乱地区的奴隶并武装黑人为联邦服务。从1863年春季开始，联邦政府开始大规模征召黑人军人。联邦政府的新政策带来两个直接效果。其一，南部的奴隶成为联邦的军人来源。内战时期联邦黑人军人绝大多数来自南部蓄奴州。

---

[1] Maris A. Vinovski, "Have Social Historians Lost the Civil War? Some Preliminary Demographic Speculations", *The Journal of American History*, Vol. 76, No. 1 (June, 1989), pp. 36, 37.

在总数为 186017 人的黑人军人中,134111 人来自蓄奴州,"他们中间绝大多数人参军时是奴隶或以前是奴隶"。① 北部的白人人口原本就远远超过南部的白人人口,南部的黑人奴隶又成为北部的兵力来源,其结果是导致联邦军队的人数远远超过南部军队。其二,此举同时催动着南部奴隶制的瓦解。解放奴隶和征召黑人参军政策给黑人奴隶的信息是,或者参加联邦军队,或者等待联邦军队的到来,他们就可以获得自由。受此信息鼓舞,大批渴望自由的青壮年奴隶逃离奴隶主家庭参加联邦军队。在那些没有离开奴隶主家园的奴隶中,相当多的人则开始积极抵抗奴隶主的压迫。奴隶们的自我解放行动在很大程度上从南部内部瓦解了奴隶制。

尽管如此,人力资源相对较少的南部邦联并没有立即效仿北部采取武装奴隶措施,而是继续立足于单独使用白人作战的政策。然而,顽固坚持这种政策的结局,是导致南部白人人力资源枯竭。尽管南部邦联当局采取了越来越严厉的征兵措施,但是,正如表 7-2 中列出的内战时期南北双方在岗军人人数显示,自 1863 年以后,南部军队人数还是开始下降,1864 年更是大幅度减少。1864 年 9 月 23 日南部邦联总统杰斐逊·戴维斯在佐治亚的梅肯发表演讲时承认,他已经不知道有多少南部军人还在作战,很多人逃离了部队,他说,"我们三分之二的军人不在部队。有些人生了病,有些人受了伤,但他们中的绝大多数人是未经允许离开了部队"。② 戴维斯的话表明,南部邦联的白人人力资源已经枯竭,通过动员白人来增强军队已经不可能。

表 7-2　南部邦联和联邦军队在岗军人人数③

时间	南部邦联军队人数(人)	联邦军队人数(人)
1862 年 1 月 1 日	209852	527204
1863 年 1 月 1 日	253208	698802
1864 年 1 月 1 日	233586	611250
1865 年 1 月 1 日	154910	620924

在战局的发展上,1863 年 7 月初,联邦军队取得了葛底斯堡战役和维克斯堡战役的胜利。自此,南部军队失去了在军事上的进攻能力,在各个战场上陷入被动挨打局面。到了 1864 年,南部的败势更为明显。1864 年 9 月 2

---

① Bell Irvin Wiley, *Southern Negroes*, *1861-1865*, Baton Rouge: Louisiana State University Press, 1965, p.311.
② "Speech at Macon, Georgia, September 23,1864", *The Papers of Jefferson Davis*, Vol.11. http://jeffersondavis.rice.edu/Content.aspx? id = 101 Acessed:2016/05/18
③ Emory M. Thomas, *The Confederate Nation*, *1861-1865*, p.155.

日谢尔曼统帅的联邦军队夺取了佐治亚的亚特兰大,然后挥师东进,在 9—12 月进行了横扫佐治亚的"向大海进军",于 12 月 20 日抵达萨凡纳。从 1865 年开始,他又带领军队北上,几乎没有受到任何抵抗就穿过了南卡罗来纳,进入了北卡罗来纳。与此同时,格兰特指挥的联邦军队在弗吉尼亚北部困住了罗伯特·E. 李指挥的南部军队。面对着岌岌可危的军事处境,南部邦联统治者如果不愿接受失败的结局,就只能在政策上改弦更张,尝试武装黑人为南部邦联而战了。

二 武装奴隶呼声的高涨

内战开始不久,南部邦联政府就收到了少数来自社会的武装奴隶建议。最初建议武装奴隶者所怀心态各异,却皆没有提及南部白人人力资源的相对劣势乃是南部应该武装奴隶的根由。例如,有的人提议将奴隶编入军队,是出于对黑人奴隶的恐惧。阿拉巴马州门罗县的农场主威廉·H. 李在 1861 年 5 月 4 日致戴维斯的信中提出,黑人们认为自己很快就会获得自由,所以政府最好将 17 岁以上的黑人集中关押起来,或者将他们编入军队,"因为生存在他们中间,我们的生命处在危险之中"。同一天佐治亚州阿森斯的约翰·奇塔姆致信南部邦联陆军部长,也表达了对奴隶的恐惧心理。他认为,随着白人战斗人员大批离开乡间,大批的黑人在北部密使的帮助下将会洗劫农村地区,杀死白人居民,然后去投奔黑色共和党人。因为"毫无疑问,他们中的很多人相信林肯的目的是解放他们所有的人"。为了打消奴隶们的这个想法,利用他们帮助打击黑色共和党人,他建议将黑人奴隶编入白人的军队,每个连队编入 10 人或 20 人。这些被混杂编在白人军人中间的黑人由于人数很少,所以对白人军队构不成伤害,这样做同时还可以提高他们的战斗效力。他相信很多黑人能够成为优秀的军人,只要给他们机会他们就会去参加战斗。他提出:"应该让他们明白,如果他们在战斗中表现出色,他们将得到奖励。"也有人提议武装奴隶是出于一种嘲讽心理。1861 年 7 月 17 日阿肯色州海伦娜的奴隶主 W. S. 特纳致信南部邦联陆军部长提出,由于北部人伪称他们钟爱黑人,所以"我们想向他们显示一下真正的南部植棉地带黑人是以多大的'爱'来回敬他们的",如果接受黑人参加军队的话,"我们不久就会让北部盗贼们饱尝到黑人的滋味,黑人们对他们的'钟爱'将使他们永远难忘"。他认为武装黑人是可行的,因为黑人易于约束,在军队中不像白人那样找麻烦。只要有白人军官领导,他们就会进行顽强的战斗。他表示相信,"我们要组织一支强大的黑人军队去对抗林肯的雇佣兵,我们的组织行动越快,我们就能越快一点得到和平"。①

南部社会的武装奴隶呼声,是从 1863 年才开始逐渐掀起的。面对着战争形势的急剧恶化,一些人开始意识到南部在白人人力资源上的劣势对战争的不利影响,认识到了南部的军事危局和武装奴隶的必要性与紧迫性。为了扭转战争败局,社会上的一些人强烈呼吁政府采取武装奴隶措施。1863 年 7 月 20 日,密西西比州路易斯维尔的奴隶主 O. G. 艾兰致信杰斐逊·戴维斯指出,由于维克斯堡已经陷落,密西西比州也已经不保了,"在这里的几乎所有人看来,邦联也已经完了"。他认为,要拯救邦联还有一条路可走,那就是戴维斯立即将所有年龄在 16 岁至 50 岁的身体健壮的黑人召集起来。"立即采取行动。如果不把黑人拉入我们的军队,他们就会全部跑到敌人那边去。"他警告说:"现在我们的敌人正在尽力快速地征召黑人,我们已经没有了其他选择。"佐治亚州费尔本的奴隶主 J. H. M. 巴顿在 1863 年 7 月 29 日写给戴维斯的信中也明确指出,南部的白人人力已经消耗殆尽,武装奴隶成为维护南部独立的唯一出路。他指出,南部的形势已经相当危急,"现在这个邦联国家的每一个州都遭到了入侵,几乎是每一个家庭都失去了自己的某些至亲。现在所有的年轻人都在战场,很多老人也上了前线,而且政府还在召集更多的军人。然而,即使那些所有被征召的人都集中到了军队,那时我们军队的人数也比我们所要对付的敌军人数少许多"。他认为,只要客观地看待这种形势,就会得出这样的结论,"除非我们的军队得到很大增加,否则邦联就必然灭亡"。可是南部从何处获得新军人呢?"我们的白人人口即将耗尽,全世界都对我们关闭了大门,我们不能从其他国家获得帮助,获得外国承认的希望一点也没有"。在这种情况下,拯救南部的唯一希望就是武装黑人。"我们不得不召集年龄在 18—45 岁或 50 岁的男性黑人参军。"他反问道,如果南部的白人都战死疆场,只留下妇女和少数老人在南部生活,这样的南部还有什么价值?"南部的爱国志士已经贡献出了他们的所有儿子,为什么就不能放弃他们的黑人?他们已经失去了一些孩子,如果我们被征服了,他们将失去他们的所有黑人。"敌人已在使用黑人向南部进军,南部应该以牙还牙,将强壮的黑人编入军队,在白人的控制下进行战斗。他声称,根据他的了解,奴隶主愿意让他们的奴隶去参加战斗,"他们不希望自己的黑人在家园养得膘肥体胖,而他们的孩子却在为国家遭受痛苦"。②

南部邦联的一些报纸也加入了呼吁武装奴隶的行列。阿拉巴马和密西

---

① Ira Berlin, et al, eds., *Freedom: A Documentary History of Emancipation, 1861-1867*, Series II, *The Black Military Experience*, Cambridge: Cambridge University Press, 1982, pp. 282, 283.

② Ira Berlin, et al, eds., *The Black Military Experience*, pp. 284, 285-286.

西比州的一些报纸在1863年公开宣扬南部应该不惜以牺牲奴隶制为代价来武装奴隶。他们指出:"我们的处境产生的必要性,迫使我们采取一项与我们所有人的自豪感相逆反的措施。这种措施违背战争之前主宰我们制度的每一项原则。"现在敌人"正在偷走我们的奴隶,把他们改造成军人。……所以最好我们自己使用黑人来保卫我们,而不是让北方佬使用他们来反对我们"。他们认为,由于奴隶主和监工本来就能控制奴隶进行劳动,奴隶们已经习惯了服从他们的管理。所以"北方佬能够使黑人战斗,而我们能够比北方佬做得更出色,能够使黑人更好地进行战斗"。《杰克逊密西西比人报》的评论指出,武装奴隶也许导致普遍的奴隶解放。尽管那种结果对于黑人和白人种族来说都是大灾难,但是如果南部输掉了战争,也就失去了奴隶制,因为"北方佬的成功就是奴隶制的死亡……所以这是一个必要性问题,是一个选择邪恶的问题。……我们必须保护自己免受贪婪的北部的侵害,为此我们要不惜一切代价"。该报宣称,不能让奴隶制成为南部独立的障碍,"尽管在我们开始战斗时奴隶制是我们为之而战斗的原则之一……但是,如果现在它成了我们获得自由和建立独立国家的不可逾越的障碍,那就将它扔掉"。①

克里伯恩建议的出现,意味着从南部军官群体中也产生了要求武装奴隶的呼声。1864年1月2日,南部邦联田纳西军团的中高级军官在佐治亚州多尔顿召开会议,以帕特立克·克里伯恩为首的14位中高级军官联名向与会的其他军官提出一份报告,建议政府采取武装奴隶政策。克里伯恩的建议书指出,南部的战争形势已濒临绝境。南部已经进行了近三年的战争,遭受的人员伤亡、物质毁坏和财产损失十分惨重。然而,"由于我们的制度中存在某些缺陷,我们做出的奋斗和牺牲换来的成果都从我们这里溜走了。除了长长的伤亡人员名单外,我们一无所获"。南部在军事上已经陷入被动,南部邦联的领土已经剩下了不足原领土的三分之二,敌人现在还在各条战线上以优势兵力与南部军队对抗。"这种形势只有一种结局,那就是我们自己消耗殆尽。我们的军人看不到会有其他结局,所以,他们不是应时而起,而是陷入一种严重的漠不关心状态,对于去承受没有结果的艰难和杀戮越来越厌烦。"既然事情已经发展到如此地步,人们越来越相信,除非采取不同寻常的措施使南部的境况发生改变,否则"最可怕的灾难即将降临到我们头上"。克里伯恩认为,南部现在军心不稳,军队中越来越不尊重私人权利,各级军人中都有逃兵,军官们失去了士兵的信任;南部的供应不济;家庭生活遭到破坏。"如果这种状况持续很长时间,我们必定被征服。"对于南部被征服的后

---

① James M. McPherson, *The Battle Cry of Freedom: The Civil War Era*, pp. 831-833.

果,克里伯恩描绘了一幅屈辱和恐怖的生活图景。他警告说,被征服意味着"失去所有我们现在认为最神圣东西;奴隶和所有其他动产、土地、家宅、自由、正义、安全、自豪和男子气概;它意味着这场英雄们的战斗历史将由敌人来编写;我们的青年人将由北部学校的教师教导,他们将从北部学校的教科书上学习北部人对这场战争的解释;北部人的历史阐释和进行的教育产生的影响将使得我们的年轻人认为,我们死去的勇敢者是叛国者,伤残军人是可笑之人;它意味着南部的阳刚气概遭到摧毁,南部人遭到我们前奴隶的仇恨,他们将在一个密探制度中成为监视我们的秘密警察"。克里伯恩发出此种警告,用意当然是说明南部应该避免这种因战争失败而导致的可怕结局。然而南部怎样才能避免战争失败呢?他通过对南部在战争中失败原因的分析论证了武装奴隶的必要性。他认为,导致南部毁灭的三大原因是:"第一,我们的军队与敌人的军队在数量上相比处于劣势;第二,我们缺乏军人供给来源,与敌人相比我们只有一个来源,而敌人有多个来源;第三,虽然在战争开始时奴隶制是我们力量的首要来源,现在的实际情况是,从军事的角度看,奴隶制已经成为削弱我们力量的主要渊源之一。"他进一步分析说,北部军队在数量上已经占有优势,并且还在继续增强他们的这种优势。北部已经征召黑人军人,这样,北部军队在南部的进攻就导致北部军队兵力的增加。而"我们的唯一兵力来源,是那些还没有参军的适合当兵的白人。敌人的兵力有三个来源:第一,他们自己拥有民族成分多样的人口;第二,我们的奴隶;第三,欧洲人。关于奴隶制罪恶的图文描绘已经把他们煽动起来,使他们参加了这场反对我们的十字军战争,而他们的政府同样反对我们的制度,所以不阻挡他们参加这场反对我们的事业。"按照克里伯恩的思路,由于美国国内和外国都反对奴隶制,北部从国内外都得到了援助。他发现,"从纯粹的军事角度来看,奴隶制使得北部从我们的物产丰饶地区获得了军人来源,这样奴隶制就成为敌人力量的巨大来源,却成为我们最脆弱之处,成为可以被敌人利用的弱点,使我们身陷困境无法摆脱"。联邦军队所到之处或影响所及地区,奴隶主的奴隶财产就失去了安全。出于对奴隶的恐惧,很多奴隶主慢慢产生了不惜一切代价结束战争的愿望。为了保护他们的财产,他们做的下一步行动就是宣誓效忠美国。"在所有临近战线的地区,奴隶制对于我们已经没有价值,不能为我们提供劳工,却对敌人有越来越重要的价值,可以为他们提供情报。"鉴于奴隶制已经对南部有害无利,所以在已经不能从白人中征集到新兵的情况下,就应该诉诸武装奴隶。"我们立即开始训练最勇敢的奴隶,组成一支庞大的后备部队。而且我们要保证,在一个合理的时间之内,在这场战争中保持忠诚于邦联的所有奴隶将得到自由。"①

从 1864 年秋开始,随着南部军事处境更加恶化,来自社会要求武装奴隶的呼声也愈益强烈激昂,一些建议者的急迫心情溢于言表。1864 年 9 月 16 日,佐治亚农场主 F. 肯德尔致信戴维斯,直截了当地发问:"现在还不是征集黑人的时候吗?"他指出,"黑人现在是补充我们军队的唯一资源"。应该将年龄在 15—55 岁的黑人强征入伍,如果必要的话,就以在战后让他们获得自由为条件。他警告说,现在佐治亚州的多数人赞成以解放奴隶为条件重归联邦,而不愿继续进行战争。在他看来,如果戴维斯召集国会通过招募 2000 甚至 10 万黑人军人的法案,就会对北部的总统选举产生影响。现在南部的军队正在向梅肯撤退,那些被放弃地区的身强力壮的黑人,很快就会或者参加北方的军队,或者从事某种战争辅助工作。他写道:"在我看来,如果还不是太迟的话,招募黑人军人这个问题值得您好好考虑。我害怕已经太迟了,先生,我为此深感不安!" 1865 年 2 月 8 日弗吉尼亚的约翰·亨利·斯特林费洛致信戴维斯指出,南部不仅提供了南部邦联军队的人力,而且北部军队的一半人员来自南部,如果战争再继续一年时间,南部就会为敌人的军队提供三分之二的人力。这一事实表明,如果不改变政策,南部就会被毁灭。他对比说,北方军队中现在有 20 万南部的前奴隶,到下一次征兵后,他们的人数将占到联邦军队人数的一半以上,而南部的军队中却没有一个黑人军人。南部人认为奴隶不能够成为优秀军人,因此拒绝武装黑人。但是北部却使用了南部的逃亡奴隶,人数达到 30 万人或 40 万人。"现在,不管我们如何声称黑人不能成为军人,人人却都知道,如果北部的白人军队足以控制住我们的军队,那时这些黑人军队就能够肆意蹂躏和破坏我们的整个国家,我们将绝对被我们自己的奴隶所征服。"② 1865 年 1 月 10 日佐治亚的萨姆尔·克莱顿致信戴维斯指出,南部的白人青壮年都已经参加了军队,新兵只能来自黑人了。他认为,"当务之急是采取措施为下一个春季的战役征集军队"。怎样才能达到目的呢? 16—60 岁的白人男子已经被全部征入了军队;南部邦联不能从欧洲和其他国家获得军人,只能依靠自己的资源,所以,"新兵必须是来自我们的黑人,别无其他选择"。他认为黑人能够成为军人,"敌人在使用黑人与我们作战,黑人与北方佬作战也将表现出色"。他反驳那种认为使用

---

① United States. War Dept, ed., *The War of the Rebellion: A Compilation of the Official Records of the Union and Confederate Armies*, Washington: Government Print Office, 1880-1901, Ser. I, Vol. 52, pt. 2, pp. 586-589. http://cdl.library.cornell.edu/moa/browse.monographs/waro.html Acessed: 2005/11/05

② Ira Berlin, et al, eds., *The Black Military Experience*, pp. 286-287, 291.

奴隶军人就会毁灭奴隶制的观点。指出,"从战争一开始,我们就是用黑人为我们的军队种植粮食及从事其他工作,这就是在使用黑人捍卫奴隶制。让我们在进一步使用黑人,把刀枪放到他们手中,让他们去拼杀那些来毁灭奴隶制和奴役我们的人"。他最后表示,如果还有其他办法,他就不赞成武装奴隶,但是南部已经无路可走,"必须把黑人投入军队,否则我们将被可恨的敌人征服。我们的军队士气低落,在后方的人民中间也可以看到愿意屈服的迹象"。①

南部一些州的领导人也发出了要求武装奴隶的强烈呼声。1864 年 9 月 26 日路易斯安那州州长亨利·艾伦在致戴维斯的信中表示,"对于我们来说,现在是把身强力壮的黑人编入我们的军队作战的时候了。这项工作应该立即开始。这是当前最重要的问题,国会应该在即将召开的会议上就此问题采取行动"。他表示相信,在白人的教导下,黑人能够成为战斗人员。"那些离开我们的黑人已经成为我们的战斗对手了。"他宣称,"我愿意解放所有能够拿起武器的黑人并立即把他们投放到战场。作为军人,他们站在我们一边战斗,要比进行反对我们的战斗表现得更加出色。我们的军队现在日益减少,这样做将大大增加我们军队的人数"。② 1864 年 10 月,北卡罗来纳、南卡罗来纳、佐治亚、阿拉巴马和密西西比州州长在佐治亚州的奥古斯塔开会讨论南部面临的问题,他们通过一系列决议,其中一项就是建议使用奴隶作为军人。③ 弗吉尼亚州长威廉·史密斯在 1864 年 12 月 7 日给弗吉尼亚议会的报告中指出,南部在不利的条件下进行的战争已经进入第 4 年,现在正在到处寻找兵员。南部自身没有充足的人员供应,外国也在反对南部,从俘房中显然也征集不到大量兵员。在这种形势下,"公众自然把注意力转向我们的奴隶,把他们看成丰富的现成的兵力来源"。史密斯承认,武装奴隶确实是一项重大的难题,所有人都同意在军队中使用黑人奴隶从事体力工作,但对于是否现在使用奴隶做军人则存在分歧。不过,"所有人都同意,当问题成为在自由和独立或屈服之间进行选择时,我们应该采用可以使用的一切手段来援助我们的斗争,进行战斗,抵抗我们的敌人。我敢说人人都同意这种立场,没有人会犹豫。即使结果是解放我们的奴隶,也没有人会对将黑人编入军队的做法表示不高兴,而宁愿让自己成为我们敌人的奴隶。可恨的敌人对我们是怀着复仇之心的。"他指出,北部的兵力在数量上比南部多 3 倍。他们能够从整个欧洲获得新兵,而且已经毫不犹豫地武装了南部的黑人。在这种

---

① United States. War Dept, *The War of the Rebellion*, Ser. IV, Vol. 3, pp. 1010-1011.
② Ira Berlin, et al, eds., *The Black Military Experience*, p. 288.
③ Bell Irvin Wiley, *Southern Negroes, 1861-1865*, p. 151.

情况下,南部还应该犹豫不决吗?"就我来说,站在上帝和我的国家面前,我要毫不犹豫地说,我愿意根据需要武装我们身体健壮的奴隶,将他们送到战场,让他们为进行春季战役做好准备,即使这样做的结果是让这样组织起来的奴隶获得自由也在所不惜。"他建议州议会尽快考虑这个问题并制定措施。①

综观主张武装奴隶者的以上论述,可以发现他们有这样一个显著的共识:他们都意识到了南部战局不利的根源是战斗人员的不足,认为采取武装奴隶措施是拯救危局的唯一途径。在他们的分析中,武装奴隶就可以增强南部的战斗部队,从而可以避免南部邦联的灭亡。

三 解放奴隶思想

武装奴隶是否以解放奴隶、废除奴隶制为代价?这是主张武装奴隶的人无法回避的一个论题。固然,个别主张武装奴隶的人仅仅同意向参军的奴隶承诺让他们在战后获得自由,而不想废除奴隶制。1864 年 9 月 29 日一个自称佐治亚人的人致信陆军部长詹姆斯·A.塞登提出,既然北部已经武装黑人,南部就应该武装南部的黑人,以便让黑人去打黑人。他建议,武装奴隶可以通过这样的方法来进行:向被使用的奴隶承诺在战争结束后给他们自由,用带有利息的债权补偿奴隶主。他认为,"北方佬有效地使用身体健壮的奴隶反对我们,我们一定能够像北方佬那样有效地使用他们。让黑人与黑人战斗,他们将显示出比对抗白人时更大的勇气。让他们与北方佬的黑人对阵,白人在他们背后用刺刀压阵"。按照他的算计,这种仅仅解放黑人军人的方法将会保持奴隶制,"通过保留黑人儿童、妇女和那些被免除服兵役或被特派从事其他工作的黑人继续为奴,奴隶制仍然将得到维持;我们白人同胞的生命在一定程度上得到保护,依靠社会中这部分人的有效工作,仍然可以生产出充足的粮食"。② 不过,这种论调没有多大说服力,因为很难相信奴隶们会为了维护奴隶制而战。对于武装奴隶是否以解放奴隶为条件,绝大多数主张武装奴隶者的回答是肯定的。相当多的人在其建议中只是简单地表示了为了武装奴隶而不惜解放奴隶甚至毁灭奴隶制的意愿,一些人,如克里伯恩、斯特林费洛和罗伯特·E.李等,则对解放奴隶和废除奴隶制的必要性和有益性加以专门论说。这些人的论证话语,折射出了他们对奴隶制的真实态度和主张解放奴隶的真正意图。

关于南部废除奴隶制的必要性和有益性,克里伯恩在他的建议中从多个

---

① United States. War Dept, ed., *The War of the Rebellion*, Ser. IV, Vol.3, p.915.
② Ibid., p.693.

方面加以了论证。在他看来,其一,南部废除奴隶制就可以得到国际同情和支持。由于英法两国反对奴隶制度,所以南部邦联要想得到英法的承认和援助,就必须废除奴隶制,"一旦奴隶制这个障碍被消除,英法和其他国家的同情和利益就会与我们一致,我们可以期望从他们那里得到道义支持和物资援助"。在他看来,只要让外部世界了解了南部为了争取独立做出的巨大牺牲,"世界的同情就将完全转到我们一方"。外国人是出于对奴隶制的偏见而给予北部道义支持和物资援助的。南部邦联一旦解放奴隶,就剥夺了北部由此而得到的援助。如果北部继续进行战争的话,此后就会遭到世界的蔑视,北部原有的外国兵力来源就会枯竭。其二,解放奴隶还使得北部的黑人军人失去战斗动机,从而使他们的黑人兵力来源遭到耗竭。此外,南部解放奴隶还能够打击和分化北部的战争力量。北部人反对奴隶制,所以支持进行解放奴隶的战争。南部解放了奴隶,解放奴隶就不再是北部的战争目标。那样,北部人民就不会再支持战争。"人们可能幻想摧毁奴隶制是他们的一项伟大责任,但是人们能有什么兴趣去捍卫北部战争纲领的其他内容?"其三,解放奴隶和征召黑人军人对南部的军事力量将立即产生这样的影响:"确保我们得到的军队在人数上超过北部的军队;使我们能够采取进攻行动,向前推进,去对敌人进行扫荡。"由此南部就得到了另一种从未接触的供应来源,为南部提供进行战争的物资。奴隶制给南部造成的脆弱、尴尬和危险也就立即消除了。南部人就不用再害怕奴隶们为北部军队提供情报和去参加联邦军队。黑人获得了解放,"他们的种族将把自己的同情给予他们在此生长的南部"。克里伯恩明确提出,武装奴隶必须以解放奴隶为条件。"在这个国家处于极端痛苦的时刻,如果我们武装和训练他们为这个国家而战斗,对任何原则和政策的考虑,都要求将与我们站在一起的奴隶和他们的整个种族予以解放。"他指出,当一个人为了国家而贡献自己的生命的时候,就应该得到自由。黑人奴隶长期一直渴望着自由。他警告说,"奴隶们现在已经对我们构成了威胁,然而在将他们加以武装、训练和集中到军队中后,危险可能会增加一千倍。因此当我们使他们成为军人时,就必须使他们获得自由,对此要毫无疑义,从而博得他们的同情"。在他看来,南部比北部更能获得黑人的支持,因为南部除了能够给奴隶自由外,还可以使他们的妻子孩子也获得自由,并能使黑人安全地生活在原来的家园。只要南部以真诚解放奴隶的真情打动奴隶的情感,征召黑人军人,"我们就将这个种族从我们的一个致命弱点变成了一个依靠力量"。①

---

① United States. War Dept, ed., *The War of the Rebellion*, Ser. I, Vol. 52, pt. 2, pp. 589, 590-591.

罗伯特·E.李对于武装奴隶和解放奴隶的认识与克里伯恩不约而同。1865年1月7日弗吉尼亚参议院参议员安德鲁·亨特致信罗伯特·E.李，询问他对武装奴隶的意见，并提出了这样一些具体问题：通过精心制订计划和挑选黑人军人，能够使他们成为南部战争的有效和可以依靠的军人吗？将一部分黑人征集为军人是否会对南部的奴隶制产生伤害？征集黑人入伍是否会允许豁免更多白人服役，让他们从事粮食和供应品生产？这种政策是否能增强南部的防卫力量？① 1865年1月11日，罗伯特·E.李复信给安德鲁·亨特，阐述了他的立场。他首先宣称，现在存在于南部的奴隶制度是解决黑人白人两个种族关系的最好制度。他认为，"在仁慈的法律管理下，在基督教精神的影响下，再加上公众的开明思想，我认为，在黑人和白人两个种族在这个国家混合存在的情况下，他们之间现存的主人与奴隶关系是这两个种族能够存在的最好的关系。如果不是为了避免对两个种族造成更大灾难的话，我将反对任何突然扰乱这种关系的做法"。他表示，自己更愿意依靠白人来保持南部军队有足够的人数来与敌人军队相匹敌。但是，北部已经走上了解放奴隶和征召黑人参军之路，大批的黑人奴隶参加了联邦军队，成为敌人的战斗力量。随着联邦军队在南部的推进，越来越多的奴隶会成为北部的战斗力量，"这样，敌军的推进将增加敌军的数量，同时以一种对我们的人民造成最大伤害的方式摧毁奴隶制。他们的黑人将被用来控制我们的人民，使我们的人民俯首听命。这样可以使敌人的其余军队随意地扩大他们的征服地区。不管我们使用黑人军队的后果是什么，都不可能像敌人征服我们的后果这样伤害深重。如果武装奴隶的结果是颠覆奴隶制，那么也应该由我们自己来完成。这样我们就能够设计出一种方法，减轻颠覆奴隶制的邪恶后果给这两个种族造成的伤害。因此，我认为我们必须做出决定，是让奴隶制被我们的敌人摧毁，奴隶们被用来反对我们？还是我们自己冒险使用他们，为此承担这样做可能给我们的制度带来的后果？我的意见是我们应该立即使用奴隶做军人。我相信通过恰当的管理，他们能够成为有效的军人。他们拥有强壮的体质，有着长期服从命令的习惯，再加上在我们国家中白人对黑人的道德影响，这就为他们服从军纪奠定了良好的基础。军纪是军队效率的最好保证。我们的首要目标是获得他们的忠诚"。在他看来，为了获得奴隶的忠诚，最好的办法是给奴隶自由。"我们能够给予我们的黑人这样一种利益：立即给予所有参军者自由，对于忠心履行了他们的职责的人，在战争结束时（不管他们是否还活着），给予他们的家人自由，并给予他们在南部居住的

---

① United States. War Dept, ed., *The War of the Rebellion*, Ser. 4, Vol. 3, p.1008.

权利,此外对于他们的忠诚服役还应该给予奖金。"罗伯特·E. 李进一步指出,奴隶只要到了北部军队那里就立即获得了自由,在这种情况下"我们不能期望奴隶为为有可能获得自由而战"。他认为,获得奴隶军人的效率和忠心的最好办法,是在采取武装奴隶措施的同时,制订计划"逐步和普遍地解放奴隶"。他提出,以解放奴隶为条件来使用黑人军队,"将极大地增强我们的军事实力,使得我们能在一定程度上减轻依赖白人人口的压力。我认为,除了在一些必要情况下外,我们可以省去使用后备部队"。这样做,还将使联邦通过消耗南部邦联力量而获胜的愿望无法实现,"如此,将挫伤敌人消耗我们力量的期望。剥夺他们从黑人军队获得的大部分支援,如此,战争的负担就扔到了他们的人民头上。采取解放奴隶这种方式,除了会给我们的事业带来巨大的政治优势外,还会对我们的整个黑人人口产生有益的影响。促使那些成为军人的黑人对我们的忠诚更加牢靠,减少对其余奴隶逃跑的诱导"。①

约翰·亨利·斯特林费洛对解放奴隶问题的认识与克里伯恩和罗伯特·E. 李的思想也是不谋而合。他在 1865 年 2 月 8 日致戴维斯的信中指出,如果在战争开始时南部的黑人都获得了自由,北部就不可能从南部征召到黑人军人。"现在如果将我们的奴隶解放,北方佬还能从他们中间再召集到一个新兵吗?如果宣布对那些已经逃到北方军队后方的奴隶给予自由和宽恕,难道他们不会几乎一致地逃回到他们原来的家园吗?我们解放的黑人难道不会像在我们的敌人那里一样,成为优秀的军人为我们服务吗?"他认为南部仅仅解放一部分奴隶是不明智的,如果仅仅解放一部分奴隶,将他们编入南部的军队,那么其余没有获得自由的黑人就成为北部军队的征兵对象。那样的话南部一半以上的人口对南部就没有用处。如果南部解放奴隶,"北方的军队将遭到削弱,我们的军队将得到增加,我们的劳工得到保持"。如果南部不解放奴隶,在战争继续进行的情况下,"最终我们将被征服,我们的奴隶被他人解放,我们的土地被分给黑人,即使还留给我们一些土地,也是得到与我们的黑人平等的一份(如果还给予我们一点权利的话),也只是给予我们与黑人平等的社会和政治权利和特权。如果我们解放奴隶,就能确保我们的独立,所有政治权利将仅仅为白人所有,白人将保留除奴隶财产以外的全部财产,并且制定法律控制解放黑人。被解放的黑人没有土地,必须为地主劳动;他们是一个充足的劳动力来源,他们给地主劳动,必须和做奴隶时一样勤俭"。他宣称,南部所要解决的问题是实现独立。"在我看来,我们需

---

① United States. War Dept, ed., *The War of the Rebellion*, Ser. IV, Vol. 3, pp. 1012-1013.

要决定的唯一问题是:我们是通过解放奴隶获得我们的独立,从而在解放他们后继续拥有通过法律管制他们的全部权力呢? 还是允许敌人使用我们的奴隶将我们征服,迫使我们接受北部做出的奴隶解放,屈服于与黑人保持平等,或是让我们的黑人得到更优越的政治权利? 或者是让我们的财产被部分或全部没收,交给黑人使用或用于为他们谋利益呢?"他警告说,"如果战争像现在这样继续进行,面对着北方佬在人数上的压倒性优势和我们的奴隶拿起武器反对我们,我们将被迫屈服"。他表示自己仍然相信奴隶制是上帝批准的制度,是最人道和有益的劳动与资本的关系,然而在军事意义上奴隶制却成了南部的弱点,所以,"为了取得并永久维持我们的独立,我们必须解放奴隶"。①

克里伯恩、罗伯特·E.李和斯特林费洛并没有事前进行协商和共谋,然而他们的解放奴隶思想却有相通之处。这些人的论证话语表明,他们在道义上并不反对奴隶制,而是拥护奴隶制。他们主张废除奴隶制,是出于利用黑人人力的实际军事需要考虑。他们的思维逻辑是,只有废除奴隶制才可能换取黑人愿意为南部而战。通过废除奴隶制而获得新的战争人力,南部邦联就可以避免灭亡。只要南部的统治阶级得以继续控制南部社会,他们就可以采取措施继续控制和奴役黑人,从而使得南部的奴役黑人制度名亡实存。这就是他们主张解放奴隶放弃奴隶制的真实意图。

四 反对武装奴隶者的论点

然而,解放奴隶既要直接损害主宰南部社会的奴隶主集团的根本利益,也是对他们长期宣扬的亲奴隶制理论的嘲讽和否定。从19世纪30年代开始,南部奴隶主集团就一直宣称对黑人的种族奴役是一种"有益的善举",奴隶制是一种符合人道的制度。在1860—1861年做出脱离联邦选择之时,南部的分离分子毫不隐讳他们的动机就是为了维护奴隶制的永久安全。现在如果南部邦联自己废除奴隶制,那么对于南部就是一种绝妙的讽刺。所以,尽管主张武装奴隶者表白了他们主张废除奴隶制的真实用意,他们的呐喊还是在南部社会引起强烈震颤。伴随着武装奴隶呼声的蜂起,相应也掀起了反对武装奴隶的声浪。

首先,在1864年11月以前,南部邦联行政当局一直拒绝考虑武装黑人问题。1861年8月2日陆军部官员A.T.布莱索受陆军部长指示,对来信建议武装奴隶的特纳答复说,现在向政府提供服役的白人人数已经非常之多,

---

① Ira Berlin, et al., eds., *The Black Military Experience*, pp. 292, 294-295.

邦联政府此时都没有能力为他们提供武器。① 1863 年 11 月 7 日邦联少将达布尼·莫利致信军务局长萨姆尔·库珀，请求允许将莫比尔市的克列奥尔人招募入军队，11 月 20 日库珀将此信转交给陆军部长詹姆斯·A. 塞登，11 月 24 日陆军部长塞登表示，"我们与北部和在全世界面前所持的立场，不允许我们把黑人作为武装军人来使用"。②

对于克里伯恩的建议，南部邦联行政当局采取了压制的做法。田纳西军团绝大多数军官也持反对态度。参加多尔顿会议的安德森准将在 1864 年 1 月 14 日致利奥尼达斯·波尔克中将的信中表示，克里伯恩的建议是荒谬的，"与南部人的感情、自豪和荣誉格格不入"。沃克少将于 1 月 12 日直接致信戴维斯，汇报了克里伯恩所提的建议。他指出，身为田纳西军团指挥官的约瑟夫·约翰斯顿拒绝上报这件事，但他认为此事事关重大，所以才向戴维斯汇报。他表示自己反对讨论这个问题，"我强烈相信，对这样的思想和建议进一步争论将摧毁我们军队的效力，给我们的事业带来毁灭和耻辱"。1 月 13 日戴维斯回信表示反对讨论克里伯恩的建议。他指出："讨论这样一个问题，或者甚至让人民知道他们信赖和尊重的人接受这种观点，对我们的公共事业将产生伤害。所以我认为，在现在这样的情况下，最好的办法是避免公开这个问题。因此，陆军部长已经写信给约翰斯顿将军，要求他向有关各位传达我的建议，将此事保密。如果这个问题能够不公之于众，则它的不良影响将会大大降低。"陆军部长塞登在 1 月 24 日致信约翰斯顿，要求不要讨论这个问题，他在信中指出，总统深信"在邦联现在的处境下，这种意见的传播甚至公布，不管是在军队中还是在人民中间，只能够导致沮丧、不安和纷争"。他要求约翰斯顿将总统的意见通知当时在场的军官，要他们不要议论这个问题。塞登进一步指出，克里伯恩建议中所提的措施，不应该由军事人员来考虑。这些问题涉及的范围也超过了邦联总统的权限，在南部邦联的宪政制度下，行政首脑不能向国会提出这种建议，国会也不能接受这种建议。"这种意见只能危害各州和人民之间的团结和和谐，而为了实现成功合作和取得独立，他们之间的团结和和谐是必不可少的。"在收到塞登的信后，约翰斯顿于 1864 年 1 月 31 日向哈迪中将、辛德曼、克里伯恩、斯图尔特和沃克少将、贝特和安德森准将，传阅了塞登的信件。2 月 2 日约翰斯顿回信塞登表示，"听取这份报告的所有军官中没有人赞成这个计划。克里伯恩少将看到那种情况，自愿宣布他将服从那些军官的意见，将他的报告抛开"。③

---

① United States. War Dept, ed., *The War of the Rebellion*, Ser. IV, Vol. 1, p. 529.
② Ibid., Vol. 2, p. 941.
③ Ibid., Ser. I, Vol. 52, pt. 2, pp. 598, 596, .606-607, 608, 609.

行政当局对武装奴隶建议的否定态度持续到 1864 年 10 月。陆军部长塞登在 1864 年 10 月 6 日就一个佐治亚人建议武装奴隶的信表示,"如果所有能够拿起武器的白人男子都被投放战场,那就会是一支人数庞大的军队,我们的社会能够持续维持这样一支军队。作为军人白人比黑人更优秀。对于进行战争来说,当生存已处在危险之中时,我们应该使用最优秀的材料"。①

来自南部邦联政府外的公开反对武装奴隶的声音,折射出了多种多样的认识和心态。有人反对采取武装奴隶行动,是害怕此举会导致奴隶大逃亡。1865 年 2 月密西西比州州长克拉克在给戴维斯的电报中说:"阻止黑人去投奔敌人的唯一因素,是他们害怕被拉入联邦军队。如果我们试图把他们投入我们的军队,他们都将会逃走。"②不过,发出反对武装奴隶强音的人主要是在思想和感情上无法接受废除奴隶制度。1865 年 1 月 13 日,南卡罗来纳《查尔斯顿信使报》发表文章指出:正是为了捍卫奴隶制,南卡罗来纳才脱离联邦。在经过流血牺牲之后,现在不能容忍奴隶制被消除,因为"没有我们的制度就没有邦联政府"。作者立场鲜明,愿与奴隶制共存亡:"没有了我们的制度,我们就不需要有邦联政府。我们将舍弃一切。我们与奴隶制生死相依,存亡共度,今天我们正在为此而战斗。"此文宣称:"南卡罗来纳的军人不会与黑鬼们并肩而战,谈论解放奴隶就是解散我们的军队。我们是自由人,选择为自己而战斗。我们不需要任何奴隶为我们而战。"③北卡罗来纳的威廉·W.霍尔登指责南部邦联政府武装奴隶的计划是一种废奴措施,"它是一种对被征服状态的承认。是放弃了这两个地区走向战争的重大立场"。④

有人出于种族主义偏见认定黑人是劣等种族,不能成为优秀军人,白人军人也不愿与黑人为伍。佐治亚的豪厄尔·科布在 1865 年 1 月 1 日致信塞登指出,"我认为,那种主张让我们的奴隶成为军人的建议,是自战争开始以来最具恶意的建议"。他表示,看到包括罗伯特·E.李将军在内的很多优秀的伟大人物和军人支持这种政策,他感到难堪和遗憾。他提出,"你不能使奴隶成为军人,也不能使我们的军人成为奴隶。当你诉诸使用黑人军人时,你就失去了你的白人军人"。他认为白人军人不会与黑人并肩战斗,黑人也不可信赖。"你不能够将白人军队与黑人军队保持在一起,而且你不能信赖黑人。"他警告说,"你们让黑人做军人之日,就是我们革命的末日。如果奴

---

① United States. War Dept, ed., *The War of the Rebellion*, Ser. IV, Vol.3, pp.693-694.
② Bell Irvin Wiley, *Southern Negroes, 1861-1865*, p.155.
③ Charleston (S.C.) Mercury, January 13, 1865. http://www.sewanee.edu/faculty/Willis/Civil_War/documents/Mercury.html Acessed: 2003/01/24
④ William C. Harris, *William Woods Holden: Firebrand of North Carolina Politics*, Baton Rouge: Louisiana State University Press, 1987, p.154.

隶能成为优秀的军人,那么我们的整个奴隶制理论就是错误的——但是他们不能成为优秀的军人。作为一个阶级他们缺乏作为军人的所有素质"。他认为,宁可接受英国和法国的要求废除奴隶制,以换取他们的援助,也不要采取武装奴隶的政策,因为这种政策"必将导致我们的毁灭和被征服"。他恳求政府尽最大努力征召白人军人,不要诉诸"武装我们的奴隶这种自杀政策"。① 罗伯特·图姆斯的反对话语更显激愤,他在 1865 年 3 月 24 日的一封信中表示,他认为黑人不适合做军人,至少不适合做南部邦联的军人,"如果获取我们的独立,竟要依靠我们奴隶的勇气……而不是我们自己的勇敢,那么在我看来,最大的灾难可能降临到我们头上。弗吉尼亚的军队允许一个黑人团队加入其行列之日,就是他们被玷污、被毁灭和被羞辱之时"。②

五 最后的选择

反对武装奴隶的声音尽管强劲,但是持此种立场的人,并不能找到挽救南部军事危局的现实途径。在白人人力动员已经山穷水尽的情况下,南部邦联的执政者不得不转向支持采取武装奴隶政策。

1864 年 11 月 7 日戴维斯在给国会的报告中,正式发出了采取武装奴隶政策的试探信号。在这份报告中,戴维斯在提出邦联需要 4 万奴隶劳工后,又主动提到了武装奴隶问题。他表示:"我们完全是从政策和我们的社会经济角度来看待这个问题的。从这样的角度出发,对那些主张普遍征集和武装奴隶担当军人职责之人的意见,我就必须加以反对。如果将来情况证明,我们的白人人口,不能提供足够人员满足我们的需要,并且不能满足需要投放到战场的军队人数时,使用黑人做军人就成为了问题。培训黑人一直是为了让他们从事劳动;而白人从青年时期开始,就习惯于使用火器,很少有人认为,白人作为劳工具有聪明的头脑和优势,这就是现在摆在我们面前的问题。但是,当我们面临在被征服或使用奴隶作为军人之间进行选择时,看来没有理由怀疑那时我们将做出那种决定。"③在这里,戴维斯实际上用的是"欲擒故纵"的策略,虽然他声称暂时还没有武装奴隶的必要,宣称他不赞成武装奴隶做军人,但实际上是用委婉和隐讳的方式暗示国会应该考虑武装奴隶问题。

在私人通信中,戴维斯和他的内阁高官则直言不讳地表示应该采取武装

---

① United States. War Dept, ed., *The War of the Rebellion*, Ser. Ⅳ, Vol. 3, pp. 1009-1010.
② Allan Nevins, *The War for the Union*, Vol. Ⅷ, *The Organized War to Victory, 1864-1865*, New York: Charles Scribner's Sons, 1971, p. 279.
③ *Journal of the Confederate Congress*, Vol. 4, p. 258. http://memeory.loc.gov/cgi-bin/ampage Accessed: 2004/04/03

奴隶政策。国务卿朱达·P.本杰明在1864年12月21日致弗雷德·波克尔的信中指出,"如果我们不把黑人武装起来保卫我们自己,黑人就一定会被用来进行反对我们的战斗。除了武装奴隶作为辅助部队这种途径外,用其他方式使用他们,将使得我们的这种力量来源遭到持续、致命和不可挽回的消耗"。他表示赞成以解放奴隶为条件换取黑人参军,"如果他们为他们的自由而战,他们就有资格获得自由"。他甚至表示,对于那些参军黑人的家属,在经历一段时间的农奴或债务奴过渡期后,也给他们以自由。值得指出,本杰明写此信给波克尔的目的,是让他利用自己的报纸炒作武装奴隶问题以造声势。他写道:"在这个问题上公共舆论正在快速成熟,到这个冬季结束之前,这种信念就会相当普遍。那时政府发起这项总统在致国会的报告中已经预示的政策就不会有什么困难。总统的那份报告,加上随后史密斯州长的报告,已经造成了很大影响。如果你能够让你的那些报纸,或者其中的任何一家报纸开始对这个问题加以讨论,那么人民将很快受到教育,严酷的经历也正在教训着他们。"1865年2月,戴维斯写信给在莫比尔的约翰·福赛思说:"现在情况一天比一天明朗,所有有头脑的人都能看到,我们不得不做出选择:或者让黑人为我们而战,或者让他们进行反对我们的战斗。"①

虽然行政当局的立场发生了转变,但是国会内反对武装奴隶的力量仍然十分强大。就在1864年11月7日戴维斯向国会提交报告的当天,来自弗吉尼亚的众议员斯万和来自密西西比州的众议员钱伯斯在邦联众议院分别提出了两项决议,宣称只要恰当使用白人军人就没有必要征集黑人做军人。这两个提案都被推迟到11月10日讨论。11月10日钱伯斯再次提出了他的提案,并表示,"羞于争论这个问题"。他声称,"所有人都强烈反对这样做……上帝禁止将这样一个特洛伊木马引进到我们中间"。②

1865年2月6日来自肯塔基州的众议员摩尔提出一项决议,"关于授权总统征召邦联范围内所有身体健壮黑人在邦联服兵役,使用的人数和目的由军队总司令指示,并由其决定使用黑人的条件,以便最高效率地发挥他们的作用,帮助我们国家的军事防卫",并要求军事委员会调查这种措施的适宜性。对此,众议员哈彻提议搁置这项提案,在随之进行的表决中,以39票对32票否决了搁置摩尔提案的提议。摩尔的提议被提交到了众议院军事委员会讨论。③ 2月7日,布朗在参议院也提出了决议,要求军事委员会尽快提出

---

① United States. War Dept, ed., *The War of the Rebellion*, Ser. IV, Vol. 3, pp. 959, 1110.
② Bell Irvin Wiley, *Southern Negroes: 1861-1865*, pp. 151-152.
③ *Journal of the Confederate Congress*, Vol. 7, p. 542. http://memory.loc.gov/cgi-bin/query/r?ammem/hlaw:@field(DOCID+@lit(cc007117)) Acessed:2004/04/03

一项法案,接纳人数不超过 20 万的黑人军人为邦联服役。关于征召黑人的方式,或者在奴隶主的同意下以志愿应征的方式征集黑人士兵,或者在必要情况下强制征兵。法案规定对于直至战争结束保持忠诚的黑人军人予以解放,并按黑人的现在价值给奴隶主以补偿。① 参议院经过讨论,以 13 票对 3 票否决了布朗的提案。②

  从 2 月 7 日至 10 日,众议院和参议院都没有采取进一步行动,戴维斯也保持沉默。国务卿朱达·P.本杰明却在 2 月 9 日晚上发表了一次演讲。关于这个讲话的内容,他在两天后写给罗伯特·E.李的信中作了叙述,他写道,为了增加罗伯特·E.李部队的兵力,他建议"仅仅是把那些为了他们的自由而自愿参战的奴隶们送往战场"。本杰明的讲话招致国会部分议员的强烈不满,他们要求通过决议对其加以谴责。在他们的压力下,本杰明辞去了国务卿职务。2 月 12 日,来自密西西比州的众议员艾塞尔伯特·巴克斯代尔写信给罗伯特·E.李,征询他的意见。罗伯特·E.李在 18 日回信说,武装奴隶必须进行。他认为"这项措施不仅有益,而且必须实行。敌人如果能够得到他们的话,肯定将使用他们来反对我们……我认为我们使用的那些人应该给予其自由。在我看来,要他们作为奴隶来为我们服役既不公正也不明智"。③经过激烈争论,众议院于 1865 年 2 月 20 日通过了增加南部邦联军事力量的法案,授权总统在征召不到足够数量白人军人的情况下,可以要求各州提供 30 万人,或总统认为需要的军队人数,而不管提供的军人是不是有色人。④ 参议院在第二天,即 2 月 21 日,以 11 票对 10 票表决决定无限期推迟决定解放奴隶军人的法案。反对解放奴隶的参议员 R.M.T.亨特说:"该法案接近通过,已经是对邦联历史的玷污。"他指出,南部脱离联邦的部分或主要原因,是害怕执政党会蔑视宪法解放黑人。现在南部自己竟要解放黑人,反对南部的人会说,南部的脱离联邦辩解纯属荒谬。南部解放奴隶,与北部人可能会解放南部的奴隶一样,"没有宪法权力依据"。⑤

  在南部邦联国会无法通过以解放奴隶为条件的武装奴隶决议情况下,弗

---

① *Journal of the Confederate Congress*, Vol. 4, p. 526. http://memory.loc.gov/cgi-bin/query/r?ammem/hlaw:@field(DOCID+@lit(cc004111)) Acessed: 2004/04/03

② *Journal of the Confederate Congress*, Vol. 4, p. 528. http://memory.loc.gov/cgi-bin/query/r?ammem/hlaw:@field(DOCID+@lit(cc004112)) Acessed: 2004/04/03

③ N.W. Stephenson, "The Question of Arming the Slaves", *American Historical Review*, Vol. 18, No. 2 (January, 1913), pp. 299, 301. http://www.jstor.org/stable/1835329 Acessed: 2016/07/31

④ *Journal of the Confederate Congress*, Vol. 7, p. 609. http://memory.loc.gov/cgi-bin/query/r?ammem/hlaw:@field(DOCID+@lit(cc007129)) Acessed: 2004/04/03

⑤ N.W. Stephenson, "The Question of Arming the Slaves", p. 300.

吉尼亚议会率先做出了武装奴隶的决定。1865年3月4日弗吉尼亚议会通过法令,授权邦联当局可以通过弗吉尼亚州州长在弗吉尼亚征集所有年龄在18—45岁的自由黑人入伍,对于这个年龄段的黑人奴隶,根据邦联陆军总司令的要求,可以征集他们中的25%入伍。该决议还要求弗吉尼亚派到邦联国会的参议员和众议员投票支持武装奴隶的法令。① 3月6日,弗吉尼亚议会通过了武装奴隶的法案,允许弗吉尼亚州政府和南部邦联政府武装自由黑人和奴隶。在这种情况下,南部邦联参议院对众议院通过的增加南部邦联军事力量法案进行这样的修改,规定从每个州召集的奴隶数,不应该超过该州年龄在18—45岁之间的健壮男性奴隶人口数的25%。3月9日,众议院接受了参议院的这项修改。② 3月13日邦联国会通过了征召黑人军人的法令,戴维斯当天就签署了法令。这个法令与弗吉尼亚的法令一样,都是只提出使用奴隶作军人,但回避了解放奴隶问题。该法令明确指出,武装奴隶并不意味着解放奴隶,"除非经其主人和他们所居住的州的同意,并按照有关法律执行,该法将不能被解释为授权改变根据此法应征的奴隶与其主人的关系"。③

然而,在3月23日行政当局通过军务和督察局长萨姆尔·库珀发布的第24号一般命令中,却明确规定,"除非经其本人和其主人的同意,并由其主人以书面证明形式授予其自由民(Freedman)之权利,否则不接受任何奴隶作为新兵。这种书面证明将作为档案由主管官员保存"。④ 这表明戴维斯意在推行以解放奴隶为条件的征集奴隶军人政策。

实际上,南部邦联国会是在总统戴维斯和罗伯特·E.李的强大压力下才匆忙做出武装奴隶决定的。在南部邦联陆军部工作的罗伯特·基恩在3月23日写道,国会和弗吉尼亚议会是在惊慌失措的情况下通过这项措施的。"总统间接地、李将军直接地给他们施加了难以承受的压力。"他本人并不认同武装奴隶选择,"据我分析,这件事是一个巨大的错误,此举动摇了我们社会的基础,从中我们得不到任何实际效果。这样做也许敌人召到4名黑人士兵,我们才能召到一个"。⑤ 即使是那些同意这一政策的人,对此举结果如何也并没有明确的信心。来自佐治亚的国会议员沃伦·埃金的话显示了这种惶惑、不安、矛盾和无奈的心态:

我只能说,这是一个让人忧心忡忡的问题。不诉诸武装奴隶,我们

---

① United States. War Dept, ed., *The War of the Rebellion*, Ser. I, Vol. 51, pt. 2, p. 1068.
② N. W. Stephenson, "The Question of Arming the Slaves", pp. 307, 302.
③ United States. War Dept, ed., *The War of the Rebellion*, Ser. IV, Vol. 3, p. 1161.
④ Ibid.
⑤ Allan Nevins, *The War for the Union*, Vol. VIII, p. 279.

能够阻止征服、没收、堕落和奴隶制被毁灭吗？如果不能，那么征召黑人服役，会使我们以及黑人的处境更糟糕吗？

另一方面，如果把黑人从种植园调出去，我们能够给我们的军人和他们的家人们提供食物吗？……如果我确信，除非将黑人投入到我们的军旅之中，否则我们就将被征服，并且此后遭受连绵不断的恐怖之事，我将毫不犹豫地把我们的奴隶编入军队，让他们去战斗。①

从军事角度来说，南部邦联的武装奴隶政策没有产生任何效果。3月24日，罗伯特·E.李写信给杰斐逊·戴维斯，请求他向弗吉尼亚州州长提出要求，根据3月4日弗吉尼亚议会通过的法令提供年龄在18—45岁的身体健壮的自由黑人或奴隶做军人。在3月30日写给弗吉尼亚州州长威廉·史密斯的信中，戴维斯表示应该让奴隶主自愿提供奴隶。② 然而，4月9日罗伯特·E.李率领的南部军队便投降了，南部邦联在灭亡之前并没有真正组建起自己的黑人军队。

南部蓄奴州脱离联邦创建南部邦联，原本目的是维护奴隶制的永久存在和安全。在武装奴隶成为实在必需的情形下，南部便陷入进退维谷的境地。如果不武装奴隶，南部邦联势必失败，因为联邦政府已经宣布解放了南部邦联的奴隶，南部邦联的失败意味着南部奴隶制的毁灭。如果武装奴隶，自然而然就出现了是否解放奴隶问题。如果武装奴隶不以解放奴隶为条件，那么很难想象黑人奴隶会为了维护对自己的奴役而战斗。如果武装奴隶以解放奴隶为代价，那么势必也导致奴隶制的毁灭。对于旨在捍卫奴隶制的南部统治集团来说，如果以毁灭奴隶制为代价换取南部的独立，这样的独立也就失去了原本的意义。战争形势发展到如此地步，进行战争的目的和手段形成了矛盾，武装奴隶成了南部邦联生死攸关的难题。"脱离联邦是以保持奴隶制为目的的手段呢？还是奴隶制仅仅是保持邦联的一种手段，在它不再能为此目的服务时就可以将其牺牲呢？"③陷入此等困境，南部一部分人主张武装和解放奴隶，另一部分人在奴隶制问题上故步自封，坚决反对解放奴隶。由于反对力量过分持久强大，南部邦联没有能实行成功有效的武装奴隶政策。

黑人会不会为南部邦联而战？这个疑问成为一个只能加以推测的问题。

---

① Richard E. Beringer, Herman Hattaway, Archer Jones, and William N. Still, Jr., *Why The South Lost the Civil War*, Athens: The University of Georgia Press, 1986, p.372.

② United States. War Dept, ed., *The War of the Rebellion*, Ser. I, Vol. 46, pt. 3, pp. 1339, 1367.

③ James M McPherson, *The Battle Cry of Freedom: The Civil War Era*, p.832.

1865年1月12日,联邦将军谢尔曼和陆军部长斯坦顿在佐治亚的萨凡纳会见了20名黑人。当被问到"如果叛乱领导人武装奴隶,其效果将会如何"这一问题时,黑人代表加里森·弗雷泽回答:"我想,在受到刺刀逼迫的情况下,他们会战斗。在我看来,同样正确的是,一旦能够逃离,他们就会逃离叛军。"[1]这样的回答可以算是黑人奴隶对南部邦联武装奴隶政策所持态度的一个注脚。

第二节 主奴关系的终结

内战期间南部的奴隶制是在多种力量的交织冲击之下瓦解的。联邦的战争努力,南部邦联的战争努力,以及奴隶们自我解放的努力,这些力量交织在一起,将奴隶制逼到了终点。在这个过程中,尽管奴隶主们为了延续自己的蓄奴生活进行了顽固的努力,但是大厦倾塌人力难支,奴隶主们最终不得不接受蓄奴生活终结的结局。在奴隶制死亡的阵痛中,奴隶主们的反应多种多样,展现出来的面相也是形形色色。有的奴隶主能够顺应时势变化,理性平和地调整与奴隶的关系,找到双方都能接受的新生产方式。有的奴隶主则无法接受奴隶解放的新形势,将自己的仇恨用最恶毒的方式发泄到争取自由的黑人奴隶或前奴隶身上。

一 蓄奴生活的终结

作为一个集团,奴隶主们是南部邦联战争努力的领导者、参与者,也是最大的受害者。"分离危机见证了种植园主在根本原则问题上意见基本一致,但是在南部革命的具体问题上存在分歧。在一些人看来这场革命是一个威胁,在另一些人看来则是一种承诺;一些人想象出了那种血腥屠杀和毁灭的情景,一些人心目中的这场革命意味着勇敢地保卫家园和自由;还有一些人认为这是一场意识形态的重大冲突,是在铸就一个纯洁无瑕的南部社会。可是不管他们抱有什么样的计划和梦想,战争成了所有人的痛苦历程。革命的风暴降临南部大地,人们的生活、关系和价值观被打破和改变。旧制度被摧垮了,新制度被创立了。它导致了经济灾难和政治力量的萎靡不振,它给每个家庭带来了毁灭和死亡的不幸。但是这场战争的挑战显露的,或者其浓重

---

[1] Ira Berlin, et al, eds., *Freedom: A Documentary History of Emancipation, 1861-1867*. Series I, Vol. III, *The Wartime Genesis of Free Labor: The Lower South*, Cambridge: Cambridge University Press, 1990, p. 336.

的笔墨强调的,是种植园主对种植园奴隶制的忠心耿耿。"①历史往往嘲弄那些为了自我利益而不遗余力地阻挡社会进步的统治集团。奴隶主集团领导脱离联邦和战争努力的目的是维护奴隶制,因为他们的权势、利益和荣誉都是以奴隶制为基础的。然而战争的结果恰恰毁灭了奴隶制。联邦的战争努力,南部邦联的战争努力,奴隶的自我解放努力,三种力量的交织在战争过程中摧毁了奴隶主的蓄奴生活,最后联邦的第十三条宪法修正案彻底铲除了奴隶制度的合法性。

内战时期是奴隶主家庭的磨难时代,是痛苦煎熬的集中发生期。走上战场的男性除了要冒流血送命之险,还要对后方家人的生活和安危心存牵挂。也许心理压力最重的是留在家园的那些老弱妇孺。他们不仅会为走上战场亲人的命运忧心忡忡、忐忑不安,而且还不得不承担起当家做主的任务,照料家园和自己的生活。战乱时代各种生活错位和失落的烦恼难免使他们痛感折磨。"内战给每一户南部家庭都造成了强有力的冲击。各个家庭具体遭受的战争负担都是独特的,可是压力和变革一再发生的模式,重新塑造了南部家庭生活的结构和功能。也许最重要的是,男人的离去给每个白人妇女,不管是穷人还是富人,都带来了一种她们不得不回应的危机和挑战。内部的重组,以及家人常常进行地区搬迁,改变了家庭生活的最基本方面。与男人不在家园这种情况常常相伴的是女性朋友和亲戚来到家中,这就改变了妇女情感生活和交往的特色。丈夫和妻子发现他们的情感关系发生了改变,妇女渐渐地发现她们必须更多地依靠自己或其他妇女,而不是依靠她们的男性伴侣。"②家人的伤亡,战乱的侵扰,物资的短缺,这些与战争相连的灾祸在各个家庭不尽相同。在诸多磨难中,奴隶主家庭有一个共同的难题,那就是应对战争给蓄奴生活造成的挑战。"每个人都不得不与战争祸乱做斗争:对生产棉花者的抨击,白人男性管理的失落,供应和市场以及工具和家畜的短缺,政府的闯入,非奴隶主白人阶级的敌意,贫困的紧逼。最终,绝大多数人面临着由军队的冲突、信心的消减、焦虑和抑郁的增添,以及尤其是奴隶制瓦解带来的巨大问题。正是在种植园中,在田地里,在奴隶窝棚区和在主人的大宅里,这场革命的轮廓明明白白地展示给了种植园主阶级。"③

战争造成的混乱局势给黑人奴隶创造了获取自由的机会,激起了广大奴

---

① James L. Roark, *Masters without Slaves: Southern Planters in the Civil War and Reconstruction*, New York: Norton, 1977, p. 36.

② Drew Gilpin Faust, *Mothers of Invention: Women of the Slaveholding South in the American Civil War*, p. 51.

③ James L. Roark, *Masters without Slaves: Southern Planters in the Civil War and Reconstruction*, p. 37.

隶争取自由的冲动。在联邦军队所到之地及其附近地区,身体强壮的奴隶往往选择自己一个人逃离或携带家人逃离,尽管内战时期南部没有发生大规模的奴隶暴动,没有发生广泛的奴隶对主人的谋杀,但是却发生了大量的奴隶逃亡。关于内战期间究竟有多少奴隶逃亡难以精确计算,不过,"尽管不可能获得准确的数字,但是合理的估计是,逃亡奴隶占田纳西、密苏里、路易斯安那、肯塔基、阿肯色、密西西比、弗吉尼亚和南北卡罗来纳等州奴隶人口的十分之一到四分之一"。① 在密西西比州,1862 年夏季临近海岸与河流地区的黑人开始大批离去,在该州的北部边界地区诸县,到 1862 年底多数奴隶似乎已经逃走。而那些没有离去的奴隶往往也不再听从主人的命令。此外,联邦军队的威胁,《解放黑人奴隶宣言》的消息,也让奴隶主大为不安。当 1863 年维克斯堡和纳奇兹被联邦军队占领后,这里就成为了奴隶逃亡的目的地,黑人或者独自或者结成团伙逃往沿河的城镇。面对此情形,"有些种植园主为了保住自己的奴隶,就把他们迁移到沼泽地带或邻近的州去。尽管如此,在战争的最后两年奴隶逃亡的浪潮实际上并未被打断"。当然谨小慎微不敢表示自由愿望的奴隶也有很多。不管是出于真心还是由于胆怯,或是另有原因,有一些奴隶在这个危难时代做出了忠于奴隶主的表现。"另一方面,也有相当多的奴隶英雄般地忠于他们的主人的事例。有些负责任的黑人实际上承担起了管理主人种植园的工作。"②那些相信奴隶将会继续忠于他们的奴隶主们,看到奴隶们纷纷逃向联邦军队,甚感惊愕。在路易斯安那的拉富什河畔,一位种植园女主人将奴隶们召集到一起谈论他们的新表现。"他们慢吞吞不情愿地来了。我看着站在我面前的那些人漆黑冷漠的脸,看不出任何表情。我现在是在一群陌生的人中间。我还没有为如此巨大的变化做好准备。我徒劳地打量着这些熟悉的脸,寻找着旧有的表情。他们用心地听着,但是没有反应,没有一丝声音。这些容易兴奋的人的这种表现可是不祥之兆。"第二天除了一些年迈和有病的奴隶外,其他奴隶都离去了。③

当然大多数奴隶并没有逃离奴隶主家园。不过,即使在远离战争前线属于南部邦联的内地,奴隶们尽管没有逃离的机会,但是对自由的向往也使得

---

① Steven Hahn, *A Nation Under our Feet: Black Political Struggles in the Rural South from Slavery to the Graet Migration*, Cambridge, Massachusetts: The Belknap Press of Harvard University Press, 2003, p. 83.

② John K. Bettersworth, "The Home Front, 1861-1865" in Richard Aubery Mclemore, ed., *A History of Mississippi*, Vol. I, Jackson: University & College Press of Mississippi, 1973, p. 509.

③ Charles P. Roland, "Louisiana Sugar Planters and the Civil War", in Lawrence Lee Hewitt and Arthur W. Bergeron, Jr., eds., *Louisianians in the Civil War*, Columbia, University of Missouri Press, 2002, pp. 13-14.

很多奴隶不再像以往那样在奴隶主面前战战兢兢、循规蹈矩,转而渐渐地开始了不加掩饰的积极和消极反抗。面对奴隶的对抗举动,奴隶主不得不向奴隶做出较大的让步。例如在路易斯安那的伍德兰种植园(Woodland plantation),1862 年 8 月奴隶告诉监工,除非支付给他们报酬,否则他们不再工作,尽管他们最终又答应在没有报酬的情况下再干一周活,但是不久该种植园以及附近的其他甘蔗种植园都采取了工资制度。只有马格诺利亚种植园(Magnolia plantation)坚持不付给奴隶工资,仅答应在作物收获后给奴隶一份精美的礼物。但是不出一个月,马格诺利亚的奴隶就要求按月支付报酬,在遭到拒绝后他们就开始了怠工,不久所有妇女开始罢工,拒绝下地干活,一周后男奴隶也加入罢工行列。到 10 月底他们做的唯一工作就是竖起了一个绞刑架,扬言要赶走种植园管理人,绞死主人,那样他们就获得了自由。在这种压力下,该种植园主不得不答应在作物收获和出售后补偿奴隶,奴隶这才恢复了工作。在新奥尔良之南的一个种植园,奴隶们因为不满监工调戏妇女而要求主人更换监工,遭到拒绝后,他们便整理行装离开了这个种植园,种植园主无奈赶紧把他们召回,告诉他们答应了他们的要求,奴隶们可以要一个他们满意的监工。离此地不远的种植园主威廉·迪克西,为了留住奴隶,在 1863 年告诉奴隶们可以自己管理生产,作物收获后可以自行分配。①

  内战时期奴隶主为了维持自己的蓄奴生活进行了顽强的努力。为了避免奴隶逃亡,一些家园受到战场波及的奴隶主将奴隶转移到南部邦联的大后方。"战争结束之前,人数不详的奴隶主将他们的奴隶和其他财物加以转移,以避免伴随联邦军队的前进而发生的奴隶解放。在上南部地区很多迁移的人只是想着邦联能够延长多久他们就持有奴隶多久。但是在南部腹地地区,种植园主常常意图完全逃避解放奴隶,他们通常迁移到得克萨斯,这个地区在邦联中已经成为一个半自治的地区,人们想着有一天它会回归到独立地位。"②得克萨斯是内战时期南部的远后方,奴隶制受到战火的冲击很少,绝大多数奴隶的生活一如既往。当然也有一些奴隶试图投奔自由,对于奴隶的这种行为白人社会采取了坚决镇压的做法。一个名叫约翰·莫斯利的前奴隶回忆说:"在战争结束前试图逃离的奴隶我从未看到过。但是,……他们根本跑不了多远。"一个名叫李·麦吉雷利的前奴隶看到,"一些奴隶在战争开始后想逃奔到北方去,只要白人发现他们,绝大多数时候是直接射杀他们。

---

① Steven Hahn, *A Nation Under our Feet: Black Political Struggles in the Rural South from Slavery to the Graet Migration*, pp. 85-86.
② Paul D. Escott, *Slavery Remembered: A Record of Twentieth-Century Slave Narratives*, p. 132.

没有被他们找到的逃亡奴隶很少"。①

　　一个来自北卡罗来纳的前女奴回忆内战时期发生在她所在种植园的一件事,说明了心性恶毒、脾气暴躁的奴隶主对于胆敢公然表示向往自由的奴隶的残忍程度。据她叙述：

　　　　我很惧怕主人乔丹,所有长大了的黑人都惧怕他。只有伦纳德和巴鲁斯·海伦例外。这两个黑人无所畏惧,就算是魔鬼亲自来拿棍子打他们,他们也会把他揍回去……我也有点害怕莎莉小姐。主人乔丹不在的时候,她就亲切和蔼,可要是主人乔丹在场的话,她就成了唯命是从、只会说"是"的妇人。他让她干什么她都去干。有一次他让她抽打嬷嬷耳光,因为她在给他递咖啡时洒了一点。莎莉小姐轻轻打了嬷嬷一下,可是主人乔丹说："狠打,莎莉,狠打这个黑棒子,让她记住挨打的滋味。"于是莎莉小姐就抽回手用力在嬷嬷脸上打了一巴掌,啪！然后她回到自己的座位上假装继续吃早饭。主人乔丹离开后,她来到厨房,抱住嬷嬷哭了起来,嬷嬷轻轻地拍着她的背也哭了。我爱主人乔丹不在场时的莎莉小姐。

　　　　主人乔丹的两个儿子上了战场,他们全身戎装,少主人乔丹是像莎莉小姐一样的人,可是少主人格里高利像主人乔丹,连走路的样子都像。少主人乔丹再没有从战场回来,可要想让少主人格里高利被杀死还真不容易,他为人过于卑鄙以至于怎么也死不了,魔鬼不想要他,上帝也不要他。

　　　　一天,少主人格里高利休假回家。他觉得自己佩戴着叮当作响的佩剑和穿着油光发亮的靴子很帅气。他是一个校官、尉官或什么官吧。就在他在院子里来回走动显摆的时候,伦纳德低声咕哝了一句："瞧那个该死的当兵的,他在为阻止我们黑人获得自由而战。"

　　　　恰巧就在这时主人乔丹来到,他盯着伦纳德问："你嘟囔了什么？"

　　　　身材高大的伦纳德并不害怕,他说："我说的是：瞧那个该死的当兵的,他在为阻止我们黑人获得自由而战。"

　　　　主人乔丹的脸开始涨起来,脸色变得通红,好像血液都要迸发出来。他转身对着我的爸爸,要他去把枪取来。当爸爸回来时,莎莉小姐也跟来了。她的泪水从脸上流了下来。她跑上前去抓住主人乔丹的胳膊,老主人把她甩开,从爸爸手中拿过枪。他用枪对准伦纳德,要他把上衣扯开。伦纳德敞开了自己的上衣,就像一个黑色巨人一样站在那里,冷笑

---

① James Martin, *Texas Divided: Loyalty and Dissent in the Lone Star State, 1856-1874*, Lexington, Kentucky: The University Press of Kentucky, 1990, p.110.

着看着老主人。

莎莉小姐又跑上来,站到了枪口与伦纳德中间。

老主人对爸爸咆哮着,让他将这个女人拉开不要挡着,但是没有人去拉莎莉小姐,她自己也不挪开。她就站在那里对着老主人。于是老主人就放下枪,上前一巴掌把莎莉小姐打翻在地,然后抓起枪对着伦纳德的胸膛开了枪,打出了一个拳头大小的洞。我吓坏了,跑到牲口棚的阁楼上藏起来。就是闭着眼睛我也能看到伦纳德躺在地上,胸口的洞流着血,黑色的嘴上带着冷笑。①

面对着奴隶反抗这种前所未有的挑战,要维护蓄奴生活,本来应该加强管控奴隶的力量,然而南部邦联的战争努力恰恰削弱了这种力量。战争需要白人成年男性走上战场去厮杀,留在家园的是妇女、老人和孩子,这些人在与奴隶的对抗中没有体力优势,很难对反抗的奴隶进行暴力惩罚。力量对比发生了逆转,主人不得不降低对奴隶的要求,奴隶反而提出了越来越多的要求。"奴隶对奴隶制的本质进行了挑战,要求为他们的劳动得到补偿。为了维持摇摇欲坠的残余威权,心高气傲的奴隶主们情所不愿地做出了让步,他们把皮鞭放到了一旁,甚至答应在年终时给奴隶一份大礼。"②很多蓄奴家庭的女主人无奈地承担起她们原本不习惯的当家作主管理奴隶的任务。"当蓄奴的男人们离开家园去了战场,整个南部无论是农场还是种植园上的白人妇女,就都承担起了对该区域的'特别制度'的指导。在内战前,白人男子为奴隶制的日常管理和永久延续承担着绝大部分责任,但是随着战争改变了家庭的形态,也必然改变了家庭权威的结构,要求白人妇女行使她们并不习惯也没有追求过的保卫公共和私人生活秩序的权力。"③事实证明,奴隶主家庭的女主人并没有胜任她们的新任务。种植园女主人无力强制管控奴隶。例如,得克萨斯州格里姆斯县的种植园女主人利齐·尼布利特在写给她参加了邦联军队的丈夫威尔的一系列信件中,就对奴隶大加抱怨。她能够信任的奴隶不多,只有两个奴隶愿意将奴隶住所的消息告诉她。有几个奴隶抵制监工对他们的鞭打逃走了,在这个地区奴隶抵制责罚已经成为风气,更糟的是很多白人实际上害怕鞭打黑人了。邻居家一个奴隶主因为威胁要抽打一个黑人,结果这个老奴隶主被这个奴隶大骂了一顿,然后这个奴隶就出走到树林中去

---

① James M. McPherson, *Marching Toward Freedom: Blacks in the Civil War, 1861-1865*, New York: Alfred A. Knopf, Inc. 1991, pp. 25-26.
② Ira Berlin, *Generations of Captivity: A History of African-American Slaves*, p. 258.
③ Drew Gilpin Faust, *Mothers of Invention: Women of the Slaveholding South in the American Civil War*, p. 53.

了，直到主人答应不惩罚他才回来。还有一个邻居的奴隶夜里骑着马在乡间乱跑。她自己对奴隶已经心生恐惧，"我睡觉时不会再让门开着了，这样不管他们是破门还是破窗而入，我都有时间更好地做好准备，我将战斗到死"①。内战期间奴隶主家庭管控奴隶失败是广泛发生的事情。一个奴隶主家庭管控奴隶的失败也就意味着奴隶制在这个家庭中瓦解了。正是由于一个个奴隶主家庭奴隶管理的失败，战争期间南部的奴隶制事实上走向了瓦解。"奴隶制是通过一个接一个的种植园，常常是通过一个个奴隶，被销蚀掉的，就像一堵泥墙被冲刷蚀尽。奴隶制与种植园的缠绕是那样的紧密，以至于一个受冲击另一个就能立即感受到。从法律上说，南部特别制度的毁灭是总统的宣言、国会的行动、州的立法和宪法修正案的结果，但是奴隶制的实际毁灭是战争的产物。从萨姆特到波托马克河，奴隶制内部发生了众多的重大变化。军事上的失败最终终结了奴隶制，但是主人与奴隶以及奴隶与种植园的关系至关重要，这种关系在任何地方都陷入紧张，有时是生死相搏，到联邦军队到来后就强制解放了奴隶。"②从整个南部的情况来看，在南部邦联的战争努力削弱了管控奴隶的力量的情况下，"奴隶制在联邦军队从外部打击和种植园内男男女女奴隶们的颠覆活动下崩溃了，到战争结束之时，即使是在不存在联邦军队执行《解放黑人奴隶宣言》的地区，旧秩序也已经一片混乱了"。③

在奴隶制瓦解的过程中，种植园主们为维持蓄奴生活做出了顽强的努力，即使有些人成功了，但最终也没有逃脱蓄奴生活终结这一共同结局。"假如战争的风暴没有影响到奴隶制，那么战争带来的很多毁灭就将失去意义。正如真正发生的那样，战争将奴隶制和种植园送进一波波加强的解体之中。与战争的旋风中心的距离虽然千差万别，但是风暴还是不可避免地到来了，影响到了奴隶的行动和种植园的运作。战争期间，种植园主首先关注奴隶的行为举止。他们竭尽全力维护自己对奴隶们的控制，但是他们感受到他们的控制力减弱了。战争冲击了他们之间的那种至关重要的关系。南部主产作物的生产受到严重限制，由此使得奴隶脱离了他们的常规活动。这种情况的发生也许意味着主奴之间既有的关系并不是固定不变的。通过召集种植园主离开家园参军，以及让奴隶离开种植园去做政府的劳工，这就一下子

---

① James Martin, *Texas Divided: Loyalty and Dissent in the Lone Star State*, 1856-1874, pp. 111-112.
② James L. Roark, *Masters without Slaves: Southern Planters in the Civil War and Reconstruction*, p. 77.
③ Ira Berlin, *Generations of Captivity: A History of African-American Slaves*, p. 259.

斩断了主人与奴隶之间的个人关系。他们之间的关系本来一直就很复杂。一个受奴役,一个得享自由,但是两者都不是独立的。到战争结束时,被奴役者和贵族仍然相互依赖,但是此时种植园主认为:'黑人自由了,主人成了囚徒'。"①奴隶主集团为了捍卫奴隶制而进行的独立建国和战争努力最终以奴隶制的毁灭告终。

在战争造成的巨大生活压力之下,南部白人社会也发生了分裂,越来越多的非奴隶主白人不愿为了奴隶制而做出家破人亡的彻底牺牲。大难临头人人自顾,这本是正常的人性反应,对于奴隶主集团来说,这却意味着他们在捍卫奴隶制斗争中失去了非奴隶主白人盟友。这也是他们难以言说的苦恼。"在南部大地上发生的诸多变革中,没有哪件事比白人一致的破裂更让种植园主心烦意乱的了。种植园主们害怕整个社会秩序行将错乱。原本说的是战争会治疗好南部白人之间的分裂,但实际上却显然是导致了更深的分裂。种植园主相信南部是沿着两个轴线分裂的,一个是政治效忠的轴线,一个是阶级关系的轴线。联邦主义者尽管被林肯的强制政策所削弱,但是顽固地拒绝死亡,且随着战争的一年年延长联邦主义者的力量实际上在增强。内战前南部代言人们否认南部存在的阶级敌意也日益显著。种植园主们觉得自己看到了非奴隶主的阶级意识,他们害怕阶级冲突会在战争期间出现。斗转星移,种植园主渐渐相信了南部团结体上的两道裂缝,即对邦联的不忠和对南部社会秩序的不忠,是由同一种成分,即南部非奴隶主白人造成的。"当然,非奴隶主白人并没有掀起反抗奴隶主集团的浪潮,"尽管战争动摇了南部社会秩序的根基,却没有将南部的非奴隶主阶级转变成社会革命分子。南部非奴隶主白人对于种植园主制度和南部事业的麻木,甚至敌视态度,是越来越强烈,但是战争既没有产生出一个南部黑人扎克雷起义(扎克雷起义是1358年法国北部的农民暴动),也没有产生出一个贫穷白人扎克雷起义。非奴隶主白人越来越觉得自己是在进行一场为了富人的战争。不过他们的敌意更多时候不是显示为阶级意识高涨,而是显示为对于正在输掉的事业心怀不满和对于艰难困苦心生沮丧。他们既没有举起红旗也没有举起黑旗,而是把所有的旗帜都扔到了地上。他们既没有举着火把走向种植园主的高宅大院,也没有在选举票箱前与他们针锋相对,他们只是从战场上溜回了家园。目光敏锐的种植园主探听到的一些所谓的'革命'活动,通常不过是走投无路的人们在搜寻食物。陷入精疲力竭、幻想破灭和食不果腹的境地,绝大多数自耕农白人寻求的是和平而不是种植园主的藏身处。时至1865年,他们或许愿

---

① James L. Roark, *Masters without Slaves: Southern Planters in the Civil War and Reconstruction*, p. 85.

意接受只是以奴隶解放和恢复联邦为基础的格局"。①南部白人的多数是非奴隶主,这些人不愿意再为蓄奴南部而牺牲,这意味着他们将接受一个没有奴隶制的南部。已经遭受重创的奴隶主群体陷于孤立境地,也就难以为奴隶制而斗争了。

二 蓄奴生活终结之际奴隶主的多种面相

古今中外的人类社会中都显现着众生殊相,社会生活中的人形形色色,古今皆然,所以人类的文明典籍中不乏对道德人品的善恶评说。人是有道德修养差别的,正因为有了品质修养的差异,所以,即使是属于同一个群体、职业,即使是在相同的环境和形势之下,即使是对同样的事情,不同品行的人会做出不同的反应。奴隶主也是如此。面临着蓄奴生活即将终结,奴隶主们对于向往自由且将获得自由的奴隶,表现出了不同的态度。

有的奴隶主对失去奴隶财产心有不甘,竭尽其力逃避对奴隶的解放。一个名叫卡图·卡特的前奴隶回忆,人们纷纷迁往得克萨斯,说如果联邦赢得了战争,他们就在得克萨斯蓄奴,所以很多人赶着奴隶往西去了。即使在南部军队投降后,有些奴隶主还企图通过封锁消息或阻止奴隶离开来延续蓄奴生活。有些奴隶主玩弄诡计,试图控制奴隶们的孩子直到成年。一个女主人把所有的奴隶孩子叫到一起告诉他们,尽管自由了,但是他们在成年前必须仍然与他们一起生活。佐治亚州的一个自由民局发现这种伎俩很普遍,于是发布公告,明确指出由父母管理他们的孩子,只有那些没有家庭的小孩才允许主人成为监护人。尤其在战争即将结束和刚刚结束之际,尽管大势已定,一些奴隶主仍然尽可能地多占有奴隶一些时间。"这样出于各种各样的动机,通过各种各样的方法,一些奴隶主为延长奴隶制进行了奋斗。看来明显的是,很多人的意图首先是在农业收获季节保持他们的劳动力供应,但是同样明显的是其他人想得更多。奴隶叙述显示这种做法是很普遍的。在有关战争结束时奴隶主行动信息的674份奴隶叙述中,有117份(占17%)指出主人以某种方式延长了奴隶制。有66个人宣称其主人试图控制成年人,15个人报告其主人企图控制孩子,36个人描述在关于自由的消息上受到了欺骗。"②

当奴隶解放的时刻最终到来后,奴隶主的反应多种多样。有的奴隶主能够审时度势地精明地做出调整,而有的人则被沮丧击垮心智,将心性的恶毒

---

① James L. Roark, *Masters without Slaves: Southern Planters in the Civil War and Reconstruction*, pp. 55, 66.

② Paul D. Escott, *Slavery Remembered: A Record of Twentieth-Century Slave Narratives*, p. 133.

肆意发泄到即将获得自由的奴隶身上。"尽管有些种植园主努力调整以应对现实,但无法回避自由到来的其他白人则对奴隶自由时刻的到来恶声咒骂,或对失去自己的奴隶财产做出狂暴反应。对于那些不能理解被作践的奴隶与白人种族共享平等地位的主人来说,奴隶解放对他们的身心影响是毁灭性的。陷入沮丧和狂暴之中,有些奴隶主大发脾气口无遮拦,另一些人则一时冲动做了伤害他们自己和获得解放的黑人的事情。"①不过不管多么不情愿,奴隶主最终都无法回避奴隶已经被解放这个事实,都不得不将这个消息告诉自己的奴隶们。"尽管时间和方式因地而变,多数奴隶主最终还是抽出时间告知奴隶们,奴隶解放已经成为这个国家的法律。有时他们这样做是在一个自由民局的官员到来时,迫于联邦命令,有时迫于他们的奴隶们的要求。通常是主人自己决定如何与在什么时候宣布。当他发话让奴隶们第二天集合时,几乎人人都知道会是什么事情。"对于奴隶来说,这是一个焦急渴望的时刻,然而对于奴隶主来说,这是一个伤感的时刻。一个名叫福尔斯的奴隶回忆主人向奴隶宣布奴隶解放的消息那一幕情景说,当奴隶们集合在一起时,绝大多数人默不出声但心情焦急,等待着主人讲话,想看看到了此刻主人怎样讲。也有勇敢的奴隶用讽刺的语气说反话来刺激主人。一个名叫罗伯特·福尔斯的奴隶明知故问地对主人说:"老主人,您要对我们说什么呀?"他的妈妈立即警告他会遭到鞭打,这个主人一改以往的做法,说出了这样一段话:"不,我不打你啦,再也不会鞭打你们啦,你们都听好啦,我憎恨这样做,但我必须这样做,你们都不再是我的黑人啦,你们自由了,就像我一样自由了。在这个地方我养着你们为我工作,现在你们要离开我了。我已经老了,没有你们我难以生活,我不知道我将怎样做。"在不到10个月内他就死了。福尔斯回忆说:"先生,这杀死了他。"据一个名叫洛克特·阿瓦利的人回忆,她的父亲是一名弗吉尼亚种植园主,她对奴隶解放时的情景进行了生动的描述,那个做监工的北方人已经告诉奴隶们他们自由了,但他们还是等待他们的主人说出这件事。在宣布解放的那天夜里,奴隶们聚集在后院,很多人手里举着松木火把。他父亲站在正房走廊上,身旁有一张桌子,桌上点着一支蜡烛。他的父亲看了看黑人,黑人都盯着他父亲的脸。这个种植园主首先宣读了《解放黑人奴隶宣言》,随后用颤抖的声音讲出了这样一段话:

  你们不再属于我啦,你们自由了。你们一直就像我的孩子,我从未觉得你们是奴隶。我一直是这样想的:是上帝把你们交到我的手上,对

---

① Paul D. Escott, *Slavery Remembered: A Record of Twentieth-Century Slave Narratives*, pp. 133-134.

于我怎样养育你们、怎样对待你们,我要对上帝负责。我想要你们都做得很好。你们将必须工作,即使不为我工作,也要为别人工作。在此之前,你们为我工作,我养着你们,给你们饭吃,给你们衣穿,给你们舒服的家,给你们请医生,给你们买药,照料你们的娃娃直到他们能够自己照料自己。当你们生病时,你们的女主人和我护理你们,我们把你们中死去的人送走。我不相信有其他任何人能够像我们两人这样对你们有感情。我一直在努力想出一个计划支付一份工资或一部分收成,以满足我们大家,但是我还没有想好。我想知道你们是怎么想的,现在你们像过去一样留在这里,像过去一样干活,我们在一起计划一下找出最好的方案。或者你们可以离去。我的庄稼活必须干完,我想知道你们的安排。本、迪克、莫西和亚伯拉罕,你们所有人站成一队。当从这个走廊走过时,告诉我你是否想留下来,你不用承诺在这里超过今年。如果你想离去,就直说吧,心中不要犯难。

  在主人讲话时,黑人们静静地听着,然后一个个从主人的面前走过,表示自己打算留下来。①

一个生活在得克萨斯的前奴隶詹姆斯·格林回忆说:

  我们谈论着计算着日子,想着我们要自由了。那天是星期五,我对他们说战争肯定结束了,我们要获得解放了。星期六早上我们站成一个圈等着,然后宾切巴克出来了,拿着一本大书,他对我们说:

  "你们这些黑人都自由了,就像我一样该死地自由了。"

  然后他打开那本书,告诉我们所有人的名字,我有我父亲给我定的名字。他告诉我们所有人每个人叫什么名字,从哪里来,年龄有多大。做完这些后他对我们说,为他干活的黑人他将每天付给40美分工资,他说那些不想留下的黑人日落前就可以离开了。大约一半的黑人留了下来,大约一半开始四散而去。我留下来过了一年多,得到了他承诺的每天40分钱。

  生活一如既往没有多大改变。我们住的还是那个房子,只是我们都从商店里信贷购买我们的食物。我们有了鞋子,也得到了想要的衣服,我们中有些人像过去一样受到鞭打,但是没有谁被用钉住耳朵的办法钉在树上。那些习惯占有黑人女孩的白人仍旧像以往一样占有黑人女孩,我不知道事后他们付多少钱,不过她们受到的对待好多了。那场战争后

---

① Leon E. Litwack, *Been in the Storm so Long: The Aftermath of Slavery*, New York: Vintage Books, A Division of Random House, 1979, pp. 187,188,192.

白人和黑人都看不起白人和黑人在一起生孩子。在我们获得自由以前没有人想过这样的事。①

那些在奴隶制框架下主奴关系相对融洽的奴隶主家庭,在战争危难时期也许还能继续维持既有关系,即使在战争结束奴隶获得解放后,前主人和前奴隶还能够一如既往地相互依附生活在一起。当代著名的美国内战史学者詹姆斯·M.麦克弗森在其论著中长篇引用了一个名叫安德鲁的前奴隶的回忆录,透过这个前奴隶在内战结束很久之后的叙述,可以窥测出这个奴隶主家庭主奴关系的平稳。

主人鲍伯比绝大多数奴隶更了解我,因为我在这个家园的时间比别人更久。一天,主人把所有的奴隶召集到家院中。他那时仅有66岁,他在儿女结婚后与他们分开过日子了。他说了不多几句话,他说:"我要去参加战争了,不过我想我不会离开很久……我希望一切照常进行,就像我在这里一样。"……然后他对我说:"安德鲁,你年龄足够大到做个男子汉了,你来照料事情。照料好女主人和黑人们所需的一切,努力使这个地方继续运转。"

我们不知道这场战争是为了什么,但是主人去了4年。当年迈的女主人收到他的来信时,她就把奴隶都召集起来,告诉我们信上所说的消息,给我们读信件。信中的一小部分她会不读给我们听。我们从没有听说主人受过伤,但是即使他受了伤,女主人也不会告诉我们,因为黑人们以往常常为主人哭号和祈祷。我们从未听说过这场战争是为了什么。

当主人鲍伯回到家园时,他派人把所有奴隶召集起来。他坐在院子中的一把椅子上。奴隶们都走上前去,他转着身子与所有的奴隶都握了握手,说他很高兴看到我们。然后他说:"我有事要告诉你们。你们现在像我一样自由了。你们不再属于任何人了,你们属于你们自己了。我们进行了这场战争,进行了战斗,但是北方佬把我们揍了,他们说黑人是自由的。你们可以想去哪儿就去那儿,或者留在这里,但凭你们自己的心愿。"他禁不住大哭起来。

黑人们大哭起来。他们不太知道主人鲍伯心里想的是什么。他们对于自由的到来感到遗憾,因为他们不知道往哪儿去,他们一直是依附着老主人生活,靠着他来照料的。有3个黑人家庭离去创办自己的农场去了,可是其余的人留了下来,在这个老地方当农工。②

---

① *American Slave Narratives*. http://newdeal.feri.org/asn/asn04.htm Accessed: 2013/05/06
② James M. McPherson, *Marching Toward Freedom: Blacks in the Civil War, 1861-1865*; p.24.

有的奴隶主会利用宣告奴隶自由的机会，向即将获得自由的奴隶强调自己是一个好主人，是一直善待奴隶的奴隶主。一个在内战时期从弗吉尼亚带着奴隶到了得克萨斯的奴隶主问他的黑人，他是否曾错待过他们，丽莎·史密斯回忆说，所有的奴隶高声喊："先生，没有！"主人的脸上于是露出了笑容。有的奴隶主自信自己真的对奴隶们很好，在解放奴隶时就会警告奴隶最好不要离开自己。一个名叫以赛亚·戴逸的人，很喜欢奴隶们称它为"戴逸爸爸"而不喜欢他们叫他主人，他在对奴隶们讲到政府的解放奴隶决定时宣称："政府不需要告诉你们说你们自由了，因为你们一直都是自由的。你们要是想留下来就留下来，想走就可以走。但是你们要是走了的话，那些白人可不会像我这样对待你们。"佐治亚的一个种植园主在告诉奴隶们得到了自由的时候，告诉他们自己一直在努力善待他们，为他们做了他能做的一切。还有的奴隶主在告知奴隶解放消息时专门给奴隶举办了聚餐。北卡罗来纳哈尼特县的种植园主泰勒·休斯·麦克莱恩把他的奴隶们从田地里叫回家中，并在大门口迎接他们，告诉他们自由了，邀请他们聚餐。一个奴隶回忆说："他有5个妇女做饭，告诉她们每个人他不想让她们离去，但是如果她们要走的话，也必须吃了饭再走。他说他想让每个人想吃什么就吃什么。那顿饭我记得有火腿、鸡蛋、鸡肉和其他好吃的东西。吃罢了晚饭后他对我们说，'你们无地可去，无以为生，就到我的其他种植园去建立你们的栖身之所吧'。"佐治亚的种植园主约翰·托马斯·博伊金也把解放奴隶办成了一个欢快的节日，他杀了几头猪，弄来几桶威士忌酒，让获得了自由的黑人尽情欢乐，考虑他提出的为了工资留下来为他继续劳动的建议。① 奴隶主这样做有留住黑人的打算，可能也有一些家长主义情结。

战争的失败极大地伤害了奴隶主们的自尊心。他们在战前亲奴隶制辩论中宣扬的一切被无情的事实证明荒谬不堪。战争失败意味着上帝不是站在他们一边的，奴隶们为获得解放进行的斗争和对自由的欢庆，证明奴隶们并不喜欢被奴役，他们对于主人并无依恋感情。精神受到极大创伤的前奴隶主们已经不可能再对联邦政府进行反抗，那些心性恶毒之人就将对奴隶解放难以抑制的仇恨和怒气发泄到仍然处于弱势地位的获得解放的前奴隶们身上。一个名叫罗达·安妮·蔡尔兹的黑人妇女诉说，她的丈夫曾经参加联邦军队，为此他们遭到白人的残酷惩罚。这个佐治亚前奴隶妇女在1866年9月25日在佐治亚的格里芬所做的证言，栩栩如生地展示了这些邪恶到近乎疯狂之人的恶毒狰狞。她作证说：

---

① Leon E. Litwack, *Been in the Storm so Long: The Aftermath of Slavery*, pp. 189, 190.

我与我的丈夫与亨利县的艾米利亚·蔡尔兹夫人订有合同,从 1866 年 1 月 1 日开始劳动到庄稼收获,或者换句话说,一年的主要农活干完了,没有发生什么麻烦。然后,(像在其他种植园主中间流行的那样),一天夜里他们到了我们的住处,要找我的丈夫,我说他不在这里。他们问他在哪里,我说去了西瓜地。然后他们抓住我,把我拖到离房子不远的地方,把我按到一根树干上,把我的衣服从头上扒下来,一个人踩着我的脖子,抽打我的后背臀部,两个人按着我的腿。他们就这样打我,直到打累了才停止。然后他们把我翻过身来,平放在一根树干上,把我的脖子卡在一个树杈上,一个人用脚踩住我的脖子,再次抽打我的大腿和臀部。然后我被扔到地上,仰面朝天。他们中一个人踩住我的乳房,另外两个人抓住我的脚,把我的四肢尽可能拉开,一个人站在我的胸部用树枝插入我的阴部,直到累了才罢手,我被折磨得半死。接下去有一个人,可能是个前邦联军人,他拄着拐杖,扑到我身上强奸了我。在他们毒打我的过程中,他们中有一个人拿着手枪指着我,说他恨不得扣动扳机,他们应该击毙我,因为我的丈夫曾经参加过"上帝诅咒的该死的北方军队",他们发誓要杀死所有他们能找到的与他们做过战的黑人。然后他们回到房中去,抓住我的两个女儿抽打她们,索要她们父亲的手枪。在未能如愿后,他们又到房中拿走她们喜欢的衣物才离开。参与这件事的一共 8 人,不能确定他们究竟是谁。①

1865 年 8 月 11 日在弗吉尼亚的亚历山大里亚,退役的黑人士兵约翰·贝利在法庭上声明说,他的前主人本杰明·特里普利特拒绝让他带走自己的孩子并威胁他的生命。这个前奴隶主宣称战争尚未结束,黑鬼没有自由。他不允许贝利带走自己的孩子,谁要是来带走这些孩子,他就向谁开枪。贝利有妻子和 6 个孩子,年龄在 4 岁到 14 岁之间。②

一名战争时期逃走的奴隶战后遭到前主人的残酷折磨。1865 年 9 月 13 日一个名叫阿奇·沃恩的黑人在田纳西的孟菲斯作证说,1864 年春他与主人巴特利特·伽尔斯生活在他的种植园。一天晚上一些邦联军人或游击队员到了他的家中,要他给他们把马匹喂好,他们觉得他在马圈中停留的时间长了些,就说第二天上午要揍他。当天夜里他带上一头老骡子逃走,但是在渡口被一个叫安德鲁·约翰逊的人拦住了,被押送回到伽尔斯家中。伽尔斯把他拉到树林中,将他双手与双腿绑在一起,中间穿过一根棍子,他让一个名

---

① Ira Berlin, et al, eds., *Free at Last: A Documentay History of Slavery, Freedom, and the Civil War*, New York: The New Press, 1992, pp. 537-538.

② Ira Berlin, et al, eds., *The Black Military Experience*, p. 799.

叫达拉斯的黑人帮着按住他,然后掏出刀子阉割了他,并割下了左耳。①

在马里兰,1864年11月1日颁布的新宪法废除了该州的奴隶制,有的奴隶主就用恶毒手段迫害前奴隶来发泄他们的怒火。马里兰一个名叫托马斯·B.戴维斯的黑人灯塔看守人1864年11月6日写信给一名巴尔的摩法官报告说,他生活在海湾地区距离安纳波利斯大约7英里的地方。自从马里兰宣布将要解放黑人以来,白人表现出对黑人极大的仇视怨恨,武装的白人团伙对黑人进行殴打和恐吓,一个刚刚获得自由又刚刚生过孩子的黑人妇女被毒打得遍体鳞伤鲜血直流。这个黑人妇女到法院告状时身上还流着血。但是法院找了一个罪名将这个黑人妇女投进了监狱,而将那个打人的白人释放了。这帮不法之徒在路上碰到一个自由黑人,就把他绑起来,他们骑在马上跑,地上拖着这个黑人,他们之所以这样对待这个黑人,是因为这个黑人说他要为他妻子复仇。一个名叫山姆·理查德森的人将他一个奴隶的4个孩子带到了安纳波利斯,这些孩子的母亲在法庭上说他们身上穿的衣服都是她自己在夜里做的,她反对将他的孩子交给这个人。还有一个黑人妇女因为孩子没有过冬的衣服而不得不把他们交给前奴隶主。每到星期五这个渡口有成百的年轻黑人被老主人强行从他们的父母那里带走,目的就是奴役他们。另一名马里兰黑人妇女简·坎珀1864年11月14日在巴尔的摩发表声明称:她是马里兰塔尔伯特县威廉·汤森的奴隶,她告诉汤森她已经自由了,希望主人将她的孩子和铺盖给自己。"他告诉我说我是自由了,但是我的孩子还要由他支配。他把我的孩子锁了起来,让我找不到他们。后来我偷偷地找到了我的孩子,把他们带到巴尔的摩。我希望重新获得自己的铺盖和家具。我的主人追赶上我的船想占有我的孩子,但是我把他们藏了起来。"相似的事件在密苏里州也有发生。1864年秋季选举中,密苏里选民选举了制宪会议代表。1865年1月11日制宪会议采纳了一个州宪法修正案,确定立即无条件解放奴隶,当天经州长宣布生效。在这之前,意识到奴隶制行将灭亡,一些奴隶主在恼怒之中将奴隶中的妇孺老幼扔出家门。密苏里北部第二分区宪兵司令约翰·泰勒在1865年1月12日给密苏里战区宪兵总司令的报告中写道:该区的很多人,尤其是那些不忠分子,预料到州制宪会议将会采取的行动,对他们的黑人已经弃之不顾,任其自生自灭。黑人男子已经离开了他们的主人,那些还留在主人家中的是妇女和孩子,主人们觉得这些人无利可图还花费很大,就对他们不管不顾了。"他们的前主人们不给他们提供生活所需,而是把他们拖拉到离某个军事站点一定距离之内的地方就抛弃了他

---

① Ira Berlin, et al, eds., *Free at Last: A Documentay History of Slavery, Freedom, and the Civil War*, p. 113.

们,告诉他们再也不要回到家中去了,告诉他们说他们自由了。我获悉这样一件事,一个老人的儿子们将他的黑人们驱赶出去,因为那个老人开始出示法律证物证明他的5个奴隶本是他孩子们的异母兄弟姐妹。"①

不管奴隶主们心理感受如何,他们普遍没有为过去对黑人的奴役感到歉疚,"纵然奴隶主们在心里感到应接受道义上的严责,或心中有负罪感,他们在宣布黑人获得自由的那一刻也没有表露出一点点来。这些人在战后的行为和态度显示,做过奴隶主必然折中了他们的价值观,或扭曲了他们的良知"。②

图 7-1 "南卡罗来纳博福特史密斯种植园的一家五代人"③

---

① Ira Berlin, et al, eds ., *Free at Last: A Documentay History of Slavery, Freedom, and the Civil War*, pp.370-372, 373, 378-379.
② Leon E. Litwack, *Been in the Storm so Long: The Aftermath of Slavery*, p.189.
③ Timothy O'Sullivan, "Five Generations on Smith's plantation, Beaufort, South Carolina, 1862" Prints and Photographs Division, Library of Congress. http://historymatters.gmu.edu/d/6807 Accessed: 2013/05/06

对于美国黑人来说，奴隶制的终结等于他们集体度过了最痛苦的人生噩梦，走出了生存中最残酷的磨难，尽管解放后的生活仍有着这样那样的艰难困苦和不幸，但是他们再也不会被他人合法地强制拆散了，即使是生活在贫困之中，他们也拥有了正常的家庭生活。丈夫妻子，父母儿女，爷爷奶奶，孙儿孙女，人世间最基本的家庭团圆可以正常地实现了。图 7-1 这幅一家五代非裔美国人的照片拍摄于 1862 年，当时联邦军队夺取了南卡罗来纳海岛海岸地区。在 J. J. 史密斯种植园的蒂莫西·奥沙利文拍摄下了这张黑人家庭照片。该照片 1863 年 9 月在华盛顿特区亚历山大·加德纳摄影画廊展出，标题是"南卡罗来纳博福特史密斯种植园的一家五代人"。如果按照相貌年龄来分辨，从照片中央的人中似乎只能找出四代人，不过请注意，他们后边房子的门槛上还坐着一个人，那个人可能是这个家庭中年龄最大的第一代人。有关这家黑人的过去和未来，甚至他们的姓名都没有记录，历史学者只知道他们曾经是这个种植园的奴隶。一家五代人能够聚在一起，也算是不幸中的万幸了。可以断定的是，从此之后没有人可以通过买卖拆散他们了。

第三节　奴隶主集团的战后结局

奴隶制的毁灭使得所有奴隶主都最终失去了他们的奴隶财产，此外，奴隶主还因人而异遭受了程度不同的家园破坏，以及或多或少的其他财产损失，很多奴隶主家庭还遭受了家人的战争伤亡。不过，内战之后联邦政府并没有对南部邦联的军政领导人进行审判和惩罚，这些人中的大多数也没有在遭受这场由他们制造的战争劫难后有所悔悟，反躬自责，而是心存继续奴役黑人的愿景，不择手段地重夺他们战前享有的社会统治地位。尽管他们未能恢复奴隶制度，但是确实夺回了社会优势地位。

一　奴隶主的战争代价与惩罚

奴隶制的被毁灭是奴隶主集团共同遭遇的毁灭性损失，没有了奴隶，从此他们就不再是奴隶主了。除此之外，奴隶主家庭在战争中做出了巨大的人力、物力和财力的奉献。美国内战的战斗主要在南部地区进行，尽管不是所有的地区都经历过战斗，但是无可置疑的是所有的奴隶主家庭都程度不同地卷入了战争，他们的蓄奴生活受到了或大或小的冲击，遭受了或轻或重的伤害。完全不受战争的影响是不可能的，因为即使那些没有成为战场地区、没有直接遭受战火伤害的人家，也在南部邦联的战争动员和组织中付出了人力物力和财力。长达 4 年的消耗战使得南部付出了沉重的代价。"1860 年退出联邦的 11 个南部州的财产价值评估总数是 4363030367 美元,战争结束时,这些州的财富估价为 1603402429 美元。在减少的这些巨大数字中,1634105341 美元是由于奴隶解放,其余减少的 1125522577 美元只能用损失或价值降低来说明。财产价格发生了变化,不动产的价值尤其下降显著。"①

表 7-3 内战给南部和北部造成的巨大直接损失(美元)②

	总数(按 1861 年美元计算)	人均(按 1861 年美元计算)
军事损失		
北部的战争开支和联邦、州和地方政府的征用	23 亿	98
南部的战争开支和邦联、州和地方政府的征用	10 亿	111
资本毁灭		
北部	—	
南部	14.9 亿	
人力损失		
联邦军人战死 360000 人	9.55 亿	
联邦军人受伤 275175 人	3.65 亿	
邦联军人战死 258000 人	6.84 亿	
邦联军人受伤 197000 人	2.61 亿	

在南部遭受的巨大战争损失中,无法准确查清究竟有多少落到了奴隶主家庭身上。不过按照奴隶主集团的地位和表现来说,按照人口比例来估算,奴隶主付出的代价不会比白人非奴隶主大众更少。因为他们是这场战争的鼓动者、领导者和积极参与者,又是富有之人。作为地方显赫人物,奴隶主需要以身作则做出表率,不仅出钱组建军队,而且还要亲自上前线。尤金·D.吉诺维斯认为,美国奴隶主历史上的"第三个决定性转折点是他们决定退出联邦,将一切都押在为地区独立而进行的不妥协战斗上。正是到了此刻奴隶主不是以抽象的方式承认他们是一个存在的统治阶级,是一种生活方式的自

---

① James L. Sellers, "The Economic Incidence of the Civil War in the South", in Ralph Andreano ed., *The Economic Impact of the American Civil War*, Cambridge, Massachusetts: Schenkman Publishing Company, Inc. 1962, p.81.

② Patrick K. O'Brien, *The Economic Effects of the American Civil War*, London: Macmillan Education Ltd., 1988, p.12.

命的保护人。和新世界的所有奴隶主一样,南部的奴隶主也显示了足够的力量去争取完全的地方自治"。① 蓄奴 250 人以上的富豪种植园主家庭参军情况显示了这个群体并没有幸免于战争之外,富豪种植园主中至少有 31 人(占富豪奴隶主总人数的 11.4%)亲身参加了邦联的军队,他们中一般人军阶在上校以上。他们中军阶最高的是韦德·汉普顿三世,他在内战开始时自己组织了"汉普顿军团"(Hampton Legion),在罗伯特·E. 李在阿波马托克斯投降前两个月晋升到了中将军衔。晋升到将军军衔的富豪奴隶主还有佐治亚的豪厄尔·科布,他晋升到少将军衔;南卡罗来纳的约翰·多比·肯尼迪和约翰·S. 普勒斯顿,田纳西的吉迪恩·J. 皮洛,弗吉尼亚的菲利普斯·圣乔治·柯克尔,路易斯安那的泽布伦·约克,他们都晋升到准将军衔。富豪奴隶主家庭的儿子们和亲戚们参加军队的人数更多。来自 79 个富豪奴隶主家庭(占总数的 29.2%)的 167 名近亲入伍服役。贡献了 5 个以上服役人员的家庭包括路易斯安那的约翰·劳思,密西西比的杰拉尔德·布拉顿、威廉·康纳、约翰·A. 奎特曼、詹姆斯·A. 文特雷斯,北卡罗来纳的托马斯·P. 德弗罗,南卡罗来纳的罗伯特·巴尼维尔·雷特,弗吉尼亚的詹姆斯·高尔特。② 表 7-4 显示了富豪奴隶主家庭及其亲戚参加南部邦联军队的情况。

表 7-4 参军的富豪奴隶主(以及最高军阶)③

阿拉巴马	詹姆斯·W. 埃克尔斯(阿拉巴马第 34 团办公人员)
佐治亚	豪厄尔·科布(少将);威廉·H. 吉本斯(少校);约翰·B. 拉马尔(科布的副官);约瑟夫·L. 麦卡里斯特(中校);伦道夫·斯帕丁(上校)
路易斯安那	路易斯·A. 布林杰(上校);阿尔伯特·G. 盖奇(上尉);邓肯·S. 盖奇(上校);约西亚·钱伯斯(中尉);詹姆斯·M. 吉莱斯皮(列兵);泽布伦·约克(准将)
密西西比	莱缪尔·P. 康纳(上校);威廉·G. 康纳、阿尔弗雷德·V. 戴维斯(上尉);威尔逊·汉弗莱(上尉);尤斯塔斯·瑟格特(中尉)
北卡罗来纳	彼得·W. 海尔斯顿(厄尔利·斯图亚特的志愿副官)

---

① Eugene D. Genovese, *The World the Slaveholders Made*, *Two Essays in Interpretation*, p. 101.
② William Kauffman Scarborogh, *Masters of the Big House: Elite Slaveholders of the Mid-nineteenth Century South*, p. 318.
③ Ibid.

续表

南卡罗来纳	约翰·R.切夫斯（查尔斯顿海港防卫官）；小兰登·切夫斯（上尉）；韦德·汉普顿三世（中将）；约翰·多比·肯尼迪（准将）；约翰·L.曼宁（上校）；威廉·C.海沃德（准将）；约翰·S.普勒斯顿（准将）；亚历山大·R.泰勒（上尉）；普劳登·C.J.韦斯顿（上尉）
田纳西	吉迪恩·J.皮洛（准将）
弗吉尼亚	威廉·艾伦；菲利普斯·圣乔治·柯克尔（准将）；小乔治·E.哈里森（上尉）
儿子和其他近亲男性参军人数	
阿拉巴马	20	北卡罗来纳	14
佐治亚	6	南卡罗来纳	47
路易斯安那	21	田纳西	1
密西西比	50	弗吉尼亚	8

就个人来说，不管是积极主动还是消极被动，是志愿还是被迫，奴隶主作为一个群体，尤其是种植园主们，确实为南部的战争做出了人力、物力和财力上的巨大贡献。南部邦联的战争努力对资金和物资的需求，无法避免地落到了拥有较大财富的种植园主身上。而奴隶主自身投入了战争，也难免有伤亡。所以可以推断，奴隶主集团承受的战争代价要远远大于非奴隶主白人大众。

内战的进行使得有些奴隶主家破人亡，遭受这样的打击，幸存者也失去了生活的希望。在1830年代举族从北卡罗来纳迁到佛罗里达的约翰·布兰奇就遭遇了这种结局。1862年秋季的一天，约翰·布兰奇来到哈利法克斯县的恩菲尔德（Enfield）车站，准备迎接他养育的侄子劳伦斯·奥布莱恩·布兰奇。他的这个侄子颇有出息，担任过国会众议员，在南部脱离联邦后参加了南部邦联的军队，成为了一名准将。约翰·布兰奇很想与这个养子好好说说话，他有意让他继承自己的家产，因为他的儿子约翰·理查德生活放荡，另一个儿子詹姆斯早亡，外甥利·里德被刺去世，只剩下了这个侄子可以有能力担当这个家族的领头人。火车进站了，车身上罩着黑布。"谁死了？"一种不祥的预感袭上布兰奇的心头。然而无情的现实是，他最害怕的事发生了，他的侄子在夏普斯堡战役中被子弹穿透了脑袋。布兰奇再没有从这次打击中恢复过来,4个月后他自己也死了。① 面对着家园残破亲人伤亡的惨境,一个老人还能有什么生活的希望。失败的降临击垮了南部一些奴隶主的精神,一名种植园主写道:"我现在一直待在家中,很少做什么事,就是在思想过去,推想未来。"另一个种植园主的两个儿子参加了邦联军队并死于伤寒,他写道:"没有谁有过与我相似的境遇,能够理解我现在的孤寂之苦。"他称他的两个儿子的死似乎是一种福气,因为这使得他们免受"失败噩梦"痛苦的折磨。这个种植园主对未来表达了痛苦的预想,"土地的主人什么也做不了啦,土地将卖掉交税,北部人会买去,原来的主人会成为乞丐。这就是脱离联邦和废奴主义的结果。世界上何曾有过如此愚蠢的选择"。另一名种植园主也做出了相似的预言:"这些日子(当然是黑暗悲哀的日子)让人对未来感到灰心丧气的事情接踵而至。我们美丽的教区变成了废土,还有可能变成沙漠。种植园被废弃了,栅栏和房屋被毁掉了,骡子、马匹和牛群被联邦人员赶走了。黑人被征进了军队,或者在四处游荡,没有工作,没有生活依托,靠偷盗活命。那些留下来的人傲慢无礼、桀骜不驯,在家务和家庭安排中那为数不多的继续与主人在一起的人使用起来更加麻烦费心。他们的懒惰和粗鲁令人难以置信。这个地区不会有收成了,饥饿自然就是可怕的后果。这一切想起来就让人害怕。如果此后不发生不分青红皂白的掠夺和屠杀,那我们就该觉得我们很幸运了。上帝保佑我们吧,这就是战争,就是这场内战。"②

作为一个统治集团,内战的结果使得南部奴隶主势力在联邦政府中的影响力遭到毁灭性打击。"在直到1861年为止的这个共和国的72年岁月里,来自后来加入邦联的蓄奴州的奴隶主担任总统的时间就达49年,超过了三分之二。在国会中,32位众议院发言人中的23位,以及参议院临时主席的23位是南部人。在最高法院南部人始终是多数,截止到1861年35位最高法院法官中的20位是从蓄奴州的人中任命的。然而,这场战争之后,过了一个世纪的时间才有一位前邦联州的居民当选美国总统。在这场战争后的半个世纪里众议院发言人和参议院临时主席中没有一个来自南部,在这半个世纪时间里任命的26名最高法院法官中只有5位来自南部。"③内战使得南部政治权势集团彻底失去了在联邦政府中的强势地位。

不过,在南部重建过程中,在处理南部邦联分子问题上,联邦当局采取了

---

① Edward E. Baptist, "The Migration of Planters to Antebellum Florida: Kinship and Power", pp. 553-554.
② Charles P. Roland, "Louisiana Sugar Planters and the Civil War", in Lawrence Lee Hewitt and Arthur W. Bergeron, Jr. eds., *Louisianians in the Civil War*, pp. 20-21.
③ James M. McPherson, *Battle Cry of Freedom: The Civil War Era*, pp. 859-860.

极为宽大的政策,那些制造了这场战争灾难的罪魁祸首在战后并没有受到人身镇压。战争时期林肯采取的重建政策是,只要一般叛乱分子宣誓效忠联邦,就恢复其除奴隶和涉及第三人以外的所有财产,对其参政资格没有任何限制。安德鲁·约翰逊的重建政策同样宽大。1865 年 5 月 29 日,约翰逊总统发布的两个公告标志着他的重建政策出台。一个公告是对叛乱分子进行大赦和特赦,规定参加叛乱的一般人,只要宣誓效忠联邦和拥护解放奴隶就予以赦免。对于 14 种人,其中绝大多数是南部邦联的官员和拥有财产价值超过 2 万美元的叛乱分子,需要他们个人向总统提出特赦申请。另一个公告是约翰逊总统任命威廉·霍尔登担任北卡罗来纳临时州长,指示他召开制宪会议修改战前的州宪法,以创建一个"共和形式的政府"。在第一个公告中没有赦免的那些人,不允许参加制宪会议代表选举投票,除此之外,选民资格按脱离联邦前的规定执行。当然这就意味着黑人没有选举资格,而大部分前奴隶主却有选举资格。在约翰逊的宽大政策下,不仅一般参与叛乱的人普遍得到赦免,就是南部邦联的领导人大多也通过特赦得到了赦免,大约 1.5 万名需要申请特赦的人提出了特赦申请。埃里克·方纳指出,"一开始约翰逊给予特赦还小心谨慎,但是到 9 月份,已经有大批大批的人得到特赦。有时一天就有几百人得到特赦。到 1866 年,超过 7000 名被 2 万美元财产条款排除在大赦之外的人,得到了单独赦免"。① 1868 年 12 月 25 日,约翰逊总统宣布,无条件地宽恕并无保留地赦免被控在内战期间犯有背叛联邦罪的人。

即使是那些蓄意制造国家分裂并领导进行反叛战争的南部邦联军政领导人,在战后也没有受到审判和惩罚。南部邦联总统杰斐逊·戴维斯 1865 年 5 月 10 日在佐治亚州的欧文维尔被抓获。由于怀疑是他指使了对林肯的刺杀,所以一开始对他的关押非常严厉,他被关押到弗吉尼亚门罗堡不见阳光的暗室中,最初还给他戴上了脚镣,禁止探视、通信和阅读材料,不断受到监视,甚至不许他睡觉。由于他的身体状况恶化,再加上没有找到他参与刺杀林肯的证据,1866 年他的待遇有所改善。居住条件改善了一些,允许他锻炼身体,更重要的是允许他的妻子和 1864 年出生的幼子瓦里纳·安妮来陪伴他。此时他的其他孩子,即女儿玛格丽特而儿子小杰斐逊与威廉在加拿大上学。尽管受到了叛国罪指控,但是对戴维斯的审判从未进行。1867 年 5 月 13 日,戴维斯被改为民事监禁,实际上被搁置了起来,1868 年 12 月对他的指控撤销,他恢复了正常生活。此时已经 62 岁的戴维斯已经无家可归,他的种植园在他关押期间为了避免被没收而卖给了他的前奴隶们了。他也没有

---

① Eric Foner, *Reconstruction: America's Unfinished Revolution, 1863-1877*, New York: Harper & Row, Publishers, 1988, pp.183, 191.

工作,还要养活一家人。为了生活,戴维斯尝试了各种挣钱的门路,但都没有成功,直到 1869 年他接受了在孟菲斯的"加利福尼亚人寿保险公司"董事长职位,在这个公司任职的人多是前南部邦联的将军和官员。不过这家公司经营不善,1873 年戴维斯从这家公司辞职。1875 年他又到"密西西比河谷协会"任职,这是一家移民企业,旨在鼓励向南部移民和开展贸易。不久这家公司也关了门。为了挣钱,戴维斯走上了撰写回忆录之路。他在密西西比湾海岸的博瓦(Beauvoir)租了一间小房子,1877 年开始在这里撰写回忆录。这个房子的所有人是纳奇兹的萨拉·爱丽丝·多西,她本人是一名小说家和传记作家,是戴维斯的狂热崇拜者。1879 年 3 月戴维斯同意从多西手中买下这所房子,在 7 月份多西去世后他才得知多西已经将自己的全部财产遗赠给了他,这样戴维斯就又有了一笔可供舒适生活的收入和一个永久的家。①回归安定舒适生活的戴维斯并未对自己的过去有所悔悟,反而高调地强词夺理地为南部邦联辩护。除了 1881 年出版的《邦联政府的兴衰》这部回忆录外,他到晚年还发表演讲和文章为南部辩护。1886 年他到佐治亚的萨凡纳,参加纪念独立战争时期来自罗得岛的格林将军带领军队帮助佐治亚独立事迹的集会。会上他发表演讲宣称,独立战争为之奋斗的目标就是"州主权",他反问道:"现在这是一个失败了的事业吗?绝对不会是!……真理垮倒在地还会再次站起……披着上帝给它的辉煌和力量,那些在 1776 年赢得独立的各州也是如此,……它们绝对不会死亡。"他还发表了纪念约翰·卡尔霍恩和罗伯特·E. 李的文章。他的最后一篇文章是《安德森维尔和其他战俘》,为唯一被判叛国罪而处死的亨利·沃茨鸣冤叫屈。② 1889 年 12 月 6 日戴维斯在新奥尔良去世,享年 82 岁。

　　内战结束后,南部邦联的副总统亚历山大·H. 斯蒂芬斯被关押在波士顿港的华伦要塞一段时间,不过对他的管制要比对杰斐逊·戴维斯宽松得多。斯蒂芬斯总共在监禁中度过了 4 个月零 19 天,在 1865 年 5 月 25 日到 7 月 29 日之间他被关在一个单人牢房中。此后直到 8 月中旬便允许他在这个要塞内活动,允许客人来访,水果、食物和饮料也可以随意享用。8 月 22 日根据总统安德鲁·约翰逊的特别命令,他被换到一个更舒适的房间,10 月 13

---

① Lynd Lasswell Crist, "Jefferson Davis", in David S. Heidler and Jeane T. Heidler, eds., *Encyclopedia of the American Civil War: A Political, Social, and Military History*, Vol. II, Santa Barbara, California: ABC-CLIO, Inc., 2000, pp. 570-571.
② Felicity Allen, *Jefferson Davis: Unconquerable Heart*, Columbia: University of Missouri Press, 1999, pp. 533, 556.

日获得释放。① 1865 年 10 月 26 日他回到家乡佐治亚州的克劳福德维尔,重返政治舞台。不久就被佐治亚选为联邦参议员。由于国会拒绝接纳这一批重新当选国会议员的南部邦联高官,斯蒂芬斯未能就任。不过 1873 年他再次当选国会众议员回到了国会,以后连选连任,直到 1882 年 10 月 4 日当选为佐治亚州州长,1883 年 3 月 4 日死在了佐治亚州州长任上。

南部邦联州长们的人生结局,也表明了联邦政府对前南部邦联政治精英们的宽大态度。在南部邦联中,阿拉巴马州第一任州长是安德鲁·巴里·穆尔。1865 年 6 月 16 日联邦陆军部长埃德温·斯坦顿指示联邦将军 E. R. 坎比,"逮捕并监禁穆尔,……把他囚禁在一个安全的军事监狱里"。结果穆尔遭到逮捕,但 1865 年 8 月就被释放。他回到马里恩从事法律服务,1873 年 4 月 5 日去世。② 接替穆尔担任阿拉巴马州州长的约翰·G. 肖特在战后拒绝重新进入政界,而是继续从事他的法律服务生意,于 1872 年在尤法拉他的家中去世。③ 第三任州长托马斯·H. 沃茨在战后曾被短暂羁押,获得释放后回到家园,从事律师工作。战后沃茨又成为阿拉巴马民主党中的强势人物,当选为州议会议员,担任了州律师协会的主席。1892 年 9 月 16 日在蒙哥马利去世。④ 阿肯色第一任州长亨利·利科特和第二任州长哈里斯·弗拉纳金战后在政治上都没有大的作为,两个人都是 1874 年阿肯色州制宪会议代表,正是这次会议结束了共和党在该州的统治。⑤ 佛罗里达第一任州长麦迪逊·斯塔克·佩里在 1865 年 3 月去世。第二任州长约翰·米尔顿在看到南部邦联大势已去的情况下于 1865 年 4 月 1 日自杀身亡。佐治亚州州长约瑟夫·布朗在战争结束时曾被监禁一个月,但随着重建的开始,他又开始了积极的政治投机。1868 年他加入了共和党,在共和党的支持下被任命为佐治亚州高等法院首席大法官。1870 年他辞去法官职位,两年后又加入民主党,1880 年被任命为佐治亚州派到联邦参议院的参议员,于 1894 年 11 月 30 日去世。⑥ 肯塔基州第一位州长乔治·约翰逊在 1862 年 4 月 6 日阵亡。第二

---

① Thomas E. Schott, *Alexander H. Stephens of Georgia: A Biography*, Baton Rouge: Louisiana State University Press, 1988, p. 452.
② W. Buck Yearns, ed., *The Confederate Governors*, Athens: The University of Georgia Press, 1985, p. 21.
③ David S. Heidler and Jeane T. Heidler, "Hohn Gill Shorter", in David S. Heidler and Jeane T. Heidler, eds., *Encyclopedia of the American Civil War: A Political, Social, and Military History*, Vol. IV, Santa Barbara, California: ABC-CLIO, Inc., 2000, p. 1780.
④ Ibid., p. 2075.
⑤ W. Buck Yearns, ed., *The Confederate Governors*, Athens: The University of Georgia Press, 1985, p. 56.
⑥ Ibid., pp. 81-82.

任州长理查德·霍斯在战后回到家乡帕里斯,从事律师业务。1866 年当选为波庞县法官,后又于 1870 年和 1874 年连选连任。他于 1876 年当选为州巡回和中级法院院长,担任此职直到 1877 年 5 月 25 日去世。① 路易斯安那第一任州长托马斯·奥弗顿·穆尔在战后逃到古巴,在得知已经得到赦免后于 1866 年返回美国。由于他的种植园在战争期间已经遭到毁坏,穆尔就在自己的余生尽力重建他的种植园。1876 年他在路易斯安那州亚历山大郊外去世。② 第二任州长亨利·沃特金斯·艾伦在战后逃往墨西哥,在墨西哥城办了一份英文报纸。他于 1866 年 4 月 22 日去世,遗体被运回巴吞鲁日下葬。③ 密西西比第一任州长约翰·佩特斯由于被怀疑与林肯被刺事件有关,故一直遭到联邦政府的追捕,所以他不得不隐藏起来,直到 1867 年初在阿肯色州罗诺克县去世也没有恢复公民身份。第二任州长查尔斯·克拉克在 1865 年 5 月 22 日宣布投降后遭到监禁,1865 年 9 月 2 日他签署了效忠宣言获得释放,在 1877 年 12 月 18 日去世前没有重返政治舞台。④ 密苏里第一任州长克莱伯恩·福克斯·杰克逊在 1862 年 12 月 7 日去世。第二任州长托马斯·考特·雷诺兹战后随同其他一些密苏里人流亡到墨西哥,担任马克西米利安皇帝的顾问。马克西米利安倒台后,他返回圣路易斯,从事律师业务。70 年代他当选过一届州议会议员,克里夫兰总统时期担任美国的中美和南美贸易专员。他于 1887 年 3 月 30 日自杀。⑤ 北卡罗来纳第一任州长约翰·威利斯·埃利斯在 1862 年 7 月 7 日病逝。第二任州长亨利·图尔·克拉克在 1866 年最后一次当选为州参议员,但他很快就对公共生活失去兴趣,把自己的精力转移到研究北卡罗来纳历史方面,并与其他对历史感兴趣的人分享他的研究,他于 1874 年 4 月 14 日去世。⑥ 第三任州长泽布伦·B. 万斯在 1865 年 5 月 13 日他 35 岁生日这一天被联邦军队逮捕,1865 年 7 月 6 日获释,1867 年 3 月 11 日获得特赦,3 年后他被推选为美国参议员,但由于第 14 条宪法修正案的规定而不能就任。1876 年他又当选为北卡罗来纳州州长。他只担任了两年时间的州长,州议会又选举他为美国参议员,1879 年 1 月万

---

① Lowell H. Harrison, "Richard Hawes", in David S. Heidler and Jeane T. Heidler, eds., *Encyclopedia of the American Civil War: A Political, Social, and Military History*, Vol. II, p. 949.

② David S. Heidler and Jeane T. Heidler, "Thomas Overton Moore", in David S. Heidler and Jeane T. Heidler, eds., *Encyclopedia of the American Civil War: A Political, Social, and Military History*, Vol. III, Santa Barbara, California: ABC-CLIO, Inc., 2000, p. 1354.

③ Ibid., p. 36.

④ W. Buck Yearns, ed., *The Confederate Governors*, p. 129.

⑤ Ibid., p. 139.

⑥ David A. Norris, "Henry Toole Clark", in David S. Heidler and Jeane T. Heidler, eds., *Encyclopedia of the American Civil War: A Political, Social, and Military History*, Vol. I, p. 445.

斯辞去州长职务去担任参议员，之后在 1885 年和 1891 年万斯又两次被推选为美国参议员，1894 年去世时仍是参议员。① 南卡罗来纳第一任州长弗朗西斯·皮肯斯在战后没有得到约翰逊总统的特赦，因此不能重返政坛，故在有生之年经营自己的种植园，1869 年 1 月 25 日去世。② 第二任州长 M. L. 博纳姆战后返回南卡罗来纳从事法律服务业务。后当选了两年南卡罗来纳州议会议员。1868 年他代表南卡罗来纳参加了民主党全国代表会议。南部重建结束后，他与州长韦德·汉普顿合作竭力恢复白人对该州的控制。在其余生一直担任州铁路专员，于 1890 年 8 月 27 日去世。③ 第三任州长安德鲁·玛拉格斯于 1865 年 5 月 28 日遭到逮捕，11 月获释后回到南卡罗来纳。他余生在查尔斯顿从事律师业务，1893 年去世。④ 田纳西州州长伊萨姆·哈里斯战后逃到墨西哥，又从那里逃到英国。由于战争期间他在田纳西大肆镇压拥护联邦的人士，所以战后遭到州议会悬赏 5000 美元通缉。不过在他曾经的政治对手威廉·G. 布朗洛的活动下，州议会最终撤销了悬赏金。哈里斯于 1876 年返回孟菲斯，重新进入政坛，1877 年被推选为联邦参议员，担任这个职位一直到 1897 年去世。⑤ 得克萨斯州第一任州长爱德华·克拉克战后逃到墨西哥，但不久就返回家乡马歇尔。在从事几次商业活动没有成功后，他便主要从事律师业务，1880 年 5 月 4 日去世。第二任州长弗朗西斯·理查德·卢伯克卸任后担任戴维斯总统的助理，1865 年 5 月 10 日与戴维斯一起在佐治亚的欧文维尔被俘。被监禁几个月后获得释放，返回得克萨斯经商。1878 年当选为州财长（treasurer），担任该职达 12 年之久，于 1905 年 6 月 22 日去世。第三任州长彭德尔顿·默拉在战后逃往墨西哥的途中于 1865 年 8 月 4 日病逝。⑥ 弗吉尼亚第一任州长约翰·莱切尔在战后从事法律服务业务，并重新进入政界，1875 年当选为弗吉尼亚众议院议员。由于生病，莱切

---

① W. Buck Yearns, ed. *The Confederate Governors*, pp. 159-160.
② Ibid., p. 173.
③ David S. Heidler and Jeane T. Heidler, "Milledge Luke Bonaham", in David S. Heidler and Jeane T. Heidler, ed. *Encyclopedia of the American Civil War: A Political, Social, and Military History*, Vol. I, p. 249.
④ David S. Heidler and Jeane T. Heidler, "Andrew Gordon Magrath", in David S. Heidler and Jeane T. Heidler, eds., *Encyclopedia of the American Civil War: A Political, Social, and Military History*, Vol. III, p. 1240.
⑤ David S. Heidler and Jeane T. Heidler, "Isham Green Harris", in David S. Heidler and Jeane T. Heidler, eds., *Encyclopedia of the American Civil War: A Political, Social, and Military History*, Vol. II, p. 916.
⑥ W. Buck Yearns, ed., *The Confederate Governors*, pp. 199, 208.

尔被迫退出公共生活，于 1884 年 1 月 26 日去世。①　第二任州长威廉·史密斯在战后回到他在福基尔县的农场以务农为业。他在 70 年代后期担任过一届州议会议员，于 1887 年 5 月 18 日在家中去世，遗体被运到里士满下葬。②

南部邦联的将军们在战后也没有受到任何惩罚。罗伯特·E. 李是南部邦联地位和声望最高、贡献最大的将军。战争结束后，他于 1865 年 8 月 24 日接受了位于弗吉尼亚列克星敦的华盛顿学院校长一职，直到 1870 年 63 岁去世时一直担任此职。该学院规模不大，不过他尽责尽职，很受好评。在国家问题上，他呼吁南北和解，不过与其他南部邦联分子一样，他不承认奴隶制的罪恶，不承认南部脱离联邦的错误。1866 年 5 月在接受罗恩侯爵，即后来的第九世阿盖尔公爵的采访中。他表示反对激进共和党的重建政策，赞成约翰逊的政策，反对保护黑人的立法，他声称"黑人与白人的关系过去是友好的，如果不通过照顾黑人的立法就会仍旧是友好的，通过照顾黑人的立法将只会对他们造成伤害"。③　他呼吁北部不要干涉南部，应该让南部自己决定自己的事务。罗伯特·E. 李尚且没有受到任何处理，其他地位和影响在其之下的将军们更是没有受到惩罚了。

在军人之中，只有安德森维尔监狱集中营的指挥官亨利·沃茨被以叛国罪处死。沃茨 1823 年生于瑞士，大约 1849 年春到达纽约，一年后移居新奥尔良。1854 年沃茨到肯塔基学医，1856 年定居到路易斯安那的麦迪逊教区开业做医生。1861 年他加入路易斯安那第四步兵团成为一名列兵。布尔伦河战役后，该团成为里士满的联邦战俘看守部队，沃茨的表现引起监察长约翰·温德的注意。1861 年 8 月 26 日他被调到温德的手下，提升为中士，负责看管战俘。该年 12 月沃茨被派到阿拉巴马塔斯卡卢萨的监狱。1862 年被温德召回里士满，提升为上尉，掌管战俘监狱。从 1862 年 9 月开始沃茨负责看守战俘交换，因一次车祸负伤，从 12 月下旬开始休假，回到他在路易斯安那的家中。在返回现役后，沃茨去了欧洲为南部邦联从事秘密活动，1864 年 1 月下旬返回，被温德任命负责管理在佐治亚安德森维尔的新联邦战俘监狱。不管原因究竟是什么，安德森维尔的 4.6 万名联邦战俘中大约有 30% 死亡，其余的人也饱受疾病折磨。战争结束后，北部强烈要求惩处沃茨。

---

①　Brian S. Wills, "John Letcher", in David S. Heidler and Jeane T. Heidler, eds., *Encyclopedia of the American Civil War: A Political, Social, and Military History*, Vol. III, p. 1176.

②　David S. Heidler and Jeane T. Heidler, "William Smith", in David S. Heidler and Jeane T. Heidler, eds., *Encyclopedia of the American Civil War: A Political, Social, and Military History*, Vol. IV, p. 1820.

③　Alan T. Nolan, *Lee Considered: General Robert E. Lee and Civil War History*, Chapel Hill: The University of North Carolina Press, 1991, pp. 135, 139.

1865年5月7日沃茨被捕,8月23日开始审讯,10月24日作出死刑判决,1865年11月10日在老国会监狱院内(现在的最高法院所在地)沃茨被绞死。① 沃茨只不过是一个小人物,将其处死并不意味着对南部邦联领导人进行战争罪行的惩罚。

内战之后的美国为什么没有对南部邦联的军政领导人进行惩罚?这确实是一个值得深思的问题。有的学者指出:"为什么北部没有绞死几个叛乱分子?对这个问题的简短回答是,没有足够的北部人相信叛国确实发生过,或者能够在法庭上证明叛国活动确实发生过。推动内战和重建的政治力量的愿望是联邦的再统一,这个愿望在人们的利害权衡中不可低估。"② 不管原因是什么,事实是,无论是林肯、约翰逊的重建政策还是国会的重建政策,都没有对奴隶主进行除解放奴隶以外的经济惩罚。这就意味着在战后的南部社会,他们仍然拥有相对优越的经济生活条件。对于南部邦联精英分子重新进入政治生活的限制条件也极为宽松。可悲的是,北部对南部叛乱分子的宽宏大量并没有促使他们对自己的所作所为有所悔悟,反而给他们提供了重新夺回南部社会统治地位的机会和为自己进行分离活动加以辩护的理由。

二 重夺社会优势地位

美国内战事实上毁灭了奴隶制,第13条宪法修正案的通过从法制上彻底铲除了奴隶制。无可奈何花落去,不管奴隶主多么不情愿,在战后,前奴隶主已经彻底无法恢复他们的奴隶财产了。不过奴隶主集团虽然受到重创,但是他们人还在,奴役黑人之心不死。他们尽一切力量抵制黑人争取社会和经济平等的努力。由于联邦政府采取了极为宽大的重建政策,对于参与叛乱的奴隶主没有追究刑事责任,不仅没有进行经济惩罚,反而归还了战争期间没收的除奴隶以外的所有其他财产。这样一来,前奴隶主轻易地又获得了社会上的优势地位。"战争前控制着南部政治结构的富有家庭在战后时期仍旧保持着巨大的经济和政治权势。拥有这种权势的关键因素是他们仍旧控制着土地,而在内战后土地仍旧是经济权力的基石。"③ 他们的顽强斗争终于部

---

① M. Philip Lucas, "Henry Wirz", in David S. Heidler and Jeane T. Heidler, eds., *Encyclopedia of the American Civil War: A Political, Social, and Military History*, Vol. IV, pp. 2138-2139.

② William Blair, *Why didn't the North Hang Some Rebels? The Postwar Debate over Punishment for Treason*, Marquette University Press, 2004, p.33.

③ Roger L. Ransom, *Conflict and Compromise: The Political Economy of Slavery, Emancipation, and the American Civil War*, p.229.

分如愿,南部重建最终以部分实现他们的意愿告终。奴隶制虽然不存在了,但是种族平等只是一纸空文。

在经济领域,既然奴隶制已经不存在,奴隶制下的生产关系就需要改造。在整个南部,能否拥有土地成为矛盾的焦点。种植园主竭力夺回他们的土地所有权,而解放的黑人则力求获得他们事实上耕作的土地。到 1865 年底,约翰逊总统的重建政策大赦了绝大多数支持叛乱的种植园主,恢复了他们的土地所有权。但是,要使得解放的黑人承认这个决定,还要经历一番斗争。这是一个长时间的痛苦过程。在佐治敦,当威廉·布尔在 1866 年 1 月命令解放黑人离开他的种植园时,他们放火烧了他的家院。当托马斯·平克尼在 1866 年返回他在桑迪河畔的种植园时,占据着他家院的黑人告诉他,土地归他们黑人所有了,他们不会为任何白人工作。在海岛上,获得解放的黑人在种植园修筑防卫设施,驱走试图夺回种植园的主人。在萨凡纳河岸的德尔塔(Delt)种植园,黑人们在 1867 年 1 月即拒绝签订下一年的合同,也拒绝离开种植园,他们誓死也不离开,宣称"我们只有耶稣基督一个主人,他不会来这里对我们征税或把我们赶走"。位于卡姆巴河两岸的水稻种植园同样遇到了麻烦。海沃德种植园不仅房舍遭到了焚毁,而且战争爆发初期查尔斯·海沃德从这个地区转移走的奴隶在 1866 年初返回此地占有了种植园。海沃德的儿子爱德华·巴尼维尔·海沃德决定让解放黑人自行其是,他原以为没有白人的管理黑人不可能自己生存下去,饥饿会迫使黑人接受白人的管理。可是当他于 1867 年初返回时,吃惊地发现这里一切良好,黑人们对他的到来很不欢迎:"显然,他们对我的到来甚是失望。他们一直希望今年生活还是照旧,他们自己保留这个地方。他们过得很好,能够很容易地谋生,四处去干活。他们对我相当的冷淡,实际上,他们是过了好大一会儿才从他们的房中出来与我说话……要是我有能力应对放肆无礼和狡黠之人,事情就不会这么糟糕了。但是看到那些在水稻田中干活的熟悉的粗鲁的黑人真是让人厌恶极了。……我没有想到他们会做那么多工作。他们能够靠如此之少的东西轻松生活,他们真的是独立了。"海沃德发现,妇女希望一直在房中或菜园里,不愿意去稻田干活。更糟的是,一名解放黑人对他讲"土地应该属于能够种地的那个人",而他所能做的"不过是坐在房中把脚跷到桌子上写写文件什么的"。黑人的桀骜不驯表明奴隶解放引发的关键问题如土地所有权、农业收成的处理和劳动补偿等等尚未解决。海沃德表示:"我仍然相信我们能掌握我们自己的东西,但是黑人将享有比过去更多的果实。"①

---

① Eric Foner, *Nothing But Freedom: Emancipation and Its Legacy*, Baton Rouge: Louisiana State University Press, 1983, pp. 82, 83, 84.

前奴隶主对于黑人可能获得土地十分敏感，他们并不愿让黑人得到土地，实现经济独立。当时的人发现："在密西西比河谷地带，反对黑人拥有土地的感情十分强烈，把小块土地卖给黑人的人将会身陷危险之中。为了阻止黑人获得土地的各种手法都用上了。即使是把小块地租给黑人也被看成是一个公民不爱乡邻的寡廉鲜耻行为。"①但是维持生产生活的需要迫使种植园主改变自己的态度，接受黑人对生产方式的选择。到1868年越来越多的种植园主已放弃了种植大片田地的努力，转而将土地分成小块租赁给黑人家庭耕种，分成制成为黑人和地主都能接受的一种生产关系。在一个典型的分成协议中，地主提供土地和一些生产资本，佃户提供劳动。到农季结束时，佃户和地主对收成进行分取。重建在经济生活方面的结局是，最终很多种植园主收回了他们的土地，但是很多种植园荒废了。那些继续生产的种植园不得不对生产制度做适当调整，实行分成制，对于白人来说，这种制度至少得到了劳动力，对于黑人来说则获得一定的自主。

奴隶制的终结使得蓄奴种植园主不复存在。遭受内战的沉重打击和奴隶制毁灭对种植园奴隶劳动力的釜底抽薪，迫使幸存下来的种植园主不得不做出生产生活调整。不管他们的调整是成是败，他们都不可能恢复昔日的生活方式了。"种植园主要想在西南部的生活舒心适意，就只能不再做他们曾经做的那种人。只要他们仍旧存留着他们那种内战前的思想认同，他们就不可能感到舒心自在。他们是做出了这样那样的实际生活和思想上的调整，可是他们不能完全消除那种内战前的自我。绝大多数人的调整仅仅是达到能够勉强将生活进行下去的地步，很少能够真正地舒心安逸。种植园是重组了，但是繁荣变成了幻想。根本思想让位了，但是旧的习惯和情感还在。种植园主没有认识到新的秩序要比旧的秩序优越。有些人可能做出了成功的转型，但是内战前的种植园主阶级没有成功转型。随着奴隶的解放，奴隶主保持团结一致的基础消失了，与此相应他们中很大一部分人的自豪、活力和信心也消失了。种植园主再也没有获得一个像战前奴隶主那样的身份，那是一种鲜明的、得到普遍承认和让他们心满意足的身份。种植园是幸存下来了，但是种植园的生活被改变了。"②

---

① Roger L. Ransom, *Conflict and Compromise: The Political Economy of Slavery, Emancipation, and the American Civil War*, p. 229.
② James L. Roark, *Masters without Slaves: Southern Planters in the Civil War and Reconstruction*, pp. 208-209.

图 7-2 "破败之家"①

这幅插图取自弗兰克·莱斯利编辑出版的 1867 年 2 月 23 日的《图片报》(*Illustrated Newspaper*),画面上有一名神情失望的白人妇女和一名为她照看生病孩子的黑人妇女。这幅画被认为是重建时期南部生活的写照。

  新的种植园生产关系中也存在强制成分,然而,"强制劳役的界定既重要也困难。首先,将人作为财产的奴隶制这种特别制度在 1865 年终结了,代之而起的是分成制,这种劳动制度在那时看来很适合地主和佃户。可是分成制安排因州而变,因作物而变,因县而变,因农场而变,还受到时光流逝和法律的通过、执行和理解的制约。内战后南部出现了三种一般的农业劳动分工。绝大多数农业劳工是自由人,他们东奔西走以尽可能好的条件出卖他们的劳动力,但是另一个极端是位于劳动力等级最低端的是债务奴,这些劳工一年年受债务所困,被迫通过劳动来偿付他们的债务。第三类不过是自由与强制劳役之间的模糊地带。正是在这个奴隶制与自由的中间地带,内战后的劳动制度发生了变质。例如,一个工人到了年终时身负债务,他心甘情愿地与地主在一起,用劳动清偿自己的债务,这个人是自由的,但是当强制的成分介入其中,他就是债务奴隶。这之间的界线是很细微的。无疑很多的劳工通

---

  ① "The Desolate Home". http://www.picturehistory.com/product/id/8175 Accessed:2013/05/06

常终其一生都在自由与债务奴役之间漂移,从未认识到他们跨过了这个界线"。所以,彼得·丹尼尔比喻说,"战后劳动制度的演进可以比作一个未完成的床被,图案年年变化,这里填上一个合同法,那里设一个留置权法,同时还有私刑、打人和流浪法,而黑人目不识丁,最终将这个床被拼了出来。可是这个床被超过了那一块块补丁。它的最终图案大于它的各个部分。它的设计中有一种能够让缝纫他的人感到赏心悦目的力量,但是对于那些盖这个床被的人来说,它却让人窒息"。黑人实际上处于一种既不是自由劳工也不是奴隶的中间状态。"如果说解放并未导致自由,那么黑人的地位又是什么呢?贴上什么标签看来都不合适。某种债务奴役成分是存在的,但是除非是债务和公然的言语或行动上的强制进入双方之间,这就不是合法的债务奴役制。他们既不是完全自由地出卖自己劳动的工人,也不是完全自由地缔结劳动合同的分成农。"①在经济领域里重建的结局既不是种植园主权势的完全回归,也不是前奴隶的经济自立,而是形成了一种新的依附关系。种植园主仍然需要黑人的劳动,黑人则需要种植园主的土地,双方为了自己的生活,达成了一种妥协。

图7-3 "女主人来访"②

  这幅标题为"女主人来访"的油画,是美国画家温斯洛·霍默1876年的作品。画面展示的是前奴隶与前主人的紧张关系。画中来访的前女主人和前奴隶面对面站着,都警觉地保持距离。注意,一名前奴隶坐在椅子上没有站起来迎接前女主人。

---

① Pete Daniel, "The Metamorphosis of Slavery, 1865-1900", *The Journal of American History*, Vol. 66, No. 1 (Jun., 1979), pp. 89,91, 98. http://www.jstor.org/stable/1894675 Accessed: 2013/01/29

② "A Visit from the Old Mistress", Image Credit: National Museum of American Art/Art Resource, NY. http://www.pbs.org/wgbh/aia/part4/4h1598.html Accessed: 2013/05/06

但是在政治领域里,经过重建时期的政治较量,以前奴隶主为主体的南部统治集团则又夺取了南部政权。实际上,内战的冲击,并没有将奴隶主集团作为一种社会力量加以彻底消灭。战争本身虽然给奴隶主造成巨大的人员伤亡和财产损失,但并没有使所有奴隶主家庭都走到彻底家破人亡的境地。对于那些在战争中幸存下来的奴隶主来说,奴隶制被废除,只是剥夺了他们的奴隶财产。尽管战争相关伤害也使他们不同程度地遭受了其他财产损失,但是,由于联邦政府在南部重建过程中采取了极为宽大的政策,没有对他们进行人身镇压,没有剥夺他们除奴隶以外的财产,所以,尽管他们失去了奴隶主的身份,但他们在战后仍然拥有着优越的经济条件和个人社会生活条件。这就为前奴隶主统治集团在战后迅速东山再起,重新支配南部的社会和政治生活,奠定了基础。

约翰逊的重建政策,导致南部的前政治权势集团重新控制了南部的政治权力。在1865年秋季南部州进行的州议会、州长和联邦议会议员选举中,那些战前反对脱离联邦的政治精英纷纷当选。埃里克·方纳指出,在南部的多数州,反对脱离联邦的前辉格党人大获全胜。在1865年选举的7位南部州长中,6位为反对分离的前辉格党人,这个集团控制了新的州议会和国会代表团。但是上南部和下南部的情况有所不同。在从阿肯色、田纳西和弗吉尼亚选派的25位国会议员中,5人曾参加联邦军队,其他很多人在战争中帮助过联邦,几乎所有人都能进行铁甲宣誓(the Ironclad Oath)。然而甚至在这个地区,前南部邦联分子也获得了很多地方官职。在下南部,尽管前辉格党人控制了选举,但是曾经为邦联服务反倒成为当选的前提。新当选的联邦参议员和众议员中,多数人曾经反对脱离联邦,但是他们几乎所有人都跟随他们的州参加了叛乱。只有北卡罗来纳西部地区例外,这个地区向国会选派了联邦军人亚历山大·琼斯。在阿拉巴马和密西西比州的一些内地县,那些曾经积极帮助过联邦的人被成功击败。在南卡罗来纳,来自内地县的詹姆斯·L. 奥尔这个长期反对种植园主垄断政治权力的人,勉强击败了南部邦联将军韦德·汉普顿。在佐治亚,州议会竟然选派邦联副总统亚历山大·H. 斯蒂芬斯去担任联邦参议员。① 这样的选举结果,明显反映了南部选民对北部的逆反心理。同时也表明,如果不限制南部邦联领导人的政治资格,那么叛乱的领导人就立即又成了南部的地区领导人和联邦国家的领导成员。

重新控制了州政府和南部白人社会的前南部邦联分子,立即制定黑人法

---

① Eric Foner, *Reconstruction: America's Unfinished Revolution*, 1863-1877, p. 196.

典,力图在事实上重新建立对黑人的奴役制度。这些黑人法典的规定"尽管各州不尽相同,但是体现着某些共同特征。它们承认黑人拥有持有财产、起诉和被起诉、拥有合法婚姻和子女的权利,可是也有重要的资格限制:黑人只能在一方或双方都是黑人的案件中作为证人,与白人通婚是一种重罪,可受到长久监禁的惩罚"。为了确保能够控制黑人的劳动,这些黑人法典对种植园主与黑人的劳动合同加以严格规定。密西西比州法律授权任何人对于在合同规定的劳动时间到期前离开劳动的黑人加以逮捕并归还他的雇主。为此此人可得到 5 美元的奖励。绝大多数州都对诱劝黑人在合同到期前逃离其合法雇佣工作的行为有严厉规定。此外还有《学徒法》,规定前主人优先雇佣其父母没有供应其生活的少年黑人。最后是《流浪法》,如密西西比州规定,截止到 1866 年 1 月,所有没有被依法雇佣的人都要被作为流浪者加以逮捕,如果他无力缴纳 50 美元的罚金,就要把他外雇给将替他缴纳罚金的人,他要为这个替他缴纳罚金的人劳动一段时间作为回报。其他州也有相似的法律规定。[①]

南部前奴隶主集团的疯狂举措和约翰逊总统对他们的偏袒,激起国会内占主导地位的共和党人的强烈不满。共和党人否决了约翰逊总统的重建政策,通过国会接过了对重建的领导权。1866 年 6 月 13 日,众议院通过了参议院已经通过的第 14 条宪法修正案。其中第三款规定:"无论何人,凡先前曾以国会议员,或合众国官员,或任何州议会议员,或任何州行政或司法官员的身份宣誓维护合众国宪法,以后又对合众国作乱或反叛,或给予合众国敌人帮助或鼓励,都不得担任国会参议员或众议员、总统或副总统选举人,或担任合众国及任何州属下的文职或军职官员。但国会得以两院各三分之二的票数取消此种限制。"[②]这是对南部邦联官员的政治限制。1867 年 3 月 2 日国会通过《重建法案》,推翻约翰逊总统的重建计划,宣布南部重新进行重建。在国会主导的重建时期,南部黑人享有了选举和被选举权。表 7-5 显示 1867—1868 年黑人成为南部重建州制宪会议的参与者。

---

① John Hope Franklin, *Reconstruction after the Civil War*, Chicago: The University of Chicago Press, 1994, pp. 47-48.
② 王希:《原则与妥协:美国宪法的精神与实践》,第 586 页。

表 7-5　1867—1868 年州制宪会议代表人数①

州	黑人	白人			总数	百分比		
		本州人	北方人	总数		黑人	白人	
							本州人	北方人
阿拉巴马	18	59	31	90	108	17	55	28
阿肯色	8	35	23	58	66	13	52	35
佛罗里达	18	12	15	27	45	40	27	33
佐治亚	33	128	9	137	170	19	74	7
路易斯安那	49	*	*	49	98	50	*	*
密西西比	17	29	54	83	100	17	29	54
北卡罗来纳	15	100	18	118	133	11	75	14
南卡罗来纳	76	27	21	48	124	61	22	17
弗吉尼亚	25	33	47	80	105	24	31	45
得克萨斯	9	*	*	81	90	10	*	*

＊表示没有进一步的分析

在激进重建时期，南部一些黑人当选为州议会议员。南卡罗来纳州议会155名议员中85名是黑人，密西西比州议会115名议员中40名是黑人。路易斯安那州议会137名议员中大约49名是黑人，因为一些肤色浅的议员是黑白混血的穆拉托人，难以辨别他们的种族身份。阿拉巴马州的84名议员中有26名黑人，弗吉尼亚议会180名议员中只有27名黑人，佐治亚216名议员中只有32名黑人，北卡罗来纳136名议员中只有19名黑人，得克萨斯107名议员中13名是黑人，佛罗里达76名议员中有19名黑人，田纳西州议会没有一个黑人议员。黑人还进入州政府的行政和司法机构担任官职。最高职位达到副州长位置，在南卡罗来纳州担任了副州长的黑人有阿伦佐·兰希尔和理查德·H.格里弗斯，在路易斯安那州是奥斯卡·J.唐恩和P.B.S.平齐巴克（他在1872年还担任了43天代理州长），以及C.C.安托万。在密西西比州是A.K.戴维斯。担任了州务卿一职的人在南卡罗来纳州是弗朗西斯·L.卡多佐，密西西比州是詹姆斯·希尔，路易斯安那州是P.G.德朗得，佛罗里达州是乔纳森·C.吉布斯。担任州财政长官的黑人在南卡罗来纳州是弗朗西斯·L.卡多佐，路易斯安那州是安托万·杜布克里特。此外，J.C.科尔宾在阿肯色，乔纳森·C.吉布斯在佛罗里达，W.G.布朗在路易斯安

---

① John Hope Franklin, *Reconstruction after the Civil War*, p.102.

那,托马斯·W.卡多佐在密西西比各自担任州教育厅长一职,詹姆斯·W.胡德在北卡罗来纳担任州副教育厅长,乔纳森·J.赖特担任南卡罗来纳州高等法院助理法官长达 7 年,是唯一的担任如此司法高位的黑人。① 除了进入州政府外,还有些黑人当选为联邦国会议员。"1869 年第一位黑人进入了美国国会,他的当选是两年前通过的重建立法的结果。在 1869—1875 年间,来自 7 个南部州的 16 名黑人成为国会议员,其中 6 人来自南卡罗来纳,来自阿拉巴马和密西西比各 3 人,佛罗里达、路易斯安那、佐治亚和北卡罗来纳各选出了一名黑人国会议员,自然他们都是共和党人。"②

白人极端分子不能容忍黑人对政治权力的分享,在通过合法途径不能达到目的时,他们选择使用暴力和暴力威胁的手段,组织起恐怖组织三K党,对敢于参加投票和担任官职的黑人以及支持黑人参政的白人进行杀害和迫害。"在整个南部爆发了由种族意念支配的暴力活动,矛头尤其指向了那些行为看来不够恭顺的独立黑人,除了针对'趾高气扬的黑鬼'更为频繁的警告和威胁外,教师、教士、地主和政治家还是他们施加虐待、焚烧、鞭打和私刑的特别目标。白人无论贫富都参与了这种仇恨的疯狂发泄,尽管那时的风尚是那些体面的公民会把丑恶的泛滥责怪到白人'痞子'身上,但种植园主在组织这种暴力活动中发挥了重要作用,有时他们亲自进行这种暴力活动。"③就这样在这个标榜崇尚法治的社会里,通过大规模的非法迫害活动,白人种族主义者达到了目的。黑人参与其中的共和党州政府一个接一个被推翻,前邦联分子支配的南部民主党人夺去了州政府。先是 1871 年佐治亚和上南部各州,1874 年在得克萨斯、阿肯色和阿拉巴马,1876 年在密西西比和南卡罗来纳,1877 年在佛罗里达和路易斯安那。1877 年联邦国会内民主党和共和党达成妥协,南部重建结束。南部的政治权力落入当时由前南部邦联分子支配的民主党人手中。

重建结束后的南部种族关系,既不是奴隶制的回归,也不是种族平等社会的实现。重建的结果对于种植园主来说并非称心如意。"1865 年后南部种植园主的首要政治目标,是将南部这个地区作为一个种植园农业的安全地区。除了接受奴隶制终结和独立的失败之外他们别无选择,但是他们还在寻求维持种植园的延续。最终,种植园主与北部政客毡包客(carpetbaggers)、南

---

① Arnold h. Taylor: *Travail and Triumph: Black Life and Culture in the South Since the Civil War*, Westport, Connecticut: Greenwood Press, 1976, pp.15-16.
② John Hosmer and Joseph Fineman, "Black Congressmen in Reconstruction Historiography", *Phylon*, Vol. 39, No. 2 (2nd Qtr., 1978), p.97. http://www.jstor.org/stable/274504 Accessed: 2009/11/13
③ Peter Kolchin, *American Slavery, 1619-1877*, p.235.

部政客'无赖汉'(scalawags)以及黑人的挑战战斗,竭力维持他们对南部政府、资源尤其是劳动力的控制。他们在恢复自治和白人霸权方面赢得了一些重大胜利,但是他们未能重新确立无可置疑的政治统治地位,或者阻止农业经济恶化。"①可是不管他们内心多么不情愿,种植园主只要还想在南部继续生活,就不得不与前奴隶建立一种新关系来维持种植园生活的延续。重建的结果对于前奴隶来说既有收获也有失望。埃里克·方纳认为:"如果说黑人没有取得他们在内战结束之际理想的经济独立,重建也关闭了比拯救者的新南部更具有压迫性的结局。重建后时代的劳动制度既不是回归内战前那种严密监督的编队劳动,也不是1865年和1866年南部白人理想的那种黑人劳动力被完全剥夺和毫无流动性的强制学徒制度。黑人也不像20世纪的南非那样被禁止行使公民权,被赶进劳动力队伍,或者被法律禁止从这个国家的一个地方向另一个地方迁移。正如规模虽不大但却在增长的黑人地主、业主和专业职业者的存在所显示的那样,已经打开的经济机会之门不可能再被完全关闭。再则,没有重建,很难想象能建立一个被宪法视为神圣合法权利的框架,尽管在1877年后遭到肆意的违犯,但却创立了一个未来联邦干预南部事务的工具。由于这种对美国公民政治前所未有的重新界定,南部的种族制度仍旧是地区性的而非全国性的制度,这样的一种结果,在北部的经济机会最终开放后,就具有了重要意义。"②重建的结果是前奴隶主与前奴隶都不满意却都可以忍受的妥协产物。彼得·科尔钦也认为:"尽管战后的南部是其过去的产物,尽管新南部的很多成分与老南部有很大的相像之处,但是随着奴隶制的被推翻,南部的社会关系经历了根本的转变,市场,再加上来自法律的慷慨援助,取代皮鞭成为劳动关系的仲裁者。黑人与白人的生活,黑人与白人的关系,黑人之间的关系,以及白人之间的关系,都发生了变化。尽管黑人成为了种族压迫加剧迫害的对象,可是作为自由人的男男女女,为了再造自己的生活进行了斗争,他们为争取更大的独立性而进行的奋斗取得了显著的成功。"③重建之后的南部黑人尽管还要忍受白人的欺凌、剥削和压迫,但是并没有重新被投入奴隶制中。白人既然不能再像奴隶制时代那样奴役黑人,他们也就不再是奴隶主了。

---

① James L. Roark, *Masters without Slaves: Southern Planters in the Civil War and Reconstruction*, pp. 195-196.
② Eric Foner, *Reconstruction: America's Unfinished Revolution, 1863-1877*, pp. 602-603.
③ Peter Kolchin, *American Slavery, 1619-1877*, p. 236.

第四节　历史神话的编造

南部历史神话包括对南部种植园、奴隶制的美化描述,以及对忠诚奴隶的赞誉。在内战前的亲奴隶制辩论中,南部的文人们就利用文学作品对奴隶制和奴隶主进行了竭力美化,编造了一种神话般的种植园生活美景。内战之后,有相当多的遭受战争失败和奴隶制毁灭之痛的前奴隶主精英并没有痛定思痛,自我反省,也没有为他们捍卫奴隶制和发动分裂国家的战争而忏悔,而是顽固地宣称自己所持立场的正当性,竭力为他们的行动进行辩护,在这个过程中,继续编造着南部历史的神话。"在内战之后,南部白人社会努力在政治上重建旧秩序的同时,继续在文学作品中为旧秩序辩护。除了那些觉得自己终于能够使用奴隶对种植园主阶级复仇的人以外,南部人仍旧接受非裔美国人是劣等民族的言说,并且积极地宣扬这种思想。有些南部人做出的仅有的退让,是承认南部邦联人做出的是英雄般的但错误的行动。内战对南部的致命后果引领南部人的思想形成了一种新趋向。作家们不再为现存的秩序辩护,他们描写的是一个不再存在的社会,或许可以说是从未存在过的社会,至少像他们想象出的那种社会从未存在过。南部人因对他们失败的事业的忠诚而产生了一种怀旧情结,在这种情结激励下创作的南部传奇变成了神话。南部人被描绘成家长式的奴隶主,是勇敢、侠义又仁爱的主人,他们的奴隶忠诚可爱。"①

一　战后前奴隶主对奴隶制和内战的认识

随着战争的结束,被剥夺了蓄奴权的奴隶主变成了前奴隶主。在度过了灾难深重的战争岁月之后,在经受了刻骨铭心的肉体和心灵痛苦煎熬之后,当内战已经成为历史,需要对这场战争作出历史定论之时,前奴隶主又是怎样认识奴隶制和这场战争灾难呢?

战争结束后,前奴隶主的心情是多样的,有人为南部的失败而痛苦;也有人心态平和。一名弗吉尼亚女孩在日记中写道:"我人生中最悲哀的时刻,是看到南部的十字国旗被扯下来,星条旗在议会大楼上升起。我现在对于星条旗在那里飘扬是高兴的,但是我也钟情于我的旧国旗。一说到这件事我就心里难受。人们的英勇使得旧国旗在那里高高飘扬了那么长时间,为此付出

---

① Nathalie Dessens, *Myths of the Plantation Society: Slavery in the American South and West Indies*, pp. 160-161.

了那么大代价,看到它被扯下来的时刻我真是痛苦万分。"①

丽贝卡·拉蒂默·费尔顿是佐治亚一名种植园主的女儿,她在回忆录中没有蛮横地为奴隶制进行辩护,而是以平静的语气对蓄奴现象进行了评说。在她看来,奴隶主有的仁慈有的残暴,奴隶主蓄奴是为了利润,即使在谢尔曼的大军横扫佐治亚后还有人购买奴隶,蓄奴就是奴隶主的投资方向。"当我回想起人们如饥似渴地购买奴隶的时候,我就对他们缺少商业上的远见感到惊奇。除了巴西外,每一个文明化了的国家都放弃了内部奴隶制,那时我们的人们显然相信奴隶制是永久的,得到了《圣经》的指令和上帝的命令。当然有很多虐待,我不会装腔作势地为那些虐待行为辩护。主人有的和蔼有的残暴。有人违反道德法,从而使得混血的穆拉托人像黑草莓一样司空见惯。就这一点就注定了奴隶制的灭亡。当白人男人愿意将自己与奴隶亲生的子女派到厨房和玉米地去,允许他们被卖掉为奴,遭受践踏,愤怒的报复就降临到了这个国家头上,南部为此遭受了4年血腥战争的惩罚。"作者承认很多佐治亚人反对分裂,但分离分子控制了代表会议,人们被迫接受了分离选择以及随之而来的战争和毁灭,这里作者使用的语言流露出的是哀伤情感。"多数人与'吞火者'(fire-eaters,指南部主张脱离联邦的激进领导人)站在一起,他们压倒了少数派。佐治亚有成千上万的人热爱联邦,但是他们在那个人民代表会议上没有机会,他们被迫进入了那场长达4年、捍卫内部奴隶制的血腥战争。他们失去了自己的奴隶,失去了自己的田地和财产,失去了剩余的钱,很多人还失去了生命。"在回顾往事时,费尔顿反对南部的辩护者们仍然在为南部的事业辩护,她开始怀疑为了奴隶制而进行这场毁灭性的战争是否有价值,她宁愿和平地放弃奴隶,而不愿进行这场战争。"我现在已经年迈,我在想这个问题,为什么南部不做出妥协,卖掉他们的奴隶,或者主动提出一个价格,把这个问题交给那些害怕战争的人?难道为了拥有奴隶就值得去承受由那个脱离联邦法令带来的流血牺牲和财产损失吗?蒂尔曼先生说没有办法消除这个诅咒,南部用4年流血战争来赎罪,难道他的说法是对的?说的直白点,难道是万能的上帝通过送来一场以南部毁灭和成千上万人的牺牲为结局的可怕的争斗来惩罚奴隶主?"她指责南部的领导人以捍卫州权的名义把人民引入一场为了捍卫奴隶制的战争。这场战争是一个错误。她写道:"像罗伯特·E.李一样,在一场对我的亲人们来说意味着生存或死亡的斗争中,我不能进行反对我亲人的战斗。尽管如此,现在我已经接近了永恒之地

---

① Myrta Lockett Avary, ed., *A Virginia Girl in the Civil War 1861-1865*, Being A Record of the Actual Experiences of the Wife of A Confederate Officer, New York: D. Appleton and Company, 1903, p.364. http://docsouth.unc.edu/avary/avary.html Acessed: 2005/05/07

的边沿,用不着再保留我那已经成熟的饱含良知和诚实的思想:如果没有奴隶,本来就不会有战争。为了内部奴隶制的永久存在而战斗是一个错误。"①

有的人在回顾往事时仍然不能正视历史,以强词夺理的语言将战争责任强加给林肯,以此来确立自己的家乡州退出联邦的正当性。威廉·劳伦斯·罗耶尔出生于弗吉尼亚州法奎尔县的一个种植园主家庭,父亲有 15 名奴隶和 1000 英亩土地。他的外婆就是联邦首任大法官约翰·马歇尔的小女儿。他认为,1860 年弗吉尼亚人是不反对联邦的,只是在林肯决定要弗吉尼亚出兵强制南部时,弗吉尼亚人才一下子转变了立场。"在 1860 年,弗吉尼亚的人民是强烈拥护联邦的,但是当林肯先生召集军队要强制我们以南的诸州时,弗吉尼亚的舆论一眨眼就改变了,人们万众一心站到了南部诸州一边,誓死抵抗对他们的强制。"②这种说法与事实显然不符。在下南部脱离联邦之时弗吉尼亚州就有分离分子策动该州脱离联邦,只不过在林肯下令征召军队平叛后他们的图谋才得逞。即使是到了此时,弗吉尼亚社会也是分裂的,有很多人反对退出联邦,为此西弗吉尼亚地区还退出了弗吉尼亚,另成为一个州,那时根本就不存在什么团结一致的弗吉尼亚人民,不存在"万众一心"。罗耶尔的这种说法显然罔顾了历史事实。

还有人在回忆中既不责怪南方也不责怪北方,约瑟夫·勒·孔特就是如此。此人 1823 年 2 月 26 日出生于南卡罗来纳州自由县的一个种植园主家庭。1838 年 1 月 9 日父亲去世。埋葬父亲后他到阿森斯去上大学。1841 年 8 月毕业。然后到梅肯和纽约学习医学,1845 年毕业。1846 年结婚,1847 年 12 月 10 日,第一个孩子出生。50 年代他先后在奥格尔索普大学、佐治亚大学和南卡罗来纳学院任教。1860 年他赴纽伯特参加美国科学促进协会(the American Association for the Advancement of Science)的会议,被选为该协会的秘书长。9 月返回哥伦比亚。对于林肯当选总统后南卡罗来纳脱离联邦,他认为那是一种难以说清的气氛。"一开始我是极不情愿参加脱离联邦运动的,甚至反对那场运动,我怀疑它的必要性,害怕降临的冲突和它的后果。整个南部有很多优秀和思想深邃的人与我的感情是一样的。但是渐渐地人们的思想发生了变化,究竟是如何发生的变化谁也说不清。是那种气氛,我们在其中呼吸的那种气氛,它在我们的心头回响,就像精神感染,是好是坏谁也

---

① Rebecca Latimer Felton, *Country Life in Georgia in the Days of My Youth*, Atlanta, Ga. Index Printing Company,1919, pp. 79,83,83-84, 87. http://docsouth. unc. edu/felton/felton. html Acessed:2005/05/07
② William Lawrence Royall, *Some Reminiscences*, New York:The Neale Publishing Company, 1909, p.10. http://docsouth. unc. edu/royall/royall. html Acessed:2005/05/07

说不清。但最终的结果是整个南部热情澎湃,万众一心。那些明白后果严重性的人行动最迟缓和最不情愿,他们也是最真挚最可靠的人。"对于这场战争,孔特认为并不是内战,而是国家之间的战争。战争的双方都在真诚地捍卫自己的世界观。"这是一场诸州间的战争,或者说得更准确一些,是两个国家之间的战争。对于每一方都是一场真正的对外战争,我不是在谈论是非曲直,只是在讲出一个事实。我不责怪双方的任何人,很显然在关于政府性质问题上存在着真实的舆论分歧,人们真诚地战斗到了最后一刻,坦然接受了带来的后果。但是人们心中无疑明白,从未有哪场战争像这次一样撼动整个南部妇女、男人和儿童的心灵。对于我们而言它就是为了国家生存的生死之争,对方的感情无疑也是同样的诚实真挚。"①

卡罗琳娜·伊丽莎白·梅里克出生于路易斯安那一个大种植园主家庭。按照她在回忆中的叙述,她出生于1825年11月24日东费里希纳教区,父亲的种植园名叫"农舍"(Cottage Hall)。母亲在与父亲生育了6个孩子后去世,父亲又娶了苏珊·布鲁尔小姐。继母1790年生于马萨诸塞的维尔布鲁汉姆,是一名教师,1876年7月25日去世。父亲1849年去世。经父亲允许,她在15岁时就嫁给了爱德温·托马斯·梅里克,这个人是她继母的侄子,1809年7月9日出生于马萨诸塞州的维尔布鲁汉姆,他是一名法学家,两次当选路易斯安那州最高法院的首席法官。结婚后他们住在路易斯安那州的克林顿镇,在离该地50英里的波因特库佩教区他们有一个种植园。1855年爱德温·梅里克当选为路易斯安那最高法院首席法官,于是他们在新奥尔良买下了房子,1856年11月把家从克林顿搬到了新奥尔良。她在回顾内战时感到悲伤,但对于奴隶制的消除表示高兴。"讲到内战这个问题,我不想带着为之辩护或对其谴责的倾向,对于这场用火与血永久解决的问题,它带来的调整即使是被征服者也接受了,我并不情愿谈及。但是这个时期是我人生中的重大时刻,少了它我的回忆就不完整了。再则,个人的记录是历史的旁注,从这个层面说,它是最真实的历史画面。逝去的岁月已经足以让人们选择一个可靠的历史视角,智慧的美国人现在应该能够不带喜好或偏见地审视这场洗劫了大地的最悲哀的战争,能够利用曾经被作为社会基石的奴隶制已经遭到严厉清洗这种新条件,使我们的国家在将来不再遭受闹剧之害,以维护我们的自由。她认为多数南部人并不愿意分离联邦,只是无可奈何地痛苦地接受了脱离联邦选择,当分离决定做出后,南部人不管持什么意见,都站

---

① William Dallam Armes, ed., *The Autobiography of Joseph Le Conte*, New York: D. Appleton and Company, 1903, p. 179, 181. http://docsouth.unc.edu/leconte/leconte.html Acessed: 2005/05/07

到了分离阵营之中。"必须记住,对于脱离联邦南部并不是铁板一块。西南部地区在很大程度上是辉格党人的地区,在 1860 年的选举中这支力量投票支持贝尔和埃弗雷特,打出的旗帜是'联邦、宪法和执行法律',在路易斯安那、密西西比、得克萨斯、阿肯色和田纳西,要是将脱离联邦问题交给民众表决,能否通过一直就是个疑问,因为不管个人对于脱离联邦权利持什么立场,多数辉格党人和一些民主党人怀疑脱离联邦是否恰当。在这些州的历史上最庄严最令人心碎的时刻,是那些人哽咽着签下那个割断他们与联邦关系的法令。此刻之前报纸上的争斗是尖锐的。但是当命运已经确定后,星条旗降了下来,升起了州的旗帜,几乎是所有人,不管其意见是什么,都接受了这个命运,扛起毛瑟枪上了前线,留在那里,直到子弹、疾病或饥饿使得兵力耗尽,或者直到李在波托马克河投降。"为什么会出现这种情况呢？在南部人看来,如果奴隶制被废除,他们就失去了财富。与北部亲戚的通信显示了他们的这种认识,"除了战斗外我们别无选择了。任何门都没有对我们打开。作为自由人,我们的一切都处于危险之中。没有奴隶制,路易斯安那绝好的甘蔗种植园就分文不值。英国人认为我们的先人造反是错的,我们现在有比他们还多 10 倍的理由造反。宪法权利受到了侵犯,我们将会成功,必须成功。"①

爱德华·J.托马斯 1840 年 3 月 25 日出生于佐治亚州的萨凡纳,几年后举家搬回到离萨凡纳 40 英里的麦金托什县的种植园老家。这个种植园有 3000 英亩土地,125 名奴隶,爷爷住在种植园的这头,父亲住在种植园的另一头。他的父亲 1859 年去世,他于 1860 年夏天从大学毕业,回家管理种植园。在从学校回家的途中,他注意到分离宣传正大张旗鼓地进行。关于分离联邦问题,南部人认为他们有权脱离联邦,当时各州之间的关系就像一战后比利时与意大利之间的关系一样,虽然都是国际联盟的成员,但却是不同的国家。"脱离联邦的幽灵总是出现,南部州一直宣称拥有这个权力,所以在 1850—1861 年我们退出联邦时,我们觉得是在权利范围内行动。州政府委托给联邦政府的只是那些其将恰当运作的权力,其他权力则保留在州。"②

前奴隶主战后回顾奴隶制和内战时有着多种心态。有的前奴隶主承认南部实行奴隶制是一个时代错误,但是又不愿意从道德上谴责奴隶主和南

---

① Caroline E. Merrick, *Old Times in Dixie Land: A Southern Matron's Memories*, New York: The Grafton Press, 1901, pp. 26, 26-27. http://docsouth.unc.edu/merrick/merrick.html Acessed: 2005/05/07

② Edward J. Thomas, *Memoirs of A Southerner 1840-1923*, Savannah, Georgia, 1923, p. 37. http://docsouth.unc.edu/thomas/thomas.html Acessed: 2005/05/07

部,反而竭力为奴隶主辩护。不过,他们普遍表示愿意接受奴隶制被废除的历史结局。伊莱扎·弗朗斯·安德鲁斯战后对奴隶制的评说就反映了这种复杂心态。她提出,南部的过去值得骄傲。"我们教育南部的孩子们要尊敬和崇尚他们父辈们的文明。我们认为,这种文明之所以已经毁灭,不是因为它本身是邪恶的或不道德的,而是因为它已经完成了它的使命,现在必须躺在历史的坟墓之中,就像一个善良和有用的人,在度过了分配给他的人生后,走上了所有人都要走的那条死亡之路。"老南部以及它的制度并不是怪物,而只不过是"迟到的历史幸存者"。就像从人们知道的原始酋长制度以来的所有文明一样,它是为了迎合统治阶级的利益而制定的。"它的生存超过了它的有用期,在19世纪末期已经是一个时代错误。"她认为,"把实行奴隶制的责任全部推给美国南部州是不公正的,就像把人们憎恶的16—17世纪的所有宗教迫害都放到罗马天主教会头上一样不公正"。她辩解说,奴隶制在人类历史上长期存在,到了近代,只是那些采纳了新的工业生活的民族才开始意识到奴隶制的不道德性。南部仍然处在农业时代,垄断着世界的纺织工业原料,因此最后才发觉奴隶制的赢利性不及工资奴隶制度。这就导致北部的"道德斗士"对错误和罪恶的南部进行攻击。然而,奴隶主并不是虚伪之人,他们真正相信奴隶制是正义的,"我还记得清清楚楚,我曾经真诚地出于自己的良知认为奴隶制是正义和神圣的制度,而我现在的认识正好相反。那时的认识是,奴隶制符合《圣经》的教义,怀疑奴隶制就是不虔诚,有不信仰基督教的意味"。在她看来,奴隶主选择脱离联邦进行战争是光明磊落的行动,虽然奴隶主进行了一场失败的战争,但是他们表现出了真诚和勇敢,他们是公开进行战斗,而不是搞密谋欺诈耍奸猾。尽管奴隶主的事业注定要失败,但是他们表现出的勇敢和英雄主义给这场失败的事业增添了永远的光彩。① 还有人甚至竭力美化奴隶主。来自弗吉尼亚种植园主家庭的苏珊·达布尼·斯梅德斯在回忆录中声称,奴隶主一般并不惩罚奴隶。"确实有时候使用纪律管教,但不是经常使用,对于很多奴隶来说一生才受到一次管教,更多的奴隶则从没有受过纪律管教。"在她看来,多数奴隶主是好奴隶主。"很多奴隶主把奴隶制看成一种沉重的负担,渴望消除它。但是他们不能放弃那些有价值的年轻奴隶,也不愿意抛开那些年迈的无依无靠的奴隶。"她认为,在奴隶制被废除后,前奴隶主并不想恢复奴隶制,因为奴隶制对于他们来说是一个负担。"既然奴隶制已被扫除,我敢说南部没有一个有头脑的白

---

① Eliza Frances Andrews, *The War-Time Journal of A Georgia Girl*, 1864-1865, Newyork: D. Appleton and Company, 1908, pp. 11-15. http://docsouth.unc.edu/andrews/andrews.html Accessed: 2005/05/07

人还想将奴隶制召回,即使想让它回来就能回来的话。那些受苦最多损失最重的人,那些从一种丰裕生活跌落到极端贫困生活的人,对于失去奴隶制这个代价欣然接受。"①约翰·萨金特·怀斯出生于弗吉尼亚大种植园主家庭。在战后的回忆中,他提出,很多奴隶主并不愿意蓄奴,他们是把蓄奴作为一种责任和负担来承担的。但是他也承认奴隶制下存在着可怕的虐待。不过他为自己的家庭辩护,宣称自己的家庭是好奴隶主。他们家并不出卖奴隶,也没有监工鞭打奴隶。对于奴隶制的消灭,他认为"废除奴隶制给我们带来的幸福比给奴隶带来的幸福更大",南部邦联人应该"为奴隶制在波托马克河的死亡而感谢上帝"。② 也有的前奴隶主表达了对奴隶制的仇恨。在战后回忆中,伊丽莎白·莱尔·萨克森表示,自己虽然是南部人,但是作为一个女人,自己仇恨奴隶制,"因为我看到了奴隶制给我们女性带来的压力。我知道奴隶制中充斥着对所有女性的不公平和羞辱,我仇恨奴隶制"。③

　　R. Q. 米兰德是站在亲奴隶制立场上回忆种植园生活的,在他笔下,奴隶是温顺忠诚的仆人。在内战时期,在逐渐收缩的南部邦联地区,奴隶们并没有响应《解放黑人奴隶宣言》的号召,而是继续为主人劳动。"不管是两个世纪的美国奴隶制导致的勤劳和服从的习性使然,还是这个种族所固有的非攻击性所致,他们在那个最令人难受的情势下的行动确确实实值得大受赞颂,南部人应该勇于承认和毫不迟疑地对他们表示感谢。"他宣称在奴隶主身处战争危难之时,奴隶们并没有选择背离主人,"通常他们中间没有不服从的行为,尽管主人不在身边不能亲自管理他们,尽管很少有暴力威胁或使用暴力。全部能够扛枪的男子离开了,即(所谓的)从摇篮到坟墓范围的征兵,他们在工头和偶尔存在的监工管理下,主要是在女主人的指导下,在主人从前线写信回来的建议下,耕作田地,收获庄稼,卖掉庄稼,保护那些为反对他们的自由而战者毫无防卫的家人。那时的妇女孩子感到安全,在南部某些地方那时比现在绝对更安全"。他指出,在联邦军队占领地区,"有一些坏奴隶,一些主要是年轻愚蠢的黑人,被自由的承诺所吸引,由于无知,错误地认为不需要工作了,可以依靠政府供养,他们跟着北部军队走,最终被贫困所迫又回到了家园。这些可怜家伙的遭遇使得联邦当局所说的'战争违禁品'成为悲

---

① Susan Dabney Smedes, *Memorials of A Southern Planter*, Baltimore: Cushings & Bailey,1887, pp.190,191. http://docsouth.unc.edu/smedes/smedes.html Acessed: 2005/05/07
② John S. Wise, *The End of Era*, Boston: Houghton, Mifflin and Company, the Riverside Press, 1899, pp.36-37, 88. http://docsouth.unc.edu/wise/wise.html Acessed: 2005/05/07
③ Elizabeth Lyle Saxon, *A Southern Woman's War Time Reminiscences*, Memphis, Tenn:Press of the Pilcher Printing Co., 1905, p.14. http://docsouth.unc.edu/saxon/saxon.html Acessed: 2005/05/07

惨不幸的同义语"。而在那些两军交战交错来往的地区,奴隶们仍旧安静地留在家园,以他们纯真的忠诚,照料着他们主人的家人。他总结道:人们只要不带成见或偏见就会相信,"美国的非洲人奴隶制并不是某些无知妒忌或恶毒之人所描绘的那样。这种奴隶制有其公认的邪恶之处,偶尔有虐待现象,但它有很多拯救人之处"。他断言:无数事例证明,"将主人与奴隶联接在一起的纽带是一条仁慈的柔和有力的纽带,就像联接亲人们的纽带一样。还有,十分显然的是,在很大程度上南部的基督徒们领会了他们的责任,致力于触及人的灵魂,按照上帝的意愿去关怀他们。所以普遍的规则是奴隶们并不仅仅被看成是一件财物,而是有灵魂的生灵,主人们要承担起对他们的宗教指导,对他们在天国的共同主人负责"。①

有的奴隶主对于奴隶的忠诚津津乐道,一位佐治亚种植园主在回忆录中讲述奴隶的忠诚,写道:

  返回旧地,看到我们在那里黑人们似乎快乐极了。他们的很多忠诚行为让我深受触动。星期日上午,在教堂活动结束后,没有什么事做了,他们都来看我,我必须与近 400 个人握手。战争时期他们在西部高地都饱受麻烦和痛苦,他们的一致话语是,"感谢上帝,女主人,我们回来了,又见到您和男主人啦"。我对 20 个自由的身体强壮的人说,"喂,你们知道你们自由了,是自己的主人了",他们冲口而出:"不,女主人,我们是您的,只要活着我们就属于您。"

  几乎所有经历了过去那 4 年可怕痛苦的人都回来了,还有很多 7 年前被卖掉的人也回来了。他们优良的品格在这个州广为人知,以至于人们渴望雇佣他们,诱使他们留在西部高地,为把他们留下给他们讲各种各样的故事,其中一个故事说我的父亲死了。但是没有用,一个老人说,"如果主人死了,我要回到旧地去哀悼他",所以他们不仅拒绝了不错的工资,而且很多人是用尽了自己的一切才回来的,事实胜于雄辩,这个事实充分说明他们对他们的老主人和他们过去受到的待遇的感情。

  我们的监工负责管理家中的所有财产,可是他几乎没有返还给我们任何东西。而留给黑人们照管的所有东西都得到精心照料,返还给了我们,而没有要求什么奖赏。一个老人把家畜守卫得好好的,免受南部和北部劫掠者的抢掠。他现在管着 90 多只绵羊和 30 头牛。不幸的是这些牲畜所在的那块松林地沿着这条河向上有大约 12 英里远,我们到下一年之前没有办法把它们运来,我们现在还得不到它们。

---

① R. Q. Mallard D. D., *Plantation Life before Emancipation*, pp. 209-210, 210, 235.

> 有一对老夫妇，就是约翰叔叔和佩琪大婶，昨天从圣西蒙来到这里，带着五元半银币，装在一个袋子里，他们说这是战争的第二年一个北方上尉要了几只鸡给他们的。这点钱这两个老人在3年的艰难困苦中一直留着不用，因为这是付给属于我们的家禽的报酬。我不知道白人仆人是否会这样的忠心和诚实。我的父亲对这一忠诚的举动大为感动，打算用这些银子做点什么来纪念这件事，还给了他们同样数目的其他货币。①

奴隶主回忆中对奴隶忠诚的描述有多大真实性是值得怀疑的，历史表明，尽管有少数黑人对于主人有关爱之心，但是绝大多数奴隶即使不是满腔仇恨，也是没有感激之情的。奴隶主的这种描写是对自己的安慰，也是对自己的美化，因为这样说就意味着自己是好主人，从更大的意义说，这是在美化奴隶制。

内战后前奴隶主中固然也有少数承认奴隶制是一种罪恶的人，但是绝大多数奴隶主则宁愿回避在奴隶制问题上表露心迹，还有奴隶制辩护者冠冕堂皇地宣扬奴隶制是有益的善举，奴隶主是心地善良的家长主义者。黑人奴隶在奴隶制之下是无声的，在获得自由后，尽管也有些前奴隶认为他们的主人对待他们不错，但大多数前奴隶们发出的声音基本上都是对奴隶制的控诉或哭诉，主人的残暴、家庭的失散、人身的虐待和人格的凌辱，是获得自由后黑人对被奴役经历的主要记忆。

然而，不管前奴隶主对内战和奴隶怎样认识，如何阐释，美国内战已经成为无法改变的历史。尽管不是所有的奴隶主都支持脱离联邦，并且有少数奴隶主在内战中支持联邦的战争，但南部奴隶主的多数支持脱离联邦，支持南部邦联的战争。而战争的结果，造成了奴隶制的毁灭。愤怒也罢，哀怨也罢，前奴隶主只能接受战争造成的这一事与愿违的结果。

二 前南部邦联精英们的辩护

尽管南部邦联分子在战后没有被剥夺经济机会和财产，并且个人普遍没有遭受人身自由限制，从而使他们没有陷入生活贫困状态，但是，南部邦联战败这个严厉的事实却折磨着他们的心灵。"谁来为这场战争负责？"这是人们不可能不思考的问题。这个问题如何回答，意味着如何给南部邦联分子进行历史定位。为了使自己不被作为战争罪人载入史册，一些前南部邦联的精

---

① Frances Butler Leigh, *Ten Years on A Georgia Plantation Since the War*, London: Richard Bentley & Son, 1883, pp.21-23. http://docsouth.unc.edu/fpn/leigh/leigh.html Acessed: 2005/05/07

英人物便撰写历史为自己和南部邦联进行辩护。对此,美国学者托马斯·J.普里斯莱评述说:在南部失败后,著史辩护成为各种不同思想邦联分子的共同愿望。南部人深信,他们通过向世界展示"历史的真相",就是在向为了邦联献出生命的同志和挚爱的人致敬。这种想法增添了他们的心理满足感。同时他们相信,通过著史辩护,他们可以确保南部的年轻人在成长过程中能够正当地理解和领悟他们父辈的理想和勇气。南卡罗来纳大种植园主、南部邦联将军韦德·汉普顿1873年在里士满公开演讲,要求父母应该教育下一代了解历史的本来面目,他说,如果使南部的孩子们理解了南部和北部这两个对立地区之间"发生的这次大冲突的渊源、发展和顶峰……他们就不可能认识不到真理、权利、正义是在他们的父辈一边"。[1] 这句话明明白白说出了他们进行历史教育的目的。

内战是南部脱离联邦引起的,南部脱离联邦是否合法、是否合理,就成为确定南部邦联历史地位的关键。南部邦联分子竭力要做到的是确立这样的观点:脱离联邦是符合宪法的行动,北部侵犯了南部的宪法权利,这才是战争的原因。这样就把战争的责任推给了北方。战后南部邦联精英们的脱离联邦辩护,就是紧紧抓住宪法这根稻草。普里斯莱指出:"把脱离联邦作为一种保守的、合乎宪法的运动来加以辩护,其论析最后以这种学说为基础:1787年宪法是主权州之间缔结的契约。1865年后前邦联分子就把自己保护在这个学说中。他们将人们熟悉的那些论点一再重述,将久已存在、受人敬重的历史证据汇集起来,以说明联邦契约理论既得到了制定宪法者的赞同,之后又得到了这个国家所有地区政治领袖们的赞同。"与战前的脱离联邦宣传相比,战后的脱离联邦辩护不再强调奴隶制问题,"南部人不再像一些人在1861年那样宣称奴隶制是邦联的'基石',或宣称邦联政府的明确基础是保持两个种族之间的正当关系。现在,他们一致认为,奴隶制只是碰巧成为迫使南部最终反对北部侵略的具体问题"。[2] 南部邦联将军朱巴尔·A.厄尔利在战后宣称,奴隶制仅仅是战争的借口,并不是战争的原因,南部人不是为奴隶制而战,而是为了自治。按照他的话说,"战争期间,奴隶制只是一个用来煽动暴民激情的口号,在一定程度上文明世界的偏见被调动起来反对我们。但是就我们这一方而言,进行战争并不是为了奴隶制"。不过,他还是竭力为南部的奴隶制辩护。他指出,英国和新英格兰参与了奴隶贸易,将无知和野蛮的非洲人卖到美洲殖民地为奴。而南部的奴隶制将奴隶们提升到了文

---

[1] Thomas J. Pressly, *Americans Interpret Their Civil War*, Princeton: Princeton University Press, 1954, pp. 74-75.

[2] Ibid., pp. 87, 88-89.

明和信仰基督的状态。造物主赋予了他们不同的肤色、劣质的肉体和智能，种族融合违背造物主的设计。南部有 400 万黑人，如此巨大数量的人口不可能再运回非洲，即使能够把他们运回去，他们也将重新退回野蛮状态，因此，"理性、常识和出于对黑人的真正人道，以及白人种族的安全，要求将这个劣质种族置于从属地位"。南部实行的奴隶制不仅使得黑人种族的道德和身体状况得到极大提高，而且给社会提供了一个生活幸福、心满意足的劳工阶级。黑人的劳动不仅开发了南部的资源，而且是美国繁荣的主要源泉，还给其他国家的千百万工人阶级提供了就业门路。尽管如此，南部进行的斗争并不是为了奴隶制，"而是为了无价的自治权利，反对北部疯狂集团的统治。奴隶制只不过是偶然加入了两个地区的对抗发展之中"。①

还有人强调南部反对奴隶制。1866 年 12 月 15 日，罗伯特·E. 李写信给英国史学家阿克顿勋爵，叙述了萨姆特事件之前进行的妥协努力。他指出：如果共和党支持妥协的话，妥协努力就能成功。"阻挡达成友善调整的唯一困难是共和党，那么，谁为这场战争负责？"最后他写道："尽管南部本来宁愿接受任何体面的妥协，而不是进行这场兄弟之间的战争，但现在这场战争已经成为了过去，他诚挚地接受这场战争带来的宪法结果，无保留地接受为了消灭奴隶制而已经制定的对宪法的修正。这是一件人们长期追求的事情，尽管人们追求的方式不同。弗吉尼亚公民结束奴隶制的愿望比其他人更真诚。"②他的这种言论，显然与事实不符。他之所以这样说，当然不是由于无知，而是不愿、不敢面对历史的真相。

朱巴尔·A. 厄尔利是内战时期邦联的一位准将。他出生在弗吉尼亚州的富兰克林县，按照他自己的叙述，他出生于 1816 年 11 月 3 日，父亲约伯·厄尔利在当地很有名望，担任着几个公职。1847 年搬迁到西弗吉尼亚的卡纳瓦谷地。他于 1833 年进入西点军校学习，1837 年 6 月毕业。1838 年离开军队学习法律，1840 年上半年成为律师。1841 年从富兰克林县当选为弗吉尼亚议会议员，在 1841—1842 年任州议会议员，美国与墨西哥的战争爆发后，他于 1847 年 1 月 7 日再次参军，被任命为上校，参加了美墨战争。战争结束后继续从事律师业务。按照他自己的说法，他在弗吉尼亚脱离联邦时期是持反对意见的，他认为是北方的政治家鼓动南部分离，而在弗吉尼亚分离之后，他就应该站在已经脱离联邦、加入了邦联的家乡一边，他的这种说辞与

---

① Jubal Anderson Early, *Autobiographical Sketch and Narrative of the War Between the States*, Philadelphia: J. B. Lippincott Company, 1912, pp. 9-10. http://docsouth.unc.edu/early/early.html Acessed: 2005/05/07

② Allan T. Nolan, *Lee Considered: General Robert R. Lee and Civil War History*, p. 142.

罗伯特·E. 李的辩护如出一辙。他在回忆录的前言中是这样说的：

  作为弗吉尼亚人民代表会议的成员之一，我对该团体通过的脱离联邦法令投了反对票。那时我还想着武装冲突可能避免，可能达成令人满意的调整。该法令之通过让我流下了悲痛和苦涩的泪水，但我立刻就承认我有责任遵守我的本乡州做出的决定，保卫他的土地，抵抗入侵。我曾对于脱离联邦权利怀有的一点顾虑，很快就被华盛顿当局采取的违背宪法的措施以及北部人对他们的前南部兄弟进行战争的疯狂喧闹驱散了。我承认 1776 年我的父辈们行使的抵抗权和革命权，毫无怨言接受了召唤，心甘情愿地、快乐地和一心一意地加入了我所在的州的军队。

  当弗吉尼亚州成为邦联的一个成员，它的军队转交给邦联政府时，我以同等的热情接受了整个邦联的事业，我继续服役，决心把自己全部精力和能力献给共同的防卫。整个战争期间我一直在战斗，从未为我的道路选择而后悔，坚信我们的事业的正义性。①

  理查德·泰勒是美国前总统扎卡里·泰勒的儿子，他的大姐嫁给了杰斐逊·戴维斯，是他的第一任妻子。泰勒是民主党人，1861 年以路易斯安那民主党代表身份参加了在查尔斯顿举行的民主党全国代表大会，持温和立场。1861 年 1 月，路易斯安那议会召开，作为上议院议员和联邦关系委员会主席，他支持召开州人民代表会议来决定分离问题。之后他当选为代表，支持分离联邦选择。他注意到，当时人们有一种极端高傲的心态，认为北部的人力物力优势并不可怕。关于奴隶制的消灭，他认为没有人为之惋惜，只是这种废除的方式造成的是更大的痛苦。但是他认为千家万户遭受的损失和痛苦不是南部人自己造成的，而是北方造成的。他没有反思自己的错误，没有认识到内战是奴隶主阶级自作自受的灾难，这也是战后奴隶主阶级的普遍心态。"奴隶制的废止本来就是人人所期望的，无人惋惜，尽管失去了奴隶摧毁了土地的价值。这种制度从南部诸州进行最早的殖民活动时就存在，与黑白两个种族的思想、习惯和日常生活交织在一起。这种已经习以为常的纽带突然断裂使得这两个种族都受害。银行股票、债券、所有的个人财产、积累的财富都消失了，成千上万的房舍、农场建筑、拉力的牛马和牲畜被肆意地焚烧、杀掉或掠走。这片土地上寡妇幼儿哭求帮助，而普遍的贫困导致无人援手。"②

---

① Jubal Anderson Early, *Autobiographical Sketch and Narrative of the War Between the States*, pp. vii-viii.

② Richard Taylor, *Destruction and Reconstruction: Personal Experiences of the Late War*, Richard Taylor, New York: D. Appleton and Company, 1879, p. 236. http://docsouth.unc.edu/taylor/taylor.html Acessed: 2005/05/07

在内战前,J. D. B. 德鲍是南部的宣传家。他积极倡导发展南部的商业和制造业以维护南部的利益。50 年代,他就宣扬南部脱离联邦的主张,他主办的《德鲍评论》成为南部分离分子的喉舌。内战结束后,德鲍继续通过他的《德鲍评论》为南部辩护。在 1866 年 10 月撰写的一篇文章中,他宣称:州权学说是南部脱离联邦的原因,内战的发生,是因为北部不允许南部和平脱离联邦。他指出:美国社会围绕州权学说进行过大辩论,南部接受了州权学说,认为各州有权脱离联邦。他写道:

> 在那个时刻,我们是脱离联邦权利的最真诚的信仰者,我们最诚挚地主张实践这种权利。我们一如既往地相信,因为两个地区之间存在着不可调和的差别,南部脱离联邦建立独立但友好的国家,是为了两个地区的利益。这样,每个地区的活力都能自由发挥不受限制。两个地区的相互行动,将有利于整体的自由。这种情况现在还不清晰,但是在现在这一代人去世很久以后,历史将宣布同样的裁决。我们认为,脱离联邦是一种和平措施。我们相信,如果北方实行更为理性的政策,结果就不可能导致战争。南部的人民大众,那时还没有接受永久分离的思想,只要做出少许让步,不留一滴血就重建联邦是完全可行的。我们认为出现那种结果的可能性是很大的,不管我们是否愿意,我们相信 99% 的南部人怀有这个相同的秘密期望。林肯召集军队,通过武力去重占那些军事要塞和海军船坞。而依据州主权学说,南部人一直认为他们有权拥有这些地方,这样人们的幻想便烟消云散了。①

这样,德鲍就把战争的责任推到了林肯身上。

1866 年爱德华·波拉德出版了《失败的事业》一书,首次使用"失败的事业"(The Lost Cause)一词来为南部创建邦联的斗争进行历史定位。他警告说,在战场上已经输掉了的南部要继续进行思想战斗。1866 年弗吉尼亚大学数学教授、前邦联陆军部长助理艾尔弗雷德·泰勒·布莱索出版了《戴维斯是叛国者吗?脱离联邦在 1861 年前是一种宪政权利吗?》,1868—1870 年又出版了《从宪法角度看最近这场诸州间的战争》,不遗余力地为州权辩护。布莱索还于 1867 年在巴尔的摩创办了《南部评论》杂志,这本杂志与 1866 年 D. H. 希尔在北卡罗来纳夏洛特出版的杂志《我们热爱的土地》一样,竭力为

---

① J. D. B. De Bow, "A Talk with Radical Leaders", in Paul F. Paskoff and Daniel J. Wilson, ed., *The Cause of the South: Selections from De Bow's Review*, *1846-1867*, Baton Rouge: Louisiana State University Press, 1982, pp. 283-284.

南部邦联辩护。①

杰斐逊·戴维斯在1881年出版的《邦联政府的兴衰》导言中强调主权在州,"有哪个坦率和博学的人会说在1776—1790年间,如果有谁建议交出州的主权合并成一个中央政府,这个建议会有被采纳的一点点可能?州无论在邦联中还是在联邦中都保持着自己的主权和独立,是作为独特的社区自愿加入联盟,但是从未变成一个国家的一小部分,这不是再清晰不过的历史事实吗?"他宣称:"在任何自由政府中宪法或组织法都是高于政府的,在我们的联邦国家中,最显著的标志是限制和禁止一切超出明确授予联邦政府的权力。因此我认为,有了这样的前提,合乎宪法的联邦的真正的朋友是那些抵抗违反宪法契约的人,合乎宪法的联邦的真正的敌人是那些维持他们篡夺的未经授予的权力的人。"戴维斯在第一章中梳理了奴隶制问题,强调奴隶制问题并不是地区冲突的问题,"简短的历史回顾已经足以说明,奴隶制的对错问题丝毫不涉及早先的地区争议,在后来的地区争议中也不关及奴隶制的对错问题,本人有缘参与并记得那些争议。那些争议是争取地区平等或统治的斗争,是维护还是摧毁南部与北部权力平衡或均势的斗争,这种均势是我们联邦体系的根本原则,这是先前人们所承认的"。他强调奴隶制不是冲突的原因,"真相是完整的无可争议的,非洲人奴隶制丝毫不是冲突的原因,而只是一个插曲。可是在后来发生的争议中,它成为搅动人们激情、偏见或同情心的杠杆,随着其力量影响的扩展,就像一片乌云遮盖了历史真相的全部天空"。② 戴维斯在书中还重弹内战前亲奴隶制辩论的老调,宣称奴隶制是黑人的福音。按他所言,非裔美国人的祖先生来就是野蛮主人的奴隶,没有受到过任何有用技能的教育,生活在异教的黑暗中。被他们的异教主人卖掉后,他们被转移到被基督教光芒照耀的海岸。在这个已经被北方人毁灭的仁慈的世界里,黑人"被投入劳役之中,……在和平秩序和文明的温和之手中接受训练。他们从一些不能赢利的野蛮人增长为数百万高效的基督徒劳动者。他们的奴仆本能使得他们对他们的境遇心满意足,他们的耐心劳作给他们居住的这块土地带来难以估量的财富。他们对地方和个人的强烈依恋确保他们忠诚服务。……从未有过如此幸福的劳工与资本的相互依附。诱惑者来了,就像伊甸园的那条蛇,用'自由'这个带魔力的字眼把自己装扮起

---

① David W. Blight, *Race and Reunion: The Civil War in American Memory*, Cambridge, Massachusetts: The Belenap Press of Harvard University Press, 2001, pp. 260-261.
② Jefferson Davis, *The Rise and Fall of the Confederate Government*, Vol. 1, pp. 2, 13-14, 80. Ebook Release Date: November 16, 2006 [EBook #19831]. http://www.gutenberg.org/1/9/8/3/19831 Acessed: 2013/03/22

来……他们把武器放到黑人的手中,训练他们那谦卑但又情绪化的本能去产生暴力和流血的活动,送他们去摧残他们的恩主"。①

曾任邦联副总统的亚历山大·H.斯蒂芬斯在1869年出版的《从宪法角度看最近这场诸州间的战争》一书导言中,一改他在内战前夕赞扬奴隶制是南部社会基石的论调,转而强调奴隶制只是偶然成为了战争原因,冲突的根源是对立的原则。他辩称:"此场战争根源于对立的原则,人们以这些对立原则为指导而行动,导致了最终的武装冲突,这可以认定是无可置疑的事实。但是导致这些实际行动后果的对立原则的性质与人们事后所认为的那种性质并不相同。这些原则扎根于合众国政府的组织结构之中。原则上的冲突产生于人们对于人们所知的联邦政府的本质有着不同的和对立的观念。斗争是在那些认为应该严格坚守联邦性质的人和那些认为应该彻底实现国家一体化性质的人之间进行的。这场冲突中一方捍卫的是联邦原则,另一方捍卫的是中央集权或专制原则。从一开始就一直处在冲突之中的这些对立原则因为奴隶制问题和各种各样的其他问题最终酿成了双方在战场上兵戎相见。"②具有讽刺意味的是,在此书未出版前,怀着获取南部邦联秘闻好奇心的读者纷纷订购此书。从1868年5月1日该书第一卷发行,三个月内就发行了32289册,最终销售了6.4万册,其中一半是在读者还没有看到此书的内容前卖出的。当读者看到书的内容,发现只不过是冗长的旧调重弹时,便有一半原来的订购者拒绝购买该书第二卷。在新泽西的纽瓦克,出版商代理人实际上起诉了30名订购者,强迫人家将书领走。第二卷销售了2万册以上,但只是在佐治亚这个斯蒂芬斯的家乡州第二卷的销量达到了第一卷的销量。③ 这件事说起来像个笑话,但它反映了大众对于他们的辩护不感兴趣。

除了个人撰文著书之外,前邦联分子还创建了自己的历史组织,力图通过夺取历史话语权,在社会大众的历史记忆上赢回他们那"失败的事业"。弗吉尼亚前邦联将军达布尼·H.莫里战后定居在新奥尔良,他是第一个提出创建"邦联历史协会"的人。在1868年进行了初步讨论后,莫里、理查德·泰勒、布拉克斯顿·布拉格与其他一些前军队领导人于1869年4月发出召开南部历史协会的通知。1869年5月1日,南部历史协会正式在新奥尔良市成立。参加这次成立会议的有莫里将军,布拉克斯顿·布拉格将军,S.B.巴

---

① David W. Blight, *Race and Reunion: The Civil War in American Memory*, p. 260.
② Alexander H. Stephens, *A Constitutional View of the Late War between the States*; *Its Causes, Character, Conduct and Results*, Vol. I, Philadelphia, PA.: The National Publishing Co., 1868. http://www.constitution.org/cmt/ahs/consview.htm Acessed: 2013/03/22
③ Thomas E. Schott, *Alexander H. Stephens of Georgia, a Biography*, pp. 471-472.

克纳将军,P. G. T. 博雷加德将军和著名牧师本杰明·摩根·帕尔默。帕尔默当选为主席,约瑟夫·琼斯医生当选为协会的财务主管,他是佐治亚奴隶主牧师查尔斯·柯克·琼斯的儿子。为了在整个南部发展,该协会任命了一些南部名人担任副主席。其中包括罗伯特·E. 李,南卡罗来纳邦联幸存者协会的主席韦德·汉普顿,孟菲斯邦联救济和历史协会主席伊萨姆·G. 哈里斯,《我们热爱的土地》杂志编辑 D. H. 希尔。该协会宣告的宗旨,是让人们认识这场战争的真相,该协会发出了 6000 封信件,试图获得有影响人物和报纸的援助,不过收效甚微。1870 年 10 月 12 日罗伯特·E. 李去世,在南部掀起了纪念活动。在此背景下,1872 年会址位于新奥尔良的南部历史协会决定到外地举办一次会议以吸引公众的关注,甚至考虑将会址迁往弗吉尼亚的里士满。1873 年 5 月南部历史协会的秘书写信给在罗伯特·E. 李去世后接任南部历史协会弗吉尼亚地区副主席的朱巴尔·A. 厄尔利,提出要于夏季在西弗吉尼亚的硫磺温泉召开会议,请厄尔利指定 2—5 名代表。厄尔利答应了要求,并在随后的商谈中答应在会议上做开幕报告。1873 年 8 月南部历史协会在这个内战前南部贵族的度假地举行了会议,包括杰斐逊·戴维斯在内的很多南部邦联名人参加了会议。会议选举厄尔利为新主席。被选为各州副主席的人,弗吉尼亚是 R. M. T. 亨特、马里兰是艾萨克·R. 特里姆巴尔将军、北卡罗来纳是州长泽布伦·B. 万斯、南卡罗来纳是 M. C. 巴特勒将军、佐治亚是 A. H. 科尔基特将军、佛罗里达是 W. 卡尔上校、阿拉巴马是拉斐尔·塞姆斯海军将军、密西西比州是威廉·T. 马丁将军、路易斯安那是 J. B. 胡德将军、得克萨斯是 T. M. 杰克上校、阿肯色是 A. H. 贾兰德州长、田纳西是伊萨姆·G. 哈里斯州长、密苏里是 J. S. 马默杜克将军、肯塔基是 S. H. 巴克纳将军、哥伦比亚特区是 W. W. 科科伦,他是一名慈善家。①

  南部历史协会成立时宣告的目的,是收集、分类保存并最终出版邦联的历史材料。1874 年美国国会通过决议出版内战时期联邦军队和邦联军队的官方文件。这项工作最终成为耗资近 300 万美元的工程,题目是《叛乱战争:联邦和邦联军队官方记录汇编》共 128 卷。当这项工作开始时,南部邦联的死硬分子担心自己的历史声誉受损,便开始了收集出版南部邦联文献的工作。从 1876 年 1 月开始他们出版《南部历史协会文件》(Southern Historical Society Papers)杂志,以此为平台兜售他们的南部邦联历史观。在其出版的前 14 年里这份出版物每月出版一期,之后改成了每年出版一期,再后来改为

---

① E. Merton Coulter, "What the South Has Done About Its History", in George Brown Trindall, ed., *The Pursuit of Southern History: Presidential Addresses of the Southern Historical Association, 1935-1963*, Baton Rouge: Louisiana State University Press, 1964, p. 16.

偶尔出版。① 其出版的南部历史文件也没有多少人订阅，1876年11月这份出版物只有1560名订阅者。② 尽管名义上没有宣布过解散，南部历史协会在其首任财务主管琼斯去世后就不再活动了。

  超过两个半世纪之久的种族奴役制随着美国内战的结束走到了终点。奴隶制既然已经废除，就没有了白人再成为奴隶主的可能。随着仍然在世的前奴隶主一个个死亡，曾经的奴隶主也就完全成为了历史。盖棺定论，虽然不能说美国历史上所有的奴隶主都是心性险恶道德低下之人，但是奴隶主群体对黑人的漫长奴役无疑是美国历史上最不光彩的一页，为美国社会留下了永久的不可消除的伤疤。可叹的是，经历了内战浩劫的绝大多数前奴隶主们在战后的反思中并没有为曾经蓄奴而悔悟，没有为参与奴隶制的罪恶而歉疚，一些人反而强词夺理地为过去的错误进行辩护，他们举起种族主义旗帜，以种族优劣作为维护白人对黑人种族压迫的依据。经过激烈的斗争，白人种族主义者在南部重建过程中又夺回了南部各州政权，种植园主又夺回了社会优势地位，奴隶制下形成的欺凌压迫黑人的习惯在南部社会延续了下来。直到二战后，经过黑人民权运动的斗争，法律上的种族主义规章才在美国社会消失。但是种族主义情结并没有在白人中完全消失，种族主义言行在当代美国社会仍然存在，南部邦联的国旗直到2015年7月10日上午才从南卡罗来纳州议会大楼前降下，送进了州立博物馆。

---

① E. Merton Coulter, "What the South Has Done About Its History", in George Brown Trindall, ed., *The Pursuit of Southern History: Presidential Addresses of the Southern Historical Association, 1935-1963*, 1964, p. 18.

② Gaines M. Foster, *Ghost of the Confederacy: Defeat, the Lost Cause, and the Emergence of the New South, 1865 to 1913*, New York: Oxford University Press, 1987, pp. 51-54, 61.

结　语

1865年3月4日，亚伯拉罕·林肯在其第二任总统就职演说中，针对仍在进行的美国内战，讲出了这样一段话：

> 双方都读着同一部《圣经》，祈祷于同一个上帝；每一方都求上帝帮助他们一方，而反对另一方。这看来也许有些不可思议，怎么可能有人公然敢于祈祷公正的上帝帮助他们从别人的血汗中榨取面包；不过，我们且不要论断别人，以免自己遭到论断吧。双方的祈祷都不可能得到回应；任何一方的祈祷也没有得到充分的回应。全能的上帝另有他自己的目标。"由于种种罪过，世界受难了！因为这些罪过是不可避免的；但是，让那些引来罪过的人去受罪吧。"如果我们假定美国的奴隶制是这里所说的罪恶之一，它按上帝的意旨是不可避免的，而现在在经过了上帝规定的时限之后，他决心要消灭它，再假定上帝使得南北双方进行了这场可怕的战争，以作为那些犯下罪过的人应该遭受的苦难，那么我们从中能看出有什么地方有悖于信仰上帝的信徒们总是赋予永远存在的上帝的那种神性吗？我们衷心地希望——热情地祈祷——这可怕的战争灾祸能迅速过去。然而，如果上帝一定要让它继续下去，一直到奴隶们通过二百五十年的无偿劳动所堆积起来的财富烟消云散，一直到，如三千年前人们所说的那样，用鞭子抽出的每一滴血都要用刀剑刺出的另一滴血来偿还，而到那时，我们也仍然得说，"主的审判是完全公正无误的"。[①]

林肯的演说既表现了痛苦、感伤和悲悯之情，又展现了无奈之下淡泊宁静的人生态度。在经历了4年的血腥杀戮之后，南北双方都遭受了巨大的人员伤亡、物质破坏和财富损失，南部的奴隶制在战争中已经遭到事实上的毁灭，坚守奴隶制并为此挑起内战的南部奴隶主集团也遭受了战祸的浩劫，即

[①] 罗伊·P.巴斯勒编：《林肯集：演说、信件、杂文、总统咨文和公告》（下），黄雨石、辜正坤、邓蜀生译，生活·读书·新知三联书店1993年版，第1026—1027页。

"引来罪过的人受难了"。作为美国时任总统,亲自指挥着这场战争,耳闻目睹着战争的惨景,本就有着仁慈之心的林肯怎能会不心生无限感慨。他感到了自己的无奈,选择了将这一切归因于上帝。如果我们撇开林肯对《圣经》的引用和对上帝的依凭,回归到美国奴隶主的兴亡历程之中,则同样会找出林肯没有明言的结论:奴隶主是引来奴隶制罪过之人,是从奴隶的血汗中榨取面包的人,最终也是因之受难之人。

北美的奴隶主是一个自创的群体,正是他们在北美创立了黑人奴隶制。当英国的殖民者在1607年来到北美大西洋沿岸开始殖民开拓后,白人殖民者中一些人很快就走上了通过奴役他人而兴家立业之路。1619年第一批黑人奴隶被贩运到弗吉尼亚,但在此之前已经有白人在奴役白人契约仆了,这些被称为"主人"的奴役者就是事实上的奴隶主。随着白人契约仆的减少,白人奴隶主奴役的对象主要变成来自非洲的黑人。奴隶主们的经济空间是大西洋世界,他们在北美地区使用奴隶进行商品农业生产,面向欧洲和西印度地区销售奴隶生产的主产作物,通过这种运作发家致富,实现社会地位的上升。在北美奴隶主群体成长过程中,白人人口增长为奴隶主群体的成长提供了人口基础,黑人人口的增长为奴隶主提供了更多的奴役对象,欧洲和西印度地区市场对殖民地主产作物的需求旺盛,有了这些有利条件,在北美适宜主产作物生产的地区,包括弗吉尼亚和马里兰的切萨皮克地区以及包括南卡罗里纳和佐治亚的下南部滨海平原地区,就发展成蓄奴经济发达地区,也就是奴隶主和奴隶人口集中的地区,出现了一批蓄奴众多的大种植园主家庭。随着蓄奴经济的发展和奴隶人数的增多,作为殖民地社会统治集团的奴隶主们或通过殖民地议会立法,或通过法院判决,或通过治安法规,一步步剥夺黑人的权利,降低黑人的地位,最终将对黑人的奴役活动法制化。内战以前南部奴隶主企图将奴隶的引入推罪给他人。托马斯·杰斐逊在其起草的《独立宣言》初稿中指责英王乔治三世应该为将非洲人贩运到美洲负责。内战前南部的亲奴隶制分子指控北部人将非洲人贩运到了南部。这种推诿罪过的说辞无法掩盖这样一个事实,即购买奴隶是自主自愿行为,正因为北美白人殖民者中有人购买奴隶,奴隶贩子才将非洲人贩运到了北美。英国统治者也没有为殖民地立法规定实行奴隶制,将对黑人的奴役活动加以法制化的人,正是从奴役黑人活动中受益的奴隶主们。可以肯定地说,是北美奴隶主群体自己在北美创立了奴役黑人的制度,这个罪过他们是无法推给别人的。

美国革命是奴隶主集团遭遇的关及其根本利益的重大事变。当七年战争后英国政府力图加强对殖民地的控制时,已经习惯了在北美社会当家做主的白人社会精英们,在南部就是奴隶主集团,不愿接受英国政府强加的政策,对于英国政府限制殖民地发展的政策普遍持反对态度。为了维护自身的利益,奴隶主集团走上了领导殖民地反英的道路。他们的反英行动高举的是自然权利的旗帜,然而他们深知自己对黑人的奴役违背了人类的自然权利。乔治·华盛顿在 1774 年 8 月 24 日致布莱恩·费尔法克斯的信中谈到抵抗英国统治的必要性时写道:"但是危机已经到来了,我们必须捍卫我们的权利,否则将屈服于可能降临我们头上的种种强制,直到强制的习俗和强制的使用使得我们变成驯服可怜的奴隶,就像我们用这种专断的统治所统治的黑人那样。"①华盛顿说出这样的话,无意中泄露了北美殖民地与大不列颠斗争的本质是争夺统治权,即究竟由谁来做北美的主人,是北美社会的白人统治者,还是英国的统治者? 北美的革命者争取的是自己占有对北美的主宰地位。华盛顿知道自己在专制压迫自己的奴隶。美国独立战争期间美国革命领导人尽力避免去碰触和损伤奴隶制,1787 年制定出的联邦宪法更是事实上保护了奴隶主的利益。当然,美国革命也是令奴隶主革命领导人甚为尴尬的事件。《独立宣言》宣扬人类成员的自由和平等权利,无疑在道义上否定了奴隶制。深陷在道义与利益矛盾冲突之中,奴隶主国父们选择公开或私下承认奴隶制是一种"邪恶",但强调时下并无废除奴隶制的条件,还不得不容留奴隶制的存在,即奴隶制是一种"必要的邪恶"。在个人生活中,乔治·华盛顿选择在去世前立下遗嘱,规定在他和他的妻子去世后解放属于他自己的奴隶。托马斯·杰斐逊和詹姆斯·麦迪逊即使在遗嘱中也没有规定解放自己的奴隶。虽然他们唱出了人类自由的高调,但是并没有放弃对黑人的奴役,故就事实而论,奴隶主领导美国革命也是在捍卫奴隶制。因为奴隶制是奴隶主财富和权势的基石,他们为自己的利益考虑而维护奴隶制,虽不能说属于情理之中,却也不出意料之外。

既然选择要固守奴隶制,那么在独立战争胜利后,南部奴隶主便随着西进运动的滚滚人流到西部占取肥沃的土地,结果导致美国南部奴隶主的经济世界实现了巨大扩张。内战前南部奴隶主继续从事主产作物生产。受制于地理和气候因素制约,内战前烟草生产只是在上南部向西部地区转移,水稻生产仍集中在南卡罗里纳和佐治亚的滨海平原地区,甘蔗生产则集中在路易斯安那南部。不过,美国建国后激发蓄奴经济更大活力的是棉花生产。英国和美国北部近代纺织业的兴起造成了对棉花的旺盛需求,而美国白人新占据的西南部又适宜棉花种植,在利益驱动下,从事棉花种植业的蓄奴种植园主将这一地区变成为棉花王国。既然从事主产作物生产有利可图,便不断有非

---

① Lawrence B. Evans, ed., *Writings of George Washington*, New York: The Knickerbocker Press, 1908, pp. 24-25.

奴隶主白人走上蓄奴之路,奴隶主群体的规模因此扩大。同时一些小奴隶主扩大蓄奴规模,成长为蓄奴较多的种植园主。种植园主是南部经济中的主导力量,由于他们主要关注的是主产作物生产,没有把主要精力、时间和资金用于非农业经济部门,他们控制的广大奴隶又不能进行市场经济活动,所以内战前南部市场经济发展受到极大限制。受其经济能力所限,占南部社会人口大多数的小奴隶主和非奴隶主白人大众或是处于市场经济边缘,或是置身市场经济之外。由此导致内战前南部市场经济发展程度远远落后于北部。

要从黑人奴隶的血汗中榨取面包,要在与他们压榨的奴隶中间生活并确保自己的安全,奴隶主就需要对奴隶施加最严密的控制。蓄奴的目的决定了主奴关系的本质是压迫与被压迫、剥削与被剥削的关系。但是奴隶主和奴隶毕竟都是人,而人在心智、能力、品性等等方面是千差万别的,这就造成实际生活中具体的主奴关系多种多样。虽然在日常生活中主人发号施令,霸道原则贯穿在奴隶主管理奴隶的活动之中,但是为了让奴隶成为驯服的工具,奴隶主往往会恩威并用,软硬兼施,既会对忤逆自己心愿的奴隶诉诸一切想象得到的惩罚手段,也会对表现忠心的奴隶施以小恩小惠。奴隶记忆中的奴隶主既有心狠手辣的恶人,也有待之和善的好人。不过就绝大多数奴隶主来说,既然他们的选择是自己的利益高于奴隶的幸福,那么,即使在平常的日子里对奴隶并不凶狠的主人,在自己陷入经济窘迫之时,也会做出拆散奴隶家庭、出售奴隶这种让奴隶撕心裂肺的事情。纵然有极个别奴隶主会尽心竭力维护自己奴隶的利益,这样的极少数人也不足以改变社会整体的主奴关系。

内战前南部奴隶主虽然在经济上如鱼得水,志得意满,但是大西洋世界的舆情质变却使得他们遭遇到空前的舆论压力。美国革命后北部逐渐废除了奴隶制,成为反对奴隶制地区。拉丁美洲独立战争摧毁了赢得独立的拉美国家的奴隶制。英法等欧洲殖民强国在19世纪前期走上了废除其美洲殖民地奴隶制的道路,自由世界的区域越来越大。特别是在19世纪30年代初激进废奴运动在北部兴起后,南部奴隶主遭到毫不留情的抨击。面对着外部舆论压力,南部奴隶主们走上了亲奴隶制辩论之路。他们从宗教、种族和社会对比等多种路径寻找奴隶制合理合法的依据,断言南部的黑人奴隶制并不是一种"邪恶",而是一种"有益的善举"。甚至有人宣称奴隶制是人类最好的制度,奴隶制就是社会主义。亲奴隶制辩论是一场意识形态争斗。南部奴隶主既然选择在一个自由的世界里固守奴役制度,就需要编造奴役他人的理由。然而亲奴隶制辩论路径的多样性恰恰证明了亲奴隶制意识形态建构的失败。如果哪一种辩论路径具有说服力,能够让社会大众信服,那就不需要再选用其他路径了。亲奴隶制辩论只是反映了南部奴隶主集团捍卫奴隶制意志的坚定性。

意识形态上的争辩毕竟是抽象的,难分输赢。要维护奴隶制,南部奴隶主还需要争取联邦政府权力的保护。内战前南部奴隶主政治精英在联邦政治舞台上以汹汹气势进行了权力争夺。在内战前的大部分时间里南部奴隶主集团在联邦政治中处于强势地位。内战前的大多数总统是奴隶主,即使那些非奴隶主总统也需要南部的支持;内战前最高法院的多数法官来自南部,来自自由州的法官中也有人持亲奴隶制立场;内战前美国国会是分裂的,但是由于奴隶主集团牢牢控制着南部蓄奴州的政权,再加上北部一些政客为了政治前途而讨好南部,所以国会也没有成为坚定反对奴隶制的部门,在涉及奴隶制问题上南北地区的政客总是以妥协解决。然而社会变革的趋向却不利于南部奴隶主。内战前自由州人口增长速度远远高于蓄奴州,导致自由州人口远远超过蓄奴州,自由州数量也超过蓄奴州数量,在选举制度下这就意味着联邦政治权力的分配向着自由州倾斜。到了1860年林肯仅仅依靠自由州的支持就当选为总统。为了避免将来出现联邦政府完全被反奴隶制的北部政治力量所控制,为了永久维持奴隶制,南部奴隶主集团便策动南部11个蓄奴州做出了脱离联邦选择。

南部脱离联邦分裂国家的活动引发了美国内战。对于奴隶主集团来说,事与愿违的是,在付出极大的人员伤亡和财富损失之后,不仅他们创建独立奴隶制国家的事业以失败告终,奴隶制也在战争中遭到毁灭,最终联邦宪法第13条修正案彻底废除了奴隶制,奴隶主通过战争摧毁了自身赖以存在的基础。尽管相当多的前奴隶主心不甘情不愿,可是在战后都不得不接受奴隶已经获得解放的现实。尽管他们在战后竭尽全力、用尽心机重新夺取了社会优势地位,但是他们再也不是奴隶主了。

美国奴隶主走完了自己的生命历程,永远进入了历史世界。回顾他们的历史,怀着"对任何人不怀恶意,对所有人宽大为怀"这种无限悲悯之心的林肯感叹,"引来罪过的人受难了"。静心细想,后人和历史研究者也许可以做出这些假设:假如不是一些白人殖民者为了自己的富贵而奴役黑人,为了自己得享福利而不惜让黑人承受非人的痛苦,北美殖民地就不会出现奴隶主。假如不是把自己的利益置于黑人奴隶的利益之上,进行美国革命的奴隶主们就不会在唱出捍卫人类自由平等的高调时,却坚守着对黑人的奴役,而在建国之后南部奴隶主也不会向西部扩张奴隶制。在内战前社会变革导致奴隶主集团权势基础遭到削弱的情况下,假如他们没有最终做出孤注一掷的选择,分裂联邦国家,另创独立的南部邦联,那就不会有美国内战的发生,奴隶制也就不会以那么暴烈血腥的方式被毁灭,南部奴隶主也就不会遭受惨重的人员伤亡和财产损失。可是这些"假如"都不是实际发生的历史。奴隶主们的所作所为恰恰相反。他们对自我利益的追求至极，他们长期对奴隶的专制统治养成了骄狂的习性，他们内心隐藏着对黑人奴隶的深深恐惧，他们极端害怕反奴隶制力量可能通过联邦政府之手废除奴隶制，于是在林肯当选总统后，他们就匆匆策动南部蓄奴州退出联邦。由此引发的内战给国家、社会和他们自己造成了极大的灾难，并毁灭了奴隶制，使得奴隶主失去了赖以存在的基石。战后随着前奴隶主们一个个走完自己的人生历程，美国奴隶主的历史画上了句号。

参考文献目录

一 原始文献

(一) 英文原始文献

1. "Address of Hon. John S. Preston, Commissar from South Carolina, to the Convention of Virginia, February 19, 1861". http://docsouth.unc.edu/imls/prestonj/prestonj.html Acessed: 2003/02/05

2. "Declaration of the Immediate Causes Which Induce and Justify the Secession of South Carolina from the Federal Union". http://alpha.furman.edu/~benson/docs/decl-sc.htm Acessed: 2004/01/04

3. "Governor Mc Duffie's Cotton Plantation", *Debow's Review, Agricultural, Commercial, Industrial Progress and Resources*, Vol. 6, Issue 2, (Aug., 1848). http://quod.lib.umich.edu/m/moajrnl/acg1336.1-06.002?node=acg1336.1-06.002%3A10&view=image&seq=157&size=100 Acessed: 2014/06/15

4. "Gov. Pickens' Inaugural Message". http://alpha.furman.edu/~benson/docs/sc-cccn01.htm Acessed: 2004/01/04

5. "Jefferson Davis to Robert Barnwell Rhett, Jr", *The Papers of Jefferson Davis*, Vol. 6. http://jeffersondavis.rice.edu/Content.aspx?id=85 Acessed: 2015/05/18

6. "Letter to the Citizens of the Greenville District For the Southern Enterprise". http://alpha.furman.edu/~benson/docs/scgese112260.htm Acessed: 2004/01/04

7. "Management of a Southern Plantation: Rules Enforced on the Rice Estate of P. C. Weston, Esq., of South Carolina", *Debow's Review, Agricultural, Commercial, Industrial Progress and Resources*, Vol. 22, Issue 1, (Jan., 1857). http://quod.lib.umich.edu/m/moajrnl/acg1336.1-22.001/42:5?page=root;rgn=full+text;size=100;view=image Acessed: 2014/06/15

8. "Management of Negroes", *Debow's Review, Agricultural, Commercial, Industrial Progress*

and Resources, Vol. 11, Issue 4, Issue 5, (Oct. -Nov., 1851). http://quod. lib. umich. edu/m/moajrnl/acg1336. 1-11. 004/383:3? rgn = full + text; view = image Acessed: 2014/06/15

9. "Rules in the Management of a Southern Estate", *Debow's Review, Agricultural, Commercial, Industrial Progress and Resources*, Vol. 22, Issue: 4, (Apr., 1857). http://quod. lib. umich. edu/m/moajrnl/acg1336. 1-22. 004/381:6? page = root; rgn = full + text; size = 100; view = image Acessed: 2014/06/15

10. "S. C. Secession Declaration Debate". http://history. furman. edu/ ~ benson/docs/scdebate2. htm Acessed: 2010/05/07

11. "Speech at Macon, Georgia, September 23,1864", *The Papers of Jefferson Davis*, Vol. 11. http://jeffersondavis. rice. edu/Content. aspx? id = 101 Acessed: 2016/05/18

12. "South Carolina Secession Declaration Debate". http://history. furman. edu/ ~ benson/docs/scdebate3. htm Acessed: 2004/01/04

13. "The Address of the People of South Carolina, Assembled in Convention, to the People of the Slaveholding States of the United States". http://alpha. furman. edu/ ~ benson/docs/SCaddress. htm Acessed: 2004/01/04

14. "The Philosophy of Secession; A Southern View; Presented in a Letter Addressed to the Hon. Mr. Perkins of Louisiana, in Criticism on the Provisional Constitution Adopted by the Southern Congres s at Montgomery, Alabama, By The Hon. L. W. Spratt". http://docsouth. unc. edu/imls/secession/secession. html Acessed: 2003/02/05

15. "Uncle Tom's Cabin and American Culture". http://utc. iath. virginia. edu/proslav/antitoms. html Acessed: 2014/07/26

16. A Mississippi Planter, "Management of Negroes upon Southern Estates", *Debow's Review, Agricultural, Commercial, Industrial Progress and Resources*, Vol. 10, Issue 6, (June, 1851). http://quod. lib. umich. edu/m/moajrnl/acg1336. 1-10. 006/648:3? page = root; rgn = full + text; size = 100; view = image Acessed: 2014/06/15

17. *A Narrative of the Life of Rev. Noah Davis, a Colored Man, Written by Himself, at the Age of Fifty-four*, Baltimore: John F. Weishampel, Jr., 1859. http://memory. loc. gov/cgi-bin/query/r? ammem/lhbcb: @ field (DOCID + @ lit (lhbcb64878div1)) Acessed: 2014/06/15

18. Adams, Charles Francis, ed. *The Works of John Adams*, Vol. III, Boston: Charles C. Little and James Brown, 1851.

19. Agricola, "Management of Negroes", *Debow's Review, Agricultural, Commercial, Industrial Progress and Resources*, Vol. 19, Issue 3, (Sept., 1855). http://quod. lib. umich. edu/m/moajrnl/acg1336. 1-19. 003/369:20? page = root; rgn = full + text; size = 100; view = image Acessed: 2014/06/15

20. Albert, Octavia V. Rogers (Octavia Victoria Rogers), *The House of Bondage, or, Char-*

lotte Brooks and Other Slaves, Original and Life Like, As They Appeared in Their Old Plantation and City Slave Life; Together with Pen-Pictures of the Peculiar Institution, with Sights and Insights into Their New Relations as Freedmen, Freemen, and Citizens, New York: Hunt & Eaton, 1890. http://docsouth. unc. edu/neh/albert/albert. html Acessed: 2014/06/15

21. *American Slave Narratives.* http://newdeal. feri. org/asn/asn09. html Acessed: 2013/05/06

22. *American Slave Narratives.* http://newdeal. feri. org/asn/asn12. html Acessed: 2013/05/06

23. *American Slave Narratives.* http://newdeal. feri. org/asn/asn14. html Acessed: 2013/05/06

24. *American Slave Narratives.* http://newdeal. feri. org/asn/asn15. html Acessed: 2013/05/06

25. *American Slave Narratives.* http://newdeal. feri. org/asn/asn16. html Acessed: 2013/05/06

26. American Slave Narratives. http://newdeal. feri. org/asn/asn04. html Acessed: 2013/05/06

27. American Slave Narratives. http://newdeal. feri. org/asn/asn11. html Acessed: 2013/05/06

28. Anderson, Charity. Mobile, Alabama, Interviewed by Ila B. Prine, April 16, 1937. http://xroads. virginia. edu/ ~ hyper/wpa/andersol. html Acessed: 2013/05/06

29. Andrews, Eliza frances. *The War-Time Journal of a Georgia Girl,1864-1865.* Newyork, D. Appleton and Company, 1908. http://docsouth. unc. edu/andrews/andrews. html Accessed:2005/05/07

30. *Annals of Congress*, 1st Cong., 2nd sess. http://memory. loc. gov/ammem/amlaw/lwac. html Accessed: 2009/04/03

31. *Annals of Congress*, 15th Cong., 2nd sess. http://memory. loc. gov/ammem/amlaw/lwac. html Accessed: 2009/04/03

32. Appleton, Nathaniel. "Considerations on Slavery, 1767", in Roger Bruns, ed., *Am I not A Man and A Brother: The Antislavery Crusade of Revolutionary America,1688-1788*, New York: Chelsea House Publishers, 1977.

33. Armes, William Dallam, ed., *The Autobiography of Joseph Le Conte*, New York: D. Appleton and Company, 1903. http://docsouth. unc. edu/leconte/leconte. html Accessed: 2005/05/07

34. Austin Steward, *Twenty-two Years a Slave, and Forty Years a Freeman; Embracing a Correspondence of Several Years, While President of Wilberforce Colony, London, Canada West,* Rochester, N. Y.: William Alling, 1857. http://memory. loc. gov/cgi-bin/que-

ry/r? ammem/lhbcb:@ field(DOCID + @ lit(lhbcb34319div1)) Acessed: 2014/06/15

35. *Autobiography of James L. Smith, Including, also, Reminiscences of Slave Life, Recollections of the War, Education of Freedman, Cause of the Exodus, Etc .,* Norwich: Press of the Bulletin Company, 1881. http://memory. loc. gov/cgi-bin/query/r? ammem/lhbcb:@ field(DOCID + @ lit(lhbcb15959div8)) Acessed: 2014/06/15

36. Avary, Myrta Lockett ed ., *A Virginia Girl in the Civil War,1861-1865, Being A Record of the Actual Experiences of the Wife of A Confederate Officer,* New York: D. Appleton and Company, 1903. http://docsouth. unc. edu/avary/avary. html Accessed: 2005/05/07

37. Berlin, Ira, et al, eds ., *Freedom: A Documentary History of Emancipation, 1861-1867.* Series I, Vol. III, *The Wartime Genesis of Free Labor: The Lower South.* Cambridge: Cambridge University Press, 1990.

38. Berlin, Ira. et al, eds ., *Freedom: A Documentary History of Emancipation,1861-1867,* Series II, *The Black Military Experience,* Cambridge: Cambridge University Press, 1982.

39. Berlin, Ira. et al, eds ., *Free at Last: A Documentay History of Slavery, Freedom, and the Civil War,* New York: The New Press, 1992.

40. *Biography of a Slave; Being the Experiences of Rev. Charles Thompson, a Preacher of the United Brethern Church, While A Slave in the South. Together With Startling Occurrences Incidental to Slave Life,* Doyton, Ohio, 1875. http://docsouth. unc. edu/neh/thompsch/thompsch. html Acessed: 2006/06/09

41. *Born in Slavery: Slave Narratives from the Federal Writers' Project, 1936-1938, Georgia Narratives,* Vol. IV, Part 2. http://memory. loc. gov/cgi-bin/ampage? collId = mesn&fileName = 042/mesn042. db&recNum = 45&itemLink = D? mesnbib:2:./temp/ ~ ammem_oJHQ Acessed: 2014/06/15

42. *Born in Slavery: Slave Narratives from the Federal Writers' Project, 1936-1938, Arkansas Narratives,* Vol. II, Part 6. http://memory. loc. gov/cgi-bin/ampage? collId = mesn&fileName = 026/mesn026. db&recNum = 370&itemLink = D? mesnbib:1:./temp/ ~ ammem_Hbev Acessed: 2014/06/15

43. *Born in Slavery: Slave Narratives from the Federal Writers' Project, 1936-1938, Arkansas Narratives,* Vol. II, Part 3. http://memory. loc. gov/cgi-bin/ampage? collId = mesn&fileName = 023/mesn023. db&recNum = 218&itemLink = D? mesnbib:1:./temp/ ~ ammem_0Ncw Acessed: 2014/06/15

44. *Born in Slavery: Slave Narratives from the Federal Writers' Project, 1936-1938, Texas Narratives,* Vol. XVI, Part 3. http://memory. loc. gov/cgi-bin/ampage? collId = mesn&fileName = 163/mesn163. db&recNum = 68&itemLink = D? mesnbib:3:./temp/ ~ ammem_e7Tu Acessed: 2014/06/15

45. *Born in Slavery: Slave Narratives from the Federal Writers' Project, 1936-1938,Oklahoma Narratives,* Vol. XIII. http://memory. loc. gov/cgi-bin/ampage? collId = mesn&fileName

= 130/mesn130. db&recNum = 33&itemLink = D? mesnbib：1：./temp/ ~ ammem_bLFc Acessed：2014/06/15

46. *Born in Slavery: Slave Narratives from the Federal Writers' Project*, *1936-1938*, *North Carolina Narratives*, Vol. XI, Part 1. http://memory. loc. gov/cgi-bin/ampage? collId =mesn&fileName = 111/mesn111. db&recNum = 294&itemLink = D? mesnbib：2：./temp/ ~ ammem_XAvr Acessed：2014/06/15

47. Branham, Levi. *My Life and Travels*, Dalton, GA：The A. J. Showalter CO., 1929. http://docsouth. unc. edu/neh/branham/branham. html Acessed：2014/06/15

48. Buchanan, James. "Inaugural Address, March 4, 1857", Online by Gerhard Peters and John T. Woolley, The American Presidency Project. http://www. presidency. ucsb. edu/ws/? pid =25817 Acessed：2014/08/30

49. Buchanan, James. "First Annual Message to Congress on the State of the Union, December 8, 1857", Online by Gerhard Peters and John T. Woolley, The American Presidency Project. http://www. presidency. ucsb. edu/ws/? pid =29498 Acessed：2014/08/30

50. Buchanan, James. "Fourth Annual Message to Congress on the State of the Union, December 3, 1860", Online by Gerhard Peters and John T. Woolley, The American Presidency Project. http://www. presidency. ucsb. edu/ws/? pid = 29501 Acessed：2014/08/30

51. Buchanan, James. "Message to Congress Transmitting the Constitution of Kansas, February 2, 1858", Online by Gerhard Peters and John T. Woolley, The American Presidency Project. http://www. presidency. ucsb. edu/ws/? pid = 68298 Acessed：2014/08/30

52. Buchanan, James. "Third Annual Message to Congress on the State of the Union, December 19, 1859", Online by Gerhard Peters and John T. Woolley, The American Presidency Project. http://www. presidency. ucsb. edu/ws/? pid = 29500 Acessed：2014/08/30

53. Buchanan, James. "Second Annual Message to Congress on the State of the Union, December 6, 1858", Online by Gerhard Peters and John T. Woolley, The American Presidency Project. http://www. presidency. ucsb. edu/ws/? pid = 29499 Acessed：2014/08/30

54. Buren, Martin Van. "Inaugural Address, March 4, 1837", Online by Gerhard Peters and John T. Woolley, The American Presidency Project. http://www. presidency. ucsb. edu/ws/? pid =25812 Acessed：2014/08/30

55. *Calloway*, *Walter*, *Birmingham*, *Alabama*, *Interviewed by W. P. Jordan*. http://xroads. virginia. edu/ ~ hyper/wpa/callowa1. html Acessed：2013/05/06

56. Cartwright, Samuel A. "Diseases and Pecularities of the Negro Race", in Paul F. Paskoff and Daniel J. Wilson, eds., *The Cause of the South: Selections from De Bow's Re-*

view, *1846-1867*, Baton Rouge: Louisiana State University Press, 1982.

57. Cartwright, Samuel A. "Natural History of the Prognathous Species of Mankind", in E. N. Elliott, ed., *Cotton is King, and Proslavery Arguments*, Augusta, GA: Pritchard, Abbott & Loomis, 1860.

58. Cartwright, Samuel A. "Slavery in the Light of Ethnology", in E. N. Elliott, ed., *Cotton is King, and Proslavery Arguments*.

59. Charleston (S. C.) Mercury, January 13, 1865. http://www.sewanee.edu/faculty/Willis/Civil_War/documents/Mercury.html Acessed: 2003/01/24

60. Cralle, Richard K. ed., *The Works of John C. Calhoun*, Vol. II, New York: D. Appleton and Company, 1853.

61. Cralle, Richard K. ed., *The Works of John C. Calhoun*, Vol. III, New York: D. Appleton and Company, 1867.

62. Cralle, Richard K. ed., *The Works of John C. Calhoun*, Vol. I, New York: D. Appleton and Company, 1863.

63. Curtis, Michael Kent. *Free Speech, "The People's Darling Privilege": Struggles for Freedom of Expression in American History*, Durham: Duke University Press, 2000.

64. Davis, Jefferson. *The Rise and Fall of the Confederate Government*, Vol. 1, Ebook Release Date: November 16, 2006. http://www.gutenberg.org/1/9/8/3/19831 Acessed: 2013/03/22

65. De Bow, J. D. B. "A Talk with Radical Leaders", in Paul F. Paskoff and Daniel J. Wilson, ed., *The Cause of the South: Selections from De Bow's Review, 1846-1867*, Baton Rouge: Louisiana State University Press, 1982.

66. Dew, Thomas Roderick. "Abolition of Negro Slavery", in Drew Gilpin Faust, ed., *The Ideology of Slavery: Proslavery Thoughts in the Antebellem South, 1830-1860*, Baton Rouge: Louisiana State University Press, 1981.

67. Douglass, Frederick. *My Bondage and My Freedom*, New York, 1855. http://docsouth.unc.edu/neh/douglass55/douglass55.html Acessed: 2006-6-9

68. Early, Jubal Anderson. *Autobiographical Sketch and Narrative of the War Between the States*, Philadelphia & London J. B. Lippincott Company, 1912. http://docsouth.unc.edu/early/early.html Accessed: 2005/05/07

69. Elliot, Jonathan. ed., *The Debates in the Several State Conventions, on the Adoption of the Federal Constitution, as Recommended by the General Convention at Philadelphia, in 1787*, Vol. III, Washington, 1836. http://memory.loc.gov/ammem/amlaw/lwed.html Accessed: 2009/03/24

70. Elliot, Jonathan. ed., *The Debates in the Several State Conventions, on the Adoption of the Federal Constitution, as Recommended by the General Convention at Philadelphia, in 1787*, Vol. IV, Washington, 1836. http://memory.loc.gov/ammem/amlaw/lwed.html

Accessed: 2009/03/24

71. Evans, Lawrence B. ed., *Writings of George Washington*, New York: The Knickerbocker Press, 1908.

72. Farrand, Max. ed., *The Records of the Federal Convention of 1787*, Vol. II, New Haven: Yale University Press, 1911. http://memory.loc.gov/ammem/amlaw/lwfr.html Accessed: 2009/03/20

73. Faust, Drew Gilpin ed., *The Ideology of slavery: Proslavery Thought in the Antebellum South, 1830-1860*, Baton Rouge: Louisiana State University Press, 1981.

74. Felton, Rebecca Latimer. *Country Life in Georgia in the Days of My Youth*, Atlanta, Ga.: Index Printing Company, 1919. http://docsouth.unc.edu/felton/felton.html Accessed: 2005/05/07

75. Fillmore, Millard. "Second Annual Message, December 2, 1851", Online by Gerhard Peters and John T. Woolley, The American Presidency Project. http://www.presidency.ucsb.edu/ws/? pid = 29492 Acessed: 2014/07/31

76. Fillmore, Millard. "First Annual Message, December 2, 1850", Online by Gerhard Peters and John T. Woolley, The American Presidency Project. http://www.presidency.ucsb.edu/ws/? pid = 29491 Acessed: 2014/07/31

77. Fitzhugh, George. *Cannibals All! or Slaves without Masters*, Richmond, VA: A. Morris, Publisher, 1857. http://docsouth.unc.edu/southlit/fitzhughcan/fitzcan.html Accessed: 2009/08/17

78. Fitzhugh, George. *Sociology for the South, or the Failure of Free Society*, Richmond, VA. A. Morris, Publisher, 1854. http://docsouth.unc.edu/southlit/fitzhughsoc/fitzhugh.html Acessed: 2009/08/17

79. Fitzpatrick, John C. ed., *The Writings of George Washington*, Vol. 29, Washington: United States Government Printing Office, 1938.

80. Fitzpatrick, John C. ed., *The Writings of George Washington*, Vol. 32, Washington: United States Government Printing Office, 1939.

81. Fitzpatrick, John C. ed., *Writings of Washington*, Vol. 28, Washington: United States Government Printing Office, 1940.

82. Fitzpatrick, John C. ed., *Writings of Washington*, Vol. 33, Washington: United States Government Printing Office, 1940.

83. Fitzpatrick, John C. ed., *Writings of Washington*, Vol. 37, Washington: United States Government Printing Office, 1940.

84. Ford, et al. eds., *Journals of Continental Congress*, Vol. VI. http://memory.loc.gov/ammem/amlaw/lwjc.html Accessed: 2009/03/24

85. Ford, Washington Chauncey ed., *The Writings of George Washington*, Vol. VII, New York: Press of G. P. Putnam's Sons, 1890.

86. Ford, Paul Leicester. ed., *The Works of Thomas Jefferson*, Vol. I, New York: The Knicherbocker Press, 1904.

87. *Fountain Hughes Charlottesville, Virginia born 1848, Interviewed by Hermond Norwood, Baltimore, Maryland, June 11, 1949.* http://xroads. virginia. edu/ ~ hyper/wpa/hughes1. html Acessed: 2013/ 05/ 06

88. Frohnen, Bruce ed., *The American Republic: Primary Sources*, Indianapolis: Liberty Fund, 2002.

89. Grayson, William J. *Hireling and Slaves, Chicora, and Other Poems*, Charleston, S. C.: McCarter &Co., Publishers, 1856.

90. Harper, William. "Memoir on Slavery", in Drew Gilpin Faust, ed., *The Ideology of Slavery: Proslavery Thoughts in the Antebellem South, 1830-1860.*

91. Hughes, Henry. "Treatise on Sociology", in Drew Gilpin Faust, ed., *The Ideology of Slavery: Proslavery Thoughts in the Antebellum South, 1830-1860.*

92. Jordan, Weymouth T. "The Management Rules of an Alabama Black Belt Plantation, 1848-1862", *Agricultural History*, Vol. 18, No. 1 (Jan., 1944). http://www. jstor. org/stable/3739507 Accessed: 2010/10/28

93. *Journal of the Confederate Congress*, Vol. 7. http://memory. loc. gov/cgi-bin/query/r? ammem/hlaw:@ field(DOCID + @ lit(cc007117)) Accessed: 2004/04/03

94. *Journal of the Confederate Congress*, Vol. 4. http://memory. loc. gov/cgi-bin/query/r? ammem/hlaw:@ field(DOCID + @ lit(cc004111)) Accessed: 2004/04/03

95. Leigh, Frances Butler. *Ten Years on a Georgia Plantation Since the War.* London: Richard Bentley & Son, 1883. http://docsouth. unc. edu/fpn/leigh/leigh. html

96. Lincoln, Abraham. "Inaugural Address, March 4, 1861", Online by Gerhard Peters and John T. Woolley, The American Presidency Project. http://www. presidency. ucsb. edu/ws/? pid =25818 Acessed: 2014/08/30

97. Madison, James. "Eighth Annual Message, December 3, 1816", Online by Gerhard Peters and John T. Woolley, The American Presidency Project. http://www. presidency. ucsb. edu/ws/? pid =29458 Acessed: 2014/08/30

98. Mallard, R. Q. *Plantation Life before Emancipation*, New Orleans, LA.: Whittet & Shepperson, 1892. http://docsouth. unc. edu/fpn/mallard/mallard. html # Mallard208 Acessed: 2014/06/15

99. Merrick, Caroline E. *Old Times in Dixie Land: A Southern Matron's Memories.* New York: The Grafton Press, 1901. http://docsouth. unc. edu/merrick/merrick. html Accessed: May 7,2005

100. Miller, Marion Mills. ed., *Great Debates in American History*, New York: Current Literature Publishing Company, Vol. V,1913.

101. *Narrative of Events in the Life of William Green, (Formerly a Slave.) Written by Himself,*

Springfield: L. M. Guernsey, Book, Job, & Card Printer, 1853. http://memory. loc. gov/cgi-bin/query/r? ammem/lhbcb:@ field (DOCID + @ lit (lhbcb06094)) Acessed: 2014/06/15

102. Northup, Solomon *Twelve Years a Slave: Narrative of Solomon Northup, a Citizen of New-York, Kidnapped in Washington City in 1841, and Rescued in 1853*, London: Sampson Low, Son & Company, 1853. http://docsouth. unc. edu/fpn/northup/northup. html Acessed: 2014/06/15

103. Nott, Josiah C. "Two Lectures on the Natural History of the Caucasian and Negro Races", in Drew Gilpin Faust, ed. *The Ideology of Slavery: Proslavery Thoughts in the Antebellem South, 1830-1860*.

104. Olmsted, Frederick Law. *A Journey in the Seaboard Slave States, With Remarks on Their Economy*, London:Sampson Low, Son, & Co ., 1856. http://docsouth. unc. edu/nc/olmsted/olmsted. html Acessed: 2006/06/09

105. Otis, James. "Rights of the British Colonies, 1764", in Roger Bruns, ed ., *Am I not a Man and a Brother: The Antislavery Crusade of Revolutionary America, 1688-1788*, New York: Chelsea House Publishers, 1977.

106. Phillips, Ulrich B. *Plantation and Frontier Documents, 1649-1863, Illustrative of Industrial History in the Colonial & Ante-Bellum South*, Vol. I, Cleveland, Ohio: The Arthur H. Clark Company, 1909.

107. Phillips,Ulrich B. *Plantation and Frontier Documents, 1649-1863, Illustrative of Industrial History in the Colonial & Ante-Bellum South*, Vol. II, Cleveland, Ohio: The Arthur H. Clark Company, 1909.

108. Pierce, Franklin. "Third Annual Message, December 31, 1855", Online by Gerhard Peters and John T. Woolley, The American Presidency Project. http://www. presidency. ucsb. edu/ws/? pid = 29496 Acessed: 2014/08/30

109. Pierce, Franklin. "Fourth Annual Message, December 2, 1856", Online by Gerhard Peters and John T. Woolley, The American Presidency Project. http://www. presidency. ucsb. edu/ws/? pid = 29497 Acessed: 2014/08/30

110. Polk, James K. "Fourth Annual Message, December 5, 1848", Online by Gerhard Peters and John T. Woolley, The American Presidency Project. http://www. presidency. ucsb. edu/ws/? pid = 29489 Acessed: 2014/07/31 Acessed: 2014/08/30

111. Polk, James K. "Special Message, August 14, 1848", Online by Gerhard Peters and John T. Woolley, The American Presidency Project. http://www. presidency. ucsb. edu/ws/? pid = 68034 Acessed: 2014/07/31

112. *Register of Debates, House of Representatives, 24th Congress, 1st session*. http://memory. loc. gov/ammem/amlaw/lwrd. html Acessed: 2013/05/24

113. *Rev. Dr. Richard Furman's Exposition of The Views of the Baptists, Relative to the Col-*

ored Population in the United States, Charleston: A. E. Miller, 1838. http://eweb.furman.edu/~benson/docs/rcd-fmn1.htm Acessed: 2010/05/07

114. Rose, Willie Leeed. *A Documentary History of Slavery in North America*, New York: Oxford University Press, 1976.

115. Royall, William Lawrence. *Some Reminiscences*, New York and Washington, The Neale Publishing Company, 1909. http://docsouth.unc.edu/royall/royall.html Acessed: 2005/05/07

116. Saxon, Elizabeth Lyle. *A Southern Woman's War time Reminiscences*, Memphis, Tenn.: Press of the Pilcher Printing Co., 1905. http://docsouth.unc.edu/saxon/saxon.html Accessed: 2005/05/07

117. *Selections from the Letters and Speeches of the Hon. James H. Hammond of South Carolina*, New York: John F. Trow & Co., Printers, 1866.

118. *Slave Narratives: A Folk History of Slavery by Work Projects Administration*, Vol. II, *Arkansas Narratives*, part 3, Washington, 1941.

119. *Slave Narratives: A Folk History of Slavery by Work Projects Administration*, Vol. IV, *Georgia Narratives*, part 2, Washington, 1941.

120. Smedes, Susan Dabney. *Memorials of a Southern Planter*, Baltimore: Cushings & Bailey, 1887. http://docsouth.unc.edu/smedes/smedes.html Accessed: 2005/05/07

121. Stephens, Alexander H. *A Constitutional View of the Late War between the States; Its Causes, Character, Conduct and Results*, Vol. I, Philadelphia, PA.: The National Publishing Co., 1868. http://www.constitution.org/cmt/ahs/consview.htm Accessed: 2013/03/22

122. Stringfellow, Thorndon. "The Bible Argument: or, Slavery in the Light of Divine Revelation", in E. N. Elliott, ed., *Cotton is King, and Proslavery Arguments*.

123. Taylor, Richard. *Destruction and Reconstruction: Personal Experiences of the Late War*. Richard Taylor, New York: D. Appleton and Company, 1879. http://docsouth.unc.edu/taylor/taylor.html Accessed: 2005/05/07

124. *Thirty Years a Slave, from Bondage to Freedom. The Institution of Slavery as Seen on the Plantation and in the Home of the Planter., Autobiography of Louis Hughes*, Millwaukee: South Side Printing Company, 1897. http://memory.loc.gov/cgi-bin/query/r?ammem/lhbcb:@field(DOCID+@lit(lhbcb21103div1)) Acessed: 2014/06/15

125. Thomas, Edward J. *Memoirs of a Southerner, 1840-1923*, Savannah, Georgia, 1923. http://docsouth.unc.edu/thomas/thomas.html Accessed: May 7, 2005

126. Toler, Richard. *Cincinnati, Ohio, Interviewed by Ruth Thompson.* http://xroads.virginia.edu/~hyper/wpa/toler1.html Acessed: 2013/05/06

127. United States. War Dept, ed., *The War of the Rebellion: a Compilation of the Official Records of the Union and Confederate Armies*, Washington: Government Print Office,

1880-1901, Ser. I, Vol. 52, pt. 2. http://cdl.library.cornell.edu/moa/browse.monographs/waro.html Acessed: 2005/11/05

128. United States. War Dept, ed., *The War of the Rebellion*, Ser. I, Vol. 41, pt. 3.
129. United States. War Dept, ed., *The War of the Rebellion*, Ser. I, Vol. 46, pt. 3.
130. United States. War Dept, ed., *The War of the Rebellion*, Ser. I, Vol. 51, pt. 2.
131. United States. War Dept, ed., *The War of the Rebellion*, Ser. I, Vol. 52, pt. 2.
132. United States. War Dept, ed., *The War of the Rebellion*, Ser. IV, Vol. 1.
133. United States. War Dept, ed., *The War of the Rebellion*, Ser. IV, Vol. 2.
134. United States. War Dept, ed., *The War of the Rebellion*, Ser. IV, Vol. 3.
135. Walther, Eric H. *The Shattering of the Union: America in the 1850s*, Wilmington, Delaware: Scholarly Resource Inc., 2004.
136. Wise, John S. *The End of Era*, Boston and New York: Houghton, Mifflin and Company, the Riverside Press, 1899. http://docsouth.unc.edu/wise/wise.html Accessed: 2005/05/07

(二) 中文原始文献目录

1. 汉密尔顿、杰伊和麦迪逊:《联邦党人文集》,程逢如、在汉、舒逊译,商务印书馆2004年版。
2. 罗伊·P. 巴斯勒编:《林肯集:演说、信件、杂文、总统咨文和公告》(下),黄雨石、辜正坤、邓蜀生译,生活·读书·新知三联书店1993年版。
3. 梅利尔·D. 彼得森编:《杰斐逊集》(上),刘祚昌、邓红风译,生活·读书·新知三联书店1993年版。
4. 梅利尔·D. 彼得森编:《杰斐逊集》(下),刘祚昌、邓红风译,生活·读书·新知三联书店1993年版。

二 英文学术著作

1. Abrahamson, James L. *The Men of Secession and the Civil War*, 1859-1861, Wilmington, Delaware: A Scholarly Resources Inc., 2003.
2. Alden, John Richard. *The South in the Revolution*, 1763-1789, Baton Rouge: Louisiana State University Press, 1957.
3. Allen, Felicity. *Jefferson Davis: Unconquerable Heart*, Columbia and London: University of Missouri Press. 1999.
4. Ashworth, John. *Slavery, Capitalism, and Politics in the Antebellum Republic*, Vol. I, *Commerce and Compromise*, 1820-1850, New York: Cambridge University Press, 1995.

5. Bailyn, Bernard. *The Ideological Origins of the American Revolution*, Cambridge, Massachuseets: The Belknap Press of Harvard University Press, 1992.
6. Beringer, Richard E. Herman Hattaway, Archer Jones, and William N. Still, Jr. *Why the South Lost the Civil War*, Athens: The University of Georgia Press, 1986.
7. Berlin, Ira. *Generations of Captivity: A History of African-American Slaves*, Cambridge, Massachusetts: The Belknap Press of Harvard University Press, 2003.
8. Berlin, Ira. *Many Thousands Gone: The First Two Centuries of Slavery in North America*, Cambridge, Massachusetts: The Belknap Press of Harvard University Press, 1998.
9. Blair, William. *Why didn't the North hang some rebels? The Postwar Debate over Punishment for Treason*, Marquette University Press, 2004.
10. Blight, David W. *Race and Reunion: the Civil War in American Memory*, Cambridge, Massachusetts: the Belenap Press of Harvard University Press, 2001.
11. Bowman, Shearer Davis. *Masters and Lords: Mid-19th-Century U. S. Planters and Prussian Junkers*, New York: Oxford University Press, 1993.
12. Breen, T. H. *Tobacco Culture: The Mentality of the Great Tidewater Planters on the Eve of Revolution*, Princeton, New Jersey: Princeton University Press, 1985.
13. Bruchey, Stuart. *Enterprise: The Dynamic Economy of a Free People*, Cambridge, Massachusetts: Harvard University Press, 1990.
14. Butler, Jon. *Becoming America: The Revolution before 1776*, The President and Fellows of Harvrd College, 2000.
15. Camp, Stephanie M. H. *Closer to Freedom: Enslaved Women and Everyday Resistance in the Plantation South*, Chapel Hill, NC. : University of North Carolina Press, 2004.
16. Carpenter, Jesse T. *The South as A Conscious Minority,1789-1861: A Study in Political Thought*, Gloucester, Mass .,1963.
17. Cashin, Joan E. *A Family Venture: Men and Women on the Southern Frontier*, New York, Oxford University Press, 1991.
18. Cecil-Fronsman, Bill. *Common Whites: Class and Culture in Antebellum North Carolina*, Lexington, Kentucky: The University Press of Kentucky, 1992.
19. Collins, Bruce. *White Society in the Antebellum South*, New York: Longman Group Limited, 1985.
20. Cooper, William J. Jr. and Thomas E. Terrill. *The American South: A History*, New York: Alfred A. Knopf, 1990.
21. Craven, Avery O. *The Growth of Southern Nationalism, 1848-1886*, Baton Rouge: Louisiana State University Press, 1953.
22. Davis, David Brion. ed ., *Antebellum American Culture: An Interpretive Anthology*, D. C Heath and Company 1979.
23. Davis, David Brion. *Inhuman Bondage: The Rise and Fall of Slavery in the New World*,

New York: Oxford University Press, Inc., 2006.

24. Davis, David Brion. *The Problem of Slavery in the Age of Revolution, 1770-1823*, Ithaca and London: Cornell University Press, 1975.

25. Degler, Carl N. *At Odds: Woman and Family in America from the Revolution to the Present*, Oxford: Oxford University Press, 1980.

26. Dessens, Nathalie. *Myths of Plantation Society: Slavery in the American South and the West Indies*, Gainesville: University Press of Florida, 2003.

27. Deyle, Steven. *Carry Me Back: The Domestic Slave Trade in American Life*, New York: Oxford University Press, 2005.

28. Dunaway, Wilma A. *Slavery in the American Mountain South*, Cambridge, UK: Cambridge University Press, 2003.

29. Dusinberre, William *Them Dark Days: Slavery in the American Rice Swamps*. New York and London: Oxford University Press, 1996.

30. Eaton, Clement. *The Growth of Southern Civilization, 1790-1860*, New York: Harper& Row, Publishers, 1961.

31. Edelson, S. Max. *Plantation Enterprise in Colonial South Carolina*, Cambridge, Massachusetts: Harvard University Press, 2005.

32. Egnal, Marc. *Clash of Extremes: The Economic Origins of the Civil War*, New York: Hill and Wang, A Division of Farrar, Straus and Giroux, 2009.

33. Engerman, Stanley L. and Robert E. Gallman. ed., *The Cambridge Economic History of the United States*, Vol. I, *The Colonial Era*, New York: Cambridge University Press, 1996.

34. Escott, Paul D. *Slavery Remembered: A Record of Twentieth-Century Slave Narratives*, Chapel Hill: The University of North Carolina Press, 1979.

35. Faust, Drew Gilpin. *Mothers of Invention: Women of the Slaveholding South in the American Civil War*, Chapel Hill and London: University of North Carolina Press 1996.

36. Fehrenbacher, Don E. *The Slaveholding Republic: An Account of the United States Government's Relations to Slavery*, Oxford: Oxford University Press, 2001.

37. Fields, Barbara Jeanne *Slavery and Freedom on the Middle Ground: Maryland during the Nineteenth Century*, New Haven: Yale University Press, 1985.

38. Ferling, John. *A Leap in the Dark: The Struggle to Create the American Republic*, Oxford: Oxford University Press, 2003.

39. Finkelman, Paul. *Slavery and the Founders: Race and Liberty in the Age of Jefferson*, Armonk, New York: M. E. Sharpe, 1996.

40. Flexner, James Thomas. *George Washington: Anguish and Farewell, 1793-1799*, Little, Brown and Company, Boston, 1965.

41. Fogel, Robert William. and Stanley L. Engerman, *Time on the Cross: The Economics of*

American Negro Slavery, Boston: Little, Brown and Company, 1974.

42. Foner, Eric. *Nothing But Freedom: Emancipation and Its Legacy*, Baton Rouge: Louisiana State University Press, 1983.

43. Foner, Eric. *Reconstruction: America's Unfinished Revolution, 1863-1877*, New York: Harper &Row, Publishers, 1988.

44. Foster, Gaines M. *Ghost of the Confederacy: Defeat, the Lost Cause, and the Emergence of the New South, 1865 to 1913*, New York: Oxford University Press, 1987.

45. Fox-Genovese, Elizabeth. *Within the Plantation Household: Black and White Women of the Old South*, Chapel Hill and London: The University of North Carolina Press, 1988.

46. Fox-Genovese, Elizabeth. and Eugene D. Genovese. *Slavery in White and Black : Class and Race in the Southern Slaveholders' New World Order*, New York: Cambridge University Press, 2008.

47. Fox-Genovese, Elizabeth. and Eugene D. Genovese. *The Mind of the Master Class: History and Faith in the Southern Slaveholders' Worldview*, New York: Cambridge University Press, 2005.

48. Franklin, John Hope. *Reconstruction after the Civil War*, Chicago and London: The University of Chicago Press, 1994.

49. Freehling, William W. *The Road to Disunion*, Vol. I, *Secessionists at Bay, 1776-1854*, New York: Oxford University Press, 1990.

50. Freehling, William W. *The Road to Disunion*, Vol. II, *Secessionists Triumphant, 1854-1861*, New York: Oxford University Press, 2007.

51. Furstenber, Francois. *In the Name of the Father: Washington's Legacy, Slavery, and the Making of a Nation*, New York: The Penguin Press, 2006.

52. Galenon, David W. *White Servitude in Colonial America: An Economic Analysis*, Cambridge: Cambridge University Press, 1990.

53. Gates, Paul W. *The Farmer's Age: Agriculture, 1815-1860*, Armonk, New York: M. E. Sharpe, Inc., 1960.

54. Genovese, Eugene D. *Roll, Jordan, Roll: The World the Slaves Made*, New York: Vintage Books, A Division of Random House, 1976.

55. Genovese, Eugene D. *The Political Economy of Slavery*, New York: Pantheon, 1965.

56. Genovese, Eugene D. *The Slaveholders' Dilemma: Freedom and Progress in Southern Consevative Tought, 1820-1860*, Columbia: University of South Carolina Press, 1992.

57. Genovese, Eugene D. *The World the Slaveholders Made: Two Essays in Interpretation*, New York: Vintage Books, A Division of Random House, 1969.

58. Gipson, Lawrence Henry. *The British Empire before the American Revoluton: Provincial Characteristics and Sectional Tendencies in the Era Preceding the American Crisis*, Vol. II, *The Southern Plantations*, New York: Alfred. A. Knopf, 1936.

59. Gossett, Thmas F. *Race: The History of a Idea in America*, New York: Oxford University Press, 1997.
60. Gray, Lewis Cecil. *History of Agriculture in the Southern United States to 1860*, Washington, DC: Carnegie Institution, 1933.
61. Greene, Jack P. *Pursuits of Happiness: The Social Development of Early Modern British Colonies and The Formation of American Culture*, Chapel Hill and London: The University of North Carolina Press, 1988.
62. Grossberg, Michael. ed., *The Cambridge History of Law in America*, Christopher Tomlins, 2008.
63. Gutman, Herbert G. *The Black Family in Slavery and Freedom, 1750-1925*, Vintage Books, New York: A Division of Random House, 1976.
64. Hahn, Steven. *A Nation Under our Feet: Black Political Struggles in the Rural South from Slavery to the Graet Migration*, Cambridge, Massachusetts: the Belknap Press of Harvard University Press, 2003.
65. Harris, J. William. *The Making of the American South: A Short History, 1500-1877*, Malden, MA.: Blackwell Publishing, 2006.
66. Harris, William C. *William Woods Holden: Firebrand of North Carolina Politics*. Baton Rouge: Louisiana State University Press, 1987.
67. Haynes, Stephen R. *Noah's Curse: The Biblical Justification of American Slavery*, Oxford: Oxford University Press, 2002.
68. Herman, Janet Sharp. *the Pursuit of a Dream*, New York: Oxford University Press, 1981.
69. Higginbotham, A. Leon Jr. *In the Matter of Color: The Colonial Period*. Oxford, England: Oxford University Press, 1980.
70. Hobson, Charles F. *The Great Chief Justice: John Marshal and the Rule of Law*. Lawrence, Kansas: University Press of Kansas, 1996.
71. Howe, Daniel Walker. *What hath God Wrought : The Transformation of America, 1815-1848*, Oxford: Oxford University Press, Inc.
72. Hurt, R. Douglas. *American Agriculture: A Brief History*, Revised Edition, West Lafayette, Indiana: Purdue University Press, 2002.
73. Huston, James L. *Calculating the Value of the Union: Slavery, Property Rights, and the Economic Origins of the Civil War*, Chapel Hill and London: The University of North Carolina Press, 2003.
74. Jenkins, William Sumner. *Pro-Slavery Thought in the Old South*, Gloucester, Mass.: Peter Smith, 1960.
75. Jewett, Clayton E. and John O. Allan, *Slavery in the South: A State-by-State History*, Westport, Connecticut; Greenwood Press, 2004.

76. Johnson, Paul. *George Washington: The Founding Father*, New York: HarperCollins Publishers Inc., 2006.
77. Johnson, Walter. *Soul by Soul: Life Inside the Antebellum Slave Market*, Cambridge, Massachusettes: Harvard University Press, 1999.
78. Jordan, Winthrop D. *White over Black: American Attitudes Toward the Negro, 1550-1812*, Baltimore, Maryland: Penguin Books Inc., 1968.
79. Kennedy, David M. Lizabeth Cohen and Thomas A. Bailey, *The American Pageant: A History of the Republic*, New York: Houghton Mifflin Company, 2006.
80. Klein, Rachel N. *Unification of A slave State: The Rise of the Planter Class in the South Carolina Backcountry, 1760-1808*, Chapel Hill and London: The University of North Carolina Press, 1990.
81. Kolchin, Peter. *American Slavery, 1619-1877*, New York: Hill and Wang, 1993.
82. Kulikoff, Allan. *Tobacco and Slaves: The Development of Southern Cultures in the Chesapeake, 1680-1800*, Chapel Hill: The University of North Carolina Press, 1986.
83. Kulikoff, Allan. *The Agrarian Origins of American Capitalism*, Charlottesville and London: University Press of Virginia, 1992.
84. Lago, Enrico Dal. *Agrarian Elites: American Slaveholders and Southern Italian Landowners, 1815-1861*, Baton Rouge: Louisiana State University Press.
85. Lehman, Jeffrey. and Shirelle Phelps, eds., *West's Encyclopedia of American Law*, Detroit: Thomson Gale, A Part of The Thomson Corporation, 2005.
86. Lewis, Thomas Tandy. ed., *The U.S. Supreme Court*, Salem Press, Inc., 2007.
87. Libby, David J. *Slavery and Frontier Mississippi, 1720-1835*, Jackson University Press of Mississippi, 2004.
88. Litwack, Leon E. *Been in the Storm so Long: the Aftermash of Slavery*, New York: Vintage Books, A Division of Random House, 1979.
89. MacLeod, Duncan J. *Slavery, Race and The American Revolution*, New York: Cambridge University Press.
90. Martin, James Kirby. *Men in Rebellion: Higher Government Leaders and the Coming of the American Revolution*, New Brunswick, New Jersey: Rutgers University Press, 1973.
91. Martin, James. *Texas Divided: Loyaltyand Dissent in the Lone Star state 1856-1874*, Lexington, Kentucky: The University Press of Kentucky, 1990.
92. McCusker, John J. & Russell R. Menard, *The Economy of British America, 1607-1789*, Chapel Hill and London: The University of North Carolina Press, 1991, p.136.
93. McPherson, James M. *Marching Toward Freedom: Blacks in the Civil War, 1861-1865*, New York: Alfred A. Knopf, Inc., 1991.
94. Mcpherson, James M. *Battle Cry of Freedom: The Civil War Era*, New York: Oxford University Press, 1988.

95. Meyers, Donald J. *And The War Came: The Slavery Quarrel and the American Civil War*, New York: Algora Publishing, 2005.
96. Middlekauff, Robert. *The Glorious Cause: The American Revolution,1763-1789*, Oxford: Oxford University Press, 2005.
97. Miller, James David. *South by the Southwest: Planter Emigration and Identity in the Slave South*. Charlottesville and London: University of Virginia Press; 2002.
98. Miller, John Chester. *The Wolf by the Ears: Thomas Jefferson and Slavery*, Charlottesville: University Press of Virginia, 1991.
99. Morgan, Edmund Sears. *American Slavery, American Freedom: The Ordeal of Colonial Virginia*, New York: W. W. Norton & Company, 1975.
100. Morgan, Kenneth. *Slavery and the British Empire: From Africa to America*, New York: Oxford University Press Inc., 2007.
101. Morris, Christopher. *Becoming Southern: The Evolution of a Way of Life, Warren County and Vicksburg, Mississippi,1770-1860*, New York: Oxford University Press, Inc., 1995.
102. Morris, Thomas D. *Southern Slavery and the Law,1619-1860*, Chapel Hill and London: The University of North Carolina Press, 1996.
103. Morse, John T. Jr., *Thomas Jefferson*, Boston: Houghton, Mifflin and Company,1898.
104. Mudge, Eugene Tenbroeck. *The Social Philosophy of John Taylor of Caroline: A Study in Jeffersonian Democracy*, New York: Columbia University Press, 1939.
105. Nash, Gary B. *The Urban Crucible: Social Change, Political Consciousness and The Origins of the American Revolution*, Cambridge, Massachusetts: Harvard University Press, 1979.
106. Nash,Gary B. *Red, White, and Black: the Peoples of Early North America*, Upper Saddle River, New Jersey: Pearson Education, Inc., 2006.
107. Nevins, Allan. *The War for the Union*. Vol. VIII, *The Organized War to Victory: 1864-1865*, New York: Charles Scribner's Sons, 1971.
108. Nolan, Allan T. *Lee Considered: General Robert R. Leeand Civil War History*, Chapel Hill: The University of North Carolina Press, 1991.
109. North, Douglass C. *The Economic Growth of the United States, 1790-1860*, New York and London: W. W. North & Company, 1966.
110. O'Brien, Michael. *Conjectures of Order: Intellectual Life and the American South, 1810-1860*, Chapel Hill: The University of North Carolina Press, 2004.
111. O'Brien,Patrick K. *The Economic Effects of the American Civil War*, London: Macmillan Education Ltd., 1988.
112. Oakes, James. *The Ruling Race: A History of American Slaveholders*, New York: Alfred a. Knopf, 1982.
113. Ogden, Annegret S. *The Great American Housewife: From Helpmate to Wage Earner,*

1776-1986, Westport, Connecticut: Greenwood Press, 1986.
114. Parish, Peter J. *The North and the Nation in the Era of the Civil War*, Fordham University Press, 2003.
115. Parish, Peter. J. *Slavery: History and Historians*, New York: Harper & Row Publishers, 1989.
116. Patterson, Orlando. *Slavery and Social Death: A Comparative Study*, Cambridge, Massachusetts: Harvard University Press, 1982.
117. Phillips, Ulrich Bonnell. *Life and Labor in the Old South*, New York: Grosset& Dunlap. Publishers, 1929.
118. Phillips, Ulrich Bonnell. *American Negro Slavery: A Survey of the Supply, Employment and Control of Negro Labor as Determined by the Plantation Regime*, New York: Peter Smith, 1952.
119. Potter, David M. *The Impending Crisis, 1848-1861*, New York: Harper & Row, Publishers, 1976.
120. Pressly, Thomas J. *Americans Interpret Their Civil War*, Princeton: Princeton University Press 1954.
121. Quarles, Benjamin. *The Negro in the American Revolution*, Chapel Hill and London: The University of North Carolina Press, 1996.
122. Ramsay, David. *The History of the American Revolution*, Indianapolis: Liberty Classics, 1990.
123. Ransom, Roger L. *Conflict and Compromise: The Political Economy of Slavery, Emancipation, and the American Civil War*, Cambridge: Cambridge University Press, 1989.
124. Reidy, Joseph P. *From Slavery to Agrarian Capitalism in the Cotton Plantation South: Central Georgia, 1800-1880*, Chapel Hill and London: The University of North Carolina Press, 1992.
125. Reiss, Oscar. *Blacks in Colonial America*, Jefferson, North Carolina: McFarland &Company, Inc., 1997.
126. Reynolds, David S. *Waking Giant: America in the Age of Jackson*, New York: Harper Collins Publishers, 2008.
127. Richards, Leonard L. *The Slave Power: the Free North and Southern Domination, 1780-1860*, Baton Rouge: Louisiana State University Press, 2000.
128. Roark, James L. *Masters without Slaves: Southern Planters in the Civil War and Reconstruction*, New York: Norton, 1977.
129. Rothman, Adam. *Slave Country: American Expansion and the Origins of the Deep South*, Cambridge, Massachusetts: Harvard University Press, 2005.
130. Scarborough, William Kauffman. *Masters of the Big House: Elite Slaveholders of the Mid-Nineteenth-Century South*, Baton Rouge: Louisiana State University Press, 2003.

131. Scarborough, William Kauffman. *The Overseer: Plantation Management in the Old South*, Baton Rouge: Louisiana State University Press, 1966.
132. Schott, Thomas E. *Alexander H. Stephensof Georgia, a Biography*, Baton Rouge: Louisiana State University Press, 1988.
133. Sellers, Charles. *The Market Revolution: Jackson America, 1815-1846*, New York: Oxford University Press, 1991.
134. Smith, Daniel Blake. *Inside the Great House: Planter Family Life in Eighteenth-Century Chesapeake Society*, Ithaca and London: Cornell University Press, 1980.
135. Snay, Mitchell. *Gospel of Disunion: Religion and Separatism in the Antebellum South*, New York: Cambridge University Press, 1993.
136. Spooner, Lysander. *The Uncostitutionality of Slavery*, Boston: Bela Marsh, 1860.
137. Stowe, Steven M. *Intimacy and Power in the Old South: Ritual in the Lives of the Planters*, Baltimore and London: The Johns Hopkins University Press, 1987.
138. Sydnor, Charles S. *The Development of Southern Sectionalism, 1819-1848*, Baton Rouge: Louisiana State University Press, 1948.
139. Sydnor, Charles S. *American Revolutionaries in the Making: Political Practices in Washington's Virginia*, Chapel Hill: The University of North Carolina Press, 1952.
140. Tadman, Michael. *Speculators and Slaves: Masters, Traders, and Slaves in the Old South*, Madison, Winsconsin: University of Wisconsin Press, 1989.
141. Tate, Adam L. *Conservatism and Southern Intellectuals: Liberty, Tradition, and the Good Society*, Columbia, Missouri: University of Missouri Press, 2005.
142. Taylor, Arnold h. *Travail and Triumph: Black Life and Culture in the South Since the Civil War*, Westport, Connecticut: Greenwood Press, 1976.
143. Thomas, Emory M. *The Confederate Nation, 1861-1865*, New York: Harper & Row, Publishers, 1979.
144. Vlach, John Michael. *Back of the Big House: The Architecture of Plantation Slavery*, Chapel Hill, NC: University of North Carolina Press, 1993.
145. Walther, Eric H. *The Shattering of the Union: America in the 1850s*, Wilmington, Delaware: Scholarly Resource Inc., 2004.
146. Walther, Eric H. *William Lowndes Yancy: The Coming of the Civil War*, Chapel Hill: North Carolina Press, 2006.
147. Watson, Allan. *Slave Law in the Americas*, Athens, Georgia: The University of Georgia Press, 1989.
148. Waugh, John C. *On the Brink of Civil War: The Compromise of 1850 and How It Changed the Course of American History*, Wilmington, Delaware: A Scholarly Resources Inc., 2003.
149. Wells, Robert V. *Revolutions in Americans' Lives: A Demographic Perspective on the*

History of Americans, Their Families, and Their Society, Westport, Con., 1982.
150. Wiencek, Henry. *An Imperfect God: George Washington, his Slaves, and the Creation of America*, Macmillan, an Imprint of Pan Macmillan Ltd, 2004.
151. Wiley, Bell Irvin. *Southern Negroes, 1861-1865*, Baton Rouge: Louisiana State University Press, 1965.
152. Wilson, Ellen Gibson. *The Loyal Blacks*, New York: G. P. Putnam's Sons, 1976.
153. Wood, Betty. *Slavery in Colonial America*, New York: Rowman & Littlefield Publishers, Inc., 2005.
154. Wood, Betty. *Slavery in Colonial Georgia, 1730-1775*, Athens, Georgia: The University of Georgia Press, 1984.
155. Wood, Gordon S. *Empire of Liberty: A History of the Early Republic, 1789-1815*, Oxford: Oxford University Press, 2009.
156. Wood, Kirsten E. *Masterful Women: Slaveholding Widows from the American Revolution through the Civil War*. Chapel Hill and London: The University of North Carolina Press, 2004.
157. Yearns, W. Buck, ed., *The Confederate Governors*. Athens: The University of Georgia Press, 1985.
158. Young, Jeffrey Robert. *Domesticating Slavery: The Master Class in Georgia and South Carolina, 1670-1837*, Chapel Hill and London: The University of North Carolina Press, 1999.

三 中文著作目录

1. 陈志杰:《顺应与抗争:奴隶制下的美国黑人文化》,中国社会科学出版社2010年版。
2. 何顺果:《美国"棉花王国"史》,中国社会科学出版社1995年版。
3. 刘祚昌:《杰斐逊全传》,齐鲁书社2005年版。
4. 任东来、胡晓进:《在宪政的舞台上:美国最高法院的历史轨迹》,中国法制出版社2007年版。
5. 斯坦利·L.恩格尔曼、罗伯特·E.高尔曼主编:《剑桥美国经济史》第二卷,王钰、李淑清译,中国人民大学出版社2008年7月版。
6. 王金虎:《南部奴隶主与美国内战》,人民出版社2006年版。
7. 王希:《原则与妥协:美国宪政的精神与实践》,北京大学出版社2000年版。
8. 沃浓·路易·帕灵顿:《美国思想史,1620—1920》,陈永国、李增、郭乙瑶译,吉林人民出版社2002年版。
9. 雅法:《自由的新生:林肯与内战的来临》,谭安奎译,华东师范大学出版社2006年版。

四　英文文章

1. "Colonel William Byrd on Slavery and Indented Servants, 1736, 1739", *The American Historical Review*, Vol. 1, No. 1 (Oct., 1895). http://www.jstor.org/stable/1834018. Accessed: 02/04/2012
2. "Founding Fathers, Delaware". http://www.archives.gov/exhibits/charters/constitution_founding_fathers_delaware.html Acessed: 2015/04/20
3. "Founding Fathers, Georgia". http://www.archives.gov/exhibits/charters/constitution_founding_fathers_georgia.html Acessed:2015/04/20
4. "Founding Fathers, Maryland". http://www.archives.gov/exhibits/charters/constitution_founding_fathers_maryland.html Acessed: 2015/04/20
5. "Founding Fathers, North Carolina". http://www.archives.gov/exhibits/charters/constitution_founding_fathers_north_carolina.html Acessed: 2015/04/20
6. "Founding Fathers, South Carolina". http://www.archives.gov/exhibits/charters/constitution_founding_fathers_south_carolina.html Acessed: 2015/04/20
7. "Founding Fathers, Virginia". http://www.archives.gov/exhibits/charters/constitution_founding_fathers_virginia.html Acessed: 2015/04/20
8. "James Madison's Attitude Toward the Negro", *The Journal of Negro History*, Vol. 6, No. 1 (Jan., 1921). http://www.jstor.org/stable/2713830 Accessed: 25/04/2012
9. "Madison and Slavery". http://www.montpelier.org/research-and-collections/people/african-americans/madison-slavery Accessed: 2015/12/28
10. "Thomas Jefferson and Sally Hemings: A Brief Account". http://www.monticello.org/plantation/hemingscontro/hemings-jefferson_contro.html Acessed: 2005/12/28
11. Allan Kulikoff, "Uprooted Peoples: Black Migrants in the Age of the American Revolution, 1790-1820", in Ira Berlin and Ronald Hoffman, eds., *Slavery and Freedom in the Age of the American Revolution*, Charlottesville: The University Press of Virginia, 1983.
12. Bailey, Fred A. "Class and Tennessee's Confederate Generation", *The Journal of Southern History*, Vol.51, No.1(Feb., 1985).
13. Bailyn, Bernard. "Politics and Social Structure in Virginia", in Stanley N. Katz, etc., eds., *Colonial America: Essays in Politics and Social Development*, Little, Brown and Company, 1971.
14. Baptist, Edward E. "The Migration of Planters to antebellum Florida: Kinship and Power", *The Journal of Southern History*, Vol. LXII, No. 3 (August, 1996).
15. Bateman, Fred. and Thomas Weiss, "Market Structure before the Age of Big Business: Concentration and Profit in Early Southern Manufacturing", *The Business History Review*,

Vol. 49, No. 3 (Autumn, 1975). http://www.jstor.org/stable/3113064 Accessed: 2010/10/12

16. Bateman, Fred. James D. Foust and Thomas J. Weiss, "Large-Scale Manufacturing in the South and West, 1850-1860", *The Business History Review*, Vol. 45, No. 1 (Spring, 1971). http://www.jstor.org/stable/3113302 Accessed: 2010/10/12

17. Bateman, Fred. James Foust and Thomas Weiss, "The Participation of Planters in Manufacturing in the Antebellum South", *Agricultural History*, Vol. 48, No. 2 (Apr., 1974). http://www.jstor.org/stable/3741236 Accessed: 2010/10/12

18. Berlin, Ira. and Herbert G. Gutman, "Natives and Immigrants, Free Men and Slaves: Urban Workingmen in the Antebellum American South", *The American Historical Review*, Vol. 88, No. 5 (Dec., 1983). http://www.jstor.org/stable/1904888 Accessed: 2008/10/02

19. Berlin, Ira. "Time, Space, and the Evolution of Afro-American Society on British Mainland North America", in Gad Heuman and James Walvin, eds., *The Slavery Reader*. London and New York: Routledge Taylor& Francis Group, 2003.

20. Bettersworth, John K. "The Home Front, 1861-1865" in Richard Aubery Mclemore, ed., *A History of Mississippi*, Vol. I, Jackson: University & College Press of Mississippi, 1973.

21. Boller, Paul F. Jr. 'Washington, The Quakers, and Slavery", *The Journal of Negro History*, Vol. 46, No. 2 (Apr., 1961). http://www.jstor.org/stable/2716714 Accessed: 2012 /03/21

22. Brady, Patrica. "George Washington and His Family", in Edward G. Lengel, ed., *A Companion to George Washington*, Malden, MA.: Wiley-Blackwell, 2012.

23. Bush, Jonathan A. "Free to Enslave: The Foundations of Colonial American Slave Law", *Yale Journal of Law & the Humanities*, Vol. 5: Iss. 2, (1993) Article 7. http://digitalcommons.law.yale.edu/yjlh/vol5/iss2/7 Acessed: 2014/12/01

24. Bush, Jonathan A. "The British Constitution and the Creation of American Slavery", in Paul Finkelman, ed., *Slavery and Law*, Madison: Madison House Publishers, Inc., 1997.

25. Byrd I William. and Louis B. Wright, "William Byrd I and the Slave Trade", *Huntington Library Quarterly*, Vol. 8, No. 4 (Aug., 1945). http://www.jstor.org/stable/3816066 Accessed: 2012 /04/02

26. Campbell, Randolph B. "Slave Hiring in Texas", *American Historical Review*, Vol. 93, No. 1(February, 1988).

27. Censer, Jane Turner. "Southwestern Migration among North Carolina Planter Families: 'The Disposition to Emigrate'", *The Journal of Southern History*, Vol. LVII, No. 3 (August, 1991).

28. Chan, Michael D. "Alexander Hamilton on Slavery", *The Review of Politics*, Vol. 66,

No. 2 (Spring, 2004). http://www.jstor.org/stable/1408953 Accessed: 2012/03/21
29. Clark, Christopher. "Rural America and the Transition to Capitalism", in Paul A. Gilje, ed., *Wages of Independence: Capitalism in Early American Republic*, Madison, Wisconsin: Madison House Publishers, Inc., 1997.
30. Clifton, James M. "The Rice Driver: His Role in Slave Management", *The South Carolina Historical Magazine*, Vol. 82, No. 4 (Oct., 1981). http://www.jstor.org/stable/27567710 Accessed: 2010/10/28
31. Clifton, James M. "The Plantation", in Mary Kupiec Cayton, Elliott J. Gorn, and Peter W. Williams, ed., *Encyclopedia of American Social History*, Vol. III, New York, 1993.
32. Coard, Michael. "The 'Black' Eye on George Washington's 'White' House'", *The Pennsylvania Magazine of History and Biography*, Vol. 129, No. 4 (Oct., 2005). http://www.jstor.org/stable/20093821 Accessed: 2012/04/25
33. Cohen, William. "Thomas Jefferson and the Problem of Slavery", *The Journal of American History*, Vol. 56, No. 3 (Dec., 1969). http://www.jstor.org/stable/1904203 Accessed: 2012/03/21
34. Compton, Tonia M. "Slave Trade", in James Ciment, ed., *Colonial America: An Encyclopedia of Social, Political, Cultural, and Economic History*, Vol. III, M. E. Sharpe, Inc., 2006.
35. Crist, Lynd Lasswell. "Jefferson Davis", in David S. Heidler and Jeane T. Heidler, eds., *Encyclopedia of the American Civil War: A Political, Social, and Military History*, Vol. II, Santa Barbara, California: ABC-CLIO, Inc., 2000.
36. Coulter, E. Merton. "What the South Has Done About Its History", in Trindall, George Brown ed., *The Pursuit of Southern History: Presidential Addressess of the Southern Historical Association, 1935-1963*, Baton Rouge: Louisiana State University Press, 1964.
37. Daniel, Pete. "The Metamorphosis of Slavery, 1865-1900", *The Journal of American History*, Vol. 66, No. 1 (Jun., 1979). http://www.jstor.org/stable/1894675 Accessed: 2013/01/29
38. Dethloff, Henry C. "The Colonial Rice Trade", *Agricultural History*, Vol. 56, No. 1 (Jan., 1982). http://www.jstor.org/stable/3742312 Accessed: 2008/10/03
39. Dew, Jay R. "Henry Laurens", in Paul A. Gilje, ed., *Encyclopedia of American History*, Vol. III, *Revolution and New Nation: 1761 to 1812*, New York: Facts on File, Inc., 2003.
40. Donald, David. "The Proslavery Argument Reconsidered", *The Journal of Southern History*, Vol. 37, No. 1 (Feb., 1971). http://www.jstor.org/stable/2205917 Accessed: 2008/10/04
41. Dubois, Laurent. "Slavery in the Age of Revolution", in Gad Heuman and Trevor Burnard, eds., *The Routledge History of Slavery*, New York: Routledge, 2011.

42. Dunn, Richard S. "Black Society in the Chesapeake, 1776-1810", in Ira Berlin and Ronald Hoffman, eds., *Slavery and Freedom in the Age of the American Revolution*.

43. Earle, Carville. "Rural Life in the South", in Mary Kupiec Cayton, Elliott J. Gorn and Peter W. Williams, eds., *Encyclopedia of American Social History*, Vol. II, Charles Scribners's Sons, 1993.

44. Eaton, Clement. "Slave-Hiring in the Upper South: A Step toward Freedom", *Mississippi Valley Historical Review*, Vol. 46, No. 4 (Mar., 1960).

45. Egerton, Douglas R. "Markets without a Market Revolution: Southern Planters and Capitalism", *Journal of the Early Republic*, Vol. 16, No. 2, Special Issue on Capitalism in the Early (Summer, 1996). http://www.jstor.org/stable/3124246 Accessed: 2008/10/01

46. Egnal, Marc. "The Origins of the Revolution in Virginia: A Reinterpretation", *The William and Mary Quarterly*, Third Series, Vol. 37, No. 3 (Jul., 1980). http://www.jstor.org/stable/1923810 Accessed: 2008/11/11

47. Eltis, David. "The Vol. and Structure of the Transatlantic Slave Trade: A Reassessment", *The William and Mary Quarterly*, Third Series, Vol. 58, No. 1 (Jan., 2001). http://www.jstor.org/stable/2674417 Accessed: 2011/11/05

48. Faust, Drew Gilpin. "Proslavery Argument", in Randall M. Miller and John David Smith, eds., *Dictionary of Afro-American Slavery*, Westport, Connecticut: Praeger Publishers, 1997.

49. Finkelman Paul. and Joseph Story, "Story Telling on the Supreme Court: Prigg v Pennsylvania and Justice Joseph Story's Judicial Nationalism", *The Supreme Court Review*, Vol. 1994 (1994). http://www.jstor.org/stable/3109649 Accessed: 2013/01/22

50. Folsom II, Burton W. "The Politics of Elites: Prominence and Party in Davidson County, Tennessee, 1835-1861", *The Journal of Southern History*, Vol. 39, No. 3 (Aug., 1973).

51. Foner, Eric. "Slavery, the Civil War, and Reconstruction", in Eric Foner, ed., *The New American History*. Philadelphia; Temple University Press, 1990.

52. Frey, Sylia R. "Liberty, Equality, and Slavery: The Paradox of the American Revolution", in Jack P. Greene, ed., *The American Revolution: Its Character and Limit*, New York: New york University Press, 1987.

53. Frey, Sylvia R. "Slavery and Anti-Slavery", in Jack P. Greene and J. R. Pole, eds., *A Companion to the American Revolution*, Malden, MA.: Blackwell Publishers Ltd, 2000.

54. Gallman, Robert E. "Self-Sufficiency in the Cotton Economy of the Antebellum South", *Agricultural History*, Vol. 44, No. 1 (Jan., 1970). http://www.jstor.org/stable/3741358 Accessed: 2010/11/08

55. Genovese, Eugene D. "Master-slave Relation" in Randall M. Miller and John David Smith, eds., *Dictionary of Afro-American Slavery*, Westport, Connecticut and London:

Praeger Publishers, 1997.

56. Genovese, Eugene D. "The Significance of the Slave Plantation for Southern Economic Development", *The Journal of Southern History*, Vol. 28, No. 4 (Nov., 1962). http://www.jstor.org/stable/2205407 Accessed: 2010/01/30

57. Genovese, Eugene D. and Elizabeth Fox-Genovese, "The Slave Economies in Political Perspective", *The Journal of American History*, Vol. 66, No. 1 (Jun., 1979). http://www.jstor.org/stable/1894671 Accessed: 2010/01/30

58. Goldstein, Leslie F. "*Slavery and the Marshall Court: Preventing 'Oppressions of the Minor Party'*?" *Maryland Law Review*, Vol. 67, Issue 1 (2007). http://digitalcommons.law.umaryland.edu/mlr/vol67/iss1/13 Acessed: 2013/0 3/29

59. Grant, Susan-Mary "The Slavery Debate", in Richard Gray and Owen Robinson, eds., *A Companion to the Literature and Culture of the American South*, Malden, MA.: Blackwell Publishing Ltd, 2004.

60. Green, Fletcher M. "Democracy in the Old South", in George Brown Tindall, ed., *The Pursuit of Southern History*, *Presidential Addresses of the Southern Historical Association 1935-1963*, Baton Rouge: Louisiana State University Press, 1964.

61. Guillory, James Denny. "The Pro-Slavery Arguments of Dr. Samuel A. Cartwright", *Louisiana History: The Journal of the Louisiana Historical Association*, Vol. 9, No. 3 (Summer, 1968). http://www.jstor.org/stable/4231017 Accessed: 2010/03/28

62. Gutman, Herbert. and Richard Sutch, "The Slave Family: Protected Agent of Capitalist Masters or Victim of The Slave Trade?" in Paul A David and Herbert G. Gutman, etc., eds., *Reckoning with Slavery: A Critical Study in the Quantitative History of American Negro Slavery*, New York: Oxford University Press, 1976.

63. Henretta, James A. "Wealth, Authority, and Power", in Allen F. Davis and Harold D. Woodman, ed., *Conflict and Consensus in Modern American History*, Lexington, Massachusetts: D. C. Heath and Company, 1984.

64. Handlin, Oscar and Mary F. "Origins of the Southern Labor System", in Stanley N. Katz, etc., eds., *Colonial America: Essays in Politics and Social Development*.

65. Harris, J. William. "Eugene Genovese's Old South: A Review Essay", *The Journal of Southern History*. Vol. LXXX, No. 2 (May, 2014).

66. Harrison, Lowell H. "Richard Hawes", in David S. Heidler and Jeane T. Heidler, eds., *Encyclopedia of the American Civil War: A Political, Social, and Military History*, Vol. II, Santa Barbara, California: ABC-CLIO, Inc., 2000.

67. Heidler, David S. and Jeane T. Heidler, "Andrew Gordon Magrath", in David S. Heidler and Jeane T. Heidler, eds., *Encyclopedia of the American Civil War: A Political, Social, and Military History*, Vol. III, Santa Barbara, California: ABC-CLIO, Inc., 2000.

68. Heidler, David S. and Jeane T. Heidler, "Henry Watkins Allen", in David S. Heidler and Jeane T. Heidler, eds., *Encyclopedia of the American Civil War: A Political, Social, and Military History*, Vol. I, Santa Barbara, California: ABC-CLIO, Inc., 2000.

69. Heidler, David S. and Jeane T. Heidler, "Hohn Gill Shorter", in David S. Heidler and Jeane T. Heidler, eds., *Encyclopedia of the American Civil War: A Political, Social, and Military History*, Vol. IV, Santa Barbara, California: ABC-CLIO, Inc., 2000.

70. Heidler, David S. and Jeane T. Heidler, "Isham Green Harris", in David S. Heidler and Jeane T. Heidler, eds., *Encyclopedia of the American Civil War: A Political, Social, and Military History*, Vol. II, Santa Barbara, California: ABC-CLIO, Inc., 2000.

71. Heidler, David S. and Jeane T. Heidler, "Milledge Luke Bonaham", in David S. Heidler and Jeane T. Heidler, eds. *Encyclopedia of the American Civil War: A Political, Social, and Military History*, Vol. I.

72. Heidler, David S. and Jeane T. Heidler, "Thomas Hill Watts", in David S. Heidler and Jeane T. Heidler, eds., *Encyclopedia of the American Civil War: A Political, Social, and Military History*, Vol. IV.

73. Heidler, David S. and Jeane T. Heidler, "Thomas Overton Moore", in David S. Heidler and Jeane T. Heidler, eds., *Encyclopedia of the American Civil War: A Political, Social, and Military History*, Vol. III.

74. Heidler, David S. and Jeane T. Heidler, "William Smith", in David S. Heidler and Jeane T. Heidler, eds., *Encyclopedia of the American Civil War: A Political, Social, and Military History*, Vol. IV.

75. Helo, Ari. and Peter Onuf, "Jefferson, Morality, and the Problem of Slavery", *The William and Mary Quarterly*, Third Series, Vol. 60, No. 3 (Jul., 2003). http://www.jstor.org/stable/3491552 Accessed: 2012/03/21

76. Henretta, James A. "Wealth, Authority, and Power", in Allen F. Davis and Harold D. Woodman, ed., *Conflict and Consensus in Modern American History*, Lexington, Massachusetts: D. C. Heath and Company, 1984.

77. Higginbotham, Don. "Some Reflections on the South in the American Revolution", *The Journal of Southern History*, Vol. LXXIII, No. 3 (August, 2007).

78. Hirsch, Leo H. Jr., "The Slave in New York", *The Journal of Negro History*, Vol. 16, No. 4 (Oct.,1931). http:// www.jstor.org/stable/2713870 Accessed: 2008/11/14

79. Hosmer, John. and Joseph Fineman: "Black Congressmen in Reconstruction Historiography" *Phylon*, Vol. 39, No. 2 (2nd Qtr., 1978). http://www.jstor.org/stable/274504 Accessed: 2009/11/13

80. Howe, John R. Jr., "John Adams's Views of Slavery", *The Journal of Negro History*, Vol. 49, No. 3 (Jul., 1964). http://www.jstor.org/stable/2716657 Accessed: 2012/03/21

81. Huebner, Timothy S. "Roger B. Taney and the Slavery Issue: Looking beyond—and before-*Dred Scott*," *The Journal of American History*, Vol. 97, No. 1 (June, 2010).

82. Kirschke, James J. and Victor J. Sensenig, "Steps toward Nationhood: Henry Laurens and the American Revolution in the South", *Historical Research*, Vol. 78, No. 200 (May, 2005).

83. Klebaner, Benjamin Joseph. "American Manumission Laws and the Responsibility for Supporting Slaves", *The Virginia Magazine of History and Biography*, Vol. 63, No 4 (Oct., 1955). http://www.jstor.org/stable/ 4246165 Accessed: 2008/10/27

84. Klingaman, David. "The Significance of Grain in the Development of the Tobacco Colonies", *The Journal of Economic History*, Vol. 29, No. 2 (June, 1969).

85. Kolchin, Peter. "In Defense of Servitude: American Proslavery and Russian Proserfdom Arguments, 1760-1860", *The American Historical Review*, Vol. 85, No. 4 (Oct., 1980). http://www.jstor.org/stable/1868873 Accessed: 2008/10/04

86. Lee, Jean B. "Mount Vernon Plantation: A Model for the Republic", in Philip J. Schwarz, ed., *Slavery at the Home of George Washington*, Mount Vernon, Virginia: Mount Vernon Ladies' Association, 2001.

87. Lockley, Timothy James. "Georgia", in Gary B. Nash, ed. *Encyclopedia of American History*, Vol. II, Billy G. Smith, ed., *Colonization and Settlement, 1608 to 1760*, Facts on File, Inc., 2003.

88. Lovejoy, Paul E. "Triangular Slave Trade", in John Hartwell Moore, ed., *Encyclopedia of Race and Racism*, Vol. III, Detroit: The Gale Group, 2008.

89. Lucas, M. Philip. "Henry Wirz" in David S. Heidler and Jeane T. Heidler, eds., *Encyclopedia of the American Civil War: A Political, Social, and Military History*, Vol. IV.

90. Lynch, William O. "The Westward Flow of Southern Colonists Before 1861", *The Journal of Southern History*, Vol. 9, No. 3 (Aug., 1943). http://www.jstor.org/stable/2191319 Accessed: 2010 /06/15

91. Maceacheren, Elaine. "Emancipation of Slavery in Massachusetts: A Reexamination, 1770-1790", *The Journal of Negro History*, Vol. 55, No. 4 (Oct., 1970). http://www.jstor.org/stable/2716174 Accessed: 2008/10/27

92. "Madison and Slavery". http://www.montpelier.org/research-and-collections/people/african-americans/madison-slavery Accessed: 2015/12/28

93. Magnis, Nicholas E. "Thomas Jefferson and Slavery: An Analysis of His Racist Thinking as Revealed by His Writings and Political Behavior", *Journal of Black Studies*, Vol. 29, No. 4 (Mar., 1999). http://www.jstor.org/stable/2645866 Accessed: 2012/03/21

94. Main, Jackson T. "Social Origins of a Political Elite: The Upper House in the Revolutionary Era", *Huntington Library Quarterly*, Vol. 27, No. 2 (Feb., 1964). http://

www. jstor. org/stable/3816922 Accessed: 2012/03/20

95. Main, Jackson T. "The One Hundred", *The William and Mary Quarterly*, Third Series, Vol. 11, No. 3 (Jul., 1954). http://www. jstor. org/stable/1943311 Accessed: 2012/03/20

96. Maltz, Earl M. "Slavery, Federalism, and the Structure of the Constitution", *The American Journal of Legal History*, Vol. 36, No. 4 (Oct., 1992). http://www. jstor. org/stable/845555 Accessed: 2013/01/22

97. Marambaud, Pierre. "Colonel William Byrd I: A Fortune Founded on Smoke", *The Virginia Magazine of History and Biography*, Vol. 82, No. 4 (Oct., 1974). http://www. jstor. org/stable/4247900 Accessed: 2012/04/ 02

98. Marambaud, Pierre. "William Byrd I: A Young Virginia Planter in the 1670s", *The Virginia Magazine of History and Biography*, Vol. 81, No. 2 (Apr., 1973). http://www. jstor. org/stable/4247791 Accessed: 2012 /04/02

99. Massey, Gregroy D. "The Limits of Antislavery Thought in the Revolutionary Lower south: John Laureans and Henry Laureans", *The Journal of Southern History*, Vol. 63, No. 3(Aug., 1997). http://www. jstor. org/stable/2211648 Accessed: 2009/11/12

100. Matten, David B. "James Madison and Montpeller: The Rhythms of Rural Life", in Stuart Leibiger, ed., *A Companion to James Madison and James Monroe*, Malden, MA.: Wiley-Blackwell, 2013.

101. Mattern, David B. "James Madison and Montpeller: The Rhythms of Rural Life", in Stuart Leibiger, ed., *A Companion to James Madison and James Monroe*.

102. McGarvie, Mark D. "'In Perfect Accordance with His Character': Thomas Jefferson, Slavery, and the Law", *Indiana Magazine of History*, Vol. 95, No. 2(June, 1999). http://www. jstor. org/stable/27792168 Accessed: 2012/03/21

103. McKiven, Henry M. Jr., "The Deep South", in Mary Kupiec Cayton, Elliott J. Gorn, Peter W. Williams, eds., *Encyclopedia of American Social History*, Vol. II, Charles Scribners's Sons,1993.

104. Medford, Edna Greene. "Beyond Mount Vernon: George Washington's Emancipated Laborers and Their Descendants", in Philip J. Schwarz, ed., *Slavery at the Home of George Washington*, Mount Vernon, Virginia: Mount Vernon Ladies' Association,2001.

105. Menard, Russel R. "Economic and Social Development of the South", in Stanley L. Engerman and Robert E. Gallman. eds., *The Cambridge Economic History of the United States*, Vol. I, *The Colonial Era*, Cambridge University Press, 1996.

106. Menard, Russell R. "Slavery, Economic Growth, and Revolutionary Ideology in the South Carolina Lowcountry", in Ronald Hoffman and John J. McCusker, et al, eds., *The Economy of Early America: The Revolutionary Period, 1763-1790*, The University Press of Virginia, 1988.

107. Menschel, David. "Abolition Without Deliverance: The Law of Connecticut Slavery, 1784-1848", *The Yale Law Journal*, Vol. 111, No. 1 (Oct., 2001). http://www.jstor.org/stable/797518 Accessed: 2008/11/14

108. Milne, George. "John Dickinson", in Paul A. Gilje, ed., *Encyclopedia of American History*. Vol. III, *Revolution and New Nation: 1761 to 1812*, New York: Facts on File, Inc., 2003.

109. Morgan, Kenneth. "George Washington and the Problem of Slavery", *Journal of American Studies*, Vol. 34, No. 2 (Aug., 2000). http://www.jstor.org/stable/27556810 Accessed: 2012/04/25

110. Morgan, Philip D. "'To Get Quit of Negroes': George Washington and Slavery", *Journal of American Studies*, Vol. 39, No. 3 (Dec., 2005). http://www.jstor.org/stable/27557691 Accessed: 201204/25/

111. Morgan, Philip D. "Black Society in the Lowcountry, 1760-1810", in Ira Berlin and Ronald Hoffman, eds., *Slavery and Freedom in the Age of the American Revolution*.

112. Morgan, Philip D. "Work and Culture: The Task System and the World of Lowcountry Blacks, 1700 to 1880", *The William and Mary Quarterly*, Third Series, Vol. 39, No. 4 (Oct., 1982). http://www.jstor.org/stable/1919004 Accessed: 2010 /10/28

113. Morris, Christopher. "The Articulation of Two Worlds: The Master-Slave Relationship Reconsidered", *The Journal of American History*, Vol. 85, No. 3, December 1998.

114. Morrow, Ralph E. "The Proslavery Argument Revisited", *The Mississippi Valley Historical Review*, Vol. 48, No. 1 (Jun., 1961). http://www.jstor.org/stable/1902405 Accessed: 2008/10/04

115. Moss, Simeon F. "The Persistence of Slavery and Involuntary Servitude in a Free State, 1685-1866", *The Journal of Negro History*, Vol. 35, No. 3 (Jul., 1950). http://www.jstor.org/stable/2715701 Accessed: 2008/11/21

116. Mugleston, William F. "Southern Literature as History: Slavery in the Antebellum Novel", *The History Teacher*, Vol. 8, No. 1 (Nov., 1974). http://www.jstor.org/stable/491435 Accessed: 2012/03/21

117. Mullin, Michael. "British Caribbean and North American Slaves in an Era of War and Revolution, 1775-1807", in Larry E. Tise, ed., *The Southern Experience in the American Revolution*, Chapel Hill, NC.: University of North Carolina Press, 1978.

118. Murrin, John M. "Beneficiaries of Catastrophe: The English Colonies in America", in Eric Foner, ed., *The New American History*, Philadelphia: Temple University Press, 1990.

119. Nash, Gary B. "Forging Freedom: The Emancipation Experience in the Northern Seaport Cities, 1775-1810", in Ira Berlin and Ronald Hoffman, eds., *Slavery and Freedom in the Age of the American Revolution*.

120. Nash, Gary B. "Franklin and Slavery", *Proceedings of the American Philosophical Society*, *Vol.* 150, No. 4 (Dec., 2006). http://www.jstor.org/stable/4599029 Accessed: 2012/03/21

121. Newwan, Paul Douglas. "James Madison's Journey to An 'Honorarable and Useful Profession', 1751-1780", in Stuart Leibiger, ed., *A Companion to James Madison and James Monroe*.

122. Nogee, Joseph. "The Prigg Case and Fugitive Slavery, 1842-1850", *The Journal of Negro History*, Vol. 39, No. 3 (Jul., 1954). http://www.jstor.org/stable/2715841 Accessed: 2013/01/22

123. Norris, David A. "Henry Toole Clark", in David S. Heidler and Jeane T. Heidler, eds., *Encyclopedia of the American Civil War: A Political, Social, and Military History*, Vol. I, Santa Barbara, California: ABC-CLIO, Inc. 2000.

124. Okoye, F. Nwabueze. "Chattel Slavery as the Nightmare of the American Revolutionaries", *The William and Mary Quarterly*, Third Series, Vol. 37, No. 1 (Jan., 1980). http://www.jstor.org/stable/1920967 Accessed: 201203/21/

125. Olwell, Robert A. "'Domestick Enemies': Slavery and Political Independence in South Carolina, May 1776- March 1776", *The Journal of Southern History*, Vol. LV, No. 1(February, 1989).

126. Otto, John Solomon. "Livestock- Raising in Early South Carolina, 1670-1700: Prelude to the Rice Plantation Economy", *Agricultural History*, Vol. 64, No. 4 (Autumn, 1987). http://www.jstor.org/stable/3743894 Accessed: 2008 /10/03

127. Otto, John Solomon. "Slaveholding General Farmers in a 'Cotton County'", *Agricultural History*, Vol. 55, No. 2 (Apr., 1981). http://www.jstor.org/stable/3743126 Accessed: 2010 /08/01

128. Otto, John Solomon. "The Migration of the Southern Plain Folk: An Interdisciplinary Synthesis", *The Journal of Southern History*, Vol. LI, No. 2(May, 1985).

129. Owsley, Frank L. "The Pattern of Migration and Settlement on the Southern Frontier", *The Journal of Southern History*, vol. 11, No. 2(May, 1945). http://www.jstor.org/stable/2198171 Accessed: 2008/10/01

130. Pacholl, Keith. "Patrick Henry", in James Ciment, ed., *Colonial America: An Encyclopedia of Social, Political, Cultural, and Economic History*. Vol. II, Sharpe Reference, An Imprint of M. E. Sharpe. Inc., 2006.

131. Pessen, Edward. "How Different from Each Other Were the Antebellum North and South?" *The American Historical Review*, Vol. 85, No. 5(December, 1980).

132. Pharr, Amy. "Robert R. Livingston", in Paul A. Gilje, ed., *Encyclopedia of American History*, Vol. III, *Revolution and New Nation: 1761 to 1812*, New York: Facts on File, Inc., 2003.

133. Phillips, Ulrich B. "Transportation in the Ante-Bellum South: An Economic Analysis", *The Quarterly Journal of Economics*, Vol. 19, No. 3 (May, 1905). http://www.jstor.org/stable/1882660 Accessed: 2010/01/29

134. Pierson, Michael D. " 'Slavery Cannot Be Covered up with Broadcloth or a Bandanna': The Evolution of White Abolitionist Attacks on the 'Patriarchal Institution' ", *Journal of the Early Republic*, Vol. 25, No. 3 (Fall, 2005). http://www.jstor.org/stable/30043336 Accessed: 2012/03/21

135. Rockman, Seth. "Liberty is Land And Slaves:The Great Contradiction", *OAH Magazine of History*, Vol. 19, No. 3 (May, 2005).

136. Roland, Charles P. "Louisiana Sugar Planters and the Civil War", in Lawrence Lee Hewitt and Arthur W. Bergeron, Jr. eds. *Louisianians in the Civil War*. Columbia, University of Missouri Press, 2002.

137. Roper, Donald M. "In Quest of Judicial Objectivity: The Marshall Court and the Legitimation of Slavery", *Stanford Law Review*, Vol. 21, No. 3 (Feb., 1969). http://www.jstor.org/stable/1227622 Accessed: 2013/01/22

138. Rugemer, Edward B. "The Southern Response to British Abolitionism: The Maturation of Proslavery Apologetics", *The Journal of Southern History*, Vol. LXX, No. 2 (May, 2004).

139. Schaefer, Donald F. "A Statistical Profile of Frontier and New South Migration, 1850-1860", *Agricultural History*, Vol. 59, No. 4 (Oct., 1985). http://www.jstor.org/stable/3743758 Accessed: 2010 /06/15

140. Schmidt, Fredrika Teute. and Barbara Ripel Wilhelm, "Early Proslavery Petitions in Virginia", *The William and Mary Quarterly*, Third Series, Vol. 30, No. 1 (Jan., 1973). http://www.jstor.org/stable/1923706 Accessed: 2009 /04/03

141. Sellers, James L. "The Economic incidence of the Civil War in the South", In Ralph Andreano ed., *The Economic Impact of the American Civil War*, Cambridge, Massachusetts: Schenkman Publishing Company, Inc. 1962.

142. Shade, William G. "Society and Politics in Antebellum Virginia's Southside", *The Journal of Southern History*, Vol. 53, No. 2 (May, 1987).

143. Sirmans, M. Eugene. "The South Carolina Royal Council, 1720-1763", *William and Mary Quarterly*, Third Series, Vol. 18, No. 3 (July, 1961).

144. Smith, Christine A. "George Washington's Last Will and Testament: An American Odyssey", *Winterthur Portfolio*, Vol. 38, No. 4 (Winter, 2003). http://www.jstor.org/stable/10.1086/426756 Accessed: 21/03/2012

145. Stamp, Kenneth "Profit and Loss", in Thomas C. Cochran and Thomas B. Brewer, eds., *Views of American Economic Growth: The Agricultural Era*, New York: McGraw-Hill, inc., 1966.

146. Stanton, Lucia "Thomas Jefferson: Planter and Farmer", in Francis D. Cogliano, ed., *A Companion to Thomas Jefferson*, Malden, MA.: Wiley-Blackwell, 201.

147. Stephenson, N. W. "The Question of Arming the Slaves", *American Historical Review*, Vol. 18, No. 2 (January, 1913). http://www.jstor.org/stable/1835329 Acessed: 2016/07/31

148. Stevenson, Brenda E. "'Marsa never Sot Anut Rebecca down': Enslaved Women, Religion, and Social Power in the Antebellum South", *The Journal of African American History*, Vol. 90, Issue 4(Fall, 2005).

149. Tate, Thad W. "The Coming of the Revolution in Virginia: Britain's Challenge to Virginia's Ruling Class, 1763-1776", *The William and Mary Quarterly*, Third Series, Vol. 19, No. 3 (Jul., 1962). http://www.jstor.org/stable/1920086 Accessed: 200811/11/

150. Thornton, John K. "The African Background to American Colonization", in Stanley L. Engerman and Robert E. Gallman. eds., *The Cambridge Economic History of the United States*, Vol. I, *The Colonial Era*.

151. Twohig, Dorothy. "'That Species of Property': Washington's Role in the Controversy Over Slavery", in Don Higginbotham, ed., *George Washington Reconsidered*, Charlottesville and London: University Press of Virginia, 2001.

152. Vinovski, Maris A. "Have Social Historians Lost the Civil War? Some Preliminary Demographic Speculations", *The Journal of American History*, Vol. 76, No. 1 (June, 1989).

153. Wash, Lorena S. "Slavery and Agriculture at Mount Vernon", in Philip J. Schwarz, ed., *Slavery at the Home of George Washington*, Mount Vernon, Virginia: Mount Vernon Ladies' Association, 2001.

154. Water, Jeff Broad. "James Madison and the Dilemma of American Slavery", in Stuart Leibiger, ed., *A Companion to James Madison and James Monroe*.

155. Watson, Hary L. "Slavery and Development in A Dual Economy: The South and the Market Revolution", in Melveyn Stokes and Stephen Conway, eds., *The Market Revolution in America: Social, Political, and Religious Expressions, 1800-1880*, The University Press of Virginia, 1996.

156. Weaver, Herbert. "Foreigners in Ante-Bellum Towns of the Lower South", *The Journal of Southern History*, Vol. 13, No. 1 (Feb., 1947). http://www.jstor.org/stable/2197857 Accessed: 2010/06/15

157. Whaley, Leigh. "John Hancock", in James Ciment, ed., *Colonial America: An Encyclopedia of Social, Political, Cultural, and Economic History*, Vol. II.

158. Wiecek, William M. "Slavery and Abolition Before the United States Supreme Court, 1820-1860", *The Journal of American History*, Vol. 65, No. 1 (Jun., 1978). http://

www.jstor.org/stable/1888141 Accessed：2013/03/23
159. Wills, Brian S. "John Letcher", in David S. Heidler and Jeane T. Heidler, ed., *Encyclopedia of the American Civil War: A Political, Social, and Military History*, Vol. III.
160. Wilson, James Southall. "William Byrd and His Secret Diary", *The William and Mary Quarterly*, Second Series, Vol. 22, No. 2 (Apr., 1942). http://www.jstor.org/stable/1925297 Accessed：2012/04/02
161. Wyatt-Brwn, Bertram. "Plantation Women in the Slave South", *Reviews in American History*, Vol. 11, No. 4(Dec., 1983).

五　中文文章

1. 高春常：《英国历史传统与北美奴隶制的起源》,《历史研究》2001 年第 2 期。
2. 李剑鸣：《美国独立战争爆发前的政治辩论及其意义》,《历史研究》2000 年第 4 期。
3. 李剑鸣：《"危机"想象与美国革命的特征》,《中国社会科学》2010 年第 3 期,第 182 页。
4. 梁茂信：《美国革命时期黑奴制合法地位的确立》,《历史研究》1997 年第 6 期。

六　图片

1. 图 1-1："The First American Slaves".
http://www.picturehistory.com/product/id/11389 Accessed：2015/2/23
2. 图 1-2："Victims of Portuguese Slave Hunters".
http://www.picturehistory.com/product/id/29176 Acessed：2015/2/23
3. 图 2-1："Washington At Mount Vernon 1787".
http://www.picturehistory.com/product/id/253 Acessed：2015/2/23
4. 图 2-2："A Tobacco Plantation".
http://www.pbs.org/wgbh/aia/part1/1h299html Acessed：2015/2/23
5. 图3-1："被迫行进的奴隶编队"。David M. Kennedy, Lizabeth Cohen and Thomas A. Bailey, *The American Pageant: A History of the Republic*, New York：Houghton Mifflin Company, 2006, p.361.
6. 图 3-2："一场奴隶拍卖"。David M. Kennedy, Lizabeth Cohen and Thomas A. Bailey, *The American Pageant: A History of the Republic*, New York：Houghton Mifflin Company, 2006, p.359.

7. 图4-1:"Ploughing Cotton, Colombus, Ge".
http://xroads.virginia.edu/~HYPER/JACOBS/hj-work3.htm Acessed: 2013/05/06
8. 图4-2:"女主人在给奴隶儿童读书"。
http://xroads.virginia.edu/~HYPER/JACOBS/hj-work2.htm Acessed: 2013/05/06
9. 图5-1:"Sing, Darkeys, Sing".
http://utc.iath.virginia.edu/proslav/gallcrisf.html Acessed: 2014/07/26
10. 图5-2:"God Bless Yes, Missus".
http://utc.iath.virginia.edu/proslav/gallrandf.html Acessed: 2014/07/26
11. 图7-1:"Five Generations on Smith's plantation, Beaufort, South Carolina".
http://historymatters.gmu.edu/d/6807 Accessed: 2013/05/06
12. 图7-2:"The Desolate Home".
http://www.picturehistory.com/product/id/8175 Accessed: 2013/05/06
13. 图7-3:"A Visit from the Old Mistress". Image Credit: National Museum of American Art/Art Resource, NY http://www.pbs.org/wgbh/aia/part4/4h1598.html Accessed: 2013/05/06

主要人名中英文对照

（按照中文汉语拼音排序）

A. H. 贾兰德　A. H. Garland

A. H. 科尔基特　A. H. Colquit

C. C. 安托万　C. C. Antoine

D. H. 希尔　D. H. Hill

E. 沃伦　E. Warren

E. R. 坎比　E. R. Canby

F. 肯德尔　F. Kendall

G. 威尔逊·汉弗莱　G. Wilson Humphreys

G. W. 霍金斯　G. W. Hawkins

H. B. 霍洛威　H. B. Holloway

J. B. 胡德　J. B. Hood

J. B. 思拉舍　J. B. Thrasher

J. C. 科尔宾　J. C. Corbin

J. D. B. 德鲍　J. D. B. De Bow

J. H. M. 巴顿　J. H. M. Barton

J. K. 保尔丁　J. K. Paulding

J. S. 马默杜克　J. S. Marmaduke

J. W. 富勒　J. W. Fowler

L. W. 斯普拉特　L. W. Spratt

M. C. 巴特勒　M. C. Butler

M. L. 博纳姆　M. L. Bonham

O. G. 艾兰　O. G. Eiland

P. B. S. 平齐巴克　P. B. S. Pinchback

P. C. 韦斯顿　P. C. Weston

P. G. 德朗得　P. G. Deslonde

P. G. T. 博雷加德　P. G. T. Beauregard

P. P. 巴伯　P. P. Barbour

R. M. T. 亨特　R. M. T. Hunter
R. Q. 米兰德　R. Q. Mallard
S. B. 巴克纳　S. B. Buckner
S. H. 巴克纳　S. H. Buckner
T. H. 布林　T. H. Breen
T. M. 杰克　T. M. Jack
W. 卡尔　W. Call
W. G. 布朗　W. G. Brown
W. S. 特纳　W. S. Turner
W. W. 科科伦　W. W. Corcoran
阿拜贾·霍尔布鲁克　Abijah Holbrook
阿尔伯特·G. 盖奇　Albert G. Gage
阿尔弗雷德·V. 戴维斯　Alfred V. Davis
阿尔瓦·菲茨帕特里克　Alva Fitzpatrick
阿伦佐·兰希尔　Alonzo J. Ransier
阿莫斯·肯达尔　Amos Kendall
阿诺德·福曼　Arnold Foreman
阿奇·沃恩　Archy Vaughn
阿奇博尔德·迪克森　Archibald Dixon
阿瑟·米德尔顿　Arthur Middleton
布莱恩·费尔法克斯　Bryan Fairfa
埃德蒙·拉芬　Edmund Ruffin
埃德蒙·伦道夫　Edmund Rondolph
艾伯特·泰勒·布莱索　Albert Taylor Bledsoe
爱德华·普利格　Edward Prig
艾蒂安·博尔　Etienne Bore
艾尔弗雷德·泰勒·布莱索　Alfred Taylor Bledsoe
艾尔弗雷德·穆尔　Alfred Moor
艾萨克·凡·赞德特　Isaac Van Zandt
艾塞尔伯特·巴克斯代尔　Ethelbert Barksdale
爱德华·E. 巴普蒂　Edward E. Baptist
爱德华·波拉德　Edward Pollard
爱德华·巴尼维尔·海沃德　Edward Barnwell Heyward
爱德华·伯韦尔　Edward Burwell
爱德华·克拉克　Edward Clark
爱德华·佩森　Edward Pessen
爱德华·托马斯　Edward J. Thomas

爱丽丝·格林　Alice Green
爱丽丝·亚历山大　Alice Alexander
安布罗斯·麦迪逊　Ambrose Madison
安德鲁·巴里·穆尔　Andrew Bary Moor
安德鲁·弗林　Andrew Flynn
安德鲁·亨特　Andrew Hunter
安德鲁·杰克逊　Andrew Jackson
安德鲁·玛拉格斯　Andrew Gordon Maragth
安迪·J. 安德森　Andy J. Anderson
安妮·福伯·查尔顿·基　Anne Phoebe Charlton Key
安塔姆·戈卡尔维兹　Antam Goncalvez
安托万·杜布克里特　Antoine Dubuclet
奥古斯丁·古斯·华盛顿　Augustine Gus Washington
奥克塔维厄斯　Octavius
奥兰多·帕特森　Orlando Patterson
奥利弗·埃尔斯沃斯　Oliver Ellsworth
奥斯丁·史迪华　Austin Steward
奥斯卡·J. 唐恩　Oscar J. Dunn
巴特利特·伽尔斯　Bartlet Ciles
保罗·芬克曼　Paul Finkelman
保罗·里维尔　Paul Revere
保罗·约翰逊　Paul Johnson
保罗·F. 博勒　Paul F. Boller, Jr
贝蒂·弗罗曼·切塞尔　Betty Foreman Chessier
本杰明·富兰克林　Benjamin Franklin
本杰明·哈里森　Benjamin Harrison
本杰明·柯蒂斯　Benjamin Curtis
本杰明·摩根·帕尔默　Benjamin Morgan Palmer
本杰明·特里普利特　Benjamin Triplet
彼得·丹尼尔　Peter Daniel
彼得·方丹　Peter Fontaine
彼得·海尔斯顿　Peter W. Hairston
彼得·科尔钦　Peter Kolchin
彼得·泰勒　Peter Tyler
彼得·西蒙斯　Peter Simons
伯顿·W. 佛尔瑟姆二世　Burton W. Folsom II
伯纳德·贝林　Bernard Bailyn

伯纳德·申肯　Barnard Schenkingh
布拉克斯顿·布拉格　Braxton Bragg
布什罗德·华盛顿　Bushrod Washington
查尔斯·卡特　Charles Carter
查尔斯·科茨沃斯·平克尼　Charles Cotesworth Pinckney
查尔斯·平克尼　Charles Pinckney
查尔斯·塞勒斯　Charles Sellers
查尔斯·威廉斯　Charles Williams
查尔斯·伊泽德·马尼高尔特　Charles Izard Manigault
查理迪·安德森　Charity Anderson
达布尼·H.莫里　Dabney H. Maury
戴维·M.波特　David M. Potter
戴维·拉姆齐　David Ramsay
丹尼尔·布莱克　Daniel Blake
丹尼尔·布莱克·史密斯　Daniel Blake Smith
丹尼尔·卡罗尔　Daniel Carroll
丹尼尔·圣托马斯·珍妮弗　Daniel of St. Thomas Jenifer
道格拉斯·R.埃杰顿　Douglas R. Egerton
德雷特·斯科特　Dred Scott
德鲁·吉尔平·福斯特　Drew Gilpin Faust，
邓肯·J.麦克劳德　Duncan J. MacLeod
邓肯·S.盖奇　Duncan S. Gage
邓摩尔勋爵　Lord Dumore
迪克·哈里森　Dick Harrison
蒂莫西·奥沙利文　Timothy O'sullivan
蒂莫西·福特　Timothy Ford
杜德里·迪吉斯　Dudley Digges
多萝西·图伊格　Dorothy Twohig
范·赞特　Van Zandt
方丹·休斯　Fountain Hushes
菲利普·圣乔治·科克　Philip St. George Cocke
菲利普斯·菲茨帕特里克　Phillips Fitzpatrick
弗兰克·莱斯利　Frank Leslie
弗朗西斯·蒂尔吉　Francis Turgis
弗朗西斯·理查德·卢伯克　Francis Richard Lubbock
弗朗西斯·琼斯　Francis Jones
弗朗西斯·皮肯斯　Francis Pickens

弗朗西斯·L.卡多佐　Francis L. Cardozo
弗雷德·波克尔　Fred Porcher
弗雷德·A.贝里　Fred A. Bailey
弗雷德里克·多尔乔　Frederick Dalcho
弗里彻尔·M.格林　Fletcher M. Green
富兰克林·皮尔斯　Franklin Pierce
哈里斯·弗拉纳金　Harris Flanagin
哈利·沃森　Hary L. Watson
海蒂·沃特金斯　Hettie Watkins
豪厄尔·科勃　Howell Cobb
赫伯特·G.古特曼　Herbert G. Gutman
亨利·艾伦　Henry W. Allen
亨利·克莱　Henry Clay
亨利·劳伦斯　Henry Laureans
亨利·利科特　Henry Rector
亨利·平克尼　Henry L. Pinkney
亨利·特纳　Henry Turner
亨利·图尔·克拉克　Henry Toole Clarke
亨利·威恩塞克　Henry Wiencek
亨利·沃茨　Henry Wirz
亨利·沃特金斯·艾伦　Henry Watkins Allen
亨利·伊扎德　Hengry Izard
怀特马什·B.西布鲁克　Whitemarsh B. Seabrock
吉迪恩·J.皮洛　Gideon J. Pillow
加布里埃尔·杜瓦尔　Gabriel Duvall
加里森·弗雷泽　Garrison Frazier
贾瑞德·斯帕克斯　Jared Sparks
简·坎珀　Jane Kamper
杰斐逊·戴维斯　Jefferson Davis
杰弗里·罗伯特·杨格　Jeffrey Robert Young
杰拉尔德·布拉顿　Gerard Brabdon
杰里·穆尔　Jerry Moore
卡罗琳娜·伊利莎白·梅里克　Caroline E. Merrick
柯尔斯滕·E.伍德　Kirsten E. Wood
克里斯多夫·克拉克　Christopher Clark
克里斯多夫·梅明戈　Christopher Memminger
克里斯托弗·莫里斯　Christopher Morris

拉斐尔·塞姆斯　Raphael Semmes
拉夫·伊泽德　Ralph Izard
莱里·布拉纳姆　Leri Branham
莱缪尔·P. 康纳　Lemuel P. Conner
兰西·哈里斯　Lancy Harris
老理查德·多布斯·斯佩特　Richard Dobbs Spaight, Sr.
雷切尔·约翰逊　Rachel Johnson
雷切尔·N. 克莱因　Rachel N. Klein
蕾切尔·汉金斯　Rachel Hankins
李·麦吉雷利　Lee McGillery
理查德·巴塞特　Richard Bassett
理查德·福曼　Richard Furman
理查德·霍斯　Richard Hawes
理查德·卡斯维尔　Richard Caswell
理查德·科德纳　Richard Codner
理查德·萨奇　Richard Sutch
理查德·托勒　Richard Toler
理查德·H. 格里弗斯　Richard H. Gleaves
丽贝卡·拉蒂默·费尔顿　Rebecca Latimer Felton
丽莎·史密斯　Liza Smith
利奥尼达斯·波尔克　Leonidas Polk
利亚·加勒特　Leah Garrett
林顿·斯蒂芬斯　Linton Stephens
刘易斯·塞希尔·格雷　Lewis Cecil Gray
卢克·福琼　Luke Fortune
卢瑟·马丁　Luther Martin
路易斯·马尼高尔特　Louis Manigault
路易斯·休斯　Louis Hushes
路易斯·A. 布林杰　Louis A. Bringier
伦道夫·斯帕丁　Randolph Spadding
罗伯特·巴尼维尔·雷特　Robert Barnwell Rhett
罗伯特·福尔斯　Robert Falls
罗伯特·高尔曼　Robert E. Gallman
罗伯特·格里尔　Robert Grier
罗伯特·基恩　Robert Kean
罗伯特·卡特　Robert Carter
罗伯特·E. 李　Robert Edward Lee

罗伯特·R.利文斯顿　Robert R. Livingston
罗伯特·特林布尔　Robert Trimble
罗伯特·图姆斯　Robert Toombs
罗伯特·威廉·福格尔　Robert William Fogel
罗伯特·V.威尔斯　Robert V. Wells
罗达·安妮·蔡尔兹　Rhoda Ann Childs
罗杰·B.坦尼　Roger B. Taney
洛克特·阿瓦利　Lockett Avary
马丁·范布伦　Martin Van Buren
玛蒂尔达·哈切特　Matilda Hatchett
玛格丽特·奥尔福德　Margaret Alford
玛格丽特·摩根　Margaret Morgan
玛格丽特·莫里斯　Margaret Morris
玛格丽特·西蒙普森　Margaret Sympson
迈克尔·科尔德　Michael Coard
迈克尔·马尔科姆　Michael Malcolm
迈克尔·塔德曼　Michael Tadman
麦迪逊·斯塔克·佩里　Madison Starke Perry
麦克·达菲　Mc Duffie
梅琳达·曼丽　Melinda Manley
米勒德·菲尔莫尔　Millard Fillmore
摩西·佩里曼　Moses Perryman
纳撒尼尔·海沃德　Nathaniel Heyward
南森·S.毕米思　Nathan S. Beemis,
尼古拉斯·E.马格尼斯　Nicholas E. Magnis
诺亚·戴维斯　Noah Davis
帕特里克·亨利　Patrick Henry
帕特立克·克里伯恩　Patrick Cleburne
彭德尔顿·默拉　Pengdleton Murrah
皮尔斯·巴特勒　Pierce Butler
皮勒·帕克　Peeler Parker
普劳登·C.J.韦斯顿　Plowden C. J. Weston
普里斯顿·金　Preston King
乔纳森·托德　Jonathan Todd
乔纳森·A.布什　Jonathan A. Bush
乔纳森·C.吉布斯　Jonathan C. Gibbs
乔纳森·J.赖特　Jonathan J. Wright

乔治·弗莱明　George Fleming
乔治·华盛顿　George Washington
乔治·怀斯　George Wythe
乔治·克林顿　George Clinton
乔治·里德　George Read
乔治·梅森　George mason
乔治·W·欧文斯　George W. Owens
乔治·斯基普斯　George Skipwith
乔治·W.约翰逊　George W. Johnson
琼·E.卡欣　Joan E. Cashin
琼·B.李　Jean B. Lee
萨尔蒙·P.蔡斯　Salmon P. Chase
萨拉·爱丽丝·多西　Sara Ellis Dorsey
萨拉·格雷　Sarah Gray
萨拉·米德尔顿　Sara Middleton
萨姆尔·克莱顿　Samuel Clayton
萨姆尔·库珀　Samuel Cooper
萨姆尔·休厄尔　Samuel Sewell
塞缪尔·蔡斯　Samuel Chase
塞缪尔·邓沃迪　Samuel Dunwody
塞缪尔·霍普金斯　Samuel Hopkins
塞思·罗克曼　Seth Rockman
斯蒂芬·A.道格拉斯　Stephen A Douglass
斯蒂芬·邓肯　Stephen Duncan
斯蒂芬·D.米勒　Stephen D. Miller
斯蒂芬·M.斯托　Steven M. Stowe
所罗门·诺瑟普　Solomon Northup
泰勒·休斯·麦克莱恩　Taylor Hush McLean
坦佩·赫恩登·德拉姆　Tempe Herndon Durham
唐纳德·F.谢弗　Donald F. Schaefer
托马斯·B.戴维斯　Thomas B. Davis
托马斯·奥弗顿·穆尔　Thomas Overton Moore
托马斯·戈塞特　Thomas F. Gossett
托马斯·格雷特伯克　Thomas Greatbeck
托马斯·哈钦森　Thomas Hutchinson
托马斯·哈特·本顿　Thomas Hart Benton
托马斯·杰斐逊　Thomas Jefferson

托马斯·卡尔佩珀　Thomas Culpeper
托马斯·考特·雷诺兹　Thomas Caute Reynolds
托马斯·林奇　Thomas Lynch
托马斯·米夫林　Thomas Mifflin
托马斯·穆尔　Thomas Moor
托马斯·奈恩　Thomas Nairne
托马斯·培根　Thomas Bacon
托马斯·平克尼　Thomas Pinkney
托马斯·E.特里尔　Thomas E. Terrill
托马斯·托德　Thomas Todd
托马斯·沃茨　Thomas Hill Watts
托马斯·约翰逊　Thomas Johnson
托马斯·P.德弗罗　Thomas P. Devereux
托马斯·W.卡多佐　Thomas W. Cardozo
威廉·W.霍尔登　William W. Holden
威廉·艾伦　William Allen
威廉·奥尔斯顿　William Alls-ton
威廉·宾　William Penn
威廉·波彻尔·米尔斯　William Porcher Miles
威廉·伯德　William Byrd
威廉·伯德二世　William Byrd II
威廉·布尔　William Bull
威廉·布莱　William Bligh
威廉·布莱克　William Blake
威廉·布伦特　William Blount
威廉·丹尼森　William Dennison
威廉·杜辛贝里　William Dusinberre
威廉·菲尤　William Few
威廉·甘特　William Gant
威廉·格林　William Green
威廉·H.哈里森　William H. Harrison
威廉·哈里森　William Harrison
威廉·哈泽德·威格　William Hazzard Wigg
威廉·华盛顿　William Washington
威廉·吉斯特　William Gist
威廉·考夫曼·斯卡伯勒　William Kauffman Scarborough
威廉·科恩　William Cohen

威廉·寇兴　William Cushing
威廉·朗兹·扬西　William Lowndes Yancey
威廉·劳伦斯·罗耶尔　William Lawrence Royall
威廉·雷格　William Wragg
威廉·李·皮尔斯　William Leigh Pierce
威廉·理查德森·戴维　William Richardson Davie
威廉·史密斯　William Smith
威廉·泰洛　William Tayloe
威廉·休斯顿　William Houston
威廉·约翰斯顿　William Johnston
威廉·约翰逊　William Johnson
威廉·C.海沃德　William C. Heyward
威廉·G.康纳　William G. Conner
威廉·G.萨德　William G. Shade
威廉·H.吉本斯　William H. Gibbons
威廉·H.李　Wm H Lee
威廉·T.马丁　William T. Martin
威廉·W.弗里林　William W. Freehling
韦德·汉普顿三世　Wade Hampton III
温斯洛·霍默　Winslow Homer
沃尔特·卡洛韦　Walter Calloway
沃尔特·约翰逊　Walter Johnson
沃伦·埃金　Warren Akin
西奥多·塞奇威克　Theodore Sedgewick
夏洛特·布鲁克斯　Charlotte Brooks
小顾宁·贝德福德　Gunning Bedford, Jr
小兰登·切夫斯　Langdon Cheves, Jr.
小乔治·E.哈里森　George E. Harrison, Jr.
小托马斯·斯蒂格　Thomas Stegge, Jr.
小威廉·J.库珀　William J. Cooper, Jr.
小约翰·布莱尔　John Blair, Jr.
辛顿·罗万·赫尔珀　Hinton Rowan Helper
休·比德维尔　Hugh Bidwell
休·戴维斯　Hush Davis
休·威廉森　Hugh Williamson
雅各·布鲁姆　Jacob Broom
亚伯拉罕·鲍德温　Abraham Baldwin

亚伯拉罕·林肯　Abraham Lincoln
亚当·罗思曼　Adam. Rothman
亚历山大·范得杜森　Alexander VanderDussen
亚历山大·汉密尔顿　Alexander Hamilton
亚历山大·马丁　Alexander Martin
亚历山大·麦凯恩　Alexander McCaine
亚历山大·H.琼斯　Alexander H. Jones
亚历山大·斯蒂芬斯　Alexander Stephens
亚历山大·特尔菲尔　Alexander Telfair
亚历山大·R.泰勒　Alexander R. Taylor
伊莱·惠特克　Eli Whitaker
伊莱扎·弗朗斯·安德鲁斯　Eliza Frances Andrews
伊丽莎白·莱尔·萨克森　Elizabeth Lyle Saxon
伊丽莎白·福克斯·吉诺维斯　Elizabeth Fox- Genovese
伊萨姆·G.哈里斯　Issam G. Harris
以赛亚·戴逸　Issaiah Day
尤金·D.吉诺维斯　Eugene D. Genovese
尤斯塔斯·瑟格特　Eustace Surget
约伯·厄尔利　Joab Early
约翰·爱默生　John Emerson
约翰·贝尔　John Bell
约翰·贝利　John Berry
约翰·布莱尔　John Blair
约翰·布兰德　John Bland
约翰·布兰奇　John Branch
约翰·布朗　John Brown
约翰·布雷肯里奇　John C. Breckinridge
约翰·迪金森　John Dickinson
约翰·多比·肯尼迪　John Dobby Kennedy
约翰·芬威克　John Fenwick
约翰·弗朗西斯·梅瑟　John Francis Mercer
约翰·格雷厄姆　John Graham
约翰·哈里森　John Harrison
约翰·哈里斯　John Harris
约翰·哈特维尔·科克　John Hartwell Cocke
约翰·汉考克　John Hancock
约翰·亨利·斯特林费洛　John Henry Stringfellow

约翰·华盛顿　John Washington

约翰·怀特　John Wright

约翰·霍尔姆斯　John Holmes

约翰·杰伊　John Jay

约翰·卡特伦　John Catron

约翰·坎贝尔　John Campbell

约翰·科林斯　John Collins

约翰·克里滕登　John Crittenden

约翰·昆西·亚当斯　John Qincy Adams

约翰·拉特里奇　John Rutledge

约翰·莱切尔　John Letcher

约翰·劳伦斯　John Laureans

约翰·劳思　John Routh

约翰·雷诺兹　John Reynolds

约翰·罗宾逊　John Robinson

约翰·麦金利　John McKinley

约翰·米尔顿　John Milton

约翰·G.米勒　John G. Miller

约翰·普里斯特　John S. Preston

约翰·萨芬　John Saffin

约翰·萨金特·怀斯　John S. Wise

约翰·史密斯　John Smyth

约翰·泰勒　John Tyler

约翰·托马斯·博伊金　John Thomas Boykin

约翰·威利斯·埃利斯　John Willis Ellis

约翰·温思罗普　John Winthrop

约翰·肖特　John Gill Shorter

约翰·亚当斯　John Adams

约翰·A.奎特曼　John A. Quitman

约翰·B.拉马尔　John B. Lamar

约翰·B.格里姆鲍尔　John B. Grimball

约翰·J.奇塔姆　John J. Cheatham

约翰·L.曼宁　John L. Manning

约翰·R.切夫斯　John R. Cheves

约翰·S.普勒斯顿　John S. Preston

约瑟夫·阿克伦　Joseph Acklen

约瑟夫·埃利奥特　Joseph Elliot

约瑟夫·爱德华兹　Joseph Edwards
约瑟夫·布朗　Joseph Brown
约瑟夫·戴维斯　Joseph Davis
约瑟夫·勒·孔特　Joseph Le Conte
约瑟夫·斯托利　Joseph Story
约瑟夫·约翰斯顿　Joseph Johnston
约瑟夫·L. 麦卡里斯特　Joseph L. McAllister
约西亚·钱伯斯　Josiah Chambers
泽布伦·B. 约克　Zebulon York
泽布伦·B. 万斯　Zebulon B. Vance
扎卡里·泰勒　Zachary Tayler
詹姆斯·亨利·哈蒙德　James Henry Hammond
詹姆斯·麦迪逊　James Madison
詹姆斯·艾尔德尔　James Iredell
詹姆斯·奥蒂斯　James Otis
詹姆斯·L. 奥尔　James L. Orr
詹姆斯·奥克斯　James Oakes
詹姆斯·布坎南　James Buchanan
詹姆斯·戴维·米勒　James David Miller
詹姆斯·高尔特　James Galt
詹姆斯·格林　James Green
詹姆斯·哈伯夏姆　James Habersham
詹姆斯·金罗赫　James Kinloch
詹姆斯·马丁　James Martin
詹姆斯·麦克亨利　James McHenry
詹姆斯·麦克鲁格　James McClurg
詹姆斯·门罗　James Monre
詹姆斯·佩蒂格鲁　James Pettigrew
詹姆斯·乔伊娜　James Joyner
詹姆斯·切斯尼特　James Chesnut
詹姆斯·L. 史密斯　James L. Smith
詹姆斯·斯迈利　James Smylie
詹姆斯·陶尔梅加　James Tallmadge
詹姆斯·威尔逊　James Wilson
詹姆斯·韦恩　James Wayne
詹姆斯·希尔　James Hill
詹姆斯·A. 塞登　James A. Seddon

詹姆斯·A. 文特雷斯　James A. Ventress
詹姆斯·K. 波尔克　James K. Polk
詹姆斯·M. 吉莱斯皮　James M. Gillespie
詹姆斯·W. 埃克尔斯　James W. Echols
詹姆斯·W. 胡德　James W. Hood
朱巴尔·安德森·厄尔利　Jubal A. Early
朱达·P. 本杰明　Judah P. Benjamin

后　记

　　身在地方大学工作，又只是一名普通教师，要进行深度的学术研究，殊非易举，然也非不可为。非轻易者，一是身在当下之世，浮华烟云绕眼，奸巧之声刺耳。本未超凡入圣，自然时而心旌摇动，学业惶惶。二是学术研究本身的资料获取，相对而言，远不及重点大学研究院所获取资料便捷。所谓可为者，一是此身幸处中华有史以来学人未有之安康之世。中华学术兴盛于春秋战国之时，然而那时烽火连连战祸不断，平民流涉于沟壑，学士乞食于权门，就是孔夫子也落得惶惶如丧家之犬。此后中华大一统形成，上智下愚，国策历时数千年。民如鸡豚，士作走狗，学术只剩得我注六经，六经注我。及至近代，中华学术遇千古未有之变局而再度昌兴，然又是民不聊生、国将不存、种将不保之际，少数精英于危难中痛心疾首，苦求学问，以求救国保种。唯有名为改革开放的当代，社会稳定，政治安静，知识分子少衣食之忧，无改造压迫屈辱，苟能不希名、不求禄、不贪奢侈享乐，安心于平常百姓生活，将精力用于究天人之际通古今之变，则身下不就是亘古未有之良世。二是学术处在全球化和互联网时代，只要机缘巧用，留意谋取，资料上的不便在一定程度上还是可以得到缓解的。这项研究使用的文章和原始材料，绝大多数是通过互联网得到的，或借密码账号，或网络搜索，努力到了，就得到了。

　　这是我继《南部奴隶主与美国内战》之后的第二部学术著作。这部书的写作历时十载，也是我的心境修炼过程。草稿初定，心情也宁静了。在我想来，人受命于父母，却由上天赋予不同的智能，社会给予各异的机会；人虽然能够思虑，但一个人的人生方向在多大程度上能够自己选择，是否完全由命运决定，实在是一个历久弥新的难解之谜。不过可以肯定的是，在当今的中国，如果人到中年你能在高校里做教师，那真是命好。到了这个地步，你就有能力做出自己的选择了。认认真真地教书写文章，对学生的关爱尽心尽力，做到自己问心无愧，也就可以心安了。

　　学术有师承，做人有榜样。走到今天这个地步，形成了这样的心境，是人生路上多受老师恩惠促成的。没有高中老师们的鼓励教导和帮助，我这个偏僻乡村的贫家之子不可能进入大学之门。大学毕业离校之际，没有郑永福老师的主动相助，我上不了硕士研究生，也就回乡做了中学教师。硕士研究生毕业时，没有我的三位导师鞠秀熙、任重和王存华老先生为我奔走，我无法留在高校教书。年到40岁再去求学读博，得遇李剑鸣先生为师。先生贤达之士，道德文章令人服膺，承训受教，更坚我立身之原则，治学之志向。上天在我人生路上给了我这么多贤良方正的好老师，天待我相当厚。我既然也是人师，就应该秉承师德，传道授业恩泽后学。此是天命，顺应这样的天命生活，难道不是今生有幸，此世命好吗？

"大以成大，小以成小"，这是天道。我乃才智平常之人，也没有超越平民的人生志向。几十年来在求学之路上尽力前行，只是为了谋生而已。这项研究虽然耗时十载，然而最终也只是一个差强人意的文本。内容涵盖难言周全，史理缕析恐失肤浅，表情达意或落乖谬，遣词结言远非精雅。此等不足的存在，既有学术条件客观有欠的原因，也是我能力庸常的体现。好在这是一部拓荒性的学术著作，它毕竟为他人的批评和超越提供了一个对象，从这个意义上来说，为此付出的十年光阴，也就不算是尽付流水了。

这项研究在申报国家社科后期资助项目成功后，国家社科办转来了5位匿名评审专家的修改意见。在此对他们敬表谢忱。

王金虎
2016 年 12 月 9 日